KB063169

I

신석기시대
서양 여성

I. 신석기시대 서양 여성

엄밀한 의미에서 신석기시대 서양사는 영거드라이어스 이후 적어도 5~6천 년 동안은 공백기를 기록하고 있다. 서양의 구석기인들은 신비하게도 동굴과 숲 속에서 순식간에 자취를 감춰버리며 신석기시대를 의문의 공백기에 방치했기 때문이다. 물론 이 시기의 것으로 보이는 일부 신석기 초·중반 유적이 산재하지만 그 활동 범위가 해변이나 강변에 제한되어 있을 뿐만 아니라 발견 숫자도 많지 않다. 서구에서의 신석기문화는 기나긴 휴면의 터널을 지나 기원전 4000~3000년에 와서야 비로소 시작된다.

바로 이 지점에서 우리는 유럽이 아닌 중근동의 화려한 신석기문화와 접하게 된다. 중동과 근동은 원래 아시아대륙에 속한다. 단지 중근동과 유럽이 지중해를 중심으로 상호 연결이 가능해지면서 북아프리카까지 유럽의 선사시대 역사에 포함하게 된 것이다. 유럽의 후발 신석기문화를 영위한 주체가 이 아시아지역에서 온 이방인이라는 것 때문에 유럽 선사 역사에 아시아 역사를 귀속시키는 것이 옳은 처사인지에 대해서는 본서의 연구과제가 아님으로 패스하고 그냥 전통적 방식대로 유럽역사로 취급하려고 한다.

그런데 미스터리는 이뿐만이 아니다. 근동 또는 중동의 신석기시대 인류와 주거지는 구석기시대에는 유럽에 비해 유적이 적고 한산한 지역이었다는 사실이다. 다시 말해 유럽은 신석기시대 역사가 비어 있다면 반면 근동은 구석기시대 역사가 공백 상태라는 의미가 될 것이다. 그러면 근동의 농경민은 어디에서 무엇 때문에 갑자기 이곳에 나타난 것일까. 이에 대한 해석은 학자들마다 견해가 천차만별이다. 누구는 기온상승 때문이라 하고 누구는 초식동물멸종 때문이라고도 한다. 하지만 필자는 관련 자료에 대한 검토 결과 기온상승은 근동에서 농업이 시작된 기원전 9800년에도 있었고 동물멸종도 그 전에 벌어진 사건이었다는 사실을 설명해주지 못하고 있음을 인지하게 되었다. 그러니까 기온과 동물멸종보다 더 유력한 별도의 원인이 전제되지 않고는 농업의 영위는 시작되지 않았을 것임을 본서에서는 밝혀낼 것이다.

물론 그것을 밝혀내는 목적은 단순히 농업의 기원문제에 대한 관심이 아니라 그렇게 도래한 기후변화가 여성의 삶과 사회적 지위에 어떤 영향을 미쳤는가를 규명하는 것이 본서의 집필 취지이다. 기후변화는 세 가지 측면에서 선사 자연환경에 영향을 주었다고 귀납할 수 있다. 무성한 숲과 해수면 상승 그리고 건축이다. 기온상승으로 울창해진 유럽의 숲으로 인해 인류의 생존공간은 해변·호수변·강변이라는 좁은 변두리로 추방되었다. 하지만 해수면의 상승은 유럽의 경우 서식지가 줄어든 인류를 다시 산으로 올라가도록 강요했다. 근동의 경우에는 어로가 아닌 농업 덕분에 강변의 생활공간을 고수할 수 있었다.

한편 건축은 인류가 처음으로 자신과 자연을 분리시킴으로서 자연과 단절된 공간을 확보하고 그 안에서 인류만의 고유한 문화를 창조할 수 있으며 탄탄한 주춧돌을 마련할 수 있도록 해주는 혁명적 사건이었다. 가옥은 자연이 배제된 순수 인간의 활동 영역에서 여성의 특정 활동공간을 확보하도록 했으며 그 안에서 여성의 삶은 남성과는 변별적인 문화를 개척하며 발전하기 시작했다. 뿐만 아니라 가옥은 여성이 독점한 강력한 신적 권력(이른바 모권제)이 남성에게 양도될 수 있도록 지름길을 닦아 준 물증이기도 하다. 필자는 인류학과 고고학 등 학계에서 논의가 분분한, 모권제로부터 부권제로의 전이에 대한 비밀을 이 가옥으로부터 풀어낼 것이다.

더 나아가 유럽의 초·중기 신석기시대가 무엇 때문에 일정한 공백기를 보이다가 뒤늦게 기원전 4000~3000년에 와서야 비로소 농업이 시작되었는지를 기후의 돌연변이와 해수면 상승 내지 금속 벌목도구의 발견과 연관시켜 그 원인을 밝혀내려고 한다. 유럽의 구석기시대인들이 서식지를 떠나 해변·호수변·강변으로 옮겨 주로 어로를 생업으로 명맥을 이어갔던 이유와 다시 산악지대로 회귀하여 농업을 영위했던 이유는 죄다 기후변화에 의한 자연변화의 결과물이었음을 담론을 통해 알게 될 것이다.

一
기후·농업과
여성의 사회적 지위

농업의 시작이 기후와 밀접한 연관을 가지고 있다는 견해에 반론을 제기할 사람은 아마 없을 것이다. 온도와 광선이 부족한 빙하기 조건 속에서 농업은 있을 수 없기 때문이다. 농업이 가능하려면 반드시 필요한 온도와 광선 그리고 수자원이 전제되어야만 한다. 이러한 자연환경은 간빙기에만 특유한 자연조건이다. 농업의 발상지였던 메소포타미아나 이집트는 죄다 이러한 조건이 갖추어진 곳이라는 점에서도 이와 같은 주장에 설득력이 부여된다.

농업은 자연 재생산을 기반으로 한 생산 활동으로 자연환경과의 관계가 가장 밀접하다. 어떤 지역의 농업의 기원을 연구하려면 그때 당시의 자연환경 및 변화를 고려하지 않을 수 없다.[1]

---

1 孫政才主編.『中国农业通史—原始社会卷』. 中国农业出版社. 2008. 5. p. 20.

그러나 농업이 상술한 자연환경 조건과 대형 초식동물의 멸종만 구비되었다고 해서 즉시 가능한 것만은 아닐 수도 있다는 점을 간과해서는 안 된다. 주기적인 교체로 찾아오는 간빙기면 기온상승, 동물멸종, 야생밀 자생 등 농경조건이 전제되었지만 인류는 수렵 서식지인 산에서 내려오지 않았다는 사실이 이와 같은 의구심에 명분을 추가해준다. 그리고 야생밀도 이미 13000년 전에 자그로스산맥의 주위에 자생하고 있었다. 아르메니아지역의 밀은 떡갈나무와 공존하는데 이 떡갈나무는 13000년 전부터 자그로스산맥에 널리 분포해 있었다.[2] 그렇다면 농업 시작의 원인은 또 다른 자연변화에서 찾아야만 할 수밖에 없다. 인류가 자연변화의 핍박에 의해 농업을 선택할 수밖에 없게 되었다는 역사적 사건에 우리가 시선을 집중하는 이유는 비단 "농업의 출현이 생산 경제의 시작이며 인류가 일약 자연계의 지배로부터 벗어나는 첫 걸음임을 의미"[3]하는 것 말고도 여성의 사회적 지위의 변화에도 직접적으로 연관된다는 사실에 있다.

본 담론에서는 수백만 년 동안 지속했던 수렵을 버리고 생소하고 모험적인 농업에로 인류를 내몬 충격적인 사건의 근원이 돌발적인 자연 재난이라는 사실을 밝히고 그 결과물로서의 여성의 사회적 지위의 획기적인 변화에 대해 증명해 낼 것이다. 뿐만 아니라 한 걸음 더 나아가 유럽의 신석기 농업이 근동에 비해 몇 천 년이나 뒤쳐진 원인에 대해

---

2 다나카 마사타케 지음. 신영범 옮김. 『재배식물의 기원』. 전파과학사. 1992년 2월. p.65.
3 王仁湘主編. 『中國史前飲食史』. 靑島出版社. 1997. 3. p.56.

서도 면밀하게 검토할 것이다. 아울러 무성한 수림에 의해 수렵이 불가능해지고 벌목도구의 미비로 산지 개척이 어려워진 탓에 해변과 하천 또는 호숫가로 밀려났다가 금속도끼를 가진 이방인의 도래와 해수면 상승으로 인한 해변 서식지의 상실로 다시 입산하게 된 경위를 밝혀낼 것이다. 물론 그 목적은 이 과정에서 여성이 발휘한 역할과 지위를 판단하기 위해서이다.

대충돌이론이 제기하는 자연재해의 범위와 파괴력은 간빙기가 선사膳賜하는 점진적 기후변화로는 출발이 불가능했던 농업을 인류가 짧은 시간 내에 소화하고 그 중심에 여성이 설 수 있도록 해준 결정적인 원인이 된다. 대충돌은 동물멸종에서 그치지 않고 야외활동이 많은 남성 사망률을 강화하면서 여성이 공동체의 다수로서 주도권을 쥘 수 있도록 한 배후 조종자이기도 하다. 남성의 감소는 여성의 출산 기능을 다시 부각시킴으로써 신의 위상을 회복할 수 있게 해주기도 했다.

사진 1 | 구·신석기시대 기온상승도(위)와 야생 보리와 밀의 자생분포지역(아래)

영거드라이아스기(기원전 10800년) 이전에도 기온상승 조건과 야생곡물 자생 조건이 주어졌지만 농업은 시작되지 않았다. 이는 농업의 탄생이 단지 기온상승과 야생곡물 자생 조건만으로 이루어진 것이 아님을 말해준다.

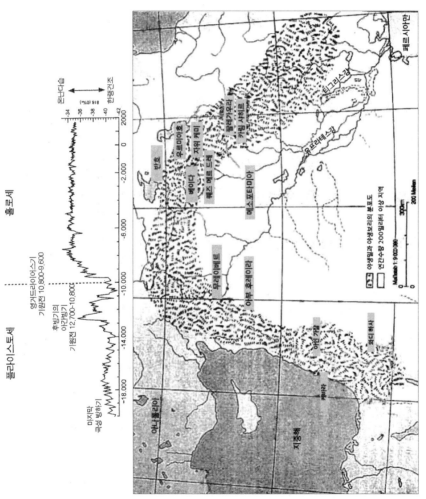

1장
:
기후변화와 여성

1) 간빙기의 주기적 교체와 여성

ㄱ. 기후 온난화와 여성의 생존환경

신석기시대 여성의 위계상승을 견인한 에너지가 농업이라면 인류문명의 발단인 농업과 그 주체로서의 여성을 잉태한 자궁은 간빙기라는 것이 고고학계의 공인된 통설이다. 그런데 수백만 년이나 지속된 불임증을 극복하고 갑자기 농업과 그 경작자인 여성이라는 쌍둥이를 단번에 탄생시킨 간빙기의 정체는 실은 빙하기 사이에 나타나는 주기적인 기후현상이다. 그러나 미리 지적할 것은 인류의 채집·수렵활동은 빙하기와 항상 연관되지만 인류의 농업활동과 여성의 중추적 역할은 반드시 모든 간빙기와 연관되지는 않는다는 점이다. 설령 야생곡물의 자생, 대형 초식동물의 멸종, 기온상승 등 경작조건이 보장되고 그리하여 여성이 생산의 주체가 될 가능성이 마련되었을지라도 마찬가지이다. 그것은 간빙기가 제공하는 기후변화를 훨씬 상회하는 자연의 돌연적이

32

면서도 파괴적인 변화가 전제될 때에만 가능한 결과이기 때문이다.

> 매 10만 년 전후를 상거하여 한서寒暑 교체가 한 차례씩 발생한
> 다. 즉 빙하와 해빙 전환기 사이에 이른바 간빙기가 나타난다.[4]

> 매 한 차례의 빙하기는 약 10만 년 동안 지속된다. 빙하기 사이
> 에 조금 온화한 간빙기가 짧게 존재한다.[5]

> 지구는 대체로 10만 년 동안은 따뜻하고 10만 년 동안은 한랭(빙
> 하기)한 주기가 조성된다.[6]

> 기후변화는 2만 년, 4만 년과 10만 년의 주기가 존재한다.[7]

　빙하기 여성의 역할과 무리 내에서의 지위에 대해서는 졸저『구석
기시대 세계 여성사』에서 이미 상세하게 언급했음으로 다시 중복하지
는 않겠다. 다만 빙하기시대는 농업을 위한 기온, 수자원, 야생 곡식의
자생 등 모든 여건이 불비한 탓으로 여성의 역할과 지위가 정자역할 인
지 후로 줄곧 채집·출산·육아라는 하위등급에 만족할 수밖에 없었다는

4　时代生活出版公司原著.『人类文明史图鉴 1 人类的黎明』. 吉林人民出版社·吉林美
　　术出版社. 1999. 12. p.33.
5　时代生活出版公司原著.『人类文明史图鉴 24 自然的历程』. 吉林人民出版社·吉林
　　美术出版社. 2000. 3. p.12.
6　亚历山大·贝尔著. 罗红译.『水文明的崩溃』. 金城出版社. 2011. 11. p.210.
7　夏正楷著.『环境考古学：理论与实践』. 北京大学出版社. 2012. 9. p.88.

점만 상기키고 넘어가려고 한다. 물론 구석기시대에도 여성에게 동굴속 자녀교육을 위한 예술창조 작업 같은 적극적인 측면이 있었으나 무리의 지배권은 여전히 수렵생존 방식에 의존했기에 그 주체인 남성에게 속해 있었던 것도 사실이다. 그렇듯 반복적이고 심지어 주기적으로 나타나는 간빙기에도 불구하고 남성은 수렵을 포기하지 않았으며 여성도 농업을 선택하지 않음으로써 남녀 위계관계는 고착된 채 혁신되지 않았다.

그렇다면 수백만 년이라는 기나긴 구석기시대의 억압에서 탈피하여 자신의 위상을 격상시키기 위해 여성에게 필요했던 것은 무엇보다도 기후의 변화와 그로인해 선택될 농업이었을 것이다. 지금까지 고고학자들의 연구에 따른다면 여성의 굴욕적인 운명을 개선할 유일한 사건은 기후변화, 더 정확히 말해 빙하기의 종결과 간빙기의 등장이라고 할 수 있을 것이다. 하지만 우리는 지금까지의 담론을 통해 지구의 기후역사에서 그렇게 무수한 간빙기가 나타났고 농업의 제반 조건이 제공됐음에도 불구하고 여성의 지위를 향상시킬 농경에 대한 선택은 이루어지지 않았음이 확인되었다. 그렇다면 농업의 전제 조건인 간빙기가 왜 여성의 위계상승에 아무런 도움을 주지 못하다가 유독 특정한 시간—간빙기가 되어서야 돌연히 영향력을 행사했는지가 궁금하지 않을 수 없다.

다음 도표를 감안할 때 간빙기는 농업이 시작된 신석기시대 초반에만 나타나는 현상이 아님을 알 수 있다. 간빙기는 주기적 또는 비주기적으로 나타나는 필수 기후현상이다. 간빙기의 기온상승은 멀리 제3

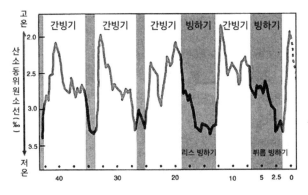

| 사진 2 |

빙·간기 교체

40만 년 동안의 빙하기와 간빙기의 변화를 나타낸 도표이다. 양자가 주기적으로 교체됨을 보여주고 있다.

기(6500만 년 전~250만 년 전까지 6250만 년간) 팔레오세(6500만 년 전부터 5400만 년 전까지)와 에오세(5400만 년 전~3800만 년 전까지 약 1600만 년간)교체기에도 나타나고 있다. "1백만 년 전 제1간빙기…… 40만 년 전부터 15만 년 전에 걸쳐 제2간빙기"[8] 그리고 "7만 5천 년 전경에 끝난 제3간빙기"[9]까지 포함된다. "제3기 두 번의 기후 온난화 시기가 있었는데…… 이 온난기는 10만 년 동안(100ka)이나 지속되며 …… 온도가 최고치에 도달"[10]했다. "기원전 20000~12500년 사이의 기간에도 기후변화의 단기적 사이클이 존재하였으며 기후가 상대적으로 따뜻하거나 춥거나, 건조하거나 습한 시기가 수천 년씩 반복"[11]되었다.

마지막 한차례의 빙하기의 가장 고조기는 기원전 18000년이었

8　『大世界史全15卷』. 正韓出版社. 1976년 2월. p.33.

9　『大世界史全15卷』. 正韓出版社. 1976년 2월. p.41.

10　王绍武编著. 『全新世气候变化』. 气象出版社. 2011. 10. p.13.

11　로버트 웬키 지음. 안승모 옮김. 『선사문화의 패턴 Ⅰ』 서경. 2003년 11월. p.339.

으며 그 후로는 점차 따스해졌다.…… 약 120000년은 마지막 간빙기의 가장 따뜻한 시기였다. 그때의 기온은 가능하게 현재에 비해 2~3° 높았을 수 있다. 그 후 75000년까지 줄곧 마지막 간빙기로 약 50000년 동안이나 지속되었다.[12]

기원전 1만 6천 년경 마지막 빙하기(뷔름빙하기)를 끝으로 대온난화가 시작[13]되어 인류가 농경을 하기 직전인 "1만 3,000년 전 무렵에는 날씨가 장기간 계속 따뜻했다. (몇 가지 연구 결과에 따르면 1만 5000년 전과 1만 3000년 전 사이에 기온이 가장 높게 상승했다.)"[14]

고고학 연구에 따르면 무려 12만 년 전 기온이 현재보다도 2~3° 높았으며 온난기의 시간도 5만 년이나 지속되었지만 농업 같은 건 나타나지 않았으며 기온이 가장 높았던 1만 5천 년에서 1만 3천 년 사이에도 마찬가지 상황이었다고 한다. 빙하기 동안 채집을 하며 식물 또는 야생곡물에 대한 지식이 풍부했을 여성들은 빙하기의 소실과 함께 사라진 사냥감 대신 음식물을 식물에서 취할 수도 있었으면서도 농업을 외면한 것이다. 더구나 농업의 외면은, 여성에게는 단순한 먹잇감 획득 방식의 교체에 그치지 않는다. 남성의 억압을 전복하고 스스로의 위상을 개변할 수 있는 절호의 기회이기 때문이다. 그런데도 여성은 간빙기

12 王紹武等編著. 『現代气象学概论』. 气象出版社. 2005. 10. p.74.
13 정희성 지음. 『전환기의 환경과 문명』. 지모. 2009년 1월. p.79.
14 그레이엄 핸콕 지음. 이종인 옮김. 『신의 사람들 사라진 문명의 전달자들』. 까치. 2016년 2월. p.94.

신석기시대
세계 여성사

의 농업 선택의 기회를 포기한 것이다. 물론 이러한 가정은 기존 고고학 연구의 성과—기후변화가 농업의 원인이라는 가설을 판단의 기준으로 삼았을 때 도출되는 결론이긴 하지만 말이다.

모든 조건이 완비된 몇 차례의 간빙기 동안에 농업이 굴기되지 않았다는 것은 경작 주체로서의 여성 그래서 남성에게서 주도권을 인양한 여성의 형상이 태어나기까지는 또 다른 원인 제공이 전제되어야 함을 역설하는 것이기도 하다. 어쩌면 여성의 지위 향상을 위해서는 지극히 정상적이고 합리적이며 기계적인 기후변화보다는 비정상적이고 불합리하면서도 돌연적인, 폭풍 같은 사건이 필요했을지도 모른다는 은밀한 예감이 벌써부터 조수처럼 밀려들며 붓끝을 전율에 휩싸이게 한다. 왜냐하면 이 무시무시한 예감은 이 책이 논의하게 될 신석시대 여성의 새로운 이미지의 선명한 밑그림이 될 수 있을 것이기 때문이다.

고고학자들은 인류가 농업에 종사하게 된 원인 중에 대형 초식동물멸종과 야생식물 자생도 포함시킨다. 동물멸종은 또 과도한 수렵과 기후변화에서 원인이 제공되는데 사냥감 소실 또는 위축으로 인한 농업으로의 전이를 설명하는 데는 어느 쪽이든 상관없다. 다만 여기서 문제가 되는 것은 동물멸종이 반드시 농업과 연결되는 것인지 아니면 농업과는 상관없는 사건인지에 대한 의문이다. 농업과 반드시 연결되는 것이라면 농업 이전의 간빙기에 발생한 동물멸종도 반드시 농경을 유발했어야 하기 때문이다. 그런데 동물멸종은 수차례나 반복된 사건임에도 불구하고 YD 이전에 농업은 일어나지 않았다는 데 역점을 둘 필요가 있다. 인류는 여전히 수렵을 포기하지 않았을 뿐만 아니라 새로운 생산성 식량자원을 찾아 농업을 선택하지도 않았다. 그런 연유로 인해 채집을 주로 하던 여성은 자신들의 장점을 발휘할 기회를 놓쳤고 결국 남성의 지배 아래에서의 질곡의 삶을 지속할 수밖에 없었다.

기존의 "신석기혁명" 이론에서 여성을 농업의 주체로 될 수 있도록 한 원인 중 하나인 동물멸종의 경우 두 가지의 의미로 귀납될 수 있다. 첫째는 전통적인 식료 내원을 상실한 인류더러 새로운 서식지를 개척하도록 강요한 것이고 다음으로는 주업인 수렵을 상실한 남성의 공동체 내에서의 입지가 위축된 것이다. 본서의 취지에서 볼 때 후자가 더 중요하나. 얼핏 동물멸종은 새로운 서식지에서의 남성과 여성의 위치와 역할에 영향을 미치는 것으로 보이기 때문이다.

그러나 단순히 동물멸종이 농업 전환의 원인이라면 남성은 기존의 견고한 지배기반과 역량을 고스란히 간직한 채 서식지를 이동했을 것이 틀림없다. 최초의 농업이 가을의 야생곡물의 수확과 운반과 같은 농사일이었다면 이런 단순체력노동에서 남성이 여성에게 뒤질 하등의 이유도 없을 것이다. 한 걸음 더 나아가 선종과 재배 또는 파종·제초·수확·타작·가공이라는 농업노동 역시 기술이나 전문지식이 배제된 체력노동임으로 남성이 여성보다 못할 가능성은 거의 없다. 심지어 남성은 이런 농사일을 하는 한편 겨울과 같은 농한기에는 수렵도 겸할 수 있기에 경제생활 영역에서의 역할 범위가 확대될 수밖에 없다. 환언하면 동물멸종과 같은 단순 원인에 의한 농업 전환만으로는 우리가 신석기시대 여성에게서 볼 수 있는 그런 눈부시게 향상된 위상을 기대할 수 없다는 결론에 도달하게 됨을 인정할 수밖에 없다는 뜻이다.

그리고 또 한 가지 짚고 넘어가야 할 것은 이른바 대형 초식동물 멸종은 농업을 탄생시키기 위해 발생한 단 한 차례의 사건이 아니라 수차례 반복된 현상이라는 사실뿐만 아니라 "사냥과 생태시스템에 대한 인류의 파괴 등 인류의 개입"[15]이 있기 전부터 존재했던 사건이라는 점이다. 만일 동물멸종이 간빙기 교체와 같은 정상적인 기후변화에만 의존한 결과라면 "빙하기 동물의 주거환경에 대한 영향이 가장 적은 지역"인 "오스트레일리아에서 10만 년 동안에 대형동물의 86%가 멸종"[16]한 사건에 대해 설명할 길이 없을 것이다. 결국 이러한 정보들은 동물멸종의 가능성은 정상적인 기후변화거나 인류의 수렵활동 이상의 그어떤 자극적인 자연변화가 전제될 수밖에 없다는 추측에 명분을 배당해준다.

공인된 대멸종은 모두 다섯 차례다. 죄다 고생대 및 중생대에 발생했다. 그러나 멸종 비율이 꽤 높은 사건은 다섯 차례에만 그치지 않는다. 캄브리아기 이래 적어도 29차례 발생했다. 다만 대다수의 멸종이 이 다섯 차례에 비해 약했다.
대멸종 발생의 원인은 매번 대멸종 분석마다 모두 부동한 견해가 존재한다. 할람 모비우스Hallam와 폴 위그널Wignall은 14차례

---

15 庞廷(Ponting, C.)著. 网易·张学广译. 『绿色世界史』. 上海人民出版社. 2002. 8. p.39.
16 庞廷(Ponting, C.)著. 网易·张学广译. 『绿色世界史』. 上海人民出版社. 2002. 8. p.39.

의 멸종 원인을 총결한 결과 대체로 여섯 가지로 귀납했다. (1) 유성(불덩이 유성, 화구bolide)으로 일반적으로 E₅가 발생의 원인으로 간주된다. 그러나 기타 13번의 꽤 큰 멸종 사건에서는 유사한 증거를 찾아낼 수 없다. (2) 화산폭발인데 E₃이 원인이다. 팔레오세의 3차례 멸종에서 중요한 역할을 했을 수 있다. (3) 원인은 한랭으로 14차례의 멸종 중에서 7차례나 한랭의 증거가 있으며 그중 여섯 차례는 해수면의 저점低点이다. (4) 페름기 말 E₃과 팔레오세 말의 멸종은 기후온난변화가 함께 나타난다. (5) 14차례 중 7차례는 해퇴regression가 부수적으로 나타난다. (6) 14차례 중 12차례가 해침transgression이 함께 나타나는데 주로 산소 결핍에 의한 것일 수 있다.[17]

14차례의 멸종 원인 중에 한랭과 온난과 같은 기후변화에 의한 경우는 (3)번 하나뿐이다. (4)·(5)·(6)번의 경우는 기후와의 연관성이 없지는 않지만 모두 부수적인 현상으로 나타난다. 반면 (1)·(2)번의 경우가 주목되는데 기후와는 상관없이 유성과 화산과 같은 돌발성 재난이 동물멸종의 원인을 제공하고 있다는 점에서 눈길을 끈다. 그런 만큼 가장 최근에 발생한 "기원전 1만 4천 년에서 기원전 9천 500년 사이 매머드 등 대형 초식동물 개체수가 크게 감소하고 일부 종들은 멸종"[18]한 사건

---

17 王绍武编著. 『全新世气候变化』. 气象出版社. 2011. 10. pp.7~9.
18 정희성 지음. 『전환기의 환경과 문명 지모』 2009년 1월. p.79.

의 원인도 반드시 기후변화와 연계시켜서 고찰할 필요는 없다는 결론이 나온다. 반복하지만 신석기시대의 새로운 이미지의 여성을 탄생시킬 만한 이유를 장착한 또 다른 원인이 필요하기 때문이기도 하다. 그 원인은 남성의 기존의 지배권을 붕괴시킬 만한 저력을 가지고 있어야만 할 것이다. 그러한 파괴적인 붕괴가 전제되지 않고 단순한 농업생산의 전환만으로는 여성의 주도권이 생성될 수 없기 때문이다.

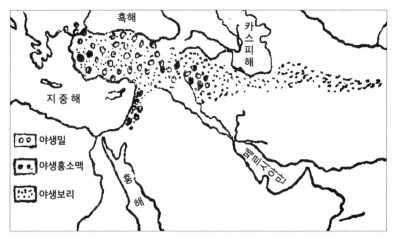

| 사진 3 | 서아시아 야생식물 분포도

연구에 따르면 야생밀과 보리는 이미 13000년 또는 그보다 훨씬 이른 시기인 15000년 전에 이미 서아시아와 자그로스산 지역에 자생하고 있었지만 농업은 10000년 전후에야 시작되었다.

기존의 고고학이 농업 발생의 원인으로 제시한 또 하나의 조건은 야생곡물의 자생이다. 특히 중근동에서 야생밀의 자생 시기와 분포는 신석기 농업의 시작과 긴밀하게 연관되어 있다. "덴마크의 고고학자인

헬베크를 비롯한 연구자들의 고고학적 자료에 의하면 터키, 이라크 그리고 이란에서는 기원전 8000~5000년의 선사시대 유적에서 1립계 야생형이 출토"[19]되었다. 야생종의 분포지역으로는 현재의 기준으로 볼 때 "그리스·발칸·트란스코카서스·터키·시리아·이라크 그리고 이란"[20]에 걸쳐 널리 자생되고 있다.

이 자료의 신빙성을 인정할 때 농업 요건을 구비한 수차례의 간빙기를 모두 지나쳐 유독 1만 년 전의 특정 간빙기에 와서야 농업이 행해진 것은 야생밀이 자생하기를 기다렸다는 결론에 이를 수밖에 없다. 환언하면 야생밀은 기원전 8000~5000년 전에는 자생하지 않았으며 그리하여 앞선 간빙기에 농업이 발생하지 않았다는 의미가 된다. 하지만 이러한 견해에 모든 학자들이 동감하는 것은 아니다. 일본 학자 다나카 마사타케만 해도 야생밀의 자생이 떡갈나무와 공존한다는 사실을 단서로 독자적인 연구를 진행하여 야생 4배종의 자생 시기를 훨씬 앞당겨 놓았다.

> 떡갈나무는 13000년 전(C_{14}로 연대측정. 이하 같음)경부터 자그로스산맥에 분포하여 떡갈나무와 피스타치오나무의 사바나지대를 형성하고, 이전부터도 이 지역은 상당히 따뜻하고 건조한 기후였다. 이 시대는 맥류의 화분이 보이기 때문에, 이미 1립계 밀

---

19 다나카 마사타케 지음. 신영범 옮김. 『재배식물의 기원』 전파과학사. 1992년. 2월. p. 50.
20 다나카 마사타케 지음. 신영범 옮김. 『재배식물의 기원』 전파과학사. 1992년. 2월. p. 49.

이나 Ae. speltoides가 떡갈나무와 함께 자생하고 있었다고 추정된
다.[21]

다나카 마사타케는 자신의 야심찬 연구를 통해 야생밀의 자생 시
기를 1만 년 전(즉 기원전 8000년)에서 1만 1천 년으로 잡아 무려 3000년
이나 소급시킴으로써 1만 년 전 야생밀의 자생의 시작으로 농업이 가능
해졌다는 고고학계의 케케묵은 신화를 단번에 깨뜨려버렸다. 그의 주
장에 따르면 야생밀의 자생 조건인 따뜻함과 건조한 기후는 13000년
전부터 자그로스산 지역에 존재했었다. 적정 온도와 건조함이 전제되
어서 야생밀과 공생하는 떡갈나무가 자랄 수 있었다면 야생밀의 자생
도 가능했을 것은 두말할 것도 없이 자명한 일이다. 그런가 하면 맥닐
J.R.McNeill은 마사타케보다도 한술 더 떠 야생밀의 자생 연대를 멀리 1만
5천 년 전으로 앞당긴다.

지금으로부터 약 1만 5천 년 전 따스하고 습윤한 기후는 밀이 산
비탈과 평야 그 어디에나 생장하도록 만들었다. 이처럼 넓디넓
은 지역에서 인구가 아주 적은 몇 개의 인류 공동체는 잘 여문 이
런 밀이삭들을 수확함으로써 한 해의 대부분 생계를 이어갈 수
있었다. 시나이반도에서부터 지금의 시리아 남쪽 변경 지역까지
이르는 이 지역에서 나투피안Natufian이라 불리는 이런 종류의

---

21   다나카 마사타케 지음. 신영범 옮김. 『재배식물의 기원』. 전파과학사. 1992년 2월. p.65.

유적들은 우리에게 당시 이곳의 사람들이 어떻게 생활했고 노동했는가 하는 정보를 제공해준다.……

약 1만 5천 년 전 이 지역(서남아)의 일부 산비탈의 야생밀과 보리의 무성함은 인류를 이곳으로 불러들여 장기 정착하게 할 만했다.[22]

게다가 이 지역 즉 근동에서는 농경사회에 필요한 갈돌·맷돌·돌절구와 돌낫이 기원전 1만 5천 년 전 유적에서 발견[23]되고 있다. 자생하는 야생곡물이 없었다면 이것들은 무용지물이었을 것이다. 이런 농업생산 도구들이 "결코 농업에 종사한 적이 없는" "견과(특히 상수리열매)와 장과漿果를 가는데 사용되었을 가능성"[24]을 제기하는 이들도 있지만 그것은 어디까지나 학자에 따른 개별적인 견해일 따름이다.

약 18000년 전 최후의 빙하기가 끝난 다음 전 지구의 기후는 따스하게 변했다. 기온상승에 따라 강우량도 증가했다. 중동에서 이러한 새로운 기후는 밀과 기타 곡물의 생장에 매우 적합해졌다. 그리하여 이런 작물들도 왕성하게 번식했다.…… 심지어 인류가 불을 질러 삼림과 관목림을 태우는 일은 밀의 생장을 도와

22 约翰.R.麦克尼尔.J.R.Mcneili等著. 王晋新等译. 『人类之网：鸟瞰世界历史』 北京大学出版社. 2011. 7. pp. 21~26.
23 庞廷Ponting, C.著. 网易·张学广译. 『绿色世界史』 上海人民出版社. 2002. 8. p. 45.
24 庞廷Ponting, C.著. 网易·张学广译. 『绿色世界史』 上海人民出版社. 2002. 8. p. 45.

주는 것과 다를 바 없었다. 큰불은 수목과 관목을 없애버림으로써 밀과 기타 잡초들이 광선, 수분과 양분을 독점할 수 있도록 해 주었다.[25]

이스라엘 학자 유발 하라리Yuval Noah Harari는 야생밀의 자생 시기를 18000년 전 턱밑까지 끌어올리고 있다. 뿐만 아니라 야생밀의 자생 지역을 이른바 농업의 기원지라고 공인된 중동으로 못 박고 있다. 야생 곡물 자생이 농업이 시작된 1만 년 전이 아닌 훨씬 이전이었다는 사실은 다른 고장에서도 입증되고 있다. 중국에서는 야생벼도 아닌 재배벼 경작 시기가 적어도 1만 년 이상 된다. "강서만년선인동江西万年仙人洞과 조통환吊桶环유적과 호남영주도현옥섬암유적湖南永州道县玉蟾岩遗址에서는 각각 14000~9000년 전과 14000~12000년 전의 재배벼 유물이 발견"[26]되었다. 그렇다면 야생벼의 자생 시기는 이보다도 훨씬 앞설 것이 틀림없다. 종합해 볼 때 인류가 농업에 종사할 수 있는 시기는 적어도 중동의 경우에는 18000년 이후, 중국에서는 14000년 전에 벌써 모든 가능성이 주어졌다는 말이다.

물론 동물멸종과 야생밀만 자생한다고 농업이 가능하며 그에 따라 여성의 주도적 지위도 확보될 수 있었다는 건 아니다. 동식물의 변화와 거기다가 간빙기 기온과 해수면 상승까지 추가해도 농업이 발생

25 尔·赫拉利著. 林俊宏译. 『人类简史 : 从动物到上帝』. 中信出版社. 2014. 11. p.84.
26 俞为洁著. 『中国史前植物考古』. 社会科学文献出版社. 2010. 9. p.47.

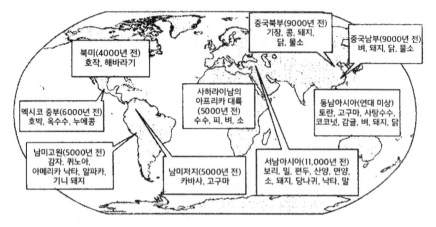

| **사진 4** | 농업 발생 시기

야생곡물 자생 시기가 15000년 이전임에도 전 지구적으로 농업의 기원 연대는 서남아시아의 경우는 11000년이며 중국의 경우도 9000년밖에 안 된다. 북미와 남미는 그보다도 더 늦은 시기이다.

하기에는 아직도 에너지가 결여되었다는 점을 반드시 지적해야겠다. 같은 기후변화임에도 특정한 시기에 돌발적으로 농업이 실행되었으며 여성이 그 수혜자가 될 수 있었던 데에는 반드시 그에 상응하는 원인 제공이 필요하다. 여성의 지위 향상을 위해서는 정상적이고 합리적인 기후변화보다는 비정상적이고 돌연한, 폭풍 같은 것이 필요할지도 모른다고 언급했던 앞서의 예감이 벌써 분명한 윤곽을 드러내며 형태가 떠오른다. 다시 한번 반복하지만 이 무시무시하고 불가사의한 예감은 이 책이 논의하게 될 신석기시대 여성의 새로운 이미지의 선명한 밑그림이 될 것이다. 그래서 더구나 이 예감에는 여성이 폭력적인 혁명이 없이도 남성의 지배권을 자연스럽게 인수할 수 있었던, 설득력이 충만한 그 무엇이 반드시 포함되어야만 한다. 환언하자면 여성이 남성의 전통적 권력을 무장해제할 만큼의 강력한 외적인 충격이 작동해야만 한다는 것이다. 우리는 지금부터 신석기시대에 화려하게 이미지 변신을 한, 새로운 여성을 탄생시킨 그 막강한 원동력을 찾아 미지의 선사시대 탐험을 위해 담론의 타임머신에 승차할 것이다.

ㄴ. 대충돌과 자연변화

우리는 앞의 담론에서 간빙기가 여러 차례 반복되면서 기온상승, 야생곡물 자생, 대형 초식동물멸종 등 농업의 제반 조건을 죄다 제공했음에도 불구하고 생존 방식 전환이 결행되지 않았음을 알게 되었다. 그렇다면 빙하기와 간빙기 교체라는 이 정상적인 기후변화만으로는 인류가 수백만 년 동안이나 지속해온 채집·수렵 생활방식을 포기하고 농업을 선택하도록 자극하는 추동력으로는 아직 부족함을 인지할 수밖에 없게 되었다. 단순히 빙하기와 간빙기 교체에 의한 기후변화로 전환된 농업이라면 야생곡물 수확이나 순화 작업 또는 체력·지력 면에서 모두 우월한 남성이 여성에게 뒤질 확률은 거의 없다고 해야 할 것이다. 여성과 함께 농업에 종사하게 되었을 때 남성공동체가 약화 또는 숫자상의 열세와 같은 부대조건이 전제되지 않은 채 여성이 주도한 채집과 농업의 유사성만으로 전통적 남성의 지배권이 공중 분해된다는 주장에는 설득력이 결여되어 있다고 봐야 할 것이다. 그런 만큼 반드시 채집·농경이라는 조건을 넘어서는, 여성의 강세를 보장할 수 있는 보다 강력한 자연적인 충격이 전제되어야 한다는 필요성이 이 지점에서 제기될 수밖에 없다.

우리는 이즈음에서 앞에서 언급한 적이 있는 대형동물멸종 사건의 원인에 대해 돌이켜볼 필요가 있다. 동물멸종 원인 중에서 앞의 두 가지는 모두 자연재해라는 대목을 소홀하게 지나쳐서는 안 된다. 인류는 정상적인 시스템 안에서 교체되는 기후변화에는 적응할 시간적 여유가 충분하지만 유성 즉 혜성충돌이나 화산과 같은 돌발적인 사태 앞에서는 적응하고 대처할 시간적 여유가 불충분하다는 것은 자명한 일이다. 이러한 돌발적인 재난 앞에서 인류는 속수무책으로 죽임을 당하거나 또는 구사일생으로 살아남은 자들은 그 위험 지역을 신속하게 떠나는 방법밖에는 별다른 대응수단이 없기 때문이다. 물론 우리는 그렇게 구사일생으로 살아남은 행운아들의 다수가 여성이라는 것을 아래의 담론에서 곧 알게 될 것이다.

우리가 말하는 이른바 돌발재난이란 쉽게 말해 신석기시대 초반에 발생한 혜성과 지구의 대충돌을 말한다. "혜성은 속칭 빗자루별"[27]이라고 하는데 아리스토텔레스를 비롯한 고대 유럽 학자들은 "혜성이 하늘의 천체가 아니라 지구 대기 중의 현상"[28]이라고 간주했다. 그러다가 16세기에 덴마크의 천문학자 티코 부라헤Tycho Brahe,1546-1601에 이르러서야 "혜성은 천체이지 지구 대기 중의 현상이 아님을 확정"[29]했다. 중국 문헌에는 기원전 2300여 년부터 기원 1911년까지 혜성에 관한 기록이 554차례나 등장한다. "혜성의 발견은 매년 평균 약 10개가 되며 매 5

---

27 卞德培·张元东编著. 『生活中的天文学』. 人民出版社. 1997. 8. p.189.
28 徐登里等编著. 『彗星漫谈』. 科学出版社. 1975. 7. p.4.
29 徐登里等编著. 『彗星漫谈』. 科学出版社. 1975. 7. p.4.

년마다 하나의 비교적 밝은 혜성을 육안으로 관찰 가능"[30]하다.

만일 혜성이 그의 궤도를 따라 운행한다면 태양 인력 이외에는 기타 외부 인력을 받지 않는다. 따라서 그의 속도는 개변되지 않으며 궤도 형태도 변하지 않는다. 그러나 태양 주위에 행성이 존재하기에 혜성은 그 옆을 지나갈 때, 특히 목성과 토성을 지나갈 때 이 두 행성의 질량이 크기 때문에 그들과 거리가 가까워진다면 혜성에 대한 그들의 인력引力은 뚜렷해진다. 행성 인력의 영향을 받은 혜성은 궤도·속도와 방향이 개변되고 궤도 형태도 개변된다. 이것을 "섭동攝动"이라 한다.[31]

수많은 소행성과 혜성들은 지구의 섭동을 쉽게 받아 그들의 원래의 궤도를 개변하여 지구와 부딪칠 가능성이 있다.[32]

실제로 혜성은 지구와 크고 작은 충돌이 빈번했다. 예를 들면 6500만 년 전 백악기—제3기에 발생한 지구와 소행성의 충돌, 17억 년 전 캐나다 토론토에서 발생한 혜성과 지구의 대충돌, 약 2만 5천 년 전에 발생한 미국 애리조나주에서의 지구와 혜성의 충돌, 1908년 구소련 이르쿠츠크의 퉁구스카강에서의 지구와 혜성의 충돌 등이다. 이 밖에도

---

30 徐登里等编著.『彗星漫谈』. 科学出版社. 1975. 7. p.9.
31 徐登里等编著.『彗星漫谈』. 科学出版社. 1975. 7. p.16.
32 胡中为.徐登里编著『彗星十讲』. 科学出版社. 1986. 4. p.125.

| 사진 5 | 1908년 구소련 시베리아 퉁구스 대폭발

폭음은 1000km까지 들렸고 폭발 에너지는 히로시마 원자탄의 두 배였다. 삼림화재로 나무들은 모두 불타버렸다. 다행이도 인적이 드물어 인명피해는 없었다.

1994년 7월의 혜성과 목성의 충돌 사건도 있다. 슈메이커 레비Shoemaker-Levy 제9호 혜성이 줄을 지어 목성과 충돌했는데 "방출된 총 에너지량은 40만 억 톤의 TNT 폭약이 폭발할 때 내는 에너지와 맞먹는다. 순간적으로 산생하는 고온은 가능하게 30,000도 섭씨에 접근한다. 이러한 충돌이 만일 지구에서 발생했다면 당연히 전 지구적인 대재난이 일어났을 것이며 일부 생물종의 대멸종도 절대 피면하지 못했을 것"[33]이다.

첫 번째 경우 "직경 8km 되는 하나의 소행성이 지구와 충돌했는데 그 결과 화산이 폭발한 것처럼 전 지구는 먼지와 연기에 뒤덮였으며 구름층은 두껍고도 밀집해 5년 동안이나 햇빛이 지면에 이르지 못함으로써 푸른 풀과 녹색 잎 식물들이 자랄 수 없었다. 공룡과 수많은 초식동물 종들 및 햇빛에 의존해 살던 생물들이 멸종"[34]되었다. 두 번째 경

33 卞德培. 张元东編著. 『彗星十讲』. 人民出版社. 1997. 8. p. 193.
34 卞德培. 张元东編著. 『彗星十讲』. 人民出版社. 1997. 8. p. 128.

우는 충돌에 의해 58×26평방미터 되는 하나의 타원형의 운석 구덩이가 생겨났다. 세 번째 경우에는 "직경이 25m정도의 페로니켈ferronickel 소행성 하나가 매초 15km의 속도로 지구에로 돌진하여 직경 1.2km, 깊이 170m의 운석 구덩이를 만들었다. 폭발 에너지는 1,300만 톤의 TNT 폭약에 상당"[35]하다. 네 번째 경우, 이른바 "퉁구스 사건" 때는 "불빛은 사방 1백여km 내에서 모두 볼 수 있었다. 그 소리는 1천km 밖에까지 들렸으며 페트로그라드와 영국의 기상대에서도 충격파를 기록했다. 추정에 따르면 폭발 에너지는 1천만 톤 TNT 폭약에 상당했다. 히로시마 원자탄 위력의 약 두 배"[36]이다.

> 1908년 6월 30일, 시베리아 퉁구스 지역 상공에서는 한차례의 대폭발 현상이 발생했다. 거대한 폭음은 1,000km 이내의 사람들이 다 들을 수 있었다. 이어서 삼림화재가 일어났다. 몇 백km 이내의 나무들이 모두 타버렸다. 다행히도 이곳은 인적이 드물어 인원 사망은 적었다.[37]

"퉁구스 사건" 폭발과 산림화재가 큼에도 수많은 초식동물 종들 및 햇빛에 의존해 살던 생물들의 멸종만 초래했을 뿐 인명피해가 적었던 것은 이곳이 인적이 드물기 때문이었다는 설명에 주목할 필요가 있

35 卞德培.张元东编著.『彗星十讲』. 人民出版社. 1997. 8. p.127.
36 卞德培.张元东编著.『彗星十讲』. 人民出版社. 1997. 8. p.126.
37 卞德培.张元东编著.『生活中的天文学』. 人民出版社. 1997. 8. p.192.

다. 만일 이곳에도 사람이 살았다면 동물과 함께 멸종되었을 거라는 추측이 가능하기 때문이다. 물론 피신할 수 없었던 동물이나 수렵에 나섰던 남성들의 인명피해가 컸을 것은 자명한 일이다. 만일 이러한 천체충돌이 구석기시대의 크로마뇽인이 살고 있던 유럽과 중동에서 발생했다면 그 결과는 불을 보듯 선명할 것이다. 그런데 이러한 사건이 상상 속에서가 아니라 실제로 이곳에서 발생했다. 뿐만 아니라 필자가 예견한 대로 수렵으로 인해 야외에서 활동하던 남성들의 인명피해가 치명적이었다. 그런데 신기하게도 이 사건으로 어부지리를 얻은 것은 의외로 약자인 여성들이었다. 그와 같은 행운은 순전히 그녀들을 보호해준 천연 은신처인 자연동굴과 바위 그늘이었다. 그리하여 구석기시대와는 변별적인 신석기시대의 여성중심의 특이한 선사 무대의 신비로운 커튼이 기적 같이 열린 것이다.

신석기시대 농업과 여성중심의 사회에 영향을 준 대충돌 사건은 다름 아닌 영거 드라리어스 지역Younger Dryas Boundary, YDB에서 1만 2800년 전에 발생한 혜성과 지구의 충돌 사건을 말한다. 여기서 우리의 담론은 대충돌 사건을 다룬 그레이엄 핸콕의 저서 『신의 사람들』을 텍스트로 전개될 것이다. 핸콕은 매우 구체적인 자료와 증거들을 제시하면서 대충돌 사건의 신빙성과 학술성을 진지하게 역설하고 있어 주목된다.

1만 2800년과 1만 1600년 사이에 우리 지구에는 인류 멸종 수준의 대격변이 발생했다. 그 사건이 미친 파급효과는 전 세계적인

것이었고 인류에게 아주 심대한 영향을 미쳤다.[38]

학자들은 2014년 9월 『지질학 저널』에 발표한 논문들에서 영거드라이어스 영향권 안에 든 여러 나라들로부터 채취한 시료들 속에 나노다이아몬드가 많이 들어있다는 증거를 내세워 대충돌가설을 입증하려고 시도했다. "나노다이아몬드는 아주 미세한 다이아몬드를 가리키는 용어로서 엄청난 충격, 압력과 발열 등의 희귀한 조건들 속에서만 형성되며 혜성 혹은 소행성의 강력한 충돌을 증언하는 특징적 지문─과학계의 용어로는 '대리물proxy'─로 인식"[39]된다. 그러면 그 번 충돌의 위력과 파장 범위 그리고 피해는 과연 어느 정도일까 궁금해지지 않을 수 없다.

영거드라이어스 혜성의 폭발력은 1000만 메가톤의 규모이다. 이것은 일찍이 실험된 가장 대규모의 핵무기인 소련의 차르 원자폭탄보다 그 효과가 200만 배는 더 큰 것이고, 오늘날 전 세계에 보관되어 있는 핵무기의 예상 폭발력(1만 메가톤)보다 1000배나 더 큰 것이다.[40]

---

38 그레이엄 핸콕 지음. 이종인 옮김. 『신의 사람들 사라진 문명의 전달자들』. 까치. 2016년 2월. p.13.

39 그레이엄 핸콕 지음. 이종인 옮김. 『신의 사람들 사라진 문명의 전달자들』. 까치. 2016년 2월. p.119.

40 그레이엄 핸콕 지음. 이종인 옮김. 『신의 사람들 사라진 문명의 전달자들』. 까치. 2016년 2월. p.127.

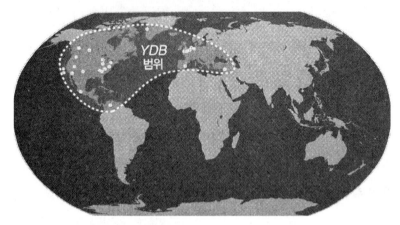

| **사진 6** | 대충돌의 충격 범위

대충돌의 충격 범위는 진원지인 아메리카는 물론 유럽과 인류문명의 발상지 서아시아까지 확장되고 있다. 이 대충돌 사건의 발생으로 인해 인류는 수렵생존공간인 유럽의 산지를 포기하고 소아시아의 고원지대를 거쳐 서아시아평야로 이동하여 농업을 시작했다.

혜성은 대기권에서 여러 조각들로 분열되어 거대한 불덩이로 폭발했다.[41] 가공할 폭발력과 거대한 불길은 그에 해당하는 어마어마한 파괴력과 살상력을 가지고 있었을 것이 틀림없다. 2차대전 당시 일본 히로시마에 투하한 원자폭탄에 이날 사망 7만 8000명. 부상자와 행방불명 5만여 명, 방사능 후유증 등으로 앓다가 죽은 이들까지 모두 24만 명이 원폭의 피해를 입었다는 사실을 감안할 때 그 파괴력은 가히 상상할 만하다.

충격 범위는 "약 5000만 제곱킬로미터…… 지구의 10퍼센트 이상

---

41 그레이엄 핸콕 지음. 이종인 옮김. 『신의 사람들 사라진 문명의 전달자들』. 까치. 2016년. 2월. p.120.

신석기시대
세계 여성사

지역에 충격을 가했으리라고 판단"[42]된다. 대충돌은 북아메리카에만 국한되지 않고 세계 방방곡곡 특히 인류문명의 발상지인 중동과 유럽까지도 광범하게 퍼져나갔다. 혜성은 대기권에서 여러 조각들로 분열되어 거대한 불덩이로 폭발했다. 그 잔해는 멀리 유럽까지 날아가서 떨어졌다. 그중에서 터키·레바논·시리아는 인류의 첫 농업이 시작된 유적들이 발굴된 곳이기도 하다. 그렇다면 우리가 예상했던 대충돌로 인한 남성의 인명피해도 이제는 현실로 한걸음 더 다가서는 셈이다.

> 파편들 중 일부는 곧 공중에서 폭발했고, 다른 것들은 남동 방향으로 대서양을 건너가서 유럽의 빙원을 강타했으며, 또 다른 것들은 좀 더 공중에 표류하면서 터키·레바논·시리아 근처의 중동으로 흘러가서 그곳에서 최후의 충돌 비를 내렸다.[43]

> 또한 충돌의 중심지로부터 바다와 대륙을 건너 혜성충돌 효과가 미친 지역 중에서 아주 먼 곳인 중동 지역에서도 그와 유사한 이야기들이 발견되었다. 이 말은 혜성 잔해물이 "흩뿌려진 지역"이 현재 알려진 5000만 제곱킬로미터에 국한한다는 뜻은 아니다. 이것은 그 이외의 다른 지역들에서 나온 시료를 대상으로 나노다이아몬드, 자기 빛 유리 소구체, 녹은 유리, 플래티넘, 기타 충

---

42 그레이엄 핸콕 지음. 이종인 옮김. 『신의 사람들 사라진 문명의 전달자들』. 까치. 2016년. 2월. p.142.

43 그레이엄 핸콕 지음. 이종인 옮김. 『신의 사람들 사라진 문명의 전달자들』. 까치. 2016년. 2월. p.145.

돌의 표시가 되는 대리물 등에 대해서 광물 표본 조사를 하지 않았다는 뜻일 뿐이다. 지금까지 수행된 연구의 범위 내에서, 북아메리카에서 가장 멀리 떨어진 지역으로서 영거 드라이어스 혜성의 존재나 효과를 증명하는 고고학적 유적지는 시리아에 있는 아부 후레이라이다.[44]

이러한 대충돌 사건에서 파괴력은 유성비의 직접적 피해와 함께 "전 대륙이 불타오르는" "엄청남 화재"와 연기·화산·지진 및 충격으로 녹아내린 빙하로 이루어진 대홍수이다. 당시는 마침 간빙기를 맞아 숲이 무성해 졌을 때여서 화재를 더 키웠다. 불길은 숲을 따라 대륙으로 신속하게 번져나갔다. 이때 숲 속에서 살아가던 동물이나 사냥꾼들은 기세 사납게 타오르는 산불 앞에서 속수무책으로 목숨을 내놓을 수밖에 없었을 것이다.

제임스 케넷은 혜성충돌의 결과로 엄청난 화재가 북아메리카를 뒤덮었고 많은 포유류 동물들을 죽였으며 클로비스문화를 갑자기 종식시켰다고 주장한다.[45]

매머드·마스토돈·지상의 나무늘보·말·낙타·거대한 비비, 기타 대

---

44 그레이엄 핸콕 지음. 이종인 옮김. 『신의 사람들 사라진 문명의 전달자들』. 까치. 2016년. 2월. p.172.
45 그레이엄 핸콕 지음. 이종인 옮김. 『신의 사람들 사라진 문명의 전달자들』. 까치. 2016년. 2월. p.120.

| 사진 7 | 남성 수렵자들

구석기시대에 남성들은 주로 수렵에 종사했다. 수렵 대상이 야생동물이기에 남성들은 항상 동물들과 같은 공간에 있을 수밖에 없었다. 결국 대충돌 당시 동물이 멸종됨과 함께 남성 사냥꾼들도 대량으로 인명피해를 당할 수밖에 없었다.

형동물들만 멸종된 것은 아니었다. 전체적으로 35개 이상의 속屬(각 속에는 여러 종이 있다.)에 속하는 북아메리카 포유류가 1만 2900년과 1만 1600년 전 사이, 그러니까 신비한 영거드라이어스 한랭시대에 멸종했다. [46]

동물의 대량 멸종은 통상적인 경우에 그 동물과 동일한 장소에서 사냥하는 남성 수렵자들의 "멸종"을 동반할 수밖에 없다. 그리고 동물과 남성의 멸종은 북아메리카에만 특유한 현상일 수 없다. 대충돌의 영향을 받은 모든 대륙에서 동일한 상황이 벌어졌을 것이기 때문이다. 물론 이러저러한 이유 때문에 재난을 우연하게 모면하고 살아남은 남자들도 있었을 것이지만 수렵에 동원되어 야외에서 동물들과 함께 있었던 남자들의 인명피해는 피할 수 없을 것이다. 무엇보다 중요한 것은 수렵에 차출된 남자들은 무리 내에서 가장 건장한 청장년일 것이라는

---

46   그레이엄 핸콕 지음. 이종인 옮김. 『신의 사람들 사라진 문명의 전달자들』. 까치. 2016년. 2월. p.124.

사실이다. 인명피해로 인한 남자들의 부재가 바야흐로 서막을 여는 신석기시대에 새로운 활력소를 주입할 수 있을 거라고는 그 당시에는 누구도 몰랐었다. 인류에게 그것은 그냥 한 차례의 말할 수 없는 엄청난 재난이었을 따름이다. 그리고 우리의 신석기시대 새로운 여성사는 여기서부터 그 의미심장한 첫 걸음을 옮겨 놓을 것이다.

아래의 담론에서 전개되겠지만 남성의 대량 사망은 시초에는 여성에게는 불행이었고 재난이었을 것이 틀림없다. 남성은 그들의 전문기술노동인 수렵을 통해 무리에 단백질식료를 제공하는 공급원이었을 뿐만 아니라 동시에 포식자들의 위협으로부터 무리의 안전을 보장하는 보호자이기도 하기 때문이다. 단백질식료와 포식위협으로부터의 보호는 여성이나 어린이·노약자들에게는 없어서는 안 될 필수조건이다. 일단 대충돌로 인해 그 방어벽이 붕괴되자 위협에 노출된 여성과 어린이·노약자 무리는 대재난으로 들이닥친 죽음의 위험과 공포에 대처하기 위해 약한 힘이나마 연대하여 산에서 내려왔으며 고원생활의 과도기를 거쳐 평야의 강변으로 이동한 후 취락을 형성하고 집을 지은 다음 자신들이 익숙한 채집·야생곡물 수확부터 시작했다. 그런데 여성이 위험과 공포에 대처하고 기아를 극복하기 위해 개발한 취락과 가옥 그리고 농업은 뜻밖에도 악재를 호재로 바꿔놓는 기염을 토하게 된다. 물론 그와 같은 호재는 거시적인 관점에서는 인류문명을 위한 것이었지만 미시적인 관점에서는 여성의 위상과 이미지를 격상하는 데 일조하게 된다. 이 부분에 대해서는 아래의 담론에서 자세히 검토하기로 하고 여기서는 이만 접는다.

다만 한 가지 미리 짚고 넘어가야 할 것은 여성이 주도한 농업은 선택이 아니라 핍박이었다는 사실이다. 결코 여성은 남자들의 기존의 지배권을 찬탈하고 그 권력을 자신들의 수중에 장악하기 위해 농업을 전략적으로 수용한 것은 아니라는 말이다. 농업은 죽음의 위기에 몰린 여성들이 남성들을 잃고 외롭게 사경에서 헤매다가 어쩔 수 없이 부여잡은 생명의 마지막 끈이었다. 남성들이 부재하는 공간에서 그들이 할 수 있는 일은 이것뿐이었다. 그리고 그 끈이 여성에게는 물론 인류 전반에 문명이라는 혜택이 수혈된 통로 역할을 하게 된 것도 전혀 우연의 일치에 불과한 것이었다. 물론 여성은 농업을 통해 주도권을 장악했지만 결국 자신을 보호하기 위한 가옥에 의해 다시 지배권을 남성에게 넘겨주게 되는데 이는 나중에 전개할 담론으로 남겨 놓는다.

2) 대재난·농업과 여성의 지위

ㄱ. 대재난과 남녀 관계 변화

대충돌은 인류의 유구한 생존 방식을 전복시켰지만 여성의 입장에서는 그보다도 더 중요한 남녀 관계를 역전시키는 계기가 되었다. 대충돌 때 동물멸종—수렵물로서의 동물과 수렵자로서의 남성의 운명은 공간상에서나 시간상에서 죄다 한데 엮여 있을 수밖에 없다. 사냥감이 어디 있으면 사냥꾼도 그곳에 있었을 것이며 동물이 출몰하는 시간이 남자들이 나타나는 시간이기도 하다. 그렇다면, 대충돌이 동물의 멸종을 유발했다면 같은 장소, 같은 시간에 함께 했을 수밖에 없는 남자 수렵자들도 공멸했을 거라는 앞의 담론에서 내린 판단은 충분한 설득력을 얻을 수 있을 것이다. 결국 대충돌로 인한 동물멸종 사건은 동시에 수렵자 남성들의 멸종을 의미하는 것임을 인정할 수밖에 없다. 물론 멸종 범위는 야외 수렵활동에 동참한 남자들에 국한될 것이다. 하지만 수렵에 동원된 남성은 무리 안에서 가장 젊고 건장한 청장년들임은 물론이고 사냥에 도움이 되는 남성들은 모두 동참했을 거라는 추측을 할 때 남성 사망률의 범위가 가히 짐작된다.

그런데 대충돌 전의 간빙기로 형성된 기온상승과 무성한 숲 때문에 기존의 수렵시스템은 개진이 불가피했을 거라는 점을 짚고 넘어가야겠다. 기온상승과 무성한 숲의 생성은 비단 빙하기 기후에 적응되었던 대형 초식동물들의 활동공간은 물론 개체 생존율도 위축시켰을 뿐만 아니라 남자들의 기존의 수렵방식에도 부정적인 영향을 미쳤다. 숲은 사냥감에 대한 관찰과 추적 모두에서 장애물로 작용했다. 시선을 차단하고 이동속도를 완만하게 하는 등 반작용 역할을 수행했다. 이러한 난관을 극복하고 간신히 수렵에 성공해도 획득한 식료는 간빙기에 증가한 숲에 사는 작은 동물이 고작이었다. 게다가 사슴처럼 숲에 서식하는 동물들은 굼뜨고 둔감한 대형 초식동물들과는 달리 주변 기척에 반응이 민첩할 뿐만 아니라 인간이 추적하기에는 그 이동속도가 과히 폭발적이다. 숲 동물들은 몸집이 작아 이동이 용이하며 그에 따라 활동범위도 광역일 수밖에 없다. 사냥감의 활동반경은 수렵자들의 활동반경과 정비례하기에 수렵 공간도 확장될 수밖에 없었을 것이다. 따라서

신석기시대
세계 여성사

그들의 사냥 기일은 짧으면 하루 이틀, 길면 열흘 내지 한 달이 될 수도 있었다.

남자 수렵자들의 활동 범위와 시간에 대한 담론에 지면을 할애한 이유는 대충돌 당시 그들이 동물들과 함께 생명의 피해를 입었을 거라는 추측에 명분을 할당하기 위해서이다. 대피할 곳조차 없는 드넓은 숲 속에서 남자들이 사냥감 동물들과 더불어 고스란히 재난의 대상이 될 수밖에 없었던 환경적 상황을 그려내야 하기 때문이다. 느닷없이 쏟아지는 운석비와 대형 화재 그리고 연기 앞에서 남자들은 무방비 상태로 피해자가 되었으며 뒤이어 일어나는 화산과 지진에도 희생물이 되었다. 남자들의 이러한 준 멸종은 신석기 농업시대 여자들을 새롭게 부상시킨 토대이기도 하기 때문에 비중이 돋보인다. 남자들의 대량 피해는 여자들의 독점적인 시대를 여는 계기가 된 것이다.

한편 기나긴 석기시대는 물론 대충돌시기에도 신체상의 열세와 육아 때문에 여성들은 대부분 시간을 캠프에서 지냈다. 그들은 육아와 가사·노약자 보호와 같은 캠프 내에서의 작업 외에 채집활동과 같은 상대적으로 경미한 야외노동도 수행했지만 그 활동반경이 당일 귀가가 가능한, 집과 그리 멀지 않은 범위 안에 국한되었다. 아이를 돌보고 남자들을 위해 끼니를 장만해야 하기 때문이다. 그 밖에도 남자들이 없는 상황에서 캠프에서 멀리 떨어질수록 포식동물의 공격위협이 늘어나기 때문이기도 했다. 여성들은 모유나 월경 냄새 때문에 남자들과 달리 쉽게 포식동물의 후각권 내에 포착될 수 있기에 위협은 훨씬 클 수밖에 없다.

| 사진 8 | **캠프 내에서의 여성의 채집활동과 육아 및 가사노동**

구석기시대 여성은 대부분 시간을 캠프 내에서 보냈다. 임신기나 육아기가 잦은 원인도 있지만 위험을 동반한 수렵활동에 동참할 수 없는 신체적인 한계 때문이기도 하다. 비상시에는 동굴이나 바위 그늘 안에 대피할 수 있어 대충돌 사건의 피해도 최소화 할 수 있었다.

결국 필자가 말하고 싶은 것은 여성들의 이러한 특이한 생활환경이 대충돌시기에 캠프에서 멀리 떨어진 야외에서 무방비상태로 재난을 당해야만 했던 남자들과는 달리 사건 발생 순간에 신속하게 동굴이나 바위 그늘과 같은 은신처로 대피함으로써 생명을 유지할 가능성이 상대적으로 높다는 사실이다. 이 사건은 단순히 남녀 성비 또는 숫자상의 불균형을 넘어서서 남자의 전통적 지배권이 여성에게로 이양되는 중요한 역사적인 계기이며 신석기시대 여성의 지위와 역할을 연구하는 근본 토대가 된다. 그리고 여성이 원정 사냥을 나간 남자들과 갈라져 캠프에 체류한 것은 채집 가능한 식량을 버릴 수 없었고 신변보호에 좋은 은신처를 포기할 수 없었기 때문이었다.

이처럼 남자들의 대량의 인명피해는 적어도 대충돌 재난을 당한 인류 집단들에 권력 배분의 재편성이라는 거대한 사회적 변화를 야기했다. 예컨대 의사결정권 같은 것은 일반적인 경우 다수인 남자들의 수중에 장악되어 있었으나 이 번 기회에 주인이 바뀐 것 같은 것들이다. 그럼 우리는 지금부터 남녀 성비 변화 또는 불균형이 사회적으로 어떠한 권력 배분의 변화를 가져왔는지 살펴보려고 한다. 필자가 군이 이 분야를 담론 탁자에 올리려는 의도는 인류학에서 진행된 기존의 신석기시대 여성 이미지 해석이 남녀 성비관계가 정상적으로 복원된 현대 미개인을 연구 대상으로 삼음으로 인해 왜곡된 부분을 당시 현실로 소급하여 시정하기 위해서이다.

신석기시대 여성이 남성으로부터 물려받은 권력의 바통은 다음 몇 가지로 귀납할 수 있을 것이다. 즉 의사결정권·식량공급권과 음식물 분배권·근친상간묵인권·자녀교육권·신변보호권이다.

① 의사결정권

통상의 경우 권력은 기술 점유 형식과 사회 구성원들의 상호 계약을 통한 위임에서 파생된다. 기술 점유이든 계약 위임이든 권력이 형성되려면 독점화가 전제되어야만 한다. 아직 사회구조가 형성되지 않았던 구석기시대에는 계약을 통한 권력 산생은 부재했기에 권력의 형성에 원천제공을 할 수 있는 가능성은 기술뿐이었다. 그런데 기술이 권력을 파생하려면 사유화될 뿐만 아니라 사적인 이익—재산 획득을 위해 사용되어야 하고 그래서 타인의 이익을 훼손시켜야만 한다.

가장 오랜 재산의 관념은 기본적으로 필요했던 생활 자료의 획
득과 밀접하게 결부되어 있다. 소유권의 대상은 생활 수단이 의
존하고 있던 여러 기술의 증가와 함께 연속적인 각 인종시대에
서 자연적으로 증가한 것이다. 그러므로 재산의 발달은 발명과
발견의 진보와 보조를 맞췄던 것이다.[47]

"최초의 재산관념"은 음식물의 획득이라는 이런 유의 기본적인
수용과 긴밀한 연관이 있다.[48]

　재산이란 모종의 생활 자료가 기술이나 발명의 도움을 통해 소비
를 넘어서는 잉여부분을 말한다. 재산은 기술과 발명에 의해 파생되지
만 그러나 그 재산이 파생되기까지는 수백만 년의 세월이 흘러야 했으
며 신석기시대 재산의 생성 전까지는 줄곧 단순 소비에 국한되어 있었
다. 그것은 구석기시대의 기술은 아직 공동 제작된 석기처럼 공유재산
이었기 때문이다. 반복하지만 기술이 사유화되려면 그 기술이 생산하
는 생활 자료가 잉여로 축적되고 저장될 때에만 가능하다. 그러나 구석
기시대 인류는 수렵·채집민으로서 끊임없이 이동해야 하기 때문에 식
량운반이 제한적일 수밖에 없다는 점에서 축적·저장 모두 어려워질 수
밖에 없는 한계가 있었다.

47　모오건 지음. 崔達坤·鄭東鎬 공역. 『古代社會』. 玄岩社. 1979년 5월. p.543.

48　马克思著. 中国科学院历史研究所编译组 . 『摩尔根《古代社会》一书摘要』. 人民出
　　版社. 1978. p.50.

기원전 11000년 이전의 모든 인간 사회는 구성원이 수십 명 남짓한 수렵·채취자들의 소규모 집단으로 식량을 찾아 끊임없이 이동했다. 한 장소에 오래 머물지 않았기에 그들의 문화 발전 과정을 추적할 수 있는 고고학적 기록은 거의 없다.[49]

그런 이유 때문에 혹시 들소 같은 대형 식량을 획득하였다 하더라도 육류를 다 먹을 때까지 며칠이고 소비하고야 그곳을 떠나갔다. 그와 같은 소비는 축적·저장이라기보다 여전히 당일 소비라고 할 수 있을 것이다.

이처럼 권력의 부재 상태였던 구석기시대 인류의 의사결정과 같은 권력형 판단은 어쩔 수 없이 다수결에 의존할 수밖에 없었다. 다른 형태의 기술로서의 경험은 단지 공동체의 민주적인 판단에 공유되는 일반 정보일 따름이다. 그런데 신석기시대 이전에는 인구 조절 수단이었던 여아 살해로 인해 남자들은 항상 다수였다. 수렵·채집사회에서 "일관되게 여성이 적게 나타나는 경우에는 여아 살해가 요인"[50]이 되기 때문이다. 게다가 여성은 9000년 전 차탈휘위크Çatalhöyük 때까지도 "출산의 위험과 더불어 일상적인 돌발사고, 연기 흡입, 전염성 질병 등에 취약해" "평균 수명 34세"인 남자보다 4년이나 부족한 "30세밖에 살지

49 주디스 코핀·로버트 스테이시 지음. 박상익 옮김. 『새로운 서양문명의 역사 (상)』 소나무. 2014년 3월. p.27.
50 로버트 켈리 지음. 성춘택 옮김. 『수렵채집사회(고고학과 인류학)』 사회평론아카데미. 2014년 12월. p.369.

못했다."[51] 그런데 대충돌 사건으로 인해 남자들은 거짓말처럼 순식간에 소수집단으로 전락해버린 것이다. "단순한 문화는 보다 발달된 문화보다 환경에 의해 더욱 직접적으로 영향을 받는다."[52]는 스튜어드의 주장을 불러오면 갑자기 전도된 남녀 성비 환경이 여성의 권력 장악에 미친 영향을 가히 짐작할 수 있을 것이다.

　　여성이 주도권을 장악한 후에 나타난 의사결정권의 결과물은 다름 아닌 농업과 취락 그리고 가옥이다. 여성은 단지 자신들의 생리적 단점을 신체 외적인 장치들로 극복·보완하기 위해 힘의 단합—마을, 외부 위험의 차단—가옥이 필요했을 따름이다. 농업도 위축된 식료자원을 해결하기 위한 부득이한 선택이었다. 하지만 환경에 떠밀린 이러한 의사결정들은 뒷날 인류문명을 개척하는 견고한 토대가 되었다.

② 식량공급권과 식량분배권

　　어떤 의미에서 구석기시대 남성의 권력은 단백질원인 질 좋은 육류를 공급할 수 있는 능력(동시에 권력)때문이었다고 말할 수도 있다. 그때 인류의 식료자원 내원은 이중 코스를 취했는데 하나는 남성이 공급하는 육류였으며 다른 하나는 여성이 제공하는 식물성식량이었다. 하지만 대충돌 이후 식료자원 획득 환경은 크게 변화했다. 남성 식량공급원은 단절 또는 위축된 반면 여성 식량공급원은 확대·전문화 되었다.

51　주디스 코핀. 로버트 스테이시 지음. 박상익 옮김. 『새로운 서양문명의 역사 (상)』 소나무. 2014년 3월. p.25.
52　줄리안 스튜어드 지음. 조승연 옮김. 『문화변동론』 민속원. 2007년 12월. p.59.

식량 제공자가 권력을 획득할 수 있는 이유는 제공자의 입장에서 식량 채취는 힘든 노동에 불과하지만 제공받는 자의 입장에서는 생사를 그한테 의존해야 하는 만큼 소홀하게 대할 수 없다는 지점에서 파생된다. 식량을 얻기 위해서는 제공자의 심기를 불편하게 할 수 없고 순종적일수록 혜택이 돌아올 것이기 때문이다. 남성이 구성원들에게 구하기 어려운 육류를 제공할 때 구세주처럼 한 몸에 받았던 그 존경심이 이제 여성의 몸으로 옮겨진 것이다.

기존의 이중적이던 식료분배권도 남성의 육류분배가 종결 또는 위축되고 여성의 식물분배권이 대부분을 차지하면서 남성이 차지했던 영광은 여성에게 양도되었다. 어린이·노약자·성인·노동자의 식성과 식량食量에 따라 적절하게 배분하는 것은 많은 경우 분배자의 재량에 따르기 때문에 분배 순간만큼은 분배자의 손에 권리가 집중될 수밖에 없다. 무엇보다 의미심장한 것은 분배자이던 남성이 피부양자로 위치가 전도된 것이다. 그것은 단순한 행위적 위치전도가 아니라 권력 위치에서의 전도이기 때문이다. 여자는 이제 베푸는 사람이 되고 남자는 이제 은혜를 입는 사람이 된 것이다. 자칫 여성의 이런 유리한 상황은 타인을 억압하던, 선행한 남성적 권력으로까지 치달을 수도 있었지만 다행이도 자녀에 대한 양육과 노약자에 대한 부양이라는 여성의 본능적 책임감 때문에 인간적 차원에서 해소되었다.

③ 근친상간묵인권

신석기시대 벽두에 남성들이 대거 사라졌다는 것은 적어도 여성에게는 두 가지 의미를 가지고 있다. 하나는 생산 주체의 이양이고 다른 하나는 성주체의 이양이다. 그것은 우선 근친상간에서부터 그 시작을 선포했으며 다음으로는 여성의 성 상대 결정권(강간을 포함)이다. 첫 번째 경우 터부 설정자의 감독 부재에 따른 결과이며 두 번째 경우는 섹스파트너 부재에 따른 결과라고 할 수 있다. 근친상간은 모자간과 부자간 또는 형제·자매간의 성행위를 말하는 데 남성 인명피해로 인한 남녀관계가 분제시되기에 담론의 초점을 남자 아이와 어머니 사이의 성관계에 맞추려고 한다. 왜냐하면 "자매姉妹는 어머니의 대역替身에 불과"하고 "어머니에 대한 근친상간 형식은 다른 형식에 의해 은폐되었거나

| **사진 9** | 모자간 근친상간을 주장한 프로이트와 그의 저서 『토템과 터부』

모자간의 근친상간의 기원은 그것을 금지하는 터부의 감독자 남성의 권위가 붕괴되는 지점에서 파생된 것이다. 신석기시대 이후 근친상간 금기가 강화된 것은 남성이 권력을 다시 장악한 뒤의 일이다.

혹은 기타 형식에 의해 조금 다른 색깔로 칠한 것에 불과할 따름"[53]이며 더 나아가 어머니와 아들은 유아기 때부터 혈육이라는 동질성과 함께 이성이라는 이질성의 모순적 관계를 가지고 있기 때문이다. 모친을 향한 남자 어린이의 성적 욕망은 터부에 의한 조율이 전제되지 않는다면 그 도덕적 경계가 무의미해질 정도로 밀착되어 있다.

의심할 바 없이 어리고 작은 신체가 어머니에 대한 밀착된 육체적 접촉은 성적 반응이 발생한다. 노생老生은 늘 농민 사회의 젊은 어머니들에게 누구나 다 알고 있는 하나의 충고를 해주는데 바로 3세 이상의 남자아이는 반드시 어머니와 갈라져 자야 한다는 것이다. 젖먹이의 성기가 발기되는 일은 이런 지역 사회에서는 누구나 다 알고 있다.[54]

"남자아이의 가장 이른 애욕의 대상은 근친상간성을 가지고 있기"[55] 때문에 남자 어린이는 일정한 연령에 도달하면 집에서 나가 독신 생활을 해야만 하는 것이다.[56] 모자간의 친정親情을 표현하지 못하며 남

53 勃洛尼斯拉夫·马林诺夫斯基著. 李安宅译. 『两性社会学 : 母系社会与父系社会之比较』. 上海人民出版社. 2003. 8. p.140.
54 勃洛尼斯拉夫·马林诺夫斯基著. 李安宅译. 『两性社会学 : 母系社会与父系社会之比较』. 上海人民出版社. 2003. 8. p.37.
55 弗洛伊德著. 文良文化译. 『弗洛伊德文集8-图腾与禁忌』. 中央编译出版社. 2005. 2. p.17.
56 弗洛伊德著. 文良文化译. 『弗洛伊德文集8-图腾与禁忌』. 中央编译出版社. 2005. 2. p.10.

을 대하 듯 해야 하고 같은 방에 단둘이 있어서도 안 되는[57] 것이다. 프로이트의 주장에 따르면 모자간의 이러한 근친상간성은 유아기 수유 때부터 나타나는 인간의 본능적인 욕구이다. 프로이트에 의하면 어머니의 젖을 빠는 아이의 입술은 민감한 성감대이며 어머니를 성 상대로 삼은 젖을 빠는 행위를 통해 성 쾌락을 체험한다는 것이다.

> 어머니의 젖(또는 그 대용품)을 빨 때가 원래는 어린애의 생활 속에서 가장 일찍이 체험하는 일종의 쾌락적 행위로서 가장 중요하다. 우리는 아이의 입술은 성감대로서 어머니의 젖의 온기의 흐름이 확실하게 자극을 주고 쾌감을 형성할 수 있다고 말할 수 있다. 물론 성감대의 만족은 처음에는 영양분 획득의 만족감과 분리할 수 없다. 매우 흡족해진 아이가 어머니의 유방에서 입술을 떼고 분홍색의 미소를 머금은 얼굴로 깊은 잠에 드는 것을 보기만 해도 이러한 분위기가 근본적으로 성인이 성 만족을 얻은 후의 표정과 매우 흡사하다는 것을 인정하지 않을 수 없을 것이다.[58]

이런 천부적인 근친상간성은 아버지가 제정한 터부에 의해 효과

---

57 弗洛伊德著. 文良文化译. 『弗洛伊德文集8-图腾与禁忌』. 中央编译出版社. 2005. 2. p. 12.
58 弗洛伊德著. 林克明译. 『爱情心理学』. 作家出版社. 1986. 2. pp. 61~62.

신석기시대
세계 여성사

적으로 견제되어왔다. 터부를 어긴 자에 대한 강력한 징벌—죽임"[59]에 의해 그 마지노선을 견고하게 설치했던 것이다. 그래서 "야만인들은 근친상간에 대해 각별하게 공포감"을 가지며 "3세 이상의 남자아이는 반드시 어머니와 갈라져 자고" "오누이가 길가에서 만나면 여자는 재빨리 숲 속으로 들어가고 남자는 고개도 돌리지 않고 계속 앞으로 걸어가야"[60]만 한다. 일종의 오이디푸스 콤플렉스가 된 이러한 금기의 타파는 "부친을 살해하고 어머니와 결혼"[61]하는 패덕을 거쳐야만 하는 용기가 필요할 만큼 견고한 것이다.

하지만 자식의 권력욕과 성욕 면에서 극복하기 어려운 장애이자 아들이 증오하는 아버지[62]가 사라진 지점에는 모자간의 근친상간을 제지할 아무런 윤리적 장치도 없게 된 것이다. 특히 신석기시대 초기에는 캠프에 어머니와 함께 남아 있던 남자어린이들의 생존율이 높아 그들이 성장하면서 어머니와 성관계를 가지는 일이 다반사였다. 근친상간은 심지어 남편이 존재하여 금기가 실행되던 때에도 존재했다. 현대 미개인들의 신화에서도 뚜렷하게 나타나고 있다.

---

59 弗洛伊德著. 文良文化译. 『弗洛伊德文集8-图腾与禁忌』. 中央编译出版社. 2005. 2. p.6.
60 弗洛伊德著. 文良文化译. 『弗洛伊德文集8-图腾与禁忌』. 中央编译出版社. 2005. 2. p.11.
61 弗洛伊德著. 文良文化译. 『弗洛伊德文集8-图腾与禁忌』. 中央编译出版社. 2005. 2. p.154.
62 弗洛伊德著. 文良文化译. 『弗洛伊德文集8-图腾与禁忌』. 中央编译出版社. 2005. 2. p.154.

병이 들어 해먹에 누워 있던 한 젊은이가 지붕을 수선하려고 오두막 지붕 위에 올라가 있던 어머니의 음부를 언뜻 보았다. 욕망에 불이 붙은 그는 어머니가 내려오기를 기다렸다가 그녀를 범해버리고 말았다.[63]

한 소년은 숲으로 간 어머니 뒤를 따라가 강간[64]하며 "꿀에 미친 여자"와 "마쉬구엔가 여주인공은 입양한 아들 또는 어린 시동생과 근친상간을 범한다."[65] 근친상간으로 인해 아버지가 아들을 죽이거나[66] 아내가 남편을 죽이는[67] 현상이 빈발했다. 하지만 신석기시대에 대충돌에서 살아남은 여성은 근친상간 때문에 죽어야 하고 아들을 죽이는 남편이 존재하지 않았다. 남성의 대량 상실은 첫째로 출산을 위한 성 파트너의 상실을 의미했고 둘째로는 근친상간을 제지할 감독자의 상실을 의미한다. 뿐만 아니라 남성 활동공간의 상실까지도 추가하지 않으면 안 된다. 남자 청소년들은 원래 부친을 따라 수렵을 나가기에 사냥터가 그들의 생활공간이었다. 하지만 부친이 부재하고 수렵이 중단되면서 어쩔 수 없이 어머니의 활동공간인 채집 장소로 이동하게 되었기 때문이다.

결국 아내와 아들에게 근친상간의 금기를 정하는 권리는 아버지

63 레비-스트로스 지음. 임봉길 옮김. 『신화학 1』. 한길사. 2005년 8월. p.26.
64 레비-스트로스 지음. 임봉길 옮김. 『신화학 1』. 한길사. 2005년 8월. p.145.
65 레비-스트로스 지음. 임봉길 옮김. 『신화학 1』. 한길사. 2005년 8월. p.446.
66 레비-스트로스 지음. 임봉길 옮김. 『신화학 1』. 한길사. 2005년 8월. p.145.
67 레비-스트로스 지음. 임봉길 옮김. 『신화학 1』. 한길사. 2005년 8월. p.446.

에게 있다면 금기를 푸는 것은 어머니이다. 아버지가 터부를 정하는 것은 자식한테 모친을 향한 성적 욕구가 존재하기 때문이다. 그러나 어머니만 묵과하면 터부는 구멍이 뚫린다. 아버지의 부재 또는 실종(사각지대) 상태에서 어머니의 묵인(혹은 수용)은 어떤 의미에서는 터부의 위반이 아니라 후대 생산을 위한 모자간의 무언의 생리적 합의로써 "강간"이라는 표현을 빌어 터부의 통과의례만 치르는 형식을 취했을 따름이다. 그 목적은 터부를 타파한 어머니에게 면죄부를 주고 존엄을 보존하기 위한 것이라 할 수 있다. 어머니의 묵인은 기존의 아버지의 권력을 해체시키는 마력을 가진 은유된 권력이다.

굳이 기원을 따진다면 근친상간 기원은 아마 신석기시대 "여인국" 부터였을 것이라 추정할 수 있다. 어머니의 파격적 행위는 단순히 여성의 수태·출산이라는 생리적 본능에 충실한 것에 지나지 않았지만 그 결과는 대형동물들의 멸종과 더불어 대재난의 희생물이 될 뻔했던 인류를 근친상간이라는 비상구를 통해 위기에서 구원해내는 괴력으로 이어졌던 것이다. 그 업적(희생)에 대한 보상으로 여성에게 부여된 이미지가 다름 아닌 여신이다.

④ 자녀교육권·신변보호권

자녀교육은 여성이 구석기시대에도 행사했던 권력이다. 졸저『구석기시대 세계 여성사』에서 우리는 이미 여성이 동굴벽화를 통해 자녀를 훌륭한 사냥꾼으로 배양하기 위해 현장 조기교육을 진행했음을 살펴보았다. 하지만 구석기시대의 자녀교육과 신석기시대의 자녀교육은 그 내용 면에서 방향을 달리한다. 구석기시대 교육내용이 교육자 즉 여성들의 생활과는 거리가 먼 수렵활동에 관한 정보 전달과 지식이었다면 신석기시대 교육내용은 교육자 즉 여성들의 생활과 밀접한 채집과 관련된 정보 전달과 지식이었기 때문이다. 교육은 탈현장인 암벽에서 채집 장소라는 실제 현장으로 옮겨왔을 뿐만 아니라 전문지식을 갖춘 여성이 직접 교육함으로써 교육의 질과 효과 면에서 향상될 수밖에 없었을 것이고 그러한 교육은 발달한 신석기 인류문화의 토대가 되었을 것이다.

구석기시대에 여성은 남자의 보호를 받는 대상이었다. 하지만 신석기시대 초·중반에는 남성이 여성의 피보호자로 전락하게 되었다. 전대미문의 대충돌 재난에서 구사일생으로 살아남은 남성은 주로 어린이·노약자·환자들이었기 때문이다. 보호자의 권리는 피보호자의 신변 또는 결정권에 커다란 영향을 미치기 때문에 결코 홀시할 수 없는 것이다. 이동, 생활방식 등에서 피보호자는 보호자의 지시에 순종할 수밖에 없기 때문이다.

ㄴ. 농업과 곡물재배 그리고 여성의 역할

초기 농업 시작에 관한 가설은 여러 가지가 공존한다. 모건은 농업이 가축사육에 의해 유발된 현상이라고 생각했다. 그의 주장에 따르면 "가축 사육업을 장악한 부락은 육류와 유류 음식의 공급을 보장할 수 있게 되었기 때문에 큰 무리의 기타 야만인 속으로부터 분리되어 나

74

올 수 있었으며"[68] "유목생활에 익숙해지고 나서는, 우선 가축의 무리를 초원에서 떨어진 곳에서 계속적으로 기를 수 있을 정도의 곡식을 재배하는 것을 배워야"[69] 한다는 논리이다.

초기 농경에 대해 사변적인 추측을 하였던 최초의 학자들은 어떤 천재가 처음으로 밀알을 심고 그것이 싹터서 새 식량공급원이 될 수 있을는지를 지켜보았을 마을을 찾아내려고 하였다. 하지만 지금까지 어느 누구도 이 가공의 천재를 찾아내지 못하였다.[70]

하지만 농업 시작의 원인을 구석기시대 말기의 기후변화에서 찾는 학자들이 대부분이다. "신드리아스기가 촉발한 가뭄이 농경을 하게 만든 최대 요인은 아니었지만 그 갑작스런 기후변화는 농경의 정착에 아주 중요한 역할을 하였던 것"[71]이라는 어설픈 주장이다. 혹자는 신석기시대 농업 전환 원인을 구석기시대 말기의 인구 증가에 대한 해결 방법이라고도 주장하지만 그 역시 영아살해라는 기존의 방법으로 조절이 가능했기에 설득력이 떨어진다고 할 수밖에 없다. 그리하여 우리는 앞

---

68 路易斯·亨利·摩尔根著. 杨东莼等译. 『古代社会 上册』. 商务印书馆. 1981. p. 23.

69 모오건 지음. 崔達坤·鄭東鎬 공역. 『古代社會』. 玄岩社. 1979년 5월. p. 4.

70 브라이언 M 메이건 지음. 이희준 옮김. 『고고학 세계로의 초대』. 사회평론. 2002년 3월. pp. 70~71.

71 브라이언 M 메이건 지음. 이희준 옮김. 『고고학 세계로의 초대』. 사회평론. 2002년 3월. p. 184.

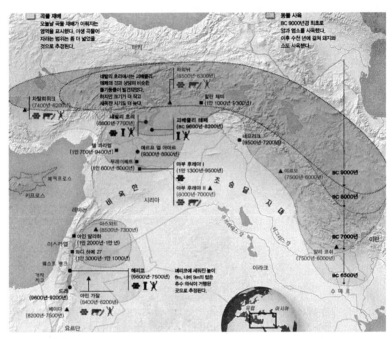

곡물 재배
오늘날 곡물 재배가 이뤄지는
영역을 표시했다. 이생 곡물이
자라는 범위는 좀 더 넓었을
것으로 추정된다.

동물 사육
BC 9000년경 최초로
양과 염소를 사육했다.
이후 수천 년에 걸쳐 돼지와
소도 사육했다.

터키

네발리 초라에서는 괴베클리
테페의 것과 상당히 비슷한
물기둥들이 발견되었다.
하지만 크기가 더 크고
세워진 시기도 더 늦다.

차외뉘
(8500년-6300년)

차탈회위크
(7400년-6200년)

일란 세미
(1만 1000년-9300년)

네발리 초리
(8600년-7700년)

괴베클리 테페
(BC 9600년-8200년)

네므리크
(9500년-7200년)

멜 콰라멜
(1만 700년-9400년)

에르큐 엘 아마트
(9300년-8000년)

아부 후레야 I
(1만 1300년-9500년)

아부 후레야 II
(8000년-7000년)

조 충 달 지 대

시리아

이로모
(7500년-6000년)

북키프로스

키프로스

레바논

비 옥 한

아스와드
(8500년-7300년)

아인 말라하
(1만 2000년-1만 년)

BC 9000년

BC 8000년

이란

이스라엘

웨스트 뱅크

와디 하메 27
(1만 3000년-1만 1000년)

이라크

BC 7000년

일라 코시
(7500년-6000년)

가자
지구

예리코
(9600년-7500년)

메리안에 세워진 높이
8m, 너비 9m의 탑은
추수 의식이 거행된
곳으로 추정된다.

유럽

아시아

BC 6500년

수 메 르

드라
(9600년-9200년)

아인 가잘
(8400년-6200년)

베이다
(8200년-7500년)

요르단

지도와 그림 기호 설명

- ■ 나투프 문화
  (BC 1만 3000년-1만 년)
- ● 토기 이전 신석기시대 A
  (BC 1만 년-8500년)
- ▲ 토기 이전 신석기시대 B
  (BC 8500년-6250년)
- ▦ 정착지
- ▨ 동물 사육과 식물 재배
- I 기념 건축물
  흙과 돌로 만든 거대한 인공 구조물
- ✘ 의식 예술
  동물 조각처럼 주변 환경을 상징적으로 표현한 것

| 사진 10 | 1만 년 전 농업의 시작

농업은 신석기시대 관련 유적의 발굴을 통해 약 1만 년
전 전후에 일제히 시작되었음이 증명되었다. 그러나 농
업 기원의 원인에 대해서는 막연하게 빙하기 이후 기후
온난화 영향이 거론될 뿐 확실한 증거는 없다. 대충돌
이후 1만 년 전후에 유럽의 산지에서 이동해 온 인류는
일단 고원지대에서 과도기를 거친 다음 메소포타미아의
평야지대로 다시 이동했다.

절의 담론에서 이미 검토를 통해 기온상승과 강우 증가만으로 농업 선
택의 원인이 되기에는 부족함을 인지했다. 영거드라이어스 이전에도
농업조건에 부합되는 기후가 조성되었지만 인류는 외면했다는 것을 알
게 되었다. 우리가 농업 선택의 원인으로 상정한 것은 대충돌 사건이었

다. 오로지 이 가설만이 신석기시대에 여성이 향유한 전대미문의 강력한 주도권을 명료하게 설명할 수 있기 때문이다.

① 생산 주체로서의 여성

문두루쿠족의 농업 기원 신화에서 농업시대를 연 장본인은 노파나 아주머니로 상징되는 여자다. 노파는 "숲속의 한 구석에 나무를 잘라 넘기고 불을 놓았고"[72] 아주머니도 "숲의 한 곳을 개간"[73]하여 농업시대를 연다. 여성이 지시한 대상은 두 경우 다 조카이다. 이는 신석기시대 여성들이 대충돌에서 생존한 자식들이나 조카들을 거느리고 농업시대의 서막을 열었음을 입증해주는 신화라 할 수 있다. 그런데 인류 농업의 첫 시작은 곡물재배가 아니라 자생하는 야생곡물 수확에 만족했을 것으로 추정된다.

> 약 1만 년 전 농업으로 진화하기 전 전 세계의 인구는 약 400만 명이었다.
> 이스라엘에서 생장하는 이립밀은 에이커acre의 소출이 2500에서 4000파운드pound에 달했는데 이와 같은 산량 수준은 이미 중세 때 영국의 밀 산량 수준과 동등했다.[74]

---

72 레비-스트로스 지음. 임봉길 옮김. 『신화학 1』. 한길사. 2005년 8월. p.44.

73 레비-스트로스 지음. 임봉길 옮김. 『신화학 2』. 한길사. 2008년 4월. p.9.

74 庞廷Ponting. C.著 网易·张学广译. 『绿色世界史』. 上海人民出版社. 2002. 8. pp.42~44.

그러나 "가뭄이 덮치자 견과류의 수확이 줄어들고 사냥감은 씨가 말라버렸다. 야생곡류만으로는 수많은 사람들을 부양할 수 없게 되자 채집민들은 식량을 조달하기 위해 경작으로 눈을 돌리기"[75] 시작했던 것이다. 메소포타미아 무레이베트에서는 150km 떨어진 터키에서 야생 밀을 옮겨다가 재배했다. 아마 대충돌시기에 산에서 내려오며 야생밀을 휴대하고 메소포타미아로 이식했을 것이 분명하다. 여성은 원래 채집자였기에 야생곡물 씨앗은 휴대와 이종이 가능하다는 정보를 입수했을 것이기 때문이다.

여성은 농업을 식량해결의 대안으로 선택했을 뿐만 아니라 봄소 경작의 주체가 되었다. 그들은 기존의 야생곡물 수확에 얽매이지 않고 생산량을 늘리기 위해 곡물재배까지 주도해 나갔다. 줄어든 남성을 생산하기 위해 출산이 대세가 되면서 인구 증가도 덩달아 상승선을 그렸다. 야생밀의 생산량만으로 늘어나는 인구의 식량을 보장할 수 없게 되었다. 그것을 해결하려면 어쩔 수 없이 곡물재배로 전환하지 않으면 안 되었을 것이다.

여성이 농업에서 주체가 된 생산은 인류 노동행위의 진정한 발단이자 문명의 서막이기도 하다. 생산이라 함은 반드시 행위자의 입장에서의 노동과 피행위자 입장에서의 시간이 전제되어야만 하는 문명의 시작 지점이기 때문이다. 신석기시대에 노동이 곡물재배와 가축사육을

75　브라이언 M 메이건 지음. 이희준 옮김. 『고고학 세계로의 초대』. 사회평론. 2002년 3월. p. 184.

신석기시대
세계 여성사

의미한다면 시간은 동식물의 성장 과정을 의미한다. 물론 구석기시대에도 노동은 존재했다. 그러나 신석기시대의 곡물재배와 가축사육 노동과는 질적인 면에서 차이가 존재한다.

1) 구석기시대 노동이 당일 소비를 목적으로 하고 있다면 신석기시대 노동은 미래 소비를 목적으로 한다. 구석기시대에도 석기·목기는 물론 벽화·장식품·가죽옷 짓기와 같은 원시적인 생산 활동이 있었다. 하지만 신석기시대의 생산과는 근본적으로 다르다. 전자는 일회성 단순 소비를 위한 생산이라면 후자는 다회성 잉여소비라는 데서 차이가 드러난다. 물론 이러한 원시적인 생산 활동 역시 여성에 의해 진행되었음은 말할 것도 없다. 가축사육도 남성의 직업이라지만 가축 부리기나 도축을 제외한 사료 공급, 방목, 가죽옷 제작 등 생산노동에는 여성들도 적극적으로 참여했을 것으로 추정된다. 일정량의 야생밀로 빵 하나를 생산한 것과 그것을 재배하여 소출을 불린 재배밀로 빵 열 개를 생산했을 때와 그리고 사냥한 짐승가죽으로 옷 한 벌을 지은 것과 그 짐승을 사육하여 여러 마리로 늘린 후 그 가죽으로 옷 열 벌을 생산했을 때의 구별이 다름 아닌 구석기시대 생산과 신석기시대 생산의 차이이다. 신석기시대 생산은 이미 확대생산으로 발전했으며 축적(저장)이라는 새로운 경제방식을 파생시켰다. 이렇듯 여성은 확대와 축적이라는 양대 구조를 가진, 현대적 의미에서의 생산 패턴을 탄생시킨 것이다.

2) 구석기시대 노동이 기술적 측면에서 생물에 대한 일회성 생명훼손이라면 신석기시대 노동은 기술적 측면에서 생물에 대한 장기적 성장 과정을 전제하는 생명훼손이다. 환언하면 구석기 노동기술이 생

명을 죽이는 것이라면 신석기 노동기술은 생명을 육성하는 기술이다. 수렵과 채집시대에는 동물의 동선과 습성, 식물의 식생분포지역에 대한 정보가 노동(수렵·채집)기술의 핵심이었다면 농경시대에는 동식물의 서식조건과 생존환경에 대한 이해가 노동기술의 핵심으로 될 수밖에 없었다. 수백만 년 동안 죽이는 것을 주업으로 삼아온 남성의 기술(식물을 죽이는 여성의 채집기술을 포함한 인류의 기술)은 이제 구석기시대에도 양육이라는, 생명을 육성하는 일에 종사해온 여성이 자신의 장점을 발양하여 개척한 농업이라는 육성기술―인류문명발전에 자리를 양도할 수밖에 없게 된 것이다. 이와 같은 변화는 그야말로 문명의 시대를 연 기술의 혁명이라고 부를 만한 가치가 충분한 사건이 아닐 수 없다.

| 사진 11 | 여성의 곡물 가공

곡물가공은 신석기시대 여성이 전담한 노동이다.

3) 구석기시대 노동과정이 단순 일회성이라면 신석기시대 노동과정은 복잡·단계성이다. 구석기시대의 노동인 수렵이나 채집은 한 번으로 결과를 산생한다. 기껏해야 채집의 경우 채취·타작·건조·가공·제분 등 단순생산과정이 필요할 따름이다. 그러나 신석기시대 노동인 경작은 그 외에도 경작지 개간·선종과 종자관리·파종·제초·병충해·짐승관리·눈·비·우박·수분관리·수확·저장 등의 단계적이면서도 복잡한 생산과정이 요청된다.

어떤 사람의 목뼈는 위쪽 경추가 확대되어 있었는데 이는 머리에 무거운 짐을 이고 다닌 결과이다.…… 발뼈의 첫 번째 척골들을 계측해본 결과 큰 것들은 남자 것이고 작은 것들은 여자 것임이 드러났다. 그런데 후자에서는 알곡 갈기와 연관된 염증들이 발견되었다. 아부 후레이라의 많은 여자는 말안장 모양 갈판을 끊임없이 매일 사용하였기에 그들의 무릎과 등 아래쪽에 이런 증상이 발생하였던 것이다. 그런 갈판으로 가는 작업은 힘이 아주 많이 든다. 약간 경사진 갈판을 무릎에 되도록 바짝 붙여놓고 갈돌을 밀어야 한다. 빵으로 구울 밀가루를 내기 위해서는 아주 많이 밀어대야 하니 이는 무릎·팔목·허리 아래 부위에 심한 압박을 주는 갈기 방식이며 그것은 이런 일을 끊임없이 매일 한 사람들―공동체의 여자들―의 뼈에 반영되어 있다.[76]

테야 몰르슨이 연구에 사용한 유골 표본은 약 11500년 시기 시리아 유프라테스 강 유역의 초기 농경마을 아부 후레이라 유적에서 출토된 것들로써 농경주체로서의 여성이 경작은 물론 복잡한 단계성 노동에 종사했음을 유력하게 입증해주는 자료이다. "농경은 일반적으로 여자의 일"이었지만 "물긷기, 요리, 연료채집과 식물채집, 의복의 제조와 수선, 육류와 어류의 저장, 도자기 만들기, 방적, 매트나 바구니 제조"[77]

---

76 브라이언 페이건 지음. 이희준 옮김. 『세계선사문화의 이해』. 사회평론. 2011년 3월. pp. 228~229.

77 죠지 피터 머독 지음. 조승연 옮김. 『사회구조 친족인류학의 이해』 서경문화사. 2004년 6

등 잡역과 가내제조업에도 종사함으로써 명실상부한 신석기시대 생산노동의 주체로 활약했다. "쌀밀은 거름을 주고 잡초를 제거하면 산출량도 크게 늘어남"[78]으로 경작을 통해 늘어난 인구의 식량을 해결할 수 있었고 도자기·바구니 등 용기 제조를 통해 여분의 식량을 나중에 식용할 수 있게끔 저장할 수도 있게 되었다.

반면 남자의 생산노동 참여는 여성보다는 뒤처졌다. 아니, 위축될 수밖에 없었다. 남자들은 처음에는 여성들의 경작노동에 참여했다가 나중에야 "동물사육·수렵·농지개간·목공 등을 담당"[79]했기 때문이다. 사냥꾼에게 아이는 부담이 되기 쉽지만 경작의 경우 어린아이들도 경제적으로 쓸모 있는 노동력이 되었다.…… 아주 어린아이라고 하더라도, 잡초를 제거하거나 새·짐승을 내쫓는 데에 도움[80]이 되었을 것이라는 주장을 받아들일 때 남자어린이들이 일찍부터 경작에 참여했을 거라는 추측에 힘이 실릴 수밖에 없다.

생산노동으로서의 동물사육은 경작 이후에 나타난 노동현상이다. 그것은 대충돌 이후 살아남은 초식동물들이 인류와 함께 야생곡물 자생지대로 내려왔을 거라는 전제를 인정할 수밖에 없기 때문이다. 야

월. pp. 256~264.

78 키스 윌킨스·크리스 스티븐스 지음. 안승모·안덕임 옮김. 『환경고고학』. 학연문화사. 2007년 1월. p. 357.

79 고든 차일드 지음. 김성태외 옮김. 『신석기혁명과 도시혁명』. 주류성출판사. 2013년 1월. p. 143.

80 고든 차일드 지음. 김성태외 옮김. 『신석기혁명과 도시혁명』. 주류성출판사. 2013년 1월. p. 110.

생곡물 채취나 초창기 곡물재배 시기에는 여분의 식량이 부족하여 동물사육의 근본인 사료 장만이 어려웠을 것이 틀림없다. 사람들이 충분하게 먹을 수 있는 축적된 식량이 있을 때에만 동물의 가축사육이 가능해지기 때문이다. 농업에 의해 부업으로 밀려난 수렵은 여전히 생산노동이 아니며 농지개간 역시 대규모 농업시대에 와서야 남성의 생산노동으로 되었으며 본격적인 건축업도 초창기 농업이 일정하게 자리 잡은 다음에나 가능해진 생산노동 현상이라 할 수 있다. 이리하여 여성은 신석기시대 초반에 생산노동의 주체로서 시대적인 중대한 사명을 수행했다. 물론 그것은 남성 부재의 공간이었지만 오히려 그것 때문에 가능했던 역할 배당이었다.

② 여성의 체력과 노동 강도

신석기시대 여성이 경제활동의 중심이 될 수 있었던 데에는 노동 강도가 여성의 체력에 부합된 원인도 존재한다. 구석기시대 수렵경제 활동에서 여성의 체력은 노동의 강도에 미치지 못해 항상 남성의 체력에 밀려날 수밖에 없었다. 하지만 농업시대가 열리면서 경작이 요구하는 노동은 여성의 체력으로도 어렵지 않게 소화해 낼 수 있는 정도로 강도가 떨어지면서 여성의 노동 참여를 종용했다.

근동사막의 밀재배는 파종할 때와 수확할 때만 밭에 가면 된다.[81]

여성은 경작 말고도 많은 노동에 종사해야만 했다. "여성들은 밭을 경작하고, 곡물을 갈고 조리하고, 방적을 해서 실을 만들어 이것으로 천을 짜서 옷을 만들고, 토기를 굽고, 장신구나 주술품을 준비"했다. 따라서 "경작에만 의존하는 집단의 경우, 공동체의 경제에 기여하는 여성의 역할이 매우 중요"[82]하다. 때문에 경작의 노동 강도는 반드시 여성이 이러한 부대노동을 공동 수행할 수 있을 만큼의 체력소모를 전제로 해야만 한다. 여성은 이뿐만 아니라 출산과 양육이라는 체력적 소모도 감수해야만 한다. 여성이 "경작지를 개간하고, 집을 짓고, 가축을 돌보고, 사냥을 하고, 필요한 도구와 무기를 만드는"[83] 남성들의 노동에 불참하는 것도 그들이 소비 가능한 체력소모의 총량과 관련된다. 여성이 임신·출산·양육으로 인해 노동시간이 남성보다 적은 것은 분명하다.

유동 수렵·채집민의 여성은 이중고를 짊어진다. 먼저 식품의 절반 이상을 차지하는 채집 같은 중요한 경제활동을 책임진 생산자이며, 그리고 모유 이외의 다른 대안이 없는 식량 체계에서 어린아이를 돌보고 부양하는 재생산자의 역할이다. 그래서 수유를

81 다나카 마사타케 지음. 신영범 옮김. 『재배식물의 기원』. 전파과학사. 1992년 2월. p.45.
82 고든 차일드 지음. 고일홍 옮김. 『인류사의 사건들』. 한길사. 2011년 10월. pp.109~117.
83 고든 차일드 지음. 고일홍 옮김. 『인류사의 사건들』. 한길사. 2011년 10월. p.109.

신석기시대
세계 여성사

한 살 이상까지 지속해야 하는 상황은 수유를 필요로 하는 동반 자녀가 둘만 되어도 여성은 채집활동에 참여하기 힘들어진다. 유동 수렵·채집민 여성이 대략 3년에서 5년 정도의 출산 터울을 갖는 주된 이유를 기동성의 측면에서 생각해 볼 수 있다.[84]

대충돌 사건의 대량 인명피해로 출산이 다시 중요시된 신석기시대 초반에는 출산 터울이 더 잦고 출산율도 높았을 것이다. 하지만 이동을 전제로 하기 때문에 노동에 참여할 수 없었던 구석기시대의 수렵·채집 시절과는 달리 정착 상태에서 고정된 경작지에서의 신석기시대 노동은 임신기는 물론 육아시기에도 부른 배를 안고 또는 등에 아이를 업고서 작업이 가능했다. 여성들이 아부 후레이라 여성들처럼 물건을 머리에 이고 다니는 것도 곡물을 운반하는 노동 중에 등에 업은 아이 때문에 개발한 절충방법임을 알 수 있다. 신석기시대 여성은 임신·출산·양육에도 불구하고 파종·수확·타작·건조·제분 등 농경노동은 물론이고 앉아서 고정된 자세로 하는 토기와 바구니 제작, 의복 제조, 요리 등 가내 노동도 어렵지 않게 수행할 수 있었다. 농경노동의 완벽한 수행이야말로 여성을 신석기시대 초창기를 이끄는 견인자로 부상시킬 수 있었던 명분이 된 것이다.

한편 신석기초반 여성중심시대에 새롭게 제기된 문제는 식용하고 남은 식량보관 즉 저장이었다. 저장은 구석기시대에는 없었던 경제

---

84 알랭 떼스타 지음. 이상목 옮김. 『불평등의 기원』. 학연문화사. 2006년 8월. pp. 44~45.

형태로서 여성이 정착농업의 필요에 의해 개발한 찬란한 경제문화라고 할 수 있다. 사실 그 시대에 가장 어울리는 식량보관 방식은 아마도 땅에 구덩이를 파고 묻는 것이었을 것이다. 식량을 많이 보관할 수 있을 뿐만 아니라 짐승의 침해도 방지할 수 있으며 부패 방지에도 효과가 있기 때문이다. 하지만 아직 거친 석기 말고는 땅을 팔 수 있는 견고한 금속도구가 없었던 당시로서는 그것은 생각에 그칠 뿐 현실에 적용하기에

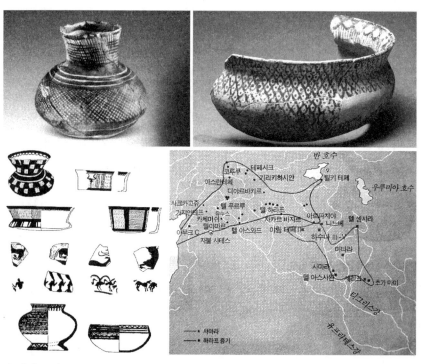

| **사진 12** | 저장용기 토기

사마라문화(상좌)와 할라프문화시기(상우)토기. 기원전 6000년 메소포타미아 지역에 널리 퍼진 두 문화시기의 토기 형태와 분포. 토기는 저장용기로 광범위하게 사용되었다. 바구니도 사용되었지만 부식되어 유물이 남지 않았다.

는 무리가 따랐을 것이다. 설령 석기나 목기로 어렵게 땅을 파거나 천연 구덩이 또는 모래땅을 이용한다 하더라도 덮은 흙을 파내기가 쉽지 않았을 것이다. 뿐만 아니라 파낸 후 곡물에 섞인 모래와 흙을 가려내기가 또 하나의 번거롭고 힘든 노동이 아닐 수 없었을 것이 틀림없다.

이 문제를 해결하기 위해 여성들은 기지를 발휘하여 토기그릇과 바구니 등 저장용기를 개발해 냈던 것이다. 토기와 바구니는 한 번 제작하면 사용할 때마다 구덩이를 파고 묻는 작업과 이물질을 제거하는 작업을 절약할 수 있었으며 원하는 시간에 언제라도 사용하고 보관할 수 있는 장점이 있었다. 뿐만 아니라 일정한 거리 내에서는 이동도 가능했다. 여기서 필자가 말하려고 하는 것은 토기나 바구니 등 용기의 곡물 저장기능에 대해서만 담론의 의미를 국한시키려는 것이 아니라는 점이다. 저장은 위에서 언급한 획득과 파괴가 아닌 생산적인 기술 그리고 다음 절에서 취급할 생산적 정보와 더불어 인류문명발전의 토대가 된 중요한 요소 중의 하나라는 사실이다. 토기와 바구니 등 용기의 기능에서 시작된 저장문화는 토판과 책을 통해 문자를 저장하고 메모리를 통해 자료를 저장하는 현대문화의 서막을 열었기 때문에 그 의미가 중요할 수밖에 없다. 저장을 통해서만 문화는 축적되며 축적을 통해서만 새로운 것의 생산과 창조가 가능해진다면 여성이 개발한 토기나 바구니와 같은 용기가 인류문화발전에 어떤 기여를 했는지 어렵지 않게 추측할 수 있을 것이다. 어떤 의미에서는 인류의 모든 문명은 신석기시대 초기 농경여성의 생존을 위한 것이지만 결과적으로는 위대한 발상에서 비롯된 것이라고도 단정 지을 수 있을 것이다.

③ 여성의 경험과 노동

우리는 위의 담론에서 신석기 초기 농경여성에 의해 인류문명사에서 최초로, 혁명적 사건들이 발생했음을 검토를 통해 인지하게 되었다. 백만 년 역사에서 처음으로 되는 생산노동과 생물을 살리는 기술, 저장을 통한 축적 등이 그것이다. 이번 절에서는 인류역사상 획기적인 행위—생물에 대한 정보수집에 대해 담론을 전개하려고 한다. 정보수집과 공유는 발달한 현대사회에서도 인류문화발전에 없어서는 안 될 중요한 과정인데 이는 벌써 여성들에 의해 신석기시대 초반 농업사회에서 그 윤곽을 드러내기 시작했던 것이다. 그 지식정보는 관찰과 경험의 누적으로부터 발생하는 것이다. 구석기시대에도 관찰과 경험을 통한 정보수집 경우가 존재했다. 그러나 구석기시대 동식물에 대한 관찰과 경험에 의해 수집된 정보는 생물을 죽이는 파괴적인 노동에 사용되었다면 신석기시대 수집된 정보는 그와는 반대로 동식물의 성장에 도움이 되는 생산적인 노동에 사용되었다. 전자가 정보수집자를 위한 정보인 반면 후자는 정보제공자를 위한 생산적인 정보였다. 이러한 생산적인 정보들은 농업의 경우에는 서식지 또는 성장환경 조건에 대한 판단, 계절과 시간, 수확 방법 외에도 독성 식별과 해독방법 등에 대한 것들로 귀납될 수 있다. 이러한 사전지식이 전제되지 않고는 경작에 성공할 수 없기 때문에 농사꾼들의 필수 정보들이다.

작물의 성장은 토양 건습도, 적정 일조량, 계절성 풍향, 기온, 강우량(수자원) 등의 자연조건이 전제될 때에만 재배가 가능하다. 신석기 초기 농경여성들은 이 원리를 채집 당시 야생식물 서식지의 천연자연조건에 대한 관찰과 경험을 통해 정보를 입수한 것이었다. 야생곡물의 성장 과정을 관찰함으로써 특정 식물의 싹이 트고 가지를 치고 열매를 맺는 계절적 특성과 시간적인 과정을 포착했다.

> 1926년에 헤롤드 피크와 하버트 플러어는 최초의 순화작물과 농업인은 유프라테스강의 상류에서 출현하였다고 주장하였는데 그들은 이곳이 보리와 밀 야생종의 "자연 서식지"라는 것을 알았기 때문이다.
> 야생밀의 분포는 온도, 토양과 습도에 의해 크게 제한되기 때문에 결과적으로 군집이 넓게 분산되어 있고 따라서 수확하기도 힘들다.[85]

야생식물을 작물로 재배할 때는 서식지의 지역적 특성뿐만 아니라 동일한 지역 내에서의 예측 불가능한 기후변화에 대해서도 반드시 일정한 정보를 가지고 있어야만 한다. 강우량의 변화, 조기 서리와 같은 기온의 변화, 돌연적인 가뭄과 홍수, 병충해 발생 등의 자연 상황이 곡물재배 특히 소출에 아주 큰 영향을 미칠 수 있기 때문이다. 이러한 상황에 대해 면밀히 관찰하고 경험을 누적함으로써만이 곡물재배를 성공적으로 완수할 수 있다.

---

85 로버트 웬키 지음. 안승모 옮김. 『선사문화의 패턴 Ⅰ』 서경. 2003년 11월. pp.326~341.

모든 식물성 식량이나 동물성 식량은 격심한 강우량의 변화로 인해 매년 그것을 획득하는 장소와 양을 예측하기 어렵다고 하는 매우 중요한 특징을 공통적으로 가지고 있다. 어느 지역이 어떤 해에는 대단히 풍부해서 많은 수의 가족을 부양했다고 해도 그 후 수년 동안은 거의 식량을 제공하지 못하는 경우도 있다.[86]

이러한 중요한 정보들을 낱낱이 수집하고 분석하여 경작에 응용하는 일은 죄다 여성들의 과제였다. 여성들은 구석기시대 채집 시절부터 이러한 자연현상들에 대해 면밀히 관찰하고 경험을 쌓으며 곡물재배에 관한 정보들을 누적해 나갔던 것이다. 이렇듯 풍부하고 정확도가 높은 정보에 근거하여 경작지를 선택하고 계절에 맞추어 작물을 재배했으며 느닷없이 들이닥치는 자연재해에도 대비하면서 필요한 식량을 마련했던 것이다. 심지어 농경민은 새들이나 짐승들이 언제 어느 시간에 곡식을 침해하는지에 대한 정보도 확실하게 가지고 있지 않으면 대량의 소출을 상실하게 된다. 어떤 의미에서 신석기 초반 농업에서 정보수집과 생산은 성공적인 작물재배의 전제라고도 할 수 있을 정도로 중요한 과정이었다.

가뭄에 강물을 밭에 인수할 수 있는 관개방법이 아직 보급되지 않았던 초기 농경시기에 토양 자체의 건습도를 판단하는 기술도 정보에 의존할 수밖에 없었다. 신석기 초기 농경마을들이 호수 주변이나 하

---

86 줄리안 스튜어드 지음. 조승연 옮김. 『문화변동론』 민속원. 2007년 12월. p. 144.

천 주변에 위치한 것도 곡물재배는 충분한 수자원을 확보해야만 한다는 정보에 의한 결정에 따른 결과이다. 하지만 당시로서는 낮은 지대의 경작지는 하천의 범람이나 호수의 범람에 의한 홍수 피해가 다른 지역에서 발생하는 가뭄의 피해보다 결코 적지 않았다. 따라서 수자원과 토양의 적절한 선택은 경작의 성과와 직접 이어지는 문제로써 올바른 정보의 근거가 없이는 정확한 판단이 어려웠을 것이다. 여성들은 이 모든 어려운 선택들을 그동안 축적해 온 정보에 의해 결정해야만 했다. 정보는 그만큼 농업에서 홀시할 수 없는 요소였다. 여성의 역할은 정보를 생산하고 경작에 적용하는 데에서 돋보였다.

여성들이 수집한 정보는 곡물의 성장에 부합되는 조건을 제공하기 위한 목적을 넘어서 인간이 재배하기 쉽도록 작물을 개발하는 면에

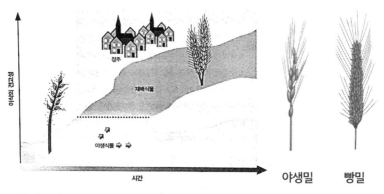

| 사진 13 | 재배를 통한 야생밀의 진화

야생밀은 곡식이 여물면 저절로 목 부위가 부러져 이삭이 떨어지지만 재배밀은 여물어도 이삭이 부러져 떨어지지 않는다. 뿐만 아니라 야생밀은 이삭이 작고 알이 적은 반면 재배밀은 이삭도 크고 알도 많아 소출이 많이 난다. 이 모든 공로는 여성이 장악한 장기간의 경험 정보의 결과물이라고 할 수 있다.

서도 그 효력을 과시했다. 여성은 이미 "야생식물이 성숙되면 종자나 과실이 쉽게 떨어지는" 것에 대한 관찰을 통해 작물 개량 관련 정보를 입수했으며 그 뒤 "파종행위의 반복"을 거쳐 "같은 식물 간의 발아력의 경쟁을 유도하여 발아가 빠르고 강세인 것이 기계적으로 선발되는 결과"[87]를 만들어 냈다. 뿐만 아니라 반복되는 관찰과 경험을 통해 수확계절까지도 곡물의 목이 부러지지 않고 이삭이 탈립되지 않는 야생밀에 대한 정보를 입수했다.

> 우연한 일로 수확이 늦어졌을 때, 인간은 대부분의 종자가 떨어진 중에서도 탈립되지 않은 이삭을 수만 개의 이삭 중에서 쉽게 찾아내게 될 것이다. 그 결과 재배에 유리한 비탈립성인 개체가 얻어지게 된다.[88]

곡식을 수확하기 전에 이삭이 목이 부러지거나 탈립되면 비단 채취가 어려울 뿐만 아니라 소출이 줄어들기에 높은 산량을 확보하려면 반드시 이 난제를 해결해야만 했을 것이다. 거듭되는 관찰과 경험의 누적 그리고 우연한 발견을 통해 여성들은 야생밀을 재배밀로 개발해 냈다. 이 사건은 정보와 경험 축적이 생산과의 단순한 연관성을 초월하여 창조적인 것에 맥이 뻗어나간다는 점에서 획기적인 의의가 있으며 그

---

87 다나카 마사타케 지음. 신영범 옮김. 『재배식물의 기원』. 전파과학사. 1992년 2월. p. 18.
88 다나카 마사타케 지음. 신영범 옮김. 『재배식물의 기원』. 전파과학사. 1992년 2월. p. 19.

주인공은 여성이라는 사실에 역점이 박힌다.

이 밖에도 "들소 똥 속의 밭벼와 붉은 좁쌀을 보고 독이 없어 먹을 수 있다는 것을 발견했다"[89]는 서맹와족西盟佤族의 신화처럼 동물이 먹은 위장 속 씨앗으로 독성식물을 경험 정보에 의해 식별한다든가 어떤 온도와 습도의 기후에서 병충해가 발생하는가 하는 정보에 근거하여 인위적으로 습도를 조절하고 소각을 통한 연기 같은 것으로 공기를 정화했을 것이다. 농업에 필요한 이 모든 기술들은 여성이 평소 관찰하고 누적한 경험 정보에 의해서만 가능했던 것이다.

지금까지의 담론에서 언급된 생산·기술·저장·정보의 공통성은 한마디로 생산성이다. 그와 같은 특성은 여성의 출산·양육에서 보이는 생산성과 궤를 같이할 뿐만 아니라 여성적 생산성의 생활 영역에로의 확장이라고 간주할 수 있을 것이다. 여성은 농업을 통해 인류문명의 네 가지 중요한 요소인 생산(확대)·기술(생산적)·저장·정보(곡물 생장 관찰과 정보)를 개척함으로써 찬란한 역사시대를 맞이할 알차고 튼튼한 토대를 다지는 막중한 역할을 수행했던 것이다.

---

89 俞为洁著.『中国食料史』. 上海古籍出版社. 2011. 12. p.8.

2장
⋮
중동의 농경여성(여신)과 서구 농경여성

1) 메소포타미아 신화 속의 여성

ㄱ. 신석기시대 여신의 등장

필자는 비록 구석기시대에도 빌렌도르프, 러셀의 비너스와 같이 이른바 수많은 "여신상"이 발견되었지만 진정으로 여신이 등장한 것은 신석기시대에 와서야 현실화되었다고 간주한다. 구석기시대 여성조각상에서 배와 유방 등 부분들이 강조된 것처럼 구석기·신석기 모두 여성의 생육이 중요시되었음에도 유독 신석기시대에 여신이 탄생한 이유를 두 가지로 귀납할 수 있을 것이다.

a. 대충돌로 남성이 대량 소멸된 신석기시대에 보여준 여성의 위대한 생리적인 번식력이다. 사실 인류 여성의 생식은 모든 암컷 동물이 가진 보편적인 생리적 기능이다. 그런 만큼 통상시에는 숭배될 것이 없지만 신석기시대라는 특정 상황과 맞물리며 부각된 것이다. 구석기시

대에도 출산·생육은 중시되었지만 그것은 어디까지나 출산의 신비성에 국한된 것이었다. 하지만 신석기시대 여성의 출산능력은 신비성을 벗어나 실효성에서 그 위대함을 입증해 보여주었기 때문이다. 여성은 자신의 고유한 출산능력으로 위기에 봉착했던 신석기시대의 인구를 짧은 시간 내에 몇 배나 급증시켰다.

　　b. 신석기시대 여성을 신으로 승격시킨 조건 중에서 특히 그들에 의해 이동문화가 정착문화로 개변되었다는 것에 의미가 부여된다. 남성 부재(성인 남성)의 공간에서 여성이 백만여 년 동안 지속된 이동생활에 종지부를 찍고 정착으로 전환한 데는 그럴 만한 여성만의 이유가 존재한다. 우선 대충돌 후 줄어든 인구 복구를 위해 잦아진 여성의 출산과 생육이 빈번한 이동에 제동을 걸었다. 계속해서 나무가 없어 벌목이 필요 없는 비옥한 경작지와 운명을 같이하게 된 여성의 생활방식도 이동을 억제하는 다른 하나의 조건이 되기에 충분하다. 거기에 하나 더 추가하자면 대재난으로 인한 산에 대한 두려움도 무작위의 이동을 부정적으로 볼 수밖에 없었을 것이다. 물질·문화의 축적 불가, 생물과의 한 공간에서의 호흡과 공생 불가라는 점에서 여성이 선택한 생물과 인간이 서로 혜택을 제공하며 유대감을 형성한 것은 인류문명발전에서 획기적인 변화라고 할 수 있으며 그래서 정착문화를 개척한 여성의 업적은 신으로 승격함에 명분을 배당했다.

① 사라진 남편 찾기

수메르(메소포타미아)신화에는 신석기 초기 곡식의 여신 닌릴Ninlil 이 하계로 추방된 남편을 찾아 지하세계로 찾아 떠나는 장면이 나온다. 이 지하세계는 들어올 수는 있어도 나갈 수는 없는 곳이며 흔히 사람이 죽으면 혼이 이곳에서 살았음[90]으로 오늘날의 표현을 사용하면 저승이 라고 할 수 있다. 이처럼 남편을 찾아 성관계를 가지는 공간을 명계로 잡은 목적은 닌릴의 행위가 금기에 대한 파기이자 범죄이기 때문이다. 대충돌재난으로 남편이 죽은 아내들은 아직 금기가 해제되지 않은 상 태에서 다른 남성과 성관계를 가지고 생육을 하려면 남편 찾기라는 가 상의 금기 준수과정—통과의례를 거쳐야만 했을 것이다. 남편 찾기의 찾는 대상은 죽은 남편이 아니라 남편을 가상한 다른 남성(아들과 조카를 포함하는 근친상간)임이 신화의 내용에서 드러나고 있다.

> 엔릴은 태아를 임신한 닌릴을 버려둔 채 가버렸다. 홀로 니푸르 nippur에 남기 싫어진 닌릴은 남편을 따라 지하세계로 내려가기 로 작심했다.
> 이에 대해 엔릴은 매우 불쾌해 했다. 그는 자신의 아들 난나 Nanna가 숙명적으로 천상에 머물 것이며 그의 휘영청 밝은 달빛 으로 우주를 비추리라는 것을 알고 있었다. 그리하여 그는 천방

---

90 『东方神话传说(第2卷)「李琛编译. 月神的降生」』. 北京大学出版社. 1999. p.123.

| 사진 14 | 대기의 신 엔릴과 곡물의 여신 닌릴(좌). 메소포타미아 신화가 새겨진 점토판

닌릴은 이승에서 사라진 남편 엔릴을 찾아 명계로 하강하여 남성 문지기, 하천 위사, 뱃사공에게 강간당한 후 자식을 출산한다. 아마 이들은 대충돌 사건으로 숨진 남편을 대신하여 그녀의 성 파트너가 된 아들, 조카였을 것이다. 그들이 문지기나 뱃사공으로 변신하여 나타난 이유는 근친상간의 금기를 파기한 여성에게 면죄부를 주기 위한 것이었을 가능성도 배제할 수 없다. 아무튼 여성은 사라진 남성 인구를 불린 업적으로 신의 대접을 받는다.

> 백계로 닌릴이 그를 따라 하계로 내려오는 것을 막았다. [91]

엔릴 즉 남편은 "중신이 내린 벌을 받은 운명의 배치"[92]라고 생각할 뿐만 아니라 갑자기 추방당해 "임신한 닌릴을 버려둔 채" 가버린다.

---

91 『東方神话传说(第2卷)「李琛编译. 月神的降生』』. 北京大学出版社. 1999. p.123.
92 『東方神话传说(第2卷)「李琛编译. 月神的降生』』. 北京大学出版社. 1999. p.123.

그야말로 대충돌시기에 야외로 사냥을 나갔던 남성—남편들이 초유의 재난에 봉착하여 처자를 돌볼 사이도 없이 불시에 피해를 당해야만 했던 당시 상황과 닮아 있다. 하지만 자손을 출산하여 후대를 이어 가야 하는 닌릴의 입장에서는 남편이 죽었다고 가만히 앉아서 속수무책으로 대를 끊어지게 할 수는 없었을 것이다. 남편을 대신하는 그러나 남편으로 가상되는 남성을 찾아서 성관계를 가져야 가계를 이어갈 수 있기 때문이다.

신화에서 그 가상의 남편—근친상간의 금기를 준수하기 위한—은 다름 아닌 엔릴이 변신을 통해 현신한 세 남성 문지기, 하천 위사, 뱃사공이다. 이들은 신석기시대 대충돌 당시에는 아마도 아들, 조카, 삼촌 등 근친 남성들과의 성관계로 나타났을 것이다. 닌릴은 문지기와의 성관계를 통해 하계의 왕 닌아주Ninazu를 수태하여 낳은[93] 다음 다시 지하세계—금기 파기의 공간으로 찾아간다. 하천 위사와 관계하여 하나의 신을 낳았고[94] 뱃사공과 살아 세 명의 신령을 출산[95]한다. 남편을 잃은 당시 여성들은 인류의 번식을 위해 여러 남자들과 성관계를 가짐으로써 왕성한 출산력을 발휘했음을 알 수 있다. 변신의 의미는 금기를 파기한 여성의 책임에 면죄부를 주기 위한 하나의 서사책략일 가능성도 배제할 수 없다. 금기 파기보다 인류의 멸망을 막는 것이 더 급선무였기 때문이기도 하지만 이미 금기 준수 같은 것을 감독할 남편은 존재

---

93 『東方神話传说(第2卷)「李琛编译. 月神的降生』. 北京大学出版社. 1999. p.124.

94 『東方神話传说(第2卷)「李琛编译. 月神的降生』. 北京大学出版社. 1999. p.125.

95 『東方神話传说(第2卷)「李琛编译. 月神的降生』. 北京大学出版社. 1999. p.125.

신석기시대
세계 여성사

하지 않았기 때문이기도 하다.

　이 신화에서 홀시하지 말아야 할 대목은 "강간"이라는 단어이다. 남편이 아닌 다른 남성과의 성관계는 금기의 기준에서 볼 때 강간일 수밖에 없다. 설령 성관계의 대상이 남편이라 할지라도 닌릴이 몸을 섞은 남성은 분명히 문지기, 하천 위사와 뱃사공이었음으로 이들과의 관계는 두말할 것도 없이 강간이라 할 수 있다. 그런데 이러한 강간 관계에서 우리가 주목해야 할 점은 엔릴의 긍정적인 태도이다. 닌릴이 남편이 아닌 다른 남성에게 강간당한 것을 엔릴이 묵과한 것은 그곳을 찾아간 목적이 꼭 남편이라기보다 자식을 낳기 위해 필요한 성관계 상대를 찾기 위한 것이었고 따라서 그 요구만 만족되면 허락할 수 있었기 때문이다.

　　닌릴은 월신을 낳은 후 고독을 참을 수 없어 도처에서 남편을 찾아다녔다.[96]

　닌릴의 고독은 성 파트너의 부재에서 오는 고독이다. 물론 그 고독은 실제로는 단순한 육욕이 아닌 생육을 위한 성 파트너의 부재에서 오는 고독이었다. 그리하여 그녀는 남편—성 상대를 찾아 도처로 돌아다닌 것이다. 남편의 부재가 그녀의 성적 욕구 아니, 임신·출산의 욕구를 채워주지 못할 때 그 빈 공간을 충족시켜주는 그 어떤 남성도 그녀는

---

96 『东方神话传说(第2卷)「李琛编译. 月神的降生』. 北京大学出版社. 1999. p. 123.

받아들일 수밖에 없었을 것이다. 남편 찾기가 임신을 위해 그녀를 수태시키는 정자가 필요해서라면 그런 정자를 가진 남성은 그가 문지기이든 하천 위사이든 뱃사공이든, 신화 밖으로 한 걸음 더 나아가 아들이든 조카이든 상관이 없었을 것이 틀림없다. 그것은 신석기시대 초반 대충돌로 남편들을 잃은 농경여성들이 줄어든 인구를 늘려 노동력을 확보하기 위해 취했던 가장 최선의 책략이었음이 점차 그 윤곽을 우리 앞에 드러내고 있다고 해야 할 것이다. 결국 여성이 채택한 탈 금기 성관계의 출산책략의 성공적인 실현은 그들을 여신의 반열에 올려 세우는 계기가 되었다. 여성은 멸망에 직면한 인구를 자신의 고유한 생리적인 능력으로 구원했기 때문이다.

② 경작지와 운명을 함께 하기

신석기시대 여성을 신으로 신격화 시킨 원인 중에는 모권제에 의한 여성위계의 격상보다 그런 사회적 지위를 가능하게 했던 조건 즉 경작지와 운명이 함께 묶임으로써 형성된 정착생활과 깊은 연관이 있다. 사실 모권제는 구석기시대에도 존재한 적이 있었지만 그로인해 여성은 신의 영광을 누리지는 못했기 때문이다. 그런 이유로 필자는 여성을 신으로 만든 이유에 관한 담론을 여성이 택한 농업으로 인해 경작지와 얽혀진 정착생활에 초점을 맞추려고 한다.

신석기시대 여성이 주도한 정착생활의 첫 번째 이유로는 대충돌로 인한 남성 인구 감소를 복구하기 위해 진행된 대규모 출산운동으로 여성들의 출산주기가 짧아지고 육아기간이 대폭 늘어난 상황이 유력

| **사진 15** | 격상된 여성의 사회적 지위의 토대가 된 경작지와 정주 촌락 (암사동유적)

농업으로 인한 경작지와 취락은 이동을 전제로 하는 동물을 수렵하는 노동에서 탈피하여 토지에 고착된 식물을 채집 또는 재배하는 노동으로 전환하게 함으로써 여성에게 유리한 정주생활의 가능성을 열어주었고 그들의 사회적 지위와 역할의 신격화 비중을 강화했다.

하게 거론된다. 여성의 잦은 출산과 생육기간 연장은 기존의 이동중심의 생활패턴에 제동을 걸 수밖에 없었다. 회임기간과 출산전후, 수유기간에는 부른 배와 출산 후유증, 딸린 아기 때문에 이동이 어렵기 때문이다. 한 차례의 임신과 출산, 수유만으로도 2~3년이라는 시간이 필요하다는 것은 상식이다. 한두 해 터울은 물론이고 설령 2~3년 터울로 출산·생육한다 하더라도 아기 한 명당 요청되는 2~3년 동안의 수유기간을 감안하면 이동할 시간은 거의 없다는 것을 알 수 있다. 그러나 한 곳에 정착하면 이동시간을 절약하여 노동에 더 많이 할애할 수 있다. 위에서 이미 언급했지만 경작노동은 여성이 회임기간은 물론 수유기간에도 아이를 대동한 채 감당할 수 있는 것이라는 점에 주목할 필요가 있다. 결국 여성을 경작지에 묶어둔 것은 여성의 체력에 적합한 농업노동이라 할 수 있다. 한편 경작지가 제공하는 풍부한 자원은 인류를 정착하게끔 유혹한 장본인이다. 대충돌이 덮친 미증유의 재난을 피해 여성들이 잔존한 남자들을 거느리고 도착한 곳은 다름 아닌 야생밀과 보리가 자생하는 지역이었다. 여기는 여성들에게 구석기시대부터 접촉하며 익숙해진 채집 식물들이 자생하는 곳이었다.

> 어떤 수렵·채집집단이 정주하면 생계는 그 지역의 자원에 묶이게 된다(특히 어떤 환경에서 저장할 수 있을 만큼 충분한 양으로 존재하는 자원은 대체로 하나나 둘 정도이기에 저장할 자원에 얽매인다).[97]

구석기시대 남성주도의 사회가 그들에게 익숙한 사냥에서 수렵자원에 묶여 산악지대에서 생계를 영위했던 것과 다르지 않다. 다만 그 자원이 저장할 만큼 풍부할 때 특정 자원에 대한 의존율도 그만큼 커질 수밖에 없다는 점에 역점을 찍어야겠다. 물론 자원의 충족함이란 적어도 전체 구성원이 일 년 동안 소비할 식량을 마련할 수 있는 양이 확보되었을 때를 말할 것이다. 그것은 특정 집단이 그곳에 최소한 1년 동안 정착할 수 있는 조건이 된다. 식량 제공의 양이 확대될수록 그만큼

---

97 로버트 켈리 지음. 성춘택 옮김. 『수렵채집사회(고고학과 인류학)』. 사회평론아카데미. 2014년 12월. p.411.

신석기시대
세계 여성사

정착 시간도 늘어날 수밖에 없다. 이러한 자원 조건은 경작지와 여성이 주도하는 집단을 떨어질 수 없는 관계로 묶어주는 역할을 수행했다. 여성이 자신들의 장점인 경작으로 기존의 생계수단이었던 수렵장소를 잃고 생존의 위기에 직면한 인류를 먹여 살려낸 이 위대한 정착사건은 여성이 신으로 등극하는 데 결정적인 명분을 제공했다고 해야 할 것이다. 그런데 여성들이 주도하던 신석기시대 초반 농업사회에서 그러한 정착 조건을 충족시켜 줄 수 있었던 곳은 야생밀과 보리가 자생하는 제한된 지역이었다.

농경에 적합한 농작물의 야생종은 아주 우연하게 비옥한 초승달지대에 밀집 성장했다.…… 키가 작고 열매가 무거운, 인류가 재배하기에 적합한 곡물원종은 비옥한 초승달지역과 중국 이외의 지역에서는 기본상 자생하지 않는다. 밀, 보리, 일립밀, 이립밀, 완두, 제비콩의 야생종은 아나톨리아 동부 산지와 자그로스 산맥에서 자연 번식한다. 일립밀을 예를 들면 20세기 60년대 순수종에 접근하는 품종이 터키, 이라크와 시리아의 면적 수십km² 의 지역 내에 자생하는 것이 발견되었다. 고찰을 통해 금방 농경을 시작한 유적 중의 곡물씨앗에서 당시 인류가 기본상 죄다 산지의 야생씨앗을 가져다가 낮은 곳에 재배하기 시작했음을 발견할 수 있었다.[98]

98 田家康(日)著. 范春飚译. 『气候文明史-改变世界的8万年气候变迁』. 东方出版社.

근동 지역의 신석기혁명의 증거는 기원전 7000년 전후에 이미 아주 뚜렷해졌다. 이곳이 세계상의 다른 곳보다 이른 원인은 이곳이 세계에서 유일하게 야생밀, 홍소맥과 보리가 생장한다는 데 있다.[99]

재배 엠머밀은 이란, 이라크 그리고 터키에서 기원전 7000~6000년경의 유물에서 출토되고 있다. 출토된 지역은 서남아시아의 비옥한 이란의 서남부인 쿠르디스탄, 이란, 이라크, 터키의 자그로스산맥 그리고 타우루스산맥의 구릉 지대를 통하여 터키의 중앙 및 서부 아나톨리아 고원과 팔레스티나까지 지중해연안을 따라 남하한 반달형지역에 한정되고 있다. 특히 전술한 자르모에서 야생형과 재배형이 동시에 발굴된 점을 생각하면, 재배 엠머밀의 발상지는 메소포타미아의 자그로스산악지대라고 추정된다.[100]

문제는 밀과 보리의 야생종이 자생하는 이러한 지역들은 대충돌 이전에도 존재했다는 사실이다. 그러나 그때 남성이 주도하는 인류는 이동을 전제로 하는 수렵·채집생활을 중단하지 않았을 뿐만 아니라 곡물재배 같은 행위는 더구나 없었다. 야생종 밀과 보리가 자생하는 특

2012. 7. p.43.

99 『古代西亚北非文明』 中国社会科学出版社. 2000. 5. p.211.

100 다나카 마사타케 지음. 신영범 옮김. 『재배식물의 기원』 전파과학사. 1992년 2월. p.52.

정 지역에 고정된 삶의 터전을 잡고 곡물을 재배하기 시작한 것은 전적으로 채집에서 경험을 쌓은 여성들이었다. 이런 지역은 식량자원이 풍족해 수렵활동이 없이도 먹고 살 수 있었기에 여성들의 이 선택은 재난에 처한 인류를 구원해낸 위대한 처사로써 충분하게 신의 위치에 오를 만한 업적으로 찬양받을 수 있었다. 그리하여 위기에 봉착한 인류는 여성의 용단에 따라 경작지와 운명을 함께 하며 떼려야 뗄 수 없는 밀접한 관계를 형성하게 된 것이다. "이곳은 지세가 평탄하고 토지가 비옥하며 수자원이 풍부해 농업생산에 유리해 점차 인류의 주요한 활동지역으로 되었다."[101]

그리고 여성이 견인하는 인류가 경작지를 이탈하지 못하고 정착하게 된 또 하나의 이유가 있다. 그것은 신석기시대 인류가 활동하던 경작지들에는 수목이 없다는 사실에서부터 비롯된 것이라고 할 수 있다. 구석기시대는 물론이고 신석기시대에도 나무는 인류의 생존활동에 거추장스러운 존재가 될 때가 많았다. 왜냐하면 돌도끼 따위의 석기밖에 없던 당시에는 나무를 채벌하거나 자르기가 여간만 쉽지 않았기 때문이다. 숲을 제거하고 나무를 베어내야만 할 수 있는 신석기 농경문화에서는 더구나 그랬다.

---

101   클라이브 갬블 지음. 성춘택 옮김. 『기원과 혁명-휴머니티 형성의 고고학』. 사회평론아카데미. 2013년 8월. p.56.

| **사진 16** | 나무가 없는 농업 발상지 자그로스산맥(좌)과 메소포타미아 지역(우)

자그로스와 메소포타미아에서 농업이 다른 곳보다 이르게 나타난 원인 중에는 이들 지역에 나무가 없어 채벌작업이 불필요하다는 조건도 포함된다. 농업이 일찍 시작된 다른 지역 예컨대 이스라엘과 시리아 등의 자연에서도 동일한 현상이 나타난다.

초기 농경민들은 현재의 이라크, 시리아, 터키, 이란 등의 충적토 지역의 나무가 없는 지역에서 작물재배와 가축사육을 하면서 정착하기 시작하였다.

특히 유프라테스와 티그리스의 두 강 사이에 위치한 메소포타미아 지역은 초기 정착민에게 많은 장점이 있었다. 우선 매우 비옥하였고 이 비옥함은 산에서 발원하는 강의 범람으로 매년 유지되었다. 그리고 완만한 경사에 나무가 없어 벌목의 필요도 없었다.[102]

채벌 도구가 미비한 신석기시대 농경민으로 말하면 나무가 없으면서도 경작이 가능한 이곳이야말로 영원히 정주할 수 있는 에덴동산

102 정희성 지음. 『전환기의 환경과 문명 지모』. 2009년. 1월. p.84.

이었을 것이다. 벌목은 얼핏 대단한 문제가 아닌 것처럼 외면될 수도 있지만 선사시대 농경민에게는 최우선으로 해결할 아주 중요한 과제였다고 말할 수 있다. 아래의 담론에서 검토하겠지만 벌목도구의 발전은 유럽의 농경문화 개척에서도 결정적인 역할을 했음을 보게 될 것이다. 이 모든 선택은 여성의 슬기로운 판단력에 의해 가능성을 획득한 것이라는 점을 인정할 때 그들의 인류를 위한 공헌은 열 번을 반복해도 과분한 것은 아닐 것이다.

신석기시대 여성을 신의 경지에 승격시킨 또 다른 하나의 사건은 농업으로 인한 동물의 사육 성공이다. 동물사육은 남자들의 업적이라고 하지만 농업이 없었다면 동물사육은 절대로 불가능했기에 여성의 기여도를 홀시해서는 안 된다. 대충돌 이후 사람은 물론 살아남은 초식동물들도 경작지 부근의 물가로 모여들어 인간과 더불어 하나의 공간에서 공존하게 되었다. 사람과 동물은 접촉이 잦아지며 곡물을 매개로 생사를 같이할 수밖에 없게 되었다.

> 밀과 보리의 선조종이 자생하는 근동 지역은 야생양과 염소·소·돼지 등이 서식했던 곳이기도 하다. 아내들이 경작을 하자 사냥꾼들은 경작지의 그루터기나 곡물껍질을 자신들이 쫓던 동물들에게 줄 수 있게 되었다. 한편 사람들은 사막의 오아시스로 점점 몰려든 동물들을 곧바로 잡지 않고 그 습성을 관찰함으로써 이들을 길들이고 인간에 의존하도록 만들었다.
>
> 텔 유적의 최하층에 위치한 이 최초의 마을을 세운 사람들은 투

석기와 곤봉을 이용해서 샘 주변으로 모여든 동물들을 사냥했다. 한편으로 그들은 소와 양, 염소를 사육했다.[103]

동물들에게 곡물뿌리나 껍질을 제공한 것이 사냥꾼이라는 주장보다 최초 경작자인 여성들이 먹을 것을 찾아 밭으로 침입한 굶주린 초식동물들에게 곡물을 제공하였다고 보는 것이 더욱 설득력이 있을 것이다. 그러한 접촉행위가 반복되는 과정에 인간과 동물 간에는 상호 신뢰가 쌓이면서 점차 순화되었을 것이다. 가장 중요한 것은 식량을 얻을 수 있는 지역이 제한된 신석기시대 초반에 동물들 역시 경작지를 떠날 수 없었다는 사실이다. 그러나 경작지를 생존공간으로 정착할 때 동물들은 반드시 그곳에 정착한 인간들과의 접촉을 피할 수 없게 된다. 이제 여성은 농업 선택과 정착으로 수렵을 하지 않고서도 식량과 육류를 동시에 얻을 수 있게 된 것이다. 어떤 의미에서 대충돌 사건은 재난이 아니라 여성더러 인류를 위해 마멸할 수 없는 업적을 쌓도록 하고 신의 반열에까지 세워준 행운이었다고도 말할 수 있을 것이다. 그들을 정착 가능한 경작지로 내몰았고 동시에 초식동물들까지 순화할 수 있도록 그곳으로 보내주었으니 말이다. 그리고 여성들이 타자의 억압이 배제된 상태에서 자신들의 재능을 충분하게 발휘할 수 있도록 남자들의 숫자를 적절하게 줄여 권력을 박탈한 것도 대충돌의 공적이라고 할 수 있다. 만일 남성의 광기가 배제된 공간이 주어지지 않았다면 인류는 언제

103 고든 차일드 지음. 고일홍 옮김. 『인류사의 사건들』. 한길사. 2011년 10월. pp. 92~97.

신석기시대
세계 여성사

까지 수렵·채집생활을 계속했을지 짐작마저 가지 않는다. 어쩌면 오늘날까지도 계속 지속되었을지도 모른다. 왜냐하면 수렵·채집생활은 이미 수백만 년 동안 진행되어 왔었기 때문이다. 물론 남성이 여성에게서 권력을 재탈환하게 된 것도 농업 덕분이다. 남성은 청동기시대부터 비옥한 경작지를 수호하고 확대하기 위해 진행된 전쟁을 통해 힘을 축적했으며 그 막강한 군사력으로 여성을 손안에 거머쥘 수 있었기 때문이다. 이 분야에 관한 검토는 물론 신석기시대에 국한된 본서의 담론 주제에서 벗어나는 것임으로 아쉽지만 여기서 접으려고 한다.

뿐만 아니라 여성이 주도한 정주농업은 "식량을 대량으로 수확해서 대규모 비축이 가능한 사회"[104]를 배태시켰으며 그것을 기반으로 사유재산이 형성되고 계급분화의 싹까지 틔웠다. 농업과 정착이 아니었다면, 남자들이 지배한 구석기시대의 수렵·채집경제만 가지고는 이 모든 인류문명은 아마 꿈도 꾸지 못했을 것이다. 인류의 문명은 신석기시대 초반 여성의 혁신적인 농업 선택과 정착에 의해 그 굳건한 토대가 마련되었다고 가히 단언할 수 있다. 다름 아닌 이 지점에서 여성은 여신의 영광스러운 황금옥좌에 당당하게 올라가 앉을 만한 자본을 거머쥐게 된 것이다.

---

104   알랭 떼스타 지음. 이상목 옮김. 『불평등의 기원』 학연문화사. 2006년 8월. p.34.

ㄴ. 조각상으로 본 신석기시대 여신

① 신석기시대 여성조각상

구석기시대에도 빌렌도르프나 러셀의 여인과 같은 많은 수의 여자 조각상들이 발견되었음을 우리는 필자의 졸저 『구석기시대 세계 여성사』의 담론을 통해 알고 있다. 신석기시대에도 여러 문화유적에서 여성조각상이 출토되었음을 우리는 곧 알게 될 것이다. 그 분포지역은 양강유역을 중심으로 북쪽으로는 아나톨리아 지역, 서쪽으로는 레반트 지역, 남쪽으로는 자그로스산 지역까지 이르는, 주로 농경지역 유적들에서 집중적으로 출토됨으로써 농업과 여신의 밀접한 관계를 암시해주고 있다.

그 연대가 기원전 10300년±6500년에서 8640년±140년으로 추산되는 "나투프문화의 경제 내원은 여전히 야생보리와 밀을 채집하였으며 영양과 야생 산양을 주로 사냥"했지만 조각상은 변함없이 농업사회의 진흙이 아닌 "조약돌과 뼈를 사용하여 새긴"[105] 것에 불과했다. PPNB(기원전 7220년~5850년) 토기 이전 신석기시대 B단계에 들어와서 농업은 물론 가축사육까지 본격적으로 진행되고서야 여신을 상징하는, 진흙으로 빚은 여성조각상이 찬란하게 그 모습을 드러내기 시작했다. 그것은 양강유역 남부 베이다Beidha유적 A단계에서부터 토기 출현 전임에도 불구하고 벌써 나타나기 시작한다.

---

105 杨建华著. 『两河流域史前时代』. 吉林大学出版社. 1993年 5月. p.8.

이 시기에 농업은 이미 보급되었다. 여러 유적에서 죄다 재배보리와 밀 잔존물과 가축으로 사육한 양의 뼈가 발견되었다.

A단계에서는 진흙을 사용하여…… 여성조각상을 빚었는데 어떤 것은 약간 불에 구웠다. 이것은 죄다 토기 출현의 징조이다.[106]

농업의 보급은 유구한 돌의 시대를 추월하여 바야흐로 흙의 시대가 열렸음을 의미하며 흙은 또 조약돌이나 뼈와 같은 기존의 경질의 재료들을 따돌리고 조각상의 재료로 화려하게 등극할 수 있도록 새로운 조건을 마련해 주었다. 게다가 흙은 연질임에도 일찌감치 불과 결합하며 소성燒成을 통한 대량 생산의 조짐마저 보여주고 있다. "나투프문화 말기에 기후가 건조해짐에 따라 지중해연안의 삼림은 북쪽으로 물러가면서 일부 나투프인들이 사냥감을 따라 북쪽으로 이동하다가 레바논과 시리아로 들어왔다"[107]는 설도 제기되지만 우리는 이미 신석기인들의 경작지로의 이동 원인을 대충돌 때문이었다는 사실을 검토를 통해 인지한 상태이다. 만일 사냥감을 따라 경작지로 들어왔고 농업을 시작했다면 그 공로는 여성이 아닌 남성의 것이 된다는 전혀 엉뚱한 결론에 도달하게 될 것이기에 이 문제는 여성사의 진실을 밝히기 위해서라도 소홀히 지나칠 수 없다. 그렇다면 지금 우리가 개척해 나가는 여신담론도

---

106 楊建华著.『两河流域史前时代』. 吉林大学出版社. 1993年 5月. p.11.
107 楊建华著.『两河流域史前时代』. 吉林大学出版社. 1993年 5月. p.10.

| **사진 17** | 흙문화를 바탕으로 한 신석기시대 여신상들

농업 발원지들인 차탈휘위크의 여신상과 시리아 아스와드유적의 여신상, 아나톨리아 하실 라르유적의 어린이를 안고 있는 여신상 둥은 모두 여성과 연관이 깊은 흙으로 만들어진 것이다. 부각된 출산 기능은 당시 여인들이 신으로 숭배된 유력한 조건이라 할 수 있다.

아마 불가능해졌을 것이다.

　비슷한 시기의 초기 농업유적인 차탈휘위크(Catalhuyuk, 기원전 7000 년~6000년)에서도 여성조각상이 발견된다. 토기 이전 시대 아나톨리아 지역의 기원전 6250년~5400년의 샤타르Shattal Hugh유적에서도 흙으로 빚은 여성조각상들이 출토된다.

　이 시기의 사람들은 이미 흙으로 여러 가지 동물과 여성조각을 제작할 줄 알았다.…… 샤타르유적은 코니아Konya 동남쪽 52km 에 위치해 있다. 유적은 동서 언덕으로 구분되는데 동쪽 언덕은 신석기시대이고 서쪽 언덕은 동석銅石병용시대의 것이다.……

이 유적은…… 대부분이 기원전 6250년~5400년 사이다.

토기제품 중에는 진흙조각이 있는데 여성조각과 동물조각상이 있다. 전자는 많은 경우 방 안의 흙벽돌 틈서리에서, 후자는 일반적으로 재 웅덩이에서 발견된다.[108]

발견 장소가 여성조각상일 경우 방 안이며 동물조각상일 경우 재 웅덩이라는 사실은 농업사회에서의 여성의 상대적으로 높아진 위계를 상징한다. 이와 같은 현상은 당시 단을 나눈 매장문화에서도 나타나는데 "큰 단 아래 매장한 것은 죄다 여성과 어린이들이고 작은 단 아래에 매장한 것은 남자"[109]들이다. 연대가 기원전 5637년~전5247년 사이인 하실라르Hacilar유적 시기에 이르러 "이미 일반 가옥 안에서는 무덤이 보이지 않지만" 여전히 "여성과 어린이의 무덤은 제실祭室 안에 있다."[110] 사람들은 샤타르에서 발견되는 대량의 "수소머리 조각상은 남성숭배를 상징"하고 "소량의 치타 조각과 수많은 치타 벽화는 여성숭배를 상징"[111]한다고 주장하지만 필자는 동의하지 않는다. 수소머리 조각상과 치타 조각상은 아마도 대충돌로 상실한 남성의 결여를 출산을 통해 보충하려는 여성들의 의지가 반영된 것이었을 것이다. 수소와 치타는 남성의 힘과 몸의 민첩함을 상징하기 때문이다.

---

108 杨建华著. 『两河流域史前时代』. 吉林大学出版社. 1993年 5月. pp.15~16
109 杨建华著. 『两河流域史前时代』. 吉林大学出版社. 1993年 5月. p.16.
110 杨建华著. 『两河流域史前时代』. 吉林大学出版社. 1993年 5月. p.21.
111 杨建华著. 『两河流域史前时代』. 吉林大学出版社. 1993年 5月. pp.18~19.

움다바지아Umm dabaghiyah문화의 토기조각도 여성조각상과 동물조각상으로 분류된다. 여성조각상은 전신 좌식상과 흉상 두 종류가 있다.…… 전신좌식상은 일반적으로 높이가 5~7cm이며 여성 특징의 예를 들면 유방, 둔부와 복부를 돌출하게 표현했다. 그러나 얼굴 특징의 묘사는 보이지 않는다. 복식은 채색과 새기기 두 가지 방법으로 나타냈다.[112]

종교 활동과 관련된 유물은 여성조각상인데 그 표현 방식은 성별 특징을 과장되게 묘사한 것이다. 가능하게 여성의 자연 생식 능력이라는 이러한 자연적 속성에 대한 숭배일 수 있다.…… 금방 농업단계로 진입·정착하여 생산력이 매우 낮고 주위에는 아직 개간되지 않은 땅이 무수한데다 노동력의 부족은 당시의 주요한 문제였다. 때문에 이 단계의 사람들은 매우 강력한 생식능력을 가진 여성을 숭배함으로써 인구가 늘어나기를 빌 수밖에 없었다.[113]

연대가 대략 기원전 6000년 전반으로 차탈휘위크와 샤타르유적 연대와 비슷함에도 불구하고 양강유역 북쪽 신자르Sinjar평야의 움다바지아문화유적 조각상은 조각 원료가 토기라는 점에서만 신석기시대의 특징을 가지고 있을 뿐 아직도 유방, 둔부와 복부를 돌출하게 표현하고

112 杨建华著. 『两河流域史前时代』. 吉林大学出版社. 1993年 5月. p. 60.
113 杨建华著. 『两河流域史前时代』. 吉林大学出版社. 1993年 5月. p. 223.

신석기시대
세계 여성사

얼굴 특징의 묘사도 없다는 점에서 여전히 구석기시대 조각상의 모습을 가지고 있다. 서아시아에서 대체로 농업이 시작된 신석기시대의 유적에서 구석기시대 조각 특징이 나타나는 데에는 그럴만한 이유가 있다. 티그리스강 서쪽의 자지라Jazira 황야 부근에 위치하는 움다바지아 유적은 아직 농업이 시작되지 않은 것과 연관이 있다.

> 출토된 동물뼈 중에는 야생당나귀가 66%~70%를 점하고 영양이 16%를 차지하며 양이 9%, 소·돼지·개가 2%를 점한다.…… 이 문화의 기타 유적에서 흔히 발견되는 돌사발, 돌도끼와 돌낫은 이곳에서는 보이지 않는다. 이곳은 기본상에서 농업생산에 종사하지 않았음을 설명한다. 이곳에서 비록 완두, 소편두, 육릉부보리六棱稃大麦 등 식물이 출토되었지만 그러나 유적 부근의 매우 엷은 경작 토양 아래는 석회암이다. 이런 작물들은 가능하게 박래품으로 아마도 대량의 당나귀가죽과 고기로 고기로 교환했을 것이다.[114]

연대가 신석기시대에 편입되어도 농업이 없이는 여신상이 나타날 수 없음을 보여주는 사례이다. 수렵이 위주인 공동체에서는 신석기시대라고 하더라도 여성보다 남성이 우위를 점하기 때문이다. 아마도

---

114 考古编辑部. 『考古「从聚落布局看史前社会交换方式的变化-来自西亚地区的三个实例 杨建华』』. 1999年 第5期. 科学出版社. 1999. p.57.

| **사진 18** | 할라프문화시기 여신상

생육과 연관된 신체 부위들이 의도적으로 과장된 이
유는 감소된 인구를 늘리기 위해 공헌했던 당시 여
성들의 출산 기능이 숭배대상이었음을 암시해준다.

이 유적의 공동체는 대충돌 때 남자들의 피해가 크지 않았을 가능성도
배제할 수 없다. 행운을 받아 살아남은 남성들이 여성들을 데리고 야산
으로 내려와 기존의 수렵에 종사하며 살았을 것이다.

신석기 농업이 계속됨에 따라 하수나Hassuna문화와 할라프Halaf문
화유적에서도 연이어 여신상이 출토되었다. 하수나 말기문화의 "나체
여성상은 긴 치마를 입었다.······ 40건의 토기조각 중 입상 여성상이 위
주인데 높이는 7~9cm이다. 가는 허리, 풍만한 유방과 융기된 둔부에
긴 치마는 발까지 덮고 평행 무늬는 치마 주름을 나타낸다. 두부는 기
다란 형태인데 머리에 수건을 쓴 것처럼 보인다. 얼굴에는 기다란 모양
의 눈이 비스듬하게 있다."[115]

115 杨建华著. 『两河流域史前时代』 吉林大学出版社. 1993年 5月. p.77.

할리프문화유적 중에서는 제사를 지낸 몇 곳의 장소가 발견되었다.…… 아르파치아Arpachiyah 작업공방의 한 방 안 천장에는 한 세트의 제사와 관련된 유물들이 걸려 있다. 하나의 남자석상과 하나의 여성석상이다.…… 여자석상은 높이가 3.9cm고 제작은 진흙조각상보다 질서정연하다. 하체의 무늬는 진흙조각상 내지 사람 모양의 토기와 같다. 남자석상은 높이가 겨우 1.7cm인데 이처럼 작은 석상에 깊은 도랑 모양의 눈, 높은 코를 새겼으며 두 손으로는 가슴을 붙안고 있다.…… 남다른 의미가 있는 것은 이 종교유물 중 여성조각상은 남자조각상에 비해 높이가 한 배가 넘는다는 사실이다.[116]

하수나문화시기의 범위는 기원전 5500년~5000년으로 전·후기 분계선은 기원전 5200년~5300년 사이다. 여자조각상은 남자조각상보다 한 배나 더 크고 제작수법도 더 질서정연하다. 당시 여자의 지위가 남자보다 훨씬 높았음을 의미한다. 하지만 여성조각상은 하지무함마드 Hajji Muhammad시기(기원전 4900년~4500년)의 에리두Eridu유적 신전 남쪽의 우바이드문화 후기의 무덤부터 "이미 남자가 여자보다 높은 추세가 나타난다."[117] 에리두유적의 M68에서 출토된 정교한 토기조각상 중에서 "가장 완성된 조각상은 남성"이다.[118] 기원전 4300년~3500년에 속하는

116 杨建华著. 『两河流域史前时代』. 吉林大学出版社. 1993年 5月. p.122.
117 杨建华著. 『两河流域史前时代』. 吉林大学出版社. 1993年 5月. p.15.
118 杨建华著. 『两河流域史前时代』. 吉林大学出版社. 1993年 5月. p.161.

에리두·우바이드문화기에 발굴된 에리두 신전 7~6층의 대규모 공동묘지에서는 처음으로 권력을 상징하는 남자조각상이 출토된다.

> 무덤에서는 손에 지팡이를 잡은 남자조각상이 처음으로 출토되었다. 이 남자조각상은 나체이며 머리는 도마뱀 모양(혹은 뱀 모양)이고 두 어깨와 팔 그리고 가슴에는 수많은 작은 진흙덩이들이 있는데 왼손에는 작은 지팡이를 들고 있다. 이 시기 다른 지역에도 유사한 조각상이 적지 않게 나타나지만 그러나 죄다 여성조각상이다. 어떤 조각상은 흙덩이들이 어깨, 팔과 가슴에 있었고 어떤 조각상은 아이를 안고 있었으며 어떤 조각상은 두 손으로 허리를 짚고 머리는 죄다 도마뱀(혹은 뱀) 모양인 것도 있다. 그러나 두부頭部가 없는 것도 있다. 손에 지팡이를 짚은 것으로 말하면 그런 모양은 오로지 에리두의 그 남자조각상에만 있다. 모든 남자조각상과 여자조각상은 죄다 우바이드(Ubaid IV)기에 나타난다.……
> 남자조각상의 출현은 모권제가 부권제로 과도함을 나타낸다. 이런 종류의 남성 씨족장 또는 추장의 손에 들린 지팡이는 후세의 왕의 지팡이 또는 권력 표징의 기원임이 분명하다.[119]

이 남자조각상의 출현으로 농업을 배경으로 하여 화려하게 권력

---

119 世界上古史纲编写组.『世界上古史纲(上册)』. 人民出版社. 1979. 3. pp. 120~121.

을 잡고 여신의 영광을 누렸던 여성이 주도하는 시대는 막을 내리고 남성이 지배하는 시대가 시작되었다. 농업에 의해 지반이 공고해진 모권제는 가축을 경작에 이용하고 토지와 재산을 지키기 위해 국가 간 전쟁이 시작되면서 부권제에 자리를 양도하지 않으면 안 되었다. 여담이지만 이후로 여성의 권위는 전근대까지 수천 년 동안이나 줄곧 남자에게 억압되어 살아야만 하는 굴욕의 시대가 이어졌다.

② 얼굴로 등장한 여신

구석기시대 여성조각상과 신석기시대 초기 여성조각상의 차이는 그 재료가 전자의 경우는 "돌·뼈·뿔과 상아"[120]와 같은 견고한 재질이지만 신석기시대 여성조각상은 진흙과 같은 무른 재질임을 우리는 앞의 담론에서 인지하게 되었다. 뿐만 아니라 구석기시대 여성조각상은 "예를 들어 오스트리아의 빌렌도르프의 석회암 비너스 조각상인데 이런 여성상은 각종 연령과 유형을 포함하지만 그것들은 죄다 풍만한 유형에 속해 시대적 풍격으로 간주"[121]된다. 그러나 신석기시대 조각상은 할라프(기원전 5000년~4500년)문화시기까지도 "유방과 둔부가 매우 돌출"한 형상의 조각상과 함께 "가는 허리에 넓은 사타구니, 부풀어 오른 유방이 비만형으로 형성된 모신상母神像의 그런 몸매와는 선명하게 대비되

---

120 科林·伦福儒(Andrew Colin Renfrew 1937~). 保罗·巴恩著. 中国社会科学院考古
      研究所译. 『考古学理论方法与实践』. 文物出版社. 2004. 10. p.398.
121 科林·伦福儒(Andrew Colin Renfrew 1937~). 保罗·巴恩著. 中国社会科学院考古
      研究所译. 『考古学理论方法与实践』. 文物出版社. 2004. 10. p.398.

| 사진 19 | 이목구비가 생략된 구석기시대 여성조각상과 부각된 신석기시대 여성조각상

구석기시대의 대표적인 여성조각상인 "빌렌도르프의 비너스"는 얼굴이 생략된 반면 신석기시대의 여성조각상들인 차탈휘위크의 조각상(중)과 예리고 조각상(우)은 모두 이목구비가 뚜렷하게 부각됨으로써 당시 여성의 향상된 지위를 반영하고 있다.

는"[122] 자유로운 형태로 "전체 형상이 악기 비파와 흡사"한 모양이 공존한다. 물론 이 시기에는 벌써 "할라프문화의 조각상은 죄다 얼굴 묘사가 생략"[123]되기 시작한다. 이미 여성 핵심의 모권제 사회가 남성 주도의 부권제 사회로 서서히 과도하기 시작했음을 암시하는 징조라고 할 수 있다. 신으로 변신한 신석기시대 여성의 조각상에도 "유방과 둔부가 매우 돌출"한 일부 구석기시대의 특징이 잔존하게 된 이유는 대충돌로 감소된 남자 인구의 복구를 위해 그들의 생육능력이 여전히 강조될 수밖에 없었기 때문이다.

신석기시대 여성의 지위가 부양하여 신의 반열에 착석했다는 추측은 조각상 재료 차이나 몸매 형상 차이 말고도 다른 하나의 조각 특징

122　杨建华著. 『两河流域史前时代』. 吉林大学出版社. 1993年 5月. p. 18.
123　杨建华著. 『两河流域史前时代』. 吉林大学出版社. 1993年 5月. p. 119.

신석기시대
세계 여성사

에서도 보아낼 수 있다. 즉 얼굴 이목구비의 현현이다. 우리는 구석기시대 여성조각상인 오스트리아의 석회암 비너스 조각상 빌렌도르프와 러셀의 여신상에서도 똑같이 얼굴이 생략되었음을 확인할 수 있었다. 그러나 농업 초기 유적인 차탈휘위크에서 출토된 여신상에서는 사람의 눈·코·입이 분명하게 드러나고 있다. 뿐만 아니라 "기원전 7000년의 예리고에서 진정한 조각상이 나타났다. 유물로부터 추정한 결과 높이 1m 이상"[124]이다. 중요한 것은 이 조각상이 눈·코·입 등 이목구비가 뚜렷하게 부각된다는 점이다.

신석기시대 초반에 조각상에 얼굴이 등장한 것은 우선 그 소재가 진흙이었기 때문에 가능했을 것이다. 구석기시대 남성이 운영한 문화의 특징은 돌로 대표되는 경질硬質문화이다. 그들이 조각 재료로 사용한 뼈·뿔·상아·나무 역시 경질 재료에 속한다. 하지만 여성이 농업에 돌입하면서 이 경질문화는 조각 분야에서도 진흙과 같은 연질문화로 급속하게 교체되었다. 아직 금속제 조각도구가 없었던 구석기시대의 조각이 인간의 얼굴과 같은 미세하고 정교한 부분을 쪼아내지 못했던 것은 당연한 일이었을 것이다. 그러나 진흙으로는 금속도구 같은 것이 없이도 그 모든 조형造形이 가능해졌다. 무른 흙으로 인해 가능해진 얼굴 형태의 조형은 예술 혹은 종교 영역에서 신석기시대 여성의 신격화를 창조하는 데 가능성을 열어놓은 셈이다. 물론 여성이 창시한 흙의 문화

---

124 Cayherine Louboutin著. 張蓉译. 『新石器時代-世界最早的農民』. 上海世纪出版集团. 2001. 6. p.105.

는 여성을 여신으로 격상하는 작업에 일조를 했지만 남성이 재차 업그레이드된 돌의 문화 즉 금속문화를 창조하면서 영광의 자리를 내어줄 수밖에 없게 되었다. 남성이 개척한 금속문화는 신석기 초반에 빼앗겼던 여성의 흙의 문화의 주도권을 쟁탈하는데 성공했다.

조각상에서 여성 얼굴의 부각과 생략이 지니는 의미는 크다. 얼굴은 인간의 정체성을 대표한다. 구석기시대 여성상에서 강조된 유방·복부·허벅지·엉덩이·외음부 등은 여성 전체에 대한 숭배라기보다는 생육 기능을 가진 부분적 신체 부위들에 대한 경외감의 반영이었다고 할 수 있다. 남성생식기에 대한 숭배가 남성에 대한 숭배가 아니라 성기에 대한 숭배인 것과 다르지 않다. 얼굴이 부재할 경우 인간의 여타 신체 부위의 강조는 주어가 배제된 신체의 일부일 따름이다.

얼굴이 부여되는 순간 그 조각상은 각개 분해된 독립된 신체 부위에서 하나로 완정된 인간개체로 대상화된다. 환언하면 여성조각상의 유방이나 외음부는 생육기능을 가진 생리적인 신체 부위는 될지언정 여성이라는 개체를 구성할 수는 없다. 그러므로 여성이 조각상을 통해 신의 자격을 배당받고 확실한 주권자로 등극하려면 반드시 얼굴을 부여받아야만 가능해진다. 여성은 흙이라는 조각 재료를 통해 그 역사적인 작업을 어렵지 않게 수행할 수 있었다. 물론 그리스·로마시대에 와서 신이 성별을 초월하여 보편화되었을 때에도 신석기시대에 여성의 흙의 문화에 의해 개발된 조각상의 얼굴 부여는 남성의 돌문화에도 그대로 계승되었다. 조각도구의 발달로 돌조각은 물론 금속조각에서도 얼굴 부여는 필수 조건이 되었다. 뿐만 아니라 얼굴 형태도 갈수록 아름답게 새기게 되면서 신의 이미지를 승화시켜나갔다.

2) 서구 농업과 여성

ㄱ. 서구 농업과 청동기

유럽 특히 서구의 농업은 메소포타미아에 비해 거의 4000년~ 5000년이나 뒤진다. 서구농업과 관련된 여러 연구서들은 서구 신석기 시대의 연대에 대한 견해가 대체로 일치하게 나타난다. "기원전 4000년 과 전 3000년에 신석기시대가 새로운 지역으로 발전하며 프랑스 전체, 알프스산 지역, 브리테인군도와 유럽 북부로 파급되었다"[125]고 추정하 는 것이다. 기원전 5000년에도 유럽의 "동남부와 지중해지역을 제외하 고 농업은 유럽의 수많은 지역에서 확립되었다. 그러나 농민의 숫자는 여전히 아주 적었다. 그리고 삼림 등 지역에는 사실상 변두리 지역을 제외하고는 여전히 인류가 차지한 지역 내에 속하지 않았다."[126]

기원전 4000년 (유럽의) 절대 대부분 지역에서 최종적으로 농업 생활 방식이 시작되었다.

기원전 4500년까지 대부분 지역의 채집자 공동체는 이미 주로

125 Cayherine Louboutin著. 张蓉译. 『新石器时代-世界最早的农民』. 上海世纪出版集
团. 2001. 6. p. 42.
126 麦金托什著. 刘衍钢等译. 『探寻史前欧洲文明』. 商务印书馆. 2010. 11. p. 55.

농업 취락이 대체했다. 예를 들어 프랑스 남부, 스페인의 일부 지역의 해자溝渠, 울바자가 둘러싸인 대형취락들이다.[127]

심지어 프랑스, 영국과 스칸디나비아의 초기 신석기유적의 연대를 더 늦게 잡아 기원전 2800년에서 기원전 4000년 사이"로 보는 학자도 있으며 "탄소연대측정법이 나타나기 전에 고든 차일드Childe, Vere Gordon는 「유럽문명의 서광」에서, 피곳Piggott은 「영국의 신석기시대문화(1954, 제2판 1970)」등 저서에서 영국의 신석기시대의 시작 연대를 대략 기원전 2000년으로 정하기"[128]도 했다. 덴마크·북부독일·스웨덴 등 북유럽에서는 이보다도 더 늦은 "대략 B.C. 2000년 정도에 신석기공동체가 등장하였다"[129]고 고고학자 고든 차일드는 추정한다. 기원전 4000년 시기는 이미 "중동지역의 농민들이 농작물의 윤작과 휴경 및 분뇨, 재 혹은 껍데기 등 자연적인 거름 사용의 실행을 통해서 토지의 비옥도를 유지하는 방법까지 발견"[130]했을 때이다. 유럽으로의 농업 전파는 도나우강 유역을 따라 이동한 루트와 아프리카 북쪽 해안을 따라 이동한 루트[131]가 이용되었다. 농업의 발원지인 메소포타미아와 가까운 지역 예

127 麦金托什著. 刘衍钢等译. 『探寻史前欧洲文明』 商务印书馆. 2010. 11. pp.56~61.

128 格林·丹尼尔著. 黄其煦译. 『考古学一百五十年』 文物出版社. 1987. p.336.

129 고든 차일드 지음. 김성태외 옮김. 『신석기혁명과 도시혁명』 주류성출판사. 2013년 1월. p.130.

130 威廉.哈迪·麦克戮尔著. 张新南·卢俊伟译. 『西方文明史纲』 新华出版社. 1992. 2. p.11.

131 威廉.哈迪·麦克戮尔著. 张新南·卢俊伟译. 『西方文明史纲』 新华出版社. 1992. 2. p.10.

컨대 "이탈리아 남부와 시칠리아 동부에 농업 취락이 나타나긴" 했지만 "이 지역은 중석기시대의 사람들이 아주 적었으며"[132] "대서양 연안과 유럽 북부 기타 밀집한 중석기시대 취락의 발전에서…… 기원전 4000년까지는 채집자들은 결코 식량생산을 중시하지 않았다."[133]

유럽 특히 서구에서 농업의 진척속도가 늦어졌다는 사실은 우리의 담론에서는 그 이동과정이나 구체적인 전래과정보다는 그로인해 신석기시대 유럽 여성의 삶이 메소포타미아 농경여성의 삶과 전혀 다를 수밖에 없었다는 지점에서 의미를 가진다. 농업이 배제된 선사경제는 어쩔 수 없이 수렵·채집사회일 것이기 때문이다. 구석기시대와 신석기시대 사이에 걸쳐 있는 유럽의 수천 년 중석기시대를 횡단하는 수렵·채집사회에서 여성은 결코 시대적 주도권을 장악할 수 없을 뿐만 아니라 우리가 지금까지 검토한 여신의 지위에도 격상될 수 없기 때문이다. 이러한 생산방식에서 여성은 남성의 지배 아래에서 살아갈 수밖에 없다.

유럽 특히 서구의 농업이 이처럼 완만한 진전을 보이게 된 원인은 필자가 보기에 두 가지로 귀납할 수 있다고 생각한다. 그 첫 번째 원인은 두말할 것도 없이 대충돌로 인한 대량의 인명피해와 사람들이 재난 중심 지역이었던 이곳을 떠나 다른 고장으로 이동하면서 극히 일부 사람들만 본토에 남아서 "해안 또는 하구지역에 대해 편애하며 수산물과 육지자원이 혼합된 경제방식을 선호"[134]했기 때문이다. 두 번째로는 유

---

132 麦金托什著. 刘衍钢等译. 『探寻史前欧洲文明』. 商务印书馆. 2010. 11. p.48.
133 麦金托什著. 刘衍钢等译. 『探寻史前欧洲文明』. 商务印书馆. 2010. 11. p.63.
134 麦金托什著. 刘衍钢等译. 『探寻史前欧洲文明』. 商务印书馆. 2010. 11. p.63.

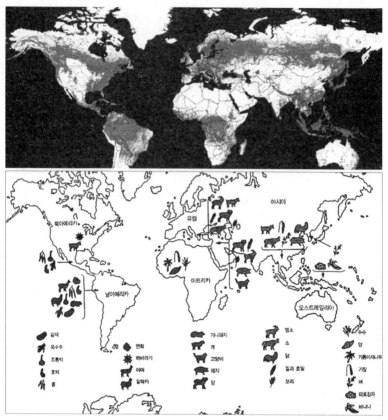

| **사진 20** | 세계 삼림분포지역(위)과 농업발원지 분포

유럽은 지구상에서 서아시아와는 달리 삼림밀집분포지역에 속한다. 이 지역은 대충돌 사건으로 인류가 서아시아로 남하한 후 이동이 불가능한 일부만 해안가나 호숫가에 남아서 수렵·채집과 어로생활을 계속했다. 나무를 채벌하는 금속도구가 없기 때문에 농업은 불가능했다.

럽의 자연은 "관목만 드물게 있는"[135] 근동의 자연과는 달라 삼림이 무성했기 때문에 벌목이 전제되는 경작을 도모하려면 벌목도구가 있어야 하는데 당시로는 돌도끼 따위뿐이어서 그것이 불가능했다는 점이다.

---

135 楊建華著. 『两河流域史前时代』. 吉林大学出版社. 1993年 5月. p. 57.

신석기시대
세계 여성사

"나무껍질을 벗기는 것으로 낙엽수목을 말라죽게 하는" 서남아시아의 방식을 도입할 수도 있었겠지만 그것은 수목이 적은 곳에서나 통하는 방법이었지 유럽처럼 숲이 우거진 삼림지대에서는 도저히 불가능했다. 그리하여 서구에서의 농업의 시작은 청동도끼와 같은 금속 벌목도구가 발명되기를 기다릴 수밖에 없었다. 그 기다림이 무려 수천 년 세월이 필요했으며 그동안 여성의 위상도 기존의 하위패턴에서 벗어나지 못했다. 이제 우리는 유럽 서구 여성의 이미지 상승에 제동을 건 원인으로서의 신석기시대 청동기 문화발전에 대해 잠깐 시선을 돌리려고 한다.

인류가 자연산구리를 사용한 것은 "이란 서부의 알리 카슈와 아나톨리아 근처의 엘가니의 카요누테페셰에서 발견된…… 소형 작은 구슬, 작은 바늘과 송곳"[136]과 같은 구리제품이 최초의 사례이다. "시알크 Sialk 북산에서 발견된 한 점의 구리바늘"[137]은 이미 연대가 기원전 5000년 중반의 제품이지만 여전히 자연산 구리가 소재로 쓰였다. 아나톨리아의 차탈휘위크에서 발견된 "구리구슬도 가능하게 망치로 두드린 자연 구리" 즉 "단지 단련만을 거친 자연산 구리"[138]였을 것이다. 하지만 순수 자연산 구리로 제작한 구리제품은 아직 그 경도가 낮고 물러 벌채 같은 작업에 효과적으로 사용하는데 미흡하다. 구리에 주석^{Sn}을 88/12% 비율로 첨가하여 강도와 부식 저항률을 높여야 효과적으로 사용될 수 있다. 초기에는 비소^{As} 등 금속을 소량 첨가하여 굳기를 보장했

---

136 华觉民等编.『世界冶金发展史』科学技术出版社. 1985. p.3.

137 华觉民等编.『世界冶金发展史』科学技术出版社. 1985. p.11.

138 华觉民等编.『世界冶金发展史』科学技术出版社. 1985. p.16.

지만 방습효과가 적어 주석으로 대체되었다. 이렇게 비소를 첨가물로 한 구리제품은 "우바이드Ⅳ기와 우르크 시기(기원전 4000년~기원전 3000년) 양강유역 남부 테페 가우라Tepe Gawra유적에서 손도끼, 브로치, 끌과 송곳 등 도구가 출토되었다. 대부분 붉은 구리를 단조하여 만든 것인데 적어도 2건의 도구는 비소 함량이 좀 많다(6.1%에 달한다)."[139] 그런데 구리합금 기술은 여성이 리드한 농업이 배태한 토기가마와 연관이 있다.

> 야금술의 시작은 바로 토기가마의 사용시기와 비슷하다. 이는 하나의 관점 즉 청동구리제련이 가능하게 우연하게 시작되었거나 또는 의식적으로 토기가마 속에서 진행되었을 수도 있다는 관점에 설득력을 부여해준다.[140]

토기가마의 출현과 함께 비소와 주석을 포함한 구리합금 제품들이 제작되기 시작한 연대의 상한선은 기원전 5000년이고 하한선은 기원전 3000년으로 지역에 따라 차이가 있다. 벌목작업에 사용할 만큼 단단한 주석 청동제품이 처음으로 발견된 연대는 기원전 4000년 말이다. 물론 이 시기는 구리합금 기술이 이미 상당하게 발전하고 보편화된 때이다. 산발적인 청동도구 생산은 이미 기원전 5000년경부터 서아시아 농경지역에서 진행되었다.

---

139 华觉民等编.『世界冶金发展史』. 科学技术出版社. 1985. p.178.

140 『边疆考古研究'近东地区冶金术的发展历程. 桑栎」第17辑』. 科学出版社. 2015. 5. p.11.

신석기시대
세계 여성사

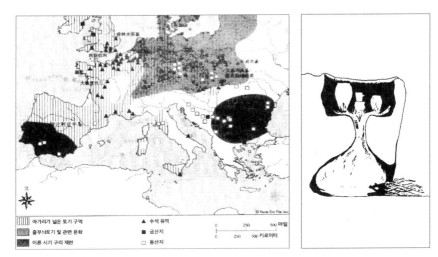

| 사진 21 | 유럽의 구리광산과 제련 장소(좌)와 중국 고대 토기가마(우)

구리광산과 토기를 굽는 가마는 상호 영향을 미치며 금속문화의 발전을 추동했다. 구리광산은 대체로 중앙아시아 지역에 분포하며 메소포타미아의 금속문화를 촉진하는데 기여했다.

기원전 4000년 말 양강유역 초기 왕조 1기의 키시Kish유적에서 주석청동錫靑銅이 나타나기 시작했다. 검증을 거친 14건 청동기 중 5건이 주석 함유량이 꽤 높다. 주석청동은 또 우르유적에서도 발견되었다. 주석 함량이 8% 이상에 달한다. 약 기원전 5000년 붉은 구리로 가공한 도구와 무기가 광범하게 사용되기 시작했다. 양강유역의 우바이드시기에 해당하는 메르신Mersin유적의 대형 거푸집에서 만든 끌과 손도끼가 발견되었다. 그중 구리도끼는 이 유적의 제16층에서 출토되었다. 전체 모양이 사다리꼴이며 둥근 날이 있다.…… 기원전 4000년 시기 야금업은 신속하게 발전하며 규모가 갈수록 커졌다. 초기 동기銅器 및 구리제련

유적은 아나톨리아 전역에 널리 분포되었다.[141]

우리는 위의 인용문의 한 대목에 주목할 필요가 있다. 근동에서 이미 기원전 4000년대에 둥근 날을 가진 구리합금 도끼 즉 삼림을 채벌할 수 있는 금속도구가 생산되었다는 정보를 제공해주기 때문이다. 구리 제련 유적은 아나톨리아 전역에 분포되어 있다. 구리도끼의 발견은 이란에서도 나타난다. 이란은 남부의 케르만Kerman, 중부의 아나락 탈메시Anarak-Talmessi, 동북부의 아바사바드Abbasabad, 북부의 아제르바이산Azarbaijan과 카스피해연안의 타룸Tarom유적 등 다섯 개나 되는 구리광산을 보유했을 뿐만 아니라 탈리 이빌리스Tal-i Iblis유적 제2기와 가브리스탄 테페Tepe Ghabristan유적을 중심으로 두 개의 남북 구리제련 중심을 가지고 구리제품을 생산해냈다.

가브리스탄 테페유적은 이란 중북부에 위치했는데 가장 가까운 구리광산으로부터 고작 20km 상거해 있다. 시간은 탈리 이빌리스유적보다 조금 늦은 약 기원전 5000년 후반이다. 이곳에서 출토된 동기銅器는 규모가 꽤 크고 도구 유형이 복잡 다양하여 대형도구와 무기 예컨대 손도끼, 단검, 관공착管銎鑿, 관공부管銎斧 등과 팔찌·귀걸이·반지·브로치·머리가 큰 바늘 등을 볼 수 있

---

141 『边疆考古研究「近东地区冶金术的发展历程 桑栎」第17辑』. 科学出版社. 2015. 5. pp. 178~181.

다.[142]

　뿐만 아니라 수사Susa유적 무덤에서도 손도끼가 발견되고 있다.
"기원전 4000년 후반에 이란고원지역은 청동시대 초기에 진입하며 야
금 제련과 가공 장소가 여전히 연속되면서 전문적으로 종사하였다. 제
련장소는 취락 가운데에 기획되었다."[143] 이렇게 청동기술이 발달한 지
역은 농업뿐만 아니라 아나톨리아나 이란처럼 구리 주석 광산자원이
풍부한 지역을 끼고 있다는 부대적인 공통점이 있다. 그런 원인 때문에
농업문화가 가장 발달한 메소포타미아 지역은 도리어 청동기술이 상
대적으로 뒤떨어진 감이 없지 않다. 비록 "기원전 4000년 말 메소포타
미아 지역에서 붉은 구리를 원료로 광범하게 사용함과 동시에 비소합
금이 선보이기 시작했다"고 전해지지만 "그러나 비소 함유량은 대부분
1%전후"[144]이며 "신석기시대의 유적에서 아무런 제련 흔적 예컨대 도가
니 잔존물, 용광로, 화로 찌꺼기 등은 발견되지 않는다."[145]

　그 원인은 무엇보다도 메소포타미아 지역이 문화와 기술은 선두
에 올랐으나 관련 광물자원에서 여타 근동지역에 비해 열세라는 점과

---

142 『边疆考古研究「近东地区冶金术的发展历程 桑栎」第17辑』. 科学出版社. 2015. 5.
　　p. 185.
143 『边疆考古研究「近东地区冶金术的发展历程 桑栎」第17辑』. 科学出版社. 2015. 5.
　　p. 185.
144 『边疆考古研究「近东地区冶金术的发展历程 桑栎」第17辑』. 科学出版社. 2015. 5.
　　p. 187.
145 『边疆考古研究「近东地区冶金术的发展历程 桑栎」第17辑』. 科学出版社. 2015. 5.
　　p. 186.

이곳의 경작지는 나무가 적어 벌목의 필요성이 유럽과 가까운 서부 지역보다 적었다는 점이 작용했을 것이다. 그리고 청동기술이 발달한 아나톨리아 지역은 할라프Halaf문화가 한창 흥기하던 기원전 6000년 전 토기 신석기시대 말부터 "양강 지역의 정치 또는 문화는 아나톨리아고원에 대한 지배를 실현"[146]하고 있었다. 그런 만큼 아나톨리아에서의 청동기생산은 메소포타미아의 기술과 다를 바 없었다.

결국 근동의 농경민이 기원전 4000년 무렵에야 유럽으로 이동한 것은 근동과는 다른 삼림으로 우거진 유럽에 경작지를 개척할 수 있는 금속도끼의 탄생을 기다린 것이라고 단정할 수 있다.

> 처음의 자작나무와 소나무는 기원전 8000년 이후에는 개암나무로 그 다음 기원전 6000년에는 상수리나무, 피나무, 느릅나무 및 기타 일련의 활엽수종이 되었다.…… 이때의 숲은 아주 울창했다. 기원전 8500년 상수리나무를 위주로 한 낙엽림이 이베리아반도, 이탈리아와 발칸반도를 덮었다. 기원전 6000년 스칸디나비아반도 밖의 대부분의 유럽 지역으로 확장되었다.[147]

근동의 이민이 유럽으로 이동함에 따라 그들의 기술이 소개되었고 당지에서도 청동기 제조기술이 발걸음을 떼기 시작하면서 경작을

---

146 『边疆考古研究「近东地区冶金术的发展历程 桑栎」第17辑』. 科学出版社. 2015. 5. p.185.

147 麦金托什著. 刘衍钢等译. 『探寻史前欧洲文明』. 商务印书馆. 2010. 11. p.37.

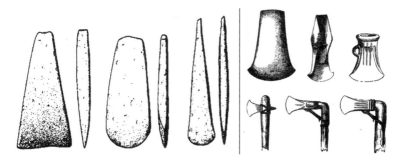

| **사진 22** | 메르신유적 구리도끼(좌)와 신석기시대 말 아일랜드 구리도끼(우)

왼쪽 사진은 양강유역의 우바이드시기(기원전 5000~3800년) 메르신Mersin유적에서 출토된 붉은 구리 손도끼이고 오른쪽 사진은 아일랜드에서 발견된 황동도끼(좌), 청동끌과 청동자귀(중) 그리고 청동홈도끼(우)이다. 양강유역의 구리도끼 생산이 유럽에 비해 훨씬 앞서 있음을 알 수 있다. 따라서 유럽에서 경작지 개척을 위한 삼림개발은 양강유역의 청동 제련기술이 전래된 4000년 전으로 지연되었으며 그동안 여성의 역할도 약화되었다.

위한 삼림개발을 가속화했다. 먼저 "유럽 동남부에서부터 기원전 4500년 전후 동의 제련이 시작되었다. 먼저 발칸지역에서 다음은 스페인이다."[148] "스페인에서는 기원전 4000년에 이미 구리 제련기술이 시작"[149] 되었다. 유럽 "남부 지역은 발칸문화공동체인데 그들은 일부 청동제품을 획득하였다."[150] 동유럽의 "불가리아에서는 기원전 3000년 이전에 이미 납작한 도끼와 청동도구를 주조하는데 제공되는 거푸집을 제작했다." 그중에는 "두 자루의 구리도끼도 있다."[151] 물론 이곳에서의 야금술

---

148 麦金托什著. 刘衍钢等译. 『探寻史前欧洲文明』. 商务印书馆. 2010. 11. p.56.
149 麦金托什著. 刘衍钢等译. 『探寻史前欧洲文明』. 商务印书馆. 2010. 11. p.71.
150 麦金托什著. 刘衍钢等译. 『探寻史前欧洲文明』. 商务印书馆. 2010. 11. p.64.
151 麦金托什著. 刘衍钢等译. 『探寻史前欧洲文明』. 商务印书馆. 2010. 11. p.24.

은 아직은 자연산 구리를 주조하는 정도였다.

결국 근동의 농경민이 가지고 온 금속도끼 앞에서 유럽의 삼림은 경작지로 개간되기 시작했다. 유럽에서는 마침내 금속도끼에 의해 "기원전 4000년 시기부터 삼림이 파괴되기 시작"했던 것이다. 숲이 개발되고 경작지가 개척되고 나서야 유럽 특히 서구 신석기시대에도 드디어 여성조각상이 모습을 드러내기 시작했다. 물론 이곳의 여성조각상은 메소포타미아에 비해 볼 때 보잘 것 없는 것이지만 당시 유럽에서의 여성의 지위와 삶에 대한 연구에 유익한 정보를 제공해준다는 점에서 의미가 있다고 해야 할 것이다. 지금부터 우리가 검토해야 할 유럽의 신석기 농업시대 여성의 조각상에 대한 문헌자료가 빈약하다는 것을 미리 독자들에게 알려야 할 것 같다. 이와 같은 현상은 농업의 후진성으로 인한 당연한 결과일 수도 있겠지만 이곳에서는 근동과 달리 오랫동안 농업과 함께 수렵 또는 목축업이 중요한 자리를 차지했기 때문에 파생된 결과일 수도 있을 것이다.

ㄴ. 서구 신석기시대 여성조각상

우리는 앞의 담론에서 유럽의 농업시대가 기원전 4000년 즈음에 시작되었음을 확인했다. 그럼으로 이치상으로도 이 시기에 유럽에서 농업과 결부된 여신상 또는 여성조각상이 보편화되지 않았을 거라는 결론이 나온다. 실제로도 기원전 9000년부터 기원전 4000년까지 유럽에서는 극소수의 특정 지역을 제외하고는 여성조각상이 거의 나타나지 않는다. 기원전 6000년에 유럽에서 수천수만 개의 작은 조각상이 발견되었으며 그중에는 수많은 여성조각상도 포함되어 있다고 전해지지만 내막을 자세히 들여다보면 메소포타미아에서 발견되는 농업여신상과는 다른 점이 많다.

기원전 6000년 이래부터 테살리아, 발칸제국과 중부유럽에서 수천 수 만개의 작은 조각상이 발견되었다. 이런 조각상은 15cm를 초과하는 것은 매우 적다. 어떤 것은 흙으로 만들었고 어떤 것은 돌로 조각한 것인데 그린 것도 있고 장식도안을 새긴 것도 있다. 이러한 도안은 인간의 생리적 특징을 반영한 것인데 복식 혹은 단지 순수하게 장식이다.…… 남자는 명료하게 표현한 것이 아주 적다. 수많은 여성조각상은 여성의 풍만함을 선명하게 표현했는데 거대한 둔부와 돌출한 유방이다. 사람, 동물과 토지의 생식숭배에 대한 것이 이러한 형상을 산생한 원인이다.…… 서구에서 조각상의 동기는 비슷한데 그러나 그렇게 많이 생산되지는 않는다. 이탈리아와 프랑스에서(알사스, 남방, 특히 파리분지) 일부 기원전 5000년 말과 기원전 4000년에 여성조각상이 발견된다. 그러나 동방의 조각상처럼 생동하고 색다른 것은 없다.[152]

구석기시대의 조각상의 특징이 그대로 남아있음을 일견할 수 있

---

152 Cayherine Louboutin著. 張蓉译. 『新石器时代-世界最早的农民』. 上海世纪出版集团. 2001. 6. pp.104~105.

다. 예컨대 생리적인 특징들―풍만함, 거대한 둔부와 유방 등이다. 정말 희소하게도 프랑스에서 기원전 5000년 말엽과 전 4000년 시기에 발견되었다는 여성조각상도 근동의 조각상처럼 생동하지는 못하다. "유럽의 광대한 지역에서는 돌·청동·토기 및 기타 재료로 제작한 조각상들과 소형 조상들이 광범하게 나타난다"고 하지만 그것은 특정된 지역인 "유럽 동남부에만…… 보편화 된" 것일 뿐 "유럽의 기타 지역에서는 그것들이 어떤 특정한 문화시기에만"[153] 드물게 나타나는 특이한 현상일 따름이다. 이러한 현상은 비록 유럽 특히 서구에서 "기원전 4000년 초기 농업이 대서양 연안 지역―포르투갈과 스페인 서북부에서부터 프랑스, 브리테인 서쪽을 거쳐 스칸디나비아반도에 이르는―의 주요한 생활방식이 되었다고 하지만 이 지역의 사람들은 여전히 해양자원을 지속적으로 이용했던"[154] 사정과 관련이 없지 않다. 즉 농업에만 의존한 것이 아니라 어로도 중요한 생계수단으로 삼았음을 설명한다. 아마도 어로작업에서는 여자들보다 남자들의 역할이 컸을 것이 분명하다.

그나마 유럽에서 비교적 이른 시기에 메소포타미아 여신상처럼 이목구비까지 갖춘 여성조각상이 어느 정도 발견된 곳은 유럽동남부와 동부, 그리스·발칸지역이라 할 수 있다. 그 이유는 유럽 동남부와 동부가 이른 농업과 함께 여신상이 발전한 아나톨리아와 지정학적으로 근접해 직접적인 영향을 받았기 때문이다. 앞의 담론에서도 언급했지만

153　麦金托什著. 刘衍钢等译. 『探寻史前欧洲文明』. 商务印书馆. 2010. 11. p.506.
154　麦金托什著. 刘衍钢等译. 『探寻史前欧洲文明』. 商务印书馆. 2010. 11. p.76.

| 사진 23 | 몰타 비너스상

하자르 임Hagar Qim 신전에서 발견된 몰타 비너스상은 그 연대
가 청동기시대로 내려와 신석기시대 여성의 위상을 대변할 수는
없다는 사실이 아쉽다.

아나톨리아는 신석기시대 초반부터 이미 양강유역 메소포타미아의 지
배를 받던 식민 부속지의 하나였다. 그리스·발칸지역 역시 메소포타미
아의 농업사회와 맥을 같이하는 레반트 지역과 가까워 그 영향이 컸을
것으로 추정 가능하다. 하지만 아래의 담론에서 검토하겠지만 이들 지
역의 여성조각상에서도 이목구비를 갖춘 것들이 나타나려면 유럽에서
농업사회가 보편적으로 정착한 청동기사회 즉 기원전 3000년대를 기다
려야만 했다.

　　그리스와 발칸에서 발견된 "수많은 신의 조각상들은 여성인데 조
형이 간결하며 얼굴, 커다란 엉덩이 둘레와 둔부를 조각했다. 때로는
작은 손등과 유방"도 있지만 하나같이 청동기시대의 조각상들이다. 특
히 몰타 신전에서 발견된 이른바 "몰타 비너스"의 제작 연대도 기원전
5000년이라는 설도 간혹 있지만 필자가 보기에는 청동기시대 즉 기껏

해야 기원전 3000년 이후였을 것이라 단정한다. 몰타에 거주했던 선사시대 주민들은 시칠리아 섬에서 온 사람들인데 근동 이주민이 바다를 건너 시칠리아로 이주한 시간이 기원전 5000년 후기에서 기원전 4천년 초반이기 때문이다.

신석기시대 이민은 주로 바다를 건넜는데 기원전 5000년 후기에서 전 4천 년 초기에 시칠리아 섬에 들어왔다. 일반적으로 가장 먼저 몰타에 정착한 신석기시대 사람들은 아마도 시칠리아에서 왔을 거라고 간주된다. 시칠리아의 신석기시대 최초 문화발전 단계와 몰타에서 발견된 신석기시대 최초 문화발전 단계는 매우 뚜렷하게 유사한 점이 있기 때문이다.…… 우리는 아직 신석기시대의 농민들이 몰타에 들어온 정확한 시간을 잘 모른다. 이주는 기원전 3800년 전후에 발생했을 가능성이 크다. 약 기원전 3200년에 열도는 시칠리아로부터 들어온 새로운 영향을 받았다 (민족이동이라고 말하기는 어렵다).

결과적으로 이 섬의 문화가 청동기시대의 발전 수준에 도달했다.[155]

타르시엔Tarxien사원을 비롯하여 "수많은 신전이 건설된 타르신문

155 布赖恩·布洛伊特著. 黑龙江大学英语系翻译组译. 『马耳他简史』. 黑龙江人民出版社. 1975. 5. pp. 21~25.

화기의 연대도 기원전 2400년"[156]에 불과하다면 이 "몰타 비너스" 제작 연대도 그 즈음의 어느 때였을 것이다. "몰타 비너스"는 "거대한 조각상인데 조각 인물은 신체가 뚱뚱하고 (가능한 한 여성이다) 나선형 무늬의 치마를 입었다"[157]고 한다. 지나치게 굵은 허벅지와 퉁퉁 부른 배, 축 늘어진 가슴은 여성숭배의 풍습이나 농업사회의 풍요를 상징한다기보다는 생육이라는 여성의 생리적 기능을 강조한 것이라 할 수 있을 것이다. 이미 이 형상은 여성이 주도한 신석기시대를 열었던 대충돌 사건과는 거리가 먼 이미지라고 할 수 있다. 청동기시대에 발견된 유럽 동남부의 얼굴 용모가 형상화된 여성조각상은 이 지역의 특징이라기보다는 근동의 조각예술의 영향이라고 보는 것이 타당할 것이다.

유럽 특히 서구에서 여성의 지위는 뒤늦게 도입된 농업으로 인해 주도권을 장악하지 못한 채 신석기시대를 소극적인 상태에서 횡단했다고 단언할 수 있다. 우리는 그와 같은 상황을 유럽의 중석기시대를 풍미한 거석기념물(스톤헨지)을 통해서도 인지할 수 있다. 거석기념물 건축은 남성의 체력이 전제되는 작업이기 때문이다. 거석문화가 견인하는 한 그 시대의 주인공은 당연히 남성이었을 것이 틀림없다. 설령 농업이 시작되었다고 하더라도 목축업과 어업이 여전히 중요한 식량자원이었던 기원전 3000년까지는 남강여약男强女弱의 사회 패턴은 유지되었을 것이기 때문이다. 거석기념물 문화가 영위된 연대가 그것을 입증한다.

---

156 布赖恩·布洛伊特著. 黑龙江大学英语系翻译组译. 『马耳他简史』. 黑龙江人民出版社. 1975. 5. p.24.

157 麦金托什著. 刘衍钢等译. 『探寻史前欧洲文明』. 商务印书馆. 2010. 11. p.507.

거석기념물 건축 습속은 브르타뉴Bretagne와 이베리아반도에서 시작하여 기원전 5000년, 기원전 4000년과 기원전 3000년 초기에 대서양 연안에 광범하게 전파되었다. 그것들은 공동체의 신분과 그 영토의 전통적 권리에 대한 일종의 아주 구체적이면서도 가시적인 표시라는 것은 분명하지만 조상숭배의 반영일 가능성도 있다. 그중의 절대 대부분의 무덤의 경우 모르긴 해도 장례 목적을 가진 거석건축에 불과한 것들도 적지 않을 것이다.……기원전 4000년 초기 거석무덤은 스페인 남부, 타구스 강 하구 주변의 포르투갈 남쪽 지역, 브르타뉴, 아일랜드, 웨일스, 잉글랜드 서부, 스코틀랜드 서부와 북부 지역 및 덴마크에서 집중적으로 건설되었다.[158]

거석기념물의 축조 목적이 공동체의 신분과 영토권에 대한 표시이든 조상숭배의 반영이든 장지葬地이든 이런 문제는 차치하고 중요한 것은 이 문화를 리드하고 육성한 중심세력이 여성이 아닌 남성들이었다는 사실에 있다. 이 문화는 기원전 5000년 전부터 "단체 거석무덤이 서구에서 대부분 사라진 약 기원전 3000년 말"과 "복도 거석무덤과 갱도 묘혈이 프랑스의 대부분 지역에서 건설이 중지된 약 2200년"[159]까지 존속되었다. 결국 남성은 이 문화의 지속과 함께 사회의 모든 영역에서

---

158 麦金托什著. 刘衍钢等译. 『探寻史前欧洲文明』. 商务印书馆. 2010. 11. p.76.
159 麦金托什著. 刘衍钢等译. 『探寻史前欧洲文明』. 商务印书馆. 2010. 11. p.89.

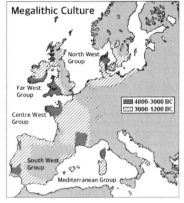

| 사진 24 | 잉글랜드 솔즈베리평야의 스톤헨지유적과 유럽의 스톤헨지유적 분포지역

3000년 전까지 유럽은 남성이 사회를 견인하는 중심세력이었다. 유적의 분포지역이 주로 바닷가에 위치한 이유는 해안가에서 어로생활을 하던 남성들이 상대적으로 피해가 덜했기 때문이며 그 역량을 자본으로 여성을 통제하고 여전히 지배권을 행사할 수 있었다.

통솔권을 행사했을 것이며 그에 따라 여성의 입지는 위축될 수밖에 없었을 것이다. 물론 이러한 상황은 유럽 특히 서구에서 대충돌과 농업에 의해 파생된 여신상 또는 여성조각상이 발전하지 못한 원인 제공을 했던 셈이다.

게다가 농업이 시작된 후에도 나무가 없는 메소포타미아와는 달리 숲이 우거진 유럽에서는 경질의 도끼가 필요했고 그 무거운 금속도끼를 사용하여 나무를 채벌하고 농경지를 개간하는 중임이 남성의 어깨에 떨어질 수밖에 없었음으로 생산 활동에서의 남자들의 활동 입지는 이전에 비해 별로 줄어들지 않았다. 뿐만 아니라 이 시기에는 이미 가축사육이 보편화됨과 동시에 우경牛耕 등 육축이 본격적으로 농업에 투입되었고 이 육축을 부리는 남성의 역할이 두드러지면서 중요성이 한층 부각되었다. 여담이지만 청동기시기부터 경작지와 식량 쟁탈을 위한 전쟁이 시작되면서 공동체에서 차지하는 남성의 역할은 더욱더 강화될 수밖에 없었다.

신석기 농업시대를 대표하는 여신상이 유럽에서 불완전한 모습을 보인 것은 역사적인 사실이지만 그리스·로마라는 고대사회가 그 바통을 계승하여 보편신의 시대를 화려하게 열면서 일단락된다. 이 시기의 신은 여성만이 아니고 남성신이 공존할 뿐만 아니라 권력은 각 신마다 균등하게 배분되고 기능도 신에 따라 분할되면서 신석기시대 여성신은 해체된다.

二
취락·가옥문화와 여성

인류사에서 건축은 그것을 통해 인간이 처음으로 자연과 자신을 분리했다는 점에서 획기적이라 할 수 있다. 눈비·바람·추위·더위·포식 동물 위협 등 자연적인 영향으로부터 분리함으로써 인간의 의지대로 영위할 수 있는 공간을 확보하는 지점에서 건축은 도구발명·곡물재배·동물순화·토기 제작 등 인간의 여타 활동에 비해 결코 뒤지지 않는 중요성이 배당된다고 단언할 수 있다. 더구나 환경과 인간의 자연적인 공간 분리—동굴 단계에서 인위적인 분리—집의 단계에 이르러서는 건축 활동은 인류역사 발전의 액셀러레이터를 끝까지 밟는 역할을 수행했다고 해야 할 것이다.

렌프류Colin Eenfrew는 이를 정주혁명sedentary revolution이라 부른다.…… 렌프류는 '건축된 환경'이 모든 것을 끌고 왔으며 처음 나타난 집들이 진정으로 돌로 만들어진 기초와 같은 역할을 했

다는 것이다.[160]

그러므로 정주생활이란 하나의 과정으로서 집은 변화의 물질적 프락시가 된다. 인간이 동물과 곡물을 지배하고 창조하는 과정을 이끌었다기보다는 그저 건축된 환경에 의도하지 않게 익숙해진 결과였다.…… 호더는 순화를 집·화덕·토기가 관련되어 있는 문화과정이라 본다.…… 권력—집의 메타포…… 편년적으로 보면 집은 토기보다 이르며 곡물이나 순화된 동물보다도 이르다. 그러므로 장갑처럼 오리진 연구에 잘 들어맞는다.[161]

집은 몸을 위한 또 하나의 몸이다. 집에는 우리의 몸과 같이 입구와 출구가 있다는 점에서 몸이다. 집은 살아 있는 내용물로 채워진 틈이기도 하다. 집은 강한 뼈대와 껍데기를 둘러쓰고 있기 때문에, 그리고 화려하게 마음을 사로잡는 피부를 지녀 매혹하기도 하고 겁을 주기도 하기 때문에, 그리고 감각과 표현의 기관을 가지고 있기 때문에 몸이다.[162]

한마디로 집은 문명의 시작이라고 봐야 한다는 점에서 갬블의 주

160 클라이브 갬블 지음. 성춘택 옮김. 『기원과 혁명-휴머니티 형성의 고고학』. 사회평론아카데미. 2013년 8월. pp.50~51.
161 클라이브 갬블 지음. 성춘택 옮김. 『기원과 혁명-휴머니티 형성의 고고학』. 사회평론아카데미. 2013년 8월. pp.271~272.
162 클라이브 갬블 지음. 성춘택 옮김. 『기원과 혁명-휴머니티 형성의 고고학』. 사회평론아카데미. 2013년 8월. p.140.

장은 가치가 있다. 하지만 갬블이 집을 몸에 치환한 연구는 기발함을 넘어 확대 해석의 오류를 범하고 있음이 아쉽다. 집은 갬블이 말한 것처럼 입구와 출구, 뼈대와 껍데기, 감각과 표현기관을 가지고 있다는 점에서만 공통성이 있을 뿐이지 그 밖에 차이점이 많다는 점에서는 비교가 성사될 수 없다고 해야 할 것이다. 몸의 경우 안의 구조는 밖으로 노출이 되지 않으며 섭취와 배설만 가능하다. 집 안의 모든 것은 드나들 수 있으니 몸이 폐쇄형이라면 집은 개방형이다. 몸은 내부 구조의 변화를 통해 어린이에서 어른으로 성장하지만 집은 성장하지 않는다. 집이 굳이 성장한다면 허물고 다시 지어야 한다. 몸인 경우에는 죽었다가 다시 태어나는 것과 다름없다. 몸은 불변 개체로서의 성장이다. 집은 개체를 파괴하기 전에는 발전하지 않는다. 모든 생명체는 성장하지만 모든 무생물은 성장하지 않는다.

또한 갬블은 인간과 자연의 거시적 관계를 인공물 혹은 유물에만 축소시켰다. 인공물(도구·용기)과 유물은 인간에 의해 변화된 자연의 극소 부분일 따름이다. 그러나 이것을 제외한 대부분의 자연(홍수·기후 등)이 인간과 관계를 가지지 않았다고 전제를 둔 것이 갬블의 실수라고 할 수 있다. 이 대부분의 자연은 유물이나 인공물과 달리 역으로 인간에게 영향을 미친 부분이다. 그런 의미에서 이른바 "신석기혁명"은 인간의 의지적 행위에 의한 결과물이 아니라 자연의 영향에 의한 즉 자연혁명이라 할 수 있다. 갬블의 경우 사물의 역할은 인간에 의해 영향을 받은 인공물에 한정된다는 단점이 존재한다. 결과적으로 집은 자연의 강요로 대두된 수요의 결과물이다. 대충돌 이후 여성이 자신들이 처한 환경

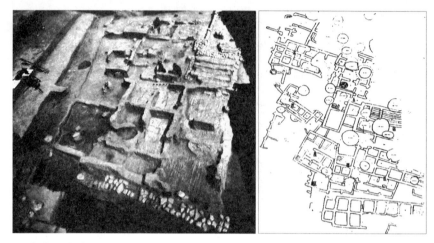

| **사진 25** | 자르모유적(B.C. 7090년) 취락과 예림유적(7500~7000년) 취락 배치도

대충돌 이후 산을 떠나 고원을 거쳐 평야로 내려온, 여성을 중심으로 한 인류 집단은 공동 생활공간인 취락을 형성하고 농사를 지으며 함께 모여 살았다. 취락은 여성이 자연의 위험에 공동으로 대처하기 위해 탄생시킨 신석기시대의 새로운 생존공간이다.

에 대처하기 위해 고안해낸 구조물이기 때문이다.

그런데 여기서 우리가 간과하지 말아야 할 것은 집보다도 집들이 모여서 형성된 취락이다. 집은 구석기시대에도 움막·천막·동굴 등의 형식으로 존재했다. 하지만 취락은 보이지 않는다. 아래의 담론에서 검토하겠지만 취락은 농업에 부정적 요소가 있음에도 불구하고 신석기시대 여성들은 취락의 형성을 강행했다. 취락이 형성됨으로써 인류는 드디어 많은 면에서 통일되었을 뿐만 아니라 공동 저장과 분배라는 경제체제를 구축함으로써 문명사회에로 한 걸음 성큼 내딛게 된다. 건축물이 개별적으로 남녀 권력구조 변화에 영향을 미쳤다면 취락의 측면에서는 사회 권력구조에 영향을 미쳤다.

신석기시대
세계 여성사

우리는 이제부터 취락 형성의 원인과 취락을 형성함으로써 인류 역사의 물꼬를 문명에로 틀어놓은 여성의 기여도에 대해 논급할 것이다. 건축이 여성에게 부여한 새로운 역할과 부속성으로부터 파생한 여성의 생활 패턴의 변화도 담론의 주제가 될 것이다. 아울러 원형가옥과 여성, 방형가옥과 남성이라는 공식에 따라 가옥이 여성에 의해 고안되었지만 도리어 가옥으로 인해 남성이 신석기 초반에 막강했던 여성의 권력을 서서히 탈환하게 된 역사적인 경위를 밝혀낼 것이다. 곁들여 건축이 학계에서 쟁론이 분분한 모권제에서 부권제로의 이행에 대한 난제를 푸는 열쇠라는 사실도 알게 될 것이다. 그리고 그 전환의 지정학적 위치가 하필이면 메소포타미아의 양강 하류 삼각주지역인가에 대해서도 설득력 있는 답안을 제시하게 될 것이다.

뿐만 아니라 본 담론에서는 신석기시대의 다른 하나의 특징인 흙의 문화 역시 이 시기 여성들의 모든 생활분야에 영향을 미쳤음을 알게될 것이다. 흙의 문화는 가옥과 긴밀한 연관이 있기 때문이다. 흙의 문화는 여성의 노동인 토기 제작으로만 끝나는 것이 아니라 가옥이라는 틀 안에서 곡물과 함께 그들의 화장과 장신구 발전에도 영향을 미쳤다.

1장

:

가옥과 인류

1) 가옥과 인류문명

ㄱ. 여성과 취락 탄생의 원인

인류역사를 급전환시킨 신석기시대에 농업·가축사육을 비롯하여 많은 변화들이 역사적인 의미를 가지고 있지만 그중에서도 대서특필할 만한 가장 획기적인 사건은 여성에 의해 처음으로 개척된 취락의 등장 이라고 할 수 있을 것이다. 집단 정주가 농업에 불리함에도 취락은 여성들의 강력한 의지에 의해 레반트·아나톨리아·양강유역·자그로스산지 등 서아시아의 광활한 지역에 널리 분포되어 있다. 이미 발굴된 유적 자료에만 근거하더라도 50명에서 2000명 규모의 각이한 집락이 발견되 었다.

원래 수렵·채집시대에는 보통 "여러 가족으로 구성된 15~20명 정도의 이동집단"[163]이 독립적인 인구단위였다. 민족지에 따르면 현대의 수렵·채집부족들도 "스물다섯 명 정도로 이루어지고 환경이 수용할 수 있는 인구의 20~30% 정도의 인구밀도로 산다"[164]는 연구결과가 나와 있다. 아마도 이 수치는 동원 가능한 노동력과 수렵이 가능한 식량자원의 범위 내에서 운영될 수 있는 최적의 선택이었을 것이다. 어린이·노약자·환자를 제외하면 "25명으로 이루어진 집단에서 실제 활동하는 수렵·채집인은 7명에서 8명 정도"[165]라고 한다. 인구가 줄어들 경우 수렵·채집인이 3~4명이라도 생존이 가능한 만큼 무리의 숫자가 10~15명일 가능성도 배제할 수 없다. 실제로 "수렵·채집민은 높은 비율의 유아살해, 특히 여아 살해를 통해 의도적으로 인구를 조절하고 결과적으로 낮은 인구성장률"[166]을 유지했다. 그것은 "집단 크기가 커지면 요구를 쉽게 충족시킬 수 없고…… 너무 많은 사람들이 너무 많은 요구를 하는데 주변 자원은 별로 없는 상황에서 호혜에 대해 너무 큰 압력을 받기"[167] 때문이다.

10~25명이 수렵·채집사회에서 가장 완벽한 인구 구성이라는 이

163 로버트 웬키 지음. 안승모 옮김. 『선사문화의 패턴 I』 서경. 2003년 11월. p.344.
164 로버트 켈리 지음. 성춘택 옮김. 『수렵채집사회(고고학과 인류학)』 사회평론아카데미. 2014년 12월. p.335.
165 로버트 켈리 지음. 성춘택 옮김. 『수렵채집사회(고고학과 인류학)』 사회평론아카데미. 2014년 12월. p.346.
166 로버트 켈리 지음. 성춘택 옮김. 『수렵채집사회(고고학과 인류학)』 사회평론아카데미. 2014년 12월. p.335.
167 로버트 켈리 지음. 성춘택 옮김. 『수렵채집사회(고고학과 인류학)』 사회평론아카데미. 2014년 12월. p.293.

유는 인구 증가에 따라 부가되는 후유증 때문이다. 인구가 늘어나면 수
렵시간이 늘어나고 그에 따라 수렵범위도 확대될 수밖에 없다. 뿐만 아
니라 수렵의 이동거리와 빈도도 잦아지고 수요가 늘어난 식량 확보의
해결책으로 이동까지 빈번해지는 연쇄반응이 일어날 수밖에 없다. 이
처럼 불리한 상황에 빠지지 않으려면 인구 숫자를 적정한 수위에서 유
지하는 것이 가장 바람직했을 것이 틀림없다. 그 적정 숫자가 다름 아
닌 10~25명의 무리 구성이라고 할 수 있을 것이다.

그런데 신석기시대에 진입함과 동시에 나타난 집락을 거점으로
집단의 숫자가 갑자기 증가하는 추세를 보이기 시작했다. 예컨대 요르
단 사해 연안의 예리코jericho(기원전 8350년~7350년경)에는 "2000명 정도의
주민"[168]들을 가진 거대 집락이 형성되었고 "158기의 건물지가 발견된"
차탈휘위크에는 "200명의 주민이 사는"[169] 취락이 형성되었으며 이라크
지역의 중요한 유적인 자르모는 "약 150명의 주민이 사는"[170] 비교적 큰
촌락이 존재했다. 그러나 이들 거대 취락들은 성벽, 공공건물, 돌탑 등
건축 구조물들을 가진 대형취락들로 당시로서도 특수한 경우라고 보
는 것이 훨씬 당연할 것으로 판단된다. 왜냐하면 이런 초대형취락들은
노동력과 건축공정이 방대하기에 여성들이 감당하기에는 힘에 부치기
때문이다. 아마도 몇 안 되는 이런 취락들은 대충돌로 인해 서유럽에서

168 로버트 웬키 지음. 안승모 옮김. 『선사문화의 패턴 I』. 서경. 2003년 11월. p. 93.
169 로버트 웬키 지음. 안승모 옮김. 『선사문화의 패턴 I』. 서경. 2003년 11월. pp. 93~96.
170 조르주 루(Georges Roux) 지음. 김유기 옮김. 『메소포타미아의 역사 1』. 한국문화사.
     2013년 12월. p. 58.

신석기시대
세계 여성사

| 사진 26 | 인구 2000명의 예리코
와 200명의 차탈휘위크의 대형취락

이런 대형취락들은 연약한 여성의 힘으로
는 형성하기가 힘들다. 당연히 상대적으로
남성인력이 다수였던 일부 소수의 집단들
이 대충돌 후 산에서 고원으로 내려와 건설
한 취락들인 것으로 추정된다. 여성들의 손
으로 세운 취락들은 중소형 마을들이다.

피난을 내려온, 충분한 남성 노동력을 소유한 소수의 대규모 집단이 세
운 취락일 가능성이 많다. 대부분 지역에서는 이와는 전혀 상반되는 소
규모의 취락들이 보편화되어 있다는 사실로도 이와 같은 주장에 명분
이 실린다. 예컨대 이라크의 자르모유적과 같은 촌락들이다.

기원전 7500년부터 6000년 사이에 해당하는 취락이 아나톨리아
고원의 다른 지역에서도 발견되었다. 그러나 이러한 취락은 거
의 대부분 사회적 위계화가 거의 발달하지 않은 초기 농경사회

이다. 예를 들어 이들 사회에서는 공공건물이나 복잡한 직업의 전문화, 혹은 정교한 무덤 축조행위가 거의 나타나지 않고 있다. 멜라르트는 이라크 쿠르디스탄의 자르모jarmo유적을 차탈휘위크유적에 버금가는 유적이라고 주장하고 있지만 전자는 상대적으로 더 단순한 촌락농경사회의 모습을 보여준다. 자르모유적의 최초 형성기는 기원전 6750년 이전이고 기원전 5000년까지 간헐적으로 점유된 유적이다.…… 또한 자르모에서는 요새화된 성벽이나 거대한 비주거용 건축물이 발견되지 않고 있다.…… 자그로스산맥, 북부 메소포타미아, 그리고 이란고원의 다른 지역에서 발견되는 8000년과 6000년 사이의 유적은 자르모와 마찬가지로 대규모의 공공건물이나 정교한 무덤 축조행위, 또는 직업의 전문화가 거의 존재하지 않은 농경취락의 모습을 보여주고 있다.[171]

"요새화된 성벽이나 거대한 비주거용 건축물"이 없는 "단순한 취락"은 방대한 노동력이 필요한 예리코의 경우와는 달리 여성이 통제하는 집단에서도 형성할 수 있는 규모임을 알 수 있다. 이런 단순한 중소형 규모의 촌락유적은 서아시아와 아나톨리아의 대부분 지역에서 나타나고 있다. "서남아시아 지역에는 이런 취락들이 천여 개나 흩어져 있

---

171 로버트 웬키 지음. 안승모 옮김. 『선사문화의 패턴 I』. 서경. 2003년 11월. pp.96~97.

152   신석기시대
                                                                        세계 여성사

다."[172] 이 지역에 신석기시대에 이르러 갑자기 취락이 나타난 것은 앞에서 언급한 대충돌 사건과 연관 지어 해석해야만 그 미스터리가 풀린다.

구석기시대의 수렵·채집민은 대충돌 사건 이후 다급하게 생존을 위협하는 유럽을 떠나 보다 안전한 다른 곳으로 뿔뿔이 흩어졌다. 대충돌 사건으로 남성들을 많이 잃고 여성이 다수가 된 이 피난 집단은 두 갈래로 나뉘어 상대적으로 대충돌 영향이 경미한 아나톨리아·서아시아 지역으로 무리지어 이동했다. 한 갈래는 불가리아를 횡단하여 터키의 아나톨리아와 시리아·요르단·이라크지역으로 남하했고 다른 한 갈래는 루마니아를 지나고 우크라이나를 거쳐 흑해를 오른쪽으로 에돌아 아르메니아와 자그로스산맥 및 이란 방향으로 남하했다.

여성이 중심이 되어 이끌고 내려온 이 집단이 가장 먼저 착수한 것은 마을을 세우는 일이었다. 이들이 왜 집락을 구축했는지에 대한 원인 검토는 잠시 뒤로 미루고 먼저 당시 집락을 형성한다는 것이 얼마나 어려운 일이었던가에 대해서 검토해보도록 하자. 집락의 형성이 어려운 것은 그전까지 10~25명을 단위로 활동하던 여러 무리들이 하나의 공동체에 귀속된다는 것을 의미하기 때문이다. 이들은 이미 장구한 구석기시대 수렵·채집생활의 경험을 통해 인구 증가는 식량수요를 증가시키고 식량자원 획득범위가 확대될 뿐만 아니라 그로 인해 노동시간과 이동거리와 횟수가 늘어난다는 사실을 터득하고 있었다. 그런 결과를 억제하기 위해 줄곧 유아살해 등을 통해 인구 증가를 효과적으로 통

---

172 丹·克鲁克香克著. 郑时龄译审. 『弗莱彻建筑史』. 知识产权出版社. 2011. 5. p.3.

제해 왔다. 그럼에도 불구하고 유례없는 인구의 증가를 전제로 하는 집락형성에 합류했다는 사실은 무엇을 의미하는가.

취락형성의 걸림돌이 되는 것은 이뿐만이 아니다. 일단 각 무리 간에 존재하는 노동력의 차이는 촌락 공동노동과 평균분배로 인해 불평등이 발생할 수밖에 없다. 노동력이 많은 무리는 손해를 보게 되기 때문이다. 또 각 무리 간에 존재하는 어린이·노약자·환자 수의 차이는 생산자가 아님에도 마을의 평균분배의 혜택을 받게 됨으로 불평등을 배태한다. 이런 집단과 합류한, 우수한 노동력을 소유한 다른 무리는 분배에서 손해를 감수해야만 한다. 촌락의 형성은 이 모든 불평등과 불리함의 용인 또는 무시하지 않으면 처음부터 난관에 봉착할 수밖에 없다. 뿐만 아니라 촌락의 형성은 언어 소통방식이 다르고 생활방식도 다른 각 무리의 차이를 봉합해야만 하는 어려움도 안고 있다. 그럼에도 불구하고 신석기시대 여성들은 이 난관을 극복하고 취락의 시대를 화려하게 열어 놓은 것이다. 각기 다른 무리들이 불평등과 손해에도 불구하고 집락에 합류한 데에는 그럴만한 명분이 전제돼야만 한다.

필자가 신석기시대의 취락형성이 인류역사의 불가사의한 기적이라고 하는 이유는 그것의 존재가 위에서 언급한 조건 외에도 농업자체에도 불리한 상황이지만 강행되었다는 사실에서 연유하기 때문이다. 여성의 견인력에 의해 농업으로의 획기적 전향을 시도한 신석기시대에 이상하게도 맨 먼저 진행된 것이 농업에 불리한 취락의 형성이라는 사실은 언뜻 이해가 되지 않는다. 사실 관개시설도 없는 신석기 초기 농업은 15~25명의 작은 집단으로도 충분하게 가능한 일이어서 취락형성의 무리함에 대한 의혹은 더욱 커질 수밖에 없다.

취락의 형성은 인구 증가로 이어지고 인구 증가는 늘어나는 수요로 식량자원 범위의 확장으로 이어질 수밖에 없다. 경작지의 확장은 마을에서 작업장의 거리가 멀어짐을 전제로 하며 거리가 멀어질수록 곡물운반도 그만큼 어려워지고 또한 노동시간도 연장된다. 더 넓은 초원을 확보해야만 할 때 가축의 방목거리가 멀어지고 노동시간도 연장된다. 만일 15~25명을 단위로 하는 농경민이 경작을 하는 경우 보다 적은 식량자원 범위에서, 보다 가까운 주변 목장에서 쉽게 일을 할 수 있다. 100명~500명으로 이루어진 촌락 경작이 필요로 하는 식량자원 영역과 목장은 몇십 배가 될 것이며 멀어진 거리의 이동과 노동시간도 훨씬 연장될 수밖에 없다.

뿐만 아니라 취락의 형성은 소규모 무리가 경작하는 농업에서는 볼 수 없는 공동 저장과 분배라는 복잡한 경제과정이 하나 더 추가된다. 건축과 저장웅덩이 등 공동작업도 빼놓을 수 없다. 공동의 언어와 공동의례가 필요하고 생활방식을 통일해야 하며 각 무리들 간의 견해 차이와 이해관계를 조율해야 한다. 이처럼 집락은 걸음마다 농업의 운영에 성가시고 귀찮은 걸림돌을 설치한다. 공동노동에는 리더가 필요하고 분배와 갈등 해소에는 권력이 필요함을 인정할 때 촌락의 구조는 농업 외적인 행정요소들로 방대해질 수밖에 없다. 이 모든 것을 감수할 때만이 취락의 형성은 가능해진다. 15~25명으로 이루어진 무리로도 농업종사에 무리가 없다고 할 때 아니, 취락 농업보다 더 간편하고 효율적이라고 할 때 신석기시대에 흥행한 집락의 대대적인 형성은 쉽게 이해가 되지 않는, 문자 그대로 기적이라고 할 수밖에 없을 것이다.

이처럼 여성이 야심차게 기획한 취락이 농업에 불리함에도 대거 유행된 원인은 결국 대충돌 사건과 연관 지어 해석할 때야만 명료하게 밝혀진다. 오랫동안 소규모 집단으로 수렵·채집생활을 해온 인류가 어느 날 갑자기 다른 집단과 조건 없는 합류를 단행하고 정착하여 집을 짓고 마을을 이루고 공동 집락생활을 시작했다는, 아라비안나이트 같은 숨겨졌던 비밀이 백일하에 드러난다. 더구나 불가사의한 취락의 존재가 여성이 주축이 되어 형성되었다는 믿지 못할 사실에도 명분이 실린다.

앞에서의 담론을 통해 우리는 대충돌 사건이 발생했던 당시 유럽을 삶의 터전으로 삼고 수렵·채집생활을 하고 있던 구석기시대 인류가 많은 인명피해를 입었음을 숙지하고 있다. 그중에서도 수렵 때문에 주로 야외에서 활동하던 남성들이 당한 인명피해가 캠프 근처에서 활동하던 여성에 비해 상대적으로 컸다는 사실도 분석을 통해 알고 있다. 대량의 남성 노동력을 잃은 여성들은 궁여지책으로 어린이와 노약자, 환자들을 거느리고 황급히 재해지역을 떠나 안전한 곳으로 피신할 수밖에 없었다. 그 피난장소로 서아시아가 선택된 것은 그곳이 대충돌 여파로부터 유럽에 비해 좀 더 안전했기 때문에도 그랬지만 그곳에는 여성의 전문 분야인 채집이 가능한 최적의 장소이기 때문이기도 하다. 이곳에는 남성들의 수렵이 아니더라도 굶주림을 달래고 무리를 먹여 살릴 수 있는 야생밀과 보리가 자생하고 있었다.

일단 그들은 위험 지역인 유럽을 벗어나 먼저 동쪽으로는 아나톨리아와 동남쪽으로는 자그로스산지와 같은 고원지대에 이동해 자리 잡

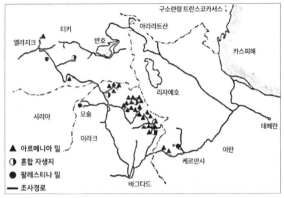

| 사진 27 | 자그로스산지 야생밀

지도는 현재 자그로스산악지대의 야생 4배종 밀의 분포지역이다. 대충돌 이후 여성을 중심으로 한 인류 집단은 먼저 고원지대로 내려와 야생밀을 채취하는 한편 소규모 밀·보리재배실험에 성공한 뒤 그 씨앗을 가지고 평야로 내려와 곡물재배를 시작했다.

고 야생밀과 보리를 채집하며 살았다. 점차 레반트지역과 이라크로 확산되며 밀과 보리를 순화하고 가축을 기르며 마을을 형성했다. 이들은 이동 기간에는 물론 정착장소에 이르러서도 다른 무리와 합류를 계속하면서 인구를 늘리고 집락을 일떠세웠다.

단도직입적으로 말해 여성들이 다른 무리와의 합류를 통해 늘린 인구가 생존에 불리했지만 취락형성을 강행한 이유는 여성들만의 연약함을 인구 증가로 해소하고 힘과 지혜를 합쳐 또다시 발생할지 모르는 재난에 대비하기 위해서였다. 마을을 이루고 촘촘하게 집을 지어 한 곳에 모여 삶으로써 대재난의 공포감에서 벗어나려 했던 것이다. 힘의 단결과 그것을 통해 재난에 공동대처하고 여럿이 함께함으로써 공포감에서 벗어나려고 고안해낸 것이 다름 아닌 취락과 가옥이다.

한 번 재난의 광기를 경험한 뒤 그 누구도, 그 어느 집단도 힘을 합치고 단결하는 데서 유불리를 따지지 않았다. 이익과 이해관계는 재난에 의한 막대한 피해에 비하면 너무나 하찮은 것이었기 때문이다. 당시 인류에게 가장 시급한 문제는 재발하는 재난으로부터 피해를 최소화하고 무시무시한 공포감을 떨쳐버리는 것이었다. 무리들의 합류에, 취락의 형성에서 무리들 간 손익과 농업에 불리한 난제들이 문제시되지 않고 순조롭게 해결된 것은 전적으로 상술한 이유 때문이었다.

대충돌이 야기한 대재난이 인류에게 훼멸적인 피해를 준 사실은 부인할 수 없지만 어떤 의미에서는 여성에게 역사를 견인할 수 있는 절호의 기회를 선물한 것이기도 하다. 여성들의 전문 분야인 채집은 인류의 생존 방식을 남성 주도의 수렵으로부터 여성 위주의 농업으로의 전환을 가능하게 했다. 그보다도 더 획기적인 변화는 여성들의 연약함과 공포심이 인류역사를 뒤바꾼 취락과 건축을 배태했다는 사실일 것이다. 집락은 그 의미가 여성의 재난 대처와 공포감 해소라는 의도성에만 그치지 않고 본격적인 사회형성의 전신이 되어 인류의 역사를 문명의 궤도에 올려 세우는 괴력을 과시했다.

ㄴ. 원형가옥과 여성 통솔 사회

필자는 이 절에서 선사시대, 특히 신석기시대 건축양식에서 보이는 원형(반지혈식)과 방형가옥(지면식)의 변이가 각각 공동체 내에서의 여성과 남성의 주도권과 결부된 현상임을 담론을 통해 밝혀낼 것이다. 원형가옥은 여성이 주도권을 장악한 시대로, 방형가옥은 남성에게 지배권이 양도된 시대로 단언할 수 있는 근거는 원형가옥이 일반적으로 인류가 농업으로 전환한 신석기시대 초반에 나타난다는 사실로부터 배당된 것이다. 레반트·서아시아의 신석기유적에서 원형가옥은 초기 취락

건축에서 집중적으로 나타나기 때문이다. 심지어는 우리가 앞에서 초대형취락으로 당시로서는 특수한 경우로 분류한 예리코에서도, 여성의 역량만으로는 일떠세우기가 어렵다고 생각했던 예리코도 예외는 아니다. 물론 같은 시기 기타 지역에서도 원형가옥은 많이 발견된다.

약 기원전 8000년에서 5800년까지 2천여 년을 경과한…… 예리코 유적의…… 가옥은 원형 또는 타원형 반지혈식 집인데 가장 이른 흙벽돌—빵모양의 흙벽돌이 나타난다.[173]

기원전 9000년~8000년 사이에 속하는 이스라엘 후레 호숫가의 아인 말라하Ain Malaha에서처럼 정주공동체를 확립하였다. 후자는 50채의 오두막으로 이루어져 있는데 대부분 지름 2.5~9.0m인 평면 원형의 반움집으로 주변에 돌을 돌렸다.[174]

시리아의 유프라테스강 동안에 있는 텔 무레이비트Tell Mureybit이다. 기원전 8200년~8000년경 사람들은 그곳에서 아인 말라하의 원형오두막과 거의 모든 면에서 유사한 원형의 작은 돌집을 지었다.[175]

원형가옥이 여성과 연관된다 할 때 남성 역량이 일정하게 존재했

---

173 杨建华著. 『两河流域史前时代』. 吉林大学出版社. 1993年 5月. p.10.
174 杨建华著. 『两河流域史前时代』. 吉林大学出版社. 1993年 5月. p.351.
175 杨建华著. 『两河流域史前时代』. 吉林大学出版社. 1993年 5月. pp.352~353.

던 예리코에서도 여성의 활약이 남성을 초월했거나 숫자상에서 우위를 점했음을 입증해주는 증거라고 해야겠다. 같은 시기, 무토기신석기 시대의 "멜레피트M'lefaat유적의 주민들은 반혈거식 원형가옥 안에서 거주"176했다. 이곳뿐만 아니라 원형가옥은 양강유역 주변 지역 즉 북부의 신자르Sinjar와 자지라Jazira지역, 동북부의 소자부Lesser Zab강 유역과 동부의 만다리Mandali지역에서도 골고루 나타나고 있다. 양강북부 지역에서 원형가옥의 발견은 보편적인 현상이다.

> 克米兹丘유적 취락의 거주지 남쪽은 가옥 건물이다. 가옥은 원형에 가까운 반지혈건물로 벽과 주거면은 진흙을 발랐다.……
> 넴리크Nemrik유적 연대는 B.C 8300년, 7500년, 7100년, 6600년과 6000년이다. 가옥은 지면 위의 원형건물이다. 초기에는 진흙덩이로 쌓았으나 말기에는 진흙벽돌을 사용했다.177

동부의 자그로스산맥과 이라크와 이란 경계에 위치한 유적들도 예외는 아니다. 남부 충적평야 변두리에 위치한 투메르크반Tumerkban유적, 넴리크Nemrik유적에서도 원형가옥들이 발굴되었다. 시간이 좀 흐른 뒤 셈샤라Shemshara유적에 와서야 원형가옥은 장방형 다간방 건물로 교체된다.

---

176 杨建华著. 『两河流域史前时代』. 吉林大学出版社. 1993年 5月. p. 24.
177 杨建华著. 『两河流域史前时代』. 吉林大学出版社. 1993年 5月. pp. 32~33.

신석기시대
세계 여성사

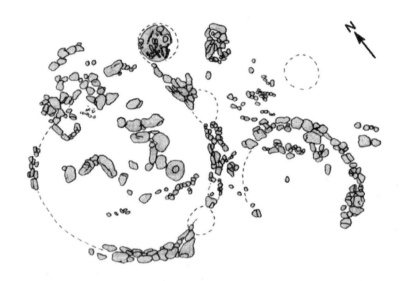

| **사진 28** | 이스라엘의 아인 말라하유적의 원형오두막

원형오두막은 기원전 8000년 이후 서남아시아에 널리 퍼졌다가 대략 기원전 5000년~기원
전 3500년 시기에 방형가옥에 의해 대체되었다. 기술과 벽돌 제조 및 목재 가공작업이 생략되
어 여성도 쉽게 지을 수 있다는 용이함 때문에 원형가옥은 여성이 주도권을 장악했던 시기를
상징한다. 원형가옥은 양강 북쪽에서는 아주 오랜 기간 존속하며 여성의 권위를 지속시켰다.

넴리크Nemrik유적의 가옥은 원형지면식 단간 건물이다. 그러나
이미 진흙으로 벽을 쌓던 데로부터 점차 진흙벽돌로 벽을 쌓았
다.[178]

우리는 원형가옥이 지어진 초기에는 진흙을 그대로 사용하여 벽
체를 쌓았다는 사실을 기억해둘 필요가 있다. 왜냐하면 진흙을 그대로

---

178 楊建華著.『兩河流域史前時代』. 吉林大学出版社. 1993年 5月. p. 38.

쌓는 건축법은 벽돌을 찍어내고 말리는 작업이 생략되기에 집을 짓기가 훨씬 쉽기 때문이다. 여성들이 짧은 시간 안에 최소 노동력을 소비하고서도 집을 지을 수 있다는 점에 방점을 찍어야 할 것이다. 그러한 건축법은 벽돌과 벽돌을 아귀를 맞춰 정치하게 축조해야 하는 기술도 필요 없었다. 건축기술을 터득하지 못한 그 어떤 일반 여성이라도 자연적인 진흙덩이들을 쌓아올려 집을 지을 수 있었다. 아마도 진흙벽돌을 만들기 시작하면서부터 집 짓는 작업에 남성의 동참이 조금씩 시작되었을 것으로 추정된다. 거푸집에 찍어내야 하고 그 찍어낸 진흙벽돌을 일치하게 쌓아야 하는 기술이 필요했기 때문이다. 설령 그렇다고 하더라도 진흙벽돌이 건축에 사용되고서도 꽤나 오랫동안, 전토기말기까지도 원형가옥은 여성들에 의해 축조되었다. 하지만 이 시기를 지나서도 원형가옥은 우바이드문화와 양강북부 지역에서 그 맥을 끈질기게 이어나갔다.

> 하수나문화의 건물의 모양은 장방형 다간방과 원형 단간방 두 종류이다.…… 원형 단간 건물은 오로지 초기에만 보인다. 가장 큰 것은 6m이다. 일반적으로는 2.5m이다.[179]

> 사마라Samarra문화의 아르파치야Arpachiyah유적은 유적 아래 부분의 9~11층은 장방형의 진흙 건물이다.…… 8층 위의 7~6층은

179　杨建华著. 『两河流域史前时代』. 吉林大学出版社. 1993年 5月. p.73.

여전히 원형가옥으로 거주면에 석고면을 발랐다. 방 안에는 깨끗하고 가는 모래를 깔았는데 이 모래는 흙 언덕 밖에서 가져온 것이다. …… 4~5층에 이르면 원형 방이고…… 제3, 2층의 원형 방은 벽이 더 두껍다. 아울러 장방형 전실前室이 나타난다.…… 평행벽 서쪽에는 여전히 장방형 건물이 위주이다. 방 안에는 생활도구와 쓰레기가 있다. 이는 벽 동쪽의 원형건물은 사람이 거주하는 곳이 아님을 설명한다. 당시의 "성소聖區"일 가능성이 크다. 할라프문화의 특징이 있는 건물은 원형가옥이다. 직경 3.5~5m, 두께 40~50cm이다.…… 그러나 야림Yarim II 유적에는 원형과 방형이 병존한다. 원형은 거실이며 방형은 많은 경우 부속건물이다.[180]

하수나문화 존속기간은 기원전 5500년~5000년 전후이며 할라프문화 존속기간은 약 기원전 5500년~기원전 4500년이다. 여성이 주력이 되어 지은 원형건물이 신석기 중반까지도 그 맥이 끊어지지 않았음을 입증해준다. 물론 이 시기의 가옥 형태는 방형건물이 주도적이고 원형가옥은 부차적이라는 사실은 부정되지 않는다. 뿐만 아니라 이 시기의 원형가옥은 그 용도에 대해서도 이견이 엇갈린다. 사람이 거주하는 곳이 아니라 종교적인 건물이라든지 창고·저장실과 같은 부속건물이라든지 하는 주장들이 혼재하고 있다.

---

180 杨建华著.『两河流域史前时代』. 吉林大学出版社. 1993年 5月. p. 106. p. 107. p. 111.

원형건물의 발전역사를 놓고 볼 때 그것은 서아시아지역 서부의 레반트지역에서 산생하여 주로 전토기신석기시대 이른 시기에 유행했다. 전토기 말기에 이르러 대부분 지역에서는 이미 원형이 방형으로 발전했다. 할라프문화와 대체로 같은 시기의 기타문화도 죄다 방형가옥을 사용했다. 오로지 북부의 외코카서스와 아제르바이잔에만 원형건축(슐라베리Shulaveri문화, 기원전 5000년에서 전 4500년)이 있었다. 할라프문화 이후의 북부 우바이드시기에도 원형신전(가우라Gawra유적 13층)이 발견되었다. 따라서 원형건물은 양강북부에서도 더 북쪽지역에서 아주 오랜 시간 존속했다. 그것은 거실로 사용되었을 뿐만 아니라 제실祭室로도 쓰였다. 그러나 할라프문화처럼 이렇게 원형건물이 두 가지 기능을 겸한 것은 역시 흔히 볼 수 없는 현상이다.[181]

아마도 "방 안의 도구와 생활쓰레기", 우바이드에서 발굴된 "원형사원" 등의 유적자료가 원형가옥이 주거용이 아니라는 추정에 근거를 제공했던 듯싶다. 하지만 이런 조건들만으로는 원형가옥이 창고나 성소였다고 단언하기에는 아직 이르다고 생각한다. 우바이드시기의 원형가옥은 분명히 "거실로도 사용"되었기 때문이다. "초기의 가옥 건축이 원형가옥에서 방형가옥으로 발전하는 추세였으며…… 근동에서 방형가옥이 원형가옥을 대체하기 시작한 것은 대략 7000년 전에서 5500년

---

181 杨建华著. 『两河流域史前时代』. 吉林大学出版社. 1993年 5月. pp. 111~112.

전"[182] 사이다.

원형가옥은 지금도 여전히 아프리카 사하라 남부지역에서 볼 수 있다. 이런 가옥은 면적이 대략 10평방미터 좌우로 일반적으로 단지 한 사람이거나 많아야 두 사람이 거주한다. 그것은 가족의 주거장소가 아니라 단신 남녀의 거주를 위한 것이다. 한 마을에서 남녀는 각기 자신의 집을 가지고 있으며 흔히 촌락의 서로 다른 위치에 널려 있다. 이러한 가옥의 특징과 취락형태는 가능하게 군혼제 사회형태를 반영한다.…… 방형가옥은 일반적으로 가족단위의 반영이다. 면적은 25에서 35평방미터이고 3명에서 4명의 식구가 거주한다. 집 밖에는 움과 창고가 있다. 이런 가옥은 인구가 증가했을 때 외곽으로 방을 추가 확대할 수 있다.[183]

원형가옥의 면적이 방형가옥에 비해 작고 주거 인원도 한두 명에 불과하다는 사실은 방형가옥에 비해 원형가옥을 짓는 작업이 간편하고 용이함을 의미한다. 뿐만 아니라 현존 부족의 경우에도 원형가옥은 부속건물이 아니라 생활주거공간으로 사용되고 있음을 확인할 수 있다. 그러면 이즈음에서 원형가옥이 왜 여성이 주도하는 사회와 연관되는지에 대해서 논할 때가 된 것 같다.

---

182 陈淳编著. 『考古学理论』. 复旦大学出版社. 2004年 8月. p. 186.
183 陈淳编著. 『考古学理论』. 复旦大学出版社. 2004年 8月. pp. 185~186.

여성이 소규모의 간편한 원형가옥을 선호한 것은 체질적으로 남자들보다 연약한 그들의 힘에 적합한 건물을 지으려고 한 의도에서 산생한 결과이다. 그들에게는 방형의 대규모 건물을 지을 만한 체력적인 비축이 결여되어 있기 때문이다. 실제로 원시시대의 좀 이른 단계에 "처소를 짓는 일은 여성이 담당했다. 처소를 옮길 때 집을 헐어 가지고 옮기는 것도 여성의 일"[184]이었다. 그것은 당시의 처소가 부단한 이동 때문에 임시로 짓는 가건물이어서 작업이 아주 간단했기 때문이었을 것이다. 신석기시대 초기에 나타난 원형가옥도 아마 그 가건물의 연장이었을 가능성이 많다. 원형가옥을 짓는 작업 과정을 살펴보면 여성이 왜 원형가옥을 선택했는지에 대해 쉽게 이해될 것이다. 우선 원형가옥은 자연 상태의 진흙을 그대로 쌓기 때문에 벽돌제작 과정이 생략된다. 그리고 방형가옥은 네 면의 벽체가 따로따로 수직 균형을 잡고 스스로 붕괴되지 않도록 지탱해야 하지만 원형가옥의 벽체는 둥근 곡선에 의해 기하학적으로 벽체가 상호 지지대가 되며 쉽게 붕괴되지 않는다. 방형가옥은 벽체가 흔들리거나 넘어지는 것을 방지하기 위해 기초를 단단히 다지거나 기둥을 많이 사용하거나 버팀목을 설치하는 등 추가 조치들이 필요하지만 원형가옥에는 이러한 복잡한 과정들이 모두 생략이 가능하다는 편리함이 있다.

뿐만 아니라 원형가옥은 지붕 마무리나 벽체 구축에 사용되는 재목이 방형가옥에 비해 거의 사용되지 않으며 그에 따라 목재마련과 가

---

184 柯斯文著. 张锡彤译. 『原始文化史纲』. 生活·读书·新知三联书店. 1955. 9. p.104.

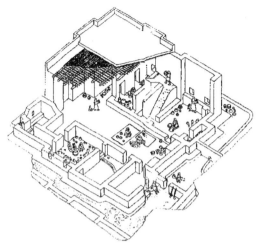

| 사진 29 | 우바이드시기의 방형 가옥

방형가옥은 원형가옥에 비해 수용 인원이 증가한다. 일반적으로 가족단위를 반영하는 건축 양식이라 할 수 있다. 가족을 이루는 남성과 여성의 공동 주거 공간으로서 방위와 단계를 통해 서열이 형성된다. 방형가옥으로 인해 실내에서 남성의 위치가 배정 가능해졌다.

공공정이 축소될 수밖에 없다. 건물이 소규모이기 때문에 들보나 기둥도 사용되지 않아 작업공정이 상대적으로 단순하기에 여성들이 마음만 먹으면 손쉽게 세울 수 있는 건축이라 할 수 있다. 대충돌의 재난을 피해 근동으로 내려온 여성들이 취락을 이루어 역량을 합치고 공동으로 재난의 공포에서 벗어나기 위해 자신들의 능력으로 감당 가능한 건물을 지은 것이 다름 아닌 원형가옥이다.

원형가옥의 주거 인원이 한 사람 내지 많아야 두 사람이라는 사실은 금방 대재난을 피해 근동으로 이동한 여성을 중심으로 한 집단이 아직 가족 형태를 형성하지 못했음을 의미한다. 가옥이 가족의 주거공간으로 되려면 면적이 25에서 35평방미터가 되는 방형가옥이 나타나기를 기다려야만 했기 때문이다. 방형가옥의 주거 인원은 3명에서 4명일뿐만 아니라 인구가 증가했을 때 외곽으로 방을 추가·확대할 수 있다. 초기 여성들은 개별적으로 또는 두 명씩 좁은 원형가옥에서 따로따로 생활했다. 대충돌 때 남편을 잃고 아버지를 여의고 자식을 상실한 여성들에게 아직 가족은 시기상조였을 것이기 때문이다. 그래서 원형가옥은 가족이나 식구들을 위한 공간이라기보다는 그 기능이 우선 대재난으로부터의 피신처이고 공포감에서 탈피하기 위한 안전한 공간의 역할로 만족했을 것이다. 마치도 원형가옥이 또다시 닥칠지도 모르는 대재난의 위협에서 막아주는 대피소 같은 공간처럼 이용되었을 것이 틀림없다. 대부분의 남성들이 부재하는 상황에서 여성들이 대충돌과 같은 거대한 자연재해 앞에서 취할 수 있는 가장 효과적인 대안임은 분명하다. 그것 말고 여성들이 취할 수 있는 다른 더 유효한 방법과 수단은 없었다. 물론 이러한 원형가옥은 여성이 부여한 최초의 기능에 만족하지 않고 방형건물의 시대를 준비하는 자궁이 되면서 문명을 향한 역사의 서막을 여는 획기적인 사건이 된다. 건축이 인류문명의 개척에서 선두적인 작용을 했다면 그 업적은 전적으로 여성들에게 돌려져야 할 것은 말할 것도 없다.

　공간 배치에서도 원형가옥은 방형가옥과는 다른 특징들을 보인다. 원형가옥은 상호 분리가 불가능한, 긴밀하게 엮여 있는 중심과 주변으로 형성되어 있다. 환언하면 내부 원과 외부 원의 2중 복합 공간이다. 그리하여 원형가옥 안에 사는 사람들은 서열이나 신분 차이가 없이 지위가 대등할 수밖에 없다. 서열이나 신분, 지위는 가족 구성에서 나타나는 현상이라고 할 때 원형가옥의 공간은 가족과는 인연이 없다는 사실을 한층 더 설명해준다고 해야 할 것이다.

　반면 방형가옥은 내부 공간이 전후·좌우 또는 상중하 형식으로 분류되며 방위와 단계를 분명하게 나타낸다. 그것은 원형가옥의 경우처럼 하나의 공간에 묶여 있는 원형의 단순한 중복이 아니라 상호 분리된 독립적인 공간으로 이루어져 있다. 이런 특이한 형식의 공간 배치가 암시하는 것은 그야말로 의미심장하다고 해야 할 것이다. 방형가옥의 거주자인 가족은 그 서열과 지위에 따라 해당한 공간이 배정된 것이기 때문이다. 외부 방위와 분해된 실내 공간은 가족의 각 구성원들에게 그 신분과 지위에 알맞게 공급되며 가족 내의 서로 다른 지위는 건물이 제공하는 구조에 의해 보장되고 유지된다. 더 말할 것도 없이 방형가옥의 구조는 이미 여성만이 아닌 가족 구성원으로서의 남성의 존재를 수용했다는 전제가 깔려 있다. 이 방형가옥은 결국 원형가옥의 창시자인 여성의 손에서 권력을 빼앗아 남성에게 넘기는 유력한 단초가 된다.

2) 모권제와 부권제 그리고 여성

ㄱ. 모권제 쇠퇴와 부권제의 탄생

서양에서 신석기시대 초·중반까지 누렸던 여성의 권력은 흔히 모권제로 상징된다. 그런데 신석기시대 중·후반에 와서 모권제는 학계에서도 오리무중에 빠진 채 그 확답을 무기한 연기하는 한편 부랴부랴 폐기의 수순을 밟고 있다. 모권제의 폐지와 부권제의 대두에 대한 연구는 모건에 의해 시작되고 쟁쟁한 후학들이 바통을 계승했지만 하나같이 설득력이 결여되어 있다는 공통점 외에는 이렇다 할 성과가 없는 것이 현실이다. 이들이 제시한 해결책에는 여성이 막대한 불이익을 감수하면서까지 자신이 장악한 기존의 권력을 느닷없이 포기하고 남성들에게 순순히 양도할 만한 충분한 계기와 명분이 탈락되어 있기 때문이다. 모권제는 합의나 재산 증식 같은 조건으로 하루아침에 부권제로 전이하기에는 그 역사와 명분의 축적과정이 너무나 유구한, 대단히 견고한 권력구조이기 때문이다.

오랜 옛날의 씨족은 이미 말한 바와 같이 가상의 한 여성 조상과 그녀와 자녀와 함께 그녀의 딸의 자녀 및 영구히 여성을 통한 그녀의 여성 자손의 자녀로 구성된다. 그녀의 아들의 자녀 및 남성을 통한 그녀의 남성 자손의 자녀는 제외되었다.[185]
원시단계에 속하는 하나의 씨족은 한 사람의 가정假定의 여성 시조, 그녀의 자녀, 그녀의 딸들의 자녀, 내지는 세세대대로 여성으로부터 대를 물려온 일체 여성 후예의 자녀를 포함한다. 이 여성 시조의 아들의 자녀 및 남성에게서 물려온 일체 남성 후손에 이르면 모두 본 씨족 밖으로 배척된다. 반면 혈통이 남성에게서 계승되었다면 한 씨족에는 한 사람의 남성 시조, 그의 자녀, 그의 아들의 자녀 및 세세대대로 남성으로부터 계승된 일체 남성 후손의 자녀들이 포함된다. 그리고 그의 딸의 자녀 및 여성으로부터 계승된 일체 여성 후손의 자녀들은 모두 본 씨족 밖으로 배척

---

185 모오건 지음. 崔達坤·鄭東鎬 공역. 『古代社會』 玄岩社. 1979년 5월. p. 358.

된다.[186]

리페르트는 모처 거주가 한 부족의 생계수단이 성적 분업에서 여자의 활동에 주로 의존하면 특히 존재하기 쉽다는 제안을 했다. 여자의 경제적 공헌을 남자의 그것보다 한 수준 위로 향상시키는 상황은 이전에 수렵과 채집에 의존한 사회에 농업을 도입하는 것이다. 농경은 일반적으로 여자의 일이므로 모처 거주와 모계 출계는 보다 낮은 농경 부족에서 특히 일반적인 경향이 있다. 튠발드는 이 점을 매우 분명하게 다음과 같이 지적한다. 예컨대, 양계의 수렵·채집민에서 '아들은 아버지의 덫과 수렵도구를 물려받으며, 딸은 어머니의 요리도구와 식물채집도구를 물려받는다. 그리고 채집에서 농경으로 진전되면 여자의 재산은 증대되며, 그로 인해 모계 상속은 결국 중요한 것이 된다. 농경의 결과로 여자는 남자보다 더 안정되고 가끔 보다 더 풍부한 식량 공급을 하면서 그들의 중요성은 훨씬 더 향상되고 자녀에 대한 우월성을 포함하여 재산문제에서 그들의 우월성은 모계 출계에서 광범위하게 인식된다'고 주장한다.…… 모처 거주를 촉진하는 것은 특히 생산에 있어서 그리고 중요한 생산수단인 토지의 소유에서 남자에 대한 여자의 우월성이다. 가축이나 노예 또는 다른 가치재에서 유동재산이 없는 것도 모처 거주에 기여하는

---

186 路易斯·亨利·摩尔根著. 杨东莼等译. 『古代社会「上册」』. 商务印书馆. 1981. pp. 341~342.

요인이다.[187]

신석기시대가 견인한 농업사회에서 여성의 권력은 그 시간상에서나 구조상에서 이미 하나의 파괴 불가능한 탄탄한 권력구조물로 자리 잡고 있었음을 알 수 있다. 농업활동에서 여성이 이바지하는 경제적 공헌은 그대로 권력이라는 대가로 치환된 것이다. 물론 여성의 공헌과 결정적인 역할이 자녀에 대한 우월성을 초월하여 공동소유제인 당시로서 재산문제에까지 남성에 비해 우월성을 가졌는지에 대해서는 좀 더 깊이 있는 고민이 필요한 대목이다. 아무튼 이러한 이유에서 농업이 지속되는 한 여성의 중요성도 영원히 퇴색하지 않을 것이라는 것만은 확실하다.

그런데도 모건에 따르면 부권제는 농업사회가 그대로 존재하는 조건에서 아무런 부가조건이나 변화가 전제되지 않은 채 간단한 수단을 통해 남성에게 평화적으로 양도되고 있다. 하지만 그러한 평화적 이행의 결과는 그의 판단처럼 결코 평화롭지만은 않았다. 거기에는 여성의 운명을 불행에 빠뜨리는 깊은 함정이 도사리고 있었다. 문제의 요점은 권력을 포기함으로 인해 여성에게 돌아오는 불이익이 너무 막대하다는 사실이다. 그런 만큼 여성은 자신이 감수해야 하는 손해에 해당하는 대가가 없이는 절대로 손안의 권력을 내놓지 않을 것이기 때문이다.

---

187 죠지 피터 머독 지음. 조승연 옮김. 『사회구조 친족인류학의 이해』. 서경문화사. 2004년 6월. pp. 256~325.

| 사진 30 | 모계사회가설을 주장한 모건 『고대사회』(좌)와
전설 속의 여인국 아마조네스(우)

모권제는 바흐오펜의 『모권론』을 통해 제시된 후 모건이 바통을 이어받아 모권사회이론을 확고하게 성립시켜 나갔다. 그러나 모권제의 존재에 대한 주류인류학계의 태도는 부정적이다. 모계사회가설은 여성 우월 사회가 존재한 적이 없다거나 과학적 유용성을 갖기에는 너무 모호한 개념으로 경시되고 있다. 물론 신석기시대 초중반에 모권사회는 존재했다.

        모권제의 전복은 여성에게는 세계 역사적 의의를 가진 실패이다. 남편은 가정에서도 권력의 칼자루를 쥐게 되었다면 아내는 추락하며 고역살이로, 남편의 음욕의 노예로, 아이를 낳는 도구로 전락했다. 여성의 이러한 지위 하락은 영웅시대 특히 고전시대의 그리스인들 속에서 더구나 노골적으로 나타났다. 비록 그러한 현상은 점차 위선으로 포장되고 일부 지역에서는 또 비교적 온화한 겉옷을 걸쳤지만 그러나 털끝만큼도 개선되지 않았다. 이렇게 형성된 남자 독재제도의 첫 번째 결과는 이때 발생한

세대주제 가족이라는 이 중간 형식으로 표현되었다.[188]

    여성이 남성에게 자기가 쥔 칼자루를 넘겨주고 얻을 수 있는 것은 "추락과 고역살이, 남편의 음욕의 노예, 아이를 낳는 도구로의 전락"이라고 할 때 그 권력의 전이는 결코 평화적인 수단으로 수행될 수는 없을 것이라는 결론에 도달할 수밖에 없다. 아니, 그러한 전환은 남성 측에서 강박이나 폭력을 동원하여 잔인하게 약탈한다고 하더라도 불리한 여성의 입장에서는 결코 허용할 수 없었을 것이 틀림없다. 게다가 "세계는 여전히 모권제에 의해 확정"[189]된 상태였고 권력은 여성의 수중에 확실하게 장악되어 있었으며 게다가 재산도 남성에 비해 적지 않았다면 그러한 평화적 이양은 얼토당토않은 주장이라고 할 수밖에 없다. 그럼에도 모건과 그 추종자들은 한사코 말도 안 되는 평화적 이양을 염불하고 있다.

    만일 이 변화를 일으킨 동기가 보편적으로 긴박한 것이고 엄연한 것이었다고 한다면 그 방법은 단순하고 자연적이었다. 만일 그것이 일정한 때에 미리 협정된 결정에 의하여 행하여졌다고 한다면 씨족의 현재 소속원 전부는 그대로 소속원으로 남아 있

---

188 恩格斯著. 中共中央马列著作编译局译. 『家庭·私有制与国家的起源』. 人民出版社. 1976. 2. p.5.

189 恩格斯著. 中共中央马列著作编译局译. 『家庭·私有制与国家的起源』. 人民出版社. 1976. 2. p.5.

신석기시대
세계 여성사

게 되나, 장래에서는 아버지와 그 씨족에 속해 있는 자녀의 전원만이 씨족 내에 머물러 당해 씨족명을 갖고 그 여성 씨족원의 자녀는 제외되어야만 한다고 보지 않을 수 없다. 이것은 현존의 씨족의 혈연관계 또는 친족관계를 파괴 또는 변경시키지 아니하고 그 후로는 이전에는 제외되었던 자녀를 씨족 내에 있게 하고 이전에 머무르게 하던 자녀를 제외하였을 뿐이다. 이것은 해결하기 곤란한 문제로 생각되지만 충분한 동기의 절박함은 그것을 용이하게 해줄 것이다. 그리고 또한 여러 세대의 경과는 그것을 끝낼 것이다.[190]

재산이 대량으로 축적되고 항구적 형태를 갖춤과 동시에 또한 개인적 소유로 차지하는 재산의 비율이 증가함과 동시에 여계의 혈통이 전복되리라는 것은 확실하고 남계가 그에 갈음하는 것도 확실하다. 재산의 영향 및 재산을 아들에게 물려주고 싶은 소망은 남계에의 변화에 대한 충분한 동기를 마련해 주었다.[191]

재산이 다량으로 형성되기 시작하고 자녀에게 재산을 물려주려는 욕망이 계통을 여계에서 남계로 변화시켰을 때 부권에 대한 참된 기초가 처음으로 확립되었다.[192]

---

190 모오건 지음. 崔達坤·鄭東鎬 공역. 『古代社會』 玄岩社. 1979년 5월. p. 35.
191 모오건 지음. 崔達坤·鄭東鎬 공역. 『古代社會』 玄岩社. 1979년 5월. p. 36.
192 모오건 지음. 崔達坤·鄭東鎬 공역. 『古代社會』 玄岩社. 1979년 5월. p. 48.

인류가 경험한 가장 과격한 혁명 중의 하나…… 다만 단 하나의 간단한 결정, 이후부터 씨족의 남성 구성원의 자녀들이 본 씨족 내에 당연히 남고 여성 구성원의 자녀는 마땅히 자기 씨족을 떠나 자기 부친의 씨족 속으로 가야한다고 규정만 하면 되는 것이었다. 이렇게 하면 여자 측에서 이어지던 계보의 모계계승권이 폐지되고 남자 측의 계보로 이어지는 방법과 부친 계승권이 확립된다.[193]

부권의 맹아는 대우제對偶制가족과 함께 산생했다. 부권은 갈수록 일부일처제의 특징으로 발전하는 새로운 가족에 따라 산생했다. 재부가 누적되기 시작했을 뿐만 아니라 재부를 자녀에게 물려주고 싶은 생각이 여성 쪽 계보를 남자 쪽으로 과도하게끔 야기했다.[194]

모건이 사용한 단어 "미리 협정된(by preconcerted)"의 영어 원서[195]에서의 뜻에는 ① 미리 결정된 ② 사전에 협정된 ③ 사전 조정된 등 의미 외에도 to agree 즉 ① 동의하다 ② 합의하다 ③ 일치하다 ④ 승낙하

193 恩格斯著. 中共中央馬列著作編譯局译. 『家庭·私有制与国家的起源』. 人民出版社. 1976. 2. p.5.

194 马克思著. 中国科学院历史研究所编译组译. 『摩尔根《古代社会》一书摘要』. 人民出版社. 1978. p.38.

195 BY LEWIS H. MORGAN, LL. D. 『ANCIENT SOCIETY』. NEW YORK HENRY HOLT AND COMPANY』. 1877년. p.344.

신석기시대
세계 여성사

다의 의미도 포함하고 있다. 모건의 주장대로라면 부권제로의 전이에 대한 협정은 여성의 동의와 승낙이 전제되었다고 볼 수밖에 없다. 뿐만 아니라 여성은 자신의 권력을 "단순하고 자연적이고 간단하게" 포기했다는 말이 된다. 그들은 재부의 누적과 자녀 계승을 모권제에 대한 반란의 근원으로 보면서도 한편으로 또 "재산의 발달은 발명과 발견의 진보와 보조를 맞춘다"[196]고 횡설수설하고 있다. 발명과 발견의 진보가 생산한 재부가 반드시 남성에게만 혜택을 준다는 증거가 없음에도 주장하기 때문이다. "재산이 대량으로 축적되고 항구적 형태를 갖춤"이 여성이 통제권을 행사하는 당시에 어떻게 남성에게만 누적 혜택이 돌아가는 지에 대해서는 일언반구도 없다.

또한 설령 뜬금없는 "협의"로 전환이 달성되었다고 가정하더라도 한 씨족 내에서 결정된 규정이 통일된 국가행정체제도 없는 당시에 다른 씨족에게까지 보편화될 수도 없었을 것이며 씨족마다 경제상황이 달라 재산 증식 상황도 다르고 또 "대우제對偶制가족과 함께 산생했다는 부권의 맹아"에 명분을 실어줄 만한, 예컨대 대우혼처럼 통일된 혼인제도도 존재하지 않았기에 "협의"논리는 어불성설이라고 단정할 수밖에 없다. 교통이 불편한 당시로서는 씨족과 취락들 간의 소통도 원활하지 않아 대체로 독립적으로 생활했기에 어떤 제도가 지역을 초월하여 광범위하게 확산된다는 담보도 없었다. 한 씨족, 하나의 촌락공동체 또는 더 나아가 한 지역의 제도가 광범한 기타 지역으로 급속하게 확산될 수

196　모오건 지음. 崔達坤·鄭東鎬 공역. 『古代社會』. 玄岩社. 1979년 5월. p.542.

| 사진 31 | 모계사회(좌)와 부계사회(우)

모계사회는 신석기시대 초·중반 중동에서 존재했다. 그러나 부계사회로의 이양 과정은 아직도 학계에서 확실한 원인을 제시하지 못하고 있다.

있었던 것은 지역 간의 원활환 소통을 담당하는 교통이 발전한 우바이드문화 중·후반에 와서야 가능했다.

씨족 간에 연결이 단절된 독립적인 생활을 했기 때문에 경제상황도 저마다 다를 수밖에 없었다. 목축업을 주축으로 삼는 씨족집단에서는 남성의 재산소유가 보다 활력을 띠었을 수도 있지만 농업에 치중한 씨족 집단에서는 여전히 여성에게 재산이 집중될 수밖에 없었다. 무엇보다 중요한 것은 신석기시대 초·중반 농업은 메소포타미아 더 나아가 서아시아 대부분 지역에서 수렵이나 목축업보다 더 중요한 경제생활 수단이었다는 사실이다. 그렇다고 할 때 여성의 권력은 추호의 동요도 없이 유지되었을 것이고 재부도 모권제에 유리하게 축적되었을 것이다. 남성이 이 면에서 여성을 초월할 기회는 없었을 것이기 때문이다.

신석기시대
세계 여성사

한 걸음 물러서서 대우제가 당시 유행한 보편적인 혼인제도였다고 가정하더라도 그것은 이미 모권제가 전복되고 권력이 남성의 수중으로 넘어간 부권제하에서의 사후상황이지 과도기나 전환의 동기를 제공할 수 있는 사전상황은 아니라는 점에 방점을 찍을 필요가 있다. 왜냐하면 대우제혼인에서 남편은 이미 일부다처제의 혜택과 탈정조의 특권을 누렸지만 반면에 여성은 결혼생활을 하는 동안 남편에게 정조를 엄격히 지켜야 했으며 간통할 경우 잔인한 처벌을 받는 불이익을 감수해야만 하는 명실상부한 부권제의 특징이 나타나기 때문이다. 그러니 대우제는 부권의 맹아가 아니라 당연히 부권의 혜택이라고 보는 것이 더 정확한 해석일 것이다.

뿐만 아니라 "이후부터 씨족의 남성 구성원의 자녀들이 본 씨족 내에 당연히 남고 여성 구성원의 자녀는 마땅히 자기 씨족을 떠나 자기 부친의 씨족 속으로 가야한다는 규정"을 혁명이라고 칭하기에는 당위성이 결여되어 있기는 마찬가지이다. 그것은 씨족 내부에서 채택하는 단순한 행동규칙의 변경이며 제도적 장치일 뿐 기존의 권력을 전복하는 혁명은 아니기 때문이다. 모계계승권의 폐지는 여성의 동의 없이 단지 남성의 일방적인 의욕에 따라 제도적인 규정 하나만으로 해결될 수 없는 사회구조적인 문제이다. 게다가 과도기의 남성은 권력에서 소외된 주변 세력에 불과했다. 그들이 열세한 사회적 지위에도 불구하고 음성적으로 누적된 재부를 에너지로 여성에게서 권력을 탈취하려면 그야말로 강박적이고 폭력적인 혁명을 일으키지 않고서는 자신들의 목적을 이룰 수 없었을 것이다. 그러나 모권의 부권에로의 전환에서 혁명도 폭력도 전복도 일어나지 않았다. 그럼에도 분명한 것은 부권제가 모권제를 대체했다는 사실이다. 이 미스터리는 모건의 얼토당토않은 "협의이론" 같은 해석으로는 풀리지 않는다는 것을 우리는 이미 담론을 통해 확인했다. 그럼 지금부터는 필자가 아래의 담론을 통해 부권제가 어떻게 순리롭게 모권제를 대체할 수 있었는지에 대한 당시 상황을 면밀하게 검토하려고 한다. 물론 이러한 과도 과정은 여성의 동의와 승낙이 전제돼야만 한다. 하지만 무엇보다도 그러한 동의와 승낙을 유도할 수 있는 설득력 있는 명분과 당위를 지닌 조건이 제시되지 않으면 또다시 모건의 실수 전철을 밟게 될 것이다. 우리는 그 전철을 피해 합리적이고 믿음이 가는 논리를 전개할 준비가 되어 있다.

ㄴ. 홍수와 부권제의 탄생, 여성시대의 몰락

필자는 앞의 담론에서 원형가옥은 여성이 공동체를 견인하던 신석기시대 초·중반의 취락문화와 연관된다고 주장한 바 있다. 그것은 원형가옥의 건축구조와 축조과정이 여성의 능력과 상대적으로 연약한 체질에 적합한 건물형태이기 때문이었다. 그런데 이 원형가옥이 거짓말처럼 어느 특정한 시기, 특정한 지역에서 일제히 방형가옥에 의해 대체되고 있다는 고고학적 발굴 사실에 주목할 필요가 있다. 더구나 이 시기는 정확하게 이 지역에서만 "남자가 여자보다 높은 추세"[197]가 나타나는 시기와 일치한다는 사실이 더욱 중요하다.

---

197 楊建華著. 『両河流域史前時代』. 吉林大学出版社. 1993年 5月. p.159.

180   신석기시대
                                                                세계 여성사

취락에서 어느 날 원형가옥이 느닷없이 사라졌다함은 동시에 여성의 전통적 지배권도 덩달아 몰락했음을 암시한다. 그러한 쇠락은 두 말할 것도 없이 여성이 어쩔 수 없는 상황, 선택의 여지가 없는 막다른 골목에서 외재적 핍박에 의해 짊어진 굴욕의 결과였다. 필자가 문제시 삼는 선택의 여지가 없는 막다른 골목 즉 비상상황은 결코 일부 학자들이 주장하는 재부 증식에 의한 반발이나 협의 같은 것의 후유증이 아니라, 미리 누설하자면 그것은 자연변화가 제공한 특수 생태환경과 연관되는 탈인위적인 현상이라고 할 수 있다.

> 인류와 주변 환경(자연환경과 사회경제환경 포함)은 물질 순환, 에너지 유동과 정보전달을 통해 상호작용, 상호연계와 상호의존의 인류생태기능 단위를 형성한다. 생태학 중의 환경은 생물유기체의 외계자연조건의 총합을 가리키는 것으로 생물에 대해 영향이 있는 자연요소를 포함하며 생물체 본신의 영향과 작용도 포함한다. 인류생태체계 속의 환경은 인류생존환경을 가리킨다. 인류는 일반 생물유기체와 달라 인류의 생존과 발전은 외부세계의 자연조건과 연관이 있을 뿐만 아니라 인류 내부의 사회환경과 관련이 있다. 따라서 인류생존환경은 당연히 자연환경과 사회환경 두 부분을 포함한다. 자연환경은 대기권, 암석권, 수권水圈, 토양권과 생물권 등 지구 표층 계통의 각 권역층을 포함한다.…… 인류는 인류생태체계의 핵심으로서 체계적인 자연 인소—지표면, 기후, 수문水文, 토양 및 동물 등과 밀접한 관계를 만

든다. 자연 인소는 인류에게 지극히 큰 영향을 미친다. 다른 한 편으로 인류의 전체 생명과정은 한 순간도 자연환경과 분리되지 않는다. 인류는 자연환경 속에서 필요한 수분, 공기와 영양을 섭취함으로써 자기 생명활동을 유지한다. 다른 한 측면으로는 환경의 변화에 직면하여 인류는 생물생태적응과 문화생태적응을 통해 환경에 적응한다. 뿐만 아니라 문화를 이용(경제와 사회)하여 능동적으로 환경을 이용, 개조함으로써 생존과 발전을 추구한다.[198]

이렇듯 돌발적인 생태자연환경의 변화로 인해 여성과 남성의 생존환경을 순식간에 뒤바꿔 놓은 지정학적 장소는 다름 아닌 찬란한 우바이드문화를 꽃피운 양강 하류의 이른바 "메소포타미아 삼각주" 충적평야 지역이다. "근동에서는 대략 7000년에서 5500년 전에 방형가옥이 원형가옥을 대체하기 시작"[199]했지만 원형가옥은 혼재 등의 방식으로 자신의 생명력을 끈질기게 유지해나갔다. 그러나 다른 지역 특히 북부 지역에서 이처럼 원형가옥의 전통이 여전히 계승되고 있을 때 오로지 이곳에서만 유독 방형가옥의 독점시대가 시작되었기 때문이다. 한마디로 방형가옥의 보편화는 이 지역에서 남성권력의 구축이 가장 먼저 대두되었음을 입증해준다.

---

198 夏正楷著. 『环境考古学 : 理论与实践』. 北京大学出版社. 2012. 9. p.15. p.16. p.17.
199 陈淳編著. 『考古学理论』. 复旦大学出版社. 2004年 8月. p.186.

1946년부터 1949년까지 에리두에서 시행된 영국—이라크 합동 발굴 결과 이라크 남부지방은 기원전 약 5000년부터 사람이 거주했으며 북부가 아니라 바로 이곳에서 우바이드문화가 유래했음을 알게 되었다.[200]

사마라문화는 기원전 6000년 중엽이 상한선이며 대략 기원전 6000년과 5000년 사이가 하한선이다.

일찍이 토기 이전 신석기시대에 자그로스산지의 유목민이 물과 풀을 따라 이동하다가 산 앞의 언덕, 강 유역의 기슭에 도착했다. 고고학 유물의 발견에 의하면 먼저 큰 강 연안 삼각주의 유프라테스강 양안에 정착했다.[201]

우바이드문화는 기원전 5300년 이전부터 시작되어 기원전 4100년경까지 존재했다. 그리고 "우바이드문화(오늘날 이라크 알 우바이드에 있는 유적지에서 따온 이름)의 창설자들은 기원전 5900년경 수메르사막으로 이주한 것"[202]으로 보인다. 그러니까 늦어도 기원전 4100년 이전에 이곳에서는 이미 원형가옥이 자취를 감췄음을 시사한다. 게다가 양강 하류 삼각주의 우바이드문화의 전신인 사마라시기에도 벌써 원형가옥 대신

200 조르주 루(Georges Roux) 지음. 김유기 옮김. 『메소포타미아의 역사 1』. 한국문화사. 2013년 12월. p.76.
201 楊建華著. 『兩河流域史前時代』. 吉林大学出版社. 1993年 5月. pp.81~142.
202 주디스 코핀·로버트 스테이시 지음. 박상익 옮김. 『새로운 서양문명의 역사 (상)』. 소나무. 2014년 3월. p.34.

| **사진 32** | 홍수가 잦은 양 강 하류

유프라테스강과 티그리스 강은 주기적으로 범람하는 하천이다. 관개를 위한 저지대 농경은 홍수의 피해가 잦을 수밖에 없었다. 강물이 불어나면 주변 저지대 경작지와 마을은 모두 홍수에 잠겨버리게 된다.

기원전 4000년경의 홍수로 인한 진흙층

ⓐ 강바닥 (유프라테스)
ⓑ 홍수로 인한 진흙층
ⓒ 홍수 수면 위로 솟아오른 산

"모든 건물의 전체적인 형태는 한결같이 'T'자 형"[203]을 띠면서 뒤이은 우바이드문화에 이르러서는 원형가옥과 함께 농업을 개척하고 리드한 여성의 영광이 몰락할 것이라는 예언을 던지고 있다. 여성의 운명의 이러한 극적인 전복의 원인은 한마디로 이 시기에 새롭게 나타난 건축의 구조, 축조 주체의 전이 내지 그에 따른 소유형식의 변화라고 할 수 있을 것이다. 그런데 건축의 이러한 변화를 추동한 에너지는 또 자연생태환경의 변화라고 할 수 있다. 단도직입적으로 말해 여성의 영광을 폐기시킨 그 강력한 에너지는 충적평야에서 자주 일어나는 현상인 하천 범람 즉 홍수이다. 홍수는 여성이 알심 들여 개척한 충적평야의 농경 촌락들을 휩쓸어 갔을 뿐만 아니라 농업사회에서의 그들의 견고한 지배

---

203 杨建华著. 『两河流域史前时代』. 吉林大学出版社. 1993年 5月. p. 72.

신석기시대
세계 여성사

권마저도 썰물처럼 깡그리 휩쓸어버렸던 것이다. 그로부터 여성은 남성의 밑으로 들어가 굴욕의 운명을 이어 가야만 했다.

> 가뭄이나 홍수, 폭풍우나 서리, 마름병이나 우박은 곡물과 가축을 전멸시킬 수 있었다.[204]

> 티그리스와 유프라테스의 유량은 아르메니아와 쿠르디스탄의 산악지방에 내리는 비나 눈의 양에 의존하는데, 강우량이나 강설량은 늘 변하기 때문에 유량의 예측이 불가능하다. 수년 동안 연속하여 흐르는 물이 적으면 가뭄과 기근을 겪게 되지만 한 번의 지나친 유량의 증가는 엄청난 재앙을 가져올 수 있다. 강은 급격히 범람하고 평지는 물에 잠겨 보이지 않게 되고 흙벽으로 만든 초라한 집과 갈대로 지은 오두막집은 물결에 휩쓸려 간다. 거대한 흙탕물 호수에 잠겨 수확물이 유실되고 그와 더불어 가축과 재산, 때로는 주민 대부분의 생명이 사라지기도 한다.[205]

자연재해 특히 홍수로 인한 수해는 곡물과 가축을 전멸시키고 집과 오두막을 휩쓸어버릴 뿐만 아니라 주민 대부분의 생명을 앗아가기도 한다. 이러한 홍수는 메소포타미아 삼각주와 같이 충적평야지대에

---

204 고든 차일드 지음. 고일홍 옮김. 『인류사의 사건들』. 한길사. 2011년 10월. p.118.
205 조르주 루(Georges Roux) 지음. 김유기 옮김. 『메소포타미아의 역사 1』. 한국문화사. 2013년 12월. p.9.

서 더 자주 발생할 수밖에 없다. 그런데 여성의 입장에서 문제가 되는 것은 곡물과 가축 그리고 생명의 피해도 중요하겠지만 강물의 범람에 의해 사라지는 가옥과 전체 취락의 소멸이다. 더구나 "생계·오락·종교적 활동에 관계되는 한 가족은 반드시 그리고 지속적으로 다른 가족과 교제하지 않았으며"[206] "개별 집단은 경제적으로 다른 이웃 집단들에 의존하지 않아도 되기 때문에 주변 집단으로부터 경제적으로 고립되어 있던"[207] 당시 상황에서 가옥의 훼멸이 가까스로 목숨을 건진 여성에게 있어서 어떤 위험을 의미하는가는 말하지 않아도 뻔하다. 홍수와 같은 돌발적인 재난에서 연약한 여성의 인명피해는 남성에 비해 상대적으로 클 수밖에 없었고 그렇게 구사일생으로 살아남은 그들에게 몸을 쉴 집마저도 없을 때, 또한 피폐한 여성의 힘으로 집을 재건할 여력마저도 깡그리 소진되었을 때, 가옥은 목숨을 연명하기 위한 모든 것이라고 해도 과언은 아닐 것이 틀림없다는 것을 인정할 때 취락의 소멸이 의미하는 바도 명약관화하다.

취락의 함몰을 조성하는 원인은 다방면적이다. 지역마다 다르므로 자연 분야의 원인들도 있고 인문 측면의 원인도 있다. 자연 측면의 원인은 주로 가뭄과 장마 재해…… 등 자연재해이다. 이런 재해는 직접적으로 주민의 대량의 사망과 취락 건축을 파괴

---

206 줄리안 스튜어드 지음. 조승연 옮김. 『문화변동론』. 민속원. 2007년 12월. p.160.
207 고든 차일드 지음. 김성태외 옮김. 『신석기혁명과 도시혁명』. 주류성출판사. 2013년 1월. p.131.

신석기시대
세계 여성사

할 수 있을 뿐만 아니라 주변의 자연환경에 대한 파괴를 통해 인류의 생존환경에 간접적인 영향을 미칠 수 있으며 결국 취락의 폐기를 초래하게 된다.

자고로 홍수는 줄곧 인류사회와 생명안전을 위협하는 중요한 자연재해였다. 홍수 재해는 아래의 몇 가지 측면에서 나타난다. 직접적으로 인류의 생명을 빼앗아갈 수 있으며 도시와 도로, 논밭, 건물을 휩쓸어버리거나 매몰시킴으로써 선사 인류의 생명재산을 직접적으로 파괴할 수 있다. 홍수는 인류생활환경─수계水系, 직파, 토양 등 여러 방면의 파괴 또는 개변할 수 있을 뿐만 아니라 인류의 경제활동에 중대한 영향을 미친다.…… 선사 사회는 생산력의 저하로 인류는 홍수의 침습에 저항할 능력이 없어 당시에는 홍수가 쉽게 재해를 일으켰을 뿐 아니라 왕왕 재해 상황이 엄중했다.…… 비정상적인 홍수가 질 때에는 급속하게 불어나는 홍수가…… 인류의 보금자리와 전답을 휩쓸어 버림으로써 선사 인류에게 거대한 재난을 가져다 줄 수 있다.[208]

가옥의 매몰과 취락의 함몰은 삶의 터전을 옮기지 않는 한, 그곳에서 다시 생존을 시도할 경우 재건이 필요할 수밖에 없음을 의미하기도 한다. 하지만 홍수의 재난에서 구사일생으로 살아남아 몸뚱이 하나

---

208 夏正楷著. 『环境考古学：理论与实践』. 北京大学出版社. 2012. 9. p.186. p.187. p.191. p.195.

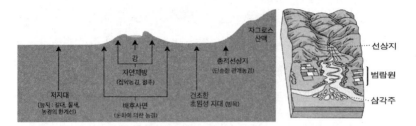

| **사진 33** | 메소포타미아 양강 단면 지형도(좌)와 강 하류 평야의 범람원(우)

강바닥이 낮은 충적평야에서 농경을 해야만 하는 신석기시대의 메소포타미아에서 경작지와 취락은 하천이 범람하면 피해를 입을 수밖에 없는 지형이다. 홍수가 지면 마을과 가옥은 물에 휩쓸려가고 폐허가 된다.

도 지탱하지 못할 만큼 바닥까지 탈진한 소수의 여성에게는 가옥을 재건할 만한 여력이라고는 털끝만큼도 없었을 것이다. 아직도 석기나 목기 또는 토기밖에 없었던 당시에 가옥 한 채를 짓는다는 것이 얼마나 어려운 일인가를 한 번만 살펴보면 집을 짓는 일이 여성에게 얼마나 불가능한 작업인가를 어렵지 않게 이해가 될 것이다.

1956년 덴마크 고고학자는 기원전 3000년의 한 곳의 신석기시대의 가옥을 다시 짓는 실험을 진행했다. 고고학 발굴로 출토된 평면도 설계에 따라 목조 골조의 흙벽과 초가 이엉의 장방형 가옥 한 채를 지었다. 기둥구멍이 제공하는 유력한 증거에서 나타나듯이 가옥의 기둥은 땅속의 기둥구멍이나 돌로 채운 집 기초에 묻었다. 벽체는 버들가지로 골격을 엮은 후 흙을 발랐다. 그런 다음 앞뒤 면을 평평하게 꾸몄다. 면적이 15×6평방미터의 가옥을 짓는데 아주 많은 재료가 필요했다. 9톤의 진흙이 포함되는데 마른 풀과 물을 혼합한 후 발과 손으로 그것을 반죽했다. 벽체의 골조로 사용된 재료는 대략 2000개의 버드나무와 개암나무 가지가 수요되었으며 벽기둥, 대들보와 서까래에 사용된 원목은 대략 70여 대가 들었다. 서까래의 길이는 4m이고 기타 목재의 길이는 2.5m였다. 이 밖에도 또 약 100개의 지붕에 사용된 재료가 필요했는데 이것들은 220단의 갈대와 등심초로 만들었다. 이런 가옥을 짓는데 12명이 열흘 동안 작업해야 했다. 그러나 건축 재료를 수집, 준비하는데 150일의 작업이 필요했다. 따라서 만일 십여 명이면 두 주일 안에 가옥을 지을 수 있었다. 만일 4~5명의 가족이 노동한다면, 먹잇감과 거처 준비는 5주일이 필요하다.[209]

　　반면 여성에 비해 재난에서 더 많이 살아남았을 뿐만 아니라 힘도 강한 남성들에게는 가옥의 재건이 가능했다. 게다가 재목은 수몰된 원래의 가옥에 사용되었던 것을 진흙 속에서 파내 쓰면 재료를 수집하고 준비하는 시일과 노동력을 줄일 수 있었을 것이다. 물론 흙에 묻힌 재목을 파내는 작업은 여성의 힘으로는 감당하기 어려운 것이었다. 그리고 그 재목을 다시 세우고 벽을 쌓고 지붕을 얹어야 하는 체력노동이 필요했다. 남자들은 그들의 천성적인 체력으로 그것을 해냈으며 가옥을 다시 일떠세웠다. 자신의 손으로 일떠세운 이 집은 그전까지 공동소유

209　陈淳编著.『考古学理论』. 复旦大学出版社. 2004. 8. p.217.

제였던 신석기시대에 처음으로 탄생한 역사적인 개인재산이었다. 뿐만 아니라 홀로 흉흉한 홍수 속에서 목숨을 걸고 건져내고 흙 속을 뒤져 힘들게 획득한 곡물과 도구들도 개인의 소유가 되었다. 그것은 인류역사에서 가장 처음으로 되는 재산의 개인 소유였으며 이른바 재부의 축적 사건이었다. 아쉽게도 여성은 신체상 한계로 인해 이 재산축적활동에서 소외될 수밖에 없었다.

홍수에서 권력이며 가옥이며 가졌던 모든 것을 잃고 목숨 하나만 달랑 건진, 몇 안 되는 가련한 여성, 혹심한 기아와 굶주림과 온역에 노출된 여성은 죽음의 문턱에서 어쩔 수 없이 남성이 세우고 곡물을 마련해 둔 집을 찾아 목숨을 구걸하는 것이 그들이 취할 수 있는 유일한 선택이었다. 여성은 자연재해에 직면하여 타고난 체력의 열세 하나 때문에 남성에게 모든 것을 빼앗기고 백수가 된 채 비굴하게 빌붙어서 목숨을 부지해야만 하는 처량한 신세가 되고 만 것이다. 여성의 입장에서 볼 때 더구나 억울한 것은 아마도 그 몇 번의 반복된 홍수로 인해 수천 년이라는 오랜 세월 동안 가혹한 불행을 멍에처럼 짊어지고 살아야 하는 숙명이 되었다는 역사적인 사실일 것이다.

그 사건으로 인해 여성이 지배하고 견인하던 강력한 모권제는 전복되고 부권제가 권력을 대체했으며 남성에 의해 재산은 개인 소유가 되고 축적되면서 남계에 의해 계승되고 상속되기 시작했다. 여성은 역사무대의 전면에서 배후로 물러나 가정의 일꾼으로, 성노예로 또는 출산의 도구로 전락하면서 근대에 이르기까지 실로 장구한 세월 동안 줄곧 내리막길을 걸어야만 했다.

메소포타미아의 충적평야에서 홍수에 의해 붕괴된 모권제와 새롭게 부상한 부권제도는 우바이드문화와 만나며 신속하게 주변 지역으로 전파되기 시작했다. 북쪽으로는 양강유역 북부와 아나톨리아, 서쪽으로는 레반트 지역 그리고 동쪽으로는 이란, 남쪽으로는 페르시아만 부근에 이르기까지 서남아시아 전역으로 급속하게 확산되었다.

사방을 향한 우바이드문화의 전파 범위가 큰 것은 선사문화에서는 보기 드문 것으로 이는 이 문화의 실력을 충분하게 설명한다. 그러나 그것의 전파 목적은 무엇인가? 충적평야는 비록 풍부한 수자원과 비옥한 충적토양이 있고 농업 수준이 기타 문화보다 높지만 이곳에는 건축목재, 금속원료와 장식품을 제작하는 귀중한 보석이 부족하다. 그런데 농업 잉여물이 많을수록 사회는 갈수록 발전하고 이러한 원료에 대한 수요는 갈수록 절박해진다. 양강 남부의 외부로의 전파의 중점은 바로 자원이 풍부한 양강 북단과 이란 서남부이며 따라서 우바이드문화의 대외연계는 주로 이런 자원을 획득하기 위한 것이었다. 남부의 고고학 발견은 갈수록 명확하게 이 점을 증명하고 있다.[210]

이 제도의 확산과 전파에 이처럼 유례없는 가속도가 붙은 것은 보다시피 금속 즉 구리원산지를 확보하기 위한 우바이드문화의 식민지정

---

210   杨建华著. 『两河流域史前时代』. 吉林大学出版社. 1993年 5月. p.178.

책을 등에 업은 덕분이었다고 할 수 있다. 당시 우바이드는 새로운 문화—청동기문화를 수용하기 위해 주변의 구리광산을 향해 재빠르게 식민지를 개척해나가고 있었다. 그러한 수요와 맞물려 주변 지역과 연결되는 교통도 동시에 발달했다. 이 물결을 타고 새롭게 부상한 부권제는 재빨리 범세계적으로 보편화되었던 것이다. 이것이야말로 필자가 밝혀낸, 어느 날 느닷없이 모권제가 붕괴되고 부권제가 산생했다는, 엉뚱한 베일에 감춰졌던 비밀이다.

2장

:

가옥과 가족 그리고 여성

1) 가사노동과 여성의 지위

ㄱ. 새로운 여성 공간 부엌

① 부엌과 여성의 몰락

우바이드문화 생성 이전의 메소포타미아 북부유적에서 나타나는 방형가옥은 부권제의 대두로 인한 모권제의 몰락을 의미하기보다는 대충돌 이후 신석기 초반 여성의 출산열풍과 농업으로 인한 인구 급증 특히 남성 인구 증폭을 충족시키기 위한 건축 상에서의 시기적절한 대응에서 출발한 변화였다고 보는 것이 타당할 것이다. 실내 주거 인원이 1~2명으로 제한된 기존의 원형가옥으로는 팽배한 인구를 수용할 수 없어 주거 인원이 3~4명으로 확장된 방형가옥으로 수용 난제를 해결했던 것이다. "방형가옥은 일반적으로 가족단위의 반영이다. 면적은 25에

| **사진 34** | 원형가옥·방형가옥과 부엌의 야외설치와 실내 설치

원형가옥(넴리크Nemrik유적-상좌), 원형·방형 혼합가옥(아라파치아Arpachiyah유적-상우) 그리고 방형가옥(할라프유적-하좌, 초가 마미Choga Mami유적-하우)에서 전자의 경우 보통 취사시설은 야외에 설치되고 후자의 경우 실내에 설치된다. 하지만 방형가옥이 등장한 후에도 실내에 부엌이 설치되는 경우가 많아 부엌에 의한 여성의 몰락에 이르기까지는 상당한 시간이 필요했음을 암시한다.

서 35평방미터이고 3명에서 4명의 식구가 거주할"[211] 수 있음으로 원형가옥보다 수용 인원이 늘어날 뿐만 아니라 외곽으로 방을 추가·확대할 수도 있어 수용 인원을 더 확대할 수 있다. 그러나 필자는 메소포타미아 북부 지역에서 원형가옥과 함께 나타난 방형가옥이 처음부터 가족단위의 반영이었다고는 생각하지 않는다. 그 이유는 가족단위를 반영한 우바이드문화에서의 방형가옥이 폐쇄 형식이었던 반면 북부의 이 시기 방

211　陈淳編著. 『考古学理论』. 复旦大学出版社. 2004年 8月. pp. 185~186.

신석기시대
세계 여성사

형가옥은 개방 형식을 취하고 있다는 점에서 유추할 수 있기 때문이다.

　　양강유역 선사시대의 다간 가옥의 발전은 대체로 두 개 단계로
　　나뉜다. 제1단계는 다간 개방식 구조로 움다바지아문화와 하수
　　나문화가 대표적이다. 하수나유적의 1C층의 건축을 예로 들면
　　매개 건물은 죄다 3개의 방으로 구성되었다. 한 칸은 문이 없는
　　방으로 가능한 한 저장에 사용할 수가 있다. 다른 두 개의 방은
　　각각 밖으로 향한 문이 하나씩 있고 방 사이에는 통로가 없다.
　　일반적으로 한 건물의 면적은 20~30제곱미터다.…… 두 번째
　　단계는 다간 폐쇄식 구조로 사마라문화와 우바이드문화가 대표
　　적이다. 연대가 조금 이른 사마라문화의 가옥은 전반적으로 "T"
　　자형이다. 소완Sawwan유적의 제3층에서 드러난 완전한 취락에
　　는 담장이 있고 담장 안에는 9500제곱미터의 면적에 모두 15개
　　의 건물이 있다. 매 건물의 면적은 100제곱미터에 가깝다. 한 건
　　물에는 밖으로 향한 하나 또는 두 개의 대문이 있으며 건물 내 각
　　방 사이에는 문으로 통한다.[212]

　　원형가옥은 건물 자체의 규모가 작아 실내에 부엌을 설치할 공간
이 협소하다. 따라서 부뚜막 혹은 취사시설을 마을의 마당이나 광장에

---

212 『古代文明 第3卷』「史前房屋布局变化的比较及其意义」 杨建华. 阿瑟·罗恩. 文
　　物出版社. 2014. 12. pp.40~41.

설치할 수밖에 없었을 것이다. "최초에 사람들은 내부에 기둥 외에는 별다른 실내구조물이 없는 자그만 반원형건물에서 살았으며 이들 집에서 출토된 유물로 보아 일상생활(취침, 도구제작, 음식의 준비와 식사 등)의 많은 활동들이 같은 실내공간에서 이루어졌다."[213]고 하지만 농업이 시작되고 취락이 일어서며 공동생활 인구가 늘어나면서 좁은 가옥 내의 개별적인 취사는 사실상 어려웠을 것으로 추정된다. 실제로 초기 방형 가옥이 나타난 뒤에도 취사 장소 또는 부뚜막이 노천 즉 마당 한가운데 공지에 설치된 사례가 보인다.

> 알리코스Alikosh유적의 인구는 100명 정도다. 사람들은 다간 방형가옥에서 살았다.…… 부엌은 모두 마당에 자리했다.[214]

> 야림 테페 I 의 6호 건물 남쪽은 매 건물 내부마다 죄다 마당이 있으며 부엌은 흔히 마당에 설치한다. 부근에는 또한 땅에 박아 넣은 맷돌도 있는데 이는 같은 지붕 아래의 사람들은 "한솥밥"을 먹는 하나의 공동 소비 단위임을 설명한다.[215]

> 초가·마미Choga Mami유적 건축은 전반적으로 거의 방형을 나타낸다.…… 어떤 마당에서는 4개의 부엌이 발견되었다.[216]

---

213 로버트 웬키 지음. 안승모 옮김. 『선사문화의 패턴 Ⅰ』. 서경. 2003년 11월. pp.354~355.
214 楊建華著. 『兩河流域史前時代』. 吉林大学出版社. 1993年 5月. p.29.
215 楊建華著. 『兩河流域史前時代』. 吉林大学出版社. 1993年 5月. p.75.
216 楊建華著. 『兩河流域史前時代』. 吉林大学出版社. 1993年 5月. p.92.

하지·무함마드Hajji Muhammad시기(B.C 4900년~4500년)의 주거용
가옥은 북쪽에서 발견되는데 아미야Amiyah유적과 아바다Abada
유적이다. 라미아 가옥은 마당을 중심으로 주위에 약간의 방들
이 있다. 방 면적은 일반적으로 3×2m이며 방 안에는 토기, 물레
바퀴와 수석기燧石器가 있다. 방 밖에서는 흔히 원형 부뚜막이
발견된다.[217]

　　신석기 초반 노천 취사 활동은 여성들의 자원에 의한 자율적인 노
동이었으며 가족이 아닌 집단의 화식을 준비하는 공공노동이었을 뿐만
아니라 이때의 여성은 분배권도 함께 가지고 있었다는 점이 이 시기 취
사의 특징이라고 단정할 수 있다. 모두가 취사 행위에 참여하고 한솥밥
을 먹었다. 하지만 가옥과 취락 그리고 새로운 활동공간—취사공간은
여성에게 권력을 선사했지만 궁극적으로는 그것 때문에 불운의 바닥없
는 나락으로 추락하게 된다. 취사형식이 야외시설에서 가옥 내부의 부
속시설로 전환하면서 여성의 타락도 덩달아 가속화되었다고 할 수 있
다. 방형가옥의 보편화와 함께 부뚜막의 실내 전환이 본격화됨은 메소
포타미아의 여러 유적들의 발견을 통해 입증된다.

　　움다바지아문화의 가옥은 한 채의 방형 다간 건물이다. 일반적
으로 거실 하나와 주방과 하나 또는 두 칸의 창고 또는 기타 용도

217　杨建华著.『两河流域史前时代』. 吉林大学出版社. 1993年 5月. pp.146~147.

의 방으로 조성된다.…… 주방에는 부뚜막과 굴뚝이 있다. 주방 안의 부엌은 벽 밑의 거실 통로 안에 벽난로로 형성되어 있다.

소가마미Choga Mami유적 건축은 전반적으로 거의 방형을 나타낸다.…… 대형 방은 건물 내의 공공 마당 또는 당실로 안에 부엌(부뚜막)이 딸린 밥 짓는 공간이다.

할라프문화의 바나힐크Banahilk유적 아래 부분의 9~11층은 장방형 진흙 건물이다. 방 안에는 원형 부뚜막과 잿더미가 있고 수많은 생활 용구와 폐기물도 있다.

우바이드문화시기, 에리두시기 가옥은 방형이며 네 귀가 정방형을 이룬다.…… 방 남쪽에 직경 1.3m 되는 아궁이 하나가 있고 안에는 대량의 재가 있다. [218]

사마라문화의 가옥은 전반적으로 "T"자형이다. 소안Sawwan유적의 가장 큰 방 안에는 하나의 부엌이 있다.…… 뿐만 아니라 항상 부엌이 있으며 거의 대청 수준 또는 별채이다.…… 전체 건물의 대형 방은 밥을 짓는 공간이다. [219]

부엌은 노지화덕에서 실내화덕으로 굴절되면서 여성의 활동공간을 좁혀왔다. 구석기시대 조리시설은 가옥(당시는 동굴)과 동떨어진 야

218 杨建华著. 『两河流域史前时代』. 吉林大学出版社. 1993年 5月. p.53. p.93. p.104. p.106. p.146. pp.41~42.
219 『古代文明 第3卷』. 『史前房屋布局变化的比较及其意义』. 杨建华. 阿瑟·罗恩. 文物出版社. 2014. 12. pp.41~42.

신석기시대
세계 여성사

| **사진 35** | 구석기시대 인류의 야외에서의 남녀 공동취사와 식사

구석기시대의 야외 취사는 남녀가 공동으로 참여했다. 그리하여 부엌노동은 여성에게만 부과되는 억압이 아니었다. 노동은 자유로웠을 뿐만 아니라 일정한 분배권도 누렸다. 그러나 신석기시대 중·후반 부엌이 방형가옥의 실내에 부속시설로 설치되면서 부엌일은 여성의 전담이 되었으며 여성의 활동공간을 상대적으로 위축시켰다.

외에 간이시설로 설치됨으로써 외부형태를 지님과 동시에 여성의 활동공간을 위축시키지 않았다. 그런데 신석기시대에 들어와 부엌은 취락의 중심인 가옥의 마당에 붙박이 독립시설로 설치되면서 과도기 내부형태를 띠기 시작한다. 여전히 조리작업은 자율적인 단체노동이었으며 공간도 상대적으로 넓은 편이었다. 그러나 방형가옥과 가족이 형성되면서 부엌은 폐쇄적인 내부형태로 바뀌었으며 가옥의 실내 부속시설로 고정됨과 동시에 남편과 가족을 공양하는 여성 개인의 책임노동으로 전환된다. 그리하여 여성의 가내활동장소는 부엌이라는 협소한 공간에 위축될 수밖에 없는 상황이 발생하게 된다.

② 조리와 여성 활동공간·시간의 위축

구석기시대의 화식·조리작업은 남녀 공동 참여로 진행되었다. 물론 남자들이 수렵 때문에 밖에 나가 있는 시간이 많고 여자들은 임신·육아 등으로 인해 캠프에 머무는 시간이 많아 대부분의 화식노동을 담당했지만 사냥감을 잡아와 고기를 불에 구워 익히는 작업을 할 때에는 남자들도 조리활동에 동참했기 때문이다. 말할 것도 없이 캠프 주변에서 채집한 견과류 등 식물성 식재료를 조리할 때에는 여성들이 작업을 맡았다. 그러나 신석기시대에 진입하며 농업생산물이 식량 내원의 주류가 되면서 상대적으로 수렵활동이 위축되었고 남성은 점차 조리노동에서 해방되고 여성이 전담하는 방향으로 전환되었다. 이러한 상황은 여성의 활동을 출산·육아 외에 음식물 조리와도 직결시킴으로써 그들의 장래 운명을 결정하는 데 결정적인 영향을 미치게 된다.

처음에는 그저 불 위에 고기를 던져 구웠을 것이고, 그 후에 땅을 파고 숯을 놓아 그 위에 재료를 올린 후 흙으로 덮어 서서히 익혀 내는 구덩이조리법이 뒤따랐을 것이다. 이 방법은 오븐처럼 열효율이 높으면서도 시커멓게 타지 않아 맛도 좋은 더 세련된 방법이었다. 그러다가 오늘날의 바비큐같이 고기를 날카로운 창에 꽂아서 불 위에 매달아 놓고 슬슬 돌려가면서 익히는 꼬치구이 조리법이 발달했는데, 이것은 불길이 직접 닿지 않기 때문에 타지 않으면서도 연기와 열기를 쐬어 맛도 훌륭했다. 또 날카로운 고기를 잘게 잘라서 빨리 익도록 손질할 수도 있었고, 거북의 등 껍데기나 대게 같은 갑각류 껍데기 아니면 동물의 가죽 속에 잘 게 썬 식재료를 넣고 물을 부어 끓여낼 수도 있었다.[220]

1927년에 기록된, 오스트레일리아 중부 지역 아란다족의 전형적 인 조리과정을 보면, 땅에 구멍을 파고 마른 나무더미로 채운 뒤 그 위에 열을 받아도 깨지지 않는 종류의 커다란 돌들을 올려놓 았다. 주로 먼 곳에서 운반해온 둥글넓적한 강돌을 썼다. 돌들이 빨갛게 달아올라 불 속으로 떨어지면 막대기로 끄집어내고 재를 제거한 뒤 뜨거운 돌들을 다시 제자리에 놓고 녹색 잎으로 층층 이 덮었다. 요리를 한 사람들은 이 위에 고기를 올려놓을 때 육 즙이 빠져나가지 않도록 잎으로 감싸는 것을 선호했다. 때로는 뿌리채소와 같은 식물성 양식을 먼저 올려놓은 다음 그 위에 고 기를 놓기도 했다. 이 위에 녹색 잎을 더 올려놓았으며 때에 따 라서는 바구니로 덮어두었다. 그런 다음 물을 붓고 맛을 내기 위 해 향료식물을 넣기도 했다. 마지막으로 그 위에 흙을 한 겹 덮 어서 수증기가 빠져나가지 않도록 했다. 그 상태대로 1시간 이 상 지나면(밤새도록 놔둘 때도 있다.) 고기와 채소는 먹기 좋은 상 태가 됐다. 고기는 잎이 무성한 나뭇가지 위에 올려놓은 뒤 칼로

---

220   린다 시비텔로 지음. 최정희 등 옮김. 『음식에 담긴 문화 요리에 담긴 역사』. 대가. 2011 년 11월. p.38.

저며서 먹었다.[221]

　구석기시대에 행해진 이러한 육류조리법은 그 과정이 복잡하고 위험하여 여성에게는 적합하지 않았을 것이며 당연히 남자의 몫이 되었을 것으로 추정된다. "털을 먼저 태워서 제거한 후 불 위에 올려놓아서 굽거나"[222] "물이 새지 않는 바구니나 가죽을 촘촘히 댄 구덩이에 물을 넣고 화덕에서 불에 구워진 돌을 집게로 꺼내어 물에 집어넣어 끓이는"[223] 복잡하고 힘들며 위험한 육류조리는 남자만이 할 수 있는 작업이기에 이 시기에는 남성도 조리노동에 참여했음을 의미한다. 적어도 "남성이 직접 고기를 조리하는 것을 좋아하는 경우거나" "여성이 없을 때 또는 의식행사가 있을 때만이라도 남자들은 요리"[224]나 조리노동에 참여했던 것이다. 물론 구석기시대에도 조리노동은 주로 여성의 몫이었다. 채집한 식물성 식량을 조리하는 노동은 여성의 체력에 적합했기 때문이다.

　아프리카 칼라하리 사막의 쿵족은 주요 식량인 친tsin콩을 뜨거운 재 속에 묻어서 익힌다. …… 쿵족은 견과류를 불에서 숯을

221　리처드 랭엄 지음. 조현옥 옮김. 『요리 본능』. 사이언스북스. 2011년 10월. pp.163~164.
222　리처드 랭엄 지음. 조현옥 옮김. 『요리 본능』. 사이언스북스. 2011년 10월. p.162.
223　로버트 켈리 지음. 성춘택 옮김. 『수렵채집사회(고고학과 인류학)』. 사회평론아카데미. 2014년 12월. pp.147~148.
224　리처드 랭엄 지음. 조현옥 옮김. 『요리 본능』. 사이언스북스. 2011년 10월. pp.192~210.

꺼내 뜨거운 마른 모래와 섞는다. 그러고
는 다량의 열매를 그 속에 묻어두는데 이
때 열매가 타고 있는 숯에 직접 닿지 않도
록 한다. 2~3분 지나면 열매가 골고루 익
도록 숯 모래 더미를 뒤적여 주고, 필요에
따라 숯을 더 넣는다.

| 사진 36 | 쿵족 여인

오스트레일리아 부족들이 풀 등의 작은 씨
로 빵과 비슷한 댐퍼damper라는 음식을 만
들던 과정을 보자. 먼저 여자들이 식물을
모아서 쌓아 두면 씨가 떨어져서 바닥에 모였다. 이를 밟고 두드
리고 손바닥 사이에서 비벼 타작한 뒤, 나무껍질로 만든 긴 접시
로 씨를 까부른 다음 갈아서 반죽을 만들었다. 그대로 먹기도 했
지만 뜨거운 재 속에 넣어 익혀 먹는 경우가 더 많았다.[225]

　　한편 "불에 올려도 될 만큼 튼튼한 진흙으로 만든 냄비는 기원전
5000년쯤에 만들어지기 시작하였다. 이로써 더 다양한 조리법이 개발
되기 시작"[226]하면서 여성이 조리 분야에서 차지하는 비중이 늘어났다.
그중의 하나가 와인양조이다. "고대인의 거주지에서 발굴되는 진흙 술

225　리처드 랭엄 지음. 조현옥 옮김. 『요리 본능』 사이언스북스. 2011년 10월. p.162. p.174.
　　　p.181.
226　린다 시비텔로 지음. 최정희 등 옮김. 『음식에 담긴 문화 요리에 담긴 역사』 대가. 2011
　　　년 11월. p.38.

병들의 바닥에는 타르타르산이 가라앉아 있으며 이 물질은 와인이 증발하고 남은 찌꺼기로 이를 통해 우리는 고대인이 얼마나 오래전부터 와인을 마셨는지 알 수 있다."[227] 조리 또는 요리노동에서 여성이 차지하는 비중이 늘어남과 동시에 신석기시대에 들어와서는 남성은 아예 배제되고 조리노동은 여성의 몸에 집중되기 시작했다. "공동체를 위한 음식의 마련은 여성의 몫이었을 것이고, 그런 역할을 통해서 여성의 지위는 상승"[228]되었을 것으로 추정된다. 그러나 농경 초·중반까지도 자율적인 공동노동이었을 뿐만 아니라 분배권도 장악하며 지위상승이 이루어졌지만 중·후반부터 조리노동은 점차 여성을 남성에게 복속시키고 활동공간을 위축시키는 방향으로 전락되었다.

> 여성이 남성을 위해 요리하는 경향이 있다는 것은 분명한 사실이다.…… 요리는 다른 어떤 활동보다도 크게(식물성 식량을 준비하거나 물을 길어 오는 행위와 비교해도 조금 더) 여성의 몫으로 치부되었다. 연구 대상이 되었던 사회의 97.8퍼센트에서 요리는 거의 독점적으로 여성의 몫이었다.
> 세계 전역에서 볼 수 있는 이러한 양상은 영어에도 반영되어 있어, 귀부인Lady이라는 말은 '빵을 반죽하는 사람'이라는 뜻의

---

227 린다 시비텔로 지음. 최정희 등 옮김. 『음식에 담긴 문화 요리에 담긴 역사』. 대가. 2011 년 11월. p.39.

228 고든 차일드 지음. 김성태 외 옮김. 『신석기혁명과 도시혁명』. 주류성출판사. 2013년 1 월. p.151.

blqaefdige라는 중세영어에서 파생되었고, 남자 귀족lord이라는 말은 '빵을 가지는 사람'이라는 뜻의 blaefweard에서 유래했다.[229]

여성의 조리 전문화는 비단 그들의 활동 범위를 축소시켰을 뿐만 아니라 활동시간도 요리에만 지나치게 묶어버리는 부정적인 결과를 초래했다. 오스트레일리아 부족들이 빵과 비슷한 댐퍼damper를 조리하는 데 "하루가 넘게 걸릴 수도 있었지만 여자들은 열심히 일했다. 자신들이 장만하는 기본 식품에 아이들과 남편들이 의존하고 있기 때문"[230]이었다. 북극의 이누이트부족은 "바다표범기름으로 불을 지펴 요리를 하려면 시간이 많이 걸리기 때문에 여자들은 오후 내내 요리를 해야 하는 경우도 종종 있었다."[231]고 한다. 이리하여 여성은 자신들이 개척한 농업과 가옥으로 인해 삶을 밖에서는 농사일, 가내에서는 협소한 부엌에 묶어둘 수밖에 없는 궁지에 빠지게 된 것이다. 그 밖에도 여성은 용기제작, 편직노동의 중임을 짊어져야 했을 뿐만 아니라 출산과 육아까지 도맡아야 하면서 철저하게 가족의 종, 남자의 부속물로 타락하게 된다.

---

229 리처드 랭엄 지음. 조현욱 옮김. 『요리 본능』. 사이언스북스. 2011년 10월. p.192. pp.196~197.

230 리처드 랭엄 지음. 조현욱 옮김. 『요리 본능』. 사이언스북스. 2011년 10월. p.181.

231 리처드 랭엄 지음. 조현욱 옮김. 『요리 본능』. 사이언스북스. 2011년 10월. p.209.

③ 용기와 여성의 몰락

구석기시대의 수렵·채집민이 사용한 그릇(용기)은 주로 석기, 골기와 같이 견고하거나 무거운 것들이었으며 여기에 혁기(가죽용기) 목기(호로병 외에는 고체음식물을 담는 데 사용)들이었다. 돌솥, 돌사발, 뼈사발, 뼈숟가락 등은 재질이 견고하여 제조과정이 위험하고 힘이 들어 가공할 경우 남자들의 일감으로 할당될 수밖에 없었다. 가죽용기도 피혁의 내원이 수렵과 연관된 것이어서 용기취득에 남자들이 참여했을 가능성을 배제할 수 없다. 다만 넝쿨·수피·잡풀(갈대 따위) 등 식물성 재료를 이용한 용기 제작에서만 여성들의 몫이 할당되었다. 환언하면 구석기시대 용기 제작은 남녀 공동의 노동에 의해 진행되었다고 할 수 있다. 그러나 농업이 시작된 신석기시대에 진입한 뒤로는 용기 제작의 주체가 여성만의 고유한 노동으로 급속하게 전환되었다. 남성이 용기 제작 노동에서 제외되고 여성에게만 일방적으로 집중된 이유는 단 하나 농업의 근본인 흙의 대량 사용이었다. 여성이 담당했던 기존의 식물성 재료를 사용한 용기 제작은 진흙이 추가되어 위험성이 제거되었을 뿐만 아니라 작업 과정이 훨씬 용이하고 수의적이 되면서 여성에게 적합한 전문노동분야로 정착하게 되었던 것이다. 따라서 남성들이 제작하던 석기는 기피되고 골기사용도 위축되고 진흙용기가 보편화되기 시작했다. 식물성 재료와 진흙을 접합한 그릇은 크기는 물론이고 모양도 필요에 따라 마음대로 제작할 가능성이 열렸으며 또한 기존의 식물성 재료로 만든 그릇으로는 불가능했던 액체 식자재도 담을 수 있게 되었다. 토기 항아리는 기원전 8000년에 이미 나타났으며 우바이드문화에 이르러 흙의 사용은 용기 제작을 초월하여 농기구와 장신구에서까지 나타난다.

돌이 귀한 하부 메소포타미아에서는 무거운 농사도구와 일부 장
신구를 제외하면 돌이 거의 사용되지 않았다. 다른 것은 모두 구
운흙으로 만들었다. 그중에 끝부분이 굽은 커다란 못 형태의 물
건이 있었다. 이 시대에만 발견되는 독특한 유물로서 소형 분쇄
기 역할을 한 것 같다. 부메랑처럼 생겼고 역청으로 붙여 놓은
부싯돌 날을 갖춘 낫, 방적기의 방추용 원반, 어부들이 사용한 그
물추, 투석, 그리고 도끼, 손도끼, 칼의 틀도 구운흙으로 제조되
었다.[232]

돌이 일부 농사도구와 장신구 외에는 거의 사용되지 않았다는 사
실은 수렵·채집 시절 이 분야에서 두드러졌던 남성의 역할이 위축되었
음을 의미한다. 메소포타미아의 양강유역 황토지대에서 석재를 구하기
가 어려운 것도 있겠지만 그보다도 흙에 의존하는 농업환경에서 흙의
애용은 당연한 것이었다. 농업시대의 여성들은 곡물을 "음식으로 가공
하는 데 필요한 적절한 도구를 고안해야 했다."[233] 그들은 창의력을 발
휘하여 수렵·채집 시절에도 만들었던, 식물성 재료를 이용한 바구니 안
쪽 바닥에 진흙을 발라 솥이나 냄비로 사용했다. 액체를 넣어 끓일 수

---

232   조르주 루(Georges Roux) 지음. 김유기 옮김. 『메소포타미아의 역사 1』. 한국문화사.
      2013년 12월. pp. 66~80.
233   고든 차일드 지음. 고일홍 옮김. 『인류사의 사건들』. 한길사. 2011년 10월. p. 106.

있는 솥이나 냄비가 나타나면서 음식물 조리작업은 더욱 간편하고 효율적이 되었으며 조리방법도 개발되면서 전반적으로 발전했다.

> 불에 올려도 될 만큼 튼튼한 진흙으로 만든 냄비는 기원전 5000년쯤에 만들어지기 시작하였다. 이로써 더 다양한 조리법이 개발되기 시작했다.[234]

> 국을 끓일 때에는 아주 뜨거운 자갈을 원형이나 타원형 대야에 넣어서 물을 끓였는데, 이런 대야들이 지표 아주 가까이에서 발견되었고 현장에 있는 구운흙으로 뒤덮여 있었다.[235]

> 토기를 사용하기 이전에는 음식을 끓이는 것은 진흙을 입힌 바구니에서 간단하게 하든가, 가죽을 깐 땅의 웅덩이ground cavities에서 불에 달군 돌을 가지고 하던 것이 고작이었다.[236]

토기가 제작되기 시작한 뒤로는 조리작업이 더욱 쉬워졌으며 조리방법도 개발됨으로써 여성의 노동시간과 강도 그리고 전문화도 덩달아 강화될 수밖에 없었다. 토기는 여성이 만들었을 뿐만 아니라 조리도구로도 광범하게 제작·사용되었기 때문이다. 여성은 시간이 흐를수록

---

234 런다 시비텔로 지음. 최정희 등 옮김. 『음식에 담긴 문화 요리에 담긴 역사』. 대가. 2011년 11월. p. 28.
235 조르주 루 지음. 김유기 옮김. 『메소포타미아의 역사 1』. 한국문화사. 2013년 12월. p. 58.
236 모오건 지음. 崔達坤·鄭東鎬 공역. 『古代社會』. 玄岩社. 1979년 5월. p. 30.

| 사진 37 | 7000년 전 토기 그릇(대영
박물관)

7000년 전 인류는 아마도 진흙을 구워 제작한
이런 토제 냄비 또는 솥 따위에 음식물을 조리
했을 것으로 추정된다. 물론 토기 이전에 사용
했던 진흙을 입힌 바구니도 돌을 달구어 음식
을 끓이는 남성조리작업과는 달리 여성과 연관
성이 있다.

저도 모르는 사이에 스스로를 조리노동에 단단하게 얽어매기 시작했
다. 한편 석기 사용의 위축과 함께 남자들은 아무 힘도 들이지 않고 번
다하고 한없이 시간을 잡아먹는 조리노동에서 도피하며 가내노동의 억
압에서 해방되었다. 한마디로 농업과 가옥문화는 여성에게 영광과 혜
택을 주었고 인류역사를 문명의 궤도에 올려 세우는 업적을 이루게 했
지만 다른 한편으로 흙과 가옥문화는 여성을 블랙홀처럼 그 수렁 안으
로 빨아들여 기득권을 몰락시키는 주범이 되기도 했다. 그런 추락의 가
속화에는 토기로 제작된 용기도 한몫했다.

　토기의 제작은 신석기 공동체의 일반적인 특징이라 할 수 있다.⋯⋯ 물이 새지 않게 진흙을 잔뜩 바른 바구니가 우연하게 불에 구워지는 현상을 본 후, 토기를 발견하였을 수도 있다.⋯⋯ 토기가 다량으로 제작된 시기는 신석기시대이다. 일반적으로 신석기 유적에는 깨진 토기 편들이 여기저기 널려 있다.

특히 대형 용기, 목 달린 병, 주전자 등과 같은 그릇을 제작코자 할 경우에는, 상기와 같은 단순한 방법으로는 불가능하다. 용기들은 태토를 쌓아 올려야만 만들 수 있다.⋯⋯ 용기의 바닥면을 먼저 만든 다음에 적당한 지름의 진흙 테를 미리 준비해 둔 다음, 그중 한 개를 바닥면에 붙이고, 그 위에 다른 테를 올려붙였다.⋯⋯ 진흙 테 한 개를 올리고는 그것이 적당히 마를 때까지 작업을 중단해야만 한다. 이런 과정을 거치다 보니 단순한 형태의 대형 용기라 해도 그 제작에는 수일日이 걸렸다.[237]

구형 도자기 중에는 거칠고 투박한 진흙을 사용해 둥근 모양이나 서양 배 모양으로 만든 큰 항아리, 굽는 방식에 따라 천연 양털 색부터 검은색까지 다양한 색이 있으며 돌이나 뼈를 이용해 다듬은 매우 섬세한 질감의 사발, 그리고 같은 방식으로 다듬은 후 붉은빛 염료를 약간 사용하여 아주 단순한 무늬(선, 삼각형, 줄무늬, 바둑판무늬)로 장식한 짧고 곧은 목을 지닌 공 모양의 사발

---

237 고든 차일드 지음. 김성태외 옮김. 『신석기혁명과 도시혁명』 주류성출판사. 2013년 1월. pp. 136~140.

신석기시대
세계 여성사

과 항아리 등이 있었다.[238]

어떤 제품은 손으로 움직이는 느린 회전판(물레)으로 제작된 것이다. 주둥이와 손잡이가 최초로 나타난다. 특이하게 생긴 것으로는 덮개가 있는 사발, 바구니, 손잡이가 달린 항아리, 따르는 주둥이가 있는 "크림 사발", 그리고 관 모양의 긴 주둥이가 있고 몸체는 둥글고 불룩하며 바닥이 평평해 "거북이"이라 불리는 일종의 항아리가 있다.[239]

여성은 진흙을 빚어 냄비·사발·항아리·물병(술병) 등 여러 가지 토기 기명器皿들을 제작하여 음식물 조리와 식사에 제공했다. 조형이 쉬운 진흙으로 빚는 데다 우바이드시기에는 회전판까지 개발되면서 원하는 대로 제작할 수 있어 손잡이와 뚜껑까지 생산했을 뿐만 아니라 무늬와 색깔까지 추가하여 미관에도 신경을 쓰기에 이르렀다. 토기 그릇의 제작에서 여성이 보여준 이러한 전문적인 기술은 그들을 명실상부한 기물 제작의 수공업자로 자리매김하는데 일조했다.

이리하여 여성은 부엌과 연관된 모든 것 즉 음식 조리, 그릇 제작 등의 가사노동에서 남성을 철저히 배제하고 그들만이 완전히 장악하게 되었다. 그것은 전적으로 그들의 전문기술인 채집 또는 농업과 결부된

---

238 조르주 루(Georges Roux) 지음. 김유기 옮김. 『메소포타미아의 역사 1』 한국문화사. 2013년 12월. pp.66.

239 조르주 루(Georges Roux) 지음. 김유기 옮김. 『메소포타미아의 역사 1』 한국문화사. 2013년 12월. p.80.

흙의 문화에 의한 필연적인 결과였다. 결국 여성은 스스로 자신을 가옥 내에서도 부엌이라는 한정된 협소한 구석으로 몰아넣었고 조리와 용기 제작이라는 제한된 활동공간에 국한시켰다. 그것은 갈수록 여성의 운명을 불행한 밧줄로 옭아매는 폐쇄적 함정과 수렁이 되었다. 여성의 전성기는 취락과 가옥에서 부여받았지만 역으로 여성의 쇠퇴기는 그 가옥의 부대시설(부속시설)인 부엌과 그 안에서의 제한된 소극적 활동으로 인해 야기되기 시작했다고 할 수 있다.

ㄴ. 여성의 토기 제작

농업의 대두와 함께 신석기시대에 새롭게 등장한 토기 기물 생산은 유일하게 처음부터 남성이 배제된 상황에서 여성에 의해 개발되고 전담되었던 가내노동이었다. 뿐만 아니라 또한 특이하게도 토기 제조노동은 옹기가마의 출현과 함께 대량으로 구워 생산되면서 야외노동으로 전환됨과 동시에 남성들의 전문 작업으로 전환된 업종이다. 할라프 문화기(B.C. 4500년경~B.C. 4200년경)에 속하는 아르파치야Arpachiyah유적에는 "토기가마가 있고…… 재부는 바로 이러한 작업공방 안에서 생산"[240] 되었다. "기원전 4300년경에 이르면…… 대부분 건물은 주거용이거나 주거생활과 관련된 토기 요지窯址"[241]가 차지했다. 이러한 토기가마의 출현은 기술과 중노동에 속하는 야외 토목공사를 수반하는 남성작업의

---

240 楊建華著.『兩河流域史前時代』. 吉林大学出版社. 1993年 5月. p.108.
241 로버트 웬키 지음. 김승옥 옮김.『선사문화의 패턴 II』. 서경. 2004년 2월. p.107.

개입을 암시한다. 이렇듯 토기 제작이 가옥과 부엌에서 수행된 여느 가내노동과는 다른 발전 단계를 거친다는 점이 주목된다. 조리, 용기 제작, 편직 등 가내노동은 시초에는 남성이 그리고 남녀 공동노동의 과도기를 거쳐 여성의 전문 노동으로 전환한 것과는 정반대되기 때문이다. 그런데 토기생산이 반드시 농업과 관련된 것도 아닐 뿐만 아니라 인간생활에 미친 영향도 미미하다는 주장이 있다.

> 과거 선사학자들은…… 모든 농경민은 토기를 만들었고, 대부분의 농경민은 마제 석부를 사용했으리라 믿었다. 그러나 1950년을 기점으로 다음과 같은 사실이 인정되었다. 즉 팔레스타인·쿠르디스탄·발루치스탄 등지의 최초 농경민은 토기 제작을 하지 않았던 사실과, 특히 팔레스타인 지역의 경우에는 도끼의 존재 자체도 알려지지 않았을 뿐만 아니라 마연으로 날을 세우는 방법도 알지 못했던 사실이 밝혀졌다. 이에 토기 제작은 반드시 식량생산과 연동한 것이 아님이 드러났고, 또한 토기 제작이 식량생산을 입증하는 신뢰할 수 있는 지표도 아님이 밝혀졌다. 그 반대의 경우도 있다. 북방 유라시아의 침엽수림지대에 살던 집단 중의 다수는 훌륭한 토기와 마제의 석제공구류 세트를 제작했으나, 확실히 식량생산은 알지 못했고 개를 제외하고는 가축을 사육하지도 않은 듯하다.
>
> 반론의 핵심은 토기의 발명 그 자체가 인간생활에 미친 영향력은 미미한 것으로 식량생산이 인간의 삶에 끼친 영향력에 비교

할 바가 아니라는 것이다. 심지어는 토기의 발명은 무기·공구의 금속화보다도 훨씬 덜한 영향을 인류사에 미쳤다고 반론하였다.[242]

그러나 여기서 토기 제작과 농업이 연관되지 않는 경우는 극히 일부 현상에 그치며 메소포타미아 등 대부분 농업 지역에서는 토기가 보편적으로 발견되고 있다는 사실이 중요하다. 그리고 토기는 농경문화를 개척한 여성에 의해 최초로 발명되었다는 점, 돌 대신 흙을 도구제작에 도입하였다는 점 또한 중요하다. 그 결과 도구 제작 과정이 단축되고 수의隨意적이 되었으며 토기 솥의 출현으로 조리 또는 화식 과정이 간편해지고 시간이 단축되었다. 뭐니 뭐니 해도 "토기의 가장 큰 이점은 요리였다. 인류역사상 처음으로 죽, 술 등을 만들 수 있게 된"[243] 것이다. 돌을 달궈 익히는 기존의 복잡한 절차와 시간이 필요한 화식을 피해 생식을 할 경우 "낮 시간의 42퍼센트, 즉 하루의 12시간 중 5시간 이상을 씹는 데" 소비해야 했으며 소화하는 시간까지 합치면 "식사 전체에 걸리는 시간은 8~9시간"[244]이나 된다. 생식은 시간을 무의미하게 과잉 소비할 뿐만 아니라 소화가 어려워 건강에도 불리하다.

242 고든 차일드 지음. 김성태·이경미 옮김. 『고고학 레시피』. 백산자료원. 2013년 6월. pp. 111~112.

243 주디스 코핀·로버트 스테이시 지음. 박상익 옮김. 『새로운 서양문명의 역사 (상)』. 소나무. 2014년 3월. p. 32.

244 리처드 랭엄 지음. 조현욱 옮김. 『요리 본능』. 사이언스북스. 2011년 10월. pp. 184~187.

| **사진 38** | 신석기시대 여성의 토기 제작

신석기시대 여성은 진흙을 반죽하여 태토를 준비하고 그릇 성형작업(타이완선사문화박물관, 상·하좌)뿐 아니라 아직 남성들이 운영하는 토기가마가 등장하기 전까지는 소성 작업에 이르기까지 문자 그대로 토기 제작의 모든 과정을 소화하는 노동의 주체였다.

특히 "생식을 하면 번식기능이 저하"[245]되기에 출산이 중요했던 신석기 초기에는 걸림돌이 될 수밖에 없었다. "완전 생식을 하는 여성의 경우 50퍼센트는 생리가 완전히 끊겼고 약 10퍼센트는 생리 불순을

---

245 리처드 랭엄 지음. 조현욱 옮김. 『요리 본능』 사이언스북스. 2011년 10월. p.39.

겪었다. 이렇게 되면 임신이 어렵다."[246] 여성에 의한 토기의 발명으로 전면 화식의 시대가 열림과 동시에 인구 증가 특히 남성 인구 증가의 길도 열린 것이다. 뿐만 아니라 품이 많이 드는 경작을 위해 시간을 확보할 수 있게 되었다. 이러한 변화들은 죄다 인류사에 대서특필할 만한 획기적인 업적들이라고 할 수 있을 것이다.

> 소성 점토그릇제작에는 몇 단계가 있으니 원료 채취, 태토 준비, 그릇 성형, 소성 등이다.
> 태토가 토기를 제작하는 데 통상 쓰인다.…… 짚, 씨앗, 여타 물질이 땅바닥에서 태토를 준비하는 동안 그 속에 섞여 들어간 사례가 많다.…… 태토조절제로는 모래, 조가비, 화산재, 빻은 토기 편, 뼈 혹은 암석 가루 그리고 풀과 여타 섬유질 같은 유기물까지 넣는다.…… 토기를 성형하는 데는…… 과거에 가장 흔한 방법은 점토 띠를 손으로 서리거나 아니면 물레를 이용해 빚는 것이었다.
> 표면은 아직 소성하지 않은 토기의 부드러운 점토에 모종의 압날을 하거나 선각을 하는 기법이 있다. 압날문은 손톱, 날카로운 막대기, 빗, 굴대, 조가비 혹은 끈이나 직물을 감은 작은 박자 등을 비롯한 여러 가지 도구로 냈다.…… 선각은 날카로운 막대, 뼈 혹은 플린트로 찔러 긋기 수법을 사용해 선들을 새겨 넣을 수

---

246 리처드 랭엄 지음. 조현욱 옮김. 『요리 본능』 사이언스북스. 2011년 10월. p. 38.

있다.…… 기본 토기 형태에 점토들을 부착하는 아플리케(帖文) 기법으로 자루나 손잡이를 달았다.

소성은 노천에서 할 수도 있고 아니면 토기를 굽기 위한 특수한 오븐 혹은 노爐, 가마窯 속에서 할 수도 있다.[247]

진흙을 채취하고 태토와 조절제를 준비하고 손으로 토기를 빚는 등의 작업은 여성의 힘으로도 얼마든지 감당할 수 있는 노동이다. 그리고 막대기나 조가비 또는 뼈를 이용하여 압날을 하거나 선각을 하는 과정도 별로 힘든 노동은 아니다. 물론 태토와 조절제 준비 그리고 무늬 작업에 전문기술이 전제되는 것은 사실이지만 이 역시 여성이 장악하기 어려운 고난도의 비법은 아니다. 전통과 경험에만 의존하면 쉽게 수행할 수 있는 요령이기 때문이다. 기본 기술만 장악하면 여성 도공이라도 자신의 "개성적이면서도"[248] "상상력이 발현될 수 있는 자유로운 창조물"[249]을 성공적으로 빚어낼 수가 있다. 다만 손으로 작업할 경우 표면이 "상대적으로 덜 고른 형태"[250]거나 대칭에서의 균형이 불완전할 가능성이 높아진다는 단점을 수반할 수밖에 없다. 토기 제작에서 여성이

247 T. 더글러스 프라이스 지음. 이희준 옮김. 『고고학의 방법과 실제』. 사회평론아카데미. 2013년 10월. pp.355~356. pp.358~360.
248 T. 더글러스 프라이스 지음. 이희준 옮김. 『고고학의 방법과 실제』. 사회평론아카데미. 2013년 10월. p.356.
249 고든 차일드 지음. 고일홍 옮김. 『인류사의 사건들』. 한길사. 2011년 10월. p.93.
250 T. 더글러스 프라이스 지음. 이희준 옮김. 『고고학의 방법과 실제』. 사회평론아카데미. 2013년 10월. p.356.

사용한 수작업의 단점이 무엇보다 중요한 것은 "토기를 손으로 빚거나 테쌓기를 할 경우 수일이 걸린다."[251]는 사실에 있다. 물론 이러한 단점들이 투영된 토기제품이 미관상에서는 흠결이 될지는 모르겠지만 실제로 사용하는 데서 실용성이 떨어지거나 지장되는 것은 아니다. 하지만 시간당 생산량의 최소 한계는 극복되어야만 할 문제로 대두되지 않을 수 없었을 것이다. 이 난제는 물레(회전판 또는 녹로)의 발명으로 쉽게 해결되었다. 물레의 등장은 제작 시간을 단축했을 뿐만 아니라 토기작업을 전문화의 궤도에까지 끌어올렸다.

> 물레로 뽑는 도기는 시간상 비교적 늦은 때, 서남아시아에서 서기전 3000년쯤에 출현한다. 이 새로운 기법 덕에 이전보다 빨리 또 효율적으로 생산할 수 있게 되었다. 물레 위에 점토 덩이를 올려 몇 분 만에 도기 그릇 형태를 바꿀 수 있으므로 손으로 빚은 그릇을 만드는 데 훨씬 긴 시간이 걸리는 것과 대조적이다.[252]

> 회전판(혹은 녹로) 위에서 용기를 만들 경우, 대략 2분 정도면 완성할 수 있다. 동일한 형태의 토기를 손으로 빚거나 테쌓기를 할 경우 수일이 걸리는 것과는 비교가 되지 않는다. 뿐만 아니라 회전판을 사용할 경우, 좌우 대칭을 맞추기도 쉽다. 바퀴의 회전력

---

251 고든 차일드 지음. 김성태외 옮김. 『신석기혁명과 도시혁명』. 주류성출판사. 2013년 1월. p.181.
252 T. 더글러스 프라이스 지음. 이희준 옮김. 『고고학의 방법과 실제』. 사회평론아카데미. 2013년 10월. p.358.

을 이용한 토기 제작은 최초의 기계 산업이었고, 회전판(혹은 녹로)은 최초의 제조기계였다. 그 결과 직업에 변화가 일어났다. 민족지학의 조사 결과에 의하면 집안에서 손으로 빚어 토기를 만드는 작업은 여성들이 수행하고 녹로를 이용하여 토기를 제작하는 전문적인 작업은 남성에 의하여 수행되고 있다고 한다. 유력한 자료에 의거할 때 상기의 노동 분화는 고대에서도 마찬가지였음을 알 수 있다. 그리고 도자 산업에 있어서 녹로의 사용은 노동의 전문화라는 새로운 지평을 열었다. 바야흐로 도공은 전문가였고 그들은 식량생산이라는 일차적인 책무에서 해방되었다.…… 서남아시아와 인도의 경우 녹로의 사용은 바퀴수레만큼이나 오래된 것임은 분명하다.[253]

이러한 매우 양식적인 토기들은 목제 회전판을 사용하여 제작되었다. 회전판을 사용하여 토기를 제작한다. 사실은 회전판이 없이 단순히 손으로 토기를 제작하는 이전 단계의 기술에 비하면 획기적인 변화라고 할 수 있다. 왜냐하면 이제 도공들은 회전대를 사용하여 그릇을 돌려가면서 형태를 만들어 낼 수 있고 채색을 할 수 있기 때문이다. 사마라와 할라프형 토기의 문양이 매우 복잡하고 정교하기 때문에 이들 토기들이 전문제작집단에 의해

---

253 고든 차일드 지음. 김성태외 옮김. 『신석기혁명과 도시혁명』. 주류성출판사. 2013년 1월. pp. 181~182.

제작되었다고 가정할 수도 있다.[254]

생산 속도의 가속화와 제품의 정교함 그리고 노동 분화는 물레가 시대에 선물한 혜택이었다고 할 수 있다. 그러나 물레를 이용한 작업은 집 안에서 손으로 빚어 토기를 만드는 여성들의 작업과는 달리 남성의 전문적인 작업이라고 섣불리 단언하는 것은 설득력이 결여되어 있다고 해야 할 것이다. 녹로를 이용한 토기 제작이 남성의 전문화된 노동이라고 단언하는 데에는 이 작업의 체력적, 기술적 난도로 인해 여성이 도저히 수행할 수 없을 때에만 가능한 것이기 때문이다. 게다가 녹로작업은 여전히 가내작업이었을 것이며 여성의 체력이나 기술로도 얼마든지 수행할 수 있는 노동이었다. 그러니 물레를 이용한 작업이 노동의 전문화라는 새로운 지평을 열었다는 주장은 수용함과 동시에 여성도 남성과 함께 작업을 수행했을 거라는 주장을 추가해야 할 것 같다. 환언하면 물레작업 시기에도 식량생산이라는 일차적인 책무에서 해방된 전문 도공 속에는 여성도 포함시켜야 된다는 말이다. 이른바 그 "전문제작집단"의 성원 속에는 여성의 숫자도 꽤 차지했을 것으로 추정된다. 여성이 진정으로 토기 제작에서 배제된 것은 물레가 아니라 가내에서 나가 야외노동으로 되면서 대량 생산으로 전환된 토기가마의 등장 시기부터였다고 추정된다.

흙벽돌을 구워 토기가마를 쌓는 일부터 여성의 능력에는 부치는

---

254 로버트 웬키 지음. 김승옥 옮김. 『선사문화의 패턴 II』 서경. 2004년 2월. p.98.

중노동이다. 신석기시대에도 건물 축조와 같은 목공일이나 토목공사는 줄곧 남성 노동의 전문 분야이기도 했다. 빗어낸 토기 반제품들을 가마 안에 배열하고 입구를 봉하는 작업, 소성에 필요한 땔감을 마련하는 일, 며칠 동안 불을 지피고 화력을 조절해야 하는 작업 등등 토기가마에서의 야외노동은 그 체력이나 기술적 측면에서 모두 여성이 감당하기 힘든 작업이다. 불 관리만 해도 "점토를 굳히는 데 필요한 온도는 섭씨 800도 혹은 그 이상"[255]으로 뜨거운 불 앞에 며칠 동안 서 있어야 한다. 온도가 높으면 불더미를 퍼내야 하고 낮으면 부지런히 나무를 던져 넣어야 한다. 인공 가열로 도자기를 경화시키는 최초의 야외 소성방법은 "수지樹脂가 풍부한 소나무 더미에 크게 불을 지핀 다음 도자기를 큰 불의 연기와 불길 위에 놓아 매끄럽고 거무스레하면서 견고해지도록 하는" 작업이다. 이런 과정을 거쳐 생산한 "고대 도자기와 현대 시멘트는 그야말로 똑같다"[256]고 한다. 불 앞에서의 이런 중노동을 여성은 감당해낼 수가 없다. 게다가 여성은 그렇게 오랫동안 집을 비운 채 야외에서 생활할 수도 없는 처지에 있었다. 육아와 부엌일, 편직과 길쌈 등 가사노동이 여성을 집 안에 비끄러매 놓았기 때문이다. 신석기시대 여성의 모든 노동은 가내 또는 집 주변 마당 같은 데서만 수행되는 구조였다. 물론 야외노동으로는 농사일이 있지만 그것은 예외의 상황이라고 할 수 있다.

---

255 T. 더글러스 프라이스 지음. 이희준 옮김. 『고고학의 방법과 실제』. 사회평론아카데미. 2013년 10월. p. 360.

256 路易斯·亨利·摩尔根著. 杨东莼等译. 『古代社会(上册)』. 商务印书馆. 1981. pp. 13~14.

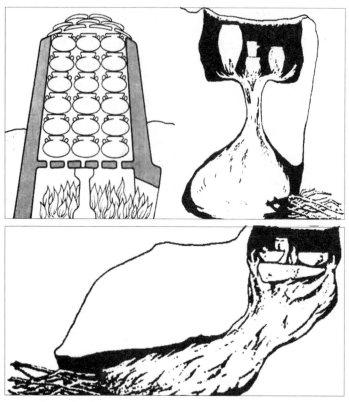

| **사진 39** | 근동의 초기 토기가마와 선사시대 수혈식·횡혈식 토기가마(반파앙 소문화유적)

굴을 파고 흙을 쌓는 토역과 화력이 높은 소나무 땔감 마련, 뜨거운 불 관리 등 토기가마에서의 작업은 남성의 체력만이 소화할 수 있는 중노동이다. 따라서 여성의 토기재작 노동은 야외의 소성 작업에서는 배제될 수밖에 없었다.

만일 여성이 토기가마가 등장한 이후까지도 토기생산의 주체가 되었더라면 가내노동과 부엌노동에서 탈출하여 야외노동으로 진출할 수 있었던 절호의 기회를 잡았을 것이다. 하지만 체력적 한계와 전통적인 가사노동의 억압에서 벗어날 수 없어 기회를 놓쳐버리고 만 것이다.

그 결과 끝끝내 자신을 좁은 가옥 속에, 부엌 안에 구속시키고야 말았다. 여성이 야외노동을 할 수 있는 기회는 단 하나 농사일밖에는 없었다. 그 외에 여성의 모든 활동 범위는 협소한 가내와 부엌의 공간에 한정되었다.

토기 사용의 역사적 의의는 지금까지 인간의 생활도구를 지배했던 석기와 골기 대신 흙을 실제 생활과 결부시켰다는 사실에서 산생된다. 돌은 성질이 강하고 견고하여 원하는 도구를 다듬어 내기가 어렵다. 게다가 자체 중량감 때문에 사용에도 불편함이 따른다. 그러나 흙은 성질이 부드럽고 연해 크기와 모양을 냄에 있어서 도공이 원하는 대로 만들어낼 수 있을 뿐만 아니라 소성시키면 돌처럼 굳어져서 사용에도 편리하다.

여성에 의해 개척된 토기의 출현은 수십, 수백만 년 지속된 구석기시대에 종지부를 찍고 전혀 새로운 흙의 시대를 열어놓았다는 점에서 획기적이다. 물론 신석기시대는 토기와 함께 마제석기와 골기도 사용되었지만 토기사용이 광범하게 보편화되면서 금속시대로의 과도기 역할을 충실히 수행했다. 농업의 발원지라고 일컬어지는 메소포타미아 지역에서 석기가 토기에 밀려난 이유에는 이 고장이 돌이 적다는 자연적인 환경도 한몫을 했다. 게다가 농업의 보편화가 수렵마저 위축시키면서 가축에만 의존하다 보니 도축량이 줄어들어 골기내원의 위축에도 영향을 미쳤던 것이 사실이다.

사실 금속시대 즉 청동기시대와 철기시대의 도래도 어떤 의미에서는 토기시대에 빚을 졌다고 말할 정도로 전반 인류문명에 대한 토기

문화의 영향력은 지대하다고 봐야 한다. 토기를 굽는 가마터窯址는 800도 이상의 고온을 필요로 하기 때문이다. 높은 화력으로 토기를 고온에서 구워낼 때 우연히 들어간 구리나 쇳덩이가 녹아내리는 것을 발견했을 것이고 그로부터 견고한 금속을 고온에 녹이면 원하는 도구를 주물鑄物할 수 있다는 도리를 깨닫게 된 것이다. 금속을 센 화력에 녹이는 기술을 터득하지 못했다면 인류는 영원히 금속시대로 진입하지 못했을 것이고 그로 인해 개척된 선진문명도 굴기하지 못했을 것이라는 사실을 인정할 때 토기가 수행한 역할의 중요성에 대해서도 이해가 훨씬 쉬워질 것이다. 토기는 비단 흙을 구워냈을 뿐만 아니라 쇠를 녹여내어 인류문명을 짧은 시간 내에 화려한 금속시대로 한 단계 발전시키는 데 기여했던 것이다.

ㄷ. 여성의 편직·복식 노동

원래 편직이나 의복을 짓는 일은 구석기시대에는 남성의 몫이었을 것으로 추정된다. 그 때는 가죽이 중요한 옷감이었기 때문이다. 가죽은 짐승사냥에서부터 남성의 작업영역에 속했으며 잡아서 가죽을 바르고 피혁을 자르고 무두질 하고 뼈바늘로 구멍을 뚫어 재봉하는 일련의 과정들이 노력과 전문기술이 필요하기에 남성에게 적합한 노동이다. 금방 벗긴 생가죽은 관리하지 않고 방치하면 부패하거나 마른다. 수액을 바르거나 불을 피워 연기에 그을려 무두질을 해야만 부드러워지고 광택이 나며 견고하고 단단해진다. 인류의 조상들은 7000년 전에 이미 이런 방법을 알고 있었으며 이런 작업들은 주로 수렵의 주체였던 남자들이 담당했을 것으로 추정된다. 옷을 지을 때 두꺼운 가죽에 뼈바늘로 구멍을 뚫어 꿰매는 일도 여성이 하기에는 적합하지 않은, 어려운 작업이다.

그러나 여성이 편직과 복식에서 남자들을 제치고 노동의 주체가 되기 시작한 것은 섬유가 옷감이 되면서부터였다. 여성은 구석기시대부터 유사 섬유재료를 이용하여 바구니나 주머니를 겯으며 풍부한 직조의 경험을 쌓아왔었다. 가죽 작업은 남자들의 몫이라고 치더라도 그 중에서 식물의 뿌리나 나무껍질을 사용하여 바구니, 자루 등을 겯는 작업은 상대적으로 쉽기 때문에 여성들이 맡았을 것으로 간주된다.

이때부터 인류의 섬유 옷감의 역사가 열렸으며 또한 진정한 의미에서의 의복 발전의 여정이 시작되었다. 이 이전에 인류는 이미 기나긴 세월 속에서 유사 섬유재료를 사용한 풍부한 경험과 기술을 누적했다. 예컨대 짐승 가죽을 잘라 가죽 끈으로 만들고 나무껍질을 꼬아 끈을 만든 다음 다시 겯기를 통해 그물·바구니·자리·자루와 수렵·채집용 물품을 만들었다. 후에는 생장기가 비교적 짧은 가늘고 긴 식물의 뿌리와 질긴 껍질을 이용하는 데로 발전하며 오랫동안의 사용과 도태를 거쳐 가장 유용한 것들이 보존되었다. 이것이 다름 아닌 지금도 사람들이 여전히 사용하는 삼 종류 예컨대 아마·모시·대마·황마 등이다. 1854년 스위스 호 바닥에서 아마포 조각이 발견되었는데 세계에서 가장 오래된

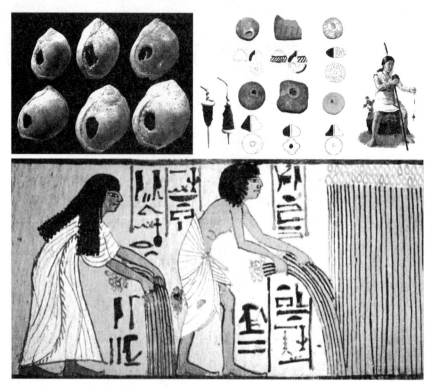

| 사진 40 | 가락바퀴와 아마

유토기 시기 서아시아(상좌)와 동석병용 시기 이란의 가락바퀴. 신석기시대 재배된 아마(이집트 아마 재배, 하)로 실을 자아 섬유 옷감을 만들어 옷을 지어 입었다.

아마 직물이다.[257]

메소포타미아 지역에서 신석기시대에 가죽과 함께 새롭게 옷감의
원료로 등장한 것은 아마와 같은 식물성 섬유와 양털과 같은 동물성 섬

---

257 『新編中外服裝史』. 中国轻工业出版社. 2002. 1. p.8.

유였다. 이 두 가지 섬유로 짠 천 조각들이 이곳의 많은 유적들에서 발견되었다는 사실에서도 이 시기에 섬유가 광범하게 옷감으로 사용되었음을 말해준다. 물론 신석기시대의 이러한 섬유 직물의 발견이 단지 메소포타미아 지역에만 국한된 것은 아니다. 이집트와 레반트에서도 보이고 중국과 인도에서도 나타난다. 물론 섬유 원료가 되는 식물은 약간의 차이가 나타나지만 섬유직조는 이미 범세계적으로 보편적인 현상이라고 할 수 있다. 특히 우리의 담론 대상인 서아시아 지역에서 보편적으로 사용된 섬유는 아마이다. 아마를 재배하여 수확한 후 거기서 일련의 처리과정을 거쳐 섬유를 뽑아냈던 것이다. "섬유공예의 최초 징후는 이집트와 소아시아 등의 최초의 신석기마을에서 확인된다. 아마나 양모로 직조한 의류가 가죽, 나뭇잎으로 만든 의류를 대체"[258]해 나갔다.

> 고대에는 비록 대마, 등심초, 종려와 파피루스도 역시 직물 섬유
> 로 사용되었지만 그러나 가장 보편적인 것은 그래도 아마였다.
> 아마라는 이 식물은 아마도 서아시아에서 발원했을 수 있다.[259]

아마는 티그리스강 연안에서 심어 식용으로도 소비했지만 유적에서 발견된 유물에 근거하면 그래도 직물 섬유로 더 많이 이용했음을 알 수 있다. 메소포타미아 기후는 고온·건조하여 흡수성과 통기성이 결

---

258 고든 차일드 지음. 김성태외 옮김. 『신석기혁명과 도시혁명』. 주류성출판사. 2013년 1
     월. p.14.
259 jennifer Harris主編. 李国庆等译. 『纺织史』. 汕头大学出版社. 2011. 6. p.1.

여된 가죽옷은 활동 특히 농경 작업에 불리했다. 아마는 열 전도성이 미약한 반면 흡수성과 통기성이 우수하기에 시원하며 땀이 나도 금방 말라 농업노동에 적합한 옷감이다. 게다가 소재가 가볍고 세탁도 용이하여 경작에 종사하는 근로자들의 작업복으로도 가죽옷보다 우월했으며 청량함 때문에 무더운 메소포타미아의 여름철 속옷감으로도 안성맞춤이다. 한마디로 귀납하면 아마 섬유를 옷감으로 짠 옷은 메소포타미아의 기후에 효과적으로 적응할 수 있는, 농업 경작에 편리한 최상의 작업복이라 단언할 수 있다. 그런 우수성 때문에 역시 덥고 건조한 이집트에서도 기원전 8000년~6000년에 벌써 아마 섬유로 짠 옷감으로 옷을 지었다고 한다.

> 아마씨와 방추는 대략 기원전 6000년의 시리아 북부의 라마드Ramad와 기원전 5000년의 이라크 북부의 사마라Samarran지역의 촌락에서 모두 발견되었다.……
> 제임스 메라트James Mellaart는 기원전 6000년의 남 터키의 차탈 휘위크 옛 성터의 신석기 취락에서 정밀하고 아름다운 견사, 뜨개실 및 평직물과 옷가지를 발굴해냈다. 일부 천의 원료와 옷은 천을 짜는 실을 사용했다.…… 섬유 실험을 통해 이 순수 면양모 직물 조각에는 아마성분이 있음이 나타났다.
> 이스라엘 유다사막의 신석기시기의 나할 헤마르Nahal Hemar동굴에서 기원전 7160년~기원전 6150년의 망직품网織品·방석·견사·뜨개실·아마 평직물 및 한 점의 상감조개껍데기와 진주의 파란

색 방직품이 발견되었다.

기원전 5000년의 이집트 파달리Badari 시기의 무덤에서 방직이 비교적 고른 아마 평무늬 천이 발견되었다. 매 평방센티미터에 11~14줄의 날실과 24~28줄의 씨실이 있다.[260]

이라크의 자르모 유적의 거주민들은 뼈바늘로 옷을 꿰매었고 진흙으로 만든 물레 가락 손잡이가 있는 걸 보면 아마와 양털로 실을 잣거나 뜨개질을 할 줄 알았을 것이다.[261]

파이윰Fayum 호반의 신석기 주민들은 이미 아마를 이용할 줄 알았다. 그들은 다른 여러 식물 중에서 아마를 선택하여 곡식 경작과 함께 이들에 대한 재배도 병행하였다. 아시아 지역에서는 또다른 아마 종이 발견·재배되었다고 추측된다.[262]

기원전 9000년의 이라크 고지高地, 기원전 7000년의 이란 서북부 자그로스산맥의 자르모지역 및 기원전 7000년~기원전 6000년의 팔레스티나와 터키 남부 지역에서 사람들은 이미 면양·산양과 개를 사육했다.[263]

---

260 jennifer Harris主编. 李国庆等译. 『纺织史』. 汕头大学出版社. 2011. 6. pp.16~21.
261 조르주 루 지음. 김유기 옮김. 『메소포타미아의 역사 1』. 한국문화사. 2013년 12월. p.5.
262 고든 차일드 지음. 김성태외 옮김. 『신석기혁명과 도시혁명』. 주류성출판사. 2013년 1월. p.14.
263 jennifer Harris主编. 李国庆等译. 『纺织史』. 汕头大学出版社. 2011. 6. p.1.

몇몇 품종의 양들에게서 매년 양털을 제공받았다. 야생양은 털이 많지만 솜털 부분이 매우 얇다. 따라서 양털을 제공하는 양은 의도적으로 품종 개량된 것으로 보인다.[264]

터키 남부에서는 지금으로부터 8000년 전의 모직물 조각이 발견되었다.[265]

메소포타미아와 이집트 유적들에서 식물성 섬유 특히 아마섬유와 동물성 섬유가 옷감으로 사용되었음을 위의 인용문을 통해 알 수 있다. 여기서 파이윰은 이집트 나일강 서쪽 파이윰분지Fayum depression에 형성된 호수 주변에 정착해 살던 소규모 선사집단을 말한다. 아마는 서아시아와 레반트를 초월하여 북부아프리카 이집트에 이르기까지 광범하게 재배되었던 옷감 원료였다. 그런데 이 아마섬유로 천을 직조하고 옷을 짓는 과정에는 남성의 노동도 추가되었음을 짚고 넘어가야 할 것이다. 남성은 아마의 재배와 섬유 추출 과정의 노동을 담당했기 때문이다. "아마는 충족한 수자원과 안정되고 조직적인 집단이 재배해야"[266]만 했고 또 섬유를 뽑아내기 위해 아마를 물에 담그고 두드리는 등 사전 작업이 복잡했다.

264 고든 차일드 지음. 고일홍 옮김. 『인류사의 사건들』 한길사. 2011년 10월. p.9.
265 『新编中外服装史』. 中国轻工业出版社. 2002. 1. p.8.
266 jennifer Harris主编. 李国庆等译. 『纺织史』. 汕头大学出版社. 2011. 6. p.1.

신석기시대
세계 여성사

(이집트에서 파라오시기) 아마를 심고 아마섬유를 뽑는 일은 모두 남성의 작업이었다. 기록에 따르면 겨울 농작물로서의 아마는 3월에 밭에서 수확한 다음 물에 담갔고(불리고) 겉의 질긴 껍질을 가볍게 두드리는 작업 등 두 가지 과정을 거쳐야 비로소 아마 섬유를 만들 수 있다. 중왕조 말엽에 와서야 (약 기원전 1786년) 방적과 직조는 줄곧 죄다 여성의 일이 되었다.[267]

수확한 무거운 아마 단을 물가로 옮기고 물속에 담가 불리고 다시 건져 두드리는 작업은 여성에게는 적합하지 않은 노동이기 때문에 남성의 작업 몫이 되었다. 남자들이 아마에서 섬유를 뽑아낸 다음 여성들은 그것을 받아 직물을 짰다. 그러한 작업은 여성의 활동공간인 집 안에서 진행 가능한 일이었고 손발을 놀려 방추를 돌리고 물레만 작동하면 되는 단순노동이었다. 물론 이러한 작업은 기술도 필요하지만 일단 여성이 감당하지 못할 만큼 힘들지는 않았다.

농부의 아내는 방적의 회전운동을 통해 모와 아마, 그리고 나중에는 면과 비단 같은 자연섬유들을 신비롭게 재배열함으로써 실을 만들어내기도 했다.…… 또한 여성들은 만들어놓은 실을 가지고 베틀이라는 정교한 기계를 이용해서 천을 짜기도 했다.

---

267   jennifer Harris主编. 李国庆等译. 『纺织史』. 汕头大学出版社. 2011. 6. p.1.

| **사진 41** | 물레로 실을 잣는 여인들

물레 앞에 앉아 실 잣는 여인(가브리엘 자크 드 생 토뱅, 좌)과 영국 가정에서 물레를 이용해 실을 잣는 모습(조지 워커. 1814년) 산업혁명 이전까지도 물레는 실을 잣는 유일한 도구였다. 물론 이 물레를 사용한 주체는 여성들이었다. 그것은 신석기시대부터 청동기시대까지 이어져 내려온 전통이었다.

> 여성들은 밭을 경작하고 곡물을 갈고 조리하고 방적을 해서 실을 만들어 이것으로 천을 짜서 옷을 만들고 토기를 굽고 장신구나 주술품을 준비했을 것이다. 반면 남성들은 경작지를 개간하고 집을 짓고 가축을 돌보고 사냥을 하고 필요한 도구와 무기를 만들었을 것이다.[268]

그리고 방추와 물레의 발견은 여성의 직조 작업의 효율성을 제고했을 뿐만 아니라 노동의 강도를 완화시켰다. 한 걸음 더 나아가 직조의 품질을 제고하여 옷의 소비 기한을 연장하기도 했다. 이 모든 기술

---

268   고든 차일드 지음. 고일홍 옮김. 『인류사의 사건들』 한길사. 2011년 10월. pp.93~100.

적인 성과들은 어쩌면 여성의 직조 실천과 경험에서 파생된 창조물인
지도 모른다. 직조 활동에 참여하지 않은 남자들의 발명이라고 하기에
는 설득력이 결여되기 때문이다. 방추와 물레의 발명은 비교적 조기에
나타난 현상이다.

아마 씨와 방추는 대략 기원전 6000년의 시리아 북부의 라마드
와 기원전 5000년의 이라크 북부의 사마라 지역의 취락에서 모
두 발견되었다. 신석기시대의 이집트 콤Kom 즉 오늘날 이집트의
파이윰성에서 약 기원전 6000년의 석제와 토제 방추가 출토되었
다.[269]

고고학자가 발견할 수 있는 방적의 증거로는 토제나 석제의 방
추차가 유일하다. 이 방추차는 작은 원반 모양으로 만들어 물레
가락에 끼워서 사용하는데, 가락 끝부분의 회전력을 증대하기
위한 부속품이다. 이런 방추차 이외에 방적용 도구를 발굴한다
는 것은 매우 예외적이라 할 수 있다. 왜냐하면 특별한 매장 환
경이 아니고는 목제로 만든 도구나 유기질의 섬유 제품은 보존
되지 않기 때문이다.…… 직조 공예에서 가장 중요한 기구는 베
틀이다. 의류 직조를 위한 베틀은 돗자리를 짜는 데에 사용되는
베틀과 유사한 원리로 작동되지만 그것보다는 좀 더 복잡한 방

269   jennifer Harris主编. 李国庆等译. 『纺织史』. 汕头大学出版社. 2011. 6. p.1.

식이 적용되었을 가능성이 높다.[270]

뿐만 아니라 하수나시대(기원전 5800년~기원전 5500년)에도 "구운 흙으로 만든 방추용 원반"[271]이 발견되었다. 실을 감는 도구인 방추는 일명 가락바퀴 또는 "방추차"라고도 부른다. 신석기시대부터 청동기시대까지 직조에 사용되었던 도구이다. 가운데에 뚫린 구멍에 가락을 끼운 후 막대에 섬유를 연결하고 돌리면 실이 만들어진다. 석제 방추도 가끔 보이지만 토제 방추가 대부분이다. 당시 여성이 개척한 흙의 문화가 인류의 모든 활동에 영향을 미쳤음을 알 수 있다.

방추와 물레는 직조 시간을 단축함과 동시에 기계를 사용하지 않던 원시적인 수공 직조 작업에 비해 노동 강도와 번잡함이 줄어들어 작업효율이 높아졌다. 결국 여성이 감당할 수 있는 노동으로 한 걸음 더 진화했다고 봐야 할 것이다. 직조 기술의 진보는 역으로 여성이 부엌 말고도 직조 때문에 가내에 묶여 있는 시간이 더 늘어나도록 했다. 아마도 그 공간은 가내에서도 직조 작업을 전문으로 하는 작업장이 따로 마련되었을 것이며 여성은 그 공간에 갇힌 채 많은 시간을 보냄으로써 더한층 가정적이고 협소한 가옥과 단단히 결부될 수밖에 없게 되었다. 실을 자아 천을 짜고 옷을 짓는 이 간단한 동작을 통해 신석기시대 여성

270   고든 차일드 지음. 김성태외 옮김. 『신석기혁명과 도시혁명』. 주류성출판사. 2013년 1
      월. pp. 142~144.
271   조르주 루(Georges Roux) 지음. 김유기 옮김. 『메소포타미아의 역사 1』. 한국문화사.
      2013년 12월. p. 6.

신석기시대
세계 여성사

은 편직과 복식에서 혁신을 일으켰으며 섬유 직물을 생산하여 농경에 적합한 옷을 만들어냄으로써 인류문명의 발전 속도를 가속화했다. 가죽옷의 단일성에서 벗어나 활동하기 편리하고 가벼운 섬유 직물로 복식을 만듦으로써 복식문화를 새롭고도 훨씬 진화된 수준에로 끌어올리며 인류문명의 또 하나의 빛나는 페이지를 장식했다. 하지만 아쉽게도 여성은 편직·복식이라는 한정된 작업의 감옥 같은 울타리에 스스로를 감금시키면서 가사노동과 떼려야 뗄 수 없는 질긴 인연을 맺었으며 그로 인해 가정을 위한 한낱 미미한 존재―부속물로 전락하게 된다.

2) 출산과 육아

ㄱ. 난교와 공동 출산 및 공동 육아

신석기시대의 여성을, 그들 자신이 개발한 제한된 가옥 내에 억압한 또 하나의 시스템은 출산과 육아이다. 그런데 우리의 관련 담론은 출산과 육아가 혼인 혹은 성관계에서의 구체적인 방법의 차이에 따라 그 성격과 형식도 변화된다는 사실을 입증해내는 데 초점을 맞출 것이다. 예컨대 혈족혼·족내혼 또는 족외혼·대우혼 등 혼인제도와 이로 인해 형식이 달라질 수밖에 없는 성관계 양식이 출산과 양육에 미치는 직간접적인 영향 같은 것이라 할 수 있다. 그 반대의 경우 즉 성관계 양식으로 인해 달라질 수밖에 없는 혼인 양식이 출산과 양육에 미치는 직간접적인 영향 같은 것이다. 혈족혼일 경우 성관계 형식은 형제·자매간의 근친상간이 될 것이며 잡교 또는 난교일 경우 근친상간과 족외혼이 혼재될 수 있는 상황 같은 것이다. 학자들은 인류의 원시시대의 혼인의 기원을 일반적으로 혈족혼 혹은 혈혼제와 족내혼으로 단정한다.

> 혈연제 가족. 이런 유형의 가족 형태의 기초는 다름 아닌 약간 명의 형제와 약간 명의 자매들의 상호 집단 통혼이다. 현재의 친척제도 중 가장 오래된 말레이시아식 친척제에 여전히 혈혼제 가족이 남아 있는 것으로 증명된다. 동시에 그것은 이러한 가장 이른 가족 형태가 그에 의해 형성된 이런 친속제도와 같으며 고대에 보편적으로 유행되었음을 입증하는데 도움이 된다.[272]

그러나 모건은 "가족의 맨 처음이자 가장 오래된 형태인 혈연 가족은 이미 가장 저급의 야만종족에서조차 존재하지 않는다"고 그 존속 기간을 신석기시대보다 훨씬 이전 즉 불의 사용 시대 이전으로 올려 잡고 있다. 그러나 필자는 혈연가족 더 정확하게 표현하면 혈족 성관계는 신석기시대 초·중반까지도 확실하게 존재했음을 규명할 것이다. 앞에서도 언급했듯이 이 시기는 인류가 대충돌 사건으로 인해 많은 남성 인구를 상실한 상황이었고 여성들이 주축이 되어 산에서 내려와 핍박에 떠밀려 농업을 시작했던 시절이었음을 다시 한번 상기할 필요가 있다. 남성의 결여는 어떤 식으로든 인류의 혼인 또는 성관계에 특정한 영향

272　路易斯·亨利·摩尔根著. 杨东莼等译.『古代社会 (上册)』. 商务印书馆. 1981. p. 25.

을 미쳤을 것이기 때문이다. "모계 무리의 존재 요인"들 중 하나를 "아내의 가족에서 남자가 부족한 상황"[273]으로 간주한 스튜어드의 주장은 어쩌면 이 문제에 대한 설득력 있는 답안이 될지도 모르겠다. 신석기시대에 갑자기 등장한 취락은 10~20명의 소규모 활동을 하던 구석기시대 무리(가족 또는 혈족)들이 모여 100명~2000명 정도의 대규모 정착생활을 하던 곳이다. 수많은, 서로 다른 가족 또는 혈족들이 혼재했음을 알 수 있다. 하지만 이들의 공통점은 남자의 결여였다. 인구 증산을 위한 역사적인 출산의 필요로 인해 여성은 자식을 포함하여 생식이 가능한 어떠한 남자와도 성관계를 해야만 했을 것이 틀림없다. 말하자면 난교 혹은 잡교가 성행했다는 것이다.

> 사람들은 본래 친족 사이의 혼인에 별다른 편견을 가지고 있지 않았음이 분명하다. 따라서 친족 사이가 아니면 혼인이 불가능한 족내혼을 고집한 것은 아니고 이방인보다는 친족 간의 결합이 더 바람직하다는 정도의 생각이었다. 혈연에 대한 이러한 무관심에서 출발한 원시인들은 족내혼 쪽으로 나아간 부족들과 족외혼 쪽으로 나간 부족들로 나뉘었을 것으로 보인다.
> 과거에는 남녀 간의 난교가 일반화되었다고 볼 수 있는 것이다. …… 태곳적에 집단 내의 성문제를 어떤 방식으로 조정했는

---

273 로버트 켈리 지음. 성춘택 옮김. 『수렵채집사회(고고학과 인류학)』. 사회평론아카데미. 2014년 12월. p. 33.

| 사진 42 | 침팬지의 난교

인류도 난교를 행했던 과거가 있다. 모건은 형제자매 간 근친상간의 혈연가족의 소멸 시기를 불의 사용 시대 이전으로 본다. 그러나 필자는 신석기시대 초·중반까지도 난교가 존재했다고 간주한다. 형제자매가 아니라 어머니와 아들, 조카 사이에도 난교가 성행했을 것으로 추정된다. 물론 그 목적은 터부의 타파가 아니라 대충돌로 인한 인구 감소를 복구하기 위한 수단이었다.

지에 대해서는 전혀 알려진 바가 없다.…… 태곳적 원시인들의 성적 결합은 군집성 동물과 마찬가지로 스쳐 지나가듯이 제멋대로 이루어진 난교성이 짙다.[274]

여기서 저자가 언급하는 "태고적"이 시간상에서 구체적으로 어느 시대를 지칭하는 지에 대해서는 불확실하다. 구석기시대 상황을 염두에 둔 지적일 가능성도 배제할 수 없다. 그러나 필자가 주장하는 것은 금방 대충돌의 특대 재난에서 살아남은 신석기시대 초기 또는 중기까지의 여성이 이끄는 인류 공동체가 택했던 성관계 양식이 상술한 인용문의 상황과 일치하다는 추정이다. 앞에서 우리는 이미 신화분석을 통해 이 시기에 아직 어린 자식과 어머니와의 사이에 발생한 성행위에 의

---

274 J.F 맥리넌 지음. 김성숙 옮김. 『혼인의 기원』. 나남출판. 1996년 10월. pp. 81~90.

신석기시대
세계 여성사

해 기존의 근친상간 터부가 파열되고 혈족끼리의 성관계가 묵인되고 있음을 살펴보았다. 그리고 그러한 묵인이 남편의 죽음, 다시 말해 대재난에서 화를 당해 사라진 남성의 부재로 인해 가능했다는 사실도 확인했다.

물론 미개사회임에도 불구하고 근친상간금기가 준수되는 원인을 그것을 제정하고 감독하는 남자의 부재나 역량의 약화에서 찾지 않고 그 무슨 얼토당토않은 혈족 간 "성애욕의 결여"나 "부모의 거절행위와 처벌 행동"에서 찾으려 하는 학자들도 존재한다. 하지만 이러한 생리적·심리적 기제가 유효하게 작동하려면 일단 성적 기능의 퇴화가 전제되거나 또는 일정한 사회 도덕적 기준이 마련되어야만 한다. 그럼에도 일부 학자들은 억지로 이러한 주장을 고집하고 있는 것이 목전의 실상이다.

> 해블록 엘리스 박사Dr. Havelok Ellis는 "어렸을 때부터 함께 자라온 사람들 사이에는 시각·청각 및 촉각의 모든 감각의 자극이 습관상 둔화되어 있고 평온한 수준의 감정만을 일으키도록 훈련되어 있으며 성적 충동을 자아내는 지나친 흥분을 일으킬 만한 동력이 결여되어 있다"라고 주장하고 있다.······ 어느 일방 또는 쌍방이 어렸을 때부터 아주 가까이 함께 살아온 사람들 사이에 흔히 성교의 성향이 결여되어 있다는 사실은 의심할 바 없을 만큼 세

계적인 현상이다.[275]

자식에게 근친상간적 회피의 발달에 영향을 미친 결정적인 요인은 부모의 거절행위와 처벌적 행동이다.…… 다른 한편, 근친상간을 단념시키는 것은 사춘기와 성인기의 자식들이 그들의 부모와 자식들 상호 간에 협동을 계속 가능하게 하고 경쟁의 원천을 제거함으로써 사회적 통일성을 증진시킨다.[276]

웨스터마크는 심지어 인간을 "수캐와 암캐를 강아지 때부터 함께 기르면 암캐가 강아지 때부터 친숙해 온 수캐와 교미하기를 거절"[277]한다는 예를 들어 짐승과 비교하는 것도 서슴지 않는다. 하지만 머독은 어려서부터 한 구들에서 살아온 부모와 자식, 형제자매 간에도 성적 욕망이 존재함을 인정한다. 그는 "아버지는 자신의 딸에게 반드시 성적인 매력을 느낄 것이며, 인정되지 않는다면 무의식적이고 억압된 형태로 매력을 느낄 것"이라고 단정할 뿐만 아니라 한 걸음 더 나아가 "아들에 대한 어머니의 애착…… 어머니와 아들 간에 나타나는 성적 표현…… 아들과 딸 사이의 성적인 접근행동"[278]에 대해서도 죄다 이 맥락에 포괄

275 E. 웨스터마크 지음. 정동호·신영호 옮김. 『인류혼인사』. 세창출판사. 2013년 10월. p.110.

276 죠지 피터 머독 지음. 조승연 옮김. 『사회구조 친족인류학의 이해』. 서경문화사. 2004년 6월. pp.354~356.

277 E. 웨스터마크 지음. 정동호·신영호 옮김. 『인류혼인사』. 세창출판사. 2013년 10월. p.112.

278 죠지 피터 머독 지음. 조승연 옮김. 『사회구조 친족인류학의 이해』. 서경문화사. 2004년

시킨다. 한편 프로이드도 인간의 "최초의 성적 경향은 보통 근친상교적인 성질을 가진다"는 정신분석학 이론에 근거하여 웨스터마크의 주장의 정당성에 이의를 제기했다. "정신분석학이 지적하는 것은 근친상교에 대한 강력하고 보편적인 성향이 실제로 존재하지만 '대부분의 경우 그것은 무의식적으로 억압되고 있는 것일 뿐'"[279]이라고 간주하기 때문이다. 뒤르켐은 "만일 가까이에서 생활하는 것이 성교에 대한 혐오감을 불러일으킨다면 그러한 혐오감은 근친자 사이에서 뿐만 아니라 부부사이에서 나타나야 할 것"[280]이라며 공개적으로 반론을 제기했다.

이들의 각이한 이의와 반론을 제외하고서라도 혈육 간 성교 혐오감은 가족 성원들에게 부여된 특별한 생활환경마저도 홀시한 섣부른 단정이라 하지 않을 수 없다. 부모와 이성 자식, 형제와 자매 사이에는 밖의 세계와 폐쇄된 좁은 방 안에 단둘만 있을 수 있는 은밀한 공간과 시간이 많다는 사실을 간과한 것이다. 이러한 특별한 공간과 시간 속에서의 두 사람만의 존재는 "발정"에 처한 남성의 성욕을 만족시켜 줄 수 있는 절호의 기회가 될 것임은 두말할 것도 없다. 더구나 상대방이 속옷만 입은 채 깊이 잠들어 있다거나 빨래나 가사노동에 몰두해 있다면 남성의 욕구는 훨씬 쉽게 실현될 가능성이 있다고 해야 할 것이다. 그리고 이러한 근친상간 성행위는 외부 세계 즉 "사회"와 격리된 좁은 방

6월. p.354.

279 E. 웨스터마크 지음. 정동호·신영호 옮김. 『인류혼인사』. 세창출판사. 2013년 10월. p.114.

280 E. 웨스터마크 지음. 정동호·신영호 옮김. 위의 책. p.114.

안에서 둘 사이에서만 진행되기에 이른바 "내재화된 제약 요소를 지닌 사회화된 존재로서의 부모의 이런 집착에 대한 불안"[281]을 해소시키고 "사회질서와 문화전승에 반드시 필요한 부모의 권위가 실추"되는 것을 은폐시켜 줄 것임이 분명하다.

우리의 담론 주제로 돌아와, 신석기시대 초·중반에 성행한 근친상 간은 사회화된 존재도 사회질서도 없었던 시대였다. 있었다면 남성들이 제정한 근친상간 금기뿐이었는데 그것마저도 대충돌 이후 남성 인구의 대량 감소로 인해 이 규정에 대한 감독 주체가 사라졌거나 강도가 약화되면서 엄격한 집행이 느슨해졌고 그렇게 형성된 사각지대에서 근친상간이 알게 모르게 묵인된 것이다. 그런데 무엇보다 중요한 것은 이 시기에 여성에 의해 주도된 부정적인 근친상간 행위가 단순한 개인적인 성쾌락을 위한 것이 아니라 대충돌에 의해 멸종의 위기에 직면한 인류를 구원하기 위한 성스러운 위업이었다는 사실과 그 수행자가 여성이었다는 사실이다. 따라서 이 시기의 출산도 단순한 성행위의 결과물임을 넘어 인류 구원에 목적을 둔 신성한 행위였다고 할 수 있을 것이다. 그런 까닭으로 이 시기의 출산은 물론 육아도 임산부 또는 산모의 사적인 일이 아니라 공동체를 위한 공적인 행위가 될 수밖에 없었다.

네이븐 의식에서 외삼촌은 두 명인데 두 명의 「어머니」(엔냠)라

---

281 죠지 피터 머독 지음. 조승연 옮김. 『사회구조 친족인류학의 이해』 서경문화사. 2004년 6월. p.354.

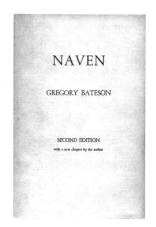

| **사진 43** | 그레고리 베이트슨과 그의 저서 『네이븐』

베이트슨은 그의 저서에서 뉴기니아 이아트물족의 네이븐 의식에 대한 연구를 통해 자녀 공동 양육을 보여주고 있다. 이 공동양육에는 여성뿐만 아니라 남성들도 동참한다.

고 불린다.

여자들이 참여하는 좀 더 화려한 네이븐 의식에…… 참가하는 여성들은 누이(엔양가이), 고모(이아우), 형수(짜이시), 어머니(엔야 메), 외숙모(엠보라) 등인데 이런 친족 용어들은 유별적으로도 쓰인다.

그래서 나에게 붙여준 모계 이름을 근거로 나를 그들의 '유별적 자매의 아들'이라고 보는 어떤 남성 원주민들은 나와 그들의 친족관계를 강조할 때 때때로 자신들을 나의 '어머니'라고 지칭하곤 했다. 그들 중 한 명은 심지어 나에게 '당신은 우리가 낳은 자식이다'라고 말하기까지 했다(여기서 '우리'라는 말은 모계씨족을 말한다). 또 때로는 정보 제공자들은 '그들은 네 어머니야'라는 말로

나의 모계씨족을 지칭하기도 했다.[282]

어머니는 자식을 낳은 생모 한 사람이 아니라 "우리" 혹은 "그들"
즉 모계씨족 전체를 은유한다. 출산은 "우리"가 낳는 것이기 때문에 산
모의 개인 행위를 초월하여 "우리"의 공동행위이며 육아도 생모 혼자서
감당하는 몫이 아니라 "우리" 전체가 감당하는 공동노동이다. 육아에
참여하는 모든 사람이 어머니이다. 환언하면 모든 사람이 육아에 동참
한다. 외삼촌도, 누이와 고모, 형수와 외숙모 등도 육아활동에 동참한
다. 그들은 모두 어린이의 어머니이다. 결국 이 시기의 출산과 육아는
공동체의 공적 활동이라고 할 수 있다. 당시 출산과 육아 행위를 공동
체와 분리하여 생각할 수 없었던 이유는 그 행위가 개인을 넘어 공동체
를 위한 행위의 일환이었기 때문이다. 베이트슨이 서술하고 있는 현대
미개인들의 네이븐 의식에서 보여주고 있는 상황은 우리 담론의 주제
인 신석기시대 초·중반의 출산·육아 상황을 재현하고 있는 듯하다. 어
쩌면 그때의 상황이 오랜 세월이 흘렀지만 일부 부족을 통해 전통으로
남아 내려온 은유된 흔적일 가능성도 배제할 수 없다. 출산과 육아가
개인의 행위가 아니라 공동체의 행위였던 시기는 인류역사상 이 시기
가 유일하다고 할 수 있다. 여성이 그들만이 누릴 수 있는 개인적인 권
위를 포기하고 집단에 반납한 이 희생적인 정신은 인류를 위기에서 구

---

282 그레고리 베이트슨 지음. 김주희 옮김. 『네이븐』. 아카넷. 2002년 11월. p. 22. pp. 24~
      25. p. 90.

신석기시대
세계 여성사

원했다. 이런 의미에서 신석기시대의 여성은 문자 그대로 위대한 여신들이었다고 단언할 수 있을 것이다.

부처거주는 말할 것도 없고 모처거주 혼인도 이 시기를 과도한 후에야 나타난 현상이다. 여성의 희생정신으로, 집단 출산과 육아의 선택으로 인구 특히 남성 인구가 급증했다. 남성은 임신·출산·육아 등으로 인해 수명이 짧은 여성에 비해 수명이 길어 인구증장도 긍정적인 영향을 미쳤다. 남성 인구의 증장은 곧바로 성비 변화로 이어졌고 뒤이어 그들의 개입에 의해 근친상간법이 다시 복구되고 모처거주 또는 족외혼이 성행하기 시작했기 때문이다.

> 원시 집단의 문제 중에서 우리가 한 가지 단정할 수 있는 것은 모든 집단이나 또는 거의 모든 집단의 경우 남녀의 성비가 균형을 유지하지 못하고 있다는 점이다. 즉 남자가 많다는 사실이다.…… 족외혼이야말로 성비의 불균형 속에서 그 기원을 찾을 수 있는 것이다.[283]

공동체에서 어느 순간 남성의 비례가 여성을 전복했다는 사실은 아내와 아들의 근친상간을 금지시키고 감독 혹은 처벌하는 제도가 부활했다는 것을 의미하며 공동체 내에서 아내로 제공될 수 있는 인원이 부족함을 의미하기도 한다. 일단 근친상간법이 작동하면 그 제재 대상

---

283   J.F 맥리넌 지음. 김성숙 옮김. 『혼인의 기원』 나남출판. 1996년 10월. p.92.

에 동일 혈통의 여자들도 포함될 수밖에 없었을 것이고 그렇게 되면 남성이 실제로 선택할 수 있는 성 파트너의 수효는 더 줄어들 수밖에 없었다. 이런 불리한 상황을 타개할 수 있는 방법은 다른 공동체의 여성들과 결혼하는 길밖에는 없다. 그것이 족외혼이고 그 첫 시작이 모처거주의 형식을 취했던 것이다. 다행스러운 것은 남성 인구는 늘어났지만, 근친상간금지 규칙도 다시 작동했지만, 모처거주로 인해 여성의 남성에 비해 상대적으로 우월한 지위는 당분간 유지될 수 있었다는 사실이다. 물론 모권제도도 명맥을 유지할 수 있었다. 다시 말해 여성의 주도적인 지위가 남성 인구의 증장과 근친상간법의 작동에도 불구하고 한동안 더 역사를 견인할 수 있게 되었다는 것이다.

ㄴ. 남편을 위한 출산과 개인 육아

모처거주 형태는 비록 농경 초기 또는 중반의 근친상간적인 난교를 극복한 한층 진보된 혼인 형식이라고 할 수 있지만 그렇다고 여성이 중견적인 지위를 향유하는 모권제도가 전복되거나 약화된 것은 아니었다. 왜냐하면 농업은 여전히 당시 경제적인 삶을 견인하는 지배적인 생산방식이었으며 그 주체인 여성의 역할도 약화되지 않았기 때문이다. 경제적인 삶을 주도하는 주체가 여성인 이상 그 권위는 남성에게 양도될 수 없었다.

경작에만 의존하는 집단의 경우, 공동체의 경제에 기여하는 여성의 역할이 매우 중요하다. 따라서 혈연은 자연스럽게 모계였

을 것이며 "모권" 체제가 유지되었으리라 추측된다.[284]

인류사회라는 이 가장 일찍이 건립된 사회집단에서 여성은 무상
의 권위를 가지고 있었다. 그들은 여성의 방식으로, 정확히 말해
어머니의 방식으로 씨족 내부의 생산과 분배를 관리하고 촌락
사이의 모순과 분쟁을 중재했다. 그들은 평화의 사자였으며 권
위의 상징이었다.[285]

공유지에서의 공동 경작과 공동 가옥에서의 공산주의적인 생활
은 여계의 혈통을 바탕으로 모권과 여성지배의 현상을 만들어냈던 것
이다.[286] 모처거주는 이 기본적인 틀을 유지한 상태에서 다른 모계사회
의 남성을 임시 구성원으로 불러들여 생리적·경제적인 생산에 참여시
켰을 따름이며 그 외에 변한 것은 아무것도 없었다. 다른 모계사회의
남성이 공동체에 들어온다고 해서 농업의 주체인 여성의 지위는 변하
지 않기 때문이다. 따라서 모처거주의 보편화는 도리어 모권제를 강화
시키는 명분이 될 뿐 조금도 훼손시키지 못했던 것이다.

모처거주를 촉진하는 이유는 이것과 전혀 다르다. 리페르트는
모처거주가 한 부족의 생계수단이 성적 분업에서 여자의 활동에

---

284   고든 차일드 지음. 고일홍 옮김. 『인류사의 사건들』. 한길사. 2011년 10월. p.117.
285   禹燕著. 『女性人类学』. 東方出版社. 1988. 6. p.71.
286   모오건 지음. 崔達坤·鄭東鎬 공역. 『古代社會』. 玄岩社. 1979년 5월. p.364.

주로 의존하면 특히 존재하기 쉽다는 제안을 했다. 여자의 경제적 공헌을 남자의 그것보다 한 수준 위로 향상시키는 상황은 이전에 수렵과 채집에 의존한 사회에 농업을 도입하는 것이다. 농경은 일반적으로 여자의 일이므로 모처거주와 모계출계는 보다 낮은 농경부족에서 특히 일반적인 경향이 있다.[287]

농업의 실시로 여성이 풍부한 식량공급을 하면서 가지게 된 재산 문제에서의 우월성과 토지 소유에서의 우월성에 대한 튠발드의 주장[288]은 물론 설득력이 부족하다. 모권제하에서 토지를 포함한 모든 생산수단과 그 생산수단에 의해 획득된 재산은 공유이기 때문이다. 그리고 농업이 모처거주의 원인이라는 주장에도 설득력이 부족하기는 마찬가지이다. 모처거주를 선택한 남성이 속한 공동체도 같은 모권제도로써 농업이 생계수단이기 때문이다. 굳이 모처거주를 선택하지 않더라도 자신이 속한 공동체의 생계활동도 여성에 의존하기 때문이다. 그러니까 여성이 농업의 주체라는 조건만으로 다른 공동체의 여성을 아내로 맞는 모처거주를 선택할 필요가 없다는 결론이 나온다. 모처거주의 이유는 앞서 언급했던 것처럼 단 하나 남성 인구의 증가와 성비 변화, 근친상간금지법의 작동에 의해 제기된 새로운 난제를 푸는 해결책이라는

287   죠지 피터 머독 지음. 조승연 옮김. 『사회구조 친족인류학의 이해』 서경문화사. 2004년 6월. p.257.
288   죠지 피터 머독 지음. 조승연 옮김. 『사회구조 친족인류학의 이해』 서경문화사. 2004년 6월. p.256.

신석기시대
세계 여성사

사실에서 배당된다.

　모권제의 약화나 훼손이 없는 상태에서의 모처거주의 산생은 그 것이 새로운 혼인양식이라는 사실 외에는 출산과 육아에 미치는 영향 은 거의 미미한 수준이었다는 점에 역점을 둘 필요가 있다. 다시 말해 남편의 모처거주는 생리적·경제적 생산노동의 참여로 그 역할이 종료 될 뿐 출산과 육아의 형태는 종전과 다름없이 공동체 모든 성원이 참여 하는 공동출산, 공동육아라는 사실은 변하지 않는다. 분명하게 새로운 혼인제도가 탄생했음에도 불구하고 익살맞은 역사는 은연중에 여성이 누릴 수 있는 권위의 시간을 연장해 준 것이다. 모처의 임시 성원으로 서의 남편은 아내와 그들 공동체에서 진행되는 출산과 육아활동에 일 절 개입할 권리가 없었다. 출산과 육아뿐만 아니라 공동체 내부의 생산 과 분배는 남편의 엄연한 존재에도 불구하고 여성에게 관리권이 있었 기 때문이다. 여성이 그 성스러운 역사의 수레바퀴를 굴릴 수 있는 기 회가 영광스럽게도 한 번 더 주어진 것이다.

　하지만 여성의 이 막강한 권력은 방형가옥의 배후에 숨어 슬그머 니 모습을 드러낸 부처거주라는 새로운 제도에 의해 뿌리째 흔들리게 된다. 모처거주에서 부처거주에로 전환한 원인에 대해서는 여러 가지 주장들이 혼재하는 양상이다. 그중에는 농업의 대 면적화와 그 결과물 로서의 사유재산의 확립을 이유로 제시하는 학자들도 있다. 남자는 낯 선 환경에 적응하지 못하기 때문에 친숙한 환경에 머물려고 하는 관습 을 부처거주의 원인으로 제시하는 황당한 경우도 있다.

| 사진 44 | 당대의 저명한 인류학자 죠지 피터 머독(좌)과 줄리안 스튜어드(우)

두 학자는 자신들의 저서 『사회구조』와 『문화변동론』 등에서 부처거주가 등장한 이유를 남성들이 수렵에 익숙한 지형을 떠나기 싫어한다는 얼토당토않은 주장을 펴고 있다. 하지만 부처거주 즉 부권제의 과도기는 이미 농업이 주요 경제수단이 되었을 뿐만 아니라 그 수확으로 식량을 보장할 수 있어 수렵의 중요성은 한참 떨어진 시기였다. 게다가 수렵사회는 정주가 아니라 이동을 전제로 한다.

여자는 다른 공동체로 가서 남편과 결합하고 성장하면서 그녀가 배운 숙련된 모든 기술을 장애 없이 계속 수행할 수 있다. 그러나 모처 혼인으로 인하여 새로운 공동체로 가는 남자는 전혀 새로운 환경에 익숙해져야 한다. 오솔길과 지형의 위치, 좋은 목재가 있는 곳, 사냥감이 많이 나타나는 곳, 광물이 있는 곳, 좋은 목초지나 또는 물고기가 가장 잘 잡히는 곳 등의 위치에 관하여 그가 소년기나 청년기에 배운 지식은 거의 쓸모없게 되고 새로운 영역에 대해 새롭게 배워야 한다. 이런 사실이 남자의 경우 혼인으로 인하여 공동체를 이동하는 것을 억제하게 하는 반면에 여

자의 경우에는 그것이 영향을 거의 미치지 않는다.[289]

스튜어드는 부거 무리의 기원을 자연적인 남성 지배(Steward 1936: 나중에는 이 생각을 철회하였다) 그리고 공동으로 사냥하기 위해 남자들(형제들)이 서로 뭉칠 필요에서 찾을 수 있다고 생각하였다. 또한 그는 사냥꾼에게는 지역의 지식이 성공적인 사냥에 필수적이기 때문에 어린 시절 살던 곳에 머물러야 한다고 주장하였다.[290]

남성은 자신이 친숙하게 알고 있는 곳에 계속 머물기를 원하기 때문에 혼인 후의 부처거주는 부계로 연결되어 있는 가족에 의해서 관습적으로 점유되고, 사용되고, 지켜지는 지역이 생기게 한다.[291]

상술한 주장들이 얼토당토않다고 감히 단정할 수 있는 이유는 부처거주가 등장하던 시기를 농업사회라고 전제할 때 당시는 수렵·채집 사회가 아니라 이미 여성이 주도하는 농업사회로 과도한 이후라는 사실을 외면했다는 점에 있다. 사냥감이 많은 곳을 익숙하게 숙지하는 것과 같은 지식은 이미 농경지식에 의해 한참 뒤로 밀려난 시기이기 때문

289 죠지 피터 머독 지음. 조승연 옮김. 『사회구조 친족인류학의 이해』. 서경문화사. 2004년 6월. p. 265.
290 로버트 켈리 지음. 성춘택 옮김. 『수렵채집사회(고고학과 인류학)』. 사회평론아카데미. 2014년 12월. pp. 34~35.
291 줄리안 스튜어드 지음. 조승연 옮김. 『문화변동론』. 민속원. 2007년 12월. p. 186.

이다. 그런 경험이 없더라도 인류는 농업생산에 의한 수확물에 의해서도 생계를 충분하게 유지할 수 있었다는 사실에 주목할 필요가 있다. 이 시기에 남성이 친숙하게 알고 있는 지식과 경험은 모처에서나 자신의 공동체에서나 똑같은 농경기술이다. 성공적인 사냥이 아니라 성공적인 농경이 무엇보다 중요한 시기였다. 성공적인 농경과 가축만 전제되면 사냥에서 실패하더라도 생계가 확실하게 보장되기 때문이다. 스튜어드는 모계 무리의 존재 요인들 중 하나를 "이웃하는 집단의 관습이 전파된 결과"[292]라고 단정한다. 우리는 이 정의를 뒤집어 역으로 사용해볼 필요가 있다. 즉 부거 무리의 생성 요인을 이웃하는 집단의 관습이 전파된 결과라고 단정하는 방법 말이다. 실제로 우리는 앞의 담론에서 남성이 지배하는 부권제 사회가 우바이드문화 초기에 양강유역 삼각주 유적에서 시작되었다는 사실을 확인한 바 있다. 그리고 이 문화가 금속의 확보를 위해 사방으로 식민지를 개척하면서 주변으로 전파되었다는 사실도 알고 있다. 메소포타미아 북부 지역에서 원형가옥과 방형가옥이 공존하는 원인도 여기서 풀어야만할 것 같다. 부처거주 경우에 남편이 아내와 장래에 태어날 자식의 보금자리로 새로 지은 건물이 다름 아닌 이 지역에서의 방형가옥의 시작이었을 가능성이 많기 때문이다. 기존의 소규모 원형가옥으로는 늘어나는 식구들의 충분한 생존공간을 제공할 수 없다.

---

292 로버트 켈리 지음. 성춘택 옮김. 『수렵채집사회(고고학과 인류학)』 사회평론아카데미. 2014년 12월. p.33.

이 방형건물의 중요성은 여기서 끝나는 것이 아니다. 남편이 아내와 가족을 위해 지은 이 방형건물은 공동체의 입장에서 볼 때는 여전히 공유재산이지만 이방인인 아내와 신생아들의 입장에서 보면 아버지의 개인 소유 즉 재산일 수밖에 없다. 다시 말해 이 방형가옥은 우바이드 문화시기에 불가항력의 홍수가 밀고 간 폐허 속에서 일떠선 방형가옥과 다를 바 없이 인류역사에서 처음으로 되는 개인이 소유한 사적 재산이 되는 셈이다. 공동체에서는 공유이지만 가족 내에서는 부자간에 상속 가능하기 때문이다. 그야말로 역사적인 사건이 아닐 수 없다.

물론 이 사건, 방형가옥의 탄생은 남성에게는 사유재산이라는 혜택과 권위를 선물했지만 여성에게서는 도리어 기존의 권위를 박탈당하는 악영향을 미치게 된다. 가옥의 개인 소유는 여성의 출산과 육아노동의 성격마저 불시에 변질시키며 불리한 인소로 작용하게 되기 때문이다. 여성은 남편에게 속한 이 가옥의 탄생으로 인해 모든 지위를 해제당하고 남성의 지배 밑으로 들어가지 않으면 안 되는 불행한 운명의 길에 접어들게 된다. 이제 여성의 역할, 출산과 육아를 포함한 가사노동은 공동체를 위한 사회적인 행위가 아니라 사적 소유물인 가옥 내에서 남편을 위해 강요되는 개인노동으로 전락하고 만다는데 여성의 불행이 존재한다.

사유제 확립 후 여성 노동의 내용은 사실 결코 변하지 않았다. 그렇지만 성격은 근본적으로 변화했다. 여성이 원래 종사했던 인구출산, 자녀양육, 가사노동 등 일은 순수한 개인노동이 되었다. 즉 여성의 노동은 사회성을 상실했다. 이것은 여성이 사회에서 존경을 받는 지위를 상실했음을 의미한다.[293]

여기서 필자가 주장하는 사유제는 결코 일부 학자들이 주장하는 토지나 도구 등 모든 경제 분야를 포괄하는 거시적인 의미에서의 재물의 축적에 의한 결과물이 아니다. 사유제는 그 탄생 초기에는 그야말로 단순하고 아주 우연한 기회에 작은 것 즉 방형가옥의 출현에서부터 시작된 현상에 지나지 않는다. 게다가 아직도 모권제가 작동하는 공동체 내부에서 조심스럽게 싹터 서서히 부권제로 성장하는 밑거름이 되었던 것이다. 한 점의 불꽃이 요원의 불꽃으로 타오른 것이다. 여성의 우월한 사회적 지위는 그렇게 서서히 몰락했으며 그와 동시에 출산과 육아도 사실상 견고한 방형가옥 안에 연금되며 남편만을 위한 노예노동으로 타락하게 되었던 것이다. 사실 여성이 사회적인 지위를 누리고 남성의 숭배대상이 될 수 있었던 가장 중요한 자본은 출산과 육아의 신비로움이었다는 사실은 우리는 이미 졸저『구석기시대 세계 여성사』의 담론을 통해 소상하게 인지하고 있다.

여성을 여성이라고 할 수 있는 이유는 많은 경우에 그들이 아이를 낳을 수 있다는 점─즉 인류자신의 생산에 종사한다는 점이다. 이는 인류역사가 여성에게 부여한 특수한 사명일 뿐만 아니

---

293 李平著.『世界妇女史』. 海南出版社. 1995. 7. p.14.

라 인류사회발전에 대해 기여한 여성의 특수한 공헌이기도 하
다.…… 여성의 생육 노동은 공동체의 흥망발전과 사회의 발전
에 대해 결정적인 작용을 했다. 때로는 심지어 씨족의 생사존망
과도 관계되기에 사람들은 모성을 매우 존경했으며 심지어 숭배
했다.

일반적으로 말해 원시인들은 모두 여성의 일체 모성을 존숭했
다. 원시인은 배가 불어나는 여성의 회임과 출산·육아를 목격한
다. 때문에 여성의 창조력은 확실하고 명백한 것임을 알 수 있었
다. 결과적으로 종족의 연속성의 중대한 임무 즉 후대의 계승과
멸망을 이기기 위해 반드시 필요한 생식력의 임무는 여성의 어
깨에 떨어졌으며 그들의 자궁에서 흘러나오는 생식력이 인류의
계승을 보장한다. 환언하면 여성이 가진 신성한 생식력은 일종
의 위대한 우주적인 모성이라 할 수 있다. 그들은 신비한 자궁으
로 신기한 생명을 창조하기 때문에 어머니신, 여신, 생식신이 되
었다.[294]

그런데 부처거주와 그 제도에서 파생된 재산의 사유화로 말미암
아 "여성의 노동은 사회성을 상실"했으며 원래 존경과 숭배의 대상이었
던 "인구출산, 자녀양육"은 물론이고 그들의 모든 "가사노동까지 순수

---

294 李平著. 『世界妇女史』. 海南出版社. 1995. 7. pp.5~9.

한 개인노동"[295]으로 분류되며 어머니신·여신·생식신에서 생산을 위한 단순한 생리적 도구로 전락하기 시작했다. 여성의 출산은 단지 남성의 후대를 이어주기 위한 생리적 기능으로 축소될 수밖에 없었다. 육아 역시 남편의 후대 양육을 위한 아내의 개인노동으로 그 의미가 격하되며 존경과 숭배가 배제되었다. "곡물 위주의 식료를 섭취"함으로써 수렵·채집시대에 존재했던 이동에 의한 출산율의 억압과 낙태 가능성"[296]을 극복하고 또 이러한 출산율 증가로 인해 "정주 공동체 및 곡물 의존적 공동체…… 빈번히 발생하는 전염성 질병과 지나친 탄수화물 의존 식단으로 인해 수렵·채집집단보다 높아진 유아 사망률"[297]과 같은 불리한 상황을 극복했지만 그런 높은 출산율도 결국은 남편이 속한 부계 인구를 늘려주는 역할밖에 할 수 없다는 한계에 직면한 것이다. 여성을 신으로까지 격상시켰던 성스러운 출산은 결과적으로 여성과는 아무런 관계도 없는 타자를 위한 일상적인 위탁노동이 되었으며 타자를 위해 여성이 지고가야 하는 무거운 운명의 짐이 되고 만 것이다. 여성은 더는 신비롭지도 존경스럽지도 않은 생육의 기계가 되었으며 다른 사람을 위해 아이를 기르는 이른바 육아노동을 감당해야만 했다. 여성의 이러한 참패와 불행은 신석기 후반과 고대·중세로 갈수록 더욱 악화된다. 졸저 『구석기시대 세계 여성사』에서 미리 누설한 여성의 역사적 변천 과정

---

295 李平著. 『世界妇女史』. 海南出版社. 1995. 7. p.14.
296 로버트 웬키 지음. 안승모 옮김. 『선사문화의 패턴 Ⅰ』. 서경. 2003년 11월. p.329.
297 주디스 코핀·로버트 스테이시 지음. 박상익 옮김. 『새로운 서양문명의 역사 (상)』. 소나무. 2014년 3월. p.29.

즉 娠→神→鞋→新 "신"의 코스를 따라 가고 있다고 단언할 수 있다.

3) 여성과 미모

ㄱ. 여성의 장식품

신석기시대 여성은 이미 단순한 식물채집자가 아니라 농경민이었다. 그들은 겨울 한철을 제외하고는 일 년 내내 곡식을 심고 풀을 뽑고 수확하고 가공하여 곡물을 저장하는 등 고단한 농사일로 분망하게 보내야만 했다. 원시적인 수공으로 장신구를 만들려면 엄청난 시간이 소비되었기에 농사꾼들에게는 기피 대상이 될 수밖에 없었다. 예를 들어 2만 8천 년 전 러시아 숭기르 유적 무덤의 노인의 시신에서 발견된 여우 이빨이 달린 구슬 모자의 "구슬 하나를 제작하는데 1~3시간이 걸리므로 그 구슬들을 전부 만드는데 필요한 시간은 1만 3천~3만 9천 시간(18~54개월에 해당)"[298]이 소비된다는 사실이 실험 결과로 나왔다. 신석기시대에 장신구 제작에 드는 시간 부족 현상은 적어도 소와 금속 보습을 장착한 쟁기를 사용하고 관개시설을 도입하여 대규모로 경작을 할 때까지 지속되었을 것으로 추정된다.

1만 년 전까지만 해도 흔하게 발견되던 장신구가 신석기시대에

298 조르주 루(Georges Roux) 지음. 김유기 옮김. 『메소포타미아의 역사 1』. 한국문화사. 2013년 12월. p.68.

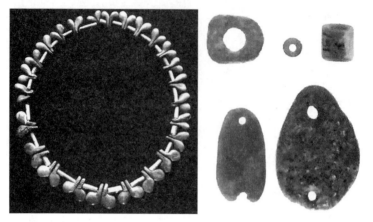

| 사진 45 | 돌·조가비·뼈로 만든 나투피안 구슬

요르단 계곡의 나투피안Natufian인들의 구슬은 12000~10000년 전의 것이다. 신석기시대 장신구는 초반에만 일부 나타날 뿐 농업이 본격화되면서부터 제작이 갑자기 줄어든다. 아마도 농경으로 인한 흙의 문화에로의 전환 때문이었을 것으로 추정된다. 실제로 이라크 자르모유적 에서는 흙으로 구워 만든 목걸이가 출토되기도 했다.

들어오면서는 갑자기 줄어들었거나 간헐적인 추세가 나타나기 때문이 다. 벌써 신석기 초기 유적인 차탈휘위크에서도 부장품 중 장신구는 여 성묘와 유아묘 일부에서만 나타난다. "패각과 돌로 만든 목걸이, 팔찌 와 발목장식이 부장"되어 있었다. 이것은 구석기시대 "러시아 숭기르 유적의 예순 살 노인, 어린 소년과 소녀 무덤에서 출토된 각각 2936개, 4903개, 5274개의 구슬"[299]에 비해 너무나 보잘 것 없는 수량이 아닐 수 없다.

기원전 6750년~기원전 6500년의 알리 코쉬Ali kosh의 부스 모르데

---

299 로버트 웬키 지음. 김승옥 옮김. 『선사문화의 패턴 II』. 서경. 2004년 2월. pp.94~68.

유적에도 얼마간의 "바다 조개와 터키옥 구슬이 포함"[300]되었을 뿐이다. 기원전 6750년~기원전 6000년 알리 코쉬 유적에서는 "구리 구슬과 터키산 돌구슬"[301] 일부가 발견되었고 기원전 6000년~기원전 5000년 사이의 텔 아스사완 유적의 "대부분의 무덤에서도 최소 1개의 장식품(주로 설화석고雪花石膏 조각품), 외래 기원의 돌로 만든 구슬"[302]이 발견되었을 뿐이다. 이 밖에도 넴리크Nemrik유적(연대는 B.C. 8300년, 7500년, 7100년, 6600년과 6000년), 셈샤라Shemshara유적 하수나문화(연대는 기원전 5500년~5000년 전후) 야림Yarim I 유적들에서도 팔찌와 목걸이 등이 발견되지만 구석기시대에 비하면 보잘 것 없는 수준이다.

> 남자들의 장식품으로는 귀걸이, 목걸이, 장미꽃을 조각한 넓은 팔찌, 양산, 부채 등이 있었다.…… 여자의 의상은 잘 알려지지 않았는데 이는 대부분 은둔생활을 했기 때문에 전해지는 것이 별로 없기 때문이다.…… 페르시아인 여자의 의상에 대하여는 은둔생활로 인하여 거의 알려지지 않았다.…… 남자의 머리와 장식으로서는 남자는 꼼꼼한 컬을 하였고 금가루를 뿌렸다.…… 기타 보석으로 만든 귀걸이, 목걸이, 호화로운 부채, 장갑, 파라솔 등을 만들었고 권력의 상징으로 도장반지sine btring를 사용했다.

---

300 로버트 웬키 지음. 김승옥 옮김. 『선사문화의 패턴 II』. 서경. 2004년 2월. p.59.
301 楊建華著. 『兩河流域史前時代』. 吉林大学出版社. 1993年 5月. p.30.
302 로버트 웬키 지음. 김승옥 옮김. 『선사문화의 패턴 II』. 서경. 2004년 2월. p.102.

기원전 3000년대에서 기원전 2000년대에 활동한 수메르의 여자들은 단순한 형태의 복장을 하였으며 숄을 많이 사용하였다.

서아시아 지역의 장신구는 이집트와는 달리 비교적 발달하지 않은 상태였다.[303]

메소포타미아 예술에서 새총, 금속도끼 그리고 만곡도sickle sword를 비롯해 지팡이, 화살통 그리고 철퇴와 같은 무기류 이외의 장신구는 거의 찾아볼 수 없다.[304]

메소포타미아 여성들이 "대부분 은둔생활을 했다"는 표현은 신석기시대 중·후반 인류의 정착과 농업 그리고 가옥에서의 생활을 염두에 둔 것이라 간주된다. 필자는 졸저『구석기시대 세계 여성사』에서 장신구를 대신구帶身具라고 표현한 적이 있다. 수렵·채집민이 이동할 때 개인 소장품들을 실에 꿰어 몸에 휴대하기 위해 제작한 것이 이른바 장신구이기 때문이다. 그런데 신석기시대에 와서는 가옥을 짓고 한 곳에 정착함으로써 이동이 필요 없게 된 것이다.

필자는 구석기시대에는 미모와 연관된 화장이나 장신구가 존재하지 않았다고 간주하기에 장신구라는 표현을 당연히 대신구帶身具라는 표현으로 바꿔야 한다고 생각한다. 대帶자는 "띠나 끈

---

303 백영자·유효순 지음. 『서양복식문화사』. 경춘사. 1989년 3월. pp. 52~53. p. 56.

304 퍼트리샤리프 애너월트 지음. 한국복식학회 옮김. 『세계복식문화사』. 위즈덤하우스. 2009년 10월. p. 37.

의 의미 외에 (몸에) 지니다, 휴대하다, 차다, 달다(달아매다—필자)"의 뜻을 가진 한자다. 『한어대사전』의 뜻풀이를 참고하면 패대佩帶는 (가슴이나 어깨에) 달다, (허리나 손목에) 차다는 뜻이고 휴대携帶는 '휴대하다, 몸에 지닌다'는 의미이며 괘挂는 '걸다' 등의 의미를 가지고 있다. 그래서 대신구帶身具라는 표현은 신체장식이 아니라 보관을 목적으로 몸에 달거나 차거나 거는 방법으로 간수된 소장품을 지칭하는, 가장 적절한 단어라고 생각한다.

장신구는 미모보다는 소유와 보관이라는 경제적 층위 개념으로서의 소장품이었다는 것이 필자의 지론이다.

입수가 용이하지 않은 조개껍데기나 매머드 상아와 같은 소장품들은 버리기가 아쉬워 구성원 개개인들이 사적으로 수집하여 구멍을 뚫고 끈으로 연결해 몸에 밀착 보관했던 것이다.[305]

정착 농업으로 이동의 필요가 없어진 만큼 구태여 아까운 시간과 품을 들여 구슬 같은 것에 일일이 구멍을 뚫고 하나하나 실에 꿰매야 하는 성가신 일도 필요 없게 된 것이다. 그러지 않아도 분망한 경작노동은 여성에게 한가한 시간을 허락하지 않았다. 하루 종일 농사일에 종사하는 농부에게는 몸에 착용한 무거운 석제 혹은 골제 목걸이와 팔찌는 아무런 도움도 되지 않았다. 게다가 새롭게 나타난 흙에 대한 애착

---

305 장혜영 지음. 『구석기시대 세계 여성사』. 어문학사. 2015년 4월 29일. pp. 174~175.
     p. 181. p. 187.

은 많건 적건 돌과 뼈에 대해 등한시하게 만들었다. 여권제가 붕괴되고 부권제가 굴기한 이후부터, 개인재산이 등장하고 축적되며 계급사회가 나타나면서부터 함께 대두한 금속문화와 타결하여 진정으로 미모와 연결된 장신구문화가 탄생했다.

그런데 여기서 우리가 주목해야 될 또 하나의 사실이 있다. 그것은 다름 아닌 "구운흙으로 만든 목걸이"[306]라는 표현이다. 이 흙으로 구워 만든 목걸이는 신석기시대 이라크 자르모 유적에서 출토된 것이다. 우리가 이 표현에 집착해야만 하는 이유는 이 시기가 흙의 문화 즉 농업시대이기 때문이다. 앞의 담론에서 우리는 이미 이 시기 메소포타미아 더 나아가 서아시아 대부분 지역의 도구가 석기 대신 진흙으로 제작되었음을 확인한 바 있다. 그렇다면 이 시기의 장신구도 많은 경우에 진흙을 소재로 소성을 통해 돌과 유사한 경도硬度를 확보한 뒤 구슬이나 팔찌 등을 제작했을 가능성을 배제할 수 없다. 다만 그런 진흙 장신구들이 아직 발견되지 않았거나 훼손되었을 가능성도 없지 않다. 물론 이 시기는 경작에 많은 시간을 소비했기에 장신구 같은 것을 만들 여유가 없어 설령 진흙 장신구를 만들었다고 해도 아주 적은 양일 것으로 추정된다.

메소포타미아에서 장신구가 발달하지 못한 이유는 자연환경과도 연관이 있다. 이 지역은 구석기시대 말기까지 장신구 제작의 주요한 재

---

306   조르주 루(Georges Roux) 지음. 김유기 옮김. 『메소포타미아의 역사 1』. 한국문화사. 2013년 12월. p. 58.

료로 사용되었던 돌이 적고 금속 광물도 적었기 때문에 관련 제작이 위축될 수밖에 없었다. 이 지역에서 장신구가 정상적으로 제작되기 시작한 시점이 우바이드문화 후기 즉 우바이드문화의 식민지 정책으로 다른 지역에서 금속이나 석재를 수입한 이후에 나타난다는 사실에서도 입증된다. 석재·금속·목재뿐만 아니라 조개껍데기 같은 재료도 다른 곳에서 무역을 통해 들여오면서 한동안 주춤했던 장신구 제작이 다시 부활하게 된 것이다.

> 수메르인은 대부분 농업과 목축에 종사하였고 상인들은 대상을 편성하여 농산물이나 직물을 소아시아 지역에 팔고 석재·금속·목재 등을 수입하였다.[307]

이런 자연환경의 제약 말고도 장신구가 발달하지 않았다는 사실은 여유 시간의 부족을 초월하여 다른 한편으로는 당시 여성들이 적어도 아름다움에 대해 관심이 적었다는 것을 역설한다. 그도 그럴 것이 당시 여성들의 최대 관심사는 앞의 담론에서도 확인된 바와 같이 출산이었다. 대충돌 사건으로 대량의 남자들이 죽은 마당에 장신구를 만들어 몸을 치장하고 유혹할 만한 이성도 없었다. 당시 여성들에게 애정이나 성 쾌락보다는 될수록 아이를 많이 낳아 위기에 처한 공동체를 구원하는 것이 우선이었다. 그것은 당시 여성들의 이성과의 교합의 유일한

---

307 신상옥 지음. 『서양복식사』. 수학사. 2016년 2월 22일. p.24.

목적이었을 것이다. 그리고 모계사회에서, 권력이 여성의 손에 장악된 공동체에서 여성이 굳이 아름다운 장식으로 남성을 유혹해야 할 필요도 없었다. 여성이 부르면 남성은 나타났고 성관계의 선택권도 여성 쪽에 있었기 때문이다. 여성은 농사일에 집중하여 거기서 획득한 풍족한 수확물로 자식을 길러내야만 했다. 출산이 의미가 있으려면 성공적인 육아와 결부되어야 하기 때문이다. 기아와 질병으로 아이들이 죽는 숫자가 늘어날수록 인구 성장의 목적도 이루지 못할 것이다. 이런 의미에서, 인구증장이라는 목적 하에서 장신구는 아무런 역할도 없을 수밖에 없었을 것이다. 그것은 그냥 거추장스러운 단순한 물건에 불과했다. 그런 아무짝에도 쓸모없는 물건을 만들려고 시간을 허비하며 장신구 제작에 나설 만큼 당시 여성들은 어리석지 않았다.

비슷한 시기 장신구 제작에서 부진했던 메소포타미아와는 달리 이집트에서 장신구가 상대적으로 발달한 이유는 기후와의 연관에서 찾을 수 있을 것이다. 이집트인들의 삶의 보금자리인 나일강 유역은 뜨겁고 건조한 아열대성 기후에 속한다. 따라서 의복도 체열이 발산될 수 있도록 헐렁하고 간편한 형식을 선호했다.

이집트 주민의 대다수가 나일강 유역에 거주했기 때문에 자연히 복식은 나일강 유역의 뜨겁고 건조한 아열대성 기후에 적응할 수 있는 방향으로 발전하게 되었다. 그들의 의복형은 신체의 일부에 간단히 걸치거나 전체에 헐렁하게 둘러 입는 식의 밀착되지 않는 형태를 취함으로써 체열의 발산을 최대한 크게 할 수

있었다.…… 이집트는 같은 시대의
다른 민족에 비해 장신구의 발달이
현저했는데 그것은 의복이 단순하
고 노출이 많아서 신체 자체에 장
식을 하고자 하는 욕구가 컸기 때
문이며 또한 재료의 종류가 다양하
고 양이 풍부했기 때문이다.[308]

이집트의 의복은 몸을 많이 노출시
키는 개방적인 형태였으므로 자연
히 반나체의 몸에 장식을 많이 하
였다.[309]

| 사진 46 | 화장을 한 왕비

벽화 속의 이집트 왕비 네페르타리는 진
한 눈화장을 한 모습이다. 이 시기의 화장
은 미모와 권위를 상징하였겠지만 신석기
시대의 눈화장의 목적은 미용보다는 약용
으로 사용되었을 것이다. 광선에서 피부를
보호하고 독충의 접근을 차단하기 위해서
사용되었을 것으로 추정된다.

그러나 장신구의 발달 이유로 의복이
단순하고 노출이 많아서 신체에 장식을 하
고자 하는 욕구가 크기 때문이라는 조건을
제시하는 건 설득력이 부족해 보인다. "화려한 원색의 목걸이·팔찌·발
찌 등의 장신구"들로 반나체를 가릴 수는 없으며 또한 그런 장신구들로
나체로 인해 유발된 수치심을 제거할 수도 없기 때문이다. 차라리 장신
구 발달의 원인을 "재료의 종류가 다양하고 양이 풍부했다"는 조건이

308   정흥숙 지음. 『서양복식문화사』. 교문사. 2010년 1월 22일. p.4.
309   신상옥 지음. 『서양복식사』. 수학사. 2016년 2월 22일. p.21.

신빙성이 더 높아 보인다. 메소포타미아 지역은 이집트에 비해 상대적으로 장신구로 사용될 만한 재료가 빈약하기 때문에 장신구의 발달도 재료가 풍부한 이집트에 비해 낙후했다는 주장에 명분이 실리기 때문이다.

어쩌면 이집트가 같은 시기 다른 지역에 비해 장신구가 발전한 이유는 또 다른 조건에서 기인한 것인지도 모른다. 무더위나 해충, 질병과 같은 위험으로부터 몸을 보호하려는 의학적인 이용 또는 원시적인 신앙과 관련된 상징적인 형식일 가능성도 배제할 수 없기 때문이다.

> 이집트인의 장식품은 상징성을 지닌 것들이 많으며, 무서운 질병이나 재난으로부터 보호받고자 하는 원시적인 신앙과 관련된 것으로 부적의 의미를 지닌 것들이 있다. B.C 4000년대의 것으로 추정되는 조개껍데기와 돌로 된 구슬을 꿰어 만든 목걸이가 현재 남아 있으며, 신왕국의 것으로 황색 바탕에 여러 가지 보석과 유리를 박아 만든 목걸이passium는 부적의 뜻이 있는 장신구였다.[310]

물론 상징성을 띤 일부 장신구들이 발견된 연대는 신석기시대가 끝나고도 한참 뒤인 신왕국시대의 것이지만 그 유물에는 선사시대로부터 이어져 내려온 이집트 특유의 장신구의 전통이 배어 있을 것은 틀림

---

310 신상옥 지음. 『서양복식사』. 수학사. 2016년 2월 22일. p. 21.

없다. 기후와 자연환경에 적응하기 위해 선사 또는 고대 이집트인들이 슬기롭게도 의학적이고 신앙적인 의도를 장신구에 투영했을 거라는 추정은 전혀 개연성이 없는 주장은 아닐 것이다.

아무튼 그들이, 권력을 장악하고 있던 신석기시대 초·중반 여성들은 출산과 육아 그리고 농업과 흙의 문화에만 집착해 있었을 뿐 미모에는 별로 관심이 없었음을 담론을 통해 알게 되었다. 미모에 대한 여성의 관심은 남성이 지배권을 장악한 부권제 사회에 진입해서야 대두된다. 미모를 다듬지 않으면 권력을 쥔 남성에게 소외당해야만 했기 때문이다. 여성은 그때부터 남성을 위해 출산하고 가사노동을 했을 뿐만 아니라 미모를 다듬어 남성의 성적 흥분을 만족시켜주어야만 하는 노예로 전락하고 만다.

ㄴ. 여성의 화장

필자는 졸저『구석기시대 세계 여성사』에서 구석기시대 여성의 화장은 자신의 신변 안전보호를 위한 일종의 자구책의 일환이었음을 지적했다. 구석기시대 남성은 수렵의 필요성 때문에 몸을 위장했지만 체질적으로 남성보다 연약한 여성은 위험에 노출된 자신과 아이를 지키기 위해 몸을 위장—화장해야만 했다. 채집할 때는 물론이고 캠프에서 어린이를 돌보거나 가사노동을 할 때에도 항상 포식동물의 공격에 노출되어 있어야만 했기 때문이다. 수렵이 생계수단의 중심이었던 구석기인들은 대부분 짐승이 많이 출몰하는 위험지역에서 활동할 수밖에 없어 위험 수위도 그만큼 높을 수밖에 없었다.

여성의 우려는 남성들이 수렵을 나가고 여성들과 노약자, 어린이들만 남은 채집 장소나 캠프에 들이닥칠 포식자들의 불의의 습격이었을 것이다. 동굴 속이 아닐 경우 이러한 위험성은 더욱 급증한다. 여성들이 포식자의 공격으로부터 캠프와 자신의 신변 안전을 도모할 수 있는 방법 중에는 위장이 큰 몫을 차지한다. 포식자인 동시에 피식자인 구석기인들은 항상 육식동물의 공격에 노출되어 있었다.

그런데 캠프에 남아 있거나 채집활동을 하는 사람들은 대개 여성들이어서 포식자의 후각에 남성들보다 더 많은 정보를 제공해 주게 되어 있다. 월경(혈액), 모유, 환자들의 몸에서 분비되는 피고름 등은 모두 포식자의 후각을 자극하여 불러들이는 인소로 작용한다. 월경 중의 여성은 아주 적은 양의 출혈로도 맹수가 쉽게 추적할 수 있는 냄새 흔적을 남길 수 있었고, 맹수는 편리하게 그녀와 아이가 있는 곳을 찾을 수 있었다. 아이를 대동한 엄마는 포식자에게는 가장 사냥이 용이한 수렵물이다. 아이가 빨리 도망갈 수 없고 엄마는 아이를 버려두고 혼자 도망갈 수 없어 둘 다 희생물이 될 가능성도 크기 때문이다. 그러므로 방법을 강구하여 월경으로 인한 피 냄새와 육아로 인한 젖 냄새 등을 숨겨야만 피식의 위험성을 줄일 수 있다. 그것은 다른 더 강력한 냄새를 빌려 신체에서 분비되는 냄새의 강도를 낮춰야만 한다.

항균 기능뿐만 아니라 탈취脫臭기능까지 함유한 황토나 숯은 몸에 바르면 경혈, 모유 등으로 유발된 체취를 중화시켜 포식자의 후각을 혼란시키는 작용을 할 수 있다. 황토와 숯은 탈취 효과가 뛰어나기 때문에 현대에도 음식, 건축, 의상 등의 분야에서 냄새 제거용으로 광범위하게 사용되고 있다. 여기에 포식동물이 싫어하는 매리골드 같은 식물 즙을 혼합하거나 그대로 발라도 냄새 중화효과가 탁월했을 것이다. 염료로도 사용할 수 있고 강한 사향 향을 풍기는 "이러한 꽃에서 추출한 염료로 염색한 옷이나 수건, 장갑 등을 입거나 착용하면 해충이나 동물로부터 신체를 보호할 수 있다." 냄새가 강하거나 지독한 식물성 액체를 몸에 바르거나 휴대함으로써 정보를 제공할 수 있는 여성 특유의 체취를 중화시키는 방법도 포식자의 후각을 교란시키는 하나의 유효한 방법이었을 것으로 간주된다. 동굴벽화의 안료로 많이 사용된 산화철도 녹 냄새가 강한 염료다. 이 밖에도 포식동물의 후각을 혼란스럽게 하거나 꺼리게 만드는 냄새를 가진 동식물들이 많다. 심한 악취가 풍기는 코끼리의 소변, 지독한 냄새를 발산하는 스컹크와 노린재, "포식동물이 싫어하는 냄새나 분비물"을 배출하는 나비의 유충과 성충을 비롯한 동물들과 "중독성 물질을 포함한 식물들은 냄새가 고약"하기에 죄다 몸에 바르거나 휴대하는 것만으로도 포식자의 후각을 교란하는 소기의 목적에 도달할 수 있다.

그런데 육식동물인 고양이과 동물들은 후각보다 시각이 발달해 이에 대처하려면 숲이나 대지 혹은 불과 같은 보호색으로 자신을 위장할 필요가 생긴다. 풀잎이나 황토, 적토 또는 황색산화철은 포식자의 시야에 비치는 인간상을 숲이나 대지 또는 불빛으로 착각하도록 유도하는 위장물이 된다. 평범한 숲이나 대지에 관심을 가질 포식동물은 없으며 불은 포식동물이 공통으로 무서워하는 자연현상이기 때문이다.[311]

그런데 신석기시대에는 이미 수렵과 채집활동은 끝나고 농업사회로 진입해 있었다. 포식동물의 공격위험도 사라졌다. 그들이 활동하는 장소도 산이 아니고 평야여서 포식동물의 서식지를 벗어난 안전한 장소에 속했다. 설령 굶주린 맹수가 느닷없이 덮치는 일이 발생한다 해도 마을 사람들이 공동으로 대처할 수 있으며 농경지에서 일하는 사람들이 힘을 합쳐 위험에서 벗어날 수 있었다. 그러니 포식동물을 따돌리기 위해 고안된 위장—화장술도 더는 필요 없게 될 수밖에 없었다. 복잡한 화장에 드는 시간에 농사일을 하는 쪽이 훨씬 실용적이었을 것이다. 여러 사람들이 공동 생활하는 마을과 가옥은 여성들이 포식자들의 위협을 따돌리고 안전하게 지낼 수 있는 훌륭한 은신장소를 제공했다.

그리고 화장의 목적이 미모에 있다고 가정해도 당시 여성들에게는 어울리지 않는 판단이 될 소지가 많다. 역사적으로 여성이 미모에 관심을 가졌던 시기는 불리한 상황에 처한 여성이 권력을 쥔 남성의 호감을 사기 위한 목적과 연결되어 있기 때문이다. 고대와 중세 여성들이 바로 그러했다. 하지만 적어도 모권제가 유지되었던 신석기시대에

---

311 장혜영 지음. 『구석기시대 세계 여성사』. 어문학사. 2015년 4월 29일. pp. 168~173.

는 여성에게 지배권이 주어졌으며 그 지배권에 기대어 여성이 성적으로 남성을 선택할 수 있었던 만큼 굳이 화장과 장신구 같은 것으로 미모를 가꿔서 남성의 호감을 사려고 전전긍긍할 필요가 없었기 때문이다. 남성은 당시로서는 신적 존재인 여성이 요구만 하면 나타나는 존재였다. 모처거주라는 굴욕도 마다하지 않고 여성의 부름에 응하는 남자들이 존재하는 이상 여성이 화장 같은 걸 동원할 아무런 이유도 없었다. 도리어 메소포타미아와 이집트 등 농업사회에서는 여성보다 남성들의 장신구와 화장이 더 발달해 있었던 상황도 이러한 주장에 설득력을 부여해준다.

　이 시기에 메소포타미아 여성들이 화장에 대해 관심이 없었다는 점은 화장술이 발달한 이집트에서 사용한 화장품 재료가 죄다 동식물이며 이러한 것들은 메소포타미아에서도 언제나 획득할 수 있었음에도 불구하고 이곳 여성들에 의해 개발되지 않았다는 사실에서도 입증 가능하다. 짐승의 똥이나 개미·거미 알, 식물성 기름, 뼈를 태운 재…… 마음만 먹으면 언제나 구할 수 있는 재료들인데도 메소포타미아 여성들은 이런 재료들을 수집하여 화장품을 만들지 않았다.

　　이집트의 고왕국 시대 이후 눈두덩에는 아이섀도를 발랐고……
　　반면에 눈꺼풀은 푸른 공작석, 터키 옥, 테라코타와 같은 돌을 빻
　　은 가루로 만든 분을 발라 빛나게 했다. 그리스 여인들은 백연이
　　나 석회, 백묵을 얼굴에 바르고, 볼에 오디나 무화과, 으깬 장과
　　로 붉게 칠했다. 눈은 새프란 가루나 회진灰塵으로 장식하고, 속

눈썹과 눈썹은 검게 하고 달걀흰자나 암모니아고무를 섞은 기름을 발랐다. 로마 귀족 여성들은…… 얼굴에는 백연을 칠하고, 눈의 윤곽을 그리기 위해 안티몬을 펴 바르고, 볼을 붉게 물들이려고 산화연을 발랐다.…… 화장품 담당자는 침으로 화장품을 녹이기도 하고 그것을 바르기 전에 오랫동안 씹기도 했다.…… 또 다른 여자 노예는 작은 절구로 개미나 파리, 거미의 알을 빻았다. 이렇게 만들어진 짙은 검은색 자료는 멋 부리는 여자의 눈썹을 칠하는 데에 쓰였다.

이 크림들에는 종종 짐승의 똥과 으깬 각종 벌레들, 뼈를 태운 재, 진주분 등이 들어가기도 했다.…… 불쾌한 냄새가 나는 암양 털의 기름기는 피부 손질에 효과가 뛰어난 것으로 알려져 있다. 옛날에는 정향나무의 꽃봉오리를 말린 것을 넣은 사과를 이 기름 속에 담가 향기가 나도록 했다.…… 이집트에서는 거북이 뇌, 따오기 똥, 사내아이를 낳은 젊은 여자의 모유에 섞인 지방, 악어의 배설물, 태워서 빻은 개미알 등이 화장품의 성분으로 사용되었다. 그러나 가장 중요한 미용법은 무엇보다도 향수를 푼 물에 목욕하는 것이었다. 특정한 호수에 녹아 있는 탄산나트륨이나 재와 진흙의 반죽으로 몸을 문질러 완벽하게 세척했다. 이어서 피부에 수분을 공급하기 위해 향유로 온몸을 마사지했다. 유향과 테레빈유를 함유한 최초의 방향제는 땀 냄새를 방지해주었고 설화雪花석고가루, 벌꿀, 암당나귀의 젖을 함유한 크림은 피부의 반점들을 없애는 데에 사용되었으며, 머리카락이 잘 자라

도록 하기 위해 뱀기름으로 마사지를 했다.[312]

이집트에서의 화장술은 고대사회에서 가장 발달하였다. 여자들은 피부의 노출로 여러 종류의 향유를 사용하여 피부를 손질하였고 눈과 입술, 손톱을 치장하였다. 이집트인들은 공작석에서 추출된 청녹색 재료로 눈 주위에 화장을 하여 눈을 강조하였으며 이집트의 식물인 헤나henna에서 추출된 원료로 볼, 입술 화장을 하고 손톱과 발톱까지 화장을 하였다.[313]

다른 건 몰라도 돌을 빻은 가루로 만든 분, 석회, 오디, 무화과, 으깬 장과, 달걀, 개미, 파리, 거미의 알, 짐승의 똥과 각종 벌레들, 뼈를 태운 재, 암양 털, 사과, 따오기 똥, 사내아이를 낳은 젊은 여자의 모유 섞인 지방, 재와 진흙의 반죽, 벌꿀, 암당나귀의 젖, 뱀기름 따위는 메소포타미아에서도 쉽게 구할 수 있는 화장품 재료들이다. 태우고 빻고 침으로 녹이고 입으로 씹고 반죽하고 마사지 하는 등 화장품 제조방법도 어려울 것이 하나도 없었다. 그럼에도 이곳의 여인들은 그중의 어느 것도 화장품으로 사용하거나 개발하지 않았다. 그들이 당시 미모나 치장에 관심이 조금이라도 있었다면 이러한 재료들은 쉽게 발굴되어 화장에 사용되었을 것이다. 하지만 그들은 이 모든 시도를 포기한 채 그냥 "얼굴에

312　베아트리스 퐁타넬 지음. 김보현 옮김. 『치장의 역사』. 김영사. 2004년 5월 3일. pp. 19~20. pp. 41~42. p. 44.

313　백영자·유효순 지음. 『서양복식문화사』. 경춘사. 1989년 3월. p. 36.

| 사진 47 | 피부에 황토와 진액을 바른 파푸아뉴기니 얄리족(좌)과 에티오피아 원시부족(우)

신석기시대는 흙과 식물문화가 지배적이었다. 당시 여성들은 미용이 목적이 아닌 피부보호를 위한 화장을 하는 경우에도 황토나 풀 즙 같은 것을 사용했을 것이다. 진액은 혀나 코를 자극하는 독특한 냄새가 나기에 기생충의 피부 접근을 효과적으로 차단할 수 있다.

색을 칠하는"[314] 기초화장으로 만족했다. 그러한 상황은 메소포타미아의 대표적인 신석기 유적 중의 하나인 자르모 여성들에게서도 나타난다.

> (자르모 인들은) 아마 얼굴이나 몸을 붉은빛 황토 그림으로 장식했던 것 같다.[315]

우리는 장신구에서도 진흙을 구워 만든 장신구라는 표현에 주목한 적이 있다. 흙의 문화로 대표되는 농업사회는 장신구는 물론 화장품에도 어떤 형식으로든지 반영되지 않을 수 없다. 황토 자체는 붉은 색채를 띠고 있을 뿐만 아니라 그 부드러움 때문에 피부미용에도 좋은 천연 화장품 재료이다. 오늘날에도 피부 관리를 위해 머드축제까지 열고

---

314 하루야마 유키오 지음. 김기연 옮김. 『화장의 역사』. 사람과 책. 2004년 8월 31일. p. 17.
315 조르주 루(Georges Roux) 지음. 김유기 옮김. 『메소포타미아의 역사 1』. 한국문화사. 2013년 12월. p. 58.

있다. 머드mud란 한 마디로 '진흙'이며 풀어서 말하면 물에 점토를 묽게 푼 이른바 점토수粘土水이다. 천연 미네랄과 각종 유효성분이 다량 함유되어 피부 노화를 방지하고 활력을 주며 싱싱한 피부를 가꾸는 데 도움이 된다고 전해지고 있다. 절세의 미인 클레오파트라도 진흙을 화장품으로 사용하여 피부를 관리했다는 말이 전해져 내려올 정도이다. 메소포타미아 여성들은 도처에 흔한 황토를 이용하여 피부를 관리하는 선에서 화장을 제한했던 것 같다. 그것만으로도 피부 관리와 미용효과를 동시에 볼 수 있었기 때문이다. 이 시대는 문자 그대로 황토시대였고 모든 것이 황토와 결부된 황토공화국이었다. 흙은 당시 문화의 전반을 지배했고 견인하는 동력이었다. 인류의 생계를 좌우하는 경제와 도구 생산과 가옥, 예술, 종교 심지어는 장신구와 화장품에 이르기까지 어느 한 곳도 흙을 떠나서는 존재자체가 불가능했다. 그러한 상황은 인류가 금속을 사용하는 새로운 시대로 진입하기 전까지 지속되었다. 흙은 곡물을 생산하여 인간에게 식량을 제공했으며 도구 제작과 가옥 건축의 재료를 제공했으며 조각예술의 재료를 제공했을 뿐만 아니라 이제는 화장품의 재료까지 제공해준 것이다. 이 모든 것은 여성이 선택한 흙의 문화의 혜택이었다.

한편 화장품 사용도 장신구와 마찬가지로 미용의 용도에만 그친 것이 아니라 의학적 용도로도 사용되었다. 사막이라는 열악한 기후에 적응하기 위한 방편으로도 사용되었기 때문이다. "아주 오래된 이집트의 고왕국 시대 이후 눈두덩에 발랐던 아이섀도는 사막에서 눈병으로부터 눈을 보호하고 시력을 강화시키는 데에 사용되었다."[316] 얼굴에 바르고 몸에 바르는 화장들은 사막의 뜨거운 열기와 아열대 곤충들로부터 신체를 보호하기 위해 개발된 일종의 방편이기도 했을 것이다.

4) 여성과 예술

ㄱ. 여성과 미술

여성에 의해 개척된 구석기시대의 찬란한 동굴미술은 신석기시대에 들어오며 어느 날 돌연히 역사에서 흔적도 없이 자취를 감췄다. 신석기시대 주거지 유적에서 발굴되는 유물들에는 구석기시대에 대한 추억과 향수에 젖은 벽화 한두 곳이 겨우 잔존할 뿐 그 뒤로는 아예 역사에서 아침 안개처럼 깨끗하게 사라지고 만 것이다. 그러한 변화는 구석기 미술이 의존했던 동굴 바위나 암벽이 사라지고 대신 흙이나 나무와 같은 재료들이 미술의 의존체가 되면서 나타난 새로운 현상이라 할 수 있다.

유감스럽게도 이러한 유물들은(신석기시대 주거지 유물) 신석기인의 정신 상태에 관하여 거의 아무것도 가르쳐 주지를 않는다. 즉 그 유물들에는 기술적 세련과 형태의 아름다움을 더욱더 높

316　베아트리스 퐁타넬 지음. 김보현 옮김. 『치장의 역사』. 김영사. 2004년 5월 3일. p.19.

여 가는 석기류와 추상적인 장식무늬로 꾸며진 다양한 토기류가
포함되어 있으나 구석기시대의 회화나 조각에 비견할 만한 것은
거의 없다.…… 여기에는 신석기시대의 미술가들이 나무나 그
밖의 내구성이 없는 재료에다 그렸다는 단순한 이유 때문에 우
리에게서 아주 사라져 버린, 미술 발전에 있어서의 거대한 장章
이 하나 있었을 것이다. 어쩌면 앞으로의 발굴이 이 공백을 메우
는 데 도움을 줄지도 모른다.[317]

필자는 구석기시대와 신석기시대의 회화 변화의 원인을 몇 가지
로 귀납하려고 한다. ① 대형 캔버스 실종. ② 화가 실종. ③ 후대 교육
실종이다. 신석기시대는 농업사회였기 때문에 동굴 속의 암벽과 같은
단단한 캔버스가 하산과 함께 사라졌다. 인류는 대충돌의 핍박에 의해
동굴을 떠나 평야로 내려왔으며 흙으로 집을 짓고 그 안에서 생활했다.
토벽은 설사 흙벽돌을 사용했다 하더라도 면이 고르지 못하며 또 억지
로 그림을 그렸다고 해도 흙이 부수러 떨어질 수밖에 없는 구조다. 물
론 신석기시대에 흙으로 지은 건물에 벽화가 그려진 사례가 없는 것은
아니다. 드문 경우이지만 차탈휘위크 유적의 건물과 움다바지아유적
건물에서 벽화가 발견되었다.

전부 발굴된 138채의 가옥 중에서 적어도 40채의 가옥 내부가

317 H. W. 잰슨 지음. 金潤洙옮김. 『美術의 歷史』. 三省出版社. 1986년 4월 20일. p. 25.

종교성격의 벽화, 진흙조각으로 장식되었다.…… 이러한 방들의

벽은 남쪽 벽을 제외하고는 모두 벽화가 그려져 있다.

움다바지아유적의 일부 방 안에서 벽화가 발견되었다.[318]

숫자상에서 한정된 이러한 벽화, 더구나 신석기시대 초기에만 나타나는 벽화는 아마도 구석기시대 동굴벽화를 그렸던 타성과 전통이 계승된 흔적이었을 것으로 추정된다. 동굴벽화를 그렸던 여성 화가들이나 작업현장을 목격했던 그 자손들이 옛 추억을 되살려 건물의 벽을 캔버스로 삼아 그림을 그렸을 듯도 싶다. 하지만 그것은 흙으로 쌓은 벽이라는 불리한 조건 때문에 한두 번의 시도로 막을 내렸을 것이다. 벽에다 그림을 그리는 일은 그 벽을 동굴 안의 바위처럼 단단하고 평평하게 만드는 작업부터가 만만치 않았기 때문이다.

건물의 벽은 먼저 회반죽을 바르고 그림을 그리는데 때때로 회반죽을 다시 바르고 회반죽 위에 새로운 문양을 그리거나 조각하기도 한다. 이중 한 벽에는 40회에 걸쳐 회반죽을 바르고 칠을 한 흔적이 발견되었다.[319]

움다바지아유적의 벽화도 이러한 정제과정을 거친 "백회면 벽"[320]

---

318 杨建华著.『兩河流域史前時代』. 吉林大学出版社. 1993年 5月. pp.18~60.

319 로버트 웬키 지음. 김승옥 옮김.『선사문화의 패턴 Ⅱ』. 서경. 2004년 2월. p.94.

320 杨建华著.『兩河流域史前時代』. 吉林大 出版社. 1993年 5月. p.60.

에 그림을 그렸다. 회반죽 벽면은 신석기인들이 과거를 아쉬워하며 만들어낸 인공 바위벽이다. 회반죽을 만들려면 먼저 생석회를 수화시켜야 한다. 석회를 물에 넣어 고온에서 끓이는 데 이 과정은 진행자가 화상을 입을 위험도 감수해야 하는 모험이 수반된 작업이므로 여성에게는 불리할 수밖에 없다. 수화시켜 얻은 소석회에 모래·여물·해초물 등을 섞어 반죽을 한다. 이런 과정을 거친 회반죽으로 무려 40회나 벽을 미장하는 작업은 남성들에게도 힘든 토역일 수밖에 없다. 방형가옥이 등장하면서부터 목공일이나 토목작업은 남성들의 몫이 되었다. 하지만 그림을 그린 화가는 여전히 여성들이었을 가능성이 많다. 그러나 이런 벽화도 극히 적은 몇 곳에서만, 그것도 초기 취락의 시대, 고원유적에서만 잠깐 나타났다가 순식간에 사라진다.

구석기시대의 동굴벽화를 연상시키는 건물 벽화의 단명은 화가의 실종과도 연관된다. 우리는 『구석기시대 세계 여성사』에서 진지한 담론을 통해 동굴벽화를 그린 화가가 남성이 아니라 여성이었다는 사실을 확인한 바 있다. 필자는 그 이유로 벽화에 찍힌 여자와 어린이의 손바닥 흔적을 제시했다. 그리고 남성들이 사냥감을 따라 원정 수렵을 떠난 뒤 임신·육아·채집 등으로 인해 동굴 속에 남은 여성들이 무료한 시간을 메우기 위해 그림을 그리기 시작했다는 사실도 언급했다.

벽화 속 손자국의 주인인 유아와 엄마는 추호의 의문도 없이 동굴의 잠정 입주자로 확실시된다. 결국, 동굴의 주인도 벽화를 그린 천재적인 "예술가"도 이들 중에 있을 거라는 필자의 견해에 당위가 부여되는 것이다. 당시 여자들은 임신이나 육아 때문에 수렵보다는 "캠프에 남아…… 음식 준비"를 하거나 "옷을 만들고 가축과 모피를 손질"했다. 아이를 기르는 어머니들은 "노영지나 동굴 속에서 자식들을" 보살폈다.[321]

　　하지만 신석기시대에 들어와 수렵이 중지 또는 위축되고 갑자기 농업이 대신하면서 농사일 때문에 여성들은 한가한 시간이 없어졌다. 설령 임신이나 육아 때문에 가택에 남아 있다 하더라도 무료할 틈이 없었다. 수확한 낟알을 정제하여 창고에 저장하고 진흙을 마련하여 토기를 제작해야 하고 섬유를 뽑아 의복을 지어야 했기 때문이다. 게다가 부업일까지 맡아야 했으므로 그야말로 눈코 뜰 새 없이 돌아쳐야만 했다. 여성의 가냘픈 어깨에 짊어진 일은 그만큼 많았다. 음식 준비나 하고 가죽옷이나 만들던, 구석기시대에 감당했던 간단한 가사노동과는 비교도 안될 만큼 분망했다. 한가하게 그림이나 그릴 만한 여가 시간이 여성에게는 주어지지 않았다. 그리하여 구석기시대의 여성들은 신석기시대에는 손에 들었던 붓을 놓고 낫을 들어야만 했으며 돌 대신 흙과 씨름해야만 했다. 재능 있는 화가가 하루아침에 농부로 변신한 것이다. 이제 그들의 손재주는 그림이 아닌 조각예술을 포함한 토기 제작에서 빛을 발하기 시작한다.

　　이러한 변화와 동시에 구석기시대 여성이 그림을 통해 유아에게

321　장혜영 지음. 『구석기시대 세계 여성사』 어문학사. 2015년 4월 29일. pp.95~96.

행해지던 교육자의 역할도 취소되었다. 수렵이 위주였던 구석기시대에는 무엇보다도 무리 안에 용맹한 사냥꾼들이 많아야만 했다. 그런 수요를 만족시키기 위해 여성들은 캠프에서의 여가 시간을 이용하여 스스로 교육자를 자처하고 나섰던 것이다. 교육을 통해 용감한 사냥꾼을 육성해내는 일은 생계와 직결된 아주 중요한 과제였다.

동굴은 인류 최초의 예술가로 부상한 여류 화가들의 야심찬 아틀리에가 아니라 어린이를 유능한 사냥꾼으로 양성하기 위한 조기교육의 현장—특설 캠퍼스였다. 당시 "여류 예술가"들의 심신을 가장 괴롭혔던 것은 먹고 자고 수유하고 자식을 보살피는 외에도 깊고 어둡고 폐쇄된 공간에서 수없이 남아도는 무료한 시간을 어떻게 소비하는가 하는 문제였다. 그 대안으로 부상한 것이 벽화였던 것이다. 벽화의 내용은 자연스럽게 생계와 직결된 수렵과 본능적인 모성애와 연결되었다. 자연스럽게 수렵의 대상인 동물이 그림의 주제가 되었고 그 그림은 다시 자식이 커서 사냥해야 할 동물과 수렵 방법을 가르치는 교재 역할을 하게 된 것이다.

결론적으로 말하면 동굴은 어머니들이 자식들을 훌륭한 사냥꾼으로 배양하기 위한 교육 장소였으며 벽화는 이 교육을 위한 교재였다고 할 수 있다. 위대한 모성애가 위대한 예술을 잉태한 것

이라고 감히 단언할 수 있겠다.[322]

　그런데 농경시대에는 수렵 지식이나 사냥에 필요한 용감함 같은 것이 그렇게 절실하지 않게 되었다. 위험한 수렵보다 안전한 가축사육 때문에도 그랬고 또 농사일은 노동 현장을 목격하거나 그대로 알려만 줘도 얼마든지 할 수 있는 작업이기 때문이기도 하다. 그리고 어떤 의미에서 말하면 그림을 통해 자녀를 훌륭한 사냥꾼으로 육성하는 일이나 농사를 부지런히 지어 풍성한 수확을 거두는 일은 같은 목적이라고 할 수 있다. 둘 다 생계와 직접 연관되기 때문이다. 단지 여성은 당면한 현실의 변화에 순응하여 슬기롭게 자신의 역할을 바꿨을 따름이다. 그것은 지혜인 동시에 자식과 무리를 위한 자발적인 헌신정신이라고 감히 단언할 수 있을 것이다. 여성은 동반자들을 위해 자신의 능력과 지혜는 물론이고 바칠 수 있는 모든 것을 아낌없이 투자했다. 물론 그 속에는 희생적인 생육도 포함된다.

　우리는 차탈휘위크에서 발견된 벽화 내용에 대해서도 이런 맥락에서 출발하면 기존의 학계의 주장과는 다른 새로운 분석을 내놓을 토대가 마련되었다고 감히 단언할 수 있다. 기존의 주장들은 벽화에 그려진 동물의 그림을 제의나 남성 또는 여성숭배와 연관시켜 분석하고 있다. 여기에 죽음과 다산의 의미를 추가하면 학계에서 그동안 진행한 관련 연구 성과의 전부라고 할 수 있다. 이 연구결과가 신빙성이 있다면

322　장혜영 지음. 『구석기시대 세계 여성사』. 어문학사. 2015년 4월 29일. pp.97~101.

이 벽화와 여성은 다산과 여성숭배라는 조건만으로 연결될 뿐이다. 소나 치타 그림이 왜 다산과 여성숭배를 의미하는지에 대한 명료한 해석이 첨부되지 않았다는 점이 아쉬운 대목이다.

차탈휘위크 언덕유적은 그 연대가 기원전 6500년~기원전 5720년이 되는 12개의 건축 층위가 발굴되었다.…… 수많은 제단神龕들은 옅은 양각으로 장식한 동물 윤곽이 있고, 또한 수많은 벽화가 있는데 입체적인 소머리뿐 아니라 뿔까지 그렸다.[323]

벽화의 내용은 기하학적 도안과 사실적 도안으로 구분된다. 예를 들어 소, 치타, 대머리오리와 머리 없는 사람을 사냥하는 도안이다. 치타와 사람의 손자국도 있다. 이러한 방들의 벽은 남쪽 벽을 제외하고는 모두 벽화가 그려져 있다. 벽화의 내용과 벽의 방향은 고정된 조합이 이루어져 있는데 이 제의 공간의 특수한 기능, 예를 들어 전문적인 소 사냥 그림은 수렵제사인 것 같다. 머리 없는 사람과 대머리오리는 죽은 자를 제사지내는 것이다. 조각은 대량의 수소머리를 대표로 벽과 진흙 장의자 양쪽을 장식하고 있는데 발굴자들은 이것이 남성숭배를 상징한다고 추정하고 있다. 그러나 소량의 치타 조각과 수많은 치타 벽화는 여성숭배를 상징한다는 것이다. 차탈휘위크 유적의 주민들은 이미

323 格林·丹尼尔著. 黃其煦译.『考古学一百五十年』. 文物出版社. 1987. p.329.

간단한 관개농업을 하고 밀을 재배했으며 소를 사육했다.[324]

신전의 벽에는 많은 자연현상, 특히 고대 예술의 공통적인 주제인 다산과 죽음을 상징하는 그림과 부조, 조각들이 풍부하게 표현되어 있다. 이러한 것들 중에는 대머리수리가 머리가 제거된 인간의 시체를 쪼아 먹는 모습도 있고 여인이 황소를 출산하거나 표범 위에 앉아 있는 모습을 나타낸 것들도 있다. 이외에도 유방, 황소, 숫양과 같은 자연물이 풍부하게 표현되어 있다.[325]

이 사냥은 생존을 위하여 필요한 일상 행동이라기보다는 황소나 수사슴을 제물로 바치는 남성신에게 영광을 드리는 제식의 성격을 지니고 있다.[326]

벽화의 내용을 어떠한 명분도 제시되지 않은 채 제의 장면, 남녀 숭배, 죽음을 상징한다는 상상적인 판단에만 의존하고 있다. 더구나 "남성 신"의 존재는 여성이 절대적 우위를 점하는 당시 상황과는 전혀 어울리지 않는다. 다만 다산을 상징한다는 주장에는 "황소를 출산하는 여인"과 유방 그림 때문에 설득력이 얼마간 부여된다. 남성 인구가 대량으로 상실된 당시 출산은 여성의 지고무상의 과업이었기 때문이다. 황소와 표범은 출산의 목적이 남자아이를 낳기를 원한 데 있었음을 단

324 杨建华著.『両河流域史前時代』. 吉林大学出版社. 1993年 5月. pp. 18~19.
325 로버트 웬키 지음. 김승옥 옮김.『선사문화의 패턴 II』. 서경. 2004년 2월. p. 94.
326 H. W. 잰슨 지음. 金潤洙 옮김.『美術의 歷史』. 三省出版社. 1986년 4월 20일. p. 39.

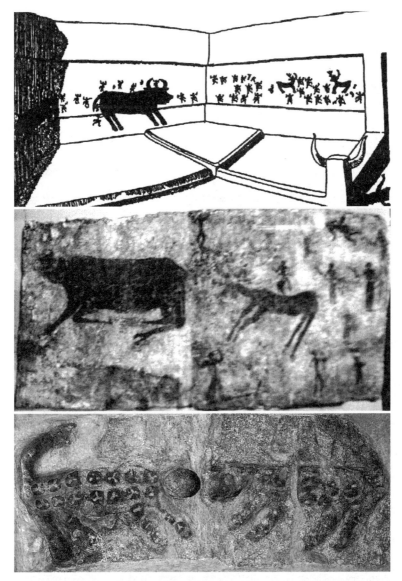

| **사진 48** | 신석기시대 초기 차탈휘위크유적의 동물 벽화(아나톨리아 박물관)

신석기시대 초반에만 나타나는 소수의 벽화 중 하나이다. 방 안의 벽에 그려졌는데 소와 사슴, 남자도 있고 치타도 있다. 학자들은 소사냥 그림은 수렵제사이고 치타는 여성숭배를 의미한다고 추정하지만 설득력 있는 해석은 아직 없는 상황이다. 이 벽화는 대충돌 이후 고원지대로 내려와 과도기를 거치던 인류가 과거를 동경하며 그린 것으로 추정된다.

적으로 암시해준다.

당시 차탈휘위크의 선사 주민들은 대충돌 재난 사건 이후 원해서
가 아니라 핍박에 의해 하산한 인류의 일부 무리였다. 장장 백만 년 이
상이나 지속되어 온 생계수단을 핍박에 의해 어느 날 갑자기 부득이하
게 포기하고 낯선 환경과 생계수단과 대면할 수밖에 없었던 구석기말
인류의 상실감·당혹감·허무감·위기감은 모순된 형태로 벽화에 반영되
어 있다. 그 대표적인 화폭은 건물 벽화에 표현된 사냥하는 그림과 동물
상이고 또 다른 하나의 화폭은 역시 건물 벽화에 표현된 화산 그림이다.
첫 번째 경우는 두고 온 고향에 대한 그리움과 수렵생활에 대한 미련을
나타내며 두 번째 경우는 대충돌에 대한 경악과 공포심이 반영되어 있
다. 많은 남성 인구를 잃고 대부분 여성들만 남은 당시 인류의 과거에
대한 미련과 현재에 대한 불안한 심리가 그림으로 표현되었다고 말할
수 있다. 그리고 수렵도는 사냥 장면이 아니라 어쩌면 야생동물 순화과
정을 묘사한 것인지도 모른다. 이 시기에 인류는 이미 "면양과 소를 사
육"[327]했다는 사실이 이러한 추측에 설득력을 부여하기 때문이다.

그런데 과거 추억의 이런 벽화가 단 두 번으로 끝난 것은 낯선 농
업이 의외로 생계수단을 잃고 생사의 갈림길에 선 인간의 먹는 문제를
짧은 시간 안에 해결해 줌으로써 식량 확보의 우려가 해소되었음을 입
증해준다. 여성이 이끄는 인간은 불과 몇백 년이라는 빠른 시일 내에
농업생산에 적응함으로써 수렵시대와 결별하고 과거에 대한 미련을 깨

---

327 格林·丹尼尔著. 黄其煦译. 『考古学一百五十年』. 文物出版社. 1987. p.329.

끗하게 청산해버릴 수 있었던 것이다. 여성 화가들은 자신들의 재능을
벽화 대신 토기 제작 즉 토기조각에 쏟아 부었다.

> 움다바지아문화의 토기조각도 여성조각상과 동물조각상으
> 로 분류된다. 여성조각상은 전신 좌식상과 흉상 두 종류가 있
> 다.…… 전신좌식상은 일반적으로 높이가 5~7cm이며 여성의
> 특징 예를 들면 유방, 둔부와 복부를 돌출하게 표현했다.[328]

여성의 손에 의해 창조된 토기조각예술은 다른 여러 유적들에서
도 광범하게 나타난다. 하수나문화유적의 "가는 허리, 풍만한 유방과
발까지 덮은 융기된 둔부의 긴 치마, 그리고 치마 주름을 나타내는 평행
무늬"[329]의 여성 토기조각품, 야림II유적의 "가는 허리에 넓은 사타구
니, 부풀어 오른 유방"[330]을 가진 소녀상과 돼지 조각상, 할라프문화유
적의 "유방과 둔부가 매우 돌출[331]한 여성조각품과 동물조상 에리두유
적의 성인 여자의 단독 무덤에 부장된 "몸매는 호리호리하고 가슴, 어
깨는 여러 덩이의 둥근 떡 모양으로 장식"[332]된 남성 진흙 조각상, 이라
크 자르모유적의 구운흙으로 빚은 "서 있는 날씬한 여인과 남성상" 및
동물 소상 등등 수도 없이 많다. 구석기시대에 동굴벽화에서 보여준 여

---

328 杨建华著.『两河流域史前时代』. 吉林大学出版社. 1993年 5月. p. 60.
329 杨建华著.『两河流域史前时代』. 吉林大学出版社. 1993年 5月. p. 77.
330 杨建华著.『两河流域史前时代』. 吉林大学出版社. 1993年 5月. p. 118.
331 杨建华著.『两河流域史前时代』. 吉林大学出版社. 1993年 5月. p. 119.
332 杨建华著.『两河流域史前时代』. 吉林大学出版社. 1993年 5月. p. 161.

성의 예술적 재능은 신석기시대에 와서는 토기조각예술에서 빛을 발한 것이다.

ㄴ. 여성과 음악

① 여성과 음악 그리고 악기

구석기시대에 음악 또는 악기는 "짐승유도를 위한 단순한 모방음이나 사냥꾼들 간의 행동지시 신호음 또는 소리의 고저에 의한 진퇴 표시음"이거나 "수렵을 하는 남자들의 전용 사냥 도구"[333]로써 고스란히 수렵의 필요에 의해 산생했다. 당연히 행위 주체는 수렵자인 남성들이었으며 여성은 배제 대상이 되었다. 그러나 신석기시대에 들어와 기존의 수렵에 의존하던 생계수단이 전환되면서 음악과 악기도 농업의 필요에 의해 용도가 변화했을 뿐만 아니라 그 주체도 여성으로 바뀔 수밖에 없게 되었다. 농업으로 인해 인간은 전혀 새로운 자연환경에 직면하게 되었으며 한발·홍수·폭풍우 등 농업에 영향을 미치는 천재지변을 극복하지 않으면 안 되었다. 뿐만 아니라 곡식의 정상적인 성장을 저해하는 새 떼, 짐승 떼, 병해충 등 지엽적인 악영향에도 효과적으로 대처하지 않으면 안 되었다. 그리하여 농업의 발원지인 메소포타미아와 이집트 등 지역에서는 일찍부터 악기와 음악이 개발되어 원만한 경작을 위해 사용되었던 것이다.

---

333 장혜영 지음. 『구석기시대 세계 여성사』. 어문학사. 2015년 4월 29일. p. 353. p. 356.

| 사진 49 | 메소포타미아와 이집트의 하프와 리라(하좌) 그리고 드림

윗줄 왼쪽 사진은 기원전 2000년 메소포타미아 여성이 하프를 연주하는 점토판 그림이다. 아랫줄 왼쪽 사진은 기원전 2500년 수메르 리라의 재현품이다. 북(드림)은 하프와 리라보다도 더 이른 시기에 사용되었을 것으로 추정된다. 곡식을 침해하는 짐승과 새를 쫓기 위해 창안되어 농한기에는 일정한 건물에 보관되다가 시간이 흐르며 그 집은 신전으로 발전했고 그 악기는 주로 여자들이 연주했다.

메소포타미아의 음악문화는 5000년~8000년 전까지 거슬러 올라간다. 그때 그들은 이미 신전을 세웠으며 아울러 노래로 신을 찬미했고 때로는 악기반주도 했다.…… 메소포타미아의 음악은 점차 이집트, 팔레스티나와 그리스로 유전되었다. 가장 이른 악기 그림 및 당시 음악에 대한 부분적인 기술은 메소포타미아의 역사적 문명 중에서 일부 기록을 찾을 수 있다. 수메르인들의 하프에 관한 일부 도안은 우리들에게 그 시기의 음악 상황을 알 수

있게 해준다. 그 이후 여러 시기의 역사 문물, 꽃병, 도자기, 조각

을 포함한 유물들에도 더 뚜렷한 악기의 형상이 있다. 하프, 리

라lyre의 기록과 그 모양과 구조 등도 포함되어 있다.[334]

나일강 하곡에 살던 선사인들은 이미 악기를 사용할 줄 알았다.

상이집트의 바다리안Badarian 나카다Naqada 1호, 2호 발굴 지점

및 하이집트의 메림다Merimda와 오마리Omari 등 선사문화로 불

리는 발굴 지점들에서 대량의 악기들이 출토되었다.[335]

상이집트 메림다Merimda문화 연대는 바다리안문화보다 700년이

나 앞섰으며 바다리안문화 연대도 약 기원전 4500년~기원전 3800년이

며 나차다문화 1단계 연대는 약 기원전 3850년~기원전 3650년이다. 적

어도 "기원전 3000년 이전에 이집트에서는 종교의례 시 항상 신을 찬미

하는 노래를 불렀을 뿐만 아니라 악기로 반주했다. 당시의 악기는 차령

叉铃, 북, 하프, 횡적横笛 등"[336]이었다. 그런데 메소포타미아의 경우 음

악문화가 8000년 전이라는 확실한 증거는 없는 듯하다. 다만 "기원전

4000년 이래 메소포타미아의 각 역사 시기부터 음악연주의 회화가 보

존"[337]되었다는 증거만이 있을 따름이다. 출토된 실제 실물로 나타나는

증거는 6000년 전보다도 후기인 수메르유적의 유물일 따름이다. 메소

334 田可文·陈永编著. 『西方音乐史(第3版)』. 武汉大学出版社. 2011. 1. p.3.

335 汉斯希克曼等著. 『上古时代的音乐.古埃及:美索不达米亚和古印度的音乐文化』. 文化艺术出版社. 1989. 4. p.25.

336 田可文·陈永编著. 『西方音乐史(第3版)』. 武汉大学出版社. 2011. 1. p.3.

337 田可文·陈永编著. 『西方音乐史(第3版)』. 武汉大学出版社. 2011. 1. p.53.

신석기시대
세계 여성사

포타미아가 음악문화의 발원지임에도 이집트보다 유물 발견이 적은 원인을 학계에서는 건조한 사막인 이집트와는 상대적으로 습윤한 진흙 토양을 가진 양강유역의 자연기후에서 찾고 있다. "악기 제작에 사용된 목재와 대나무 및 북 꺼풀과 악기 줄 제작에 사용된 짐승 가죽과 양의 창자羊腸 등은 죄다 시간의 흐름과 더불어 완전히 부식되거나 혹은 없어지고 남은 것은 토기로 만든 화랑기哗唧器, 방울, 호루라기, 대격방对 击棒과 취주악기"[338]뿐이라는 주장이다.

하지만 신석기시대 농업사회에서 가장 먼저 경작에 도움이 되는 악기의 탄생은 "연주자가 두드리기에 적합하도록 다듬어진 나무판대 기나 돌판…… 속을 파낸 물체에 가죽 한 장을 씌운 북…… 나뭇잎, 볏 짚, 속이 빈 뼈, 소나 양 뿔 또는 파이프"[339]로 만든 타악기거나 관악기였을 것으로 필자는 추정한다. 타악기와 관악기는 음이 높기 때문에 애용되었을 가능성이 충분하다. 왜냐하면 신석기 농경민들이 가장 먼저 악기와 음악을 사용한 것은 곡식을 해치는 새 떼나 짐승 떼를 쫓기 위해서 사용했을 것이기 때문이다. 결코 이런 원시적인 악기들이 농경 초반부터 일부 학자들의 주장처럼 "귀신을 겁주거나 쫓는"[340] 종교적인 용도로 쓰인 것은 아니라는 점을 반드시 짚고 넘어가야 할 것 같다. 악기가 농경 초반에는 새나 짐승을 쫓던 데로부터 종교적인 용도로 전환한 것은

---

338   田可文·陈永编著.『西方音乐史(第3版)』. 武汉大学出版社. 2011. 1. p.53.
339   斯坦利·陈迪著. 孟宪福主译.『剑桥插图音乐指南』. 山东画报出版社. 2002年 9月. p.21.
340   汉斯希克曼等著.『上古时代的音乐. 古埃及:美索不达米亚和古印度的音乐文化』. 文化艺术出版社. 1989. 4. p.25.

해마다 반복되는 농사 과정에서 부닥칠 수밖에 없었던 병충해·한발·홍수 등 자연재해와의 조우가 반복되면서 이런 부정적인 영향을 미치는 어떤 보이지 않는 신비한 능력의 소유자가 있다고 생각하면서부터였을 것이다.

신석기시대 여성들은 새 떼와 짐승의 침해를 막기 위한 이런 악기들을 사용하지 않을 때에는 한 곳에 모아놓고 보관해 두었다. 물론 악기를 보관한 건물에 한두 명의 여성을 상주시켜 관리를 일임했을 것이 틀림없다. 농한기에는 관리인들이 부식된 악기를 보수도 하고 새로 제작도 했다. 그러다가 천재지변을 극복하기 위해 점차 악기와 음악의 사용 범위가 종교적인 영역으로 확장하면서 이 악기 보관소는 후기의 신전과 같은 신성한 장소로 변해갔고 관리자들은 무속인이나 제사장 또는 신전의 기생으로 탈바꿈하게 된 것이다. 풍년이 들었을 때 그 원인이 자연스럽게 신이 그 악기 소리를 좋아했거나 귀신이 그 소리를 두려워했기 때문이라 생각했다. 그렇게 악기의 영험함을 경험하면서 여성들은 악기 보관처를 점점 크고 화려하게 짓기 시작했으며 결국에는 신전의 기원이 되었다. 인간의 힘으로는 대적 불가한 신비로운 존재 신 또는 귀신은 신비롭거나 요사한 소리로 쫓거나 위로해야만 한다는 생각이 현악기와 같은 악기들을 대량으로 개발하도록 자극했을 가능성도 배제할 수 없다. 이 과정에서 농경의 주체인 여성의 역할은 주도적일 수밖에 없었다. 악기를 제작하고 연주하고 노래를 부르고 춤을 추고…… 이 모든 것은 농업문화를 배경으로 하여 남성의 수중으로부터 여성의 수중으로 이양되었다.

음악의 곡조는 후여~ 후여~ 새와 짐승을 쫓던 인간의 자연적인 육성 가락과 하늘에 비를 내려주거나 그쳐줄 것을 바라며 올리던 간절한 애원성이 근본이 되었고 시간이 흐르며 점점 멜로디와 리듬을 수반하게 된 것이다. 무리 내에서 성대가 각별히 크거나 아름다운 사람이 맡아서 기우제를 올렸으며 그 애원성은 악기의 선율과 조화를 이루며 노래로 발전했다. 그리고 그 사람, 여성은 의식을 진행하는 무속인이 되었다. 당시의 이러한 상황들은 어떠한 유적이나 유물들에서도 확인할 수 없도록 영원히 역사에서 사라지고 말았지만 우리는 음악을 농업의 구체적인 실정과 결부시킴으로서 확실하게 추단할 수 있다.

이 시기의 음악 특히 악기 제작에서 또 한 가지 의미 있는 사건이 우리를 기다리고 있다. 그것은 다름 아닌 진흙으로 만든 도자기 악기다. 구석기시대의 악기 재료는 주로 동물의 뼈였다. 예를 들면 "5만 4천 년 전 슬로베니아 서부 레케 부근의 디부제 바베에서 발견된 새끼 곰의 넓적다리뼈"[341]나 새의 다리 뼈 같은 것들이다. 물론 속이 빈 대나무 같은 목재도 악기재료로 사용되었을 것이지만 부식되어 유물로 남지는 않았다. 그러나 제작되었다면 유물로 남았을 진흙으로 만든 악기는 보이지 않는다. 진흙으로 제작된 악기는 오로지 신석기시대의 유적에서만 발견된다.

메소포타미아에서 악기의 가장 이른 회화는 인장印章과 원주형

341 피터 왓슨 지음. 남경태 옮김. 『생각의 역사 1』 들녘. 2009년 7월. p.61.

인장에 나타난 형상이다.…… 가장 이른 인장은 물건을 담는 용기의 봉니封泥 점토 덩이에서 발견되었다.

하이집트의 메림다Merimda에서 거의 같은 시기 문화에서 화랑기嘩嘟器가 발견되었다. 도자기를 만드는 원료인 진흙으로 만들었는데 악어알 모양과 비둘기알 모양을 나타낸다.…… 나카다 Naqada 1호 발굴 장소에서도 마법사의 허리에 달린 도자기로 만든 화랑기가 발견되었다. 또한 원형으로 제작되어 가축의 목에 걸린 화랑기도 있었다. 오마리Omari에서 출토된 달팽이 껍데기 모양의 도자기 도초陶哨(니규규 호루라기)가 상술한 원시악기를 보충한다.…… 초기왕조 과도기의 출토 유물 중에는 진흙으로 빚은 그릇 모양의 피리가 발견되었다.[342]

도기는 용기 이외에도 작은 상, 악기(피리와 호각)도 있다.[343]

신석기시대의 토기 제작자가 여성임을 누구도 부인하지 않는다면 이 악기들은 틀림없이 여성의 손에서 만들어진 야심찬 작품일 것이다. 그런데 위의 인용문에서 시선을 끄는 문구는 "가축의 목에 걸린 방울嘩嘟器"이다. 적어도 신석기시대 후반까지도 악기가 종교적인 의례에만 사용된 것이 아님을 입증해주기 때문이다. 가축의 목에 걸린 방울은

342　汉斯希克曼等著. 『上古时代的音乐. 古埃及·美索不达米亚和古印度的音乐文化』. 文化艺术出版社. 1989. 4. pp.53~54. p.26.

343　T. 더글러스 프라이스 지음. 이희준 옮김. 『고고학의 방법과 실제』. 사회평론아카데미. 2013년 10월. p.363.

신석기시대
세계 여성사

멀리서도 그의 위치를 알려주어 잃어버리지 않도록 하기 위한 단순한 예방대책에 불과하기 때문이다. 새와 짐승을 쫓는 악기가 음악이나 오락 또는 종교적 목적이 없었던 것과 다름없다. 악기가 오락 특히 종교적 목적에 사용되기 위해서는 상당한 세월을 소비하며 오랜 발전의 과정을 거쳐야만 했다는 사실을 암시해준다.

한마디로 신석기시대 음악은 농업을 위해 태어났으며 농업의 필요에 의해 용도가 결정되었다고 단언할 수 있다. 그보다도 더 중요한 것은 구석기시대에 음악을 독점했던 남성을 대신하여 여성이 음악의 주체가 되었다는 사실이다. 여성과 음악의 각별한 인연은 이때부터 시작되어 오늘날까지 단 한 번도 중견적인 위치에서 배제된 적이 없다. 여성은 인류의 음악 특히 농경음악을 창조하고 소비했을 뿐만 아니라 그 지속적인 발전을 힘차게 견인한 가장 중심적인 역량이었다.

② 여성과 무용

구석기시대의 무용은 수렵활동과 연관되었으며 그리하여 남성이 주축이 되어 탄생되었다. 한편 채집과 출산·육아·요리·바느질·장신구 제작 등 공간적 활동 반경이 제한된 노동에 종사했던 탓으로 여성은 초기 무용의 개발과 발전에 별 기여를 하지 못한 채 소극적인 기여 또는 방관자의 태도를 취할 수밖에 없었다. 그것은 여성이 종사했던 채집 경제가 아직은 중심적인 위치를 점한 수렵 경제를 능가하지 못했기 때문에 발생한 필연적인 결과라고 단언할 수 있을 것이다. 당시 여성들이 종사한 노동의 동작들은 부동성은 많고 율동성은 적어 춤동작으로 승화하기에는 역부족이었기 때문이다.

수렵에서 배태된 무용의 공통점은 여러 사람이 원형으로 둘러서서 빙글빙글 돌며 추는 환무, 군무이다.…… 원형을 이루고 돌며 추는 춤은 말뚝木주위를 돌며 추던 유인원의 원시무용을 계승한 것이 아니라 사냥할 때 짐승을 에워싸고 좁은 공간으로 압박하던, 전형적인 짐승몰이 동작으로부터 발전된 것이다.…… 한편 채집활동에서 나타나는 몸짓들도 춤의 생성에 일정한 기여를 한 것으로 보인다. 하지만 채집활동에서 나타난 몸짓들 역시 리듬 즉 다리와 발과의 밀접한 협조를 상실하였기 때문에 춤동작으로 발양되지 못한 채 신석기시대를 기다려야만 했다.

여성의 활동은 장신구 제작과 육아에 치우쳐 남자에 비해 다리와 발의 활동이 적어 리듬화된 몸짓 생산이 저조하게 마련이었다.…… 도리어 구석기시대에 무용과 연관되는 몸짓을 많이 했던 것은 남성들이었다. 그들의 몸짓은 제한적이긴 하지만 그래도 여성보다는 다리와 발의 협조가 많았다. 짐승을 포위하고 좁은 공간으로 몰아들이며 손과 팔을 휘휘 젓고 허리를 굽혔다 폈다 하는…… 이러한 동작들은 보행과 달리기와 결부되면서 제한적이나마 율동성을 할당받게 되었던 것이다.[344]

344 장혜영 지음. 『구석기시대 세계 여성사』. 어문학사. 2015년 4월 29일. pp. 363~366.

하지만 농업이 핵심적인 경제수단이 되면서 여성의 활동은 비단 그 범위가 전답田畓으로 넓어졌을 뿐만 아니라 몸동작에서도 훨씬 동적이고 율동감이 추가되면서 바야흐로 무용 발전에 적극적으로 기여할 수 있게 되었다. 그러한 동작들은 파종·수확·가공노동에서 뿐만 아니라 새 떼와 짐승을 쫓는 신체 움직임에서도 활발하게 표현되기 시작했다. 일제히 함성을 지르고 손과 팔을 젓고 허리를 굽혔다 폈다하고 발을 구르고…… 행위 하나하나마다 그대로 안무 동작으로 승화될 만한 율동들을 내포하고 있었다. 여성 신체동작의 이러한 물리적인 변화는 전적으로 농업의 필요에 순응한 결과였다.

미개인들의 춤은 대체로 단순한 발굴림이나 발동작의 반복, 몸의 일부분 흔들기. 팔의 단순한 동작 반복 등으로 동물의 움직임을 모방하거나 간단한 상징적인 춤을 춘다.
농경무용: 한발·홍수·폭풍우 등과 같은 천재지변이 일어나지 않도록 신에게 기원하는 행사가 생겨나게 되고 이 행사의 가장 중요한 부분을 춤이 차지하게 되었다. 농경무용에는 주로 파종기에 천신과 지신에게 풍작을 기원하는 춤과 한발 시의 기우제, 홍수 때의 비를 그치게 하기 위해 기원하는 춤, 수확기의 감사제 등으로 나눌 수 있다. 이때의 춤은 무당이 춤으로 신에게 비는 기원무와 부락민 전체의 춤 또는 특수하게 선택된 몇 사람의 춤 등

으로 구별할 수 있다.[345]

　단순한 발굴림, 발동작, 몸 흔들기, 팔 흔들기는 결코 동물의 움직임을 피동적으로 모방한 것이 아니다. 그런 동작들은 인간이 농업노동이나 새 떼와 짐승을 쫓을 때 나타나는 인간 본연의 고유한 신체움직임들이다. 그리고 신에게 기원하는 무용은 풍작과 흉작이 반복되는 농경경험이 누적된 후 훨씬 늦은 시기에 나타난 종교현상이다. 농업이 탄생한 첫 시작부터 무용이 신을 위해 고안된 것이 아니라는 말이다. 물론 인간의 본능적 행동 그 자체가 무용이 될 수는 없다. 인간이 기쁘거나 즐거워 발을 구르고 뜀박질하고 회전하고 박수치는 등의 본능적 동작이 그대로 춤이 된다면 기쁠 때 뜀박질하고 허리를 비틀고 꼬리를 젓는 동물의 동작도 춤이라고 해야 되기 때문이다. 어떤 동작들이 춤사위가 되려면 몇 가지 조건에 부합돼야만 한다. 그 첫 번째 조건은 해당 몸짓에 상징성이 추가되어야 한다. 다시 말해 어떤 동작이 춤사위가 되려면 그 움직임에 일정한 목적이 부여되어야만 한다. 함성을 지르고 팔을 휘젓는 행동은 새와 짐승을 쫓기 위한 목적이 있고 고개와 팔을 쳐들고 허리를 굽혔다 펴는 동작은 하늘에 비를 요청하는 목적이 있기 때문에 상징성을 부여받는다. 두 번째 조건은 해당 동작의 주기적 반복성이다. 동작의 반복에 의해 단순할 뻔했던 몸짓들에서 드디어 춤사위의 율동이 탄생하기 때문이다. 발동작과 팔동작을 비롯한 몸짓들이 반복됨

345　배소심·김영아 편저, 『세계무용사』. 금광미디어. 2008년 12월 15일. pp. 14~20.

| **사진 50** | 기원전 1400년 이집트 벽화의 무용 그림

평야에서의 농업노동은 굴곡이 심한 산악지대에서의 수렵·채집활동과는 달리 신체에 율동감을 부여함으로써 무용의 탄생을 촉진했으며 여성이 그 주체가 될 수 있었다.

으로써 해당 동작들은 춤이 된다. 새를 쫓는 손발의 반복적인 동작이나 하늘을 향해 간절한 소원을 기원하는 몸짓들이 반복될 때 그것은 곧바로 춤이라는 새로운 예술의 장르로 태어난다. 세 번째 조건은 해당 몸짓들의 공연성이다. 상대가 상실된 물리적인 움직임은 죽은 몸짓이다. 새와 짐승을 쫓고 하늘에 기원하는 행동은 모두 상대방에게 자신의 몸짓을 전달하기 위한 동작들이다. 상대방을 향한 그 목적 실현의 욕구 때문에 일상적인 동작이기를 거부하고 춤사위에는 특수한 의미가 부여되며 압축된 상징성을 배당받게 되는 것이다.

이렇게 춤사위는 끊임없는 반복을 통해 누적되었고 세월이 흐르면서 차츰 정형화되기 시작했다. 그리고 정형화된 동작들을 완벽하게 기억하고 현장 표현을 통해 완벽하게 소화해낼 수 있는, 몸놀림이 가장 유연한 사람이 전담하기 시작했다. 정형화 과정을 거쳐 춤사위로 승화된 몸짓들은 질서와 순서가 있을 뿐만 아니라 표현의 난도가 높아졌기에 전문가에 의한 전문화로 전환될 수밖에 없었기 때문이다. 그런 전문가는 최초에는 악기보관소의 관리자가 담당했을 가능성이 많다. 이런 정형화된 춤사위가 나중에는 풍작과 흉작을 좌우하는 신비한 존재를 구축驅逐하거나 위로하기 위한 행사에 사용되면서 무용수는 무속인으로 역할을 바꿔서 나타났다. 환언하자면 농업의 수요로 탄생한 음악과 무용은 시간의 흐름을 타고 그 기능이 진화되면서 급기야 무속과 종교의 자궁 역할을 수행하기에 이른 것이다.

그리고 수렵사회에서는 홀시되었던 죽음과 그 죽음의 원인이 되는 질병에 대한 관심이 농업사회에 들어와 갑자기 증폭되었다는 사실에 주목할 필요가 있다. 수렵시대인들은 제한된 식량 확보량과 이동 때문에 여아 살해 등 방법을 동원하여 항상 인구가 늘어나는 것을 제한했다. 그러나 대충돌 사건으로 많은 사람이 죽은 인류는 생육을 통해 인구를 늘이는 것이 무엇보다 급선무였다. 그런데 출산이 늘어나도 수명이 짧거나 질병으로 인한 사망률이 높으면 인구증장 목적을 실현할 수 없다. 그러니 죽음과 질병에 대한 극복 의지와 대책이 중요해질 수밖에

300

없었을 것이다. 당시 여성들은 이 극복과 대책에 음악과 춤을 투입시킴으로써 소기의 목적을 이루려고 생각했다. 질병은 귀신의 조화라고 여겼기 때문에 음악과 춤을 통해 그 영향력을 약화시키려고 했던 것이다.

> 의료무용: 원시인들은 질병이 악귀의 침입 때문에 생기는 것으로 믿었다. 따라서 병자에게 붙은 악귀를 주술의 힘에 의해 쫓음으로써 질병이 치료된다고 믿었던 원시인들은 신과 인간의 중간에서 신과 통하는 절대적인 힘을 가진 자가 샤만이라고 믿었다. 샤만이 신에게 비는 가장 중요한 도구가 춤이었다.[346]

아마도 "의료무용"은 샤먼에 의해 창조된 것이 아니라 "악귀" 침입을 차단하기 위한 인간들의 저주와 거부의 상징적인 몸짓들이 시간의 흐름과 함께 축적되고 수정되고 정형화되면서 자연스럽게 창조되었을 것이며 그 춤사위가 나중에는 전문가인 무속인에 의해 집합·전수되었다고 간주된다. 무속인이 먼저 나타나 춤을 개발한 것이 아니라 춤이 먼저 생겨난 다음 그 춤사위를 무당이 점용한 것이다. 아무리 의료무용이라고 해도 농업과의 연관성에서 자유로울 수는 없다. 종교 자체가 풍작을 위한 농업의 수요에 의한 결과물이기 때문이다.

결과적으로 춤은 음악과 다를 바 없이 그 기원을 남성들의 수렵행위에 두고 있다는 사실은 불변한다. 그러나 여성은 자신들이 개척한 농

---

346   배소심·김영아 편저. 『세계무용사』. 금광미디어. 2008년 12월 15일. p.20.

업과 결부된, 농업의 수요를 만족시킬 수 있는 그들만의 새로운 무용을 개발했으며 더 나아가 무용의 함의와 범위를 넓혔을 뿐만 아니라 한 단계 높게 발전시키는 중대한 기여를 한 것이다. 그들에 의해 무용은 드디어 구석기시대에는 멀기만 했던 이데올로기와 타결하며 무속과 종교까지 자신의 영역에 포함시켰던 것이다. 실로 인류의 문화발전에 이바지한 신석기시대 여성의 업적은 위대한 것이라고 말할 만하다.

II

신석기시대
아시아 여성

II. 신석기시대 아시아 여성

우리는 지금까지 인류문명을 기후변화와의 밀접한 연관 속에서 담론을 견인해 왔다. 기후변화가 선행한 다음 인류가 새로운 환경에 의지적으로 적응하는 과정을 통해 인류문명이 이루어지는 패턴이었다. 예를 들면 홀로세의 기온상승과 영거드라이어스기의 혜성충돌로 인해 연쇄반응을 일으킨 일련의 신석기시대 인류문화의 변화 같은 것이다. 인류는 이 격렬한 기후변화에 적응하면서 수백만 년 동안 지속된 구석기시대의 수렵·채집생활에 무거운 마침표를 찍고 미지의 농업사회로 투신했으며 평야에 취락을 이루고 정착하면서 마침내 여성이 역사 무대의 전면에 등장하여 사회적인 주도권을 장악하게 되었던 것이다.

　이러한 기본적인 발전상황은 중국이나 한국, 일본을 비롯한 아시아의 신석기시대 경우에도 예외가 될 수는 없다. 왜냐하면 지역은 다르지만 같은 시기에 동일한 기후변화를 겪었으며 변화된 자연환경 속에서 수렵·채집생활방식을 포기하고 새로운 기후변화에 적응하는 농업사회로 유턴하며 그 공간에서 취락을 이루고 정착생활을 했을 뿐만 아니라 여성의 사회적 지위도 일정하게 변화를 보였기 때문이다. 그런데 아시아 신석기시대 여성문명을 서양(서아시아와 북아프리카를 포함)과 차별화시킨 가장 결정적인 인소 역시 기후문제에서 비롯된 것이다. 신석기시대 두 대륙의 기후는 기온상승이라는 동일성을 가지고 있으면서도 한편으로는 대충돌에 의한 기후급변의 유무에서 차이를 보인다. 중국을 비롯한 아시아지역은 영거드라이어스기 혜성과의 충돌로 인한 기후급변의 영향권 밖에 속해 있었기 때문이다. 적어도 현재까지는 고고학 발굴에서 서아시아를 제외한 아시아에서 대충돌의 흔적이 발견되지 않고

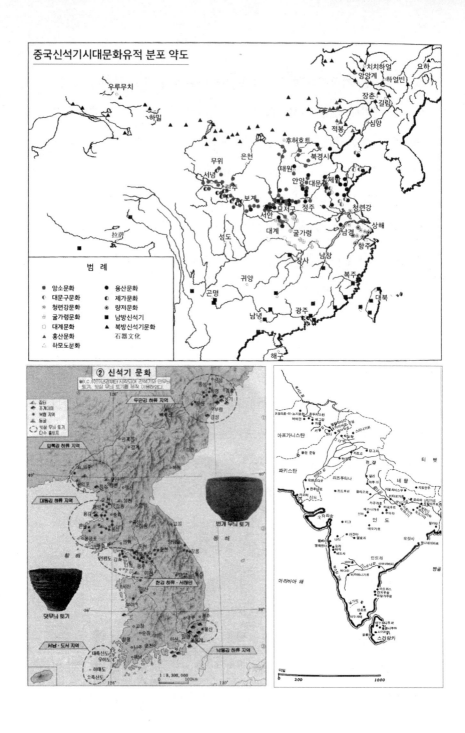

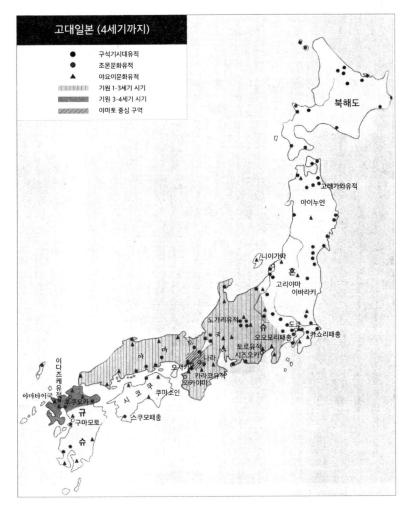

고대일본 (4세기까지)

● 구석기시대유적
● 조몬문화유적
▲ 야요이문화유적
▦ 기원 1-3세기 시기
▦ 기원 3-4세기 시기
▨ 야마토 중심 구역

북해도

고레가와유적
아이누인

니이가따

혼

고리야마
이바라키

도가리유적
슈
오오모리패총
도
카쇼리패총

이다즈케유적

아
마
타
토

야마타이국
후쿠오카
구마모토
규
슈

나라
오사카
카라코유적
오카야마
쿠마소인
스쿠모패총
토로유적
시즈오카

시
코
쿠

| **사진 51** | 아시아 주요 지역 신석기 유적 분포

아시아 지역의 신석기문화는 대충돌 사건의 부재라는 점에서 서양(메소포타미아와 북 아프리카 포함)과 차이를 보인다. 아시아 신석기문화는 공통점이 있을 뿐만 아니라 차이점도 나타난다.

있다. 기후에서의 이 차이는 아시아지역의 신석기시대 농업 진전의 역사적인 발걸음을 완만하게 견제했을 뿐만 아니라 여성의 사회적 진출 또는 이미지에도 부정적인 영향을 미쳤다고 할 수 있다. 그리하여 신석기시대 아시아 여성의 사회적 역할은 서양 여성에 비해 위축되거나 소극적이 될 수밖에 없었다. 그것을 아래의 몇 가지 유형으로 분류할 수 있을 것이다.

1. 농업 보편화의 완만함

서양의 경우 농업의 급진적인 보편화는 다분히 대충돌 사건이 강요한 환경의 압박 때문이었다. 물론 기온상승도 그 주요 원인이 된다. 하지만 기온상승 조건 하나뿐이라고 가정할 때 농업으로 전환한 중국의 경우 그 전환과 보편화는 장장 수천 년이라는 오랜 과도기가 필요해야만 했다. 대충돌과 같은 환경의 급변으로 인해 수렵환경이 파괴되지 않은 채 여전히 인류의 식량자원의 공급처 역할을 충실하게 수행했기 때문이다. 그것으로 인해 농업에 전적으로 운명을 걸지 않아도 살아갈 수 있었다.

2. 여성 지위의 평행선

농업의 보편화가 답보하면서 여성의 사회적 지위의 향상도 덩달아 연기되었다. 수렵이 여전히 식량 내원의 중심 또는 농업과 어깨를 겨루는 막상막하의 생산 경제라고 할 때 그 생산에 종사하는 남성의 사회적인 영향력도 그만큼 클 수밖에 없다. 게다가 아시아지역에서 농업생산의 주체는 여성이 아니라 남성이었다. 원시농업은 경작지 개간에서부터 곡물 수확에 이르기까지 많은 체력이 요구되기 때문이다. 농업이 아직 보편화되지 않았다함은 그 생산과정이 원시적임을 의미한다.

3. 여신숭배의 부재

농업의 기원이 채집이라면 채집의 주체는 여성이었고 그래서 여성은 농업생산의 주력군이기도 하다. 인류의 식량을 해결하는 농업의 주도권을 행사하는 신석기시대 여성의 존재는 숭배대상이 되기에 손색이 없다. 게다가 서양의 경우 대충돌로 인한 남성 인구의 소수화는 여성의 생육능력을 신비화하기에 충분했을 것이다. 이 두 가지 조건이 합쳐져 종교적으로 나타난 현상이 다름 아닌 여성숭배였다. 하지만 아시아의 경우 하늘이나 조상에 대한 숭배는 있어도 농업에 대한 숭배는 적었으며 남성 인구는 도리어 여성보다 다수여서 생육능력도 신비화될 토대가 없었다. 여성숭배가 당연하게 시초부터 고갈될 수밖에 없었던 이유이다.

4. 여성 노동 공간의 위축

수렵이 여전히 식량자원의 효과적인 공급원이 되고 남성이 농업생산의 핵심적 생산력이 된 아시아 신석기시대 상황에서 여성에게 할당된 노동 장소는 가옥 내외라는 협소한 공간에 위축될 수밖에 없었다. 여성의 작업 영역은 집 안에서는 부엌과 실내, 집 밖에서는 마당과 집 주변이라는 좁은 지역에 한정되었다. 조리·편직·곡물가공·토기 제작·출산·육아 등의 노동이 여성에게 할당된 작업이었다.

5. 여성 일상생활의 위축

장신구와 화장은 서양과 달리 구석기시대 말기부터 이동의 필요
성이 적은 반 정착생활을 했던 중국 여성들에게는 필수품이 아니었을
가능성이 많다. 이동시 운송을 위해 대량 생산될 필요도 없었다. 뿐만
아니라 이 두 가지 일상생활은 아직 여성의 미모와도 연대하지 못한 채
부귀의 상징으로만 존재했다.

음악과 무용 역시 농업의 보편화와 발전의 미비로 인해 관련 유물
이 아직도 대대석인 출토나 발견은 되지 않는다. 뿐만 아니라 서양 신
석기시대의 경우처럼 악기와 음악이 농업의 풍수를 위한 신앙예술에
사용되지도 않았다. 서양에서 악기는 대형동물사냥에 통일적인 지휘를
위한 신호음을 발신하기 위해 필요했던 것이다. 신석기시대에도 수렵
이 여전히 경제활동에서 중요한 자리를 차지했지만 사슴류의 소형동물
사냥을 주로 했던 중국에서는 수렵을 위한 악기의 필요성도 존재하지
않았다. 게다가 악기와 음악이 여성과 연관되지도 않는다. 뼈피리 등
악기가 거의 남성의 무덤에서 출토되기 때문이다. 아마도 중국신석기
시대의 음악과 악기는 여와가 악기를 만든 목적이었던 즐거움을 위한,
개인 소장품 또는 기호품이었을 것으로 간주된다.

―.
신석기시대 중국 여성

신석기시대 중국 여성은 수천 년이라는 완만한 진척 속에 처한 농업의 부진으로 인해 그 역할의 확장에서 돌파구를 찾지 못한 채 방황해야만 했다. 고고학적 자료에 근거하면 농업의 시작은 신석기시대 초기부터 존재했다지만 그것이 보편화되기까지는 오랜 시간이 걸려야만 했다. 황하지역에서는 신석기시대 초기 유적인 동호림東胡林유적에서부터 벌써 농업의 맹아가 보이지만 수천 년 세월이 흐른 뒤의 양사오문화 시기에 와서도 중동과 같은 발전한 농업은 나타나지 않는다. 동호림유적의 연대는 11000년~9000년 전[1]으로 "현재 동호림유적의 새로운 발견 중의 돌맷돌, 갈돌은 원시농업문명을 수반·상징하는 모래가 섞인 거친 토기와 함께 출토된다. 이는 의심할 바 없이 당시 이미 원시농업사회로 진입했음을 증명"한다는 주장이다. 뿐만 아니라 "이미 정주생활방식으로 과도"[2]하기까지 했다고 한다. 그러나 "배리강·자산문화의 농업

---

1 『考古2006年第7期』.「北京市门头沟东胡林史前遗址」. 赵朝洪. p.7.
2 『农业考古2006年04期』.「浅议北京东胡林遗址的新发现」. 于德源. pp.15~16.

생산은 아직도 비교적 원시적인 호미경작단계에 처해 농업수확량에만 의존해서는 사람들은 아직 먹는 문제를 해결하기 어려워 수렵과 여성·어린이들의 채집경제가 농업수확량의 부족함을 보충하는 중요한 수단이 되었던 것이다. 따라서 이 시기의 경제 유형은 농업의 상당한 발전이 있었고 수렵·채집경제가 비교적 큰 비중을 차지하는 종합적인 경제"였다. 농업발전의 상징이라 할 수 있는 자루 달린 돌삽은 "양사오문화 중의 초기 지층에서도 아주 적게 나타난다.…… 다만 양사오문화 중·말기 및 용산문화 과도기를 향한 시기가 되어서야 자루 달린 돌삽은 비로소 점차 많아지는"[3] 현상에서도 농업의 보편화와 발전이 얼마나 긴 시간이 걸렸는지 알 수 있다. 장강유역의 경우도 별반 다르지 않다. 12000년~10000년 전후의 옥섬암玉蟾岩유적에서 재배벼가 출토되었다[4]고 하지만 이보다 훨씬 연대가 늦은 대계大溪문화의 농업은 여전히 "원시적인 벼재배농업이 기초"[5]였다.

　이처럼 남성이 관장하는 수렵사회가 신석기시대 초·중반은 물론 후반까지 경제활동공간의 거의 절반을 차지하면서 여성의 사회적인 역할도 반토막 날 수밖에 없게 된 것이다. 그 이유는 대충돌과 같은 돌연적인 기후환경의 조건이 미비하여 수렵활동공간이 조금도 파괴되지 않

---

3 『华夏考古1992年第4期』. 「裴李岗-磁山文化长条形石铲辨-试论其文化的农业」. 黄克映. p.46. p.43.
4 中国社会科学院考古研究所编著. 『中国考古学·新石器时代卷』. 中国社会科学出版社. 2010. 7. p.96.
5 中国社会科学院考古研究所编著. 『中国考古学·新石器时代卷』. 中国社会科学出版社. 2010. 7. p.427.

신석기시대
세계 여성사

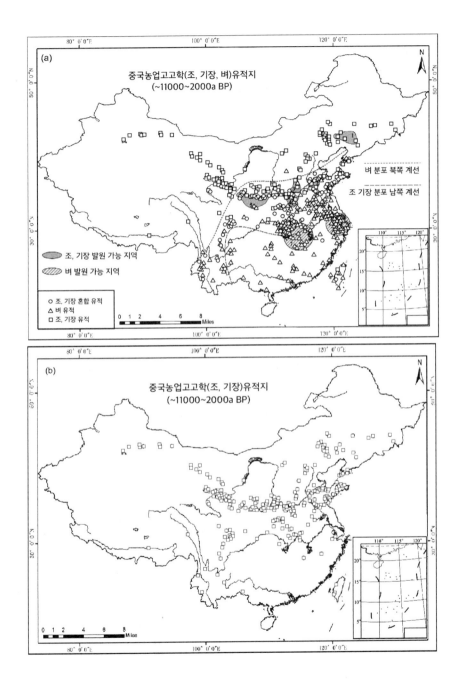

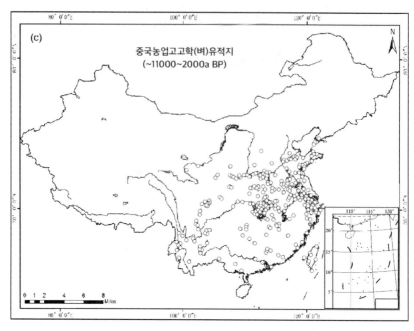

| 사진 52 | 중국 조·기장·벼 재배 유적

중국 신석기시대 여성담론에서 가장 문제시되는 것은 농업의 시작 연대 추정이다. 자산문화를 비롯한 신석기 초기부터 농업이 이미 보편화되었다는 주장과 신석기 말기 양사오 문화시기에 와서야 농업이 보편화되었다는 상반되는 주장이 팽팽히 맞서고 있다.

고 그대로 존재했기 때문이다. 남성은 기온상승에도 불구하고 여전히 수렵생산에 종사할 수 있었다. 게다가 수렵에서 제공되는 식량 보충으로 인해 농업은 보조 경제수단으로서 원시적인 수준으로도 식량 보충이 충분했을 뿐만 아니라 또 그 원시성이 청구하는 노동 강도의 높은 체력화는 상대적으로 힘이 약한 여성의 참여를 제한하기까지 했다. 이렇게 야외 생산노동에서 밀려나 집 주변 또는 가내 공간으로 노동 장소가 위축된 여성은 사회적으로 통솔적인 역할을 수행할 수 있는 기회마저

놓치는 결과를 초래하게 된 것이다.

중국 신석기시대 여성의 이러한 사회적 역할의 한계는 비단 생산영역에만 국한된 현상이기를 거부하고 주거와 신앙, 일상생활 영역에 이르기까지 영향을 미치고 있다. 그 결과 서양 여성 담론에서 확인된 신석기시대의 여신숭배도 중국신석기시대에는 그 수위가 낮아지고 변형된 형태로 나타난다. 중국에서 발견되는 이른바 "여신상"은 인류의 숭배대상이라기보다 제사에 사용되는, 동물과 다름없이 단순한 제물의 형식으로 소모될 따름이다. 주거 형태도 신석기시대 말에 이르기까지 구석기시대의 흔적과 농업의 흔적이 혼합된 반지혈식 가옥이 주류를 이루고 있다. 뿐만 아니라 여성의 일상으로서의 장신구나 화장도 구석기시대의 수준을 초월하지 못한 채 답보 상태에 빠진 것도 같은 원인 때문이라고 할 수 있을 것이다.

중국 신석기시대 여성 담론에서 가장 문제시되는 것은 농업의 시작 연대 추정이다. 자산문화를 비롯한 신석기 초기부터 농업이 이미 보편화되었다는 주장과 신석기 말기 양사오문화시기에 와서야 농업이 보편화되었다는 상반되는 주장이 팽팽히 맞서고 있다.

1장

:

기후변화와 농경 전환, 여성의 지위

1) 기후변화와 농경 전환

　우리는 서양 여성 담론에서 농업 전환의 원인과 여성의 중심적인 역할에 대해 영거드라이어스의 대충돌 사건과 결부시켜 검토해보았다. 만일 대충돌 사건이 발생하지 않았다면 이른바 서양에서의 신석기혁명과 농업의 교체는 물론이고 인류문명을 개척하는 데 마멸할 수 없는 기여를 한 여성의 위업도 없었을 것이다. 그런데 중국 여성에 관한 논의에 이르러 우리의 담론은 대충돌 사건과 관련된 검토에서 전혀 예상 밖의 상황에 직면하게 되었음을 예고해야만 할 것 같다. 놀랍게도 서양 학계의 영거드라이어스 관련 연구에 따르면 중국은 대충돌 사건의 영향범위 안에서 제외되어 있기 때문이다.

　2013년 6월 4일 『국립 과학연구소 회보』에 실린 그 결과는 최신의 방사성 탄소 기술을 최대한 활용하여 1만 2900년과 1만 2800

년 전 사이에 있었던 영거드라이어스 연대를 더욱 정밀하게 파악했다. 또 YDB 지역의 더욱 자세한 지도를 작성하여 북·중·남 아메리카, 대서양의 상당 부분, 대부분의 유럽, 북아프리카, 중동 등 5000만 제곱킬로미터 지역을 망라하게 되었다. 과학적 계산에 의하면 혜성충돌은 이 방대한 지역에 약 1000만 톤의 소구체들을 흩뿌려 놓았다.[6]

만약 혜성충돌 사건의 영향 범위가 5000만 제곱킬로미터나 됨에도 중국에 미치지 못했다면 중국에서 신석기시대에 돌연 농업으로 전환하고 그 견인 세력이 여성이며 그로 인해 여신이 등장했다는 학계에 만연한 기존의 주장은 설득력을 잃게 된다. 그렇다면 우리는 어쩔 수 없이 중국 여성에 관해서만 기존의 신석기시대 고고학이론에 근거하여 농업 전환의 원인과 여성의 솔선적인 활약에 대해 담론해야만 할 것이다. 왜냐하면 대충돌 사건이 아닌 다른 조건으로는 인류가 장장 백만 년 동안이나 지속된 수렵·채집·어렵생활을 포기하고 부랴부랴 농업으로 회향한 사건을 충분하게 원인 규명할 수 없기 때문이다.

대충돌 사건이 누락된 농업 기원 연구에서 눈에 띄는 주장은 환경변화·인구 증가·동물멸종·식량자원 결핍·채집 지식 누적 등이다. 여기서 환경변화란 빙하기의 한랭기후로 인해 동물들이 급격하게 감소

---

6 그레이엄 핸콕 지음. 이종인 옮김. 『사라진 문명의 전달자들』 까치글방. 2016년 2월 5일. p.136.

했다는 주장이다. 중국에도 "화북, 진령秦岭이북 및 장강유역의 일부 지역에는 죄다 빙하가 분포되어 있었으며…… 화북 및 중원지역에서 한랭기후 조건에서 생활하는 포유동물의 화석(예컨대 피모서被毛犀)이 적지 않게 발견"[7]되었다고 전해지면서 빙하기의 추위로 인한 동물의 감소 주장에 설득력이 실린다. 한편 식량자원에 대한 인류 집단들의 쟁탈도 "1.5~1.2만 년 사이에 비교적 유리한 기온 조건에서 생업의 전환"[8] 즉 농업 유턴의 원인을 제공한다고 주장한다. 하지만 지구 역사에서 빙하기는 한두 번만 있은 현상이 아니며 이유도 없이 구석기시대 말에 갑자기 인구가 늘어나 세계적인 범위에서 동시에 농업으로 전이했다는 주장에는 설득력이 결여되어 있다. "마지막 빙하기가 끝난 후 기온이 비교적 따뜻한 상태로 회복"된 것이 농업 원인이라는 주장도 그 전에도 있었던 온난기에 농업 교체가 이루어지지 않았다는 의문을 해소시키지 못한다.

　　그러니까 한마디로 우리는 농업 전환 문제와 신석기시대 여성 문제를 정확하게 이해하려면 대충돌 사건을 필요로 할 수밖에 없다는 것이다. 그런데 서양에서의 대충돌 연구 결과는 한계를 지니고 있었다. 연구 그룹이 조사를 진행한 "북아메리카·유럽·중동(이 지역은 시리아의 아부 후레이라가 대표 지역)의 18곳"[9] 중에 중국을 비롯한 동아시아 지역은 빠져 있기 때문이다. 그나마 안도감을 주는 정보라면 중국 고고학계의 최

7　刘兴林著. 『史前农业探研』 黄山书社. 2004. 12. p.12.

8　刘兴林著. 『史前农业探研』 黄山书社. 2004. 12. p.13.

9　刘兴林著. 『史前农业探研』 黄山书社. 2004. 12. p.5.

근 연구에서는 대충돌 사건은 몰라도 YD사건만이라도 중국 곳곳에서 나타난다는 증거들이 육속 쏟아져 나오고 있어 본서의 담론이 막다른 골목에 빠져들지 않도록 출구를 열어주고 있다는 점이다. 비록 우리가 주목한 대충돌 사건은 아니지만 YD사건의 과학적 흔적만이라도 중국 동부·서부·중부·남부에서 골고루 나타나면서 서양 여성 담론의 명맥은 끊기더라도 중국에서의 농업 전변 원인과 신석기시대 여성의 사회적 지위와 역할에 대해 윤곽을 그려낼 수 있게 되었다는 것이 다행스럽다.

Dangsgaard-Oeschger 진동, Heinrich 한랭사건과 영거드라이어스사건 등 천년 척도의 전 지구적인 기후변화는 중국에서도 분명하게 나타난다. 중국의 황토와 동굴 석순 증거가 제시하는 기후변화 규율은 극지방, 빙심冰芯과 북대서양 깊은 바다 침전물 기록의 늦은 제4기 전 지구적인 천년 척도의 변화 특징과 기본상 일치한다.[10]

최초의 연구는 영거드라이어스 사건은 단지 북대서양 연안 지역에서만 발생한 한차례의 기후 역전逆轉사건이라고 간주했다. 후에 연구가 끊임없이 심입함에 따라 세계 각지에서 연이어 영거드라이어스 시기 기온 하강 사건 기록이 발견되었다.[11]

---

10 葛全胜著. 『中国历朝气候变化』. 科学出版社. 2011. 1. p.11.
11 『云南地理环境研究』. 2000年 01期. 「河北平原沉积物中记录的新仙女木事件」. 广新菊·许清海·阳小兰·孙黎明 著. p.21.

영거드라이어스 사건은 발견된 이래 줄곧 고기후 연구의 이슈로 떠올랐다. 20세기 30년대부터 진행된 우리나라 지역 혹은 기후에 미친 YD 영향에 대한 연구들은 중국의 부동한 지역에서 영거드라이어스 사건의 뚜렷한 기온 하강 효과가 골고루 나타난다고 간주했다.[12]

이렇듯 YD 현상은 중국 대륙의 곳곳에서 나타난다. 동해 대륙붕에서도, 장강중하류 지역에서도, 신강과 내몽골 그리고 황토고원과 북경·하북성 지역에서도 메소포타미아 지역과 같은 시기에 동시다발적으로 나타난다. 이중에서 황토고원과 장강중하류 등 지역은 중국의 신석기 농업의 발원지이기도 하다. 이 사건은 중국을 포함한 전 지구적인 사건이라는 사실이 입증된 셈이다. 그런데 기후가 갑자기 추워진 이 YD사건의 원인은 다름 아닌 지구와 혜성의 충돌임을 우리는 구체적인 자료를 통해 서양 여성 담론에서 확인할 수 있었다. 그 사건이 없었다면 인류는 결코 백만 년 동안 지속하던 수렵을 버리고 어느 날 갑자기 그것도 세계 여러 장소에서 동시에 농업으로 전환하지는 않았을 것이다. 더더구나 그 사건이 없었다면 여성이 농업의 주체가 되고 여신이 되며 신석기시기 태반을 주관하는 그 시대의 주인공이 되지는 못했을 것이다. 하지만 중국의 경우 YD사건 하나만 가지고 이런 결론에 도

---

12 『地球科學』 2008年 第33卷 第2期. 中國地質大學. 「新仙女木事件在羅布泊湖相沉積物中的記錄」. 羅超等著. p.194.

달하기에는 무리가 존재한다. 왜냐하면 그러자면 YD사건은 반드시 지구와 혜성의 대충돌을 전제로 해야 하기 때문이다. 그것은 "약 1만 2900년 전에 벌어진 외계(ET) 충돌은 환경에 갑작스러운 변화를 가져왔고 그 결과 클로비스 시대의 말기에 YD 냉각, 주요한 생태계의 재조직, 광범위한 동물의 멸종, 인간 행동의 급속한 변화 등이 발생"[13]했기 때문이다. 물론 중국에서도 "엄청난 충격, 압력과 발열 등의 희귀한 조건들 속에서만 형성되며 혜성 혹은 소행성의 강력한 충돌을 증언하는 특징적 지문—과학계의 용어로는 '대리물(Proxy)'"[14]들이 발견된다.

지질 기록 중의 우주 먼지 즉 소행성의 충돌로 인한 소구체微球粒(구형球形의 마이크로텍타이트운석 및 변형 산물을 포함)는…… 매우 중요한 연구 의의가 있다. …… 유리玻璃운석은 지구 밖의 물체가 지구와 격렬하게 충돌할 때 지표 고규암高硅岩이 녹은 후 쾌속 응결에 의해 형성된 천연 유리이다.…… 마이크로 텍타이트운석은 침적물 혹은 지층의 극히 국한된 층위에서 발견된 마이크로글라스운석으로…… 그 형성 연령과 화학성분은 유리 운석과 상당할 뿐만 아니라 항상 충돌로 인한 결구 구조 특징을 가지고 있다.

13 그레이엄 핸콕 지음. 이종인 옮김. 『사라진 문명의 전달자들』. 까치글방. 2016년 2월 5일. p.123.
14 그레이엄 핸콕 지음. 이종인 옮김. 『사라진 문명의 전달자들』. 까치글방. 2016년 2월 5일. p.119.

우리나라 남해와 황토 중의 갱신세 마이크로텍타이트운석
은······ 지구 밖의 물체 충돌 사건의 산물에 속하다.[15]

외계 행성과의 충돌로 인해 발생한 이런 우주 먼지 소구체, 마이
크로텍타이트 물질은 섬서성 낙천현파두촌洛川县破头村의 황토고원[16] 강
소성 신기新沂, 수홍泗洪 등지,[17] 해남도 창강현석록진계실촌昌江县石碌镇
鸡实村 부근[18] 연산燕山지역, 홍성兴城 부근과 사천성 동북부 원패元坝지
역[19] 등 부동한 시대의 지층에서 발견된다. 하지만 아쉬운 것은 지금까
지 발견된 우주먼지, 그러니까 지구와 소행성의 충돌을 입증할 수 있는
이런 우주먼지의 연대가 대충돌 사건과는 너무 거리가 멀다는 사실이
다. 대부분 기원전 6550만 년 전 신생대이거나 2억 3천만 년 전에서 1억
8천 만 년 전 트라이아스기三叠纪, 그보다도 더 먼 10억 년 전이 아니면
가까워야 72만 년~72.4만 년 전에 발생한 우주 충돌 사건과만 연결된다
는 사실이다. 그렇다면 우리의 담론은 어쩔 수 없이 이 지점에서 중단
하고 합리적인 증거가 발굴되기를 무작정 기다려야만 하는가. 그러나

15 『地层学杂志』. 第31卷 第2期. 2007年 4月. 「地质记录中的微球粒」. 张华. p.112.
   p.124.
16 『科学通报』. 1994年 第7期. 「黄土中微玻璃陨石和微玻璃球的发现与意义」. 硕士研
   究生. 李春来. p.629.
17 『江苏地质』. 第2期. 1991年. 李增慧等. p.65.
18 『科学技术与工程』. 第10卷 第33期. 2010年 11月. 「海南岛上泥盆统发现微球粒」. 张
   仁杰等. p.8123.
19 『沉积与地质』. 第32卷 第2期. 2012年 6月. 「川东北三叠系雷口坡组与须家河组界
   线微球粒的发现」. 刘艳婷等. p.49.

우리에게는 아직도 선사시대를 연구하는 데 중요한 데이터로 사용되는 신화와 전설이 존재한다. 이제는 신화와 전설 속에서 관련 증거를 찾을 수 있기를 기대하면서 미지의 담론을 이어나갈 수밖에 없게 되었다.

우리는 서양 기후담론에서 YD시기의 대홍수와 대화재 그리고 기온하강 사건이 1만 2800년 전에 발생한 혜성충돌과 연관이 있음을 확인했다. 그런데 같은 시기 중국의 여러 지역에서도 대홍수와 대화재가 발생했음이 신화를 통해 확인된다. 『산해경·해내편』, 『회남자·람명훈』, 『맹자·등문공』 등 고문헌에서도 나타나지만 여와전설과 같은 신화에서도 분명하게 나타난다. 먼저 대홍수에 관련된 신화 몇 단락을 소개한다.

| 사진 53 | 태초의 대홍수와 하늘을 깁는 여와

세찬 불길과 홍수, 인류의 멸종은 대충돌 사건을 연상시킨다. 하지만 이는 어디까지나 역사시기에 문자로 정리된 후세의 기록이며 픽션을 곁들인 한 편의 전설에 불과해 과학적 고증의 자료로는 부족함이 존재한다. 대충돌 사건을 증명할 수 없기 때문이다.

하늘에서는 당금 큰 비가 내리려고 한다. 구름이 덮이고 바람이 거세지고 우렛소리가 우르릉, 우르릉 공중에서 울린다.…… 빗줄기는 내릴수록 더 커졌고 바람은 불수록 더 거세졌으며 퐈르릉거리는 우렛소리도 점점 더 요란해지며 마치 천상의 뇌공雷公이 노하여 인간세상으로 강림해 사람들에게 대재난을 퍼붓는 것만 같았다.

사방에 검은 바람이 불며 미친 듯한 빗줄기가 시커먼 하늘에서 퍼부어 땅에는 홍수가 나서 물이 소용돌이치고 마치 야생말처럼 날뛰며 구릉을 침몰시키고 높은 산을 둘러쌌다. 전답과 집, 숲과 마을은 전부 망망한 바다로 변했다.…… 홍수는 갈수록 불어나 벌써 하늘에 닿았다.

하늘을 찌르는 이 한 차례의 홍수에 지구 위의 모든 인류는 죄다 죽어버렸다.[20]

여와는 인류를 창조하고 또한 그들을 대신하여 결혼제도를 만든 후 몇 년 동안 평안무사하게 지냈다. 인류는 줄곧 즐겁고 행복한 나날을 보냈다. 그러던 어느 해 뜻밖에도 신의 나라에 큰 혼란이 일어났거나 새롭게 개벽한 천지의 구조가 아직 튼튼하지 못해서 인지 우주에 홀연 원인불명의 한 차례의 대변동이 발생했다. 절반의 하늘이 무너져 내리며 천상에 흉한 커다란 구멍이 생기고

---

20 袁珂著. 『中国神话传说 : 从盘古到秦始皇(上下册)』. 人民文学出版社. 1998. 10. p.79. pp.81~82.

신석기시대
세계 여성사

땅 위에도 가로세로 거무칙칙한 깊은 웅덩이가 파였다. 이러한 대격변 속에서 삼림에는 큰불이 세차게 이글이글 타오르고 홍수가 땅 밑에서 솟아나와 파도가 하늘에 닿으며 대지를 바다로 만들었다. 인류는 이런 상황에서 이미 생존할 수 없게 되었다.

여와는 많은 고생 끝에 하늘을 메우고 땅을 고르게 만들어 재앙을 다스렸다. 인류는 다시 살아났고 대지는 또다시 활기를 띠기 시작했다. 춘하추동 사계절이 순서에 따라 바뀌며 더워야 할 때는 덥고 추워야 할 때는 추워 조금도 혼란이 나타나지 않았다.…… 맹금맹수惡禽猛獸들은 죽을 것들은 일찌감치 죽었고 죽지 않은 것들도 점차 성미가 온순해져 인류와 친구가 될 수 있게 되었다.…… 들에는 자생 식물이 많아 걱정할 것 없이 배불리 먹을 수 있었다.[21]

앞의 인용문은 묘족의 전설이고 뒤의 인용문은 여와전설이다. 우리는 이 신화를 통해 1만 2천 년 전에 발생했던 대재난 사건에서 대홍수와 인류의 죽음 외에도 몇 가지 중요한 사실을 더 발견할 수 있다. 하나는 세차게 타오르는 삼림의 불길이고 다른 하나는 야생성이 길들여진 동물들이며 마지막으로는 들판에 자생하는 곡물이다. 우리가 이 몇 가지 사실에 주목하는 까닭은 그것이 혜성충돌 사건과 그 이후의 농업

21 袁珂著. 『中國神话传说 : 从盘古到秦始皇(上下册)』. 人民文学出版社. 1998. 10. pp.104~105.

을 연상시키기 때문이다. 대형 화재는 일단 하늘에서 양동이로 퍼붓는 듯한 거세찬 비와 대홍수에 바다가 된 대지의 상황과는 전혀 어울리지 않는 상황설정이다. 설사 이미 화재가 발생했다 하더라도 비와 홍수에 꺼졌을 것이기 때문이다. 대지를 뒤덮은 거대한 산불은 대충돌 사건이나 화산에 의해 발생하는 일종의 자연재해이다. 그리고 갈라지고 웅덩이가 파인 땅의 모습도 비나 홍수보다는 소행성의 충돌과 같은 사건의 결과일 가능성도 배제할 수 없다.

신화에 따르면 여와가 구멍 난 하늘을 메우고 땅을 고르게 하자 동물들은 죽을 건 죽고 죽지 않은 것들은 순화되어 가축이 된다. 뿐만 아니라 들에는 자생하는 곡식이 배불리 먹을 수 있을 만큼 많이 자란다. 이러한 상황은 대충돌 이후 메소포타미아 지역에서 발생한 농업 전환을 연상하게 한다. 그곳에서도 대충돌 사건이 발생한 후 산을 떠나 평야로 내려온 인류가 자생 밀이나 보리와 같은 곡식을 식량자원으로 삼아 생계를 유지했기 때문이다. 뿐만 아니라 동물들을 순화하여 가축 사육을 시작했다. 신화가 보여주는 사건 전개는 메소포타미아 신석기시대를 판에 박은 듯이 옮겨 놓고 있어 그 유사함에 그저 놀라울 따름이다. 어쩌면 이 신화는 중국에서도 구석기시대 말 신석기시대 초에 유럽이나 메소포타미아와 똑같이 대충돌 사건이 발생했고 그 사건에 의해 인류가 농업에로 내몰렸던 과정을 반영한 것인지도 모른다.

하지만 이는 어디까지나 그 시기를 증명할 수 있는 확실한 유적이 아니라 역사 시기에 문자로 정리된, 추정에 불과한 신화라는 점을 인정해야만 한다. 많은 학자들이 선사시대의 비밀들을 신화에 의해 해석하려고 시도하지만 그것이 품고 있는 한계를 신화학 스스로도 감지하고 있다. 그러할진대 우리의 중국 여성에 관한 담론도 시작부터 숙명적인 한계를 짊어지고 나아갈 수밖에 없게 되었다. 사실 대충돌 사건의 인정 여부에 따라 신석기시대 여성의 지위와 역할에 대한 결과도 정반대로 나타날 것이기 때문이다. 어쩔 수 없이 우리의 담론은 대전제가 모호한 상태에서 신빙성을 갖춘 당시 자료에 근거하여 추정할 수밖에 없게 되었다. 이 대전제에 대한 고증은 장래 고고학 연구 성과에 맡기고 우리는 중국의 신석기시대 농경상황·주거상황과 결부시켜 해석을 전개해야만 할 것이다.

하지만 필자는 우리의 담론에 위기가 닥쳐온 막다른 골목에서 기사회생의 이론적 가능성 하나를 제시하고 그 코스를 따라 논리를 펼쳐 나갈 것임을 약속한다. 그 가능성은 서양 여성 담론을 통해 우리가 이미 알고 있는 서아시아 및 메소포타미아 지역의 농업 시작 연대와 중국 중원 지역·반파 지역의 농업 개시 연대가 적어도 2000년~3000년의 차이가 난다는 지점에서 비롯된 것이다. 농업 발원지로서의 두 지역의 이러한 시간적 차이는 문명의 흐름 즉 전파를 예시하고 있기 때문이다. 그 시간이면 아무리 거리가 멀다 해도 인구 이동으로 인한 문명이 전파되는 데 충분하기 때문이다. 그렇다면 중국 여성에 관한 담론은 적어도 서양 특히 메소포타미아 여성의 담론과는 필연적으로 색다른 양상을 띨 수밖에 없을 것이다. 물론 중국 신석기시대 여성의 사회적 역할이나 지위에도 상응한 변화가 따를 것이다.

마지막으로 필자는 일말의 가능성을 하나 더 제시하려고 한다. 그것은 중국에서는 메소포타미아의 경우처럼 대충돌의 긴박함으로 인한 단기간 내의 농업 실현이 없이 오랜 시기를 지나며 점진적으로 농업이 발전했을 거라는 논리이다. 오랜 시간이라 함은 적어도 2, 3천 년의 시간을 의미할 것이다. 물론 그러한 점진적 발전과정은 기존의 경제수단과 새로운 경제수단의 병존과 두 경제수단의 평화적인 과도 때문에 시간이 필요했을 것이다. 그리고 그에 따라 여성의 지위와 사회적인 역할도 이에 상응하는 특색을 띠게 될 수밖에 없다. 우리는 지금 동원할 수 있는 모든 가능성을 열어놓고 담론을 진행할 수밖에 없는 처지이기 때문이다.

2) 중국 신석기시대 농경과 여성의 지위

ㄱ. 중국 신석기시대 농경의 존재 여부

우리는 서양의 신석기시대 담론에서 여성 권력의 온상이 농경의 보편화, 여성 다수의 성비 불균형, 대형취락 및 가옥이라는 이 3대 생존환경이었다는 결론에 도달했었다. 물론 무려 수백만 년이나 되는 구석기시대와 단호하게 결별한 이 새로운 생존환경은 기후변화라는 자연환경의 결과물이라는 사실도 동시에 확인되었다. 빙하기가 끝나고 간빙기가 도래하며 초래된 기온상승이 농업의 보편화를 가능하게 하였고 대충돌 사건이 여성의 성비 다수로 이어졌으며 연약한 이들의 재난에 대한 공동 대처가 대형취락 탄생의 자궁이 되었던 것이다. 그런데 우연의 일치랄까 중국 신석기문화 중심지의 기후대는 메소포타미아와 동일하다. 중국의 대표적인 신석기문화 발상지는 자산磁山문화와 노관대老官台문화인데 이들 분포지역의 기후대가 여성이 발달한 농업에 기대어 인류역사상 가장 휘황찬란한 권력을 향유했던 메소포타미아 지역과 정확히 일치하다.

> 자산문화와 노관대문화가 위치한 장소는 위도가 서아시아 비옥한 반달지역과 완전히 일치하여 기후도 대체로 흡사하다.[22]

이 지역 신석기문화의 연대는 기원전 5400년~기원전 5100년으로 7000여 년 전이다. 메소포타미아 지역에서 농경이 활발하게 전개되던 시기와 겹친다. 황하유역의 황토고원은 서아시아에서 농업이 시작된 "기원전 7200년~기원전 6000년 사이의 대 온난기의 전성기 단계를 거쳐 기원전 5000년~기원전 3000년 사이의 덥고 습윤한 기후의 안정시기"[23]에 이르렀다. "8500년~6000년 전은 온난·습윤기후 단계로 연평균 강수량이 지금보다도 많은 약 150mm~300mm였고 연 평균기온은 지금보다 높은 1℃~2℃였다." 장강중하류지역의 기후도 "10000년~8900년 전 추운 것을 좋아하는 침엽수종이 점차 감소하고 난대 활엽수 숫자가 상승 추세가 되고 상록 수종이 끊임없이 늘어나 기후가 호전되면서

---

22 『考古1979年01期』. 「黄河流域新石器时代早期文化的新发现」. 严文明. p. 50.
23 河北省文物研究所段宏振主编. 『北福地-易水流域史前遺址』. 文物出版社. 2007. 1. p. 7.

홀로세 초기의 기온상승단계"[24]로 진입했다.

그러면 메소포타미아 기후변화와 동일한 이러한 기온상승이 중국 신석기문화에도 상술한 3대 생존환경을 형성시켰을까 하는 문제가 궁금해질 수밖에 없다. 그리하여 자연스럽게 단순한 기온상승만으로 농업이 그토록 짧은 시간 내에 일정한 지역 내에 보편화되고 그 기반 위에서 여성이 남성을 제압하고 손에 막강한 권력을 장악했는가에 대한 의문이 담론의 주제로 부상하게 되고 그 코스를 따라 중국 신석기시대 농업 실태에 대해 밀도 있는 검토를 진행하게 될 것이다. 농업의 보편화 또는 발전은 신석기시대 여성의 지위와 권력에 결정적인 영향을 미치기 때문이다. 그런데 중국 신석기시대 농업문제에 대한 당지 학계의 주장은 크게 존재론과 부재론으로 분류된다. 양자의 비교분석을 통해 필자의 견해를 제시하려고 한다.

서아시아의 예리코Jericho(B.C 9000년경)와 비슷한 시기 중국의 신석기시대 초기에도 기온상승과 더불어 취락들이 발견된다. 예를 들면 화북지역에서는 하북성의 남장두南庄头유적(기원전 9974년~전 8590년), 북경의 동호림东胡林유적(10000년 전후)과 전년转年유적(약 10000년 전후) 같은 것들이며 화남지역에서는 강서성 선인동·조통환仙人洞·吊桶环유적(약 10000년~9000년), 호남성의 옥섬암玉蟾岩유적(12000년~10000년 전후), 광서장족자치구의 정사산顶蛳山1기 유적(약 10000년~9000년), 광서장족자치구

---

24 中国社会科学院考古研究所编著. 『中国考古学·新石器时代卷』. 中国社会科学出版社. 2010. 7. p.73. p.63.

| **사진 54** | 신석기 초기 동호림東胡林(상), 남장두南庄头(하좌), 선인동仙人洞 유적

이 신석기 초기 유적들에서는 농업경제의 흔적이 발견되지 않았음에도 일부 학자들은 돌맷돌, 갈돌을 근거로 원시농업사회로 진입했다고 주장한다. 그러나 이 시기에 농업은 아직 산생되지 않았으며 여전히 수렵·채집경제가 위주였다.

의 증피암甑皮岩1기·4기 유적(12000년~11000년)과 대암大岩3기 유적(12000년 전후) 같은 것들이다. 하지만 예리코가 초기 정착 농업지역인 반면 중국의 초기 신석기유적들에서는 아직 농업의 흔적이 나타나지 않는다. 물론 동호림 신석기시대 초기 유적의 경우 "단지 소량의 석편만 발견될 뿐, 원시농업문화를 나타내는 흔적이 털끝만큼도 나타나지 않음"에도 불구하고 "돌맷돌, 갈돌이 원시농업문명을 수반·상징하는 모래가 섞인 거친 토기와 함께 출토된다는 이유로…… 당시 이미 원시농업사회로 진입"[25]했다고 주장하는 학자들도 있다. 심지어는 "무덤이나(단 한 곳) 토기와 농업생산도구도 출토되지 않음"에도 불구하고 "원시농업의 기원이 구석기 말기 혹은 신석기 초기 즉 지금으로부터 10000년 전후까지 거슬러 올라간다"[26]고 추정하는 학자들도 있다. 그러나 그것은 어디까지나 소수의 견해일 따름이다.

> 유럽 신석기시대 시작의 기준은 농업이다. 중국 초기 신석기유적은 옥섬암과 선인동에 가능하게 벼가 있는 것을 제외하면 기타는 죄다 농업의 자취가 없다.
>
> 동호림유적의 경제활동은 여전히 채집·수렵이 위주였다.
>
> 남장두유적 인류의 경제활동은 여전히 수렵·채집이 위주이다.…… 농업이 산생했는지 현재까지는 분명하지 않다. 설사 원시농업이 산생했다 하더라도 그것이 인류 생활에서 차지하는 비중은 역시 그렇게 중요할 수는 없었을 것이다.
>
> 동호림, 전년, 우가구于家溝, 남장두유적을 포함한…… 화북지역 신석기시대 초기인류의 생업양식은 수렵과 채집경제였으며 지금까지 농업경제의 흔적이 발견되지 않았다.[27]

---

25 『农业考古2006年04期』, 「浅议北京东胡林遗址的新发现」, 于德源, pp. 14~15.

26 『北京平谷与华夏文明 : 国际学术研究-上宅遗址的发掘及上宅文化的若干问题』, 郁金城·郭京宁, p. 75.

27 中国社会科学院考古研究所编著, 『中国考古学·新石器时代卷』, 中国社会科学出版社, 2010. 7. p. 83. p. 88. p. 92. p. 111.

신석기시대
세계 여성사

화남지역 초기 신석기유적 역시 대부분의 석기가 타제일 뿐만 아니라 2차 가공도 아주 적어 생업양식은 화북지역과 마찬가지로 수렵·어로와 채집경제가 위주였다.[28] 다만 "옥섬암, 선인동과 조통환 세 곳에서 발견된 신석기시대 초기 시작 단계의 재배벼"[29] 농업이 시작되었을 가능성을 제시할 따름이다. 하지만 선인동과 조통환유적에서는 동시에 또 야생벼 규산체도 발견됨으로써 초기 시작 단계의 벼재배는 결코 즉시 벼농사의 산생을 유발하지는 못했으며 재배벼 출현 후의 아주 긴 시기 조통환인의 경제 형태는 여전히 어렵과 채집이 위주"[30]였음을 시사한다. 옥섬암유적의 재배벼도 야생의 메벼인 선秈과 갱粳의 특징을 겸하고 있다. 그럼에도 옥섬암유적에서의 재배벼의 발견으로 "인류 벼재배의 역사가 10000년 전으로 앞당겨졌다"[31]고 주장하는 것은 성급한 단정이라는 의문을 남긴다. 물론 설령 그것이 벼농사의 시작이라 할지라도 분명 원시적이고 국지적인 농업이었을 것임은 두말할 것도 없을 것이다. 왜냐하면 화남지역 신석기시대 중기문화에 속하는 광서성의 정사산문화 경제생활은 농업 흔적이 뚜렷하지 않으며 식용으로는 수생·육생동물과 채집 식물이 위주로…… 이 단계의 경제활동은 여전히 채집

---

28 中国社会科学院考古研究所编著. 『中国考古学·新石器时代卷』. 中国社会科学出版社. 2010. 7. p.112.
29 中国社会科学院考古研究所编著. 『中国考古学·新石器时代卷』. 中国社会科学出版社. 2010. 7. p.112.
30 中国社会科学院考古研究所编著. 『中国考古学·新石器时代卷』. 中国社会科学出版社. 2010. 7. p.94.
31 中国社会科学院考古研究所编著. 『中国考古学·新石器时代卷』. 中国社会科学出版社. 2010. 7. p.96.

과 어렵·수렵이고 벼재배농업은 아직 나타나지 않고"[32] 있기 때문이다.

중국에서 신석기시대 초반에 기온상승이라는 농업환경에서도 아직 농업이 시작되지 않았다는 것은 역으로 이 시기의 여성이 서아시아와는 달리 주도권을 장악하지 못했음을 말해준다. 남성이 수행하는 어로와 수렵은 여전히 식량의 대부분을 조달하는 주요한 생산 활동이 되면서 그것을 기반으로 공동체 내에서의 영향력을 유지하고 있었다. 여성이 수행한 야생식물의 채집은 보조적인 생산 활동으로써 주변적인 위치에 있었기 때문이다. 농업 개척의 부진으로 인한 여성의 불리한 상황은 신석기시대 중기에도 호전의 기미가 전혀 보이지 않는다.

신석기시대 초·중기 문화에 속하는 황하유적 배리강裴李岗·자산磁山문화 역시 경제활동의 중심이 농업인지에 대해서는 아직도 쟁론이 현재진행형이다. 배리강문화의 경우 "정착 취락, 농업생산도구, 농업 작물 및 농업생활과 관련된 도구" 등의 출토를 이유로 "농업이 배리강문화의 가장 중요한 경제생활활동"[33]이라고 주장하고 자산문화의 경우에도 "7300여 년 전 자산문화의 사람들이 황하 하류에서 조 위주의 '곡물재배 문화'에 종사"했다는 이유로 "집과 양식저장고, 대량의 조, 간방망이, 맷돌 및 각종 생산도구, 생활용구"[34]의 출토를 들고 있다. 실제로 돌도끼, 돌삽, 돌낫과 같은 농업생산도구는 배리강문화 각 유적에서 모두

32 中国社会科学院考古研究所编著.『中国考古学·新石器时代卷』. 中国社会科学出版社. 2010. 7. p.196.

33 李友谋著『裴李岗文化』. 文物出版社. 2003. 12. p.140.

34 『文物春秋』. 1989年04期.「河北省文物考古工作十年的主要收获(1979-1988)」郑绍宗. p.42.

신석기시대
세계 여성사

발견된다. 자산문화에서도 "타제, 마제, 타마겸제 돌도끼 도합 430건, 돌삽 79건"[35]의 농업생산도구가 출토되었다.

> 돌도끼, 돌삽, 돌낫, 돌맷돌과 돌간방망이와 개별적인 유적에서
> 는 또한 돌호미도 발견된다. 이 몇 가지 종류의 도구 중에서 돌
> 도끼는 경작지를 개척할 때 나무를 채벌하는 도구로 사용되며
> 돌삽과 돌호미는 농업경작 도구로 흙을 번지고 고르는 데 사용
> 된다. 돌낫은 곡물을 수확하는 데 사용되는 도구이며 돌맷돌과
> 돌간방망이는 곡물을 가공하는 데 사용되는 도구이다.[36]

황극영黃克映은 자신의 논문에서 배리강·자산문화유적에서 출토된 생산도구, 그중에서도 주로 돌삽에 대한 세밀한 분석을 통해 이 지역의 경제활동은 "비교적 원시적인 호미경작단계에 처해 농업수확량에만 의존해서는 사람들은 아직 먹는 문제를 해결하기 어려웠기에" 결국 "수렵·채집경제가 비교적 큰 비중을 차지[37]할 수밖에 없었다는 결론을 도출해내고 있다. 그는 긴 모양 돌삽의 출현에 근거하여 배리강·자산문화의 농업이 이미 쟁기경작耜耕단계에 이르렀다는 일부 학자들의 주장에 대해 긴 모양 돌삽은 흙을 뒤집는 도구가 아니기에 그것에 근거하여

---

35 中国社会科学院考古研究所编著. 『中国考古学·新石器时代卷』. 中国社会科学出版社. 2010. 7. p.148.

36 李友谋著. 『裴李岗文化』. 文物出版社. 2003. 12. p.141.

37 『华夏考古』. 1992年第4期. 「裴李岗-磁山文化长条形石铲辨-试论其文化的农业」. 黄克映. p.46.

배리강·자산문화의 농업단계를 구분하는 것은 성립될 수 없다는 반론을 제시한다. 비록 배리강·자산문화유적의 다섯 곳에서 출토된 돌삽이 254건에 달하지만 흙을 뒤집을 수 있는 자루 달린 돌삽은 겨우 13건으로 이러한 돌삽들을 근거로 삼아 배리강·자산문화농업이 이미 쟁기경작단계에 도달했다고 단정할 수 없다고 주장한다.

9건의 자루 달린 돌삽은 아구북강裵溝北崗유적에서 출토되었다.…… 9건의 돌삽은 모두 비교적 짧고 작다는 것을 발견했다. 길이 15.8~8.9cm, 날의 넓이 9.4~4.5cm이다. 만일 또 삽자루의 길이를 제외하면 삽 몸체의 길이는 겨우 10~4.5cm에 불과하다. 이렇게 작은 돌삽으로 잡초가 무성하게 자란 황토를 번진다면 흙 속에 들어가는 깊이는 10cm를 초과하지 못한다. 이러한 흙 뒤집기는 고작해서 지표면의 잡초를 제거하는 것에 그치고 말 것이다. 쟁기경작耟耕농업에서처럼 그렇게 땅을 번지고 흙을 부드럽게 고르고 공기가 소통되고 잡초와 썩은 낙엽을 땅 밑에 갈아엎어 유기비료가 되어 토양구조를 개선하는 등의 효과를 얻으려면 아직도 거리가 멀고멀다.…… 아구북강유적에서 출토된 52건의 돌삽 중 자루달린 돌삽은 겨우 9건뿐이다. 고작 총수의 5분의 1도 안 된다. 이는 자루 달린 돌삽은 이 유적에서 여전히 주도적인 지위가 아님을 충분히 말해준다. 따라서 아직 아구북강유

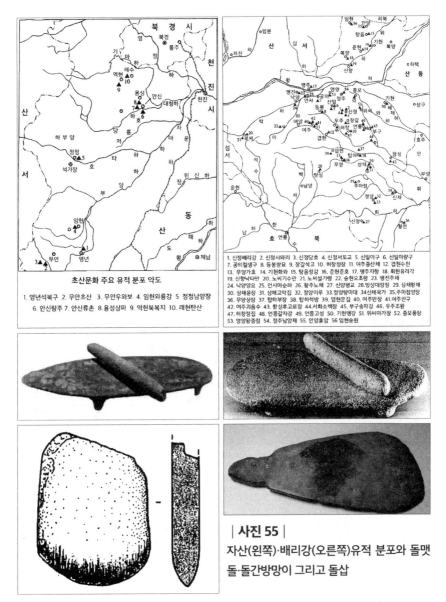

초산문화 주요 유적 분포 약도

1. 영년석북구 2. 무안초산 3. 무안우와보 4. 임현와룡강 5 정정남양장
6. 안신랑주 7. 안신류촌 8.용성상파 9. 역현북복지 10. 래현탄산

1. 신정배리강 2. 신정사와리 3. 신장당호 4. 신정서토교 5. 신밀마량구
7. 공의철생구 8. 둥봉방묘 9. 장갈석고 10. 허창정장 11. 여주중산채 12. 겹현수천
13. 무양가호 14. 기현화로 15. 탕음정강 16. 준현준호 17. 맹주자항 18. 휘현유리각
19. 신항낙타만 20. 노씨기수반 21. 노씨설가령 22. 숭현오호령 23. 맹진주채
24. 낙양앙소 25. 언사마숭하 26. 황주노채 27. 신양령교 28.방성대장청 29. 심채항채
30. 상채윤장 31. 상채고악집 32. 정양이루 33.정양방미대 34신채팽가 35.주마점양장
36. 무양상장 37. 탑하부장 38. 탑하척방 39. 엽현믿집 40. 여주만상 41.여주안구
42. 여주괴솜수 43. 합성후고륜장 44.서화소백장 45. 부구송자강 46. 우주조왕
47. 허창정집 48. 언룡갈자강 49. 언룡고성 50. 기현맹긍 51. 위씨마가장 52. 중모풍장
53. 영양왕종점 54. 정주남양채 55. 안양홍암 56 임현숭원

| 사진 55 |
자산(왼쪽)·배리강(오른쪽)유적 분포와 돌맷
돌·돌간방망이 그리고 돌삽

자산·배리강문화시기에 농업이 존재했다는 학자들의 주장에 명분을 실어주는 것은 이곳에서 출토되는 돌맷돌·돌간방망이 유물이다. 그러나 갈돌은 채집사회에서도 이용 가능하다. 돌삽은 짧고 작을 뿐만 아니라 자루가 달린 것이 적어 흙을 뒤집는 농업도구로 사용하기에는 부족하다. 이 시기에 농업이 아직 보편화되지 않았음을 의미한다.

적의 농업이 이미 쟁기농경단계에 도달했다고 말할 수 없다.[38]

저자는 계속하여 배리강·자산문화의 자루 달린 돌삽은 숫자가 적고 종류도 간단해 그것이 방금 나타났음을 말해주기에 농업생산에서 아주 큰 작용을 할 수 없었다는 논리를 전개한다. 설령 자루 달린 돌삽이 흙을 번지는 쟁기가 될 수 있다 하더라도 그것은 금방 싹튼 맹아에 불과할 따름이라고 주장한다. 당시 인구도 노동생산력도 제한되고 주거 시간이 짧고 타제석기도 여전히 석기 총수의 21.8%를 차지할 뿐만 아니라 더구나 농경에 필수 도구인 돌낫의 발견도 그 수가 적다는 것이 저자의 지론이다.

통계된 5개 유적에서 출토된 톱니 돌낫이 10건을 초과하는 곳은 겨우 배리강유적뿐이다. 기타 유적은 모두 10건이 안 된다. 특히 자산1기 문화와 석고石固유적 1·2기 문화에서는 아직 수확도구가 발견되지도 않는다. 이 역시 그 수확량이 많지 않았음을 반영한다. 반면 양사오문화 반파유적에서는 돌칼이 모두 67건, 토기칼이 150건 출토되었다. 양자를 비교하면 그 농업수확량의 다소가 명확해진다.[39]

---

38 『华夏考古』. 1992年第4期. 「裴李岗-磁山文化长条形石铲辨-试论其文化的农业」. 黄克映. p. 43.
39 『华夏考古』. 1992年第4期. 「裴李岗-磁山文化长条形石铲辨-试论其文化的农业」. 黄克映. p. 46.

신석기시대
세계 여성사

그래도 황극영의 연구에는 원시적인 괭이농경일망정 이곳의 경제활동에서 농업이 위주라는 추정이 깔려 있다. 자루 달린 돌삽 13건과 톱니 돌낫 10여 건이 배리강·자산문화에서 농업을 경제활동의 핵심 위치에 세울 수 있는 기반이 될 수 있는 지에 대해서는 외면하고 있는 듯하다. 그가 제시한 연구 결과에 따르더라도 그 결론은 이 시기에 설령 농업이 존재했다 하더라도 중추적인 경제활동이 될 수는 없었다는 것이 정답일 것인데도 말이다. 신석기시대 초·중기는 수렵·채집활동이 위주이고 농업은 보조적인 경제활동이었다고 하는 것이 더 정확할 것이다. 실제로 일부 논문들에서 그러한 주장이 나타나기 시작한다.

자산문화시기의 인류에게 이용가능하거나 가공가능한 자원은 주로 동식물자원이었다. 자산유적에서는 대량의 동물유해가 출토되었으며 그중에는 야생동물이 위주다(약 절반을 차지한다). 동물들로는 짐승류(사슴류가 위주), 물고기류, 자라류, 조개蚌類와 조류 등이다.

배리강문화는 자산문화와 함께 조기농경이 있는 외에 또 일정한 규모의 벼재배농업도(가호賈湖유적) 가지고 있다. 비록 배리강문화에서 벼, 속류粟類(신정사와리新鄭沙窩里, 허창정장許昌丁庄) 등 작물 순화가 발견되지만 그러나 이런 농작물은 결코 엄격한 의미에서의 농업생산이라 할 수 없다. 당시 사람들의 식량 내원은 여전히 주로 야생의 동식물 자원에 의존했다. 자산문화 상황도 역시 마찬가지다. 이런 유사성은 아마도 사회발전 단계성의 총체적 특징일 수 있으며 농업사회로의 완전한 진입은 아마도 양사오시대를 기다려야만 했을 가능성이 있다.[40]

이른바 그 문화가 8000년 전이라는 내몽골의 흥륭와興隆洼문화 역시 "돌호미를 사용하여 농업생산을 했을 뿐만 아니라 돌공이와 돌연석을 이용하여 곡물을 가공"[41]했다고 전해지지만 "흥륭와 집터 주거면에서 대량의 사슴, 돼지 등 동물의 뼈가 발견된 것은 수렵 경제가 당시 사람들의 생활에서 중요한 지위를 차지"[42]한 것임을 암시한다. 흥륭와문화는 물론 그보다 연대가 늦은 요하유역의 조보구문화趙宝沟(7200년~6400년)에서도 "현재까지 농작물 종자 및 상관 유적이 발견되지 않으며 두 문화 모두 농업생산에 부합되는 도구가 보이지 않는다." 이러한 상황은 "농업경제가 흥륭와문화와 조보구문화에서 죄다 중요한 자리를 점하지 못했음"[43]을 역설적으로 웅변해주고 있다고 해야 할 것이다.

우리는 이상의 담론을 통해 중국 신석기시대 황하유역 초·중기문화에 농업이 압도적인 경제활동이 아니라는 결론에 도달하게 되었다. 필자는 또 설령 당시 원시적이고 수렵·채집을 보완하는 부대적이고 불완전한 농업이 존재했다 하더라도 농업주체 또는 사회적 리더 계층이 여성은 아니라는 증거를 제시할 것이다. 우리는 그러한 증거들을 당시

---

40 闫凯凯.『磁山文化研究』. 硕士学位论文. 山东大学. 2012. 5. p.54. p.76.
41 趙賓福 지음. 崔茂藏 옮김.『중국동북신석기문화』. 集文當. 1996년 4월 1일. p.65.
42 『考古 1997年 第1期』.「兴隆洼文化聚落遗址1992发掘简报」. 杨虎·刘国祥. p.24.
43 『考古与文物 2001年 第6期』.「兴隆洼文化聚落形态初探」. 刘国祥. p.65.

의 남녀 무덤의 부장품 종류의 차이와 남녀합장무덤에서의 매장 상황에 근거하여 여성이 상위권을 행사하지 못했다는 증거를 제시할 것이다.

화북지역 신석기중기문화에 속하는 배리강문화의 대표적인 유적인 무양가호舞阳贾湖유적은 그 연대가 8000년~7000년이나 된다. 그런데 가호유적무덤에서 발견된 무덤의 부장품에는 남녀 구별이 선명하다. 여성 무덤에 비해 남성 무덤의 부장품이 많은 건 잠시 제쳐놓고서라도 출토된 부장품 종류에서 뚜렷한 차이를 드러낸다. "도끼, 자귀, 끌 따위"가 부장된 "M55무덤의 성년 여성"과 같은 극히 드문 경우에도 농업생산도구는 보이지 않는다. "돌도끼, 돌삽 따위의 농업생산도구는 비교적 보편적"[44]이며 집중적으로 나타나고 있다. "돌도끼는 여성 무덤에서 단 한 점만 나왔을 뿐"[45]이다.

역시 배리강문화에 속하는 장갈석고长葛石固유적은 그 연대가 7450±90년에서 7010±85년 사이로 가호유적의 연대와 비슷하지만 무덤 부장품의 출토 상황에서는 전자의 경우와 별반 다르지 않다. 총 61기의 무덤에서 농업생산도구가 출토된 무덤은 20기인데 여기서 뼈화살촉 11점이 출토되었다. 그중 10점은 남성 무덤에서 나왔으며 여성 무덤에서는 단 1점이 발견되었다. 뼈화살촉은 물론 수렵도구로 농업생산도구는 아니다. 그러나 당시 수렵생산이 경제활동의 주도적인 지위에 있었던 만큼 남성의 중요한 역할을 짐작할 수 있는 증거라고 할 수 있다.

---

44 李友谋著. 『裴李岗文化』. 文物出版社. 2003. 12. p.125.

45 王子今·张经著. 『中国妇女通史·先秦卷』. 杭州出版社. 2010. 11. p.53.

| 사진 56 |

강채姜寨유적 발굴 현장

양사오문화에 속하는 강채1기유
적 무덤에서도 돌도끼와 같은 농
경도구 부장품은 전부 남성 무덤
에서 출토되었다. 이는 농업이 이
미 보편화되기 시작한 신석기시대
말기에도 여성은 농업의 혜택을
입어 사회적인 주도권을 장악하는
데 실패했음을 의미한다.

총 11기의 무덤 중에서 21점의 돌도끼, 돌자귀, 돌삽이 출토되었
는데 8기의 남성 무덤에서 도합 18점이 부장되고 2기의 여성 무
덤에서 2점이 부장되었다.[46]

이러한 현상은 중국 학계가 보편적으로 공인하는 부권제 사회인
양사오문화시기 남녀 무덤 부장품 차이와 다르지 않다. 양사오문화에
속하는 섬서성림동陝西省臨潼의 강채姜寨1기 유적 무덤에서도 예외 없이
"노동도구가 부장된 40기의 흙구덩이 무덤에서 돌도끼는 전부 남성 무
덤에서 나왔기"[47] 때문이다. 이른바 모권제와 부권제 사회로 분류되는
두 시기의 이러한 유사성은 양사오문화 이전부터 여성은 남성의 지배

---

46 王子今·张经著.『中国妇女通史·先秦卷』. 杭州出版社. 2010. 11. p. 53.
47 王子今·张经著.『中国妇女通史·先秦卷』. 杭州出版社. 2010. 11. p. 53.

신석기시대
세계 여성사

또는 동등한 지위에 있었음을 암시하는 충분한 고고학적 증거로 제공된다고 해야 할 것이다.

신석기시대 초·중기의 황하유역문화에서 합장무덤에 대한 분석은 당시의 남녀 관계를 조망할 수 있는 효과적인 연구방법일 것이다. 합장무덤에서도 특히 남녀합장무덤에 대한 연구는 여성이 누렸을 당시의 사회적 지위를 추정할 수 있는 유력한 증거 중 하나라고 할 수 있다. 우리가 이 연구의 대상으로 택한 무양가호유적의 합장무덤은 이 시기의 남녀 관계를 가장 잘 보여주는 고고학적 증거물이다. 1차장 합장무덤은 적지만 2차장에는 합장무덤이 비교적 많아 연구 자료를 충분히 제공해주고 있어 다행이다.

1차장의 합장 중에는 무덤 주인의 중심이 M353처럼 여성이 중심인 경우도 간혹 있다. 하나는 50세 이상의 노년 여성이고 하나는 성년 남성이며 하나는 10~12세의 소년이다. 다만 이성 간의 연령대가 얼마간 차이나 부부인지 모자간인지는 불확실하다. 그런데 1·2차장이 결합된 남녀 합장무덤에서는 무덤 주인의 중심이 바뀐 경우가 많다. M106, M109, M363, M380 합장무덤이 그 예이다.

M106은 2인 이성합장무덤이다. 인골 감정에 따르면 남성은 1차장으로 연령이 40~45세이며 여성은 2차장으로 연령은 35~40세이다. 두 사람은 연령대가 비슷하다. M109 역시 2인 이성합장무덤으로 갑은 노년 남성으로 1차장이며 을은 성년 여성으로 두 사람의 연령대는 부동하다.

M363은 3인 합장으로 2남 1녀이다. 남성은 55세 이상의 노년이며 그중 한 명은 1차장으로 펴묻기이다. 다른 한 남성은 2차장이다. 여성은 45~50세의 나이로 2차장이다. M380은 3인 합장으로 역시 2남 1녀이다. 모두 성년이며 남성 한 명은 1차장이고 나머지는 모두 2차장이다.[48]

상술한 몇 기의 이성합장무덤에서 남성은 모두 1차장으로 중심 위치에 놓여 있고 여성은 2차장으로 남성에 비해 부차적인 위치에 놓여 있다. 이와 같은 현상은 두말할 것도 없이 당시 여성의 지위가 남성에 비해 차등의 위치에 있었음을 암시해주는 증거라고 할 수밖에 없다. 이러한 결론은 이 시기 황하유역에서 이미 농업이 시작되었고 그것을 토대로 강력한 모권제 사회가 형성되었다는 일부 학자들의 주장에 반하는 증거가 아닐 수 없다.

양사오문화·홍산문화시기는 신석기시대 말기로 그 연대가 6000년 전이다. 그런데 6000년 전은 이른바 중국에서 이미 모계씨족 사회가 끝나고 부계씨족 사회로 진입했다는 시기이다. "대략 6000년~4000년 전에 장족 지역의 인류는 부계씨족사회로 진입"하였다. 계남대석산桂南大石铲유적에서 출토된 "석조石祖'가 부계씨족사회에로 진입한 중요한 표징"이 된다. 그것은 "남성이 사회생활 중에서 이미 매우 중요한 지위를 차지"했음을 설명하기 때문이다. 그 발견 연대는 "탄소14측정으

48 李友謀著. 『裴李岗文化』. 文物出版社. 2003. 12. pp. 122~123.

로 6570±130년"[49]이다. 물론 양사오문화 지역의 경우 섬서성무공현조가래陝西省武功縣趙家来유적, 감숙성민악현육패향동회산甘肃省民乐县六霸乡东灰山유적에서처럼 "5000년 전에는 밀과 보리의 재배가 시작되지 않았고"[50] 홍산지역의 경우 "흥륭와, 조보구, 부하富河문화는 가능하게 여전히 수렵·채집을 위주로 한 정착문화"였던 것처럼 농업 여부 문제에서 일부 쟁론의 여지가 여전히 남아 있다. 그러나 이 시기는 이미 중국의 고고학계에서 부권제로 진입한 시기라고 공인하는 신석기말기로 신석기시대에 여성이 주도권을 장악하지 못했다는 필자의 주장과 배치되지 않기에 담론을 지속할 의미를 상실하였다. 양사오문화와 홍산문화에 본격적으로 불어 닥친 부권제 사회에서 여성의 사회적 지위는 더 말하지 않아도 명약관화하기 때문이다. 이러한 상황은 장강유역과 화남지역 신석기시대 문화에서도 예외는 아니라는 사실을 우리는 아래에 계속되는 담론에서 확인하게 될 것이다.

ㄴ. 장강중하류 초·중기 농업문화와 여성의 역할

사실 독자들은 시선이 황하유역과 북방에서 장강유역으로 옮겨지는 순간 잠시 어안이 벙벙해질 수도 있다. 이 지역에서는 신석기시대 초·중기는 물론 심지어 10000년 전부터 보편적으로 인공 벼재배농업이 진행되었다는 학계의 연구 결과가 있기 때문이다. 그러한 연구 결과

---

49 张乃昌著. 『壮族稻作农业史』. 广西民族出版社. 1997. 4. p.133.
50 王仁湘主编. 『中国史前饮食史』. 青岛出版社. 1997 3. P. 63.

는 여러 유적들에서 출토된 탄화벼의 유물에 의해 반박할 수 없는 고고학적 진실을 가지고 있기에 더구나 반론 같은 건 감히 엄두도 내지 못할 정도이다.

80년대 이후부터 90년대까지 산동의 후리后李, 내몽고의 홍륭와, 호남의 팽두산, 하남의 가호 등 유적의 발견과 연구는 중국에서의 농업 기원 시간을 단번에 8000년 전후 심지어 그보다 더 이른 시기로 앞당겨 놓았다. 어떤 것은 9000년 전에 이를 수도 있다. 최근 몇 년 내에 강서성 선인동과 조통환유적, 호남성 도현道縣 옥심암유적에서 10000년 전후, 심지어 더 이른 시기의 신석기시대 유적에서 벼의 유물이 발견되었다.[51]

장강하류 지역에서는 지금까지 이미 여러 곳에서 6000년~7000년 전의 벼재배 유적이 발견되었다. 예를 들면 절강성 하모도의 나가각羅家角유적, 강소성의 초혜산草鞋山유적, 상해시의 숭택菘澤유적으로 이런 유적들에서는 모두 대량의 벼 유물이 발견되었다. 과호교跨湖橋유적의 발견은 이 지역의 벼재배 역사를 또 천년이나 앞으로 끌어올렸다. …… 최근 20년래 우리나라 각지의 여러 곳에서는 신석기시대 초기의 벼재배 유적이 발견되었다. 예컨대 장강중류의 팔십당, 팽두산 유적, 회하 상류의 가호유적

51 浙江省文物考古研究所编. 『良渚文化研究』. 科学出版社. 1999. 6. p. 151.

신석기시대
세계 여성사

으로 이들의 연대는 모두 7000년~8000년 전이다. 그밖에도 장 강중류에서는 10000년~12000년 전의 동굴유적에서도 일부 벼 재배 기원과 연관된 유적이 발견되었다. 예를 들면 호남성의 옥 섬동에서는 몇 알의 벼가 발견되었고 강서의 조통환유적에서도 벼껍데기에서 온 규산체가 발견되었다.[52]

선인동과 조통환유적에 대한 "포분자분석과 식규석植硅石분석을 거쳐 신석기시대 초기의 벼와 유사한 선형체를 발견하면서 농업 기원의 연구에 중요한 단서를 제공했다"[53]는 것이 중국고고학계의 일반적인 논리이다. 게다가 한 걸음 더 나아가 미국고고학자는 선인동 동굴에서 "진화 과정의 옥수수 표본을 발견하며 인류의 옥수수 재배의 역사를 10000년 전으로 끌어올리고"[54] 있다. 고고학자들은 "상층(3B①층)에서 발견된 적은 양의 45미크론 크기의 화본과 화분"[55]을 근거로 신석기시대 초기 이른 단계에 속하는 15000년에서 12000년에 "선인동인들은 이미 야생 벼를 인공재배벼로 재배할 수 있었고 농업은 이미 산생했으며…… 신석기시대 초기 늦은 단계에 속하는 12000년에서 9000년에는 벼재배농업

---

52 浙江省文物研究所編著. 『跨湖桥』. 文物出版社. 2004. 12. pp. 275~277.
53 北京大学考古文博学院·江西省文物考古研究所編著. 『仙人洞与吊桶环』. 文物出版社. 2014. 8. p. 9.
54 北京大学考古文博学院·江西省文物考古研究所編著. 『仙人洞与吊桶环』. 文物出版社. 2014. 8. p. 8.
55 『农业考古 1998年第01期』. 「江西史前考古的重大突破——谈万年仙人洞与吊桶环发掘的主要收获」. 彭适凡. p. 390.

은 이미 일정한 발전이 있"[56]는 것으로 단정하는 추세이다. 옥섬암에서 출토된 벼 역시 "선사 재배벼의 유형이라고 추정"[57]되고 있다.

하지만 이러한 유적들에서 대량으로 발견된 야생벼와 동물뼈는 벼 재배가 결코 당시 경제활동의 중심이 아니었음을 반증하고 있다. 90년 대에 진행된 선인동·조통환유적에 대한 발굴에서 출토된 "자연유물 중 짐승뼈는 94890건, 조개껍데기蚌壳는 227건, 소라껍데기螺壳는 1019건" 이나 되었다. 그들은 이곳에서 중석기시대에도 "수렵을 위주로 하고 겸 하여 뿌리열매, 야생벼를 채집하고 수생동물을 잡아 식용"했으며 야생벼 를 인공재배했다는 신석기시대 초기 이른 단계에도 "야생벼를 채집하고 수렵과 물고기잡이[58]를 하여 생계를 유지했다. 그에 반해 호남성의 옥섬 동에서 발견된 벼 유물은 겨우 단 "몇 알"[59]에 불과하다. 환언하자면 이곳 에서의 신석기시대 초기 경제활동의 중심은 여전히 수렵과 채집이며 벼 재배농업은 "야생벼에서 재배벼의 초기상태로 변화하던 가장 원시적인 선사 재배벼의 유형"[60]으로 아직 보편화되지도 주도적이지도 않은, 문자 그대로 가장 원시적이고 부차적인 소규모 경제활동이었다는 것이다.

---

56 『农业考古2004年3期』. 「江西万年仙人洞与吊桶环遗址--旧石器时代向新石器时代 过渡模式的个案研究」. 彭适凡·周光明. p.34.

57 『作物学报1998年7月第24卷第4期』. 「湖南道县玉蟾岩古栽培稻的初步研究」. 张文 绪·袁家荣. p.420.

58 『农业考古2004年3期』. 「江西万年仙人洞与吊桶环遗址--旧石器时代向新石器时代 过渡模式的个案研究」. 彭适凡·周光明. pp.32~34.

59 浙江省文物研究所编著. 『跨湖桥』. 文物出版社. 2004. 12. p.277.

60 『作物学报1998年7月第24卷第4期』. 「湖南道县玉蟾岩古栽培稻的初步研究」. 张文 绪·袁家荣. p.420.

신석기시대
세계 여성사

장강유역·화남지역 신석기 초·중·말기 주요 유적 [도표 1]

문화	지역	연대
팽두산彭头山문화	호남성 북부	BC. 7000년~5600년
조시皂市하층문화	동정호 주변	약 BC. 5900년5500년
성배계城背溪문화	장강 삼협	약 BC. 6500년~5000년
과호교跨湖桥문화	절강성 소산萧山	약 BC. 6000년~5000년
정사산顶狮山문화	광서자치구	BC. 6000년~5000년
대계大溪문화	사천성	BC. 4600년~3300년
굴가령屈家岭문화	호북성 형문荆门	약 BC. 3400년~2500년
하모도河姆渡문화	절강성 녕파	BC. 5000년~4000년
마가빈马家滨문화	절강성 가흥嘉兴	BC. 5000년~4000년

위의 도표에 열거된 중국 신석기시대 장강유역 및 화남지역 초·
중·말기 유적들에서도 농업이 존재했을 뿐만 아니라 경제활동은 농업
위주였다고 보는 것이 보편적인 논리이다. 본문은 장강유역 및 화남지
역의 신석기시대 초·중·말기의 대표적인 유적에 대한 검토를 통해 농업
의 존재 여부와 당시의 경제활동에서 차지하는 비중을 탐구하는 담론
을 이어가려고 한다. 왜냐하면 중국 신석기시대의 농업의 보편화가 황
하유역 및 북방지역과 장강유역 및 남방지역이 동일해야만 이 시기의
농업의 부재 또는 탈보편화로 인해 서양의 경우와는 달리 여성의 우월
한 사회적 지위가 확보되지 못했다는 필자의 주장이 확고한 설득력을
배당받을 수 있기 때문이다.

중국신석기시대벼유물분포

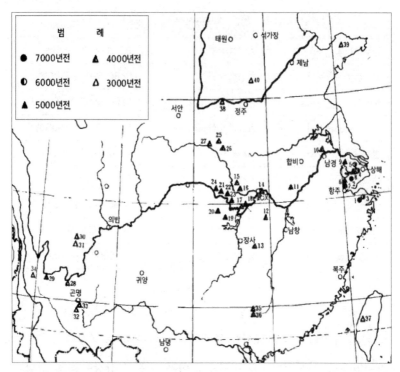

1. 여요하모도 2. 동향나가각 3. 넝파팔자교 4. 청포숭택 5. 오현초혜산 6. 오흥전산양 7. 항주수전판 8. 오현 징호 9. 무석선려돈 10. 남경묘산 11. 잠산설가강 12. 수수산배 13. 평향적산 14. 무창방응대 15. 경산굴가령 16. 천문석가하 17-18. 감리류관과 복전 19. 례현장가강 20. 례현산원궁 21. 기강관묘산 22. 강릉모가산 23. 공안왕가강 24. 의도홍화투 25. 석천황동수 26. 석천하왕강 27. 운현청룡천 28. 원모대둔자 29. 빈주백양촌 30. 예주 31. 서창 32-33. 전지동안 34. 검천해문구 35-36. 곡강석협과 니령 37. 대중영포 38. 민지앙사오 39. 산동서하 40. 안양고허

| **사진 57** | 중국신석기시대 주요 벼·조 탄화 유물 분포

위의 분포도는 어디까지나 일부 학자들의 주장이 반영된 추정치에 불과하다. 조재배나 벼재배 는 여러 가지 증거에 따르면 중국 신석기시대 초·중반까지도 실행 확률이 낮다. 벼재배의 경우 특히 이 시기의 유적들에서 곡물보다 동물뼈가 많이 발견되는 것으로 보아 여전히 수렵·채집 경제였을 것으로 판단된다.

7000년 전 일부 주요 벼-조 유물 분포 약도

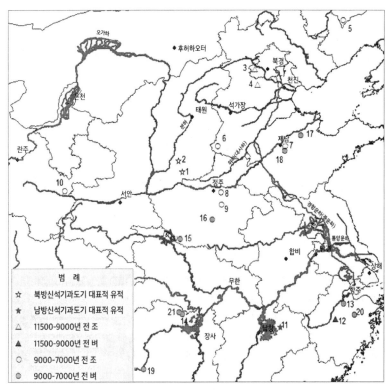

1. 하천 2. 시자탄 3. 동호림 4. 남장두 5. 흥륭와 6. 초산 7, 18. 월장 8. 배리강, 사와리, 서파 9. 정장 10. 대지만 11. 선인동, 조통환 12.상산 13. 과호교 14. 팽두산 15. 팔리강 16. 가호 17. 서하 19. 고묘 20. 소황산 21. 팔십당

7000-5000년 전 벼-조 재배식물 유물 분포 약도

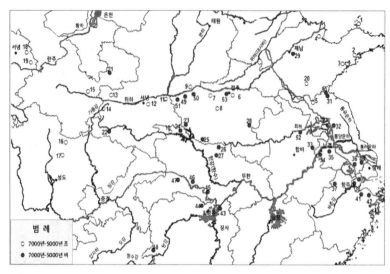

1. 북장 2. 우가점 3. 남둔령 4. 부가 5. 대돈자 6. 청대 7. 왕만 8. 대장 9. 서음촌 10. 청룡천 11. 천호 12. 강채 13. 북수령 14. 복림보 15. 대지만 16. 영반산 17. 전산채 18. 류만 19. 핵도장 20. 북신 21. 경양 22. 하가만 23. 조성, 우림장 24. 대사 25. 하왕강, 영장, 담강 26. 조룡비 27. 공가채 28. 노모와, 량마대 29. 왕인 30. 이간촌 31. 조양 32. 용가장 33. 후가채 34. 정사지 35. 사각돈 36. 초혜산, 광복림, 신돈, 우돈, 삼성촌 37. 요돈 38. 나가각, 마가빈 39. 남하빈 40. 소경산 41. 하모도, 동가오 42. 신교 43. 차고산 44. 삼원궁, 도독탑, 성두산 45. 모가산 46. 관묘산, 홍화투, 계화수 47. 대구 48. 대동평 49. 양사오촌 50. 서고애 51. 남교구 52. 쌍돈 53. 대하촌

352

신석기시대
세계 여성사

5000-4000년 전 벼-조 재배식물 유물 분포 약도

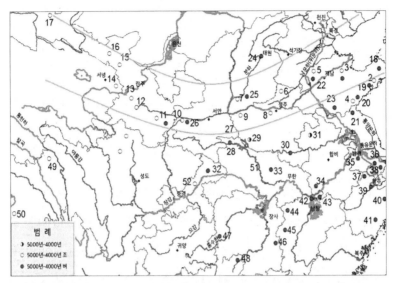

1. 양가권 2. 삼리하, 조가장 3. 동림 4. 서가촌, 단가하, 서루, 진가장 5. 교장포 6. 후강 7. 동정왕, 교산저, 도사, 고성동관 8. 왕성강 9. 반촌 10. 안판, 왕가취, 강가, 조가래 11. 서산평 12. 제가평 13. 임가, 청강차, 하가장 14. 나가 15. 황낭낭대 16. 원앙지 17. 화소구 18. 양가권 19. 조가장 20. 서가장, 양성진, 요왕성, 단가하, 서루, 진가장, 집서두 21. 염창성 22. 교장포 23. 장리서 24. 동태보 25. 도사 26. 안판 27. 서산평 28. 청룡천 29. 황련수 30. 양장 31. 위지사 32. 대지평 33. 굴가령, 주가취, 냉피아 34. 설가강 35. 진두산 36. 요성, 월성, 용남, 서만촌, 채돈 37. 전산양, 대분 장교분, 쌍교, 찬산 38. 마교 39. 수전판 40. 명산후 41. 하탕촌 42. 신돈 43. 문창보 44. 산배 45. 윤가평, 번성퇴 46. 독령요 47. 고감롱 48. 효금 49. 잡약 50. 창과구 51. 석가하 52. 중파

팽두산유적에서 발견된 벼 유물은 두 가지 종류가 있다.…… 팔십당八十壋유적에서도 대량의 탄화벼와 쌀이 발견되었는데 총수가 대략 1.5만 알이나 된다.…… 이로부터 팽두산문화는 이미 조기 벼재배농업이 있었음을 인정할 수 있다.[61]

팽두산유적의 벼재배 유존은 우리나라가 8000년 이전에 이미 벼재배농업이 존재했음을 상징한다는 이유가 된다.[62]

호남성의 팽두산유적과 팔십당유적은 "8000년 전의 벼재배 실물"의 발견을 근거로 인공으로 벼재배농업이 시작된 것으로 알려진다. 하지만 팽두산유석에서는 결코 완전한 벼재배 실물이 발견된 적이 없다. 그것은 토기의 태토 내부이거나 그을린 흙덩이 안에서 관찰된, 주로 일부 벼껍데기로 벼 또는 쌀이 존재했음을 인정하는 증거로는 불충분하다. 게다가 이런 벼껍데기는 토기 제작 과정에서 이미 짓이겨져 변형되고 부동한 정도로 훼손되어 그 종속種属에 대한 감정이 매우 어렵다는 자체모순에 빠져 있기 때문이다. 실제로 이 "실물"은 "이후의 감정에서 일련의 야생벼의 특징에 가깝거나 또는 그런 특징을 함유하고 있는"[63] 것으로 나타났다.

팔십당유적에서도 옛 도랑 안에서, 현재의 실물 통계에 따르면 실

61 中国社会科学院考古研究所编著. 『中国考古学. 新石器时代卷』. 中国社会科学出版社. 2010. 7. p.172.
62 湖南省文物考古研究所编著. 『彭头山与八十壋』. 科学出版社. 2006. 8. p.184.
63 湖南省文物考古研究所编著. 『彭头山与八十壋』. 科学出版社. 2006. 8. p.184.

신석기시대
세계 여성사

제 수량 9800여 알의 벼와 쌀이 출토된 것으로 알려졌다. 하지만 이른 바 "팔십당선사재배벼 아종亞种"이라 불리는 이 벼 유물은 대 면적에서 보편적으로 경작된 재배벼라고 하기에는 아직은 충분한 과학적 증거로 는 부족하다고 말하는 것이 정확할 것이다. 순화가 불충분한 혼돈 상태 이거나 진화가 덜 된 원시적인 상태에 머물러 있기 때문이다.

현재 이 벼는 중국농업대학 장문서張文緒교수의 연구를 거쳐 그 속성이 "아직 혼돈 순화 단계의 원시적인 선사재배벼에 처한 것 으로 현재의 선籼, 갱粳 두 가지 종류와 특성이 다르기 때문에 팔 십당선사재배벼 아종으로 명명할 수 있는" 것으로 단정되었다.[64]

그 발굴로 인해 "장강하류 벼재배 역사가 오래되었을 뿐만 아니라 우리나라 벼재배의 기원지라는 것을 증명"해 준 과호교유적의 사정 역 시 다르지 않아 보인다. "장강하류지역에서 지금으로부터 8000년 전에 이미 논벼를 이용 또는 순화하였음을 표명"하게 해준 근거는 "과호교유 적에서 출토된 1000여 알의 벼, 쌀과 벼껍데기"이다. 이 벼껍데기는 "이 지역의 벼재배 역사를 천 년이나 앞당겨"[65] 무려 8000년 전까지 단번에 끌어올린 대단한 고고학적 성과물이다. 하지만 이 마술적인 기능을 가 진 벼는 아이러니하게도 "여전히 열매가 작고 결실률이 낮은 원시 재

---

64 湖南省文物考古研究所編著.『彭头山与八十垱』. 科学出版社. 2006. 8. p.508.
65 浙江省文物研究所編著.『跨湖桥』. 文物出版社. 2004. 12. p.277. pp.275~276.

배벼"일 뿐만 아니라 "야생벼와 차이를 나타내는 것은 출토된 벼 중 약 50%"[66]밖에 안 된다.

> 과호교와 하모도문화부터 인류는 벼를 이용하고 재배하기 시작
> 한 것은 결코 농업의 기원을 명시하지는 않는다. 각종 식물 종류
> 중에서 야생씨앗을 수집하고 가공하는 노동에 드는 노동력이 가
> 장 크다. 그러나 얻는 것은 매우 적었다.…… 당시의 주요한 경
> 제 형태는 여전히 수렵·채집이었으며 재배된 벼는 인류의 식단
> 중에서 차지하는 비례가 거의 언급할 가치조차 없을 뿐만 아니
> 라 아마 배불리기 위한 것도 아니었을 수 있다.[67]

마치도 이 주장을 입증이라도 하듯이 과호교유적에서는 대량의 동물유해와 사슴류를 비롯한 다량의 동물뼈와 도토리, 마름열매, 자실 茨实, 등 전분류 식물 유물이 출토되며 당시 식용했던 식단의 주요 메뉴를 암시해주고 있다. 식용한 동물로는 "여러 가지 종류의 동물 33종으로 포유류 15종, 파행류爬行类 2종, 어류 3종, 조류 12종, 게蟹 1종이다. 사슴류와 물소의 숫자가 가장 많다. 그 총수는 포유류동물의 54%를 차지"[68]한다. 식용한 식물로는 "주로 도토리, 마름열매, 자실, 등 전분류 식

66 『嘉兴学院学报第22卷第5期』. 2010年 9月. 「马家浜文化与稻作起源研究」. 陈淳.
   p. 19.
67 『嘉兴学院学报第22卷第5期』. 2010年 9月. 「马家浜文化与稻作起源研究」. 陈淳.
   p. 20.
68 『嘉兴学院学报第22卷第5期』. 2010年 9月. 「马家浜文化与稻作起源研究」. 陈淳.

물"[69]이며 벼는 그 다음에나 이름을 올렸을까 말까 했을 것이다. 논문 저자는 심지어 "노력의 지출이 많이 들고 산량이 낮은 벼를 재배하려 했던 이유를 식용이 아닌 술을 빚기 위한 것"이라는 기발한 가설까지 제시하고 있다.

팽두산에서 발견된 벼는 토기 제작 과정에 짓이겨진 벼껍데기이며 팔십당유적의 탄화벼도 순화가 불충분할 뿐만 아니라 진화가 덜된 재배벼의 아종亞种이다. 과호교유적의 탄화벼도 열매가 작고 결실률이 낮아 야생벼와 구분이 잘 안 된다. 게다가 과호교유적에서는 곡물 대신 많은 동물유해가 발견되어 수렵이 여전이 주요 경제수단이었음을 말해 준다.

그리고 과호교에서 벼재배농업이 발전하지 않았다는 증거로 농업도구의 부재를 들고 있다. 과호교유적의 석기는 마제가 비교적 잘되었지만 "주로 자귀, 도끼와 끌 등 나무를 가공하는 도구"들이라는 것이다. 이는 농업과 연관된다기보다는 "이런 유적들에서 대량으로 출토되는 목기 및 다락건축과 연관"[70]된다고 주장하면서 벼재배의 보편화에 부정적인 시선을 던지고 있다. 농업의 존재 여부는 곡물 유물 외에도 농경도구의 출토 여부와 연관성이 크기 때문에 그만큼 설득력을 띨 수밖에 없다. 물론 농업의 존재는 토기의 존재와 제작과도 일정한 연관이

---

p. 18.
69 『嘉興学院学報第22卷第5期』. 2010年 9月. 「马家浜文化与稻作起源研究」. 陈淳.
   p. 20.
70 『嘉興学院学報第22卷第5期』. 2010年 9月. 「马家浜文化与稻作起源研究」. 陈淳.
   p. 19.

| **사진 58** | 펑두산, 팔십당, 옥섬암, 하모도유적에서 발견된 탄화 재배벼

펑두산에서 발견된 벼는 토기 제작 과정에 짓이겨진 벼껍데기이며 팔십당유적의 탄화벼도 순화가 불충분할 뿐만 아니라 진화가 덜된 재배벼의 아종亞种이다. 과호교유적의 탄화벼도 열매가 작고 결실률이 낮아 야생벼와 구분이 잘 안 된다. 게다가 과호교유적에서는 곡물 대신 많은 동물유해가 발견되어 수렵이 여전이 주요 경제수단이었음을 말해준다.

있다. 농업도구의 부재는 곧 농업의 부재로 이어진다고 할 때 저자의 주장에는 당위성이 부여된다.

　　논문의 저자는 계속하여 신석기말기문화를 대표하는 하모도문화와 마가빈문화의 벼재배농업에 대한 기존 이론들에 강력한 반론을 제기한다. 그의 판단에 따르면 신석기시대 장강유역의 인공 벼재배는 양저良渚문화(5300년~4500년 전) 시기에 와서야 형성된 것으로 간주된다. 중국 학계에서 하모도문화와 마가빈문화는 전자의 경우 "벼재배농업이 이미 상당한 정도로 발전했고" 후자의 경우 "벼는 이미 사람들의 중요한 식량 내원이었으며 벼재배농업은 상당하게 발달"[71]했다는 게 공통된 인식이다.

하모도유적의 선사인들은 쟁기농업을 위주로 한 정착생활을 했다. 무려 2천 년 동안이나 발전이 지속된 하모도유적에서 농업은 첫 번째를 차지한다.······ '유적 부근의 평야지대에는 하모도인들이 개간하고 파종했던 넓은 논밭이 있다.'[72]

"9000년~7000년 전의 과호교유적과 하모도문화부터 인류는 벼를 이용하고 재배하기 시작한 것은 결코 농업의 기원을 명시하지는 않는다."[73]는 자신의 견해를 입증하기 위해 제시한 저자의 논거는 믿을 만하다. 저자는 하모도 벼가 "형태 변이와 분화 초기에 처해 있었으며 선류籼类, 갱류粳类 및 중간 유형의 원시혼합체로 나타난다면 마가빈과 숭택崧泽시기 벼의 형태는 여전히 불안정하여 선형籼型에 치우친 것, 갱형粳型에 치우친 것, 선형이기도 하고 갱형이기도 하며 선형·갱형이 아니기도 한 등의 여러 종류의 형태를 띠고 있었으며 이는 오랫동안 인류는 벼의 산량과 선종에 대해 결코 각별한 관심을 가지지 않았음을 설명한

---

71 中国社会科学院考古研究所编著. 『中国考古学·新石器时代卷』. 中国社会科学出版社. 2010. 7. p.455. p.469.
72 浙江省文物考古研究所编著. 『河姆渡：新石器时代遗址考古发掘报告 上』. 文物出版社. 2003. 8. p.374.
73 『嘉兴学院学报第22卷第5期』. 2010年 9月. 「马家浜文化与稻作起源研究」 陈淳. p.20.

다"[74]고 주장하고 있다. 뿐만 아니라 두 유적에서 출토된 석기는 그 수량이 많지 않으며 농업과 연관된 것이 적다고 지적하고 있다. 하모도 유적에서 출토된 석기는 가공도 정밀하지 않은 거의 도끼, 자귀와 끌이라면 마가빈유적의 주요 석기도구들도 여전히 도끼, 자귀와 끌 등이다. 중요한 것은 이 도구들의 기능은 농업과 무관한 "주로 나무를 벌채하고 가공하는 데 사용된 것이거나 목기 가공에 쓰였다"[75]는 데 있다. 게다가 하모도유적에서 상당히 많이 사용된 뼈보습마저도 필자는 "벼농사도구가 아닌 다락건축을 지을 때 땅을 파는 도구"[76]라는 일부 학자들의 주장에 찬성하고 있다. 벼농사의 부재로 단절된 식량자원의 공급문제를 저자는 역시 우선 대량으로 출토된 동물유해로 해결하고 있다. 하모도유적에서는 가장 많이 식용된 사슴을 비롯해 여러 가지 동물 유해가 61종류가 발견되었다면 마가빈문화의 유적에서는 여러 가지 동물 20종이 발견되었는데 야생동물은 85%를 점한다. 이 단순한 수학적인 집계 수치는 당연히 하모도와 마가빈 선사민들의 주요 식량 내원이 농업이 아닌 수렵활동을 통해 획득되었음을 강변해준다.

강소성 용규장龙虬庄 신석기시대유적은 "신석기시대에 속하는 T3830의 5개 문화층의 조사에서 4개 문화층의 뮬에서 탄화쌀 5000여 알이 발견"[77]되면서 역시 벼재배농업이 상당한 수준에 이르렀음을 나타

---

74 『嘉興学院学報第22卷第5期』 2010年 9月. 「马家浜文化与稻作起源研究」 陳淳. p.19.
75 『嘉興学院学報第22卷第5期』 2010年 9月. 「马家浜文化与稻作起源研究」 陳淳. p.19.
76 『嘉興学院学報第22卷第5期』 2010年 9月. 「马家浜文化与稻作起源研究」 陳淳. p.19.
77 龙虬庄遺址考古队編著. 『龙虬庄─江淮东部新石器時代遺址发掘报告』. 科学出版社. 1999. 9. p.441.

냈다. 탄화벼는 제1기 문화인 제8층에서 제2기 문화인 제4층까지 모두 발견되는데 그 연대는 7000년~5000년 전 사이다. 비록 원시벼재배가 무의식적인 선택에서 의식적인 선택에로의 분화는 제4층 단계에 와서 야 확실하게 이루어져 현재 벼와 유사하게 되지만 제8층, 제6층까지의 단계 내에서도 초기 재배벼 쌀알의 길이·넓이·두께의 변화는 점진적으로 증가하고 있었다고 한다.

용규장유적의 탄화벼 중 일부 벼껍데기가 보존이 완전한 낟알, 뾰족하고 까끄라기가 없는 이삭을 가진 낟알들이 이미 야생벼가 아님을 보여준다. 야생벼는 일반적으로 죄다 까끄라기가 길다. 뾰족하고 까끄라기가 없는 탄화벼가 나타난 것은 이러한 탄화벼 가 오랜 시간의 인공재배를 거쳐 이미 원시적 재배벼에서 점차 재배벼로 된 것이라고 간주할 수 있다.
결국 용규장유적의 원시벼재배는 제8층에서 시작하여 제5층에 이르기까지 야생벼가 재배벼에로의 과도가 시작되는 원시재배 벼 단계에 속하며 제4층부터 시작하여 재배벼는 기본상 형성되 었으며 재배벼의 초급 단계에 진입했다.[78]

하지만 용규장유적 제4층 신석기유적에서 발견된 순화된 재배벼

---

78 龙虬庄遗址考古队编著. 『龙虬庄─江淮东部新石器时代遗址发掘报告』. 科学出版社. 1999. 9. p.447. p.457.

-. 신석기시대 중국 여성   361

가 비록 현재의 벼와 흡사하다 할지라도, 그리고 당시 이곳에서 벼재배 농업이 확실히 존재했는지에 대한 여부 문제를 떠나 우리의 담론은 그 곳에서 벼재배농업이 경제활동에서 차지하는 비중에 관심을 가질 필요가 있다. 이 책의 저자의 말을 인용하면 "용규장유적에서 반영된 생산경제는 주로 어로捕撈·채집·수렵·가축사육과 벼재배농업 등 몇 가지 분야"[79]라는 정보를 입수할 수 있다. 여전히 농업의 비중은 어로와 채집, 수렵 다음의 위치로 만족해야만 했다는 사실이 중요하다. "당시의 주요한 경제 형태는 여전히 수렵·채집이었으며 재배된 벼는 인류의 식단 중에서 차지하는 비례가 거의 언급할 가치조차 없을 뿐만 아니라 아마 배불리기 위한 것도 아니었는지도"[80] 모른다.

어로의 경우 "용규장유적의 T3830에 대한 조사통계에 따르면 물고기·거북이·자라의 뼈 껍데기 수량이 무려 15000여 조각"에 이르며 수렵의 경우 "사냥물의 90% 이상이 고라니와 사슴"이고 채집의 경우 역시 "전분류 식물 가시연꽃芡实과 마름을 채집"[81] 식용했다. 수렵도구로 사용된 뼈화살촉이 이 유적에서 발견된 석기·골기 등 유물 중에서 가장 많은 "299건"[82]인데 반해 돌삽·돌낫 같은 농업도구는 아예 보이지 않

79 龙虬庄遗址考古队编著.『龙虬庄—江淮东部新石器时代遗址发掘报告』. 科学出版社. 1999. 9. p. 512.
80 『嘉兴学院学报第22卷第5期』. 2010年 9月.「马家浜文化与稻作起源研究」. 陈淳. p. 20.
81 龙虬庄遗址考古队编著.『龙虬庄—江淮东部新石器时代遗址发掘报告』. 科学出版社. 1999. 9. p. 513.
82 龙虬庄遗址考古队编著.『龙虬庄—江淮东部新石器时代遗址发掘报告』. 科学出版社. 1999. 9. p. 328.

고 돌도끼(39건), 돌자귀(83건), 돌호미(2건), 돌칼(5건), 뿔도끼(1건), 骨괭이(4건)를 모두 농업도구로 계산해도 134건에 불과하다. 어로도구에는 또 뼈로 제작된 작살·화살촉·표창이 있으며 "물고기그물"[83]을 사용했을 가능성까지 추가된다. 출토된 도구로만 볼 때 용규장유적의 신석기시대 경제활동의 핵심은 농업이 아니라 여전히 물고기잡이와 수렵 및 채집임을 알 수 있다. 그런데 여기서 하나 더 짚고 넘어가야 할 것은 이런 어로·수렵도구들이 대부분 남성 무덤의 부장품으로 출토된다는 사실이다. 단독 무덤의 경우 여성은 단 6기의 무덤에서 출토된 骨화살촉 19건, 돌도끼 2건, 돌자귀 3건, 骨창 1건을 제외하면 전부의 부장품이 물레·바늘과 같은 생활용품과 각종 기명 따위들뿐이다. 이는 설령 농업이 존재했다 하더라도 그 생산 주체는 남성이었음을 암시해준다. 특히 수렵과 어로 분야의 경제활동에서의 남성의 역할은 절대적이었다. 여성의 노동은 당시에도 일부를 제외하고는 대부분 가내에서 진행되었다고 할 수 있다. 물론 그와 같은 노동 분공은 체력적 한계와 임신·출산 그리고 육아 때문이었을 가능성이 많을 것이다.

흔히 전통 고고학에서는 농업을 토기와 연결하여 연구한다. 그러나 필자가 여기서 신석기시대 유적들에서 그토록 많이 발견된 토기를 농업담론의 증거로 삼지 않은 것은 토기가 농업의 토대인 흙과 엮여 농업을 배태할 수는 있지만 반드시 그런 것은 아니라는 것을 서양 담론에

---

83 龙虬庄遗址考古队编著.『龙虬庄—江淮东部新石器时代遗址发掘报告』. 科学出版社. 1999. 9. p.513.

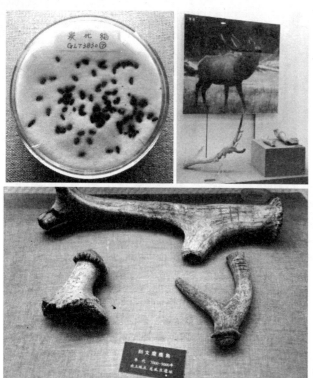

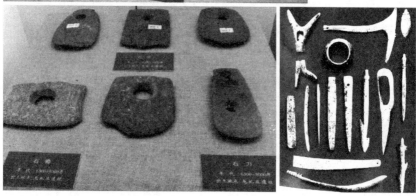

| **사진 59** | 용규장유적에서 출토된 탄화벼, 짐승뼈, 석기, 골각기

용규장유적 4층의 순화된 탄화벼가 재배벼라고 할지라도 농업이 경제활동에서 차지하는 비중은 어로·수렵·채집 다음의 위치에 있었다. 유적에서 발견되는 유물 중에 농업도구보다 동물 유해와 어로 수렵에 사용되는 도구가 훨씬 많다는 사실이 이를 입증하고 있다.

서 확인했기 때문이다. 오히려 토기는 정주와 반드시 연결된다. 토기는 파손이 쉽고 무거워 이동에는 불편하기에 그것이 설령 농업이 아닌 채집경제라 할지라도 일정한 시기에 일정한 장소에 정주만 하면 용도가 발생하기 때문이다. 따라서 토기의 출현은 반드시 농업을 대표하지는 않기에 본 담론에서 배제시켰다. 농업의 시작은 반드시 돌삽·돌낫과 같은 농경생산도구와 연결된다.

중국에서 농업이 수천 년 동안 느리게 과도된 원인을 일부 학자들은 "신석기시대 초·중기의 수천 년 동안 벼의 형태가 줄곧 불안정한 상태에 처했던 것은 분명 인류의 개입 정도가 부족했기 때문"[84]이라고 주장한다. 하지만 그러한 현상은 대충돌과 같은 외부적 압박이 없었기 때문에 여성이 다수가 되지 못했고 수렵환경이 파괴되지 않았기 때문이다. 이 두 가지가 전제되지 않을 때 농업의 급작스러운 보편화도 그 농업으로 인해 부여받는 여성의 특별한 신석기시대만의 사회적 지위도 이루어질 수 없기 때문이다.

ㄷ. 모권제의 허실과 여성의 사회적 지위

일반적으로 고고학에서 신석기시대 여성의 사회적 선도권은 모권제로 집약된다. 그런데 중국에서 신석기시대 모권제는 흔히 무덤 형태(합장무덤에서의 남녀 장속 차이), 부장품의 수량 그리고 농업생산노동에

---

84 『嘉興学院学报第22卷第5期』. 2010年 9月. 「马家浜文化与稻作起源研究」. 陈淳. p. 19.

서 맡은 역할 비중 등에 근거해 그 여부가 판단된다. 한편 남성의 지위는 가옥 구조(방의 분리 또는 딸린 방의 출현), 무덤 부장품의 용도 차이, 남성생식기숭배의 등장 및 생산 활동에서 부여받은 사회적 노동의 중요성에 따라 배당된다. 앞선 서양 담론에서 우리는 여성의 권위는 특정된 기후환경의 외압과 그로 인해 빚어진 남녀 성비에서의 여성 다수화 그리고 농업생산 활동에서의 그들의 고압적 위치에 의해 부여받은 것임을 확인한 바 있다. 그리하여 우리의 중국 관련 담론에는 남녀 성비 숫자와 평균 수명에 대한 언급도 추가될 것이다.

일단 중국에서 여성의 사회 관장 권위를 상징하는 모권제 또는 모계사회가 신석기시대의 어느 기간에 기생했고 또 언제 부권제에 의해 교체되었는가에 대한 통일된 견해는 없다. 누구는 "은나라 이전의 사회는 죄다 모계씨족사회이며…… 부계씨족사회는 은나라 말기이며 주나라에 들어와서야 부계사회로 진입"[85]했다고 주장하고 누구는 아득한 배리강문화시기에 이미 부계사회로 전환되었다고 추정하며 누구는 또 반파 및 양사오문화시기에 부권제가 형성되었다고 간주한다.

어떤 학자들은 배리강문화시기에 이미 부계제도에로의 전환이 시작되었다고 간주한다. 반파문화의 모든 가옥에는 화로가 있고 생산도구와 생활 용구를 분석할 때 당시 전형적인 화로 분거제가 성행하고 대우혼가족이 이미 생산과 생활 단위로 되었으며

85 山川麗著. 大伦·范勇译. 『中国妇女史』. 三秦出版社. 1987. 7. p.4.

사유제가 이미 산생되고 사회는 이미 부거夫居로부터 부계씨족
과 가족공동체 단계로 진입했다고 여겼다. 또한 일부 학자들은
묘저구廟底溝문화 여주홍묘汝州洪廟유적에서 출토된 남근 채색
그림에 대한 연구를 통해 반파문화말기의 임동강채臨潼姜寨유적
76호 무덤 속의 8호 뾰족한 밑굽의 채색토기 항아리에도 똑같은
도안이 있으며 이는 대지만大地灣의 토기 조상陶祖, 복임보福臨堡
의 돌조상과 토기 조상, 이가구李家溝의 토기 조상, 여주북류장汝
州北劉庄과 중산채中山寨의 토기 조상과 연관되기에 전형적인 양
사오문화가 반파문화말기에서부터 시작하여 이미 명확하게 남
성생식숭배가 있었으며 이런 숭배는 전형적인 양사오문화말기
에 이미 아주 성행했음을 나타낸다고 인정한다.[86]

어떤 연구자들은 다인합장의 유행에 근거하여 당시 이미 부계씨
족 단계로 전변하여 가정형식이 주로 부계대가족으로, 혼인형식
은 가능하게 부거夫居대우혼으로 전환했을 것으로 판단했다.[87]

물론 이러한 추정은 그 존재의 원인이 충분하게 제공된 상황에서
얻어진 결론이다. 무엇보다 먼저 여성이 원시괭이농업이라는 사회경

---

86 中国社会科学院考古研究所編著, 『中国考古学. 新石器時代卷』. 中国社会科学出
版社. 2010. 7. p.266.
87 中国社会科学院考古研究所編著, 『中国考古学. 新石器時代卷』. 中国社会科学出
版社. 2010. 7. p.265.

제활동에서 "주도적인 역할을 했다"[88]는 가정이 전제되고 있다. 게다가 "섬서화현류진陝西华县柳镇의 약 6, 7000년 전의 무덤에서 발견된 방합조개칼과 방직용의 석제 물레가…… 여성 무덤에서만 출토된다는 이유로 여성이 원시농업에 기여한 특수한 공헌"[89]으로 인정된다. 뿐만 아니라 "섬서화현원군묘양사오陝西华县元君庙仰韶문화 반파유형의 여성 단일 무덤 및 모자 합장무덤의 부장 토기 수량이 일반적으로 남성 단일 무덤 또는 합장무덤보다 많다는 고고학적 자료만으로도…… 당시 여성의 사회적 지위가 일반적으로 남성보다 높았음을 반영"[90]하는 이유로 제시되기도 한다. 이러한 이유가 논거의 계기가 되며 여성은 마술이라도 부리듯 순식간에 생산과 생활의 중견적인 위계로 둔갑하게 된다.

모계씨족공동체 번영기에 여성은 주로 채집과 함께 곡물을 재배하고 동물 새끼를 순화하는 일에 종사했다. 곡물의 수확·가공·저장·조리 역시 여성이 담당했다. 그들은 생산과 생활의 주도적인 지위를 차지했다. 여성은 농업의 발명자일 뿐만 아니라 농업 생산의 담당자·조직자였다. '나무를 베고 불로 태우는' 작업 역시 여성들이 조직·지휘했다. 그들은 돌도끼를 이용하여 나무를 채벌하고 풀을 태워 재는 거름으로 되게 했으며 그런 다음 다시 돌

88 中国社会科学院考古研究所编著. 『中国考古学. 新石器时代卷』. 中国社会科学出版社. 2010. 7. p.265.
89 刘士圣著. 『中国古代妇女史』. 青岛出版社. 1991. 6. p.8.
90 王子今·张经著. 『中国妇女通史·先秦卷』. 杭州出版社. 2010. 11. p.30.

신석기시대
세계 여성사

팽이로 땅을 고르게 하고 씨앗을 파종했다. 곡식이 여문 후 여성들은 씨족 성원들을 거느리고 집단 수확에 나섰으며 그다음 돌절구, 석마, 갈돌로 곡물을 가공했다. 원시농업의 발명의 첫 번째 공로자는 당연히 여성이다.[91]

하지만 이른바 여성 무덤의 그 풍부한 부장품에 눈길을 돌려 한번 자세히 들여다보는 순간 우리는 그 내용물이 여성의 존재를 남성을 제압하고 우월한 위계로 상승시킬 수 있을 만큼 비중 있는 것들이 아님을 목격하게 될 것이다. 그것들은 주로 옥구슬·돌구슬·돌귀고리·토기 그릇 따위의 장식품이거나 가내생활용품들로 제한되어 있다. 단지 숫자상에서 뼈구슬 8577점과 같이 양이 풍부하다는 조건만으로 돌삽·돌낫과 같은 농업생산도구의 경제적·사회적 의미와 비견될 수 없다는 사실을 좌시할 수는 없을 것이기 때문이다. 그것은 도리어 어떤 의미에서는 생산활동에서의 부차적인 역할을 강조하는 것일 수도 있다. 생산 활동에서의 맹활약은 어떤 경우에도 취미생활의 의미를 초과하므로 절대로 후자의 우월성이 사회적 주도권이라는 시대적 혜택의 배당권이 될 수는 없다. 농업생산의 담당자·조직자가 되려면 그 무덤에서 물레·구슬·토기 그릇 같은 비생산성 생활용품이 아니라 남성 무덤에서처럼 농업생산도구가 출토되어야만 한다. 그래야 비로소 "돌도끼를 이용하여 나무를 채벌하고 돌괭이로 땅을 고르게 할" 수 있으며 그와 같은 눈부신 활약의

---

91 刘士圣著. 『中国古代妇女史』. 青岛出版社. 1991. 6. p.15.

기반 위에서만 비로소 핵심적인 상위권에 등극할 수 있기 때문이다. 지역적 특성을 무시하고 중국의 신석기시대 역사를 모권제가 먼저이고 부권제가 다음이라는 식으로 서양의 신석기시대 발전 과정의 패턴에 억지로 꿰맞춰서는 안 된다.

이른바 모권제의 여성 선도의 논리가 방치한 허점은 반론의 유효습격에 취약한 무방비지대로 고스란히 노출될 수밖에 없다. 그것은 이 논리가 자신의 정당성으로 상대의 부당성을 해체하고 최종 격파할 수 있는 이론적 근거가 빈약하기 때문이다. 환언하면 반론이 공격무기로 장착한 새로운 증거들은 기존의 증거들에 비해 조금도 손색이 없다는 의미이기도 하나. 그런데 무엇보다 중요한 것은 이 상반된 논리의 정면 충돌이 단순한 학술적 논쟁으로만 끝나지 않고 한 걸음 더 나아가 우리 담론의 주제인 신석기시대 여성의 사회적 지위를 판단하는 데 결정적인 영향을 미친다는 사실이다. 그리하여 우리는 반론들이 제시하는 증거들을 검토하고 거기에 필자의 견해까지 첨언하여 새로운 결론을 도출해낼 것이다.

어떤 학자들은 배리강문화시기에 이미 부계제도에로의 전환이 시작되었다고 간주한다.…… 반파문화 말기에서부터 시작하여 이미 명확하게 전형적인 남성생식숭배가 있었으며 양사오문화 말기에는 매우 성행했음을 나타낸다고 인정한다.[92]

---

92 中国社会科学院考古研究所编著. 『中国考古学·新石器时代卷』. 中国社会科学出

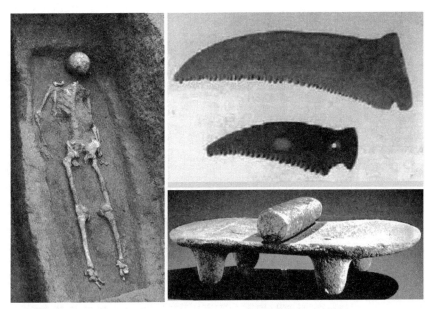

| 사진 60 | 배리강문화유적에서 발굴된 무덤과 무덤에서 출토된 부장품

갈돌, 갈돌판, 토기솥, 항아리, 주전자가 부장된 무덤의 주인은 여성이며 돌삽, 돌도끼, 돌낫이 부장된 무덤 주인은 남성이다. 이는 적어도 9000년 전부터 남성은 이미 생산의 주체로서 사회적 지위가 여성보다 높았음을 말해준다.

생산 경제 중에서의 남성의 주도적 지위는 기실 전前양사오문화 시기에 이미 확립되었다. 부장품으로부터 볼 때 주요한 농업과 수렵생산도구는 죄다 남자의 소유에 속했으며 이는 양사오문화 시기에도 결코 개변되지 않았다.[93]

版社. 2010. 7. p.266.

93 中国社会科学院考古研究所编著. 『中国考古学·新石器时代卷』. 中国社会科学出版社. 2010. 7. p.267.

남성의 지배권이 전양사오문화시기 즉 배리강·자산문화시기에 이미 형성되었을 거라는 추정의 증거로는 부장품에서 현시되는 생산도구에 대한 남녀 소유의 차이가 제시되고 있다. 예컨대 배리강문화시기의 "석고石固묘지의 인골감정에 의하면 갈돌판, 갈돌이 부장된 무덤 주인은 많은 경우 여성이며 돌도끼, 돌삽과 돌낫 따위의 도구가 부장된 무덤 주인은 대다수의 경우 남성"이다. 물론 저자는 농업생산도구와 가내 노동도구의 소유의 차이가 아니라 여성 무덤의 부장품의 풍부함을 기준으로 "여성이 당시 씨족 조직 내부에서 비교적 높은 지위를 누렸다"[94]고 섣불리 단정하는 오류를 범하고 있다. 이러한 오류는 다른 학자들에게서도 나타나는데 예컨대 완자금王子今·장경张经은 『중국여성통사』라는 그들의 저서에서 "여성 단일 무덤 또는 합장무덤의 토기 부장품 수량이 일반적으로 남성 단일 무덤 또는 합장무덤보다 많은 현상은 당시 여성의 사회지위가 일반적으로 남성보다 높았음을 반영한다"[95]는 식의, 전자와 똑같은 주장을 펴고 있다. 하지만 우리는 부장품에서 드러나는 남녀 도구의 차이를 통해 서로 다른 노동 분공과 그에 따라 생산에서 차지하는 남녀 역할의 기여도를 판단할 수 있다. 그 기여도의 대소에 따라 통치권이 할당될 것이기 때문이다.

무덤에 대한 인골 감정 결과 돌도끼, 돌삽과 돌낫 따위의 생산도

---

94 李友谋著. 『裴李崗文化』 文物出版社. 2003. 12. p.154.
95 王子今·张经著. 『中国妇女通史·先秦卷』. 杭州出版社. 2010. 11. p.30.

신석기시대
세계 여성사

구가 부장된 무덤 주인은 많은 경우 남성이고 곡물가공도구 갈돌판, 갈돌이 부장된 무덤 주인은 많은 경우 여성이었다. 예컨대 장갈석고長葛石固묘지에서 발견된 M23의 무덤 주인은 남성으로 부장된 노동도구로는 돌도끼와 돌삽 따위의 생산도구이며 또 돌공이 있었다. M46의 무덤 주인은 노년 남성으로 부장된 도구는 역시 돌도끼와 돌삽이다. 그런데 M14와 M39의 무덤 주인은 여성으로 부장된 도구는 죄다 돌맷돌과 석마봉이다. 이로부터 배리강문화 초기에 씨족 내부의 남녀 양성 간의 노동은 이미 분공이 있어 남자는 주로 농업생산에 종사하고 여성은 주로 곡물가공과 취사 등 가사노동에 종사했음을 알 수 있다.[96]

흥미로운 것은 이러한 논리의 장본인은 다름 아니라 앞서 부장품의 풍부함을 여성이 당시 씨족 조직 내부에서 비교적 높은 지위를 누리게 한 증거라고 주장한 학자라는 사실이다. 이러한 자체모순은 아마도 중국 신석기시대의 구체적인 실정은 외면하고 억지로 서양 신석기시대 모권제 이론에 맞추는 데만 급급하다 보니 본의 아니게 부유浮遊된 오류 현상일 것이다. 여성이 가사노동에 종사했다는 것은 식량을 생산하는 중심적인 경제활동에서 배제되었음을 의미하며 그것은 또 여성이 사회생활에서 차지하는 위계가 추락할 수밖에 없도록 강요한다.

필자는 개인적으로 중국 신석기시대 모권제 존재 여부와 그로 인

---

96 李友谋著.『裴李岗文化』. 文物出版社. 2003. 12. pp. 150~151.

한 여성의 사회적 지위에 영향을 준 조건은 농업의 보편화와 부장품으로 나타나는 농업생산도구의 소유 말고도 한 가지를 더 추가하려고 한다. 그것은 당시의 인구 성 비례 상황이다. 남녀 중 어느 쪽이 인구의 다수를 차지하는가 하는 문제는 주도적 지위의 장악과 직결되기 때문이다. 우리는 서양 여성 담론에서 신석기시대 초반에 발생한 대충돌로 인해 남성 인구가 대량으로 사망한 결과 여성이 사회의 다수를 차지했음을 확인한 바 있다. 다수 여성과 농업의 보편화는 그들에게 사회적 견인력을 부여했던 것이다. "대부분의 유럽, 아시아와 MXL 모친을 근본으로 한 계보로 말하면 최고의 인구 연증장률은 11000년~9000년 전에 나타났는데 그 시간은 LGM 이후에 시작된 한 시기의 전 지구적인 온난기와 일치한다"[97]는 연구 결과는 중국이 아닌 주로 서아시아에 한정된 추산일 가능성이 많다. 이 시기가 다름 아닌 대충돌 이후 남성의 대량 사망으로 인한 여성 인구의 성비 고조기가 나타났기 때문이다. 같은 시기 중국의 상황은 이와는 정반대였다. 왕인상王仁湘은 자신이 발표한 『원시사회의 인구 통제의 비밀原始社会人口控制之谜』이라는 글에서 "신석기시대의 황하중하류 지역의 남녀 성비 차이는 현격하여 남성은 때로는 여성의 몇 배나 더 초과"[98]했다고 지적했다. 성비 불균형의 원인은 주로 남녀 사망률의 차이에서 비롯된다. 그리고 그것은 다시 특정 성별 즉 여아에 대한 살해와 연관된다.

97 『中国科学2016年第46卷第4期』, 「新石器时代农业驱动男性人口扩张」, 王传超等. p.471.
98 王子今·张经著, 『中国妇女通史·先秦卷』, 杭州出版社. 2010. 11. p.57.

가호賈湖, 석고石固, 백가촌百家村 세 곳의 배리강시대 묘지에서 모두 무덤 441기가 발견되었는데 인골 감정이 된 것이 440기이며 성별 식별이 가능한 것이 393기이다. 그중 남성이 241명이고 여성이 152명이다. 배리강시대 묘지의 인구 성 비례는 158.55%이다. 각 유적의 인구 성 비례는 각각 가호유적 묘지의 성 비례는 158.33%이고 석고유적 묘지의 인구 성 비례는 159.09%이며 백가촌유적 묘지 인구의 성 비례는 160%이다. 배리강 세 곳의 무덤의 성 비례의 최저치는 기본상 청년시기에 나타나며 최고치는 노년시기에 나타난다. 이는 여성이 청년시기에 대량으로 사망함으로써 이후의 연령 성 비례의 증가를 초래함을 의미한다. 선사 사회는 생산력이 낮고 게다가 자연재해의 경우 식량자원 부족으로 모든 성원들을 먹여 살릴 수 없을 때 사회 내부에서 일부분 비생산력을 죽이는데 주로 일부 여자 영아들을 죽인다. [99]

신석기시대 남성 인구의 평균 수명은 20.21세, 여성은 18.69세로 차이가 1.52세이다. 동회산東灰山유적 묘지의 남성 인구의 평균 수명은 17.78, 여성은 15.97세로 차이가 1.81세이다. 평양平洋묘지 남성 인구의 평균 수명은 20.30세, 여성은 17.31세로 차이가 2.99세이다. [100]

---

99 『考古学报2008年4期』「黄河中下游地区史前人口性別构成研究」王建华. pp.416~418. p.434.

100 『华夏考古2010年第4期』「东灰山·三星村·平洋等墓地与新石器时代几处墓地人口平均寿命比较」辛怡华. p.69.

연구에 따르면 7000년~5000년 전 강소성의 용규장유적에서도 "취락 인구 구성 중 남성은 약 여성 인구의 1.5배"[101]에 달한다. 여아 살해의 목적은 식량을 축내는 "비생산력"에 대한 인위적인 삭감이다. 환언하면 여아가 농업생산에 참여하는 노동력으로는 가치가 없다는 의미이다. 반면 남아는 노동력으로서의 가치가 인정되어 죽임을 면한 것이라 할 수 있을 것이다. 물론 여성의 평균 수명이 짧은 이유는 여아 살해 외에도 경제적인 측면에서는 말할 것도 없고 위생적인 측면에서도 열악한 생활환경에서의 임신·출산에 의한 조기 사망에도 있을 것이다. 청년시절의 죽음은 살해보다는 임신·출산 사고와 더 연관이 깊을 것으로 여겨진다.

결국 중국 신석기시대는 서양의 패턴과는 달리 이른바 모계씨족 사회가 아예 존재하지 않았거나 일부 지역에 제한적으로 존재했거나 아니면 부계씨족사회와 혼재했을 가능성이 제기된다. 왜냐하면 "부권제는 결코 모권제가 붕괴된 이후에 비로소 나타난 것은 아니기"[102] 때문이다. 필자는 이보다는 모계사회가 아닌 부분적으로 소수의 모계가족이 존재하지 않았을까 하는 가능성에 더 무게를 두고 싶다. 이와 같은 가정은 여러 유적에서 발견되는 일부 여성중심의 합장무덤의 양상에서 입증 가능하다. 예를 들면 용규장—강회동부龙虬庄—江淮东部 합장무덤 사례 같은 것이다. M3무덤은 1차장을 한 여성 성년 M3B를 중심으로 남

---

101 龙虬庄遗址考古队编著. 『龙虬庄—江淮东部新石器时代遗址发掘报告』. 科学出版社. 1999. 9. p.128.

102 『大汶口新石器时代墓葬发掘报告』. 文物出版社. 1974. 12. p.125.

녀노소 9명이 모두 2차장(그중 1개의 개체만 1차장)으로 매장되어 있다.[103] 아마도 이 합장무덤은 수명이 긴 여성을 중심으로 형성된 모계가족이었을 것으로 간주된다.

설령 중국에서 신석기시대에 서양처럼 모계사회가 존재하였다 하더라도 여러 가지 이유로 결코 여성이 사회적 영도권을 장악하지는 못했을 거라는 것이 필자의 논리이다. 일단 농업이 보편화되지 않았을 뿐만 아니라 원시농업의 생산 주체마저도 남성이었다. 게다가 서양처럼 대충돌로 인해 여성이 인구 구성에서 다수를 이루지도 못했기 때문이다. 모권제는 지역적으로 또는 개별적인 가족형식을 취하며 소규모로 존재했을 뿐 보편화되지 못했다. 강력한 모권제의 배경을 상실한 당시 여성에게 사회적 주도권 장악이란 한낱 몽상에 불과한 것일 수밖에 없었을 것이다.

3) 중국 신석기시대 여신과 여성의 역할

ㄱ. 중국 신석기시대 여신의 진면모

고고학에서는 흔히 선사시대 여성의 사회적 지위의 우월성에 대한 증거로 여신상의 존재를 제시한다. 서양과 마찬가지로 중국 신석기

---

103 龙虬庄遗址考古队编著.『龙虬庄—江淮东部新石器时代遗址发掘报告』. 科学出版社. 1999. 9. p. 115.

시대 여성에 대한 연구도 다름 아닌 이 여성상에 의해 남성을 초과하는 사회적 지위와 모권제가 존재한 유력한 이유로 공급되고 있다. 하지만 필자는 기존의 이런 가설에 얽매이지 않고 당시의 고고학적 사실에 입각하여 객관적인 결론을 도출해내는 데 집중할 것이다. 그런데 여신상 담론은 당연히 부권제로 진입했거나 과도기에 처했던 6000년 이전의 문화 (이를테면 양사오문화나 용산문화) 이전에 초점이 맞춰져야 한다. 왜냐하면 부권제 산생 후의 여성숭배 가설은 논리적으로 모순되기 때문이다. 그런 이유 때문에 여신상 또는 여성숭배 담론은 적어도 양사오문화 이전의 배리강·자산문화와 같이 6000년 이전의 실물이 그 대상이 될 수밖에 없다. 그러나 우리는 곧 이어질 아래의 담론에서 확인할 것이지만 아이러니하게도 부권제 이전의 여성상 문화는 부권제 형성 이후에 비해 너무 초라할 뿐만 아니라 양적 측면에서도 극히 적다는 사실을 발견하게 될 것이다.

유물이 희소하다. 이 시기에 장강유역에서 발견된 여성상은 연대를 7000년~6000년 전까지 내려 잡아도 절강성 가흥嘉興 마가요马家窑문화의 여성상 조소 단 한 건 뿐이다. 여기에 8000년~7000년 전 중국 북방 지역의 홍륭와유적의 여성상 조소를 추가해도 모두 대여섯 건밖에 안 된다. 뿐만 아니라 이른바 여성상은 같은 시기의 동물조상에 비해서도 그 수량이나 제작기술면에서 열등하다.

하남 밀현 아구북강河南密縣莪溝北崗에서 지금으로부터 7000여 년 전의 배리강문화 인간 두상 한 점이 발견되었다. 두상은 진흙

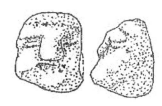

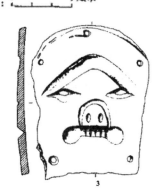

| 사진 61 | 아구북강배리강문화유적
의 인간 두상과 북복지유적의 인물상

학자들은 아구북강유적의 인물두상을 노파
의 얼굴 특징을 가진, 사람들의 존경을 받는
씨족 여성 조상일 가능성을 제기하고 있다.
하지만 성별을 확인하기가 어렵다. 북복지
가면의 경우도 마찬가지로 숭배대상으로서
의 여성상은 아닐 것으로 추정된다.

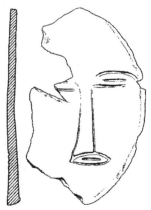

회토로 제작되었는데 목 아래가 불완전하다. 납작한 머리에 평평한 정수리, 넓은 코에 깊은 눈, 앞이마는 가파르고 아래턱은 돌출하며 입은 축소되게 만들었다. 노년 여성의 형상 특징을 가지는데 아마도 당시 사람들에게 존경받는 씨족 여자 조상 형상일 것이다. 그 조각기법이 치졸하다.[104]

(여성 얼굴 가면은) 선이 유창하며 이목구비가 단정하고 준수하여 자못 여성의 아름다운 자태이다.[105]

배리강문화시기의 여성 두상은 사람들이 존경하는 여성숭배의 증거로 제시됨에도 불구하고 조각기법이 치졸하다는 사실에 주의할 필요가 있다. 그리고 목 아래가 불완전하다는 것은 두상이 어떤 이유로 파괴되었음을 암시한다. 물론 자연적인 파손일 경우도 배제되지 않을 것이지만 인위적인 파괴일 가능성도 역시 존재한다고 고려해야 할 것이다. 그것이 인위적인 파손일 경우에는 아래의 담론에서 펼칠 필자의 주장을 안받침해주는 증거 역할을 대신할 것으로 예상된다.

북복지 여성 가면의 경우 『북복지—역수유역 선사유적北福地-易水流域史前遺址』 저자는 "가면 얼굴 탈이 가능하게 제사숭배 또는 무속의 구역驅疫시에 신 또는 조상으로 분장하던 보조 신기神器로 추정할 수 있

---

104 王晓婷.『中国史前女性人像雕塑功能研究』. 南京艺术学院硕士论文. 2013年. p.6.
105 河北省文物研究所段宏振主编.『北福地-易水流域史前遺址』. 文物出版社. 2007. 1. p.114.

신석기시대
세계 여성사

을 뿐만 아니라 당시 사람들이 가면 얼굴 탈을 쓰고 제사장소로 나와 제사활동을 했을 가능성이 아주 크다"고 단언하며 "선사 종교 또는 무속"[106]과 연계시키고 있다. 하지만 여성은 단 한 건에 불과하며 게다가 그 가면을 여성이라고 말하기에는 증거가 너무 빈약하다. "선이 유창하고 이목구비가 단정하고 준수한 자태"는 남자의 경우에도 충분하게 해당할 수 있기 때문이다. 더구나 중요한 것은 다른 인간 탈들은 모두 남성가면이라는 사실이다. 결국 이 가면의 주인이 여성이라는 가정은 아무런 근거도 없는 순전한 억측에 불과하다고 할 수 있다.

마가요문화유적에서 출토된 한 점의 인물 형식의 채색 토기 단지의 높이는 34cm이며 목과 복부에 도안이 그려져 있을 뿐만 아니라 한 명의 나체 여성 인물을 붙여서 조각했다. 인간상의 머리 부위는 채색 토기 단지의 목 부위에 위치한다. 머리카락은 어깨에 드리웠다. 오관은 비교적 단정하며 인간상의 복부에 토제 단지의 배를 붙여 조각했다. 한 쌍의 유방은 봉긋할 뿐만 아니라 채색으로 젖꼭지를 묘사했다. 동시에 여성 생식기에 비교적 과장되게 선염渲染했으며 두 다리는 좀 짧고 두 발은 검은 채색으로 묘사했다.[107]

---

106 河北省文物研究所段宏振主编. 『北福地-易水流域史前遺址』. 文物出版社. 2007. 1. p.134.
107 王晓婷. 『中国史前女性人像雕塑功能研究』. 南京艺术学院硕士论文. 2013年. p.6.

유방과 유두 그리고 여성생식기를 조각한 것으로 미루어 이 인간상의 정체는 여성이 분명한 것 같다. 그러나 그것은 공동체가 여성숭배를 위해 특별히 조각한 여신상이라기보다는 물 같은 액체를 저장하는 생활용품—단지라는 점에서 그 종교적 의미가 탈색할 수밖에 없다. 제단에 단지를 올려놓고 여성숭배 의례를 진행할 리는 만무하기 때문이다. 이 인물상이 나체라는 사실에서 우리는 여성의 신체에 대한 당시 남성 장인匠人의 호기심이 투영된 생활조각품이었을 것이라는 추측을 가능하게 해준다. 여성을 향한 남성의 단순한 성적 관심의 발로가 토기 제작에 반영된 결과물이었을 것이다. 내몽골 홍륭와에서 발견된 8000년~7000년 전의 석조인상도 "유방이 좀 크고 목과 가슴 앞에 반원형 목걸이가 양각"[108]된 것으로 보아 여성상임에는 틀림없는 것 같다. 그러나 사람들이 제단에 모시고 제사 지내는 숭배대상으로는 적합하지 않은 조각 구조 즉 "네모난 뾰족한 발로 대체된 하지"[109]가 제단에 세울 수 없도록 제작되었다는 점에 유의할 필요가 있다.

사실 이 시기에는 여신상보다는 동물상이 더 발달했다. 그 수량 면에서나 분포 면에서 모두 인간상 특히 여신상을 능가한다. 동물조각은 중국 선사 조소 중의 가장 중요한 테마로써 주요하게 황하유역, 장강유역과 요하유역 등 그 분포지역이 광활하다.[110] 황하유역에서는 배리강유적과 양사오문화유적, 반파유적 등에서 돼지머리, 양머리, 새, 누에

108 王晓婷.『中国史前女性人像雕塑功能研究』南京艺术学院硕士论文. 2013年. p.8.
109 王晓婷.『中国史前女性人像雕塑功能研究』南京艺术学院硕士论文. 2013年. p.8.
110 伍秋鹏.『黄河流域史前动物雕塑研究』四川大学硕士论文. 2005. 1. p.1.

번데기, 부엉이, 뱀, 거북이 등 동물조상이 수없이 발견된다. 학자들은 이런 동물조상 중 일부 작품은 무속의 목적에서 제작된 것이라고 보고 있다.

> 선사동물 숭배 중의 동물신은 인류의 경배 대상으로 신성하다. 그 형상은 일반적으로 장중하고도 신비로우며 제작 공예가 중요시되고 일정한 숭배 장소가 있다. 무속적인 동물 조각은 임의로 창작되며 일반적으로 비교적 거칠고 고정된 숭배 장소가 없다. 사용이 끝나면 마음대로 폐기한다. 뿐만 아니라 무속활동 과정에서 동물 조각들은 대다수가 파손된다.
> 무속 조각의 사용은 일반적으로 일차적인 것으로 무속 과정이 끝날 때 즉시 폐기하고 사용하지 않는다.…… 동물은 흔히 무속활동을 진행하는 영물이 된다. 원시무속활동에서 동물은 제사 신령의 제물이 될 뿐만 아니라 무당이 신과의 교제를 통해 악귀를 쫓는 신물神物로 이용된다.[111]

우리는 아래의 담론을 위해 동물조상이 사용 후 "마음대로 폐기하고 다시는 사용하지 않는"[112] 제물이 된다는 이 대목을 반드시 기억해 둘 필요가 있다. 그것은 여성상의 역할에 대한 필자의 주장에 당위성을

---

111 伍秋鵬. 『黃河流域史前動物雕塑硏究』. 四川大学硕士论文. 2005. 1. pp. 47~48.
112 伍秋鵬. 『黃河流域史前動物雕塑硏究』. 四川大学硕士论文. 2005. 1. p. 50.

배당하는 증거가 될 것이기 때문이다. 여기서는 다만 숫자나 분포상에서도 동물조상보다 뒤지는 여성상이 과연 학계에서 말하는 그토록 우월한 여성의 사회적 지위를 증명하는 물증이 될 수 있는가에 대해서는 잠시 의문만 붙여두기로 한다.

우선 우리가 주목해야 할 점은 여성상이 유행해야 할 이 시기에는 이토록 희소하다가 도리어 여성상이 사라져야 할 시기인 부권제 사회에 들어오며 더 많아지고 있다는 사실이다. 홍산문화에 속하는 동산취東山嘴, 백음장한白音長汗, 우하량牛河梁유적에 들어서서는 여성상이 그 절정을 이루기 때문이다.

동산취유적에서는 제단 안에서 모두 20여 점의 토제 조소인상이 발견되었는데 그중에 이른바 여신상이라 일컬어지는 "두 건의 소형 나체 임신부상과 대형 인물 좌상"이 포함된다. "남쪽의 원형圓形 제단 옆에서 출토된 토제 인물상 중"에서 출토된 것인데 두 인물상의 공통된 특징은 두부頭部가 없다는 것이다. 대형인물좌상은 "상반신과 하반신만 각각 한 덩어리"[113]씩 잔존할 뿐이다. "몸은 비대하고 배가 유난히 둥글게 불러"[114] 이 두 인간상이 임신부 형상이며 그 융기된 복부는 임신부의 상징이라고 간주된다. 두 건의 소형 임신부상도 각각 다른 곳에서 발견되었으며 대형인물좌상의 경우는 몸체가 분리된 채 잔편의 형태로 여기저기 흩어져 있다.

---

113 王曉婷. 『中國史前女性人像雕塑功能硏究』. 南京艺术学院硕士论文. 2013年. p.7.
114 趙賓福 지음. 崔茂藏 옮김. 『중국동북신석기문화』. 集文堂. 1996년 4월 1일. p.110.

| 사진 62 | 우하량 유적 여성 두상과 동산 취유적 임산부상 그리고 백음장한 유적 돌 조상

백음장한 유적의 돌 조각상을 제외하고 나머지 두 여신상은 모두 코, 귀 머리 등이 분리되어 파손된 상태라는 공통점을 지니고 있다는 점에 유의할 필요가 있다. 결코 숭배를 위한 여성상이 아니라는 의미이다. 백음장한 돌 조상의 경우는 한 여성에 대한 남성의 사랑으로 만들어낸 개인 소장품일 것으로 추정된다.

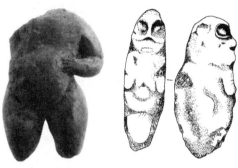

　　우하량유적에서는 1983년 "홍산문화 여성 두상 한 점이 발견되었다. 동시에 다량의 대형 여성상 조소의 손·팔·어깨·유방 등 잔편이 출토"되었다. 뿐만 아니리 도처에 분산되어 있던 "우하량유적 다실 건물군 내에서 발견된 토제조각상 잔편들은…… 한 명이 아니라 여러 명의 여성조각상"[115]인 것으로 판명되었다. "나무뿌리에 단단히 감싸여 있던 여신 두상도…… 이틀 전에 붉게 그을린 흙덩이 속에서 수집한 코"

115　王晓婷.『中国史前女性人像雕塑功能研究』. 南京艺术学院硕士论文. 2013年. p.8.

一. 신석기시대 중국 여성

가 얼굴에서 분리되어 있었다. 발굴자가 "어쩌면 여신의 것인지도 모른다"[116]는 막연한 생각 끝에 가져다 붙인 것이다. 토제조각상 잔편들의 경우 어깨 잔편은 주실과 주실 서쪽 부근에서, 유방 잔편은 묘안에서 발견되었는데 동물조각상이 파손되어 널려 있는 것과 다를 바 없다. 다만 오른쪽 유방편의 보존이 양호한데 그 크기로 보아 소녀의 것으로 추정된다.

> 백음장한의 한 집터에서는 사람 돌조각상 한 점이 출토되었는데 방 안 중심의 석판 부엌의 뒤쪽에 있었다. 하체는 땅 아래 10cm뇌는 곳에 묻혀있는데 부엌 터와 문을 마주하고 있다. 이 조각상은 회흑색이며 조형은 수수하면서도 고풍스럽다. 높이는 35.5cm, 넓이는 12cm, 배와 등의 두께는 15.7cm이다. 얼굴에는 두 눈과 코끝을 새겼고, 입은 옅게 그은 흔적으로 표시하고 몸체는 아래로 드리운 두 팔과 융기된 복부가 표현되었다. 다리는 더 간단함을 추구하여 무릎을 꿇은 듯한 형태를 나타내며 아래 부분은 쐐기모양을 하고 세우기 더 편리하도록 만들어졌다. 조각이 새긴 것은 나체 임신부 형상임을 어렵지 않게 알 수 있다.[117]

일부 학자들은 "AF19 내부에 모셔진 이 여성 돌조각상은 당연히

---

116 呂学明. 朱达著. 『重現女神 : 牛河梁遺址』. 天津古籍出版社. 2008. 1. p.79.

117 中国社会科学院考古研究所編著. 『中国考古学. 新石器時代卷』. 中国社会科学出版社. 2010. 7. p.164.

취락 주민들이 집단적으로 받드는 신으로 보아야지 AF19의 주인의 혼자 소유를 위한 것이 아니라"[118]고 단정한다. 저자에 따르면 실내 중앙의 방바닥 화로 근처에 세워진 이 나체 여성은 개인 소장이 아니라 원시종교와 밀접한 연관이 있는 여신상으로 모셔졌다는 것이다. 여신 신앙이 "생식여신", "여성 조상신老祖母", "가족수호신", "조왕신"과 "불의 신" 등 다중 신격으로 나타난 결과라고 주장하고 있다. 일부 학자들은 바로 현재 발굴된 여신상의 이러한 고고학적 자료들을 근거로 신석기시대 여성의 사회적 지위가 남성에 비해 우월했다는 결론을 도출해내고 있다는 사실을 우리는 곧 알게 될 것이다.

일단 선사 여성상은 많은 경우 신석기시대의 모권제 사회 시기에 속하며 그것이 조상숭배활동의 산물 또는 신령의 인격화를 거쳐 인격화된 신— 일체를 주재하는 어머니 신의 화신이라는 결론은 우하량유적과 동산취유적의 주변에서 공통적으로 주거 취락이 발견되지 않는 전문적인 제사의례 장소에서 발견된다는 판단으로부터 도출된 것이다. 그 규모로 볼 때 "몇 개 부락 또는 부락연맹이 공동의 제천기년祭天祈年 장소"라고 간주한다. 결국 "하늘에 제사 지내고 풍년을 기원하는 장소에서 이처럼 대형의 여성조상이 나타났으니 여신상은 보통의 신령을 대표하지는 않을 것이며…… 대지를 대표하고 인류의 일체를 주재하는 인격화된 지모신"[119]이라는 논조가 현재 고고학계의 정설로 받아들여

---

118 内蒙古自治区文物考古研究所编著. 『白音长汗 : 新石器时代遗址发掘报告』. 科学出版社. 2004. 8. p.506.

119 王晓婷. 『中国史前女性人像雕塑功能研究』. 南京艺术学院硕士论文. 2013年.

지고 있다. 환언하면 이로써 신석기시대 여성의 사회적 지위의 우월성이 역사적 근거를 바탕으로 확실하게 자리매김한 것이다. 과연 이러한 판단은 당시 여성의 상황을 제대로 반영했을까. 한 걸음 더 들어가 담론을 전개해보면 전혀 새로운 결과와 맞닥뜨리게 된다는 것을 미리 암시한다.

우리는 앞의 담론에서 동물조상들이 "무속 과정이 끝날 때 즉시 폐기하고 사용하지 않는다"는 사실을 기억해둔 바 있다. 그 원인은 동물조상이 일회성 용도로 파손되는 "제물"이기 때문이다. 그렇다면 인간조상 특히 이른바 여신상의 경우는 어떠할까? 인간조상의 경우에도 신체 부위가 각각 분리되어 도처에 흩어진 상태에서 발견되었다는 사실은 이미 앞에서 언급하였다. 그것은 어떤 의미에서도 일종의 인위적인 파손 또는 폐기 행위에 속한다고 말할 수밖에 없다는 점에 유의해야 할 것이다. 물론 이와 같은 분리·파손에 대한 학계의 견해는 특이하다.

> (우하량유적 여신묘에서) 출토된 고운 흙제의 조소물은 인물상 위주이고 그 다음은 동물상이다. 건축물이 도괴倒潰될 때 조소품이 대부분 파괴되어 분산되어 있다.[120]

건물이 무너지면서 조소상들의 대부분은 파손되어 머리가 떨어지고 사지가 분리되어 방 안에 가득 쌓인 채로 아직도 심입된 분

---

120 趙賓福 지음. 崔茂藏 옮김. 『중국동북신석기문화』. 集文堂. 1996년 4월 1일. p. 113.

석을 못하고 있으며 아울러 복구도 못하고 있다.[121]

　　이러한 주장에 의문을 제기하도록 하는 증거는 "우하량여신묘(牛
IJ1)평면도 및 토제 인형 조각 출토 위치 지도에서 찾을 수 있다. 머리,
손1, 손2, 어깨 윗부분, 어깨와 팔 부분의 분리된 신체기관들이 인간이
손으로 던질 만한 거리의 주변에 골고루 널려 있다는 사실이다. 건물
의 붕괴로 인한 파손이라면 방향·거리 등 면에서 그처럼 균일하게 분산
되어 있지는 않았을 것이기 때문이다. 중첩된 것도 있고 방향·거리에서
불규칙성이 나타났을 것이기 때문이다. 이른바 여신상이 제례가 끝난
다음 인위적으로 폐기되었을 가능성을 강하게 암시한다. 단도직입적으
로 말하면 여인상은 제단에 모셔놓고 숭배하는 신상이 아니라 동물조
상과 마찬가지로 신에게 바치는 제물의 일종이었다는 의미이다. 동물
조상이 토기로 제작된 이유는 제사 후 폐기하기 위해서였다. 그런데 여
성상도 토제품이다. 여성을 숭배하기 위해 동물이 제물로 바쳐졌다면
양자 사이에 차이가 있어야 한다. 즉 동물 자체를 제물로 삼아야 한다.
그런데 신락 소주산小珠山 상층 문화에서도 토제 돼지, 짐승과 인물상이
함께 공존한다. 그런데 종교의식에 필요한 신물神物은 그것이 비록 동
물(예컨대 돼지, 거북이 등)일지라도 옥으로 제작되었지만 유독 인물상만
은 우하량의 경우처럼 대부분 토기로 제작되었다.

---

121 『文物1986年第08期』 「辽宁牛河梁红山文化〈女神庙〉与积石冢群发掘简报」 辽宁
　　省文物考古研究所. p.5.

이 시기의 제례에서 진정한 신권을 장악한 자는 여성이 아니라 도리어 남성이었다는 사실은 도처에서 드러난다. 폐기되지 않는 제구로서의 남성 옥인玉人의 소유자 역시 남성이었다. 우하량유적 제16지점 제4호 무덤에서 담청색 연옥으로 제작한 나체 옥인玉人 조각상이 출토되었는데 무덤 주인도 남성이고 조각상도 남성이다. 특이한 점은 "두 팔의 팔꿈치를 굽혀 가슴에 모으고 두 다리는 나란히 붙이고 서 있는" 모습이다.

> 이는 하나의 특수한 자세로 일종의 제사의례를 진행함을 나타낸다. 이 옥인은 다름 아닌 고대 방국의 수령으로 씨족 소집권, 신권을 한 몸에 지녔다고 간주할 수 있다.[122]

> 우하량유적 제2, 3, 5와 16지점에서 61기의 무덤이 발견되었는데 옥기 부장품이 있는 무덤은 단지 26기이다.…… 이는 제사활동에 종사하는 사람은 남성이 다수임을 나타낸다. 남자는 제사를 주관할 뿐만 아니라 신전을 건설하고 제단과 석총을 쌓음을 어렵지 않게 추단할 수 있다.

> 우하량 주위의 적석무덤 내에 묻힌 것은 바로 그러한 성직자이다. 그들 중 직위가 가장 높은 사람은 제단 정상에 묻혀 가장 높은 대접을 받았으며 기타 직위자들은 제단의 아래쪽에 묻혔다.

---

122   呂学明·朱达著. 『重現女神 : 牛河梁遺址』. 天津古籍出版社. 2008. 1. p.131.

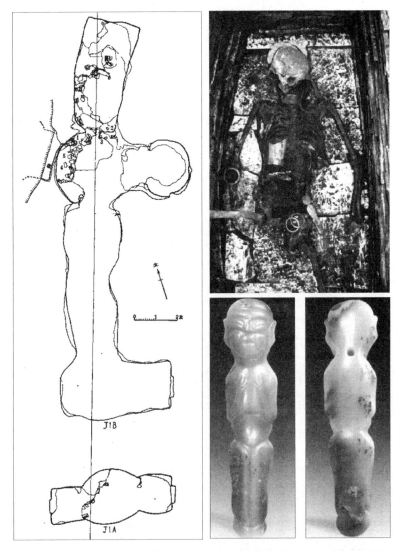

| 사진 63 | 우하량여신묘 일부 토기인물상의 분리된 잔편 분포도와 M4무덤 옥
인부장품

파손된 인물상 분포 위치를 보면 머리, 손, 어깨, 팔 등 신체기관들이 인간이 손으로 던질 만한
거리의 주변에 골고루 널려 있음을 확인할 수 있다. 여신상은 동물상과 마찬가지로 제물로 사
용한 후 폐기했던 것으로 여겨진다. M4무덤에서 출토된 옥인은 도리어 당시의 주재권자는 남
성이었다는 사실을 알 수 있다.

물론 제단 또는 제단 아래에 묻혔다. 그들 무덤 내의 부장품은 종교 숭배와 연관된 옥제품이다. 이러한 옥제품의 종류도 다르다. 가장 많은 돼지머리, 거북이, 새 등과 패식 등은 무당의 활동과 관계가 있기 때문에 무사巫師가 사용한 법통요기(법기)로 볼 수 있다.

홍산문화 후기의 옥제 용, 옥제 새, 옥제 거북이 및 구름형식 패식 등은 농후한 종교 색채를 가지고 있다. 이것들은 무당 및 권력계층을 위하여 만든 것이다. 그의 공예工藝는 대단히 엄격하여 전문화한 장인 없이는 만들 수 없다.[123]

옥제 용, 옥제 새, 옥제 거북이 및 구름형식 패식 등은 남자 무당 및 권력계층을 위하여 만들어진 것들이었다. 옥돼지, 옥거북이처럼 옥으로 제작된 제기가 부장된 많은 무덤의 주인들은 "가능하게 추장, 대무당 따위의 정치·군사와 신권 수령이었을 것으로 추정"되거나 그 "지위, 재부와 권력의 상징을 나타낸다"[124]고 말할 수 있다. 결론적으로 필자는 이 시기의 토기 여성상은 인류의 숭배대상이 아니라 남성이 제사 의례에 사용하던 제물로서 사용 후 토기 동물상과 함께 폐기된 것이라고 추정한다. 토기가 아닌 질 좋은 옥으로 만든 남성조각상도 남성숭배

---

123 『红山文化研究-2004年红山文化国际学术研讨会论文集』. 「红山文化定居农业生活方式兼论游牧生活方式的起源」. 易华. 文物出版社. 2006. 6. p. 209. p. 271.

124 『考古2008年第3期』. 「安徽含山县凌家滩遗址第五次发掘的新发现」. 安徽省文物考古研究所. p. 12. p. 16.

상징물이 아니라 단순한 제기에 불과했기 때문이다. 한마디로 신석기 시대 중국에는 이른바 여신에 대한 숭배는 존재하지 않았다. 서양과는 달리 신석기시대 전반을 횡단하며 사회 리더 자격자로서의 실권을 행사한 주체는 남성이었다는 사실이 명백하다.

ㄴ. 여성의 노동과 역할

신화 속의 여와는 중국의 최초의 여신으로 그 시기는 대략 신석기시대에 해당한다. 그녀는 인간을 포함한 천지창조신으로 전해지고 있다. 우리는 우선 신화에 나타나는 여와의 이야기를 통해 신석기시대 여성들의 노동에 대해 분석한 다음 무덤에서 출토되는 부장품을 통해 야외 생산노동에서 그들이 맡은 역할에 대해 알아볼 것이다. 전설에 의하면 여와는 인간과 천지를 창조하고 혼인 제도를 제정했을 뿐만 아니라 구멍 난 하늘을 기워 비를 그치게 하고 홍수를 다스렸다고 한다. 여와가 한 이 몇 개의 행위에서 우리는 당시 여성들의 노동에 대해 엿볼 수 있다. 일단 인간창조와 혼인제도 제정은 여성의 출산·육아와 연관된다고 볼 수 있다. 그렇다면 이른바 "여와보천女娲补天"과 "적로회이지음수积芦灰以止淫水" 사건은 여성이 담당한 노동과 어떤 관계가 있을까. 여와가 하늘을 꿰매고 홍수를 다스렸다는 기록은 서한西漢의 『회남자淮南子』 중에 보인다. 먼 옛날에 하늘을 받치던 기둥이 무너지고 땅이 죄다 갈라지고 큰불과 홍수가 졌다.

于是女祸炼五色石以补苍天, 断鳌足以立四极, 杀黑龙以济

冀州, 积芦灰以止淫水.[125]

　　그런데 흥미로운 것은 여와를 신화 속의 인물이 아니라 실존했던 인물로 간주하는 학자들도 있다는 사실이다. 여와를 우하량유적의 여신묘 안에서 발견된 진흙으로 빚은 여신조각상이라는 주장이 그것이다. 여와가 구한 기주冀州 지역과 여신 두상의 출토 지역의 동일성과 우하량유적 여신묘 주변의 구리를 제련하던 도가니와 오색돌을 달군 사건의 동일성을 그 근거로 제시하고 있다.

　　옛 기주 범위는 대체로 황하 이북으로 주로 오늘날의 하북, 산서 두 개 성 전역 및 산동 서북부, 료녕 서남부를 포함한다. 여신상이 있는 홍산문화가 바로 옛 기주의 북부에 위치하고 있다. 이로 미루어 이 여신묘가 바로 당시 요하유역의 원시 공동체들이 여와를 기념하기 위해 건축하여 숭배제사에 사용했을 가능성이 매우 크다. 심지어 어떤 학자들은 이 여신 두상은 다름 아닌 여와 본인일 가능성이 매우 크다고 간주한다.…… "금자탑(여신묘)"의 주변에는 도처에 구리를 제련하는 도가니 조각과 홍산문화 특징을 가진 "之"자 무늬의 토기편이 여기저기 널려 있다. 그리고 특히 가까운 곳에는 1000여 개의 붉은 구리를 녹이는 도가니가 분

---

125 『淮南子·览冥训』 "그리하여 여와가 오색의 돌을 달구어 하늘의 구멍을 막고 자라 다리를 잘라 네 기둥을 세워 하늘을 받들었고 흑룡을 죽여 기주의 백성들을 구하고 갈대를 태운 재를 쌓아 홍수를 막았다."

포되어 있다. 매 하나의 도가니는 약 1자 정도 높고 입구는 약 30cm로 현재 우리가 사용하는 물통만큼 크다.…… 여신묘는 인공 "금자탑"이며 붉은 구리를 제련하던 도가니이며 채색 토기조각으로 이 모든 것은 "여와보천女娲補天" 전설 속의 여와가 오색 돌을 달구는 이야기와 너무 흡사하다.[126]

여와가 전설적인 인물이든 실존 인물이든 여부를 떠나 그것보다 우리 담론의 관심사는 여와가 맡은 노동의 종류 또는 정체이다. 그런데 상기 저자는 마치 우리의 관심사를 예상이라도 한 듯이 여와의 하늘을 기운 행위를 토기 제작과 지붕 그리고 자라(또는 거북이)와 연관시켜 논리를 펼쳐나가고 있다. 다시 말해 황토와 진흙을 빚어 인간을 창조한 것 같은 신의 신통력이나 기적이 아닌 인간의 육체적인 노동으로 해석하고 있는 것이다. 더 정확하게 말하면 일개 평범한 여성의 노동으로 의미를 축소시키고 있다.

"여와보천"에서 이른바 꿰맨 "하늘"의 진실은 어쩌면 단지 가옥 지붕 위의 비가 새는 구멍이고 당시 사람들이 구운 토기 또는 기왓장으로 지붕을 덮었는지도 모른다. 다름 아닌 여와가 "돌을 달궈 하늘을 기운" 곳이기도 하다. 홍산 우하량유적에서 사람들은 또 발이 없는 옥거북이들을 발견했다.…… 여와가 하늘을 꿰맬

126 『大科技(百科新说)2012年01期』「女娲或许不只是传说」葛伟. pp.12~13.

때 "자라 발을 잘라 네 기둥을 세웠다"고 한 적이 있는데 그래서 우리를 여와에게 한 걸음 더 가까이 하도록 해준다.…… 우하량의 각기 다른 무덤에서 출토된 옥거북이는 죄다 발이 없는 것들이다. 이는 무엇을 의미하는가? 이것이 그래 바로 그 "여와보천" 신화 속의 "잘라진 거북이"가 아니란 말인가?[127]

만일 이러한 해석에 신빙성이 있다면 우리는 여와의 행위를 통해 비가 새는 지붕을 땜질하고 무너진 기둥을 수선하며 자라나 거북이와 같은 먹잇감을 손질하는 등 집 안에서의 노동은 여성의 몫이라는 사실을 알게 된다. 거주지 내에서의 노동이 여성의 몫으로 되었다는 사실은 남성이 주로 야외 생산노동에 나가 집에 없기 때문에 차례진 것이라고 추정할 수 있다. 주거지 내 또는 가내에서의 여성의 노동은 하와 신화의 "갈대를 태운 재를 쌓아 홍수를 막았다"는 일화에서도 추정이 가능하다. 일단 우리는 식물인 갈대와 그것이 타고 남은 재에 초점을 맞추려고 한다. 우선 "적積"자는 "쌓다"와 "저축하다"는 뜻 이외에도 "포개다", "넓이"라는 뜻도 가지고 있다. 그리고 고대한어 "淫"자는 넘치다溢也의 의미 외에도 적시다漬也[128]의 의미도 가지고 있다. 담글지漬에는 또 "스미다"의 의미도 포함된다. "淫"자가 홍수라는 뜻으로 옮겨진 건 "넘치다"의 의미에서 차용된 것이다. 하지만 "적시다" 또는 "스미다"의 의

127 『大科技(百科新说)2012年01期』 「女娲或许不只是传说」 葛伟. p.13.
128 張三植 지음. 『漢字大辭典』 省安堂. 2003년 4월 14일. p.861. p.1107.

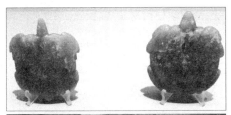

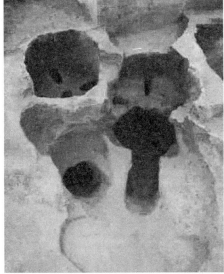

| 사진 64 |

우하량유적에서 발견된 다리 없는 옥거북이와 무양가호유적의 토기가마

우하량유적의 다리 없는 옥거북이는 거북이 다리를 잘라 하늘을 기웠다는 여와전설을 상기시키고 토기가마는 유약의 발명에 가능성을 부여하며 여성의 노동이 야외가 아닌 집 주변에서 수행되었음을 말해준다.

미를 차용한다면 그 뜻은 전혀 달라질 수도 있다는 것을 알아둘 필요가 있다. 이 문장의 의미를 토기와 연관시키면 앞에서 인용한 "여와보천女娲补天"의 경우와 그야말로 유사한 결론이 나온다. 신석기시대의 취사도구가 주로 토기 솥과 같은 진흙 제품이라는 사실을 상기한다면 그 설득력은 한 층 높아질 수밖에 없을 것이다.

벗짚이나 나무의 재를 사용한 초목회를 잿물灰釉이라고 한다.…… 인류가 가장 일찍이 토기에 사용한 유약의 하나이

다.······ 초목회에는 종류가 많다. 비교적 일반적인 것으로는 자
목회榨木灰, 송목회松木灰, 잡목회雜木灰, 토회土灰, 도초회稻草灰,
도각회稻殼灰 등이다.[129]

신석기시대는 물론 고대에도 토기가마의 연료는 볏짚이나 나무
따위였다. 초목이 연소된 후 남은 재는 가마 안의 아직 굽지 않은 토기
위에 떨어진다. 가마 안의 온도가 일정한 정도에 이르면 이 재와 토기
표면의 규산염산화물이 반응하며 유리 형태의 물질로 녹는다. 이는 유
약의 배태단계로 불길 또는 기류를 타고 나무재도 붉게 달아오른 토기
표면과 접촉하며 유리 형태의 물질이 산생되는 것이다. 3000년 전 상대
商代에 초목의 재에 물을 섞어 물건 위에 발랐다고 한다. 또한 나뭇재를
적당한 양의 점토와 배합하여 유약을 제조하기도 했다. 토기에 유약을
바르는 목적은 미관 외에도 "그릇의 강도를 더하여 주고 흡수성을 없애
려는"[130] 데 있다.

아마도 신석기시대에 제작된 유약 없는 토기 솥과 같은 취사도구
들은 강도가 무른 반면 흡수성은 강했을 것으로 추정된다. 그런 취약함
때문에 취사할 때 액체를 다루려면 물이 새거나 구멍이 나는 경우가 많
았을 것이다. 여와신화에서 현재 "쌓이다"로 번역된 "적積" "홍수"로 번
역된 "음溢"자의 의미를 이즈음에서 토기의 유약과 결부시켜 되새길 필

129 『景德镇陶瓷1995年第5卷04期』.「草木灰在釉料配制中的应用」. 熊燕飞. p.17.
130 『中国建材1958年10期』.「釉子的物理性能对釉子覆盖层性质的影响」. A.诺索娃·
     李国墙. p.152.

신석기시대
세계 여성사

요가 있다. "적"자가 "넓이"의 의미를 나타낼 때는 "양量이나 면面"과 연관되는데 이것을 "포개다" 즉 "덧놓다"의 뜻으로 해석하면 유약을 토기 표면에 덧바른다는 의미가 될 것이다. 또한 "적시다" 또는 "스미다"의 의미 역시 유약이 결여된 토기의 특성과 연관시켜 해석할 필요가 있다. 물에 약한 흡수성 때문에 액체가 새는 토기 솥의 이러한 취약점을 여와 가 유약을 만들어 해결했을 것이라는 추정에 설득력을 추가하기 위해서다. "구멍 난 하늘"이 비가 새는 "지붕"이라면 "범람하는 홍수"는 강도 가 낮아 밑굽이 터져 물이 새어 콸콸 흐르는 "솥"이 아니라는 법은 없을 것이다. 그리고 여와가 지붕을 기웠다면 솥을 때우지 못할 것도 없을 것이다.

필자의 이러한 추정은 고고학 자료에서도 그 증거를 찾을 수 있다. 최초의 유약이 토기가마에서 토기를 굽는 과정에서 자연적으로 산생된 것이라는 사실은 유약의 자생 연대를 토기가마의 등장 연대와 연결시킬 수 있기 때문이다. 토기가마는 지금으로부터 7000년 전 배리강 문화에서부터 그 모습을 드러내고 있다. "모두 12기가 발견"되는데 "무양가호舞阳贾湖유적 한 곳에서만 토기가마 9기가 발견"[131]되었다. 기원전 4600년~기원전 4400년의 강채姜寨 제1기 문화유적에서도 "토기를 굽는 가마터가 모두 3기가 발견"[132]되었다. 그렇게 자연적으로 생산되다가 "여와보천"시기와 비슷한 홍산문화시기에 와서 여와가 인공적으

---

131 中国社会科学院考古研究所编著. 『中国考古学·新石器时代卷』. 中国社会科学出版社. 2010. 7. pp. 47~48.

132 『姜寨—新石器时代遗址发掘报告』. 文物出版社. 1988. 10. p. 49.

로 유약을 가공하는 방법을 사람들에게 가르쳤을 수도 있다.

종합하면 여와신화를 통해 우리가 알게 된 것은 신석기시대 여성의 노동은 주로 가내에서 진행되었다는 사실이다. 여성은 집에서 임신·출산·육아하고 집을 손질하고 부엌일 따위의 가사노동에 종사했던 것이다. 비가 새는 지붕을 손질하고(가내노동) 기둥을 세우고(물고기 다듬기) 물이 새는 솥을 때우는(부엌일) 등 작업은 모두 여성이 담당한 가사노동이었다. 물론 이러한 판단은 당시 여성들이 야외의 생산노동에는 전혀 불참했다는 주장과는 상관이 없다. 여성들은 야외에서 진행되는 채집은 물론 남성들과 함께 농사일·사냥·물고기잡이와 같은 생산노동에도 일부 동참했다. 다만 그 범위와 참여 인원, 빈도가 남성에 비해 훨씬 적을 따름이다.

일단 우리는 중국의 농업신이 여자인 여와가 아니라 남자인 신농이라는 사실을 염두에 두어야 할 것이다. 여와 시기 즉 복희시대(그들은 남매 또는 부부이다)에는 수렵과 어업 생활을 주로 했으나 신농씨 시대에는 농경생활과 더불어 시장에서의 물물교환이 이뤄졌던 것이다. 이때에 도끼를 사용하여 토지를 개간하는가 하면 오곡五穀을 심어 그것들이 자라는 동안 김을 매고 가꿔주면서 그 얻어진 결실로 생활을 꾸려나가기 시작했기 때문이다. 그런데 학계에서는 채집은 물론 농업의 주체도 신석기시대 여성이라는 주장이 보편적으로 인정되고 있는 추세이다.

모계씨족공동체 번영기에 여성은 주로 채집과 함께 곡물을 재배하고 동물 새끼를 순화하는 일에 종사했다. 곡물의 수확·가공·저

신석기시대
세계 여성사

장·조리 역시 여성이 담당했다. 그들은 생산과 생활의 주도적인 지위를 차지했다. 여성은 농업의 발명자일 뿐만 아니라 농업생산의 담당자·조직자였다.[133]

괭이농업단계에서 경상적인 농업생산노동은 일반적으로 주로 여성이 부담했던 것으로 간주하는 이러한 견해는 대체로 정확하다. 반파 씨족 부락에서…… 괭이농업(원예재배)을 실행하는 수많은 마을들은 여전히 여성이 중심이 되었다. 남자는 많은 경우 밖에 나가 사냥을 했으며 농업생산에도 자연스럽게 참여했다. 나무를 베어내고 밭을 일구는 것과 같은 작업은 여전히 남자들이 주로 담당했을 것이다. 여성들은 아마 단지 파종, 수확 또는 밭 관리에서 주요한 역할을 담당했을 것이다. 물고기잡이는 가까운 촌락의 늪과 하천에서 남녀노소가 모두 참여했을 수 있다.…… 일반적으로 물레가 발명되기 전에는 토기 제작은 여성이 종사하던 전업이었다.[134]

하지만 이와는 정반대의 주장을 펴는 학자들도 적지 않다.

배리강문화 초기 씨족 내부의 남녀 양성 간의 노동은 이미 어느

133 刘士圣著. 『中国古代妇女史』. 青岛出版社. 1991. 6. p.9.
134 中国科学院考古研究所. 『西安半坡 : 原始氏族公社聚落遺址』. 文物出版社. 1963. 9. pp.227~228.

정도 분공이 이루어졌으며 남자는 주로 농업생산에 종사하고 여
자는 주로 곡물가공과 취사 등 가사노동에 종사했음을 알 수 있
다.[135]

　여성이 농업생산노동이 아니라 주로 가사노동에 종사했다는 견
해는 그것의 당위성을 보장하는 무덤의 부장품에 대한 분석에 근거한
것이어서 훨씬 믿음이 간다. 밭의 개간, 파종과 수확과 같은 생산노동
은 그에 필요한 농업도구 즉 신석기시대로 말하면 돌도끼, 돌낫이 전
제되어야 하기 때문이다. 이러한 도구들은 남녀의 무덤에서 각각 다르
게 부장되어 있는데 이에 대한 분석을 통해 당시 남녀 노동의 분화에 대
해 추측할 수 있다. 이를테면 무양가호묘지의 부장품의 경우 "남성 무
덤에는 비교적 보편적으로 돌도끼, 돌삽 따위의 농업생산도구 또는 자
귀, 끌 따위의 수공업도구가 있다."[136] "강채姜寨유적 제1기의 40여 건의
부장 도구 중에서 돌도끼는 전부 남성 무덤에서 나왔다."[137] 이러한 현
상은 신석기시대 전반에 걸쳐 모든 지역에서 대체적으로 동일하다. 물
론 여성의 무덤 부장품에도 맷돌과 같은 곡물가공도구 말고도 가끔씩
특정 여성의 무덤에서 농업생산도구가 출토될 때도 있다. 예컨대 화현
천호촌华县泉护村유적의 M701무덤의 부장품의 경우이다. "무덤 주인은

135　李友谋著.『裵李岗文化』. 文物出版社. 2003. 12. p.149.
136　李友谋著.『裵李岗文化』. 文物出版社. 2003. 12. p.125.
137　中国社会科学院考古研究所编著.『中国考古学·新石器时代卷』. 中国社会科学出
　　　版社. 2010. 7. p.244.

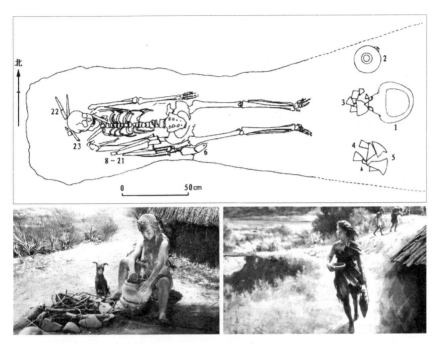

| 사진 65 | 화현천호촌유적 M701무덤의 부장품과 신석기시대 여성의 가내노동

M701무덤 주인은 여성인데 솥·병·주발과 같은 취사도구 외에도 6~7번 경우처럼 돌도끼와 돌삽과 같은 노동도구도 부장되었다. 이는 특이한 현상일 뿐 당시 대부분 유적에서 노동도구 부장품들은 남성 무덤에서 주로 나온다. 여성은 대체로 집 주변에서 토기 제작이나 물 긷기 또는 식재료 가공 등 가내노동을 수행했다.

30~40세의 여성으로…… 돌도끼, 돌삽 각 1건"[138]이 부장되어 있다. 아마도 여성은 나이와 체력이 허락됨에 따라 일부는 농업생산에 참여했을 것으로 간주된다. "농업수확량에만 의존해서는 사람들은 아직 먹는 문제를 해결하기 어려워 수렵과 여성·어린이들의 채집경제가 농업수확량의 부족함을 보충하는 중요한 수단이 되었고"[139] 여성들은 주로 이 분

138 北京大学考古系著.『华县泉护村』. 科学出版社. 2003. 10. p.74.
139 『华夏考古1992年第4期』.「裴李岗—磁山文化长条形石铲辨—试论其文化的农业」. 黄克映. p.46.

야에서 활약했다. 양사오문화시기에도 "남자는 주로 도구제작, 수렵 및 농업 중의 부분적인 중노동에 종사했다면 여성은 주로 농업·방직·재봉 등 경노동에 종사했던"[140] 상황과 다르지 않다. 다시 말해 젊고 건강하며 임신·육아의 부담이 없는 극소수의 여성이 농업노동이나 수렵활동에 간헐적으로 동참할 수는 있으나 그 작업에서 중견 또는 핵심적인 역할을 하지는 못했다고 단언할 수 있다.

> 배리강문화 말기에 이르러 남녀 양성 간의 노동 분공에는 변화가 나타났다. 가호賈湖묘지에서 발굴된 무덤에 부장된 노동생산도구, 농업, 수공업과 어로·수렵도구를 포함하여 그중 여성 무덤에 부장된 노동도구의 많은 것들이 돌도끼·돌삽 따위의 농업생산도구 또는 맷돌 따위의 곡물가공도구였으며 남성 무덤의 부장품은 대부분 돌자귀·돌끌·뼈화살촉·뼈창 따위의 수공업과 어로·수렵도구였다. 이로부터 배리강문화 말기 씨족 내부의 노동은 여성은 주로 농업노동에 종사했고, 남성은 주로 수공업과 어로·수렵노동에 종사했던 것을 알 수 있다.[141]

아이러니하게도 배리강문화 말기는 모권제가 종식을 고하고 이미 부권제가 그 탄생을 세상에 알린 뒤다. 뿐만 아니라 이러한 현상은

---

140 中国社会科学院考古研究所編著. 『中国考古学·新石器时代卷』. 中国社会科学出版社. 2010. 7. p.244.

141 李友谋著. 『裴李岗文化』. 文物出版社. 2003. 12. p.151.

가호유적의 특수성이지 같은 시기의 신석기시대의 모든 유적들에 공통된 현상도 아니다. 양사오문화시기에도 여성의 무덤에서는 배리강시대의 무덤 부장품과 다를 바 없이 대부분 곡물가공도구가 다량 발굴되고 있다. 곡물가공은 야외 생산노동이라기보다는 가내노동에 속한다고 정의하는 것이 더 설득력이 있을 것이다. 곡물을 수확하여 집으로 운반한 뒤 여성들이 집에서 하던 노동이다. 간혹 여성 무덤에서 뼈작살 같은 어로도구가 출토되는데 이는 물론 야외노동에 속하긴 하지만 위에서 인용한 것처럼 물고기잡이는 남녀노소가 모두 참여한 야외노동임으로 엄밀한 의미에서는 농업이나 수렵과 같은 야외생산노동이라고 할 수 없을 것이다.

　　장강유역과 화남지역 신석기시대의 경우도 황하유역이나 북방지역과 별반 다르지 않다. 농업생산도구인 돌도끼 따위는 역시 주로 남성 무덤의 부장품에서 발견된다. 황하유역과 달리 장강유역과 화남지역에서는 밭농사가 아닌 논농사가 위주이며 또 호수와 늪지대가 많아 생산 경제 활동에서 수렵과 어업이 차지하는 비중이 상대적으로 높아 뼈화살촉과 같이 물고기를 잡는 도구가 많은데 이 역시 남성 무덤에서 주로 출토된다. 여성 무덤에서는 주로 그릇이나 물레 따위들이 발견될 뿐 농업생산도구나 수렵도구는 아주 적게 발견되고 있다. 우리는 이러한 사실을 장강·회화동부 지역의 신석기시대 유적지인 7000년~5000년 전의 강소성 용규장龙虬庄유적 무덤에서 출토된 무덤의 부장품만 보아도 금방 알 수 있다. 발견된 무덤 402기 가운데 단독 1차장 펴묻기 무덤은 319기인데 이 중에서 농업생산도구 및 수렵도구가 출토된, 성별이 확인된 여성의 무덤은 단 5기에 불과하다. 이외에도 또 화현전호촌華县泉护村유적 제1기의 M701 30세~40세 여성 무덤에서도 뼈비녀, 뼈숟가락과 함께 "돌도끼·돌삽 각 1건이 발견"[142]되었다.

용규장유적 여성 무덤의 농업생산도구 및 수렵도구 부장품 [도표 2][143]

무덤 번호	성별·나이	부장품·도구
M68	여성·성년	돌도끼 1건, 돌자귀 2건
M178	여성·성년	뼈화살촉 1건
M122	여성·장년	뼈화살촉 14건
M45	여성·성년	돌도끼 각 1건
M308	여성·청년	뼈화살촉 4건

결과적으로 말해 신석기시대 여성이 부담한 야외생산노동은 소수 여성의 경우를 제외하면 존재하지 않았다고 단언할 수 있다. 굳이 농업생산과 연관시킨다면 곡물가공 하나인데 그것마저도 작업이 진행되는 장소가 주거지 안이라는 특성 때문에 엄밀한 의미에서의 야외생산노동과는 성격이 다르다. 곡물가공노동은 임신부이거나 아기 엄마이거나를 막론하고 집 마당에서 휴식과 함께 할 수 있는 가내작업이기 때

142   北京大学考古系著. 『华县泉护村』. 科学出版社. 2003. 10. p.74.
143   龙虬庄遗址考古队编著. 『龙虬庄—江淮东部新石器时代遗址发掘报告』. 科学出版社. 1999. 9. pp.47~69.

신석기시대
세계 여성사

문이다. 소수 여성의 경우에도 회임기간이나 육아기간 또는 나이가 들면 야외생산노동에서 빠질 수밖에 없다. 결국 이렇듯 불리한 상황에 처했던 신석기시대 중국 여성들은 생산노동에서 중견 역할을 감당할 수 없었을 것이 틀림없다. 여성이 감당한 이와 같은 가내노동에는 토기 제작도 포함되는데 이에 대해서는 아래의 담론에서 계속 이어가기로 하고 여기서는 접는다.

2장

∶

가옥과 여성

1) 가옥과 여성

우리는 서양의 가옥담론에서 여성과 연관된 가옥을 원형가옥으로, 남성과 연관된 가옥을 방형가옥으로 분리하여 논리를 전개했었다. 그러나 중국의 신석기시대 가옥의 경우 이러한 분리법은 통하지 않게 된다는 사실을 미리 알려드릴 수밖에 없게 되었다. 그것은 배리강문화의 가호賈湖유적의 경우처럼 "건물터의 형태는 타원형, 원형, 방형과 불규칙형 여러 가지"[144]가 혼합되어 있기 때문이다. 배리강문화시기의 "원형, 타원형과 방형 등"이 혼합된 이러한 가옥 형태는 "양사오문화와도 일맥상통하는 인소[145]를 나타낼 뿐만 아니라 황하유역 신석기시대 유적에서는 대동소이한 현상이다. 다만 "자산유적의 집터는 원형과 타원

---

144 李友謀著.『裴李岗文化』. 文物出版社. 2003. 12. p.43.

145 中国社会科学院考古研究所编著.『中国考古学·新石器时代卷』. 中国社会科学出版社. 2010. 7. p.135.

형"을 나타내지만 대신 "자산문화의 가옥건축의 발견은 많지 않다. 자산유적 상부 문화층 속의 2건, 북복지北福地유적의 1건, 삼하현맹각장三河县孟各庄유적의 2건 뿐"[146]이다. 다시 말하면 원형과 방형을 분기점으로 하여 가옥의 변화 또는 발전시기를 분리할 수 없다는 것이다. 하지만 우리는 이런 상황 앞에서 좌절할 필요까지는 없다. 왜냐하면 중국의 신석기시대 가옥 형태는 그 시기에 따라 반지혈식과 지면식으로 확실하게 구분되기 때문이다. 그 시대적 경계는 배리강문화 말기에서 양사오문화 과도기에 해당한다. 배리강문화 말기 또는 양사오문화 이전의 가옥들은 통일적으로 반지혈식이다. 물론 지면이 습한 장강유역의 상황은 좀 특이하다.

배리강문화의 가옥 건축유적은 죄다 반지혈식 집터이다.

자산유적에서 발견된 집터는 모두 반지혈식 가옥이다.

석고石固유적에서 발견된 3기의 집 자리 역시 반지혈식 건물 기초이다.

가호유적에서는 45기의 집터가 발견되었다. 반지혈식 건물 터 42기가 있고 지면 건물 터 1기, 2층 다락 건물 집터 2기가 있다.[147]

---

146 中国社会科学院考古研究所编著. 『中国考古学·新石器时代卷』. 中国社会科学出版社. 2010. 7. p.147.

147 李友谋著. 『裴李岗文化』. 文物出版社. 2003. 12. p.77. p.181. p.41. p.43.

8000년~7000년 전의…… 북복지 제1기 유적에서 보존이 비교적 완전한 집터가 10기이다. 모두 반지혈식이다.[148]

홍륭와유적의 집터 전체가 반지혈식이다.…… 북염두유적에서는 10기의 상택문화 가옥을 발견하였다.…… 가옥은 모두 생토를 파고 반수혈식으로 건립되었다.[149]

반파, 천호촌泉護村과 강채姜寨유적에서 발견된 대형 집터는 모두 방형 반지혈식 건물에 속한다.

현재 건물 건축 유물은 겨우 대지만大地湾, 백가촌百家村, 북수령北首岭의 건축형식과 구조는 기본상 같으며 모두 원형 반지혈식 움집 건물이다. 후리后李문화 건물은 모두 반지혈식 건축이다.…… 서하西河유적에서 발견된 집터도 반지혈식이고…… 소형산小荆山유적의 건물도 모두 반지혈식이며…… 홍륭와문화의 집터 역시 모두 반지혈식이다.[150]

우리는 위의 다소 장황한 예문을 통해 황하유역과 중국 동북지역에서 배리강문화 말기 또는 양사오문화 이전의 가옥구조가 통일적으로

148 河北省文物研究所段宏振主编.『北福地—易水流域史前遗址』. 文物出版社. 2007. 1. p. 21. p. 23.
149 趙賓福 지음. 崔茂藏 옮김.『중국동북신석기문화』. 集文當. 1996년 4월 1일. p. 58. p. 74.
150 中国社会科学院考古研究所编著.『中国考古学·新石器时代卷』. 中国社会科学出版社. 2010. 7. p. 234. p. 154. p. 162.

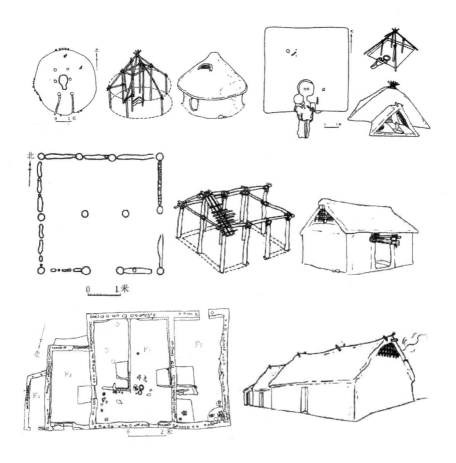

| **사진 66** | 양사오문화시기 반지혈식 가옥과 지면 가옥

양사오문화시기에는 지면 가옥이 나타나지만 반지혈식 가옥도 여전히 공존한다. 반지혈식 가옥이 인류가 스스로를 땅굴 속에 사는 동물과 운명을 같이하면서 수렵생활을 유지했음을 상징한다면 지면 가옥은 땅 위에서 생존하는 식물 계열에 스스로를 포함시키며 농경생활을 영위했음을 상징할 것이다. 수렵생활이 지속되는 한 농경여성의 권위는 보장될 수 없다.

반지혈식임을 알 수 있다. 지면건물은 단 1기, 다락건물도 2기뿐이다.

반지혈식 가옥의 이러한 구조는 당시 인류와 과연 어떤 관계를 가지고

있을까. 특히 여성의 사회적 지위와는 어떤 관계가 있을까. 반지혈식

가옥의 특징은 땅을 파고 그 위에 집을 세우기에 인간의 주거면은 (앉았

거나 누웠을 경우) 지면이 아닌 지하가 될 것이 틀림없다. 이를테면 움 또는 땅굴 속에서 생활한다는 것이다. "이런 가옥은 대체로 일종의 움집 식으로 좁고 습하다. 이에서 볼 수 있듯이 당시의 주거조건은 매우 열악했으며 구석기시대 동굴유적의 주거조건보다도 못했음을 알 수 있다."[151] 하지만 필자가 관심을 가지는 것은 습기나 주거조건의 열악함이 아니다. 이 주거방식은 아직도 구석기시대의 수렵사회에서 생활하던 동굴의 연장선상에 놓여 있다는 사실에 방점을 찍을 것이다. 동굴 또는 생토를 파낸 땅굴은 동물이 기거하는 은신처 내지 생활공간이기도 하다. 인간은 반지혈식 가옥의 반 땅굴 속에 생활함으로써 스스로를 동물과 같은 존재 또는 동물과 생사를 같이 하거나 운명을 함께하는 동일한 족속으로 생각했던 게 틀림없다. 스스로를 동물의 일부로 여긴 것이다. 이 말은 반지혈식에서 생활했던 동물—인류는 그때까지도 여전히 수렵을 경제활동의 중심으로 영위했음을 의미하기도 한다. 물론 반지혈식 가옥의 윗부분은 지면 위의 구조물로서 동물에게는 없는 인간만의 생존형태를 동시에 나타내기도 한다. 환언하면 인간은 식량을 확보하는 경제활동에서 수렵뿐만 아니라 채집과 농경도 동반했음을 암시하는 구조물이라 하겠다. 이 지점에서 여성의 삶의 공간이 어느 정도는 확보되는 것이다.

같은 시기의 장강유역의 가옥 형태는 반지혈식은 물론 특이하게도 지면식 또는 다락식 건물이 함께 나타나는데 이러한 현상은 이 지역

---

151 李友謀著. 『裴李崗文化』. 文物出版社. 2003. 12. p.148.

신석기시대
세계 여성사

만의 특수한 자연환경에 의한 결과물이다. 이른바 강남지역은 하천이 많을 뿐만 아니라 도처에 호수·습지·늪·소택이 널려 있으며 게다가 기온이 높고 강우량이 많다. 따라서 강우량이 적을 뿐만 아니라 바람이 불고 건조한 황하유역과는 달리 항상 축축하고 습한 상태를 유지할 수밖에 없다. 이러한 자연기후에 알맞은 가옥 형태는 건물을 될 수 있는 한 토양과 일정하게 분리시키는 것이다.

> 팽두산유적에서는 건물터가 모두 5곳이 발견되었다. 두 가지 종류로 지면식건축(A형), 반지혈식 건축(B형)이다.…… 반지혈식 건물은 단 1곳(F2)이 발견되었다.……
> 팔십당유적에서는 여러 가지 유형의 가옥이 모두 24곳이 발견되었다. 건축방식에 따라 지면식, 반지혈식, 다락식, 누각식 4개 종류이다.…… 지면식 가옥은 모두 7곳이다.[152]

만일 강우량이 많고 습기가 많은 장강유역에서 반지혈식 건물을 짓는다면 주거면 바닥은 항상 축축하여 건조함을 확보할 수 없을 것이다. 바닥이 축축하면 사람의 건강·위생은 물론 수면·휴식·식사 등 일상생활에서도 불편이 따르기 마련이다. 강남 가옥의 또 하나의 특징은 진흙으로 쌓아올린 건물이 아니라 나무로 지은 목조건물이라는 점이다. 하모도유적과 기타 장강유역의 신석기시대 유적들에서 많이 발굴된다.

---

152 湖南省文物考古研究所編著. 『彭头山与八十垱』 科学出版社. 2006. 8. p. 34. p. 228.

하모도 제1기 문화의 다락식 건물 유적의 분포는 밀집하며 목재 건축 종류가 대단히 많다. 제1기 문화층은 지표면으로부터 좀 깊어 지하수위가 꽤 높을 뿐만 아니라 토양미산성微酸性 등 원인으로 수많은 건물 유적들은 나무로 지었다.[153]

과호교跨湖橋 가옥은 목조건축이 주요 가옥 형식이다.[154]

장강유역의 토양은 황하유역의 건조한 토양과는 달리 많은 강우량과 높은 습도로 인해 수분이 많이 함유된 축축하고 점성이 많은 땅이다. 일부 지역의 토양은 염분 함량도 높은 수준이다. 이런 지표면을 파고 반지혈식 가옥을 지으면 바닥은 항상 습기가 많을 것이다. 또한 수분함량이 높고 산성이 있는 흙으로 집을 지어도 습기 때문에 안벽은 축축할 수밖에 없다. 그래도 건조함을 확보하려면 반지혈식이나 흙집보다는 목조건물 또는 다락식 건물이 훨씬 더 이상적일 것이리라는 사실은 자명한 일이다.

한편 황하유역의 반지혈식 가옥은 양사오문화를 분기점으로 하여 재빨리 지면식 가옥으로 탈바꿈한다. 인류가 드디어 동물의 계열에서 분리되어 생존공간을 지상으로 옮겨온 것이다. 이와 같은 시대적인 변환은 인류가 수렵에서 확실하게 농업으로 경제활동의 중심을 옮겨왔

---

153 浙江省文物考古研究所. 『河姆渡：新石器時代遺址考古发掘报告(上)』. 文物出版社. 2003. 8. p.14.
154 浙江省文物研究所. 『跨湖桥』. 文物出版社. 2004. 12. p.324.

음을 역설한다. 우리는 이제 그 이유를 반지혈식과 지면식이라는 가옥의 역사적인 변화를 통해 입증할 것이다.

> 태안대지만秦安大地湾의 제1기 문화에서 발견된 4기의 집터는 모두 원형반지혈식이다.……
> 제4기 문화 양사오문화유적에서는 집터가 모두 56기가 발견되었다.…… 이 시기의 집터는 죄다 지표면에 지은 장방형 또는 근방형近方形 집터로 판단할 수 있다.[155]

> 양사오문화의 범위 내에서 집터의 형식은 대체로 방형 또는 장방형의 반지혈식 건축을 거쳐 점차 지면에 집을 짓는 양식 위주로 과도했다. 중원지역에서는 좀 늦은 시기에야 다간연쇄건물의 지면식 건축이 전개되었다. 이로부터 황하유역의 선민들이 점차 주거조건을 개선했음을 반영하고 있다.[156]

비록 중원지역의 지면 가옥의 출현이 좀 늦긴 하지만 대체로 비슷한 시기에 전변이 이루어졌음을 알 수 있다. 땅굴에서 땅 위로 나온 사건은 위치 또는 구조문제에만 국한된 의미를 초월하는 부가적인 메시지를 우리들에게 전달하고 있다. 우리는 앞의 담론에서 흙을 파내고 땅

---

155 甘肅省文物考古研究所. 『秦安大地湾新石器時代遺址发掘报告(上)』. 文物出版社. 2006. 4. p.21. pp.397~398.

156 中国社会科学院考古研究所编著. 『中国考古学·新石器时代卷』. 中国社会科学出版社. 2010. 7. p.408.

아래의 굴속에서 생활한 반지혈식 가옥을 인류가 자신을 굴속에서 생활하는 동물의 계열에 스스로를 포함시킨 결과물이라고 해석한 바 있다. 뿐만 아니라 가옥의 이런 형태는 인류의 경제활동의 중심이 그때까지도 수렵에 있었음을 나타내는 상징물이었음도 확인했다. 그렇다면 땅속에서 올라온 지면 가옥은 두말할 것도 없이 인류가 자신을 땅 위에서 살아가는 식물의 계열에 스스로를 포함시킨 결과물이라고 감히 단언할 수 있을 것이다. 더구나 식물이 흙 속에 뿌리를 내린 것처럼 지면 가옥의 구조 역시 기둥을 땅속에 박아 넣는다. 가옥구조의 이러한 변천 또는 혁신은 틀림없이 인류가 수렵 또는 수렵과 농업이 혼재된 경제활동에서 농업이 중추가 되는 경제활동으로 보편적으로 전환했음을 말해준다. 하지만 아쉽게도 이러한 농업에로의 전면적인 이행이 여성의 사회적 지위를 격상시키는 계기로는 되지 못했다. 그것은 이 시기는 이미 신석기사회가 부권제로 이양된 뒤였기 때문이다. 남성은 농업생산에서도 확실하게 주도권을 틀어쥐고 있었을 뿐만 아니라 남성을 중축으로 한 가족을 수용할 수 있는 새로운 가옥 형태가 나타나기 시작했다.

양사오문화시기의 변화로는 첫째 토기 물레기술의 발명이 시작되었고 둘째 건물 건축 분방分間 또는 딸린 방 형식이 나타난 것이다.

양사오문화 중·말기와 시대가 서로 가까운 유적에서 방의 분리가 나타나는 것으로부터 가정 형태에 변화가 발생하기 시작했음을 볼 수 있다. 묘저구廟底溝문화에서 딸린 방이 나타나기 시작했고 비록 보편적이지는 않지만 가족 형태 변화의 정보가 노출되었다. 예컨대 대하촌大河村문화유적에서 여러 채의 분방分間 집터가 발굴되었는데 4칸 분방도 있고 2칸 분방도 있다. 그중 19, 20호 집터는 서로 연결된 같은 방이다. 20호는 서쪽 칸인데 면적은 약 15평방미터이며 가운데는 부엌이 있다. 19호는 동쪽 칸인데 면적은 7.5평방미터이고 서북쪽 구석에 부엌이 있다. 그 밖에 4칸으로 분리된 방도 2칸으로 확장하여 지은 것으로 가족분화의 결과를 확실하게 판단할 수 있다. 같은 채의 방에서 사는 사람들은 응당 동일한 조상의 가족에 속할 것이다. 그러나 여러 작은 칸에 있는 사람들은 하나의 독립된 소가족에 속하며 독립적인 문과 독립적인 경제생활이 있다.[157]

딸린 방과 분간 방은 불어나는 가족성원을 수용하는 시기적절한 주거전략의 일종이라 할 수 있다. 남성을 축으로 한 대가족이 가옥을 따로 분리하여 짓지 않고 한 건물 안에 칸을 막는 (분방) 형태의 가옥구조는 건물 안에서의 생활공간을 분리하면서도 동일한 조상의 대가족의 연대를 확보하는 최선의 방법이라 할 수 있을 것이다. 방마다 부엌이 설치되어 경제생활의 독립성을 확보하면서도 하나의 울타리, 동일한 건물 안에 모여 생활함으로써 종국적으로 가족에 묶여 있게 되는 것

---

157   中国社会科学院考古研究所编著. 『中国考古学·新石器时代卷』. 中国社会科学出版社. 2010. 7. p.266. p.265.

| 사진 67 |

대지만大地湾1기 유적 F310 (F311)
딸린 방과 대하촌大河村유적 분간
가옥

딸린 방과 분간 방은 남성을 축으로 한 가
족의 형성을 의미한다. 그 중심에는 남성
가장이 서 있었다. 여성은 확장된 가옥 안
에서 남성에게 부속된 존재에 지나지 않
았다.

이다. 그 가족의 중심에는 이미 남성 가장이 서 있었다. 여성은 이 대형
가옥 안에서 남성에게 부속된 존재에 지나지 않았다.

중국 신석기시대의 가옥의 또 하나의 특징은 반지혈식 건물과 나
란히 하는 소규모성이다. 반지혈식과 가옥의 소형화는 비단 당시의 경
제활동의 중심이 수렵이라는 사실을 암시할 뿐만 아니라 대가족 형성
의 실패로 인해 여성이 견인하는 모권제 사회가 성립될 수 없다는 결
론까지 던져준다. 권력은 그것이 모권제이든 부권제이든 씨족성원들
의 집중이 없이는 불가하기 때문이다. 가족의 형태로라도 여성이 권력
을 쥐려면 일정 수의 구성원들을 가옥이라는 동일한 공간 안에서 거느
려야 한다. 한두 명씩 작은 가옥에 분산된 상태에서는 권력이 탄생될

수도 없고 펼쳐질 수도 없다. 가옥의 규모가 작다는 것은 다름 아닌 씨족 성원들이 한두 명씩 흩어져서 제각기 생활한다는 것을 의미하기도 한다.

배리강문화의 가옥 면적은 비교적 작아 가장 작은 것은 단지 몇 평방미터이며 큰 것도 10평방미터 이상이고 소수만 20평방미터 이상이다. 양사오문화 가옥의 면적은 크며 작은 것이 10~20평방미터이고 소수의 가옥 면적은 10에서 100평방미터에 달하는 것도 있다.

가호유적 집터 면적은 절대 다수가 10평방미터 이하로 가장 큰 것은 40평방미터이다.

배리강문화의 가옥은 죄다 반지혈식 집터로 면적은 많은 경우 10평방미터 이하이고 단지 적은 수만 10평방미터 이상이다. 작은 것은 거의 몸만 들어갈 만하다. 이런 가옥은…… 좁고 습하며…… 구석기시대 동굴유적의 주거조건보다도 못했다.

자산유적에서 발견된 집터는 면적이 작고 구조가 간단하다.[158]

자산문화 가옥의 면적은 일반적으로 모두 매우 작다. 10평방미터 정도이다.[159]

158 李友謀著.『裴李崗文化』. 文物出版社. 2003. 12. p.167. p.77. p.148. p.181.
159 『磁山文化研究』. 硕士学位论文. 山东大学. 2012. 5. p.77.

자산문화 가옥 건축 면적은 일반적으로 10평방미터 전후이
다.[160]

강채姜寨유적 가옥의 면적은 거개가 15평방미터 정도다. 가장
작은 것은 4~5평방미터이고 가장 큰 것은 87평방미터이다.[161]

다만 비슷한 시기의 가옥에서 특이한 경우는 흥륭와유적 가옥뿐
이다. "가옥의 면적은 좀 커 일반적으로 매 채가 50~80평방미터이고 소
수의 가옥은 거의 100평방미터가 된다. 가장 클 뿐만 아니라 취락 중심
에 자리한 두 채의 건물은 면적이 각각 140평방미터에 달한다." 뿐만 아
니라 시간이 흐를수록 가옥의 규모도 작아진다. 제2기 취락의 가옥은
"매 건물이 약 30~50평방미터"로 줄어들고 제3기 취락의 가옥은 그보다
도 더 줄어 "일반적으로 매 건물은 약 15~30평방미터"[162]까지 규모가 작
아진다. 흥륭와유적 경우만 제외하면 황하유역의 배리강문화시기 가옥
은 대다수가 소규모 건물이다.

구석기시대에 모권이 발붙일 수 있었던 조건 중의 하나는 동굴이
라는 동일한 주거공간에서의 구성원들의 집단생활이었다는 점을 감안
할 때 씨족성원들의 이러한 각개 분산이 모권제의 정착에 제동을 걸었
을 것이 분명하다. 이러한 구성원들의 각개 분산 주거 형태는 수렵과

160 中国社会科学院考古研究所编著. 『中国考古学·新石器时代卷』. 中国社会科学出
     版社. 2010. 7. p. 147.
161 『姜寨—新石器时代遗址发掘报告』. 文物出版社. 1988. 10. p. 16.
162 『考古与文物 2001年 第6期』. 「兴隆洼文化聚落形态初探」. 刘国祥. p. 58. p. 24.

연관된다. 동물은 개별적 혹은 가족단위로 각기 분산된 채 자기의 굴에서 살아간다. 물론 수렵사회에 처해 있는 인간도 마찬가지이다. 단지 정주를 전제로 하는 농업생산 활동이 동반되었기 때문에 어쩔 수 없이 일정한 규모의 취락을 형성했을 따름이다. 조나 벼와 같은 식물은 동물의 생존법과 달리 대규모로 한 곳에 모여 집단적으로 생장한다는 특징이 있기에 그것에 의존하는 인간도 집단생존을 택할 수밖에 없었을 것이다. 하지만 배리강시기까지는 여전히 수렵 즉 동물적인 생존 방식의 타성에서 탈피할 수는 없었으므로 가옥 형태에 이중적으로 반영되었던 것이다. 수렵 위주의 사회에서는 반지혈식 소규모 가옥이, 농경 위주 사회에서는 지면식 중·대형 가옥이 나타날 수밖에 없었다.

　　결국 신석기시대 여성은 수렵의 장기화 또는 농업의 완만함에 의해 서양 여성이 누렸던 여성의 우위를 상실한 채 남성에게 주도권을 빼앗기고 말았던 것이다. 이러한 판단은 단지 가옥 형태의 특징과 변화에 대한 분석을 통해서만 얻어진 결론이 아니다. 오랜 시간이 걸려야만 했던 농업의 보편화, 무덤에서 출토된 부장품 종류, 여신상에 대한 분석 등 다방면의 증거들을 통해 도출된 결과이다. 답보 상태에서 몇 천 년을 비주류로 만족해야만 했던 농업의 부진은 그대로 가옥의 형태에 반영되었고 그 가옥의 형태는 다시 여성의 지위 약진에 부정적인 영향을 미친 것이다.

2) 가옥과 여성의 가사노동

ㄱ. 여성의 부엌과 방 안 노동

앞 절에서 우리는 여성의 야외 생산노동에 대해 언급했다. 본 절에서는 여성의 실내 또는 가내노동에 대한 담론을 전개하려고 한다. 이 담론의 어려움은 입증자료의 결여라고 할 수 있다. 합당한 근거도 제시하지 않고 중국의 구체적인 실정도 외면한 채 무작정 서양 신석기시대 여성의 이미지를 흉내 또는 답습해서는 안 된다. 이를테면 신석기시대 여성은 모계씨족사회를 유리한 배경으로 하여 생산노동의 주체로서 높은 사회적 권위를 향유했다는 식의 궤변이다. 이러한 논리는 반드시 그것을 입증할 만한 고고학적 자료가 밑받침될 때에만 설득력을 부여받을 수 있기 때문이다. 신석기시대에 여성이 생산과 생활의 인솔적인 지위를 차지했다는 주장을 가장 잘 보여주는 인용문을 다시 한번 더 인용하기로 한다.

> 모계씨족공동체 번영기에 여성은 주로 채집과 함께 곡물을 재배하고 동물 새끼를 순화하는 일에 종사했다. 곡물의 수확·가공·저장·조리 역시 여성이 담당했다. 그들은 생산과 생활의 주도적인 지위를 차지했다. 여성은 농업의 발명자일 뿐만 아니라 농업생산의 담당자·조직자였다. "나무를 베고 불로 태우는" 작업 역시 여성들이 조직·지휘했다. 그들은 돌도끼를 이용하여 나무를 채벌하고 풀을 태워 재는 거름으로 되게 했으며 그런 다음 다시 돌

팽이로 땅을 고르게 하고 씨앗을 파종했다. 곡식이 여문 후 여성들은 씨족 성원들을 거느리고 집단 수확에 나섰으며 그다음 돌절구, 돌맷돌, 갈돌로 곡물을 가공했다. 원시농업의 발명의 첫 번째 공로자는 당연히 여성이다.[163]

다시 읽어도 이러한 졸속 판단은 그야말로 서양 신석기시대 여성사를 원본대로 표절한 것이나 다름없다. 지금까지 우리가 살펴본 중국 신석기시대 여성의 상황은 이와는 전혀 상반된 과정을 거쳤기 때문이다. 여성들이 담당했다는 야외 생산노동의 핵심적 생산력은 남성이 충당했다. 그 이유는 아주 간단하다. 농업생산도구가 거의 대부분 남성 무덤에 부장되었기 때문이다.

여성의 가내노동에서 가장 중요한 공간은 다름 아닌 부엌과 방 안이었다. 이 공간에서 취사·조리노동과 식량 가공 및 편직, 집 정리, 육아 등 실내 활동을 진행했다. 우리는 이러한 주장에 당위성을 부여해주는 고고학적 증거물을 제시함으로써 설득력을 제고할 것이다. 일단 조리에서 빠질 수 없는 취사도구인 부釜와 정鼎에 대해 잠깐 살펴보면 대부분 여성 무덤 부장품으로 출토된다.

하북성 북복지北福地 제2기 유적에서 A형 솥 90건이 출토되었

163 刘士圣著.『中国古代妇女史』.青岛出版社. 1991. 6. p.9.

다.[164]

하모도유적 제1기 문화에서는 솥이 183건이나 발견된다.[165]

황하유역 축리姙娌유적 양사오문화말기~용산문화초기의 제1기 문화시기에는 솥 13건, 제2기 문화시기에는 솥 74건, 제3기 문화시기에는 솥 72건과 시루가 출토되었다.[166]

원군묘元君廟에서 출토된 노관대老官台문화 토기는 주로 둥근 밑 굽의 대접 모양의 정鼎(솥)이다.[167]

숭택崧廟문화 2기의 M60 무덤 주인은 성년 여성이다. 부장품은 13건 중에…… 토기솥鼎 등이 있다.…… M62 무덤 주인도 성년 여성이다. 부장품은 9건인데 머리맡과 발 뒤에 토기솥 등이 있다.…… M91·M81(3기)무덤의 주인도 전부 여성으로 모두 토기솥이 부장되어 있다.[168]

북복지·하모도·축리유적의 사례에서 우리는 토기솥이 신석기시대 중기부터 용산문화시기에 이르기까지 대량으로 발견됨을 알 수 있다. 북복지유적의 2기 연대는 약 기원전 5000년~기원전 4700년이며 하

164　河北省文物研究所段宏振主编.『北福地—易水流域史前遺址』. 文物出版社. 2007. 1. p.197.

165　浙江省文物考古研究所.『河姆渡：新石器时代遺址考古发掘报告(上)』. 文物出版社. 2003. 8. p.31.

166　『黄河小浪底水库考古报告(二)』. 中州古籍出版社. 2006. 12. p.24. p.77. pp.119~120.

167　『社会科学战线1981年2期』.「关于老官台文化的几个问题」. 张忠培. p.226.

168　『崧泽-新石器时代遺址发掘报告』. 文物出版社. 1987. 9. pp.16~17.

| 사진 68 | M60(2기) 여성 무덤 부장품 토기솥과 M21(1기) 남성 무덤 부장품 토기솥

남성 무덤에 솥이 부장되는 경우는 초기에 간혹 나타나는 반면 여성 무덤에서는 흔한 경우이다. 이는 여성의 가내노동에 조리작업이 포함됨을 의미한다.

모도유적의 연대는 7000년 전이며 노관대유적의 연대는 기원전 5150년과 기원전 5020년이며 상해 숭택유적의 연대는 약 6000년~기원전 5300년이다. 신석기중기부터 대량으로 발견된 토기솥은 주로 여성 무덤의 부장품으로 발견된다는 사실에 주목할 필요가 있다. 물론 토기솥이 아주 희소하게 남성의 무덤에서도 발견된다. 그러나 여성의 경우 토기솥은 토기주전자, 토기사발 등 취사 또는 주방도구와 함께 발견되지만 소수의 남성의 경우 솥은 생산도구와 함께 발견된다. 숭택유적의 "M42(3기)무덤의 주인은 남성으로 토기솥과 함께 돌자귀가 발견"[169]되며 6000년~5300년 전의 복천산福泉山유적의 "M11·M12 무덤 주인도 남성으로 토기솥이 돌도끼와 함께 발견"[170]된다. 이는 남성이 개별적으로 조리노동에 참가하는 경우도 있지만 생산노동은 포기하지 않았음을 입증하는 반면 여성은 부엌에서 진행되는 취사노동에 주로 종사했음을 말해준다. 부엌에서 조리하는 취사도구인 솥이 여성의 무덤에 많이 부장되었다는 사실은 이러한 가능성을 강력하게 암시하기 때문이다. 여성들은 부엌에서 아궁이에 불을 지펴 솥을 달군 다음 그 솥에 죽을 쑤고 나물을 데치고 국을 끓이고 요리를 볶고 빵을 구웠을 것이다. 식량자원의 결핍 때문에 하루 세 끼는 몰라도 하루 두 끼는 그 솥에 조리하여 식사를 장만하는 작업이 여성의 하루 일과 중 중요한 노동이었다.

여성이 취사 또는 조리와 관련된 부엌노동에 종사했다는 주장을 보완해주는 고고학적 증거는 또한 식사도구들이 전부 여성의 부장품에서 집중적으로 출토된다는 사실이다. 흔히 발견되는 식사도구들로는 토기로 제작된 그릇인 식기·주전자·대접·사발·쟁반·접시·수저 등이다. 예컨대 숭택유적의 여성 무덤인 "M60의 부장품 13건 중에 생산도구는

169 『崧澤-新石器時代遺址發掘報告』 文物出版社. 1987. 9. p. 19.
170 上海市文物管理委員会編著. 『福泉山─新石器時代遺址發掘報告』. 文物出版社. 2000. 10. pp. 16~17.

단 한 건도 없고 전부 머리맡과 발치에 각각 토기항아리, 토기주전자, 토기사발, 토기솥, 토기식기만"[171] 있다. 여성은 부엌에서 조리노동만 한 것이 아니라 그릇에 음식물을 담아 밥상을 차리고 식사가 끝나면 상을 거두어 설거지까지 했음을 말해준다.

뿐만 아니라 여성의 가내노동은 곡물 또는 채집 식량에 대한 가공작업도 포함된다. 얼핏 이러한 작업은 간단하고 쉬운 것 같지만 품이 많이 드는 노동이다. 일단 사람의 가공을 거쳐야 식용이 가능한 동식물 식량자원은 신석기 초기부터 여러 유적들에서 발견된다. 12000년 ~9000년 전의 유적인 북경 동호림유적에서 "조개껍데기로 만든 도구와…… 구멍을 뚫어 목걸이 장식으로 만든 소라껍데기가 발견"[172]된다. 약 기원전 6300년에서 기원전 5400년 전의 후리后李문화유적에서도 "비교적 많은 방합조개껍데기가 발견"되었는가 하면 12000년~11000년 전의 "증피암甑皮岩유적의 "BT2M9의 인골 두부에 덮여 있는 2개의 방합조개껍데기가 발견"[173]되기도 했다. 또한 "반파문화유적 잿더미 속에서도 무더기 또는 심지어 구덩이 전체에 쌓여진 우렁이껍데기가 발견"[174]되었다. 이런 동물들을 식용하려면 먼저 껍데기를 벗겨내야 한다. 열매와 뿌리 같은 채집 식물 역시 마찬가지로 식용 전에 많은 일손을 필요로 한

171 『崧澤-新石器時代遺址发掘报告』. 文物出版社. 1987. 9. p.16.

172 『考古2006年第7期』. 「北京市门头沟东胡林史前遺址」. 赵朝洪. p.3. p.5.

173 中国科学院考古研究所. 『西安半坡 : 原始氏族公社聚落遺址』. 文物出版社. 1963. 9. p.103.

174 中国科学院考古研究所. 『西安半坡 : 原始氏族公社聚落遺址』. 文物出版社. 1963. 9. p.155. p.240.

다. 이러한 채집 식물은 신석기시대 유적의 어느 곳에서나 어느 시기에
나 대량으로 발견된다.

> 하모도유적에서 발견된 것들로는 도토리Quercus sp, 마름
> Sophora sp.L, 율무Coix sp.L. 등이다.[175]
> 야생 밤, 잣, 팽나무열매 등 열매를 따먹었으며 야생식물의 괴근
> 塊根을 파먹거나 또는 새둥지 및 기타 작은 동물들을 잡아 먹잇
> 감으로 삼았다.[176]
> 홍륭와의 일부 집터에서 또 식물 열매씨가 발견되었다. 그중
> 감정 가능한 것은 단지 호두과에 속하는 호두 가래나무가 있
> 다.…… 또한 반파유적 F38의 작은 토기항아리 안에 잣, 배추씨
> 앗 따위의 종자가 저장되어 있다. 양사오문화 주민들도 농원 채
> 소를 재배했음을 설명한다.[177]

도토리·밤·잣·호두 등 껍질이 두꺼운 열매는 까지 않으면 식용이
불가능하다. 이런 열매의 껍데기를 제거하는 작업은 시간과 품이 많이
소모된다. 뿐만 아니라 괴경 식물도 흙과 껍질을 제거해야 먹을 수 있

---

175 浙江省文物考古研究所.『河姆渡 : 新石器時代遺址考古發掘報告(上)』. 文物出版
社. 2003. 8. p.217.
176 中國科學院考古研究所.『西安半坡 : 原始氏族公社聚落遺址』. 文物出版社.
1963. 9. p.222.
177 中國科學院考古研究所.『西安半坡 : 原始氏族公社聚落遺址』. 文物出版社.
1963. 9. p.163. p.239.

신석기시대
세계 여성사

다. 갓이나 배추도 그것이 재배채소라고 해서 뿌리를 자르고 흙을 제거하는 등 다듬고 씻고 데치고 절이는 식용 전 작업이 전제되지 않고는 먹을 수가 없다는 것은 자명한 일이다. 그런데 이런 채집 식량은 대부분 여성에 의해 취득된다는 점을 감안할 때 그 가공작업 역시 자연스럽게 그들의 몫이 될 수밖에 없다. 이 모든 가공작업은 여성에 의해 부엌이라는 조리공간 안에서 진행되었다.

방 안에서 작업이 가능한 여성의 대표적인 가내노동에는 편직 혹은 바느질을 빼놓을 수 없다. 편직물은 이미 팔십당유적에서 "옛 도랑 안에서 적지 않은 편직류 유물이 출토되었다. 주로 두 가지 유형이다. 하나는 갈대자리인데 개별적으로는 대나무일 수도 있다. 다른 하나는 끈으로 재료 종류가 비교적 많다.…… 씨실·날실이 분명하며 모두 두 개의 편을 교차하여 짰다.[178]

> 방직 수공업은 배리강문화시기에 가능하게 금방 나타났을 수 있다. 배리강문화의 많은 유적에서 토기편으로 가공한 물레가 발견된다. 그러나 출토 수량이 아주 적고 개별적으로는 여전히 석제 물레가 나타난다. 가호유적에서 출토된 한 건의 토기 사발 밑굽에는 또한 천 무늬 자국이 발견되었다. 물레의 발견은 비교적 보편적이다. 뿐만 아니라 또 뼈바늘이 보편적으로 발견된다. 이는 배리강문화시기에 이미 실을 잣는 기술을 장악했음을 설명하

---

178 湖南省文物考古研究所編著.『彭头山与八十垱』. 科学出版社. 2006. 8. p. 503.

며 이는 확신할 수 있다. 가호유적에서 발견된 천 무늬 상황에서
볼 때 가능하게 이미 천을 짜는 기술 역시 장악했을 수 있다. 그
렇지만 이는 아마도 배리강문화 말기에 나타났을 것이다.[179]

배리강문화 뿐만 아니라 자산문화시기에도 바늘과 토기물레가
발견된다.[180] 하모도유적에서도 "두 차례의 발굴에서 비록 방직물은 발
견되지 않았지만 그러나 재봉과 방직에 관련한 생산도구들은 적지 않
게 발견되었다. 사용가능한 뼈바늘과 물레가 있으며 더욱이 물레가 가
장 유명하다. 수량이 많을 뿐만 아니라 양식도 적지 않다."[181]

양사오문화시기 사람들은 이미 자신들의 방직품이 있었다. 토기
에 찍힌 흔적은 가능하게 삼베류 직물일 수 있다.…… 실은 가는
것은 겨우 0.5mm이고 굵은 것은 4mm에 달함을 나타냈다. 양사
오문화시기에는 또한 견사로 직물을 짜는 기술을 장악하고 있었
다. 섬서 하현서음촌夏縣西陰村유적에서 잘라진 누에고치가 발
견되었다. 형양청대滎陽青台유적의 대하촌大河村문화 무덤에서
방직품 조각이 발견되었다.…… 양사오문화시기 주민들이 방직
과 편직에서 사용한 도구는 뼈바늘, 뼈송곳과 물레 등이다.

179 李友谋著. 『裴李崗文化』. 文物出版社. 2003. 12. pp.145~146.
180 韩焘. 『磁山文化和裴李崗文化比较研究』. 西北师范大学硕士论文. 2015. 6. pp.16
     ~17.
181 浙江省文物考古研究所. 『河姆渡 : 新石器时代遗址考古发掘报告(上)』. 文物出版
     社. 2003. 8. p.376.

신석기시대
세계 여성사

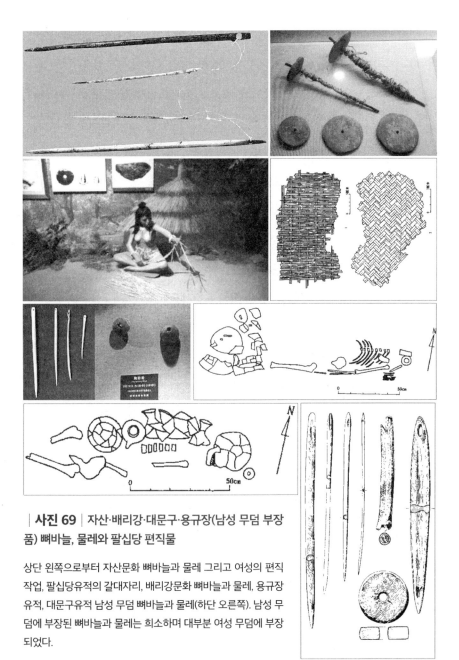

| **사진 69** | 자산·배리강·대문구·용규장(남성 무덤 부장품) 뼈바늘, 물레와 팔십당 편직물

상단 왼쪽으로부터 자산문화 뼈바늘과 물레 그리고 여성의 편직작업, 팔십당유적의 갈대자리, 배리강문화 뼈바늘과 물레, 용규장유적, 대문구유적 남성 무덤 뼈바늘과 물레(하단 오른쪽). 남성 무덤에 부장된 뼈바늘과 물레는 희소하며 대부분 여성 무덤에 부장되었다.

방직업은 이미 일정한 규모를 가졌다. 석·토기 물레와 뼈바늘 등 방직생산도구들은 유적에서 보편적으로 발견된다.······ 임가林家유적의 한 곳에서 석·토기 물레가 모두 58건, 뼈바늘이 도합 246건이 발견되었다.······ 임가유적에서는 대마씨가 출토되었다. 당시 이미 대마를 재배했으며 그 섬유로는 삼베를 짜 몸을 가리는 옷을 만드는 데 사용되었다.[182]

"사람들은 여름에는 아마도 몇 조각의 마포麻布를 한데 이어 허리에 둘렀고 겨울이 되면 가능하게 털이 많은 일부 짐승가죽으로 그나마 몸에 맞는 옷을 해 입었을 것"[183]이다. "양사오유적에서 발견된 수많은 석제 또는 토제의 물레 그리고 뼈바늘은 당시 사람들이 야생 아마 섬유를 벗겨 보잘 것 없는 직기를 사용하여 마포를 짰음"[184]을 암시한다.

그런데 물레를 자아 실을 뽑고 천을 짜서 바느질로 옷을 짓는 편직노동은 여성의 전문 작업분야라는 사실이다. 이러한 판단의 근거는 당시 여성 무덤의 부장품에서의 수공 직조와 재봉과 관련된 편직도구들의 보편적인 출토이다. 남성 무덤의 부장품에도 편직도구들이 간혹 포함되지만 극소수의 경우에만 해당될 뿐이다. 대문구大汶口유적의 경우 하나만 예를 들어도 "물레와 뼈바늘은 모두 여성 무

182 中国社会科学院考古研究所编著. 『中国考古学·新石器时代卷』. 中国社会科学出版社. 2010. 7. p.241. p.324.

183 中国科学院考古研究所. 『西安半坡 : 原始氏族公社聚落遗址』. 文物出版社. 1963. 9. p.223.

184 刘士圣著. 『中国古代妇女史』. 青岛出版社. 1991. 6. p.11.

신석기시대
세계 여성사

덤에서만 나타나고 남성은 91호 무덤 단 1기"[185]뿐이다. 부동한 시기의 다른 여러 유적들도 상황은 다르지 않다. 그 대표적인 사례가 용규장유적이라고 할 수 있다. 뼈바늘의 경우 여성의 단독 무덤은 M178·M286·M179 세 기인데 남성 단독 무덤은 M388 단 1기뿐이다. 물레의 경우에도 여성의 단독 무덤은 M212·M45·M124·M51·M338(돌물레)·M60·M261·M235·M301·M44(토기·뿔물레)·M179(토기·돌물레·뼈바늘)·M64·M263 등 13기인데 비해 남성 단독 무덤은 M217·M312·M58·M290·M204·M352[186] 등 6기뿐이다. 이와 같은 통계는 남성은 설령 편직노동에 참여했다 하더라도 극히 소수에 불과하지만 여성은 전부가 편직노동에 종사했음을 의미한다.

여성은 취사·조리노동뿐만 아니라 집 안 정돈과 보수작업의 잔업도 떠맡았을 것이다. 주거면 보수, 수면 공간 마련, 지붕과 벽체 보수 등 집수리 작업을 수행했을 것으로 짐작된다. 이 같은 추측은 여성이 집에 머무는 시간이 남성에 비해 상대적으로 많다는 점에서 가능성이 타진된다. 우리는 앞의 담론에서 여와가 비가 새는 지붕을 손질했다는 이야기를 통해 여성들이 집을 수리하는 노동도 수행했음을 확인했다. 일단 방 안 주거면 보수작업에 대해 살펴보자.

가호유적 집터 주거면은 일반적으로 모두 황토를 펴거나 아니면

---

185 『大汶口新石器時代墓葬發掘報告』. 文物出版社. 1974. 12. p.9.
186 龙虬庄遗址考古队编著. 『龙虬庄—江淮东部新石器时代遗址发掘报告』. 科学出版社. 1999. 9. pp.49~106.

황토를 편 위에 구운흙과 모래흙을 폈다. 일부 지면은······ 풀을 섞은 진흙을 발랐으며 표면은 불에 태워 붉은 갈색을 띤다.[187]

대지만 제2기 문화 집터 주거면과 일부 벽은 풀과 진흙을 반죽한 것으로 발랐다. 주거면에는 한 층의 갈홍색 색감을 많이 발랐다.[188]

후리문화 건축방식은 먼저 지면에 지혈 부분을 판 다음 회토 또는 불에 탄 붉은 흙을 편다.······ 주거면에는 각종 생활도구와 생산도구가 군데군데 놓여 있다.······ 한 층의 불에 탄 붉은 흙덩이와 나무재가 있다.······ 서하西河유적에서는 일부 건물의 지면과 벽체를 진흙을 바른 후 다시 불에 태워 건조하고 단단하게 했다.[189]

백음장한 2기 을류 AF19 집터는 가운데와 뒤쪽 주거면은 진흙을 바른 다음 불에 달궈 단단하고 윤택을 내 중심 주거면을 형성했다.[190]

187 李友谋著.『裴李岗文化』. 文物出版社. 2003. 12. p.44.
188 甘肃省文物考古研究所.『秦安大地湾新石器时代遗址发掘报告(上)』. 文物出版社. 2006. 4. p.823.
189 中国社会科学院考古研究所编著.『中国考古学·新石器时代卷』. 中国社会科学出版社. 2010. 7. p.154.
190 内蒙古自治区文物考古研究所编著.『白音长汗 : 新石器时代遗址发掘报告』. 科学出版社. 2004. 8. p.129.

신석기시대
세계 여성사

가옥의 실내 바닥에는 모두 황토나 풀을 섞어 반죽한 진흙을 펴고 그것을 다시 불로 달궜다. 이러한 상황은 양사오문화유적에서도 동일하게 나타난다. 황토를 깔고 불로 달구는 목적은 바닥이 "단단하고 내구성이 있으며 습기를 방지하고 보온하는 데 있다."[191] 그런데 이런 복잡한 작업을 거쳐 완성된 주거면은 사람들의 실내 활동과 가내노동을 하는 과정에 부서지거나 파손되어 울퉁불퉁해질 수밖에 없다. 그러므로 그때마다 황토나 풀이 섞인 흙을 다시 바른 후 불에 달구고 발로 다져야만 한다. 불에 달구는 작업 역시 광솔불을 이용하거나 잉걸불을 바닥에 펴서 지면을 달궈야 하는 어려운 보수작업이 따른다. 또한 홍륭와의 경우처럼 "아궁이 둘레에 4~5장의 판석을 둘러 세우는데"[192] 이 역시 불에 파손되면 석판을 구해 갈아야 한다. 가옥과 연관된 이런 보수작업들은 두말할 것도 없이 집에 있는 시간이 상대적으로 많은 여성들이 감당해야 할 몫이었다.

뿐만 아니라 당시 방 안 주거면에서의 사람들의 일상생활은 "갈대자리 또는 짚방석 따위를 편"[193] 위에서 했다. 그 위에서 식사·수면·노동을 했다. 하지만 갈대나 짚은 오래 깔면 부서지고 습기 때문에 곰팡이가 끼거나 벌레가 기생하는 공간으로 오염될 가능성이 존재한다. 그렇기 때문에 주기적으로 건조하고 싱싱한 갈대나 짚을 갈아줘야 쾌적하

191 郑州市文物考古硏究所编著. 『郑州大河村(上册)』. 科学出版社. 2001. 10. p.166.
192 趙賓福 지음. 崔茂藏 옮김. 『중국동북신석기문화』. 集文堂. 1996년 4월 1일. p.66.
193 中国科学院考古研究所. 『西安半坡 : 原始氏族公社聚落遺址』. 文物出版社. 1963. 9. p.222.

고 위생적인 환경을 유지할 수 있다. 이런 잡역 역시 여성 가내노동의 한 종류에 속했다.

엄밀한 의미에서 노동이라고는 할 수 없지만 신석기시대 여성의 가내활동에서 가장 중요한 것은 당연히 회임·출산·육아일 것이다. 여성은 가임기가 된 다음에는 누구나 이 세 가지의 압박에서 자유로울 수 없기 때문이다. 당시에는 효과적인 피임방법도 없었기에 매 순간의 성관계는 곧바로 수태와 직결될 수밖에 없었다. 그렇기 때문에 여성은 해마다 생육의 과정에 묶여 집안에 체류해야만 했다. 영아살해 같은 극단의 조치를 댄다 해도 세 가지 환절 중에서 겨우 육아과정만 생략하는 데 그쳤다. 여성의 활동공간 내지 노동 공간이 주로 가내 또는 집 주위에 국한되는 주요한 원인 중의 하나라고 할 수 있다. 10개월의 회임기와 마찬가지로 적어서 5~6년 지속되는 육아기는 여성을 집이라는 말뚝에 단단히 묶어두는 고삐가 되기 때문이다. 부른 배와 딸린 아기를 데리고는 홀몸인 남성과 같은 노동에 참여할 수 없음은 자명한 일이다. 하지만 이 분야에 대해서는 필자의 졸저『구석기시대 세계 여성사』에서 충분한 담론을 전개했기에 여기서는 이만 생략한다. 관심이 있는 독자들은『구석기시대 세계 여성사』를 참고하시기 바란다.

ㄴ. 여성의 뜰 노동

우리가 조금만 시야의 폭을 넓히면 여성의 노동이 가내라는 협소한 공간에만 갇히지 않고 집 밖에까지 그 범위를 조심스럽게 확장함을 금방 알게 될 것이다. 집 주변에는 앞·뒤뜰이 있고 울타리 안팎이 있으며 또 지붕과 다락이라는 부차적인 공간도 있어 사용가능한 노동 장소로 제공된다. 이렇듯 집 주변에 펼쳐진 다양한 활동공간에서 여성들은 곡물가공, 토기 제작, 식량건조, 가축사육 등 실외작업을 소화한다. 곡물가공의 경우 여성의 실외작업은 맷돌과 같은 가공도구들의 출토를 통해 알 수 있듯이 아주 오래전부터 시작되었다.

> 남장두南庄頭(10500년~9700년 전)의 각 유적들에서는 보편적으로 맷돌, 갈돌이 발견된다.…… 배리강문화 생산도구 부장품 무덤에는 돌삽, 돌도끼, 돌낫, 맷돌, 갈돌이 세트로 출토된다.
> 자산문화(8100년~7960년 전)의 주요한 석기로는 돌삽, 돌도끼, 맷돌, 갈돌…… 등이 있다.
> 후리문화(8300년~7400년 전) 유적에서는 맷돌, 갈돌, 끌…… 등 여러 가지 종류의 유형이 있다.[194]

그런데 이런 곡물가공도구들에서 "돌도끼, 돌삽과 돌낫 따위의 생산도구가 부장된 무덤의 주인은 많은 경우 남성이라면 곡물가공 도구인 맷돌, 돌간방망이가 부장된 무덤의 주인은 많은 경우 여성 계열이다.…… 석고石固유적 묘지의 인골감정에 근거하면 맷돌, 돌간방망이가 부장된 무덤 주인은 대부분의 경우 여성이며 돌도끼, 돌삽과 돌낫 따위

---

194 中国社会科学院考古研究所编著.『中国考古学·新石器时代卷』. 中国社会科学出版社. 2010. 7. p.139. p.144. p.154.

의 도구가 부장된 무덤 주인은 많은 경우 남성"[195]이다. 곡물가공노동은 주로 집에 있는 여성이 담당했음을 알 수 있다.

여성들은 돌절구, 석마, 갈돌로 곡물을 가공했다.[196]

곡물가공과정은 힘들지는 않지만 품이 많이 들고 시간이 걸리는 작업이다. 일단 타작을 마친 곡식을 바람에 날리거나 키로 까불러서 잡물을 깨끗이 제거해야 한다. 그런 다음 곡식을 마당에 펴서 건조시켜야 하는데 해가 뜨면 내다 널고 자주 뒤집어줘야 하며 해가 져 이슬이 내리면 제때에 거두어 들여야 하기에 사람이 항상 곁을 떠날 수 없다. 특히 우기에는 잠시라도 관리에 소홀했다간 곰팡이가 끼거나 부패할 수도 있기에 더욱 신경을 써야 한다. 이렇게 건조된 곡물은 맷돌이나 갈돌혹은 돌절구에 빻아 껍질을 벗기고 가루를 낸다. 곡식을 빻는 작업은 힘이 좀 들긴 하지만 그래도 임산부나 애기를 업고서도 할 수 있는 노동으로 여성에게 적합하다. 가공작업은 곡물에만 그치는 게 아니다. 물고기 같은 것도 남성들이 잡아오면 여성들은 내장을 따서 마당이나 다락또는 지붕에 널어 말린다. 반복적으로 뒤집어 부패하지 않도록 세심하게 관리해야 한다. 또한 소금에 절여 토기항아리 안에 저장하는 작업도 있다. 채소도 마찬가지이다. 겨울을 대비한 이러한 가공작업은 가을 한

---

195 李友谋著. 『裴李岗文化』. 文物出版社. 2003. 12. p.149. p.154.
196 刘士圣著. 『中国古代妇女史』. 青岛出版社. 1991. 6. 9.

신석기시대
세계 여성사

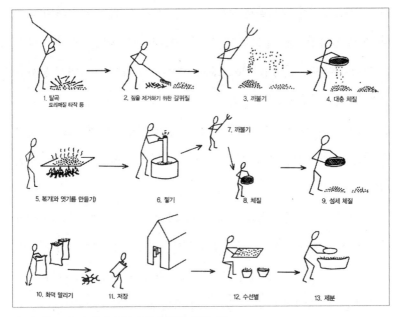

1. 탈곡 도리깨질 타작 등
2. 짚을 제거하기 위한 갈퀴질
3. 까불기
4. 대충 체질
5. 북개와 엿기름 만들기
6. 찧기
7. 까불기
8. 체질
9. 섬세 체질
10. 화덕 말리기
11. 저장
12. 수선별
13. 제분

| **사진 70** | 신석기시대 여성의 곡물가공노동

타작, 잡질 제거, 건조, 분쇄, 저장 등 복잡한 과정을 거쳐야 하는 곡물가공노동은 주로 집에 있는 여성이 담당했다. 물론 타작과 같은 체력이 소모되는 작업에는 남성도 동참했을 것이지만 전반 작업은 여성에 의해 완수되었을 것으로 추정된다.

철 쉬지 않고 몇 개월 내내 계속된다.

채소는 그것이 재배한 것이든 야생이든 꼬챙이에 꿴 후 처마에 달아매거나 다락에 얹어 건조시킨다. 재배식물인 갓이나 야생식물인 고사리 같은 것들이다. 도라지와 같은 괴경 식물의 경우도 껍질을 벗긴 후 다락이나 지붕에 널어 말려야 한다. 죄다 겨울철 식량을 대비하기 위한 가공작업의 일환이라고 할 수 있다. 과일 같은 것은 토기항아리나 단지 안에 곡식과 함께 묻어 놓으면 저절로 익는다. 여성들은 이러한 잡역들로 인해 그야말로 하루 종일 눈코 뜰 새 없이 분망하게 보냈다. 어쩌면 남성들은 이 모든 번다한 잡역들은 재택 여성들에게만 맡기고 전혀 간여하지 않았을지도 모른다. 그들은 종일 밖에 나가서 농사일을 하고 사냥하고 물고기를 잡아야 했기 때문이다. 돌삽, 돌도끼, 돌낫을 가지고 야외에서 식량을 획득해오는 일은 남성들의 몫이고 그 식량을 맷돌, 갈돌을 이용하여 다듬고 가공해 식탁에 올리는 일은 여성의 몫이었다.

집 주변에서의 여성의 노동에서 곡물가공 못지않게 중요한 실외 작업은 토기 제작이다. 토기 제작의 역사는 무려 10000년 전까지 거슬러 올라간다. 따라서 여성의 토기 제작 노동의 역사도 그만큼 유구할 수밖에 없다. 토기의 발견은 중국 북방지역에서는 11000년~9000년 전의 신석기시대 초기 유적인 동호림에서 모래 섞인 홍갈색 토기편이 발견되었으며 10500년~9700년 전 하북성 남장두南庄頭에서 토기조각이 발견된다. 장강이남 화남 지역에서는 10000년~9000년 전의 신석기시대 초기 유적인 선인동·조통환에서 토기편이 발견되고 12000년~10000년 전 옥섬암유적의 출토 유물 중에 토기도 포함된다.[197]

> 화남지역 신석기시대의 강서 만년선인동과 조통환, 호남 옥섬암, 광서 증피암甑皮岩1기, 임계대암臨桂大岩3기 유적에서……

197　中国社会科学院考古研究所编著. 『中国考古学·新石器时代卷』. 中国社会科学出版社. 2010. 7. p.87. p.90. p.93. p.94.

죄다 토기가 나타난다.

대지만문화에서 중국 황하유역 및 북방 지역에서 현재 이미 알려진 가장 이른 채색토기가 발견되었다.…… 대지만, 백가촌百家村, 서산평중西山坪中에 비교적 풍부하다.

배리강문화 아구북강유적, 가호유적, 석고유적, 수천水泉유적, 중산재中山寨유적의 토기는 진흙으로 된 붉은 토기가 절대다수를 차지한다.[198]

이처럼 여성의 토기 제작 노동은 신석기시대 초기부터 시작되었다. 토기는 그 분포지역이 황하유역과 장강유역을 포괄할 만큼 광범할 뿐만 아니라 그 시기도 신석기시대 말기 양사오문화 시대에 진입하여 남성이 토기 제작에 참여할 때까지 무려 6000년~7000년 동안이나 지속되었다. 처음에는 손으로 빚었고 점차 기술이 발전하며 물레를 사용하면서 토기 제작기술은 진보했다. 진흙을 파서 집에 운반한 후 으깨어 부드럽게 하는 등 정선을 거쳐 산출된 태토에 첨가물을 혼합하고 물에 반죽하여 손으로 테를 쌓아 빚어진 토기를 말리거나 불에 구워내는 수공 제작은 그 정밀한 기술을 제외하고라도 시작부터 결과물이 산출될 때까지 작업 과정이 매우 복잡하다. 이와 같은 제작 과정은 땅을 파는 삽이나 괭이와 같은 석기도구가 발달하지 않았던 신석기시대 초기로

---

198 中国社会科学院考古研究所編著. 『中国考古学·新石器时代卷』. 中国社会科学出版社. 2010. 7. p.111. p.123. p.130.

올라갈수록 그 작업의 난도도 더 컸을 것이다.

> 당시 도자기업은 주로 경험이 있는 여성들이 담당했다. 여성들
> 은 장기간 음식물을 끓이고 삶는 조리노동 속에서 찰흙을 구워
> 사용 가능한 그릇을 만들 수 있다는 사실을 발견했다. 그들은 오
> 랫동안의 실천을 통해 끝끝내 음식물을 조리하는 각종 토기그
> 릇을 제작할 수 있다는 것을 발견했다. 당시 토기의 종류는 매우
> 많았다. 취사도구로는 솥, 시루, 가마, 항아리 등이다. 이는 여성
> 이 원시수공업의 창시자임을 입증해준다.[199]

아마도 토기 제작 노동이 여성의 몫이 된 원인 중에는 작업장소
가 주거지 내의 여성의 주요 활동공간인 집 주변이라는 조건도 있겠지
만 부엌에서 진행되는 여성의 취사와 조리작업 그리고 가옥 내에 보관
되는 곡물 저장의 필요성 때문이었을 가능성도 배제할 수 없다. 여성과
연관된 작업장소와 노동조건이 그들을 남성을 제치고 인류의 첫 원시
수공업의 창시자로 만들어 준 셈이다. 물론 "토기 제작과 같은 창조와
발명으로 여성이 남성보다 더욱 존경받는 지위를 얻게 되었다"[200]는 주
장은 현실과는 거리가 멀다고 해야 할 것이다. 농업생산에서의 주도권
이 전제되지 않고서는 여성의 지위가 남성을 초월하기는 어렵기 때문

---

199 刘士圣著.『中国古代妇女史』. 青岛出版社. 1991. 6. p.11.
200 刘士圣著.『中国古代妇女史』. 青岛出版社. 1991. 6. p.11.

신석기시대
세계 여성사

이다. 신석기시대에 식량생산노동의 중요성은 수공업제품 생산노동보다 항상 앞자리를 차지했다.

게다가 신석기시대 말기에 들어와서는 토기생산이 물레의 탄생과 토기가마의 출현을 계기로 기계화·전문화·대형화되면서 남성 노동에 귀속되었다. 그나마 여성이 장악했던 중요한 생산노동권이 기술의 발전에 의해 박탈당하며 활동 범위가 더욱더 가내로 위축되기 시작했다. 남녀 노동 분공의 이러한 변화는 이 이전 시기부터 이미 대량으로 발견되기 시작한 토기가마의 발견에서도 입증 가능하다.

반파문화의 토기를 굽는 토기가마는 일반적으로 취락 근처에 있다. 발굴된 토기가마 총수는 이미 100여 곳에 달한다. 대지만유적에서 부동한 형식의 가마터가 30여 곳이나 발견되었다. 강채유적에서도 토기 제작 공방유적이 발견되었는데 토기 제작의 평평한 작업대가 있다. 작업대 위에는 토기 흙과 가마에 넣지 않은 토기 잔존물이 있다.…… 양사오문화의 토기가마는 아궁이, 화로, 화도火道, 가마밑窯箅과 요실窯室로 이루어진다. 화로의 양쪽은 아궁이와 요실과 각각 접해있다. 양사오문화의 토기 소성 온도는 일반적으로 황하유역 이외의 기타 지역보다 높아 900°C~1050°C에 달한다. 양사오문화시기 주민들은 고온에 토기를 소성하는 과정에 가능하게 이미 구리 제련을 시험적으로 시작했을

것이다.[201]

    가마에 의한 토기제품에 대한 소성과 보조를 맞추어 이 시기에는 토기를 손으로 빚는 비효율적인 제작방법에서 한 걸음 진화하며 "토기 물레기술의 발명이 시작"[202]됨으로서 생산 효율을 몇 배로 높였다. 기술은 수작업을 대신하면서 대량 생산을 가능하게 했을 뿐만 아니라 여성까지도 토기 제작에서 배제시키기 시작했다. 대량으로 마련되어야만 하는 땔나무의 조달, 900°C~1050°C의 고온을 마주하여 며칠씩 자리를 지키며 버텨내야 하는 고역, 토기의 성패를 좌우지하는 불길조절의 고난도 기술, 발로 물레를 돌려야만 하는 체력 소모…… 여성은 모든 면에서 이러한 노동조건의 변화에 적응할 수 없었기 때문이다.

    토기 제작 외에도 여성이 집 주변에서 할 수 있는 일들은 또 있다. 매일 물도 길어야 했고 주변에서 땔나무도 수집해야만 했다. 물 긷기는 식수는 물론이고 취사와 조리 때문에 아침·저녁으로 반복될 수밖에 없었다. 큰 물독 같은 토기 물그릇이 없어 당시에는 여성들의 물 긷기의 차수가 더 빈번했을 수 있다. 땔나무를 조달하는 노동도 집 주변에서 행해졌을 것이지만 매일 시간과 품을 들여 수집해야만 하는 번거로운 노동이었다. 하루 노동이 단지 물 긷기와 땔나무 마련뿐이라면 몰라도

201 中国社会科学院考古研究所编著. 『中国考古学·新石器时代卷』. 中国社会科学出版社. 2010. 7. p. 24.

202 中国社会科学院考古研究所编著. 『中国考古学·新石器时代卷』. 中国社会科学出版社. 2010. 7. p. 266.

위에서 살펴본 그 많은 막중한 실내·실외노동에 시달려야 하는 여성에게는 이 노동이 그렇게 간단하고 쉬운 일만은 아니었을 것이 틀림없다.

여성이 감당한 실외노동에는 또한 가축사육도 당연히 포함되어야 할 것이다. 중국 신석기시대에 동물순화 또는 인공사육이 언제부터 시작되었는지에 대해서는 확실한 증거가 부족하다. 신석기시대 무덤이나 취락유적에서 출토된 동물뼈에 근거하여 막연하게 중기부터 사육이 시작되었을 거라는 추측뿐이다. 이러한 추정을 근거로 어떤 학자들은 여성들이 구석기시대 후기부터 동물을 순화시키고 사육하기 시작했다고 단언하기에 이른다.

> 구석기시대 후기 원시인류는 이미 개와 양을 순화하기 시작했다. 사람들은 양 새끼와 기타 새끼동물들을 마을로 안고 와 여성들이 보살피며 순화시켰다. 여성들은 순화 과정에서 이런 새끼들이 성장이 매우 빠르며 번식도 잘해 사냥보다도 더 믿을 만하다는 사실을 발견하고 또 산돼지, 들소, 들말과 양, 개 등 동물들을 순화시켰다.…… 여성들의 동물 순화 경험은 뒷날 원시목축업생산에 공헌했다.[203]

연구 자료에 따르면 자산·배리강문화시기에 "황하유역에서는 황소를 집에서 사육하는 것을 위주로 했고 화남지역에서는 기본상 물소

---

203 刘士圣著. 『中国古代妇女史』. 青岛出版社. 1991. 6. p.9.

를 사육"[204]한 것으로 알려진다. 그러한 판단은 황하유역의 자산·배리강문화의 배리강·가호·사와리沙窩李·중산재 등 유적에서 죄다 소뼈가 발견되고 화남의 팽두산·조시皂市·호가옥장胡家屋场·성북계城背溪 등에서는 물소뼈가 발견되었기 때문이다. "홍륭와문화유적에서도 보편적으로 가축 돼지의 유해가 발견될 뿐만 아니라 심지어 돼지를 부장까지 했다. 이는 가축 사육업이 재배농업을 기반으로 벌써 상당하게 발전했음"[205]을 말해준다는 주장이다. 장강유역의 신석기시대 유적인 "하모도유적에서도 돼지·개·소가 인류가 순화한 가축이라는 것이 비교적 확실하다"[206]고 전해진다. 하지만 일부 논자들은 이 시기에 출토된 동물뼈가 반드시 가축이라는 단정에 대해 이의를 제기하기도 한다.

> 이 밖에 배리강과 가호유적에서도 소뼈가 발견되었다. 그중 가호에서 출토된 소뼈는 황소와 물소로 감정된 것들도 있다. 하지만 가축일 가능성은 비교적 적다.[207]

> 가호에서 발견된 황소黃牛와 물소뼈는 모두 가축이라고 단정할 수 없다.[208]

---

204 中国社会科学院考古研究所编著. 『中国考古学·新石器时代卷』. 中国社会科学出版社. 2010. 7. p.20.

205 中国社会科学院考古研究所编著. 『中国考古学·新石器时代卷』. 中国社会科学出版社. 2010. 7. p.163.

206 浙江省文物考古研究所. 『河姆渡：新石器时代遗址考古发掘报告(上)』. 文物出版社. 2003. 8. p.169.

207 李友谋著. 『裴李岗文化』. 文物出版社. 2003. 12. p.147.

208 中国社会科学院考古研究所编著. 『中国考古学·新石器时代卷』. 中国社会科学出

신석기시대
세계 여성사

그런데 문제는 설령 배리강·자산문화나 흥륭와문화를 비롯하여 신석기시대 중기에 이미 가축사육이 존재했다 가정하더라도 이 사실이 중요한 것이 아니라 이 시기의 가축사육방법이 어떠했는지가 더 중요하다는 점이다. 사육방법에 따라 남녀 사육 노동 분공이 달라지기 때문이다. 일단 신석기시대 중기에 가축사육이 이미 시작되었다는 주장을 잠정적으로 받아들인다면 사육방법의 질적인 변화를 두 단계로 분류할 수 있다. 이 두 단계의 변화는 또 남성과 여성의 사육노동 참여 여부를 결정하는 인소로 작용한다는 게 필자의 소견이다. 첫 단계 즉 신석기시대 중기 배리강·자산문화에 해당하는 시기의 인류의 동물사육방법은 아직도 "원시적"이었다.

> 황하유역의 자산·배리강문화시기의 사육방법은 적어도 야외 서식에 처한 반 순화단계였을 것이다.[209]

동물을 자연에 방치하여 기르는 이러한 반 가축·반 야생의 사육방법은 아직 동물 순화가 완전하게 되지 않아 야생성이 남아 있음을 암시한다. 동물의 야생성은 체력적으로 섬약한 여성이 길들이기에 적합하지 않다. 자연에 풀어 놓고 우리에 몰아들이는 작업부터 만만치 않은 체력이 필요하기 때문이다. 길들지 않은 이런 짐승들을 효과적으로 사

　　　版社. 2010. 7. p. 200.
209　中国社会科学院考古研究所编著. 『中国考古学·新石器时代卷』. 中国社会科学出版社. 2010. 7. p. 200.

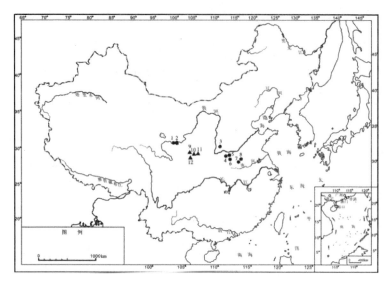

중국 사육 황소 기원지 약도

● : 믿을 만한 증거가 있는 사육 황소 유적 표시

▲ : 증거가 불충분한 사육 황소 유적 표시

유적 설명:

1. 감숙성영정현대하장 2. 감숙성영정현진위가 3. 산서성양분현도사 4. 하남성등봉시왕성강 5. 하남성신밀현고성채6. 하남성우주시와점 7. 하남성회양현평량대 8. 하남성자성현산대사 9. 감숙성무산현부가문 10. 감숙성천수시사조촌 11. 감숙성천수시서산평 12. 감숙예현서산

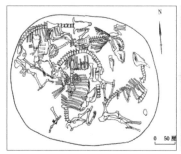

7000년 전 중국 사육돼지 출현 지역

▲ 대지만유적(감숙성천수시)
■ 백가유적(섬서성서안시림동구)
● 영구촌유적(섬서성서안시림동구)
◆ 반촌유적(하남성민지현)
■ 자산유적(하북성무안시)
● 소형산유적(산동성장구시)
◆ 서하유적
▲ 쌍돈유적(안휘성방부시)
▣ 과호교유적(절강성항주시소산구)
◉ 옥계유적(중경시풍도현)
◈ 증피암유적(광저장족자치구계림시)

| 사진 71 | 황소·돼지 사육지역과 출토된 황소(山台寺), 돼지(흥륭와·인돈 합장) 가
축 뼈

문제는 가축사육이 여성의 노동과 직결되지는 않는다는 점이다. 야생 짐승을 길들이고 방목
하는 일은 남성이 아니고는 할 수 없기 때문이다. 여성은 집에서 기르는 개나 돼지와 같은 가
축을 사육했을 것이며 소, 양과 같은 야외에 풀어놓고 기르는 가축은 남성이 관리했을 것으로
추정된다.

육하려면 남성이 아닌 여성에게는 웬만큼 어려웠을 것이 틀림없다. 분망한 가사노동에서 잠시라도 몸을 뺄 수 없는 여성은 산이나 들에 뿔뿔이 흩어진 동물을 몰아들이거나 떼를 지어 방목할 만한 시간적 여유도 없었다. 게다가 임신 중이거나 어린애가 딸린 여성은 들이나 산비탈을 다급하게 오르내릴 수도 없다. 그런 반면 남성은 상대적으로 체력도 보장되고 시간적 여유도 충분했다. 여성이 가축사육에 참여하기 위해서는 사육방법이 그들의 체력과 노동조건에 맞도록 진화하기를 기다려야만 했다. 그것이 바로 집 주변의 축사나 가축우리에서 기르는 방법이다. 이런 축사와 가축우리는 양사오문화·반파문화시기에 와서야 발견된다.

반파문화의 양사오문화시기 유적 북쪽 주거지에서 불규칙적인 축사 한 곳과 타원형 축사 한 곳이 발견되었다. 1호 축사의 길이는 5m, 넓이는 2.9m이다. 주변에는 매우 불규칙한 작은 구유가 있는데 넓이는 13~27cm, 깊이는 8~30cm이다. 구유 밑에는 기둥구멍 22개가 있는데 구경은 8~40cm, 깊이는 4~44cm이다. 축사 안의 지표면에는 3~27cm 두께의 회토가 있는데 아마도 가축의 대소변이 퇴적된 것일 것이다. 2호 축사는 평평한 타원형으로 길이는 3.64m, 넓이는 3.05m이다.······ 이 두 곳의 유적에는 모두 생산도구와 생활용구 및 부엌과 주거면 등이 발견되지 않았다. 1호 축사 회토(대소변) 퇴적에 근거할 때 가능하게 가축을 사육하는 축사 유적일 것으로 추측된다.

강채유적의 취락 중심광장의 서쪽과 서북쪽에는 각각 두 곳의 회색토 유적이 있다. 1호 가축우리는 길이 17m로 면적은 약 53 평방미터이다.…… 2호 가축우리의 형태 구조는 1호 가축우리와 동일하다.[210]

축사나 가축우리에 가둬 놓은 가축에게 풀을 뜯어 여물을 주고 물을 길어 공급하는 작업은 여성도 얼마든지 할 수 있다. 집 주변이어서 작업에 필요한 이동거리도 멀지 않다. 풀을 뜯는 작업도 집 주변에서 할 수 있고 여물을 공급하는 일도 시간이나 품이 들지 않는다. 여기에 더한다면 기껏해야 가축우리에 쌓인 분변을 가끔씩 청소해내는 작업 따위뿐이다. 게다가 "당시 사육된 가축은 출토된 동물유해의 감정에 따르면 주로 돼지와 개 두 종류로 강채유적의 경우에서 볼 수 있듯이 가축의 반수의 생존수명은 1~1.5살 사이이다. 83%의 돼지는 2살까지 크지 못했다"[211]고 한다. 어린 가축은 힘이 약한 여성들이 길들이기도 쉬울 뿐만 아니라 여물을 먹는 양도 적어 공급이 용이할 수밖에 없다. 개나 닭과 같은 가금류는 그냥 마당에 방치한 채로 사료만 줘도 기를 수 있다.

결론적으로 말해 여성은 음식·조리문화, 편직·복식문화, 주방식기문화 발전에 대서특필할 만한 기여를 했다고 단정할 수 있다. 뿐만 아니라 동물순화와 가축사육에서도 일정한 역할을 수행했다고 말할 수

---

210 『姜寨-新石器時代遺址發掘報告』. 文物出版社. 1988. 10. p.50.
211 中国社会科学院考古研究所编著. 『中国考古学·新石器時代卷』. 中国社会科学出版社. 2010. 7. p.239.

있다. 하지만 가축사육에 미친 영향은 음식·조리문화, 편직·복식문화, 주방식기문화발전에 미친 기여도에 비해 상대적으로 낮다고 할 수 있다. 농경의 보편화와 함께 가축의 중심이 소로 옮겨가면서 여성의 가축사육에서의 역할은 남성의 배후로 한 걸음 더 퇴보해야만 했을 것이다.

3장

⋮

여성의 미모와 예술

1) 장신구와 화장

ㄱ. 여성과 남성의 장신구

모권제 사회였다면 남자가 장신구를 제작하여 여성에게 공납했을 것이다. 왜냐하면 제작이 비교적 쉬운 토기나 조개껍데기를 제외한 나머지 장식품 재료 즉 돌·옥·뼈·뿔·상아 등은 강도가 높아 주로 남자들이 가공했을 것이기 때문이다. 또한 돌이나 옥은 다듬는 과정에 부서지기 쉬워 정밀한 기술이 필요한데 기술노동에서는 항상 남성이 여성보다 우월한 위치에 있었다. 여성들은 아마 토기나 조가비 외에 석기·뼈 등 장식품 제작에서는 최종 마제 작업에 참여했을 것이다. 남자 생산자는 공납품이 아닌 자신을 위해 장식품을 만들었고 소유했다. 당시로는 기술과 품이 드는 정교한 세공품은 가장 귀중하고 값나가는 소장품이었음을 인정한다면 이러한 장식품을 소유한 남성은 반드시 그에 해당하는 사회적 지위를 가지고 있었을 것이라는 판단이 가능해질 수밖에 없다. 그리고 남성 무덤에 부장된 장식품의 출토 상황에 따르면 적어도 남성의 지위는 여성과 대등했음을 알 수 있다. 다시 말해 여성이 절대적인 권위를 행사한다는 모권제 같은 것은 적어도 중국의 경우에는 신석기시대 전반을 통틀어 아예 존재하지 않았음을 암시해준다.

> 무덤72: 여성 단독 무덤이다. …… 허리에 두르는 모양의 돌구슬, 돌비녀와 패옥石璜, 뼈판骨板 등이 있다.
> 무덤111: 한 쌍의 청년 남녀합장무덤이다. …… 남성은 왼손에 반지 하나를 끼고 있다.
> 무덤35: 남성합장무덤이다. …… 남성의 왼손에는 뼈반지 하나가 끼워져 있다.[212]
>
> M11: 청년 남성 무덤이다. …… 부장품은 12건으로 오른팔 뼈에 상아 팔찌 4개가 끼워져 있다.
> M20: 노년 여성 무덤이다. …… 부장품은 5건으로 골반 아래 두 다리 사이에 옥목걸이 1건, 오른쪽 하지뼈 옆에 토기귀고리 1건이 있다.[213]
>
> M106: 남성, 청년, 뼈귀고리 1건. M304: 남성, 중년, 뼈목걸이 2

---

212 『大汶口新石器時代墓葬发掘报告』. 文物出版社. 1974. 12. p. 23. p. 31.
213 上海市文物管理委員会編著. 『福泉山─新石器時代遺址发掘报告』. 文物出版社. 2000. 10. pp. 17~18.

신석기시대
세계 여성사

건. M248: 남성, 장년, 뼈목걸이 1건. M256: 남성, 중년, 토기귀
고리, 이빨장식 2건. M153: 남성, 장년, 뼈목걸이 1건. M11: 남성,
성년, 토기귀고리 2건. M348: 남성, 장년, 뼈귀고리 2건, 뼈대롱
1건, 이빨장식 6건. M95: 남성, 성년, 뼈귀고리 2건, 이빨장식 1
건. M117: 남성, 성년, 이발장식 1건. M92: 2차장, 여성, 성년, 토
기귀고리 각 2건이다.[214]

인용문을 통해 우리는 장신구가 비단 여성의 무덤에서만 부장품
으로 발견될 뿐만 아니라 남성 무덤에서도 똑같이 발견됨을 알 수 있
다. 그런데 원래 남성이 구슬, 패옥, 팔찌 따위의 장신구를 몸에 착용한
다는 것은 비상식적이라 할 수 있다. 구석기시대에 장신구를 몸에 착용
하는 목적은 사치품이나 귀중품을 이동할 때 운송에 편리하도록 하기
위해 신변에 휴대했던 것이다. 하지만 신석기시대는 농업의 시작으로
인해 이동이 정지되고 정주생활이 가능해졌기 때문에 신변 휴대의 필
요성도 동시에 사라졌을 것이 틀림없다. 그럼에도 여성을 넘어 남성까
지 장신구를 착용한 이유는 어디에 있을까. 남성도 아름답고 화려한 장
식품을 착용하여 미모를 가꿈으로써 여성을 유혹하려 했던 것일까. 그
런데 남성이 여성을 유혹하는 자본은 이른바 모권제 사회에서는 체력
과 건강이었고 부권제 사회에서는 남성에게 부여된 여성에 대한 지고

214 龙虬庄遺址考古队编著. 『龙虬庄—江淮东部新石器时代遗址发掘报告』. 科学出
版社. 1999. 9. pp. 56~95.

무상의 지배 권력이었다.

그럼에도 남성이 굳이 장식품을 착용했다는 사실은 그것이 미모와는 아무런 연관도 없는 또 다른 용도로 사용되었을 것이라는 추측을 가능하게 해준다. 장식품의 사용에서 미모의 목적이 배제된다면 남는 것은 그것의 제조과정의 난도와 그 재료의 귀중함으로부터 파생되는 소장자의 신분상에서의 부富와 귀貴뿐이다. 토기나 조가비 제품을 제외하면 상아나 옥 등의 장식품은 재료부터 귀중할 뿐만 아니라 그 세공과정도 전문적이고 정밀한 기술을 필요로 한다. 우리가 고고학 자료가 부족한 이즈음에서 예측 가능한 것은 토기나 조가비 장식품 가공 같은 것은 주로 여성들이 제작에 참여했고 고난도의 기술과 세공이 필요한 상아·옥 장식품 같은 것은 주로 남성들이 가공작업에 참여했을 것이라는 판단이다. 뿐만 아니라 가공된 장식품의 소유자는 대부분이 제작자에게 속했을 거라는 추정도 포함된다. 여성이 옥장식품을 소유한 무덤의 사례가 없는 것은 아니지만 옥제품은 주로 남성 무덤에서 출토된다는 고고학적 자료가 이와 같은 추량에 설득력을 배당하기 때문이다.

무덤10: 부장품이 정교하고 풍부하기로 이 시기 무덤에서 으뜸이다.…… 죽은 자는 여성으로 감정에 의하면 연령이 약 50~55세 사이다.…… 머리에는 77개로 이루어진 삼관三串석제 장식품을 휴대하고 있다. 차고 있는 팔찌, 반지 및 부장된 돌삽은 죄다 옥으로 만든 것일 뿐만 아니라 커다란 상아조통雕筒과 상아 빗이

있다.[215]

옥제품의 가공이 여성에게는 적합하지 않은 노동이라는 사실을
감안할 때 위와 같은 여성의 옥장식품 소유는 남성이 제작하여 헌납했
을 가능성이 많다. 어쩌면 이러한 헌납 현상은 이른바 모권제에서의 여
성 지위의 우월함이 반영된 결과물로 비칠지도 모른다. 하지만 지금까
지 진행된 우리의 담론에서는 중국 신석기시대에 여성이 지배권을 행
사했던 모권제 같은 것은 아예 존재하지도 않았다는 주장을 굴함 없이
펼쳐왔다. 다행스러운 것은 이러한 우리의 주장은 고고학적 자료에 의
해서도 입증이 가능하다는 사실이다. 우하량유적의 남성 무덤에서 대
량으로 출토된 옥제 부장품이 그것을 웅변해주고 있기 때문이다.

무덤 M4는 적석총의 중심 위치에 있다.…… 서남쪽의 79M2에서
약 9m 거리이며 하나의 초대형 석광수혈묘竪穴石壙墓인데 비교
적 잘 보존되어 있다. 무덤 주인은 성년 남성으로 연령은 45~50
세이다. 부장품은 모두 8건으로 그중 옥기가 6건, 터키옥 목걸이
장식품 2건이다. 옥기로는 옥곡玉鵠, 옥사구간형玉斜口簡形 기물,
옥인玉人, 옥팔찌, 옥귀고리가 각각 주인의 머리, 허리 부근에 놓
여 있다.…… M4무덤 주인의 오른손에는 옥팔찌를 차고 있고 허
리에는 한 쌍의 옥귀고리가 부장되어 있다. 옥귀고리는 서로 겹

---

215 『大汶口新石器時代墓葬发掘报告』, 文物出版社. 1974. 12. p.22.

쳐져 함께 있다.[216]

이렇듯 많은 옥제품을 소유한 무덤 주인은 이미 그 권세와 재부가 다른 남자를 압도하는 수준이다. 구태여 그것으로 미모를 보완함으로써 여성을 유혹할 필요조차 없다. 그리고 옥백조, 옥인과 같은 옥기들은 미모와는 전혀 상관이 없는 비장식품에 속한다. 결국 이런 옥기들은 그 가치와 귀중함 때문에 소유자의 재부와 귀한 신분을 나타내는 상징물일 가능성이 많다. 무덤 주인은 그것들을 스스로 제작하거나 전문기술을 습득한 장인에게 특별히 의뢰·제작하여 개인적으로 소유함으로써 자신의 부귀를 주변 사람들에게 과시하려 했을 것이다. 그리고 옥장식품의 숫자도 당시로서는 노년에 속하는 나이와 부합된다고 할 수 있다. 오랜 시간을 거치며 소장된 것임을 알 수 있다.

결국 신석기시대 중국 여성은 장식품을 즐겨 패용했지만 결코 미모를 보완하기 위한 목적은 없었다고 할 수 있다. 아직은 물질적 삶에서 개인의 재산 축적이 그렇게 눈에 띄게 차이를 드러내지 않았던 상황에서 타인과 구별 가능한 자신만의 신분을 제고할 수 있는 유일한 재산 항목으로서 그 상징을 가지고 있던 것이 다름 아닌 장식품이었다. 자신이 직접 공을 들이거나 타인과의 인맥을 통해 획득할 수 있었던 사치품이었다. 그렇다면 이 시기의 여성은 아직 미모 관리에는 그다지 관심이

---

216 『文物2008年第10期』「牛河梁第十六地点红山文化积石冢中心大墓发掘简报」辽宁省文物考古研究所. pp.4~6. p.11.

신석기시대
세계 여성사

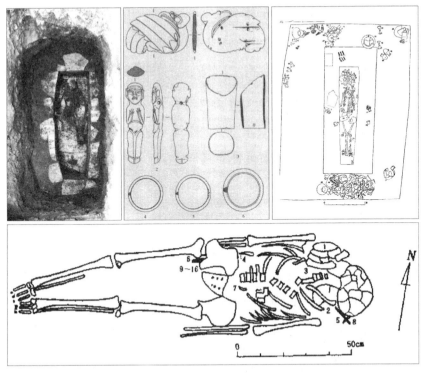

| 사진 72 | 우하량M4와 대문구10 그리고 용규장 M256 남성 무덤 장식품

위의 남성 무덤에서 M4는 4, 5, 6, M256은 2, 4, 7, 10은 14, 15, 17-Ⅰ이 장식품이다. 이처럼 중국 신석기 시대 장식품은 여성만이 아니라 남성도 착용했던 것으로 알려졌다. 게다가 귀중한 옥제 부장품은 남성 무덤에서만 발견된다. 장식품이 미모에 사용된 것이 아니라 귀천을 나타냄을 의미한다.

없었음도 미루어 짐작할 수 있다. 현대 여성이 그토록 관심을 가지는 미모라는 것도 일정한 사회적 조건과 경제적 여건이 충족된 상태에서 만 비로소 윤곽을 드러내는 것이라는 걸 알 필요가 있다.

ㄴ. 여성의 화장과 미모

만일 장신구가 아직 여성의 미모와 인연을 맺지 못했다는 주장을 받아들인다면 화장 역시 같은 상황에서 탈피하지는 못했을 거라는 추측이 자연스럽게 설득력을 얻게 될 것임은 자명한 일이다. 구석기시대 여성의 화장은 야외노동을 할 때 포식동물의 공격에 대비하기 위한 위장수단이었다는 것을 필자의 졸저『구석기시대 세계 여성사』의 관련 담론을 통해 사전 인지하고 있다. 신석기시대에도 농업 외에 채집활동이 지속된다는 사실을 감안할 때 신변보호를 위한 일종의 위장수단으로서의 화장의 역할은 여전히 유효했을 것이다. 하지만 한 가지 아쉬운 것은 신석기시대 여성 화장 관련 고고학 자료는 거의 전무하다는 사실이다. 그런 만큼 우리의 모든 담론은 예측과 추량의 범위를 벗어날 수 없음을 미리 고지해둘 수밖에 없다.

그 목적이 위장이든 피부보호이든 미모보완이든지를 막론하고 신석기시대의 화장도 그 자료 측면에서 몇 가지를 벗어나지 못한다. 다름 아닌 황토와 식물성 즙액 그리고 광석원료이다. 그것을 물에 반죽하거나 그대로 얼굴에 바르는 식의 화장이었다. 이렇게 하면 위장 효과뿐만 아니라 광선으로부터 피부를 보호하고 독충의 공격을 차단하는 실효성도 있다. 게다가 씨족 공통체의 상징이나 토템신앙을 상징할 수도 있다. 하지만 이 모든 가능성이 존재함에도 불구하고 신석기시대 중국 여성의 화장은 아직 미모와는 인연을 맺지 못한 채 대기상태였다는 것이 필자의 지론이다.

앞에서도 언급했지만 화장이 미모와 만나려면 일정한 조건이 먼저 충족되어야 하기 때문이다. 두 가지 조건이 필요한데 하나는 남녀 지위의 굴절이고 다른 하나는 경제상의 변화이다. 우선 미모에 대한 여성의 관심은 그들의 사회적인 지위의 하락과 정비례한다. 여성이 사회적 지위를 상실하면 남성의 지배를 받게 될 수밖에 없다. 이때 남성의 호감을 얻기 위해 여성에게 남은 마지막 자본은 다름 아닌 미모이기 때문이다. 사회적 에너지를 상실한 여성은 남성을 힘으로도 권세로도 지배할 수 없다. 오로지 미모 하나만이 남성의 마음을 유혹할 수 있는 유일한 유효카드이기 때문이다. 미모가 전제되지 않고서는 남성에 대한 접근부터 용이하지 않다. 신분이 없는 여성이 남성의 시선을 끌고 그더러 발밑에 무릎을 꿇게 하는 유일한 마법은 바로 남성의 혼을 사로잡는 미모뿐이다.

다음으로 미모에 대한 여성의 관심은 남성 간에 나타나는 신분과 재산 소유의 차이이다. 남성의 세계에 권위와 재부의 차이가 나타나지 않는다면 여성은 굳이 특정 남성을 선택할 이유가 없다. 어느 남성에게 출가해도 삶은 똑같기 때문이다. 미모가 필요하자면 그것을 사용한 특정 남성에 대한 선택이 반드시 결혼 후의 여성의 삶에 긍정적인 효과가 나타나야만 하기 때문이다. 남성 쪽에서도 역시 신분과 재산의 차이에 따라 여성에 대한 선택권이 불균등하게 배당될 수밖에 없다. 이러한 조건은 남성사회에서뿐만 아니라 여성사회에서도 좋은 남성을 선택하기 위해 여성 상호 간의 경쟁을 불러일으킨다. 여성이 동일한 성의 경쟁자들을 물리치고 가장 조건이 양호한 남성을 배우자로 선택할 수 있도록 확실하게 보장해주는 첨단 무기가 다름 아닌 미모이다. 여성은 미모 말고는 모든 것을 상실했기 때문이다.

그런데 이 미모라는 자본은 공짜로 얻어지는 것이 아니다. 끊임없이 가꾸고 다듬어야 한다. 그 방법이 바로 화장이다. 화장을 함으로써 피부가 부드러워지고 눈매와 볼 그리고 입술이 아름다워진다. 여자들은 남성들의 호감을 사는 어여쁨을 얻기 위해 필사적으로 화장에 매달린다. 화장술의 성공은 그대로 훌륭한 배우자의 선택으로 이어지고 훌륭한 배우자와의 만남은 부귀와 영화를 누릴 수 있다. 화장의 결과가 한 여성의 인생을 결정한다고 할 때 그 화장에 쏟아 붓는 정력이나 공력은 조금도 지나친 대가지불이 될 수는 없다. 여성들이 지금도 하찮아 보이는 화장에 목숨을 거는 이유가 여기에 있다.

하지만 화장이 미모와 연대하려면 아직도 신석기시대로는 조건이 충족되지 않는다. 생산노동에 대한 남성과의 공동 참여, 농업생산에서의 일정한 역할 등 아직도 여성의 권위가 철저하게 박탈되지는 않았기 때문이다. 따라서 여성의 권위가 철저하게 붕괴된 시점 즉 신석기시대 말기 또는 고대사회에 이르러서야 화장은 새로운 환경에 적응해야만 했던 여성의 절박성 때문에 미모와 결탁할 수밖에 없게 되었던 것이다. 결국 중국 신석기시대 여성의 미모는 아직 자궁 속에서 잠들어 있을 뿐 탄생하지는 못했다고 단언할 수 있다. 이 시기에 여성의 미모는 결과적으로 인위적인 화장 같은 것의 도움을 받은 것이 아닌 자연미였을 따름이다. 여성의 이미지는 미모보다는 출산에 초점이 맞춰진 시대였다고 할 수 있다. 여성은 집에서 애를 낳고 기르며 집안일을 하는 존재에 만족해야만 했다. 다시 말해 신석기시대 중국 여성은 노동과 연관된 이미지였을 뿐 아름다움과는 별로 연관이 없었다. 여성 스스로가 자신의 아름다움을 가꾸기 위한 아무런 관심이 없었다.

2) 여성과 예술

ㄱ. 여성과 음악·악기

서양 담론에서 악기와 음악은 대형동물사냥에서 통일 지휘 역할을 수행한 신호도구로써 여성과는 관계가 없음을 확인했다. 그러나 신석기시대에 진입하면서 상황은 달라졌다. 악기와 음악의 용도도 달라졌을 뿐만 아니라 그것을 수행하는 주체도 남성에서 여성으로 바뀌었다. 농업으로 인해 새롭게 나타난 한발·홍수·폭풍우 등 천재지변을 극복하고 곡식의 정상적인 성장을 저해하는 새 떼, 짐승 떼, 병해충 등 지엽적인 악영향에도 효과적으로 대처하지 않으면 안 되었기 때문이다. 그리하여 농업의 발원지인 메소포타미아와 이집트 등 지역에서는 일찍부터 악기와 음악을 개발하여 원만한 경작을 위한 제사에 사용했던 것이다. 하지만 농업이 아직 보편화되지도 발전하지도 않은 중국의 상황은 다를 수밖에 없다. 수렵과 동시에 농업뿐 아니라 그에 따른 제의도 일정하게 존재하는 특이한 케이스이다. 일단 악기의 출토 상황을 통해 우리는 몇 가지 결과를 도출해낼 수 있을 것이다.

가호무덤의 뼈피리 부장품은 배리강문화의 새로운 발견이다. 모두 25자루의 뼈피리가 발견되었다. 한 무덤에서는 2자루가 부장되었다. 이 이전에는 단지 중산재유적의 지층에서 1자루의 뼈피리가 발견되었을 따름이다. 가호의 25자루 뼈피리의 원재료는 두루미의 척골로 제작했다. 완전한 것은 길이가 17.3~24.6cm이다. 전문가의 감정 결과 초·중·말기의 세 가지 부동한 발전 단계로 나눠질 수 있다. 4성·5성 음계를 연주할 수 있고 6성·7성 음계에서 7성 음계 이외의 일부 변화음을 연주할 수 있다.[217]

가호에서 출토된 25자루의 뼈피리 중 뼈재료는 모두 두루미의 척골이다. 그 특징은 뼈의 벽이 얇고 속이 넓어 비교적 이상적인 발성 대롱이라는 것이다. 골관骨管에는 음공音孔이 뚫려 있다. 25자루 뼈피리 중 골관은 길고 짧은 것이 있고 소리구멍의 숫자도 달라 5, 6, 7, 8개 등 몇 가지가 있다. 어떤 뼈피리에는 또한 부호符를 새겼다. 이런 종류의 뼈피리는 연주 악기로 배리강문화 골기 중의 진품이다. 그것의 발견 역시 중요한 의의가 있다. 지금으로부터 7, 8천 년 전에 사람들은 이미 조류의 뼈로 취주악기를 제작할 줄 알았음을 설명해준다. 이로부터 당시에 대나무로도 대나무피리를 제작했을 것이지만 다만 이런 피리는 보존되어 오기가 어려웠을 거라는 것을 미루어 짐작할 수 있다.[218]

---

217 中国社会科学院考古研究所编著. 『中国考古学·新石器时代卷』. 中国社会科学出版社. 2010. 7. p.134. p.139.
218 李友谋著. 『裴李岗文化』. 文物出版社. 2003. 12. p.71.

| 사진 73 | 우하량M4와 대문구10 그리고 용규
장 M256 남성 무덤 장식품

특이한 것은 악기가 남성 무덤에서 출토되었다는 사실이
다. 악기가 여성보다는 남성과 연관된 것임을 암시한다.
또한 뼈피리가 제의 장소가 아닌 무덤에서 출토되었다는
것은 그것이 개인소장품으로 제의와도 연관이 없는 단순
한 오락도구였음을 말해준다.

이 중기 배리강문화의 가호유적에서 발견된 뼈피리는 여성이 아
닌 남성의 무덤에서 나왔다는 사실에 역점을 찍을 필요가 있다. 예컨대
연령이 40~45세의 중년 남성의 무덤(M521)에서 구멍 두 개짜리 뼈피리
1자루가 두 동강이 된 채로 발견[219]된 것과 같은 경우이다. 이는 악기가
여성과 연관이 있는 서양의 경우와 다른 점이다. 악기의 종류도 대체
로 피리 한 가지 종류이며 간혹 토기 소리구슬响球과 토훈陶埙(고대취주악
기)이 출토되는 정도이다. 전자는 장강유역의 대계大溪문화에서 보이는
데 "안에는 자갈 혹은 진흙덩이가 들어 있고 밖에는 여러 개의 새김구
멍과 규칙적인 무늬장식을 새겼다. 가능하게 장난감이거나 원시악기일

---

219 『华夏考古2002年第2期』「河南舞阳贾湖遗址20年春发掘简报」 p. 20.

것"[220]으로 추정되고 있다. 악기일 수도 있지만 "장난감"이라는 이 표현을 일단 기억해 둘 필요가 있을 것이다.

서양에서 수렵사회이던 구석기시대에 악기의 용도는 대형동물사냥을 할 때 동원된 사람들을 통일 지휘하기 위한 신호용으로 사용되었음을 우리는 확인한 바 있다. 그런데 공교롭게도 중국에서는 수렵활동이 농업이 출현한 신석기시대에 진입해서도 여전히 활발하게 지속되고 있었다. 그렇다면 무덤에서 출토된 뼈피리가 수렵의 원활한 성공을 위한 신호도구로 사용되지는 않았을까 하는 예측이 가능해진다. 하지만 그럴 가능성은 아예 전무하다. 그것은 구석기시대는 물론 신석기시대에도 중국에서는 대형동물사냥이 근본 존재하지 않았음을 현지 유적들의 고고학적 발굴을 통해 확인되었기 때문이다.

> 유럽의 구석기시대에 유일한 음악의 상징인 악기는…… 대형동물 무리를 공격하여 사냥물을 획득해야만 했던 네안데르탈인이나 크로마뇽인은 대규모로 동원된 사냥꾼들을 통일 지휘할 필요가 대두된 것이다. 이들의 사냥을 통일 지휘했던 신호 도구(정보 발신 도구)가 다름 아닌 플루트나 피리와 같은 "악기(신호 도구)"들이었다.[221]

---

220 中国社会科学院考古研究所编著.『中国考古学·新石器时代卷』. 中国社会科学出版社. 2010. 7. p.429.
221 장혜영 지음.『구석기시대 세계여성사』. 어문학사. 2015년 5월 8일. p.427.

동호림유적 불을 피운 터에서는 꽤 많은 불에 달군 흔적이 있는 자갈돌과 동물뼈(사슴과 뼈가 위주)가 포함되어 있다.

장강이남 및 화남지역 옥섬암유적 퇴적에서 발견된 포유동물 중 수량이 가장 많은 것은 사슴과동물이다. 예를 들면 물사슴, 꽃사슴, 붉은 사슴, 작은 사슴 등이다. 육식류 동물도 매우 풍부하다. 예컨대 곰, 족제비, 수달, 산오소리, 너구리, 사향고양이, 중국 사향고양이, 줄머리 사향삵, 야자삵, 들고양이 등이며 돼지, 소, 대나무다람쥐, 호저 등은 자주 보인다. 이 밖에도 또한 원숭이, 토끼, 양, 쥐, 식충류食虫類 등 동물이다.

홍륭와문화유적에서 출토된 짐승뼈 중 사슴과동물이 위주이다. 황하상류 마가빈문화의 수렵 대상은 사슴, 멧돼지, 영양, 두더지, 삵 등이다. [222]

사슴, 영양, 토끼 등 소형동물들은 개별적인 수렵활동으로도 포획이 가능하다. 소형동물들은 "길목 매복, 함정, 올가미(식물넝쿨), 독약(식물성 극약. 동물이 먹도록 음식물에 섞어 길목에 놓는다.) 사용 등 개인적이거나 또는 2~3명이면 수렵이 가능할 뿐만 아니라 성공률도 높다. 이러한 사냥에 통일 지휘 같은 건 필요하지도 않았으며 그 통일 지휘를 위한 악기

222 中国社会科学院考古研究所编著. 『中国考古学·新石器时代卷』. 中国社会科学出版社. 2010. 7. p.87. p.96. p.163. p.323.

(신호용 도구) 같은 건 소용없었을 것"[223]이다. 그렇다면 뼈피리의 용도는 과연 무엇일까 궁금해질 수밖에 없다. 이 뼈피리가 여성상처럼 제의 장소에서 발견되었다면 그나마 제례에서 사용된 악기라는 추정이 가능해질 수도 있지만 아쉽게도 제의 장소에서는 전혀 발견되지 않는다. 이즈음에서 우리는 앞에서 방점을 찍어 둔 "장난감"이라는 표현에 대해 다시 기억을 떠올릴 필요가 있다. 물론 우리는 이러한 추정이 설득력을 배당받으려면 고고학적 증거나 고대 문헌자료의 지원을 받지 않으면 안 된다는 것을 잘 알고 있다. 필자가 선택한 결정적인 문헌은 모두가 잘 알고 있는『여와신화』이다. 여와는 최초의 여성이며 또한 악기를 발명한 악기의 신이기도 하다. 여와가 악기를 제작한 목적이 무엇인지에 대한 의문이 풀리면 악기의 용도가 밝혀질 것이기 때문이다.

여와는 자기 자손들의 생활이 좋아진 것을 보고 그녀의 마음도 매우 즐거웠다. 전하는 데 의하면 그녀는 또 일종의 "생황笙簧"이라는 악기를 창조했다.—생笙 안의 얇은 잎파을 한 번 불어 생笙을 소리 나게 한다.— 이 악기의 모양은 극락조의 꼬리처럼 생겼는데 13개의 관이 있고 절반 쪼갠 조롱박 안에 끼운다. 그녀는 이 악기를 선물로 삼아 자식들에게 주었다. 이때부터 인류의 생활은 더욱 즐거워졌다. 이렇게 볼 때 위대한 여와는 창조의 여신

223　장혜영 지음.『구석기시대 세계여성사』. 어문학사. 2015년 5월 8일. p. 429.

일 뿐만 아니라 음악의 여신이기도 하다.[224]

여와가 생황이라는 악기를 발명하여 자식들에게 내려준 목적은 사냥을 위해서도, 제의를 위해서도 아니었다. 그것은 너무 평범하면서도 삶의 일상과 연관된 단 하나의 목적— "즐거움"이었다. 여와에게 악기는 그 어떤 종교적 의미도 생산을 위한 도구적인 용도도 없었다. 생활을 즐겁게 하기 위한 일종의 "장난감"이었던 것이다. 뼈피리가 무덤에 부장되었다는 사실은 장난감으로서의 악기는 개인적으로 소장되었고 기호품이었을 것이라는 추측을 가능하게 해준다. 뼈피리는 그것을 손수 제작했을 뿐만 아니라 훌륭하게 연주하는 사람의 개인 소유가 되어 무덤에까지 부장되었던 것이다.

신석기시대에 악기 또는 음악이 제례에 사용되려면 농업이 생산경제에서 차지하는 비중이 적어도 수렵이 차지하는 비중보다 훨씬 능가해야만 한다. 인류의 식량 내원이 수렵이 아닌 농업에 전적으로 의존하게 될 때 비로소 농작물의 작황을 결정하는 하늘(자연기후)에 대한 의존도도 극한으로 치솟을 것이며 그에 따라 제례의식도 대규모로 거행될 것이기 때문이다. 제사의 성대함은 제례악을 필요로 하게 될 것이고 악기가 제의에 사용될 수밖에 없게 될 것이다. 하지만 중국 신석기시대 농업은 그토록 방대한 제례의식을 거느릴 만큼 보편화되지도 발전하지

---

224 袁珂著.『中国神话传说：从盘古到秦始皇(上下册)』. 人民文学出版社. 1998. 10.
     p. 105.

도 못했다는 아쉬움이 음악의 역할을 위축시켰다고 말할 수 있을 것이다.

ㄴ. 여성과 무용

중국 신석기시대에 음악 또는 악기가 공동체의 정중한 의례(수렵과 제사)를 위해 사용되지 않고 개인이나 사람들의 일상에서 소요거리 정도로 소비되었다면 무용도 결코 예외는 아니었을 것이다. 인간의 몸짓을 리듬과 율동에 맞춘 것이 무용이라면 춤은 이러한 안무가 진행될 수 있는 평탄한 지면만 제공되면 곧바로 실행될 수 있다. 하지만 그렇게 실현된 무용이 어떤 목적을 위한 것인지에 따라 성격이 달라질 수밖에 없다. 무용이 단지 개인적인 또는 사람들의 소일거리에 불과하다면 군무인 경우에조차도 동작의 일치성 또는 규칙적인 반복을 통한 성스러움이나 정중함과 반드시 연결될 필요는 없을 것이다. 그것은 그냥 각자가 자신의 습관적인 동작에 따라 팔다리와 어깨 또는 허리를 움직이면 되기 때문이다. 그러한 오락 동작의 결과가 단지 즐거움과 연결되기만 하면 춤으로서의 사명은 그로써 충분하게 완수되었다고 할 수 있다.

그런데 문제는 중국 신석기시대 유적들에서 무용과 관련된 유물들이 너무 적다는 사실에 있다. 거의 한 두 건밖에 없다. 이와 같은 사실은 당시 무용이 보편적이고 상시적인 예술행위가 아니라는 것을 암시하기도 한다. 설령 무용 관련 출토품이 얼마간 여성과 연관되는 이미지가 있다할지라도 예술적인 경지에서 논하기에는 아직 역부족이라는 것도 부정할 수 없는 사실이다. 우리는 무용과 관련된 이 희소한 역사적인 출토품을 다행이도 신석기시대 말기 황하하류의 마가요문화유적 (5980년~5264년 전)에서 발견된 채색토기그릇(M384:1)으로 만날 수 있다.

특히 두 개의 무용무늬 채색토기대야가 있다. 상손가채上孫家寨 무용무늬대야 안에는 어깨를 나란히 한 다섯 명의 무용수 그림 이 세 개 조로 그려져 있다. 대야 구경은 18.5cm, 높이는 8.5cm 이다. 종일宗日의 무용무늬대야 안에는 두 개 조로 된 각기 11 명과 13명이 어깨를 나란히 한 무용수가 있다. 대야 구경은 26.4cm, 높이는 12.3cm이다. 그려진 인물은 모습이 생동하고 생 활정서가 넘쳐난다. 무용동작은 일정한 규율과 절주에 따름으 로써 리듬이 아주 풍부하고 강렬한 절주감이 있어 우아하고 평 화로운 무용자태를 형성하기에 당시 무용이 이미 일정한 수준에 도달했음을 나타낸다.[225]

"규율과 절주에 따름으로써 리듬이 아주 풍부하고 강렬한 절주감 이 있어 우아하고 평화로운 무용자태를 형성"했다고 격찬하지만 인물 들은 의외로 똑같은 모습, 똑같은 키, 똑같은 동작을 하고 있다. 공동체 가 모여서 벌이는 군무라면 각자의 동작은 제각기일 것이다. 제의 같은 행사에서 진행된 군무라고 하더라도 반드시 키와 몸매가 동일할 필요

---

225   中国社会科学院考古研究所编著. 『中国考古学·新石器时代卷』. 中国社会科学出版社. 2010. 7. pp.324~325.

| 사진 74 | 신석기시대 무용 그림이 그려진 채색 토기

학계에서는 무용 그림이라는 견해에 동조하지만 무용수의 키와 신체 특징이 일치한 것으로 보아 일종의 도안이라고 간주된다. 뿐만 아니라 윤곽만으로 여성이라고 판단하는 것도 설득력이 부족하다. 음악과 마찬가지로 무용도 아직 성숙되지 않은 듯싶다.

는 없다. 게다가 종일宗日에서 발견된 대야 그림(95TZM192:2)은 무용동 작이 아니라 두 사람이 협동하여 진행하는 노동 장면이다. 정체불명의 무거워 보이는 물건을 옮기고 있다. 뿐만 아니라 세 가지 무용무늬대야 의 경우 성별이 확실한 인물은 하나도 없다. 얼핏 시선을 주면 허리에 치마를 두른 것처럼 보이고 머리채를 늘어뜨린 것처럼도 보이지만 신 석기시대의 인류는 남녀 불문하고 허리에 인공 편직물 또는 가죽을 둘 렀고 삭발을 못해 길어진 머리카락을 늘어뜨리거나 말아 올려 비녀로 꽂아서 정리했음으로 이런 특징으로 남녀를 구분한다는 것은 설득력이 불충분할 수밖에 없다. 사실 머리를 묶는 이 비녀는 신석기시대 전반을 거쳐 남녀를 불문하고 모든 무덤에서 발견된다.

게다가 그림의 인물들의 동작은 모두 손을 아래로 내려뜨린 모습 이다. 그리고 이런 손동작은 양 옆 사람의 손을 잡기 위한 것도 아니다. 왜냐하면 이른바 그 좌우 인물은 다른 "무용수"가 아니라 그 자신 즉 동일한 사람의 복사본에 불과하기 때문이다. 한 사람 또는 같은 인물이 횡으로 반복되면서 손에 손을 맞잡은 것 같은 착각을 불러일으킨 것이다. 이러한 형상은 무용동작이라기보다는 장식도안이라고 보는 쪽이 훨씬 설득력이 있다. 종일宗日의 무용무늬대야(95TZM192:2) 그림에서처럼 노동하는 사람뿐 아니라 그 사이마다 끼워 넣은 수직선과 횡선 도안도 똑같은 모양이 반복되고 있다. 무릇 무늬도안은 동일한 모양을 가로나 세로로 수차례 반복하는 것이 당시의 통상 수법이다. 인물이 띠를 잇고 군무를 추는 것 같지만 실은 한 사람의 도안을 수차례 반복하여 생기는 착각에 불과하다는 주장이 설득력을 확보하는 지점일 수밖에 없다. 환언하면 이른바 이 무용 그림은 무늬도안의 한 형태로서 사람을 특정 도안으로 대용한 것일 따름으로 군무를 형상한 것은 아니다. 하와는 악기를 만들어 음악의 시대를 열면서도 무용은 발명하지 않았다. 아마 당시 사람들의 생활에서 아직 무용은 필요하지 않았다는 판단에서 얻어진 결론인지도 모른다.

종합적으로 말해 신석기시대 중국에서 농업의 발전에 따라 파생된 음악과 무용은 아직 탄생하지 않았을 뿐만 아니라 더구나 여성과 인연을 맺지도 못한 채 잠복기를 보내고 있었다고 봐야 옳을 것이다. 활동공간이 가옥과 실내에 제한된 여성은 설령 예술이 있었다고 하더라도 그것을 표현할 마땅한 장소마저도 아직 구비되지 않은 상태였다. 음악과 무용이 사회보편적인 예술로 승화하고 또 여성이 그 예술을 견인하는 주체가 되기 위해서는 적어도 농업이 보편화되는 신석기시대 말이나 고대의 도래를 기다려야만 했다.

신석기시대 한국 여성

우리는 지금까지 신석기시대 여성의 공동체 범위 안에서의 지위와 역할에 대해 농업의 존재 여부와 결부시켜 담론을 진행해왔다. 그 결과 신석기시대 서양 여성은 농업 보편화라는 견고한 생산양식의 지반 위에 확고한 지배적 지위를 수립할 수 있었던 반면 중국의 경우에는 농업의 미진함으로 말미암아 척박해진 경제토대 때문에 여성 리더권의 구축에 실패했음을 확인할 수 있었다. 그리고 중국에서 농업의 진척이 완만했던 원인을 제공한 것은 서양과는 근본적으로 다른 기후 조건이라는 사실도 알게 되었다.

기후 조건과 농업의 관계, 농업과 여성의 관계라는 이러한 연구 체제는 한국 신석기시대 여성의 지위와 역할에 대한 담론에서도 똑같이 적용될 것이다. 만일 한반도의 지정학적 위치와 기후 조건이 중국과 유사하다면 그로 인한 농업의 진척과 여성의 역할 담당에서도 유사한 결과로 나타날 수밖에 없다. 일단 두 나라 모두 서양의 대충돌과 같은 기후급변 사건은 존재하지 않았음을 전제할 때 농업의 보편화 내지는 진척 속도가 상대적으로 완만할 수밖에 없었을 것은 두말할 필요도 없을 것이다. 한반도 영역 내의 그 어느 곳에서도 중국과 마찬가지로 2만 년 전에 발생한 혜성충돌 사건과 관련된 흔적은 발견되지 않기 때문에 이러한 추정에는 설득력이 실린다.

본문은 이 밖에도 신석기시대 한국 여성의 지위와 역할을 고찰함에 있어서 단순히 서양에서 유행하는 모건식의 모권제·부권제의 단계적 이행 가설에 대한 맹목적인 답습을 지양하고 서양과는 다른 당지의 고고학적인 자료에 근거하여 합리적인 결과를 도출해 내려고 시도할 것이다. 이러한 연구결과가 합리적이라 함은 그 논거가 서양의 실정을 토대로 파생된 것이 아니라 중국이나 한국의 실정을 토양으로 자생한 것이기 때문이다. 서양에서 태어난 신석기시대 농업과 여성에 대한 가설을 과감하게 배척하고 자신의 땅에 뿌리를 내리고 영양분을 흡수해야만 우리식 토산품으로서의 새로운 이론이 수립될 수 있기 때문이다. 필자는 신석기시대 중국 여성의 지위와 역할에 대한 담론에서 기후와 농업에 대한 고찰 말고도 몇 가지 구체적인 고고학적 자료를 근거로 삼은 적이 있다. 그것은 생산도구 양식의 변화, 남자와 여성 무덤의 장식葬式과 부장품의 차이 그리고 조각품에서 보이는 여성상의 형태와 용도, 탄화곡물 출토 유물 등이 포함되어 있다. 이러한 연구 코스는 그대로 한국 신석기시대 여성의 지위와 역할에 대한 담론에서도 중요한 척도 기능을 수행할 것이다. 이러한 학문 태도만이 상황과 실제가 서양과 현격하게 다른 중국과 한국 더 나아가 신석기시대 유적이 발견된 아시아의 일부 국가들의 신석기시대 여성의 연구가 서양의 이른바 신석기시대 여성 주도적 제도라는 제한적인 이론적 가설의 수렁에 빠져들지 않고 올바른 정설을 수립하는 계기를 마련할 수 있기 때문이다.

한국의 신석기시대 여성의 경우는 서양은 물론 지리적으로나 기후 면에서 유사한 이웃인 중국과도 여러 분야에서 차이를 드러내는데 우리는 이 부분에 대해서도 한국만의 실정과 고고학적 자료에 근거하여 될수록 보다 충분한 합리성이 탑재된 답안을 도출해내려고 한다. 구체적으로는 생산도구와 농업의 측면에서, 취락과 그 의미의 측면에서, 조각과 여성상의 측면에서 착안할 것이다. 중국과도 다른 취락의 소형 또는 부재와 무덤과 부장품의 부재가 무엇을 의미하는지에 대해서도 샅샅이 검토함으로써 문자 그대로 신석기시대 한국 여성만이 가지고 있던 독특한 지위와 역할에 대해 선명하게 조명해내려고 한다.

한 가지 미리 지적할 것은 신석기시대 기후에 대한 담론은 중국 여성 담론에서 이미 자세히 검토되었기에 여기서는 생략하려고 한다는 사실이다. 하지만 한국 고고학계가 보편적으로 인정하는 신석기시대 농업의 존재 여부에 대해서는 간단하게라도 짚고 넘어가야만 할 것 같다. 한국 신석기시대 농업은 그것이 밭농사이든 논농사이든 서양과는 변별적이며 중국과도 차이를 드러낼 뿐만 아니라 농업과 관련된 유물의 수량이 적고 출토된 생산도구의 용도 분류에서도 합리적이지 않은 문제가 일부 존재하기 때문이다. 게다가 농업 존재의 결정적인 근거로서의 곡물 유물 즉 탄화곡물 같은 유물 발굴 양이 너무 적으며 출토된 경우에도 그 정체에 대한 확실성이 결여되어 있다는 문제를 안고 있기에 이에 대한 필자의 견해를 피력할 수밖에 없게 되었다. 왜냐하면 이

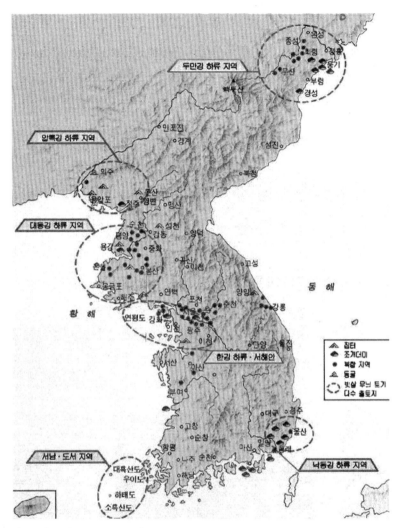

두만강 하류 지역

압록강 하류 지역

대동강 하류 지역

한강 하류·서해안

서남·도서 지역

낙동강 하류 지역

황 해

동 해

집터
조개더미
복합 지역
동굴
빗살 무늬 토기
다수 출토지

| 사진 75 | 한국 신석기시대 유적 분포

한국 신석기시대 연구는 흔히 토기 분석에 집중되지만 본문에서는 여성의 사회적 지위와 역할
과 연관이 깊은 농업의 존재 여부, 생산도구, 탄화곡물, 취락의 규모, 여성상, 무덤과 부장품에
대한 분석에 초점을 맞출 것이다.

문제는 비단 농업 기원에 대한 담론에 그치는 것이 아니라 한 걸음 더 나아가 우리 담론의 관심사인 여성의 지위와 역할에 대해서도 중요한 의의를 가지기 때문이다.

그리고 신석기시대가 모권제 사회이고 여성이 통솔권을 장악했기 때문에 당시에는 여성숭배가 보편적인 현상이었다는 가설에 명분이 된 이른바 여신상에 대해서는 중요한 문제이기 때문에 보다 많은 편폭을 할애하여 깊이 있는 검토와 분석을 진행할 것이다. 앞선 담론에서 우리는 중국의 여성상의 용도에 대해 그것이 숭배대상이 아니라 제사를 지낼 때 일회성으로 폐기되는 제물에 불과하다는 결론을 확인하였다. 그렇다면 소량이기는 하지만 한국의 신석기시대 유적에서 발견되는 이른바 여신상의 용도는 무엇일까 궁금해진다. 우리는 일부 유적에서 출토된 구체적인 여인상 또는 인간상에 대한 분석을 통해 그 소상한 내막을 곧 알게 될 것이다.

신석기시대
세계 여성사

1장

⋮

한반도의 신석기시대 경제생활

1) 생산도구와 생업

ㄱ. 탄화조·벼, 화분과 농업

남북한 고고학계에서는 한반도에서의 농업의 기원 시기를 신석기시대 전기 또는 그보다도 더 이른 시기였다는 주장들이 존재한다. 물론 이와 같은 가정에는 조나 벼를 재배하는 밭농사와 논농사도 포함된다. 이러한 가설에 고고학적 명분을 부여하기 위해 제시된 증거로는 당시의 유적들에서 출토되었다고 보고된 밭작물인 탄화조와 수전작물인 벼화분과 같은 낟알들이 있다. 여기에 이 시기 유적들에서 발견된 이른바 농업생산도구들도 추가될 것이다. 탄화작물과 벼화분의 경우 숫자는 적지만 일부 신석기시대유적들에서 얼마간 발견되는 것은 확실한 것 같다. 일단 우리는 예문을 통해 관련 사례들을 훑어본 다음 제기되는 일련의 문제점들을 검토해 볼 것이다.

황해도 봉산군 지탑리 2지구 2호 주거지에서 피 또는 조로 추정되는 탄화된 곡물과 아울러 돌낫, 돌보습, 갈돌 등이 발견되었다.[226]

2호 집자리 안 즉 북벽 밑에서 질그릇에 담긴 채로 나왔는데 탄화된 상태이며 3흡 정도 된다. 낟알은 피 또는 조로 인정된다.[227]

평양시 삼성구역 신석기시대 남경유적 31호 집자리 아랫단 바닥의 유물들 가운데서 주목되는 것은 숯이 된 낟알을 비롯한 유물이다. 서벽 북쪽의 굵은 기둥에서 남쪽으로 60cm 정도 사이 둔 곳에서 숯이 된 좁쌀이 1되가량 나왔다.[228]

마산리유적 7호 집자리에서는 불에 타서 새까맣게 된 한 되가량의 낟알이 나왔다. 조였다고 인정된다.[229]

1992년에는 일산지역의 조사된 성저리의 가와지층과 가와지1지구의 대화리층의 벼 자료가 있는데, 토탄의 측정 결과는 각각 4070±80bp, 4330±80bp이고, 대화리층의 연대는 6210±60bp(1지역)의 것도 보고되었다. 일부 층위의 해석에 의문이 제기되는 등 문제점이 지적되고 있지만 보고대로라면 우리나라의 벼의 출

---

226 『지탑리 원시유적 발굴보고』 사회과학출판사·民族文化. 1989.
227 한은숙 지음. 『대동강유역일대의 신석기시대유적』 진인진. 2009년 2월 10일. p.234.
228 한은숙 지음. 『대동강유역일대의 신석기시대유적』 진인진. 2009년 2월 10일. p.68.
229 한은숙 지음. 『대동강유역일대의 신석기시대유적』 진인진. 2009년 2월 10일. p.274.

신석기시대
세계 여성사

현 시기는 신석기시대 중기단계까지 遡及 되는 것이다.[230]

이러한 자료들에 근거하여 남북의 고고학계에서는 합리성으로 견고하게 설치된 한반도 농업 상한선의 천장을 무리하게 치받으며 시기를 막무가내로 확장해 나가고 있는 추세이다. 유적들이 나타내는 연대 수치를 훨씬 상회하는 신석기시대 전기와 그것마저 돌파하는 이전 시기까지 농업의 시작 연대를 거의 중국의 농업 기원 시기와 근사한 7000년~8000년 전으로 끌어올리려는 경향을 강하게 보이고 있다. 하지만 이러한 가설들을 지원하는 고고학적 증거들은 너무나 빈약하다는 점을 지적하지 않을 수 없다. 우선 위에서 소개된 유적 연대는 물론이고 노동생산도구 역시 이러한 연대 추산에 합리적인 증거로 될 당위가 결여되기 때문이다.

농사를 처음 짓기 시작한 사람들이 작대기 혹은 꼬챙이 같은 단순한 도구를 가지고 「뚜지개농사」를 지은 실례를 볼 수 있다.…… 서포항유적 1기층 이전의 신석기시대 사람들이 민속학적 자료에서 볼 수 있는 것처럼 단순한 뚜지개만으로 농사를 지었을 가능성도 없지 않다. 그러나 지금까지의 자료로서는 신석기시대 전기의 조선 옛 유형 사람들이 괭이나 작대기 및 뚜지개로 땅을 뚜지거나 파헤치고 거기에 먹는 식물의 씨나 뿌리를 심

---

230 李弘鐘 엮음. 『韓國古代文化의 變遷과 交涉』. 서경문화사. 2000년 6월 23일. p. 13.

는 원시적인 재배법으로 농사를 지었을 것이라고 인정된다.[231]

그 첫 단계는 기원전 5000년~기원전 4000년에 해당하는 시기이다. 이 시기는 공고한 정착생활에 기초하여 새김무늬그릇과 갈아 만든 석기를 즐겨 쓰면서 농사를 비롯한 다각적인 생산 활동을 벌여나간 조선 신석기시대 문화의 고유한 특성이 형성된 시기이다.[232]

지탑리 2호 집터의 바닥에서는 피 또는 조로 생각되는 것이 3홉가량 토기에 담겨 있는 채로 출토되었고 남경 31호 집터에서는 탄화된 좁쌀 1되가 출토되었다. 이 두 유적은 각각 신석기시대의 전기와 말기에 편년되고 있어 우리나라에서도 신석기시대 전기부터 원시적이나마 농경이 시작되었음을 알 수 있다.[233]

예문에 의하면 한국에서 농업이 시작된 시기는 비단 신석기시대 전기 즉 7000년 전일 뿐만 아니라 그 시기를 상회하는 시기로까지 소급함을 알게 된다. 저자 서국태더러 마치 곡예를 하듯 "가능성"을 교묘하게 우회하여 신석기시대 전기 이전의 "뒤지개농사"를 "인정"하기까지

---

231 서국태 지음. 『조선의 신석기 시대』. 사회과학출판사·백산출판사. 1997년 5월 30일. p. 82.

232 서국태 지음. 『조선의 신석기 시대』. 사회과학출판사·백산출판사. 1997년 5월 30일. p. 18.

233 서국태 지음. 『조선의 신석기 시대』. 사회과학출판사·백산출판사. 1997년 5월 30일. pp. 212~213.

이르게 한 고고학적 증거물은 달랑 "뚜지개" 즉 뒤지개라는 노동도구 하나뿐이다. 증거 충분율의 과학적 원칙을 무시한 이러한 연구와 졸속 판단은 결코 진실을 반영할 수 없음은 자명한 일이다. 농업 기원의 연대 판단과 같은 고고학적 연구 행위는 심정적인 욕구가 아니라 과학적인 증거에 냉철하게 의존해야만 한다고 할 때 이러한 추정치는 창졸함을 넘어 마땅히 지양돼야만 할 그릇된 학술자세라고 생각된다. 학문은 철저히 객관적인 행위이기에 당연히 민족주의나 애국주의 같은 요소를 배제해야 하기 때문이다.

그런 이유 때문에 사심 같은 걸 버리고 단지 위에 열거된 유적의 연대를 기준으로 농업 시작의 시기를 신석기시대 중기 즉 5000년~4000년 전으로 추정하는 학자들의 수가 더 많을 것이다. 그 결과에 의해 도출되는 농업 개시 연대는 신석기시대 중기를 넘어서지 못한다. 그리하여 신석기시대 중기를 한국에서 농업이 시작된 시기로 보는 견해는 보편적인 현상이라고 할 수 있다. 이 가능성이 어느 정도 신빙성을 가지게 된 것은 그 시기가 탄화미가 발견된 지탑리 2호 집자리와 마산리 7호 집자리의 연대와 유사하기 때문이다.

그런데 이러한 농업 시작 연대 추정은 지탑리 2호 집자리와 마산리 7호 집자리의 탄화곡물을 재배작물로 전제할 때에만 가능하다. 하지만 이 유물들이 재배곡물이 아닐 경우에 농업의 연대는 훨씬 후기로 미뤄져야만 한다. 일단 지탑리유적 2호 집자리에서 출토된 탄화조는 그것이 재배작물 씨앗인지부터 해명할 필요가 있다. 왜냐하면 마산리 유적에서 출토된 탄화곡물은 씨앗으로 추정되고 있기 때문이다. 그러

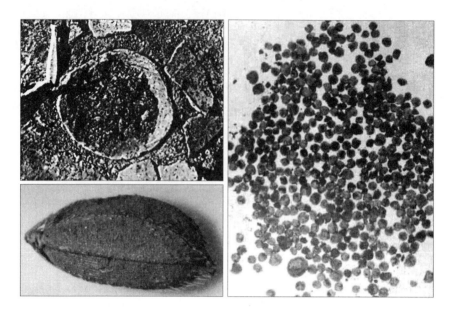

| **사진 76** | 지탑리·마산리·가와지 신석기유적에서 출토된 탄화곡물

한국에서 농업이 시작된 연대를 신석기시대 중기로 추정하는 근거는 다름 아닌 이들 탄화곡물의 발견
이다. 하지만 이 탄화곡물들은 씨앗인지 재배곡물인지 여부도 불확실하여 그것을 근거로 신석기시대
중기에 재배농업이 시작되었다고 말하기는 아직 이르다.

나 필자는 지탑리유적의 탄화곡물이 상황상 결코 씨앗이 아닐 것이라
는 주장을 제시할 것이다. 씨앗은 가을에 수확한 곡식을 이듬해 봄 파
종할 때까지 무려 반 년 이상이나 보관해야만 한다. 그런데 출토 당시
탄화조는 자그마하고 가벼운 질그릇에 담긴 채 발견되었다. 밀폐되지
도 않은 채 벽 밑에 놓여 있었다. 방 안에서 생활하는 사람들에 의해 건
드리면 쏟아져 씨앗이 쉽게 유실될 상태로 방치되어 있었다. 이렇듯 허
술한 보관은 바닥에 쏟아짐으로써 초래되는 씨앗의 유실을 떠나 습기

예방 차원에서도 불합리하다. 조가 습기에 영향을 많이 받을 뿐만 아니라 벌레까지 쉽게 번식하는 곡물이라는 점을 감안할 때 더구나 그렇다. 당시의 가옥은 죄다 땅을 파고 지은 움집이어서 바닥은 항상 습기가 있었다. 게다가 밖은 춥고 방 안은 더운 온도 차이 때문에 벽은 축축할 수밖에 없다. 밤새 얼었다가 아침에 불을 때거나 낮에 기온이 상승해도 벽에 이슬이 맺힐 것이다. 그리고 밖에서 눈비가 내려도 집안으로 습기가 스며들 수밖에 없다. 뿐만 아니라 방 안에서 불을 피우고 음식을 만들어 먹어야 했기에 수증기도 습도를 올리는 데 한 몫 한다. 이러한 상황에서 씨앗이 유실되지 않고 습기의 영향을 차단하려면 큰 독이나 항아리 같은 것에 담아 아가리를 밀폐하여 서늘한 곳에 보관해야만 한다. 게다가 3홉이라는 숫자는 씨앗이라기에는 너무 적은 양이다. 이런 의미에서는 마산리유적 7호 집자리에서 발견된 탄화조가 오히려 씨앗일 가능성이 보다 높아진다고 해야 할 것이다.

집자리 복판에서 드러난 숯 층 속에서는 탄화된 낟알(조)이 발견되었다. 불에 타서 주먹만큼씩 덩이진 낟알은 세 곳에서 드러났는데 그 범위는 1m² 정도이다. 그리고 탄화된 낟알 주변에 회색 같이 나는 깨어진 단지 종류의 질그릇조각이 널려 있었다. 아마도 종자를 담아서 천정에 매달아 두었던 것이 집이 불타 넘어질 때 깨어진 것이 아닌가 생각된다.[234]

234 한은숙 지음. 『대동강유역일대의 신석기시대유적』. 진인진. 2009년 2월 10일. p.243.

하지만 마산리유적 7호 집자리 탄화조 경우에도 그것이 반드시 씨앗이고 그래서 재배곡물일 것이라는 담보가 되지 않기는 마찬가지이다. 그것이 설령 씨앗이 아닌 야생 조이삭을 채집한 식량이라고 해도 방 안의 높은 습기의 영향을 차단하기 위해서는 밀봉하여 천정에 달아매는 방법을 택했을 것이기 때문이다. 건조한 환경을 필요로 하는 식량을 처마나 지붕 또는 방 안의 천정에 달아매는 풍속은 몇 십 년 전까지만 해도 시골에서 많이 사용되던 보관방법 중 하나이다. 물론 양이 많은 식량일 경우에는 마당에 큰 다락을 만들고 보관하기도 하지만 신석기시대에는 다락같은 구조물도 없고 그렇게 대량으로 보관할 식량도 충분하지 못했다.

아랫단 바닥의 유물들 가운데서 주목되는 것은 숯이 된 낟알을 비롯한 유물이다. 서벽 북쪽의 굵은 기둥에서 남쪽으로 60cm 정도 사이 둔 곳에서 숯이 된 좁쌀이 1되가량 나왔다. 남쪽 벽에 가로 대였던 것으로 짐작되는 통나무 곁에서는 숯이 된 도토리 알이 3개 나왔다.[235]

"평양시 삼성구역 호남리 남경부락 31호 집자리에서 출토된 한 되가량의 탄화된 조는 신석기시대 후기 유적"[236]이긴 하지만 집 안의 바닥

235 한은숙 지음. 『대동강유역일대의 신석기시대유적』. 진인진. 2009년 2월 10일. p.68.
236 『國史館論叢 第3輯』. 崔夢龍 「上古史의 西海交涉史研究」. 국사편찬위원회. 1989년 10월 9일. p.5.

신석기시대
세계 여성사

에 씨앗에 관련된 아무런 사전 조치도 없이 방치된 걸로 보아 이전 시기 마산리유적의 조와 다를 바 없이 그냥 단순 소비했던 일반 식량이었던 것 같다. 그런데 흥미로운 것은 이 집자리 안에서 채집 식량인 도토리 알도 함께 출토되었다는 사실이다. 이는 이 두 가지 종류의 식량이 31호 집의 식구들이 야생하는 식물에 대한 채집을 통해 획득했을 것이라는 추측에 명분을 제공하기 때문이다. 사실 31호 집자리에서 출토된 유물 중에 물고기잡이에 사용되는 "그물추가 3000여 개가 나온"[237] 사실을 미루어 볼 때 채집을 통해 획득하는 식물성 식량은 물고기에 비해 비중이 훨씬 떨어짐을 알 수 있다. 그에 비해 농업과 연관된 유물은 도끼 5점뿐이다. 사실 도끼의 용도는 보습이나 낫처럼 농경 전문 도구라고 할 수도 없다. 나무를 베어 부침땅을 개간하는 농경에도 쓰이지만 그 밖에도 목제 도구 제작, 건축 등에도 두루 사용되기 때문이다.

결국 지탑리유적과 마산리유적 또는 남경유적의 곡물 유물이 농업 시작 연대의 기준이 되려면 일단 그것이 재배작물인지 야생식물인지부터 밝혀야 할 것이다. 중국의 경우에도 출토 곡물이 재배종인가 야생종인가 하는 문제는 농업의 존재 여부를 결정하는 것과 밀접한 관계를 가졌음을 감안할 때 더욱 그렇다. 필자는 자료 검토 중 상술한 탄화 곡물들이 야생종인지 재배종인지에 대한 믿을 만한 과학적 검증 결과를 하나도 발견하지 못했다. 어쩌면 이 면의 고고학적 연구가 답보 상태에 머물러 있는지도 모른다.

---

237 한은숙 지음. 『대동강유역일대의 신석기시대유적』. 진인진. 2009년 2월 10일. p.71.

봉산鳳山 지탑리유적에서는 기장 또는 피로 보이는 낟알과 도토리가 나왔다. 이들이 농사에 의한 것인지 그냥 야생에서 채집된 것인지 확실히 알 수는 없으나, 유물 중에 돌가래, 돌낫, 돌제괭이 등의 농기구가 발견되므로 농경을 하였음을 추측하게 한다.[238]

탄화미가 농사에 의한 것인지 그냥 야생에서 채집된 것인지 확실히 알지 못하면서 그것을 농경 시작의 근거로 삼는 것은 학문적인 자세가 아니라고 생각한다. 그것은 그냥 막연한 추측에 지나지 않기 때문이다. 심지어 출토 미가 기장인지 피인지 조인지에 대해서도 확정된 것이 없다. 또한 함께 출토된 도토리는 이 정체 모를 "낟알" 역시 야생에서 채집된 것이라는 추측을 가능하게 해준다. 물론 농업의 기원은 탄화곡물의 출토가 아니더라도 농업생산도구의 출토에 의해서도 가늠할 수 있지만 그것은 별개의 담론에 속한다. 우리도 다음 절에서 농업생산도구와 농업의 관계에 대해 검토를 진행할 것이다.

한반도에서의 벼재배농업의 경우에도 그 시작 연대가 신석기시대 중기까지 소급되는데 증거로 제시되는 유적들이 일부 존재한다. 이를테면 김포 가현리佳峴里, 가와지1지구, 대화리 등 퇴적층 같은 것인데 그 연대가 신석기시대 중기로 거슬러 올라간다. 하지만 이러한 조사에

238   김기숙·한경선 지음. 『교양을 위한 음식과 식생활 문화 1』. 대한교과서. 1998년 4월 10
      일. p.31.

도 문제가 존재하며 잘못된 추정치를 얻어내는 오류가 산출되면서 그 연대에 수정이 필요하게 되고 있는 실정이다. "곡물자료에 대한 해석은 신중을 기해야 하기 때문"에 이러한 오류의 만연을 방치해서는 안 된 다.

1990년 김포 佳峴里에 소재한 泥炭層에서 벼껍질이 물체질에 의해 채집되었으며, 그 유물의 연대는 분석결과 4010±25bp로 밝혀져 신석기시대 후기의 벼농사의 자료로 주장된 바 있다. 1992년에는 일산지역의 조사된 성저리의 가와지층과 가와지1지구의 대화리층의 벼자료가 있는데, 토탄의 측정결과는 각각 4070±80bp, 4330±80bp이고, 대화리층의 연대는 6210±60bp(1지역)의 것도 보고되었다. 일부 층위의 해석에 의문이 제기되는 등 문제점이 지적되고 있지만 보고대로라면 우리나라의 벼의 출현 시기는 신석기시대 중기단계까지 遡及되는 것이다. 하지만, 이들 벼 자료는 강변의 퇴적지 또는 濕原에서 채집된 것으로 유적의 遺構나 유물과 遊離된 것임을 알 수 있다. 따라서 이것은 洪水時 강의 隣近이나 상류로부터 다른 유기물과 함께 퇴적되었을 것으로 생각된다. 왜냐하면 한반도에 야생벼가 존재하지 않는 한, 신석기시대에 대하천변의 沖積台地에서 벼재배가 이루어졌을 가능성은 희박하기 때문이다. 따라서 이들 채집된 벼

자료는 고고학적 자료로서는 한계가 있다.[239]

벼를 재배했다는 주장은 대천리유적에서 쌀이 발견되어 뒷받침
되었다. 그러나 확신을 위해서는 곡물 자체의 연대측정이 필요
하며, 곡물자료에 대한 해석은 신중을 요한다. 나아가 식물유체
가 정확히 동정되었는가에 대한 전면적 검토가 필요하다는 지적
도 제기되었다. 곡물자료 발견에도 불구하고 신석기 사회가 조
재배를 중심으로 한 농경경제사회라는 주장은 수용되지 않고 있
다.[240]

곡물자료 발견에도 불구하고 조 재배를 중심으로 한 농업경제사
회의 주장이 수용되지 않고 있다는 이 지점에서 우리는 한국에서 최초
의 농업이 시작된 시기가 과연 신석기시대 전기 또는 중기인지에 대한
문제에 관해 조심스럽게 의문을 첨부할 필요가 있을 것이다. 물론 우리
의 담론은 그 취지가 고고학 연구가 아니라 신석기시대 여성사이다. 하
지만 이 문제 즉 한국에서 신석기시대의 농업이 언제 시작되었는가 하
는 문제는 당시 여성들의 사회적 지위와 역할을 탐구하는데서 중요한
의의가 있기 때문에 이렇듯 편폭을 아낌없이 할애하는 것이다.
결론적으로 출토된 탄화미에만 국한시켜 볼 때 신석기시대 중기

239 李弘鐘 엮음.『韓國古代文化의 變遷과 交涉』. 서경문화사. 2000년 6월 23일. p.13.
240 『한국고고학 강의』. 사회평론. 2007년 2월 28일. p.61.

까지도 농업이 아직 시작되지 않았다는 것이 필자의 소견이다. 설령 가장 원시적이고 가족을 단위로 하는 산발적인 농업이 아닌 농업이 존재했다고 하더라도 그것은 진정한 의미에서의 농업의 시작이었다고는 할 수 없기 때문이다. 어떤 경우에도 한국에서의 신석기시대의 "농경은 수렵·채집경제의 부수적 수단"[241]에 항상 만족해야만 했다.

> 신석기시대는 원시농경이 경제의 한 부분을 차지하지만 농경보다 어로·수렵에 대한 비중이 더 큰 생활을 영위했다.[242]

만일 한국의 신석기시대 경제생산의 중심이 말기에 이르러서도 농업이 아니라 수렵과 채집 또는 어로활동이었다는 것을 사실로 받아들인다면 우리의 여성 담론은 벌써 그 윤곽과 규모가 잡히기 시작했다고 보아도 무관할 것이다. 게다가 이러한 예단이 아래의 담론 즉 농업 생산도구와 농업에 관한 담론에서도 다시 한번 확인이 된다면 한국 신석기시대 여성의 지위와 역할 그리고 노동 등 생활의 모습은 그 실루엣이 벌써 드러났다고 해도 과언은 아닐 것이다.

241 『한국고고학 강의』. 사회평론. 2007년 2월 28일. p.61.
242 『한국사 1』. 한길사. 1994년 1월 5일. p.218.

ㄴ. 생산도구와 농업

중국의 경우 농업은 농업생산도구의 발전과 긴밀히 연결되어 있었다. 신석기시대 초기 농업이 아직 대두되지 않았다는 결론은 전기 유적들에서 아직 삽이나 낫과 같은 전문적인 농업생산도구들이 적거나 발견되지 않았음을 근거로 삼았기 때문이다. 한국의 경우도 이와 별반 다르지 않을 것이다. 이와 같은 단정은 일단 신석기시대 전기 유적이라 할 수 있는 서포항유적에서 출토된 생산도구의 사례에서도 가능하다. 서포항유적은 함경북도 라선시 굴포리 서포항마을 동쪽 산기슭에 위치한다. 북한 고고학계에서는 이미 이곳에서부터 한반도의 농업이 그 첫 발자국을 내디뎠다며 자랑스럽게 선고하고 있다. 물론 그러한 판단의 근거로 제시된 것은 유적에서 발견된 노동생산도구였다. 이 판단에 설득력이 부여되자면 두말할 것도 없이 이 노동도구들은 주로 농업 경작

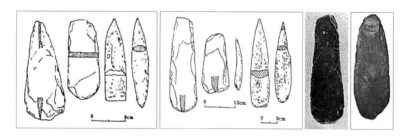

| **사진 77** | 서포항 1·2기 노동도구(두 번째 사진 3은 뒤지개)와 괭이와 삽

신석기시대 이른 시기에 농업이 시작되었다는 서포항유적 1·2기층의 노동생산도구는 괭이·삽·도끼뿐이다. 여기에 얼토당토아니한 뚜지개(뒤지개)까지 노동생산도구로 둔갑한다. 그것이 농업생산에 이용되었는지는 잠시 불문하고서라도 이 유적에는 활촉과 작살 같은 수렵·어로도구들이 대부분이다.

에 사용되어야만 한다. 일단 우리는 아래의 도표를 통해 북한 고고학계에서 이 유적에서 발굴조사를 통해 출토되었다고 보고하는 이른바 주요한 농업생산도구의 면면을 만나보도록 한다. 그런 다음 이러한 도구들이 과연 농업에만 쓰이는 전문 생산도구인지에 대해 면밀하게 검토를 진행할 것이다.

서포항유적1기층 주요 농업생산도구 출토 상황 [도표 3]

명칭	괭이	창끝	활촉	그물추	작살	찌르개살	낚시	송곳
수량	7점	1점	3점	13점	1점	8점	2점	4점
기능	농업	어로	수렵	어로	어로	어로	어로	제작
재료	돌·뿔	뿔	돌	강돌	뿔	뼈	뼈	뼈

서포항유적2기층 주요 농업생산도구 출토 상황 [도표 4]

명칭	뒤지개	괭이·삽	활촉	찌르개살	그물추	작살	흘리개	도끼	송곳
수량	13점	18점	48점	18점	80여점	5점	8점	7점	100점
기능	?	농업	수렵	어로	어로	어로	어로	다용도	제작
재료	사슴뿔	돌·뿔·뼈	돌·뿔	뼈	강돌	뿔	뼈	돌	뼈·뿔

　　신석기시대 전기에 속하는 서포항유적 1·2기 출토 유물에서 농업과 관련된 도구로는 괭이·삽·도끼뿐이다. 게다가 1기에는 괭이만 있을 뿐 삽과 도끼도 보이지 않는다. 두 기 다 수렵에 사용되는 활촉과 수공제작에 사용되는 송곳을 제외하면 거의 전부가 어로도구들이다. 그런데

앞에서도 잠깐 언급했지만 도끼는 전문 농업생산도구라고 할 수 없다. 집을 지을 때 나무를 자르고 터를 닦거나 건축 재료를 잘라 다듬을 때에도 유용하게 쓰이기 때문이다. 물론 당시 가장 많았을 것으로 짐작되는 목기제작에서도 중요한 공구이다. 송곳도 100여 점이나 출토되었는데 옷을 짓거나 나무에 구멍을 뚫는데 사용되거나 또 다른 용도로 사용되었을 가능성이 있을 뿐 농업생산에 사용되었을 가능성은 거의 없다.

그런데 놀라운 것은 북한 고고학계에서 서포항유적에서 농업이 시작되었다는 가설을 뒷받침할 노동도구로 주목한 것은 삽·도끼를 배제한 엉뚱한 뒤지개라는 사실이다. 물론 괭이도 포함된다. 북한 발굴보고서에서는 "뚜지개"라고 소개된 뒤지개는 끝이 뾰족하고 가늘며 기다란 모양의 작대기 같은 도구이다. 이런 용도 불명의 도구가 이들에 의해 느닷없이 농업을 시작한 중요한 증거로 둔갑한 것이다. 하지만 농업 발단에서 막대한 기여를 한 이 뒤지개는 1기층 유물에서는 모습을 드러내지도 않는다. 물론 3·4기층에서도 종적을 감췄다가 돌연하게도 5기층에서 6개가 또다시 나타난다. 이 뒤지개가 어떻게 괭이와 함께 최초의 농업을 개척한 농업생산도구로 부상했는지 한번 알아보자.

> 서포항유적 1기층 이전의 신석기시대 사람들이 민속학적 자료에서 볼 수 있는 것처럼 단순한 뚜지개만으로 농사를 지었을 가능성도 없지 않다. 그러나 지금까지의 자료로서는 신석기시대 전기의 조선 옛 유형 사람들이 괭이나 작대기 및 뚜지개로 땅을 뚜지거나 파헤치고 거기에 먹는 식물의 씨나 뿌리를 심는 원시

적인 재배법으로 농사를 지었을 것이라고 인정된다.[243]

뒤지개는 사슴뿔의 뾰족한 끝을 가공하지 않은 채 그대로 사용한 것으로 씨 뿌릴 구멍을 파던 도구로 생각되며 뿔괭이는 사슴뿔을 잘라서 줄기로 된 굵고 긴 것을 자루로 하고 뿔그루 쪽에서 잘라진 작은 가지를 가공하여 사용한 굴지구掘地具이다. 뒤지개와 뿔괭이는 궁산리와 서포항조개더미에서 출토되었다.[244]

북한에서는 뒤지개를 작대기와 동일시하고 있다. 더 의미가 있는 대목은 남한에서는 괭이를 뒤지개와 동일시하고 있다는 사실이다. 둘 다 굴지구 즉 뾰족한 끝으로 땅을 파는 도구이기 때문이다. 그런데 우리가 여기서 한 가지 주목할 것은 뒤지개가 출토된 유적들의 공통점이라는 사실이다. 뒤지개가 발견된 유적들은 대체로 내륙 지역이 아닌 바닷가로 이른바 조개더미(패총)에서 발견된다. 예를 들면 바닷가에 위치한 궁산리유적, 학월리유적 등에서 발견된다. 이런 현상이 우리에게 던져주는 메시지는 과연 어떤 것일까. 면밀한 검토가 필요한 시점이다. 이는 신석기시대 전기에 과연 농업이 시작되었는지 또 그 농업의 시작으로 인해 여성의 지위가 격상되었는지에 대한 문제와 직결되기 때문이다.

---

243 서국태 지음. 『조선의 신석기 시대』. 사회과학출판사·백산출판사. 1997년 5월 30일. p.82.
244 『한국사 1』. 한길사. 1994년 1월 5일. p.207.

뒤지개가 발견된 유적으로는 평안남도 온천군 궁산유적, 함경북도 라선시 서포항유적, 황해북도 은천군 학월리유적 등이다. "유적이 형성될 당시 섬 또는 해안이었던"[245] 궁산유적에서는 뒤지개가 "온전한 것과 부러진 것을 합하여 60여 개"나 출토되었다. 뿐만 아니라 뒤지개와 유사한 모양의 "사슴뿔로 만든 괭이가 25개"[246]나 된다. 이 밖에도 해안가에 위치한 조개더미유적에서는 뒤지개와 용도가 유사할 것으로 짐작되는 찌르개가 많이 발견된다.

예컨대 남해안 일대의 조개더미유적인 동삼동유적에서는 뒤지개 대신 찌르개 7개가, 통영군 조개더미유적인 상로대도유적에서는 찌르개 13개가 나왔다. 그렇다면 그 모양이 유사한 뒤지개, 뿔괭이, 찌르개 등 도구가 공통적으로 해안가 조개더미유적에서 발견되는 사실은 무엇을 의미할까. 이러한 유적들의 또 다른 공통점은 탄화미 같은 곡물이 나타나지 않는다는 사실이다. 우리는 앞에서 뒤지개가 농업생산도구라고 전해들은 바 있음을 상기할 필요가 있을 것이다.

조개더미는 선사시대의 인류가 식료로 채집한 조개를 먹은 후 그 껍데기를 버려서 쌓인 것이다. …… 신석기시대의 조개더미유적 중에는 서포항, 청진 농포, 부산 영선동과 동삼동, 수가리, 연대도, 욕지도, 상노대도, 송도, 시도, 오이도, 궁산리 등이 유명하

---

245 한은숙 지음. 『대동강유역일대의 신석기시대유적』. 진인진. 2009년 2월 10일. p.125.
246 한은숙 지음. 『대동강유역일대의 신석기시대유적』. 진인진. 2009년 2월 10일. p.139. p.141.

신석기시대
세계 여성사

다.…… 수가리에서는 굴·개굴·돌고부지·바지락 등의 함수성조
개와 함께 산우렁·깨알달팽이·납작달팽이 등 육지에서 자라는
담수조개류가 확인되었다. [247]

채집하여 식량으로 소비한 조개류 중 굴 하나만 해도 바닷가 유적
에서 보편적으로 발견된다. 서포항유적은 물론이고 용당포유적, 학월
리유적, 농포유적 등에서도 굴껍질이 깔려있다. 당시 바닷가에 사는 사
람들에게 굴을 비롯한 조개류는 중요한 식량 내원이었음을 어렵지 않
게 알 수 있다. 이러한 굴껍질은 비단 서포항에서처럼 집자리 바닥에서
만 나타나는 것이 아니라 기타 바닷가 유적에서 발굴되는 질그릇 흙에
도 섞여서 나온다. 서포항유적, 농포유적, 룡당포유적, 학월리유적에서
출토되는 굴껍질 상황을 순서대로 살펴본다.

1기층 9호 집자리 바닥은 전면에 굴껍질을 고루 펴고 그 위에 강
자갈이 섞인 흙을 10~15cm 두께로 깐 다음 그 위에 불을 피워
구웠다.…… 2기층 3호 집자리 안에 덮인 층은 굴껍질이 갈피갈
피 얇게 끼우거나 굴껍질이 간혹 섞인 누런 모래층이었다. 집자
리 바닥은 두께 약 70cm인 굴껍질 위에 놓였는데 진흙을 얇게
펴서 다지고 구워서 매우 굳다.…… 2기층 19호 집자리 바닥은
굴껍질이 가끔 섞인 누런 모래층이 덮여 있다.…… 2기층 23호

247 『한국사 1』 한길사. 1994년 1월 5일. pp. 185~186.

집자리 구획 안에는 순 조개껍질 층이 쌓이거나 모래흙 층 속에 굴껍질이 갈피갈피 끼어 있으며 때로는 숯과 재 층이 덮여 있다. 다만 집자리 바닥 바로 위에는 굴껍질이 좀 섞인 누런 모래층이 20~30cm 두께로 덮여 있다. …… 2기층에서는 또한 집자리와 그 퇴적층에서는 굴을 비롯한 여러 종류의 조개껍질이 적지 않게 나왔다.

농포유적에서 나온 조개껍질로는 굴이나 밥조개 종류 등이 보인다.[248]

해주시 룡당포유적 제1구덩이(제1지점) 지표에는 풍화작용을 심하게 입은 굴껍질(분말상태)과 검은 진흙 및 자릅자릅한 막돌이 뒤섞인 층이 40~50cm 두께로 쌓여 있다. 제2구덩이(제2지점) 지층관계를 보면 두께 10~20cm 정도인 표토층 밑에 두께 50~60cm 정도인 굴껍질과 검은 진흙층이 있고 그 아래는 생땅이다. 학월리유적의 조개무지의 규모는 길이 50~60cm, 두께 3m 정도이다. 조개무지에 쌓인 조개껍질은 주로 굴, 밥조개, 백합조개, 섭조개, 골뱅이의 것인데 그 가운데서도 굴과 백합조개, 골뱅이 껍질들이 많다.[249]

248 김성국 지음. 『두만강유역일대의 신석기시대유적 1』. 진인진. 2009년 2월 10일. p.24. pp.33~35. p.52. p.152.
249 한은숙 지음. 『대동강유역일대의 신석기시대유적』. 진인진. 2009년 2월 10일. pp.305~306. p.312.

신석기시대
세계 여성사

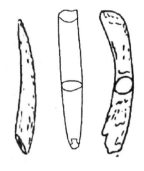

| **사진 78** | 해안가 유적에서 발견된 뒤지개(후포리·궁산·학월리유적)

뒤지개는 북한 고고학자들에 의해 농업생산도구로 단정됨과 동시에 농업의 시작을 증명하는 유물로 둔갑한 상황이다. 하지만 뒤지개는 해안가 유적에서 발견된다는 공통점 때문에 굴과 같은 조개 캐는 도구일 가능성이 높다.

필자가 굳이 굴껍질 유물 소개에 많은 편폭을 할애한 이유는 다름이 아니라 뒤지개가 굴껍질과 밀접한 연관성이 있다고 간주하기 때문이다. 물론 이 연관성 속에는 뿔괭이와 찌르개가 포함될 것이며 어쩌면 여러 유적들에서 상당한 규모로 출토되는 송곳도 일정한 연관성이 있을 것으로 예상된다. 뒤지개와 뿔괭이, 송곳이 가지고 있는 그 뾰족한 끝은 굴이나 바지락 또는 조개를 따는 작업에 안성맞춤이기 때문이다. 바닷가의 생산 활동은 뭐니 뭐니 해도 고기잡이나 조개잡이일 것이다. 만일 뒤지개가 북한 학자들의 주장처럼 농업에 사용된 농업생산도구였다면 내륙 지역의 유적에서도 나타나야만 한다. 하지만 뒤지개는 그야말로 굴과 연관된 유적에서만 제한적으로 나타나고 있다. 이와 같은 현상은 뒤지개가 그 무슨 농업생산도구가 아니라 분명 굴이나 바지락을 캐는 어로도구임을 의미한다. 유적지의 집터 바닥이나 퇴적층에 식용 후 버린 굴껍질 층이 그처럼 두텁다는 사실은 당시 사람들의 조개류 식량에 대한 대량 채집을 말해준다. 그러자면 효율적인 도구가 필요했을 것이다. 굴이나 바지락은 끝이 뾰족하고 단단한 전문적인 캐기 도구가 전제될 때에만 작업이 가능하다는 사실은 상식이다. 맨손으로는 딸 수 없기 때문이다. 지금도 사람들은 굴이나 바지락을 호미 같은 끝이 뾰족한 도구로 따고 있다. 앞에서 언급했듯이 끝이 뾰족한 도구에는 뒤지개 외에도 뿔괭이, 찌르개, 송곳 등이 더 있다. 이런 도구들도 가능하게 굴 캐는 도구로 사용되었을 것이다.

또 하나의 미스터리는 농업생산도구의 진화가 후기로 내려올수록 도리어 퇴보한다는 사실이다. 뒤지개는 물론 보습이나 삽처럼 땅을 뒤집는 도구와 밭을 일구는 도끼도 청동기시대에 이르기까지 감소 추세를 나타낸다. 이렇듯 이해불가의 현상에 대해 학자들은 앞 다투어 서로 다른 견해들을 피력하고 있지만 어느 하나의 가설도 고개를 끄덕일 만큼 수긍이 가지 않는다는 공통점을 가지고 있다.

농업도구의 가짓수가 급격히 늘어나고 돌보습이나 돌삽이 드러나는 시기인 신석기시대 중기는 보습농사가 진행된 시기로서 농업생산에서의 획기적인 전진이 이룩된 시기이다. 그런데 신석기시대 후기에 이르러서는 앞선 시기부터 널리 쓰여 오던 돌보습이나 돌삽이 별로 보이지 않으며 지어 농업생산이 보다 발전된 시기인 청동기시대에도 마찬가지이다. 그렇다고 하여 이 시기에는 보습농사를 짓지 않았다고 볼 수 없다. 왜냐하면 이 시기에 곡식의 이삭을 따는데 주로 쓰던 반달칼과 김을 매는데 쓰던 곰배괭이와 같은 보다 발전된 농업생산 활동을 보여주는 도구들이 더욱 널리 보급되기 때문이다. 이와 관련하여 주목되는 것은 신석기시대 후기에 이르러 목재가공에 주로 쓰이던 것으로 인정되는 공구류들이 부쩍 늘어나는 사실이다. 바로 이것은 육중한 돌보습날이나 돌삽날을 단 보습이나 삽이 아니라 순전히 나무로 된 보습이나 삽을 쓰게 된 것과 관련된 것이라는 것을 말하여 준다.[250]

반달칼과 곰배괭이의 기능은 수확과 제초에 국한된 것으로 밭을 갈고 뒤집는 보습과 삽의 기능이 진화된 것은 아니다. 보습과 삽과 같은 도구에 의한 기경起耕을 통한 경작지의 확보가 완료되어야만 제초와 수확이 가능해진다. 양자는 서로 다른 기능을 가진 도구로써 상호 보완이 될 수 없다. 또한 나무로 된 보습이나 삽과 같은 목제 공구류의 보편적 사용 역시 석재 보습이나 삽보다 선진적이라 할 수 없다. 나무로 된 보습날이나 삽날은 예리한 부분이 쉽게 닳거나 무디기 때문에 작업효율이 훨씬 떨어질 수밖에 없기 때문이다. 그것이 청동기나 철기로 된 것이라면 발전이라 할 수 있겠지만 나무로 되었다는 것은 문자 그대로 농업생산도구의 퇴보라고 할 수밖에 없을 것이다. 어쩌면 농업생산도구의 감소는 어떤 의미에서도 첫 번째 결과는 농업의 위축이라고밖에 볼 수 없다.

---

250 서국태 지음. 『조선의 신석기 시대』. 사회과학출판사·백산출판사. 1997년 5월 30일. pp. 81~82.

신석기시대 후기에 이르면 오히려 掘地具와 石斧類를 비롯한 농경도구 등이 감소되는 것으로 나타나고 있다. 이것은 비록 제한된 조사유적의 자료를 토대로 한 것이지만, 중기 이후 초기농경의 체계를 변화시킬 만한 稻作과 같은 새로운 농경방식의 수용이 이루어지지 않았음을 보여주고 있거나, 수렵·어로·채집활동 등 채집활동이 방해받지 않는 범위 내에서 剩餘부분을 활용한 이른바 제한적 농경단계가 지속적으로 維持되었기 때문으로 생각할 수 있다.[251]

이 주장 역시 논거가 박약하다. 벼농사가 없는 밭농사는 도구의 혁신이나 발전이 필요 없다는 말인가. 산지가 대다수인 한국에는 벼농사를 지을 수 없어 단일 농경방식인 밭농사만 지을 수밖에 없는 지역도 많은데 이런 고장에서는 농업생산도구가 시간이 흐를수록 감소되어야만 한다는 불합리한 메시지가 포함되어 있다는 결함을 안고 있다. 뿐만 아니라 "제한적 농경단계가 지속적으로 유지"되었기 때문이라는 조건 제시 역시 불합리한 추측이라고 할 수 있다. 지속과 유지의 결과는 결코 감소가 될 수 없기 때문이다. 이 경우 그것과 결부된 노동생산도구도 그 규모와 숫자를 지속하거나 유지할 것이기 때문이다.

결국 신석기시대 후기의 노동도구의 감소 원인은 사람들이 연년이 지속된 어느 시기의 자연기후나 재해 등으로 인해 농업을 통한 수확

---

251 李弘鐘 엮음. 『韓國古代文化의 變遷과 交涉』 서경문화사. 2000년 6월 23일. p.17.

신석기시대
세계 여성사

물이 적어지자 생산 활동의 중심을 수렵이나 어로에로 옮겼기 때문일 것으로 간주된다. 특히 획득 작업이 비교적 간단하고 쉬운 조개채취와 고기잡이가 주요한 식량 내원이 되었을 것이다. 당시 유적들에서 그물추, 작살 등 어로와 관련된 생산도구들이 대량으로 발견된다는 사실에서도 이러한 가정에 설득력이 부여된다. 농사는 자연기후에 의해 작황 作況이 좌우되지만 어로는 이런 영향에서 비교적 자유롭기 때문이다.

농업의 선진화와 가장 밀접하게 결부된 생산도구는 아마도 보습일 것이다. 한반도에서도 일부이지만 보습이 발견되었다는 조사보고가 있다. 대표적인 유적이 황해도 지탑리와 함경북도의 검은개봉유적이다. 그런데 필자는 관련 자료의 검토 중에서 이상한 사실을 발견하였다. 모양뿐만 아니라 크기·무게·수량 등 이상한 점이 한 두 가지가 아니었다. 아래에 중국의 7200년~6470년 전 백음장한白音长汗 3기 갑류 유적 집자리에서 출토된 돌보습과 지탑리유적 집자리에서 출토된 보습을 도표를 통해 비교하면서 담론을 전개할 것이다.

백음장한 갑류 집자리유적 출토 보습의 모양과 크기 [도표 5]

모양	번호	길이	자루 너비	허리 너비	날의 너비	두께
Aa	AF66②:4	30cm	6.4cm		13cm	1cm
	AF66②:6.	20.2cm	9.6cm			1.2cm
	AF79②:19	24.6cm	8.6cm		12.8cm	1cm
Ab	AF21②:20-1	28cm	7cm		15.8cm	1.8cm
	AF21②:20-33		12.8cm		21.6cm	2.2cm(最厚)
Ba	AF79②:4	16cm	13.4cm			1.6cm
	AF79②:15	20cm	9.2cm		13cm	1.2cm
	AF79②:19	20cm	9.2cm		13cm	1.2cm
Bb	AF21②:20-1	19.8cm	10.8cm		13.8cm	1.2cm
	AF21②:20-33	20.6cm	9.2cm		12.8cm	1.4cm
	AF82②:4	17.6cm	8.6cm		12.8cm	1.4cm
Ca	AF21②:5	16.4cm	6.2cm	8.4cm	13.3cm	1.2cm
	AF21②L18-1	26.6cm	10cm		20cm	1.2cm
	AF21②:21.	18.7cm	8.8cm		13.6cm	1.4cm
	AF27②:2	17.6cm	9.8cm	10.4cm	15.2cm	1.1cm
	AF27②:22	18.3cm	8cm	8.3cm	16.4cm	1cm
	AF79①:4	20.2cm	9.8cm		15.6cm	1.6cm
	AF79②:10.	16.6cm	8.4cm		13.2cm	1.2cm
	AF79②:11	16.8cm	7cm		12.6cm	1.2cm
	AF82②:3	16.8cm	8.8cm		14.2cm	1.8cm
	AT340②b:1	15.6cm	13cm			1.2cm

Cb	AF21②:11	18.6cm	9.2cm	11.8cm	16.6cm	1.2cm
	AF66②:3	18.6cm	8cm		14.6cm	1cm
	AF79②:7	18.6cm	4.8cm		14.4cm	1.6cm
Da	AF21②:12	15.6cm	8.4cm		12.8cm	1.4cm
	AF21②:13	14.5cm	11.2cm	10.8cm	12.7cm	0.9cm
Db	AF21②:8	13.6cm	8cm		11.6cm	1cm

지탑리 집자리유적 출토 보습의 모양과 크기 [도표 6]

집자리	개수	완성품	가장 큰 것	큰 것(길이)	작은 것(길이)	양날 사용
2호 집터	12개	9개	길 이			
3호 집터	12개	5개	65.5cm	65~50cm	30~49cm	일부
파괴 집터	9개	7개	너비 24cm 두께 4cm			

일단 보습의 크기에서 현격한 차이가 난다. 백음장한의 경우 보습이 제일 길어야 30cm이며 짧은 것은 13.6cm밖에 안 된다. 두께도 몇 개를 제외하면 모두 1.2cm로 비교적 얇음을 알 수 있다. 그러나 지탑리 보습의 경우는 짧은 것도 30~49cm이며 보통은 65~50cm이다. 두께도 무려 4cm나 된다. 보습의 이러한 크기는 그대로 무게의 증가로 이어질 수밖에 없다. 게다가 보습의 길이는 땅을 가는 깊이와 연관된다. 길이 65.5cm 대형 보습으로 땅을 가는 심경도가 깊어지고 보습자체의 둔중한 무게 때문에 보습을 인력으로 견인하기가 더욱 어려워질 것이기 때문이다.

길이 40cm, 너비 20cm 정도의 크기를 가진 돌보습날에 견딜 만
한 자루를 맞추어야 했고 또 그것을 혼자 힘으로 다루기 힘들었
을 것이므로 여러 사람이 함께 이용할 수 있는 장치 즉 날이 서도
록 붙잡을 수 있는 장치와 한두 사람이 당기거나 끌 수 있는 장치
를 만들었을 것이다.[252]

하물며 길이가 60~50cm, 두께 4cm에 달하는 무겁고 깊이 갈리
는 보습을 이용하려면 얼마나 많은 장정 노동력이 필요할 것이며 힘들
것인가는 불을 보듯 뻔한 사실이다. 파괴된 집자리까지 합쳐도 3기밖
에 안되는 취락에서 도대체 이렇게 많은 장정 노동력을 동원할 수나 있
었을까 의문이 들 수밖에 없다. 3호 집자리의 면적이 12m² 정도밖에 안
되고[253] 2호 집자리도 그보다 조금 더 크다. 이 정도의 가옥에 몇 명의
식구가 기거했겠는가. 기껏해야 2~5명에 불과할 것이다. 백음장한의
가옥들은 지탑리유적의 가옥보다 훨씬 더 크고 집자리도 많지만 보습
은 작고 간편하게 만들었다.
　　바로 이런 애로를 덜기 위해 백음장한 보습은 크기와 무게를 줄여
사용하기 편리하게 만들었으며 땅을 가는 깊이도 얕게 조절했던 것이
다. 이러한 무게와 길이 줄이기는 자루와 날개의 직결의 차이에서도 나
타난다. 죄다 八자형을 나타내고 있다. 땅에 접촉하지 않는 자루 부분

252　서국태 지음. 『조선의 신석기 시대』. 사회과학출판사·백산출판사. 1997년 5월 30일.
　　　p.86.
253　한은숙 지음. 『대동강유역일대의 신석기시대유적』. 진인진. 2009년 2월 10일. p.211.

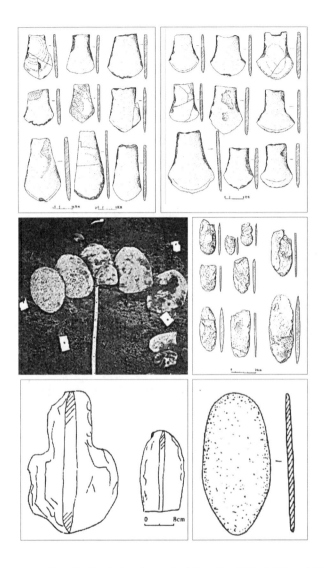

| **사진 79** | 백음장한유적보습과 지탑리·검은개봉·마산리유적 돌보습

한반도에서 출토된 보습은 백음장한 유적에서 출토된 보습에 비해 크기·길이·두께·모양 등에서 차이가 많이 난다. 건축에 사용된 판석일 가능성이 많다.

의 불필요한 부분을 줄여 무게를 던 것이다. 하지만 지탑리 보습은 무게와 깊이를 줄이기 위한 그 어떤 기술적 조치도 취해지지 않고 있다. 거의 타원형에 가까운 모습을 하고 있다. "보습 가운데 양쪽 끝을 모두 날로 쓴 것도 있고…… 양쪽 끝이 비슷하게 된 것이 있는데 이것은 양쪽 끝을 모두 날로 쓰려고 그렇게 만든 것"이라고 한다. 사람이 잡을 수 있는 작대기에 비끄러매는 자루 부분은 八자 모양으로 너비가 날에 비해 좁아야 용이한데도 양쪽이 다 날의 너비라면 이 작업이 어려워질 수밖에 없을 것이다. 사실 크기로는 "보습과 비슷한 생김새를 가진 삽 2개가 출토"되었는데 "하나는 길이 22cm 정도이고 다른 하나는 남은 길이 18.5cm(본래는 21~22cm), 너비 10cm로"[254] 도리어 백음장한 보습과 크기가 유사하다. 그러나 보습이라 하기에는 날의 너비가 너무 좁다.

필자는 이 보습이 땅을 가는데 사용된 농경도구가 아니라 다른 용도로 쓰이지 않았을까 생각한다. 필자가 주목한 것은 보습의 길이가 그 보습이 출토된 집자리 움의 깊이와 비슷한 수치를 나타낸다는 사실이다. "2호 집자리 움의 깊이는 50~60cm 정도"이며 "3호 집자리 움의 깊이는 30~35cm 정도"[255]로써 보습의 길이와 비슷하다. 그렇다면 한 집자리에서 무려 12개씩이나 나란히 발견된 이 돌보습들이 혹시 화독 주변에 둘러놓았던 판석처럼 움벽 둘레에 박아 세우려고 준비했던 것이 아

254 한은숙 지음. 『대동강유역일대의 신석기시대유적』. 진인진. 2009년 2월 10일. pp. 214~215.

255 한은숙 지음. 『대동강유역일대의 신석기시대유적』. 진인진. 2009년 2월 10일. p. 208. p. 211.

신석기시대
세계 여성사

닐까. 다만 아직 채 준비가 되지 않아서 보관하고 있던 중이었을 것이고, 심층 연구가 필요할 것 같다.

2) 수렵·어로도구와 생업

농업이 중요 생산 활동이 아니라면 화제는 자연스럽게 채집·수렵과 및 어로에로 넘어갈 수밖에 없다. 신석기시대인들이 채집과 수렵 그리고 어로를 통해 식량의 대부분을 해결했다는 사실은 당시 유적들에서 발견된 식물과 동물뼈 그리고 물고기뼈에서도 입증이 될 뿐만 아니라 출토된 관련 생산 활동에 사용된 생산도구에서도 나타난다. 일단 채집활동에 의해 획득된 식물은 주로 도토리나 살구씨와 같은 열매류들이다.

> 봉산鳳山 지탑리智塔里 유적에서는 기장 또는 피로 보이는 낟알과 도토리가 나왔다.[256]

> 봉계리유적 10호 집자리의 화독 안에 숯과 함께 도토리, 살구를 비롯한 열매 씨들이 있었다. 15호 집자리에서 약간의 도토리 조각들이 드러났다.

---

256 김기숙·한경선 지음. 『교양을 위한 음식과 식생활 문화 1』. 대한교과서. 1998년 4월 10일. p.31.

남경부락 31호 집자리에서 남쪽 벽에 가로 대였던 것으로 짐작되는 통나무 곁에서는 숯이 된 도토리 알이 3개 나왔다.[257]

주로 따거나 줍는 식량으로서 굳이 따로 도구가 필요 없이도 쉽게 획득할 수 있는 식료품들이다. 물론 이 채집 식량들에는 앞에서 언급된 기장 또는 피 그도 아니면 조 등 야생식물이 포함될 것이다. 살구는 그대로 먹어도 되고 도토리는 말려서 보관했다가 먹어도 되는 사철 식량이다. 이외에도 형체를 알 수 없는 채집 식량들 중에는 열매 말고도 뿌리식물, 나물 같은 것들도 포함되었을 것은 말할 필요도 없다. 게다가 이른바 "낟알 유물"이 출토되는 유적들에서는 예외 없이 채집한 식물도 발견되면서 경제생활에서 채집노동이 차지하는 비중을 어느 정도 알 수 있게 해준다. 그나마 다행인 것은 농업이 아직은 위축 상태에 있었지만 채집활동으로 여성의 노동이 유용해졌다는 사실이다. 고고학적 발굴에 의하면 물론 당시의 채집활동은 수렵이나 어로 활동에 비할 때 부차적이라는 사실을 인정하지 않을 수 없다. 도토리나 살구 씨 같은 채집 식량에 비해 동물뼈와 물고기뼈는 훨씬 대량으로 출토되기 때문이다.

---

257 한은숙 지음. 『대동강유역일대의 신석기시대유적』. 진인진. 2009년 2월 10일. pp. 137~138. p. 68.

신석기시대
세계 여성사

몇 개 유적에서 출토된 짐승뼈 [도표 7]

서포항유적2~5기	개, 사슴, 노루, 누렁이, 멧돼지, 물개, 고래갈비뼈 등
용곡리유적	멧토끼, 오소리, 늑대, 곰, 말, 멧돼지, 사슴, 노루, 누렁이, 산양뼈
백령도유적	멧돼지, 사슴, 양뼈 등

　　신석기시대유적들에서 동물뼈의 출토 수량은 곡물의 출토 수량에 비해 훨씬 많다. 이는 이 시기의 사람들의 식량 내원의 주요한 부분은 여전히 수렵에서 획득된다는 것을 의미하기도 한다. "유적에서 출토되는 동물뼈로 보아 이들의 사냥대상은 사슴·노루·멧돼지·산양·표범·곰·족제비·너구리·물개·여우·독수리 등 다양하였음이 확인"[258]되었다. 우리는 당시 동물사냥이 경제생활에서 중요한 위치에 있었음을 대량으로 출토되는 수렵도구에서도 알 수 있을 것이다. 그런데 신석기시대에 들어와 수렵의 대상은 대형동물에서 사슴과동물이나 멧돼지 등 소형동물로 전환했다. 사슴·멧돼지뼈는 세 개의 유적에서 모두 발굴된다는 점에서도 알 수 있다. 하지만 사슴과동물은 이동속도가 빨라 창과 같은 재래식 수렵도구로는 포획이 쉽지 않다는 어려움이 있었다. 새로운 수렵환경에 맞도록 개발된 도구가 활이다.

　　우리나라 신석기시대의 유적에서는 시기와 지역에 상관없이 동

---

258 『한국사 1』. 한길사. 1994년 1월 5일. p.210.

물을 잡는 데 사용한 창끝과 살촉이 출토되었다.…… 대형동물들의 멸종 또는 이동으로 인간의 주변에는 사슴·멧돼지 등 소형동물이 사냥대상이 됨에 따라 이러한 창사냥은 급격히 줄어들게 되었다. 신석기시대에 오면서 온대지방에 무성한 광엽수림대가 넓어지고, 청각이 발달한 멧돼지나 사슴 가까이까지 인간이 접근하기 어려워짐에 따라 멀리서 정확히 쏠 수 있는 활과 화살의 발명은 필연적이었다. 화살의 발명에 따라 인간의 사냥대상은 소형 동물은 물론 하늘을 나는 새로까지 넓어지게 되었다.[259]

　　살촉과 창끝은 문자 그대로 시기와 지역에 상관없이 모든 유적에서 출토된다. 신석기시대 전기에 속하는 서포항유적 1기의 9호 집자리에서도 활촉과 창끝이 발견되며 궁산문화1기에서도 활촉과 창끝이 발견된다. 서포항1기 9호 집자리에서는 활촉과 창끝이 4개 발견되었고 2기층에서는 활촉 48개, 3기층에서는 활촉과 활 부분품 87개나 발견되며 전성기를 이루었다. 4기층과 5기층에 이르러 각각 활촉 20개와 20개로 좀 줄어든다. 물론 거기에는 그럴만한 이유가 있다. 지탑리유적의 경우에도 삽 2개, 낫 8개에 비해 활촉은 8개, 창끝은 여러 개로 결코 뒤지지 않는다. 마산리유적에서는 활촉은 무려 70여 개 창끝 또한 8개로 도구 중 단연 으뜸이다. 궁산리유적에서도 활촉 40여 개와 창끝 10여 개를 합치면 괭이 2개, 낫 6개, 도끼 14개를 합친 이른바 농업생산도구보

---

259 『한국사 1』, 한길사. 1994년 1월 5일. pp. 209~210.

신석기시대
세계 여성사

다 훨씬 웃돈다.

출토된 동물뼈와 수렵도구가 낟알 유물이나 농업생산도구보다 많다는 것은 한마디로 당시의 경제생활 중심이 농업이 아니라 수렵에 치중해 있었음을 말해준다고 할 수 있다. 그런데 도구의 출토 수량의 변화에서 볼 때 신석기시대 후기로 내려올수록 수렵보다 어로 즉 물고기잡이가 경제활동의 주축이 되었음을 암시하고 있다. 그것은 후기의 도구들의 다수가 어로도구로서 기타 도구들을 압도하고 있기 때문이다.

> 신석기시대에는 사냥보다 위험성이 적은 어로생활에 많은 비중을 두었다.…… 해안 주변에서 주로 발견되는 조개더미는 당시 어로생활이 성행했음을 알게 한다. 우리나라에서 발견되는 신석기시대의 조개더미는 굴포리, 농포동 등 함경도 북부 해안지대와 궁산리, 용반리, 시도 등 서해안 지대 그리고 동삼동, 구평리 등이 있는 남해안 지대에 널리 분포되어 있다. 주로 굴, 전복, 소라, 백합 등의 껍질과 삼치, 도미, 상어 등의 뼈가 발견된다.[260]

조개더미유적에 대해서는 여기서 더 언급할 필요조차 없다고 생각한다. 다만 학월리유적의 실례를 들어 조개 종류에 대해서만 짚고 넘어간다. "길이 50~60cm, 두께 3m 정도 학월리유적의 조개무지에 쌓인 조개껍질은 주로 굴, 밥조개, 백합조개, 섭조개, 골뱅이의 것인데 그 가

---

260   김기숙·한경선 지음. 『음식과 식생활문화』, 대한교과서. 1998년 4월 10일. p.30.

운데서도 굴과 백합조개, 골뱅이 껍질들이 많다."[261]고 한다. 물고기의 경우에도 "서포항유적2기층에서 여러 종류의 물고기뼈가 나왔고"[262] "5기층에서도 물고기뼈가 출토"되었으며 "퇴적층에서는 고래갈비뼈까지 나왔다."[263] 뿐만 아니라 신석기시대 "후기의 유적들에서는 물개나 바다사자를 비롯하여 여러 종류의 물고기뼈들이 발견"[264]되었다. 물론 물고기뼈만 발견된 것이 아니라 어로도구들도 대량 출토되면서 당시 어로를 통한 식량 확보가 얼마나 광범위하게 진행되었는지를 알게 해 준다.

한편, 창과 작살, 뼈로 만든 낚싯바늘, 낚시봉 등도 발견되는데 그것으로 보아 당시에 이미 낚시, 작살류 그리고 어망류 등을 사용하여 어패류를 잡았음을 알 수 있다.[265]

고기를 잡는 데 사용한 도구로는 뼈로 만든 낚시와 작살 그리고 뼈로 만든 미늘과 돌로 만든 축을 묶어서 사용하는 이음식어구와 함께 강에서 쉽게 구할 수 있는 강돌의 양 모퉁이를 떼어내어 그물추로 쓴 연장들이 출토되었다.[266]

261 한은숙 지음. 『대동강유역일대의 신석기시대유적』. 진인진. 2009년 2월 10일. p.312.
262 서국태 지음. 『조선의 신석기 시대』. 사회과학출판사·백산출판사. 1997년 5월 30일. p.29.
263 김성국 지음. 『두만강유역일대의 신석기시대유적 1』. 진인진. 2009년 2월 10일. p.52. p.137.
264 서국태 지음. 『조선의 신석기 시대』. 사회과학출판사·백산출판사. 1997년 5월 30일. p.74.
265 김기숙·한경선 지음. 『음식과 식생활문화』. 대한교과서. 1998년 4월 10일. p.30.
266 『한국사 1』. 한길사. 1994년 1월 5일. pp.209~210.

물고기잡이에 사용되었을 어로도구는 그 수는 물론 종류에서도 놀랄 만한 결과를 보여주고 있다. 종류로는 그물추, 작살, 찌르개살, 낚시, 흘리개 등 다양하다. 그물로도 잡고 찔러서도 잡고 낚아서도 잡은 것이다. 종류뿐만 아니라 이런 어로도구들은 지금까지 발굴된 신석기시대 거의 모든 유적들에서 보편적으로 출토되었다. 돌로 만든 것도 있고 뼈로 만든 것도 있어 그 재질도 다양하다. 신석기시대 전기에서 후기에 이르기까지 어로도구는 종류도 수량도 좀처럼 줄어들지 않는다. 특히 그물추는 여러 유적들에서 대량으로 발견되는데 서포항 2기층에서만도 집자리에서 62개, 퇴적층에서 수십 개 발견되었으며 농포유적 89개, 지탑리유적에서 29개가 출토되었다. 대서특필할 만한 것은 서포항 유적 8호 집자리에서 100여 점, 금탄리유적 2기의 한 집자리에서만 600여 점, 남경유적31호 집자리에서는 무려 3000여 점의 그물추가 발견[267]되었다는 사실이다. 이와 같이 대규모로 출토되는 그물추 하나만으로도 당시의 어로작업의 규모를 짐작할 수 있게 한다. 농업생산도구와는 비교도 안 될 만큼 방대하기 때문이다. 농업이 생산 활동의 핵심이고 수렵이나 어로가 부차적인 것이었다면 당연히 도구 규모가 상반된 결과로 나타나야 할 것이다. 게다가 어로활동은 도구를 이용해서만 진행되는 것도 아니었다. 그물추나 작살 또는 낚시 같은 이러한 어로공구가 없이도 물고기잡이는 얼마든지 가능했기 때문이다.

---

267 서국태 지음. 『조선의 신석기 시대』. 사회과학출판사·백산출판사. 1997년 5월 30일. p.94.

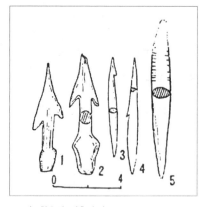

1. 서포항유적 1기층의 것
2~5. 서포항유적 2기층의 것

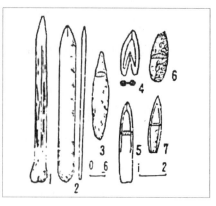

1, 6, 7. 서포항유적 2기층의 것
3. 서포항유적 1기층의 것
4, 5. 궁산유적 1기층의 것
2. 지탑리유적 1호집자리의 것

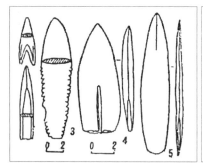

1~3. 지탑리유적 3기층의 것
4, 5. 궁산유적 2기층의 것

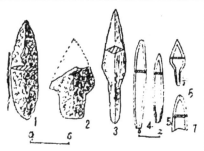

1, 6. 범의구석유적의 것   4. 서포항유적 4기층의 것
2. 농포유적의 것   5. 금탄리유적 2기층의 것
3. 상타자유적의 것   7. 신암리 청동말레유적의 것

| 사진 80 | 신석기시대 전·후기 수렵·어로도구와 남경유적 그물추

활촉·활부분품은 수렵도구이며 낚시, 작살, 그물추는 어로도구이다. 신석기시대 초기부터 거의 모든 지역의 유적들에서 출토되고 있다. 이는 신석기시대 한반도 경제생활에서 차지하는 수렵과 어로의 중요성을 시사한다.

이 밖에도 신석기시대인들은 얕은 개울가의 양쪽을 둑으로 막아 그 안의 고기를 잡거나, 독이 있는 식물의 즙을 개울에 풀어 고기를 잡았을 것이다. 그리고 2인용 그물을 이용해서 소규모의 고기잡이도 하였을 것이다. 낚시와 그물추를 사용하는 고기잡이가 남성 성인에 의해 이루어졌다면 개울가의 소규모 어업은 어린아이와 부녀자들이 담당했을 것이다.[268]

삽이나 괭이 또는 도끼가 농업에 사용된 것이 아니라 물고기잡이를 위해 진행된 개울둑을 막는데 사용되었을 가능성도 배제할 수 없다. 둑을 막으려면 흙을 파서 쌓아야 하고 나뭇가지를 잘라 막아야 하기 때문이다. 물론 아주 작은 개울에서의 둑을 막는 작업은 맨손으로도 가능했을 것이며 이 경우에는 어린아이와 부녀자들도 잡을 수 있었으리라 짐작된다. 개울에서 소규모의 이인용 그물을 이용하여 물고기를 잡는 작업도 애들이나 여성이 소화해낼 수 있는 노동일 것이다. 어쩌면 여성은 농업생산 활동에 종사했다기보다 이렇듯 사소한 물고기잡이나 채집 또는 자질구레한 가사노동에 종사했을 가능성을 제시해주는 대목이라고도 할 수 있다. 물론 굴이나 조개를 캐는 노동은 여성도 남성과 함께 참여할 수 있었을 것으로 생각된다.

결과적으로 신석기시대의 경제활동을 견인했던 생업은 얼토당토 않은 농업이 아니라 수렵과 어로였다. 그중에서도 "신석기시대 사람들

---

268 『한국사 1』 한길사. 1994년 1월 5일. p.210.

이 큰 강가나 해안, 또는 도서 지역에 많은 유적을 남긴 점으로 미루어 우리나라의 신석기문화는 어로생활을 중심으로 이루어졌다는 것을 알 수 있다."[269] 물론 여기에는 여성들이 담당했을 채집활동도 한 몫을 했을 것으로 인정된다. 지금까지 우리가 상술한 담론을 통해 도달한 결과는 한반도의 신석기시대에는 농업이 존재하지 않았거나 존재했다고 하더라도 출토된 낟알(야생 낟알) 유물과 농업생산도구의 실태로 볼 때 그 규모면에서나 질적인 면에서 지극히 원시적이고 초보적이며 산발적으로 진행되었다는 것이다. 우리가 많은 편폭을 할애하여 이 문제에 대한 검토에 쏟아 부은 것은 농업의 존재 여부가 한국 여성의 사회적 지위와 역할에 대한 판단에 결정적인 영향을 미치기 때문이다. 농업의 존재 여부는 당시 여성의 이미지를 결정하는 시금석이라고 할 수 있다. 미리 단정하지만 신석기시대 한반도 여성의 지위와 역할은 중국과 별반 다름이 없었거나 더 위축되었을 가능성도 배제할 수 없다. 중국의 신석기시대 상황으로 볼 때 농업이 한국의 경우보다 조금은 앞섰다고 할 수 있기 때문이다. 결국 농업의 위축은 여성이 사회적 지배권을 장악하고 남성을 제압하는 데 좌절할 수밖에 없도록 견제 역할을 했던 셈이다. 반면 남성은 신석기시대에도 농업의 부진 덕분에 여성이 누릴 수 있었던 권위를 대신 누릴 수 있었다고도 할 수 있다.

---

269 국사편찬위원회. 『한국사 2』. 탐구당문화사. 1997년 12월 30일. p.366.

2장

:

한반도의 가옥과 여성

1) 취락 구조와 여성

한반도의 신석기시대 유적들에서 발견되는 집터의 특징은 크게 두 가지로 귀납할 수 있을 것이다. 하나는 가옥 형태에서 반지혈식 즉 움집이라는 것이고 다른 하나는 취락 규모가 소형이거나 아예 발굴되지 않는다는 것이다. 얼핏 보기에는 중국 신석기시대 가옥이나 취락과 유사한 점이 있는 것처럼 보이기도 하지만 자세히 관찰하면 분명한 차이가 존재한다. 반혈거식·움집이라는 측면과 취락의 존재에서는 유사점이 나타나지만 이 양자의 시간적인 면과 규모면에서는 다른 양상을 보이기 때문이다. 먼저 한반도에서 발굴된 신석기시대 유적들의 전형적인 가옥 형태로서의 움집에 대해 살펴보도록 한다.

서포항유적 집자리 움 깊이 [도표 8]

각 층	서포항1기	서포항2기	서포항3기	서포항4기	서포항5기
움 깊이	100cm	60~150cm	30~90cm	40~8cm	30~108cm

궁산문화유적 집자리 움 깊이 [도표 9]

시기	궁산문화1기	궁산문화2기	궁산문화3기	궁산문화4기
움 깊이	40~130cm	30~60cm	30~70cm	30~140cm

이 밖에도 한반도 거의 모든 지역에서 출토되는 집자리에는 천편일률적으로 움이 발견된다. 암사동 집자리의 움 깊이는 30cm에서 101cm이고 미사리유적의 집자리 움 깊이는 42cm이다. 다만 오산리유적에서 발견된 12기의 집자리에서만 유독 움이 나타나지 않지만 그 역시 아예 움을 파지 않은 것이 아니라 유적이 너무 파괴되었기 때문이다. 모래땅을 판 원인과 문화층이 중첩되며 소실된 것으로 보인다.

모래땅을 파고 지은 집자리인 경우에 움벽에 진흙매질을 하거나 불태워 굳히지 않은 것이라면 움벽이 제대로 남아 있을 수 없으며 또 여러 시기의 문화층이 겹놓여 있는 유적에서 드러나는 집자리들인 경우에 본래의 움이 그대로 남아 있는 실례를 찾아보기 어렵다. 사실상 지금까지 우리나라 각지에서 수많은 신석기시대 집자리들이 발견되었지만 움을 파지 않고 지은 집자리는

찾아볼 수 없는 만큼 오산리유적 집자리들도 본래는 움집 형식의 집자리였다고 인정된다.[270]

땅을 파고 그 위에 세운 움집은 신석기시대 중기 이전에는 "그 바깥 면에서는 벽체가 전혀 안 보이는…… 원추형의 고깔지붕을 가진…… 지붕과 벽체가 아직 완전히 분리되지 않은 원시적인 형태"[271]이었을 수밖에 없다. 벽체가 노출되거나 땅 위로 높아지려면 움의 깊이를 낮춰야만 한다. 이러한 움집은 지을 때부터 그 안에서의 생활은 물론 그 어느 점에서나 불편한 것이 한두 가지가 아니었다. "방 안에서 우등불을 피워 방 안을 덥히고 음식물을 만들게 되어 있는 만큼 생활에서 불편한 점도 적지 않다.…… 움이 깊은 집일수록 드나들기도 어렵고 방 안에 습기와 연기가 더 많이 차기 마련이며 환기와 채광이 잘 안 될 것은 명백하다." 물론 "움 속이 바깥보다 겨울에는 덥고 여름에는 비교적 선선하다는 합리성"[272]도 있지만 그것은 불편한 점에 비하면 극히 적은 것이라 하지 않을 수 없다. 게다가 움집에서 살아야 하는 불편은 가옥을 지을 때부터 봉착하는 어려움이 수반되기도 한다.

270 리주현 지음. 『남부조선지역의 신석기시대유적』. 진인진. 2009년 2월 10일. p.80.

271 서국태 지음. 『조선의 신석기 시대』. 사회과학출판사·백산출판사. 1997년 5월 30일. p.126.

272 서국태 지음. 『조선의 신석기 시대』. 사회과학출판사·백산출판사. 1997년 5월 30일. p.137.

서포항유적 1기의 9호 집자리 실례만 들어보아도 그 면적이 70m² 정도이고 지금 남은 움의 깊이가 1m 이상인 만큼 이 집을 짓기 위해 70m³ 넘는 흙을 파내야 하였다.…… 그런데 이런 일에 쓰인 도구로는 돌괭이와 돌도끼 같은 것이었다. 신바닥 모양의 괭이와 같은 것을 가지고 땅을 파본 실험 자료도 있지만 그런 도구를 가지고 아무리 무른 땅을 판다고 하더라도 성인 남자가 하루에 보통 2m³ 이상 파내기 어려울 것이다. 이렇게 놓고 보면 70여m³의 흙을 파내어 움을 만드는 일에만도 한 사람이 30여 일 걸리는 것으로 된다. 그런 것만큼 서포항유적 9호 집자리와 같은 규모의 집 한 채를 마련하는데 퍽이나 많은 노력과 품을 들여야 하였을 것을 쉽게 짐작할 수 있다.[273]

이러한 과잉노력과 불편함을 감수하면서까지 당시 사람들이 움집을 고집한 이유가 반드시 존재할 것이다. 신석기시대 전기인들도 이러한 가옥의 불합리성을 깨달았는지는 몰라도 중기 이후부터는 움의 깊이를 낮춘 것으로 조사된다. "신석기시대 중기로부터 점차 움이 낮아지고 지붕과 벽체가 분리되어 벽체가 땅 위로 드러나게 되는 것은 바로 그러한 불리한 조건들을 퇴치하기 위한 의도적인 노력의 결과였다고 볼 수 있다. 벽체가 지면 위로 많이 드러난 집인 경우에 따로 낸 환기창

273 서국태 지음. 『조선의 신석기 시대』. 사회과학출판사·백산출판사. 1997년 5월 30일. pp. 135~136.

신석기시대
세계 여성사

| 사진 81 | 암사동·서포항 유적 움집터와 궁산(좌)·서포항유적(우) 움집 복원도

움집은 지붕과 벽체가 분리되지 않은 원시형태의 가옥이다. 가옥 내에서의 생활공간은 움 밑 바닥이어서 습기, 연기, 환기, 채광 조건이 열악할 수밖에 없다. 또한 움집은 수렵과 어로와 일맥상통하는 가옥구조이기도 하다.

도 생각할 수 있지만 그것이 없다고 하더라도 출입용 문만을 통해서도 깊은 움집보다 채광과 환기가 더 잘될 것은 쉽게 짐작된다."[274]

하지만 그것은 단지 움의 깊이가 낮아진 것이지 제거된 것은 아니다. 움의 심도가 설령 조금 낮아졌다고 하더라도 그에 따르는 불편함은 지속될 것은 분명하다. 예를 들어 습기, 연기, 채광 조건이 얼마간 호전될 뿐 완전히 근절되지는 않을 것이기 때문이다. 바로 이 지점에서 중국의 신석기시대 가옥과 다른 차이점이 나타난다. 중국에서도 초기 가

---

274 서국태 지음. 『조선의 신석기 시대』. 사회과학출판사·백산출판사. 1997년 5월 30일. p.137.

二. 신석기시대 한국 여성

옥의 형태는 반혈거 즉 움집이었지만 신석기시대 중반부터 시작하여 지면 건물로 교체되기 시작했음을 앞의 담론을 통해 알고 있다. 하지만 한반도의 경우 이와는 반대로 신석기시대 전반을 관통하여 (청동기시대까지도) 움집 형태에서 벗어나지 못한다는 사실이다. 우리는 중국의 반혈거식 건물이 동물지향적인 가옥 즉 자신들의 주거공간을 동물과 유사하게 함으로써 스스로를 동물의 일원으로 여겼음을 인지했다. 그러한 상황은 한반도의 가옥의 경우에도 예외는 아닐 것이다. 움집의 특징은 바깥과 안 중에서 안에 관심이 치중된 경향이라 할 수 있다. 그들은 움집에서 기거하는 자신들을 굴속에서 살고 있는 동물이나 물속에서 서식하는 물고기들과 비유하면서 될수록 유사한 내부 공간을 사용함으로서 그것들과 더 잘 어울리고 양자 간의 삶이 단단히 얽혀들기를 바랐던 것이다. 환언하면 이들은 아직 지상의 생물 즉 식물이나 곡식에는 그다지 관심이 없었음을 의미하기도 한다. 그들은 곡식에 관심이 옮겨지면서부터 움집을 버리고 지면 위에 집을 건축하고 옥외에서 곡식을 재배하기 시작했던 것이다. 결과적으로 지면식 건물이 출현하지 않았다는 사실은 그들의 경제활동의 중심 역시 곡식이 아닌, 자신들처럼 굴을 파고 그 안에서 서숙하는 뭍짐승이나 물속에서 서식하는 수중동물을 획득하는 일이었음을 강조해준다.

따라서 이 움집이라는 인류의 생활공간은 곡식과 연결된 여성의 역할에 제동을 걸었으며 그로 인해 사회적 지위도 상승하지 못하도록 했다. 여성은 움집 안에서 할 수 있는 가사노동을 맡아하며 경제 주도권을 장악한 남성의 지배 밑에 위축되어 있어야만 했다. 그리고 하염없

신석기시대
세계 여성사

이 농업이 도래하기만을 고대했던 것이다. 오로지 농업만이 여성의 권위를 공고화하고 역할분담을 확장해줄 수 있는 경제활동이기 때문이다. 가옥 담론에서 다음으로 특징적인 것은 한반도에서 발견된 취락들이 대부분 규모가 작지 않으면 아예 발견되지 않는 유적들이 많다는 문제이다. 규모의 대소와는 관계없이 취락이 존재한다는 사실만으로 많은 학자들은 이러한 현상을 장기간의 정착생활과 어렵지 않게 연결시키고 있는 실정이다. 취락이 어떤 곳에 머무르는 증거가 될 수는 있다. 하지만 체류 시간은 어쩌면 단순히 취락의 존재만으로 지속되는 것이 아닐 수도 있다는 것을 미리 말해두고 싶다.

신석기시대의 여러 시기의 유적들에서 발견된 집자리들은 당시 사람들이 일찍부터 그곳에 자리를 잡고 오랜 기간 정착하여 살아나갔다는 것을 보여준다. 그들은 신석기시대 이른 시기부터 한곳에 여러 채의 집을 짓고 부락을 이루고 살았다. 지금까지 발견된 신석기시대유적에서는 그리 넓지 않은 면적에서 여러 채의 집자리가 발견되는 경우가 적지 않다. 신석기시대의 이른 시기 유적들 가운데도 같은 시기에 속하는 집자리 4채가 약 400m² 범위 안에서 발견된 적이 있다. 이것은 신석기시대의 조선 옛 유형 사람들이 일찍부터 한곳에 자그마한 부락을 이루고 살았다는 것을 말하여준다.[275]

275 서국태 지음. 『조선의 신석기 시대』. 사회과학출판사·백산출판사. 1997년 5월 30일.

겨우 가옥 4채가 모여 마을을 이루고 "오랜 기간 정착"했다는 주장은 분명 다시 한번 재고할 필요가 있다고 생각한다. 필자가 보기에 이러한 현상은 단순히 소형취락이라는 의미에서 끝나는 문제가 아니기 때문이다. 그것은 노동생산 측면에서는 물론이고 여타의 사회적 권력과 문화의 형성과 긴밀하게 연관되어 있다. 우리는 지금 물리적인 존재의 정착의 형태로 살아 있음을 증명하려는 것이 아니라 문화적인 존재가 어떻게 살았는가를 이해하려고 하기 때문이다.

5기 이상 집터가 발견된 유적 순위 [도표 10]

유적	암사	서포	소정	봉계	마산	오산	범의구석	궁산	남경	금탄리
숫자	26기	18기	17기	13기	12기	12기	10기	5기	5기	5기

여기서 암사동유적을 제외하고는 집터가 많이 발견된 유적은 집터마다 연대가 각이하다. 서포항유적의 경우에는 1기부터 5기까지 분류되는데 그 연대 차이는 신석기시대 전기에서 후기에 이르는 근 2000여 년이나 된다. 구체적으로 분류하면 1기층에는 단 1기이고 2기층에는 4기이며 3기층에는 6기, 4기와 5기층에는 각각 5기와 2기이다. 여기서 1·2기층에서 발견된 집터만이 전기에 속한다. 소정리유적도 마찬가지 상황이다. 1기층에서는 4기가 출토되고 2기층에서는 5기가 출토되었으며 3기층에서 8기가 출토되었다. 뿐만 아니라 농포유적을 비롯하

---

pp. 7~8.

신석기시대
세계 여성사

여 많은 유적들에서 집터가 아예 단 한 기도 발견되지 않고 있다.

그런데 같은 시기의 중국의 집터 발견 상황과 횡적으로 비교해보면 전혀 다른 결과가 도출됨을 알게 된다. 중국의 황하유역 신석기시대의 경우 보편적으로 집터가 발견될 뿐만 아니라 규모가 큰 취락들이 자주 발견되기도 하여 이목을 끌고 있다. 배리강문화·홍륭와문화·반파문화 등 많은 유적들에서 대규모 집터가 골고루 발견된다. "홍륭와문화의 서랍목륜하西拉木倫河 이북, 대능하大凌河 동쪽 갈래의 상류 일대 및 난하灤河하류 부근에서는 규모가 굉장한 대형취락이 모여 있다."[276]

배리강문화의 가호유적에서 발견된 집터는 45기이며 남태자南台子유적에서는 33기, 강채姜寨유적에서는 약 120곳이나 발견되었다. 백음장한취락의 집터는 남북을 합쳐 49기에 달하며 대지만유적에서는 무려 240기나 출토되었다. 그 밖에도 반파유적에서 48기, 북수령北首嶺유적에서 근 50여 기가 발견되었다. 중국과 한반도의 신석기시대에 나타나는 집터 숫자에서의 이러한 차이는 과연 우리에게 무엇을 시사하는 것일까.

일단 취락의 규모가 10기 이하의 소형이라는 것은 정착 시간의 장단長短과 연관이 있을 수 있다. 취락의 크기는 정주의 시간 길이와 정비례한다. 작을수록 이동이 쉽고 클수록 이동이 어렵다. 취락의 규모가 중대형이면 웬만해서는 마을 전체가 주거지를 버리고 이동하기가 쉽지

276 中国社会科学院考古研究所编著. 『中国考古学·新石器时代卷』. 中国社会科学出版社. 2010. 7. p.160.

않다는 점 때문에 그럴 것이다. 그것은 이동에 대한 마을 주민들의 합의를 이끌어내기 쉽지 않기 때문이다. 마을이 그 정도의 규모로 성장했다는 것은 그곳의 생활조건이 다른 곳보다 월등하다는 것을 전제로 하기 때문이다. 마을을 떠나더라도 일부 집들만 이사 갔으며 그 빈자리는 다른 입주자들의 도래로 메워졌다.

반대로 취락의 규모가 작을수록 마을을 버리고 이동하기가 쉬워질 수밖에 없다. 마을 주민들의 합의를 모으는 데도 애로가 없으며 휴대할 장비나 식구도 단출하기 때문이다. 다른 한편으로 잦은 이동은 오랫동안의 정착을 필요로 하는 농업에 불리한 영향을 미칠 수밖에 없게 된다. 힘들게 개간한 경작지를 한두 해만 사용하고 버리기에는 너무 아쉽고 또 경작을 하려면 한 곳에 남아서 땅을 기름지게 가꾸어야만 더 많은 소출을 낼 수 있기 때문이다. 오로지 그 취락이 농업을 중심적인 경제활동으로 삼을 때에만 이동이 어려워진다.

소형취락의 단점은 또한 거주민들의 협력에 의한 대규모 경작지 개간(대규모의 농업)의 불가능성이다. 비옥한 경작지를 획득하려면 나무가 무성한 숲을 개간해야만 한다. 숲을 개간하려면 굵은 나무를 벌채하고 땅속에 박힌 뿌리를 파내고 바위와 돌들을 주어내야만 한다. 이렇듯 대규모적인 노동은 공동체가 죄다 떨쳐나서서 힘을 합치지 않고는 도저히 일구어낼 수 없다. 그런데 불과 4호로 이루어진 신석기 전기 취락에서 동원 가능한 노동력이 과연 얼마나 될 것인가.

신석기시대 사회의 기본단위는 여러 움집(竪穴住居)이 모여서 이룬 취락이었다. 이 마을은 4~5기의 움집으로 이루어져 있었는데, 움집의 면적으로 보아 하나의 움집에는 대개 4명 정도의 식구가 살 만한 조그마한 크기의 것으로, 구석기시대의 무리와는 다른 사회적 구성단위가 발생하였음을 알 수 있다. 즉 장년부부와 성장한 자녀 2명 정도, 때로는 성인부부와 미성년 자녀 2~3명 정도의 식구로 구성된 가족이 살고 있었던 것으로 보고 있다.[277]

최대 동원 노동력은 어린이와 노약자 여성을 제외하면 8~10명 전후이다. 이 정도의 생산력을 가동하여 대규모의 경작지 개간 공정을 완성하려면 쉽지 않았을 것이다. 뿐만 아니라 취락민들의 공동노동을 지휘하는 견인 세력이 없이는 원활한 작업 또한 불가능해진다. 이와 같이 취락의 성인 노동력이 총동원된 집단노동 현장을 지휘하고 통제하는 세력 속에서 지배 권력이 탄생하는 것이다. 그것이 여성이면 여성의 손에 권력이 장악될 것이고 남성이면 그 반대일 것이다. 만일 그러한 작업이 존재하지 않았다면, 아니 소형취락으로 인해 동원할 만한 생산력이 부족했다면 누구한테서도 권력은 형성되지 않았을 것은 불 보듯 뻔한 일이다.

마지막으로 취락의 규모는 문화의 형성과 전파와도 연관성이 있다. 보통 문화는 대규모의 취락일수록 속도감 있게 형성된다. 그것은

---

277 국사편찬위원회. 『한국사 2』. 탐구당문화사. 1997년 12월 30일. p.506.

| 사진 82 |

**반파유적·강채유적의 대
형취락 상상도**

중국 신석기유적의 취락들은
한반도의 취락에 비해 보편적
으로 규모가 크다. 취락의 대
소 규모는 농경 규모의 대소
를 결정한다고 해도 과언이
아니다. 한반도 신석기유적의
취락의 규모가 작은 것은 농
업과 여성 역할의 침체를 말
해준다.

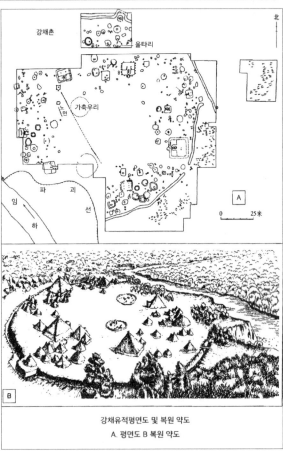

강채유적평면도 및 복원 약도
A. 평면도 B 복원 약도

대규모 취락의 특징인 소형취락보다 훨씬 복잡해진 인간관계를 조율하는 데서 시작되고 성장한다. 질서와 규칙을 세워 마을 사람들을 효과적으로 통제하는 것을 통해 한층 공고화된다. 그리고 집단노동에서 축적된 발전된 농업기술과 지휘체계도 문화의 한 축으로 수립될 것이다. 이렇게 형성된 대규모 취락의 문화는 오늘날 대도시가 지방의 문화를 이끄는 견인 역할을 하듯이 주변에 전파시키는 역할도 수행한다. 그 전파를 통해 주변의 소형취락들도 서서히 낙후한 면모를 일신하고 대형취락의 문화를 자신의 몸속에 영양분으로 흡수하는 것이다. 만일 이런 역할을 수행하는 대규모의 취락이 없다면 설령 농업이 일부 지역에서 개별적으로 존재했다고 하더라도 한반도의 전 지역으로 보편화되는 데는 상당히 오랜 시간이 걸릴 수밖에 없을 것이다. 문화를 생산하고 전파하는 대규모 취락이 존재하지 않았다고 함은 바로 이러한 시스템이 작동하지 않았음을 의미하는 것이기도 하다. 아마도 그것은 농업의 성장과 전파를 답보 상태에 묻어둔 채 앞으로 전진할 수 없도록 발목을 잡는 견제작용을 했을 가능성도 배제할 수 없을 것이다.

농업이 침체된 상황에서 신석기시대 한반도 여성의 지위와 역할은 다시 한번 된서리를 맞지 않을 수 없게 된다. 농업을 통한 여성들만의 고유한 문화도 생산될 수 없었을 뿐만 아니라 공동체 내에서의 주도권도 장악할 수 없게 되었기 때문이다. 몇 안 되는 마을에서, 몇 안 되는 식구들 속에서 채집이나 자질구레한 어로작업에 종사하며 쉴 틈이 없는 오만가지 가사노동에 만족하고 살아야만 했다. 그것이 중국 신석기시대 여성과 한반도 여성이 짊어질 수밖에 없었던 시대적 운명이었다.

그 원인은 단 하나 농업의 침체였다.

2) 무덤과 여성

　　우리가 무덤에 관한 논의를 가옥 분야에 귀속시키는 이유는 무덤이 항상 취락과 그 존재범위를 공유했기 때문이다. 신석기시대 초기에는 가옥의 실내 바닥에 인골을 묻었다면 후기에는 취락 주변에 공동묘지를 형성함으로써 취락을 이루는 중요한 구성부분을 구축해 왔다. 뿐만 아니라 우리가 중국의 여성 관련 담론에서 확인했듯이 무덤의 장속이나 인골 그리고 부장품을 통해 당시에 유행되었던 신앙이나 취락의 인구, 남녀 성비, 성적 지위와 역할 및 노동 분공에 관한 판단의 기준으로 삼아 왔다. 그러나 이야기의 테마가 한반도로 옮겨지면서 전혀 예상밖의 상황에 봉착하게 되었다. 한마디로 한반도의 신석기시대 유적들에서는 중국의 경우와는 판이하게 무덤이 거의 발견되지 않기 때문이다. 물론 그 속에는 인골과 부장품의 발견도 포함된다. 결국 우리는 이러한 자료적 측면에서의 대기근 때문에 당시 여성의 지위와 역할에 대한 충분한 정보를 확보하는 데 실패하고 망연함에 빠지게 되었음을 미리 예고할 수밖에 없게 되었다.

　　그렇다면 무덤이 존재하지 않는다는 사실은 도대체 무엇을 의미하는 것일까. 그 결과물에서 여성의 지위와 역할에 대한 일말의 유용한 자료라도 한두 가지나마 건져 낼 수 있을까. 남녀 부장품의 차이가 없는 무자료 상태에서 성적인 차이와 그 결과에 대한 추측이 가능할까.

어떤 경우에도 우리 담론의 취지가 신석기시대 여성의 지위와 역할에 초점이 맞춰져 있음으로 시도를 중단할 수는 없을 것이다. 우리는 다른 한 측면으로부터 발굴하여 유익하고 비교적 합리적인 결론을 도출해낼 것이다. 물론 그것의 정당성은 앞으로 발굴될 고고학적 자료와 새로운 연구 결과에 의해 검증될 것이다.

> 무덤은 지금까지 옹진 시도, 부산 동삼동과 금곡동, 해미 휴암리의 적석 유구와 울진 후포리의 세골장유구가 알려져 왔으나 무덤유구인지의 여부와 신석기유구인지의 여부가 확실치 않았다. 웅기 龍水洞조개더미 14구의 인골, 경성 地境洞의 펴묻기 한 시체, 회령鳳儀里 拘山南畔의 동침신전앙와장 등은 신석기시대의 무덤으로 단정하기는 어려운 실정이다.
> 시도조개더미에서 발견된 돌무덤은 한편으로는 이 유구를 무덤이 아니라 서울 암사동의 대형 돌무지시설과 같은 야외조리시설로 보는 견해도 있다.[278]

얼마 되지도 않는 무덤 유구들 중 무덤인지의 여부와 신석기시대인지의 여부가 확실하지 않은 유구를 제외하면 나머지는 겨우 춘천 교동 동굴유적 무덤, 상노대도의 산등, 연대도, 욕지도, 부산의 북정패총 등 몇 개의 무덤에 불과하다. 이 무덤유구들은 "일정한 크기의 흙구덩

---

278 국사편찬위원회. 『한국사 2』. 탐구당문화사. 1997년 12월 30일. p. 422. p. 434. p. 436.

이를 파고 그 안에 시신을 안치하고 부장품까지 매납한 일종의 토장묘인데, 일부에는 그 위에 돌을 덮어 돌무지를 만든 것도 있는 것"[279] 같다. 이들 중 연대도 유적 무덤의 경우처럼 흙이나 돌 그리고 조개가루로 위를 덮어 봉분을 만든 것도 있는 듯싶다.

> 연대도유적은 다량의 인골이 출토된 집단매장유적으로서, 적당한 크기의 무덤구덩이를 얕게 파고 시체를 펴묻기 또는 굽혀묻기 하여 안치하였는데 다량의 껴묻거리를 함께 넣었으며 그 위에는 잔돌과 흑색부식토 또는 조개가루를 덮은 다음, 보다 큰 돌을 다시 덮어 놓은 형태가 대부분이므로 이 지역에서 보편적으로 사용되었던 무덤형식으로 생각된다.[280]

하지만 성별 확인이 불확실하며 부장품(껴묻거리)의 종류나 사례도 극히 적다. 중국의 신석기시대 유적에서 다량 출토되는 무덤들과 대규모 공동묘지들 그리고 그 속에서 확실하게 판명되는 남녀 성별과 껴묻거리의 수효에 비하면 너무나 보잘 것 없다. 그렇다면 한반도의 신석기시대 무덤의 이러한 위축은 과연 우리에게 무엇을 암시하고 있는가. 그리고 무덤의 보편화와 규모의 차이는 당시 사회의 어떤 면모를 보여주는 것일까. 우리는 이 물음에 대답하지 않으면 안 된다. 왜냐하면 우

---

279 국사편찬위원회. 『한국사 2』. 탐구당문화사. 1997년 12월 30일. p. 422.
280 국사편찬위원회. 『한국사 2』. 탐구당문화사. 1997년 12월 30일. p. 437.

신석기시대
세계 여성사

| 사진 83 | 연대도 무덤과 후포리 무덤

한반도 신석기시대에는 무덤의 발견이 희소할 뿐만 아니라 인골의 남녀 성별도 식별이 불가능하다. 따라서 껴묻거리가 남성인 것인지 여성인 것이지도 확실하지 않다.

리는 중국에 관한 담론에서 남녀 무덤의 장식과 부장품의 차이를 통해 여성의 지위와 역할을 추정했지만 한반도에서는 관련 자료의 부족함으로 인해 추정의 근거가 상실되었기 때문이다. 주어진 정보 조건에서 우리의 논의는 무덤이 왜 희소한 지에 대해서만 추정할 수밖에 없기 때문이다.

　필자는 일단 신석기시대인들이 무덤 또는 공동묘지를 만든 데는 반드시 그럴만한 이유가 있을 것이라고 생각한다. 왜냐하면 무덤 또는 공동묘지는 구석기시대에는 없다가 신석기시대에 와서 새롭게 나타난 문화이기 때문이다. 물론 그것은 우선 취락과 연관성이 있을 것이다. 한 장소에 장기간 거주하게 되면서 인류는 동일한 공간에서 구성원들의 탄생과 죽음이 교체되었을 것이기 때문이다. 취락이 생존공간이라면 무덤 또는 공동묘지는 안식의 공간이 되면서 삶과 죽음이 공존하게 된 것이다. 환언하면 묘지는 당당하게 취락의 구성부분으로 된 것이다. 두 번째로 무덤 또는 묘지는 관리가 가능할 때에만 만들어진다. 그곳에 오래 살면서 무덤을 관리할 수 있어야만 무덤이 의미가 있기 때문이다. 한 번 만들고 포기할 무덤은 만들지도 않을 것이다. 뿐만 아니라 인류가 무덤 또는 묘지를 구축할 때 고려했던 것은 죽은 조상에 대한 경배와도 무관하지 않다. 마지막으로 무덤에 부장하는 껴묻거리는 죽은 자에 대한 경배 의미 말고도 그 물건을 도굴행위로부터 방지할 수 있을 때에만 함께 묻을 수 있다. 이 네 가지 조건이 구비되지 않으면 무덤 또는 묘지를 축조하지 않는다. 그런데 이 네 가지 조건은 모두 한 곳에 장기간 정주하는 것과 분리할 수 없다. 자주 이동하는 공동체는 이 네 가지 조건이 충족되지 않기 때문에 무덤이나 묘지를 축조하지 않는다. 적어도 귀중한 부장품을 다른 무리에게 공짜로 주는 것이나 다름없기 때문이다. 조상이나 구성원의 시체도 설령 흙무덤을 축조했다고 해도 관리하지 못하게 되면 짐승의 먹이가 될 수밖에 없다. 도구가 충분하지 못했던 당시로서는 구덩이를 파내고 흙을 덮는 작업도 어려운 일이었다. 무덤의 부재는 한마디로 어떤 공동체가 발굴된 유적에서 오래 체류하지 않았음을 의미한다. 일정 기간 머물렀다가 다른 장소로 천이했다. 그런 뒤 또 다른 무리가 이곳으로 이동해 왔을 것이고, 그들은 구성원이 죽으면 그냥 이동 중에 길가에서 간단하게 가매장하거나 자연 상태로 방치했을 것으로 추정된다. 그러면 가족들 대신 지나가던 산짐승들이 시신을 재빨리 처리해 주었다.

무덤이 없다는 것은 결국 한 곳에 오래 정착하지 않았음을 의미하며 그것은 다시 상시 정착을 전제로 하는 농업이 확고하게 그 시대에 뿌리를 내리지 못했음을 동시에 말해주는 것이기도 하다. 우리의 담론은 여기서 마무리를 지을 수밖에 없게 되었다. 한반도의 제한된 유구 유적을 통해서 우리가 입수할 수 있는 정보에는 성별 확인과 남녀 부장품의 차이에 대한 부분이 결여되어 담론을 더 진행해 나갈 수 없기 때문이다. 다행이도 "연대도 2호 무덤 피장자의 팔목뼈에는 조가비를 갈아 만든 팔찌가 3점 끼워진 채 출토"[281]되었다지만 무덤 주인이 남자인지 여자인지 확인되지 않는다. 손목에 팔찌를 패용했다는 사실 하나만으로 무덤 주인의 성별을 여자로 판단할 수는 없다. 왜냐하면 우리는 같은 시기 중국의 무덤에서 출토된 장식품 패용 시신이 남자인 경우도 흔히 존재함을 확인할 수 있었기 때문이다. 검토를 마무리하면서 우리가 이 지점에서 파악할 수 있는 건 단 하나 당시 한반도 여성의 지위와 역할은 학계에서 보편적으로 인정하는 그 무슨 모권제 사회를 배경으로 한 중견적인 위치를 장악했던 것이 아니라 농업의 부재 또는 부진으로 여전히 남성의 지배 아래 있었다는 추정뿐이다. 우리는 무덤과 남녀 부장품의 차이를 통해서 여성과 관련된 그 어떤 정보도 획득할 수 없었으며 오로지 농업의 부재와 부진에 대해 다시 한번 분명하게 확인했기 때문이다.

---

281 『한국사 1』 한길사. 1994년 1월 5일. p.84.

3장
:
여성상과 여신숭배

1) 한반도 신석기시대 조각

　　우리는 서양 여성 담론은 물론 중국 여성 담론에서도 여성조각상에 대한 검토를 통해 신석기시대 여성의 지위와 역할의 추정 가능한 수위를 확정하는 기준으로 삼았다. 한국 경우에도 예외가 될 수는 없을 것이다. 게다가 한반도 신석기시대유적들에서도 일부이긴 하지만 여성상으로 일컬어지는 인간상들이 다소 출토되기까지 하여 검토의 텍스트도 존재하는 바이다. 서양의 경우에서 알 수 있듯이 신석기시대의 이른바 여신상은 일반적으로 당시 여성의 실제 권위를 대변하는 상징물인만큼 인물 조각이 숭배를 위한 상징물인가 하는 문제는 매우 중요하다. 다시 말해 인물상 또는 여성상의 용도가 숭배를 위한 예술품인가 아니면 장식을 위한 치레거리인가 하는 것에 대한 식별은 이것을 통해 여성의 지위를 파악할 수 있는 중요한 의거가 되기 때문이다.

신석기시대
세계 여성사

인물상 가운데서도 여성조각품이 출토된 곳은 비교적 많다. 서포항 3·4기층에서는 여성을 상징한다고 해석되고 있는 구멍 뚫은 조각품이 나왔으며 농포동에서는 흙으로 만든, 매우 사실적인 여성조각이 나왔다. 농포와 서포항의 여성조각품들은 모계사회제도 아래 주민들에게서 공통적으로 볼 수 있는 모신숭배를 나타내는 것이라고 하여 북한에서 신석기시대가 모계사회라는 주장을 제창하는 계기를 마련해 주었다.

남한지방에서 보자면 울산 신암리에서 흙으로 빚은 여성의 조각이 나왔고 부산 금곡동 율리에서는 흙으로 빚은 자안패모양의 조각이 나왔다. 나중의 것도 여성을 상징함은 물론이다. 즉 남한에서도 여성을 상징하는 조각들이 출토되는 것이다.[282]

그런데 서포항 3·4기층에서 발견된 이른바 "여성을 상징한다고 해석되고 있는" 조각품은 북한 학계에서조차 "남녀 성별이나 겨우 가를 수 있을 정도로 매우 도식적으로 만든 것"[283]으로 자인하고 있다. 필자가 보기에는 "겨우" 정도가 아니라 여성상이라고 단언할 만한 그 어떤 선명한 특징도 없다. 농포유적에서 출토된 흙으로 조각한 인물상도 육안으로 보기에는 여성이라고 할 만한 특징이 결여된 "극히 도식화하여 만든 인형이므로 남녀를 구별하기 어렵다." 다만 "몸체의 생김새로 보

---

282 국사편찬위원회. 『한국사 2』. 탐구당문화사. 1997년 12월 30일. p.490.
283 서국태 지음. 『조선의 신석기 시대』. 사회과학출판사·백산출판사. 1997년 5월 30일. p.143.

아 여성을 형상화한 것"[284] 같다고 막연하게 추측할 따름이다. 그런데도 그것을 여성상이라고 서둘러 인정하고 그로부터 당시 한반도에 여신 신앙이 실존했다는 판단을 도출해내는 학자들도 존재한다. 그렇게 파생된 판단을 근거로 북한 학자들의 뒤를 맹종하여 다급하게 신석기시대를 여권사회, 모계주의 사회라고 규정하기에 이른다.

> 농포리에서 출토된 것은 머리가 떨어져 나간, 현재 높이 5.6센티미터의 소형으로 허리가 잘록하고 궁둥이가 퍼져 있어 여성상으로 보이는데 팔을 엇갈리게 가슴에 붙이고 있다. 신암리에서 출토된 것은 앉아 있는 모습으로 머리와 사지가 결실되어 몸통만 남아 있다. 허리가 잘록한 외에도 가슴에 유방을 표현한 돌기가 붙어 있어 여성상이 분명하다. 이와 같이 토우 중에 여성이 많은 점은 당시에 여신 신앙이 숭배되었음을 생각할 수 있으며, 특히 여성상에도 유방과 궁둥이를 과장해 표현한 것은 다산과 풍요를 기원했던 것에서 기인함을 알 수 있다. 이러한 배경에 의해 신석기시대는 여권사회, 모계주의 사회였음을 추정할 수 있다.[285]

농포유적의 인간상이 여성으로 간주되도록 한 신체적 특징은 이른바 잘록한 허리와 풍만한 둔부이다. 하지만 이 인간상의 허리와 둔부

---

284 서국태 지음. 『조선의 신석기 시대』. 사회과학출판사·백산출판사. 1997년 5월 30일. p. 70.
285 국사편찬위원회. 『한국사 2』. 탐구당문화사. 1997년 12월 30일. pp. 219~220.

신석기시대
세계 여성사

가 잘록하고 풍만해 보이게 한 것은 신체에 고유한 모습보다는 상반신은 팔짱을 끼고 하반신은 다리를 벌리고 있는 특수한 자세 때문에 부각된 모습이라고 말하는 게 더 설득력이 있을 것으로 믿는다. 남성인 경우에도 그러한 신체 동작은 다름 아닌 두 부위가 평소보다 상대적으로 잘록하고 좀 퍼진 모습으로 보이게 할 수 있기 때문이다.

그리고 이보다도 더 중요한 포인트는 서포항유적의 인간상과 농포유적의 인간상이 남녀성별의 모호함의 특징을 가진다는 점은 그것이 조상에 대한 숭배일지언정 결코 여성숭배는 아니었음을 암시한다는 사실이다. 이에 대해 아주 자세하게 설명한 서국태의 강변에 일리가 있어 주목된다.

> 조상을 섬기는 신앙행위는 단순히 시조상을 상징하는 표식물을 가져다놓고 진행하는 경우가 적지 않았다. 그런데 원시시대 사람들에게 있어서 조상은 그들이 알 수 없는 존재였던 것이며 따라서 그들은 조상에 대하여 그 어떤 신비스러운 신적인 존재로밖에 표상을 가질 수 없었다. 바로 이러한 원인으로 하여 당시 사람들이 인형을 만들면서 성별이나 가를 수 있을 정도로 도식화하여 형상하였던 것이다.[286]

---

286 서국태 지음. 『조선의 신석기 시대』. 사회과학출판사·백산출판사. 1997년 5월 30일. p.154.

원시시대 사람들에게 조상이 이해불가의 존재였던 이유는 그 성별의 불확실성에서 기인된 신비스러움이었다는 역설이다. 그렇다. 사실상 인간숭배는 인간이 이해할 수 없는 신비함에 대한 경외감의 표현이다. 서양에서 신석기시대에 여성 또는 여신상이 숭배되었던 까닭은 당시로서는 신비스러움 그 자체였던 임신과 출산(복부와 유방 그리고 엉덩이의 풍만함으로 상징되는)의 기적에 대한 경배였다. 그러므로 여성의 신비를 반영하는 신체적인 특징이 배제되고 성별의 모호함이 그 자리를 대신한 인간상에 대한 숭배는 조상숭배이지 여성숭배는 아니라고 감히 예단할 수 있다. 어떤 의미에서 조각에서의 성별에 대한 모호한 처리는 결국 여성의 특수성을 훼손시키는 작업이기도 하다. 남성 성기의 부각이나 여성 성기 또는 임신과 출산과 관련된 신체 부위의 부각이 탈락된 남성 또는 여성숭배는 있을 수 없기 때문이다.

흙으로 빚어서 구운 농포유적 여자 조각상의 여성적인 특징의 표현은 비단 특정 자세에 의해서만 나타나는 특이한 모습만은 아니다. 북한 학계에서 주장하는 인형의 착복설着服設을 잠시 수용한다고 할 때 또 다른 새로운 가능성이 대두되기 때문이다.

> 허리는 몹시 잘록하고 엉덩이는 크며 다리는 비교적 굵은 것으로 보아 옷을 입은 것을 나타낸 것 같다. 이 조각품은 그 모습이 여성을 표현하였음을 엿볼 수 있게 한다.[287]

---

287 김성국 지음. 『두만강유역일대의 신석기시대유적 1』. 진인진. 2009년 2월 10일. p.148.

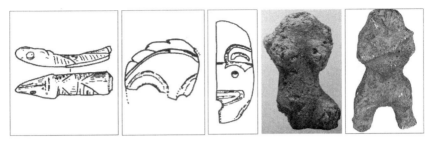

| 사진 84 | 서포항·농포동·신암리 신석기유적 조각품

조각품들은 약속이나 한 듯이 죄다 중성적이며 도식적인 인물상으로 남녀 구별이 어려운 공통점이 존재한다. 성별이 배제된 이러한 조각품은 여성숭배라기보다는 조상숭배에 더 가깝다고 해야 할 것이다.

당시의 옷이라면 그것은 십중팔구는 가죽으로 지은 복식이었을 것이다. 털가죽 가공기술이 거칠고 재봉기술이 섬세하지 못해 옷은 주로 어깨나 목에 가죽을 걸치거나 허리에 두르는 수준이었다. 단추 같은 것도 없어 옷깃이나 옷섶을 여미려면 가죽 끈 또는 식물 줄기를 이용하여 묶는 방법을 썼다. 옷을 묶는 부위는 주로 허리나 발목 또는 손목일 수밖에 없다. 재봉이 잘 되지 않아 옆으로 푹 퍼진 상태의 가죽옷을 여미기 위해 끈으로 허리를 조이면 그때 나타나는 몸매는 잘록한 허리에 푹 퍼진 엉덩이다. 바로 이러한 모습을 조각해낸 것이 농포유적의 이른바 허리가 잘록하고 엉덩이가 풍만한 "여성상"이라고 할 수 있다. 하지만 이러한 옷을 입은 남성의 경우에도 몸매는 동일한 모습으로 드러날 것이 분명하다.

신암리에서 출토된 여성상은 그나마 여성의 신체 특징들이 그런대로 일부분 표현되고 있는 것이 사실이다. 그러나 자세히 살펴보면 이

역시 여성숭배를 위한 상징적인 조형물은 아님이 금방 드러난다. 우리
는 그러한 결과를 조각품 제작 과정과 그 규모를 통해서도 확실하게 단
정할 수 있다.

> 토우土偶는 작은 여성좌상으로서 머리와 사지가 없고 몸체만 남
> 아 있다. 현재 왼쪽 허벅지가 더 많이 파손되어 있지만 머리와
> 사지는 처음부터 없었던 것이 아닌가 추정된다.…… 유방을 표
> 현하는 2개의 융기와 잘록한 허리가 여성의 특징을 잘 나타내어
> 주고 있다.[288]

그런데 우리는 이 여성상이 여성숭배를 위한 상징적인 조형물이
되기에는 그 재료 선택에서나 제작시스템이 너무나 조잡하다는 사실을
발견하게 된다. 심지어는 장식품인 귀걸이 제작 과정보다도 더 품위 없
고 엉성하다. 여성상과 귀걸이는 모두 "석영, 장석립長石粒이 혼입된 점
토로 만들었지만" 전자는 "조잡하다." 후자의 경우 "소성燒成은 양호"한
데 비해 전자의 경우에는 "燒成은 보통"[289]으로 이른바 여성상은 제작
의 질적인 측면에서 귀걸이보다도 훨씬 떨어진다. 뿐만 아니라 여성상
은 크기에서도 귀걸이보다 한참 작다. 여성상은 "현재 길이 3.6cm"인데

---

288 『국립박물관고적조사보고 제21책 「新岩里Ⅱ」』. 국립중앙박물관. 1988년 12월 30일.
   p. 18.
289 『국립박물관고적조사보고 제21책 「新岩里Ⅱ」』. 국립중앙박물관. 1988년 12월 30일.
   pp. 17~18.

반해 귀걸이는 "직경이 7.5cm"나 된다. 만일 여성상이 여성숭배를 위한 신성한 상징물이었다면 최소한 일상 소비품인 귀걸이보다는 좀 더 정밀하고 섬세하게 제작했을 것이며 크기도 더 커야 할 것이다. 우아하고 질 좋은 조각상은 고사하고 제대로 된 소성 온도에서 굽지도 않았다.

이 시기에 한반도에서 발굴된 여성상들은 그 공통점이 "노끈 같은 것으로 꿰거나 비끄러매서 차고 다닐 수 있게"[290] "구멍을 하나씩 뚫어 끈에 꿰어 장식할 수 있도록"[291]한 장식품처럼 모두 구멍이 뚫려 있다는 것이다. 이는 여성상들이 새나 개 조각상 또는 귀걸이와 같은 장식품과 다를 바 없이 장식용이었음을 말해준다. 차고 다닐 수 있도록 모두 소형이라는 또 하나의 공통점에서도 쉽게 수긍이 간다.

더구나 한반도의 신석기시대유적에서는 제의 장소도 제단도 발견되지 않는다. 중국의 경우 여성상은 제단에 올려 일회성으로 소비하는 제물의 용도로 사용되었지만 한반도에는 제례 장소와 제단이 없어 제물로 사용되었을 가능성도 배제될 수밖에 없다. 설령 여성상이 몸에 휴대함으로써 동물조각상처럼 호신부 같은 무속적인 용도로 사용되었을 가능성을 인정한다 하더라도 결코 여신숭배의 상징물은 아니었다는 사실만은 분명하다. 농업이 보편화되지 않은 당시 상황에서 여성이 권력을 확보하거나 공동체에서 숭배대상이 될 가능성은 거의 제로이기 때문이다. 여성은 지위의 상승도 공동체를 견인할 주도권도 잡지 못한

---

290 서국태 지음. 『조선의 신석기 시대』. 사회과학출판사·백산출판사. 1997년 5월 30일.
p.144.
291 『한국사 1』. 한길사. 1994년 1월 5일. p.217.

채 남성들 속에 뒤섞여 미미한 삶을 살 수밖에 없었다. 이른바 모계사회도 없었고 여권 신장도 없이 범상한 삶을 살아야만 했던 것이 신석기시대 한반도 여성의 어두운 운명이었다.

4장

⋮

한반도 신석기시대 여성과 노동

1) 야외활동과 여성의 노동

한반도의 신석기시대에도 농업생산도구들인 괭이, 삽, 낫 (또는 돌칼) 등이 출토되지만 그것이 중국의 경우처럼 부장품의 형태로 남녀 무덤에 각각 분리되어 나타나는 유물이 없어 노동에서의 성적 분공에 대한 추정이 불가능한 상태임을 미리 밝히지 않을 수 없다. 제한적이며 부차적이긴 하지만 농업이 시작되었다면 여성도 체력소비가 적은 부분적인 노동에라도 참가했을 것으로 간주된다. 하지만 농경지 개간·파종·수확·낟알 털기·낟알 가공 등 다양한 농경 작업에서 구체적으로 어떤 분야의 생산 활동에 종사했는지는 여전히 알 길이 묘연할 뿐 남는 것은 막연한 추측밖에 없다.

다만 한 가지 확실한 것은 여성은 구석기시대부터 이미 남성들이 수렵에 종사할 때에도 채집 생산 활동에 종사했었다는 사실이다. 따지고 보면 농업과 원시채집은 단 한 가지 노동 과정이 추가되었을 뿐 기타 작업은 양자가 완전히 동일하다는 점에 유의할 필요가 있다. 그 차이는 농경지 개간과 파종 작업뿐이다. 수확·낟알 털기·낟알 가공 등 나머지 작업은 채집에서도 농업과 다를 바 없다. 채집이 인간과 식물의 관계라면 농업은 여기에 인간과 땅의 관계가 추가되었다고 볼 수 있다. 땅은 자연적으로 식물을 성장시켜 식량자원을 공급하던 데로부터 인간에 의해 개간되고 갈리고 파종되며 인간의 식료생산 활동의 대상이 된 것이다.

하지만 땅을 개간하고 갈고 뒤번지는 토역은 단순한 식량 획득 활동이던 채집과는 달리 체력적 소모를 요구하는 힘든 작업이다. 힘에 부치는 이러한 토역은 당연히 체력 면에서 여성보다 천성적으로 우월한 남성의 몫이었다. 중국의 경우에도 농업이 어느 정도 존재하는 상황임에도 여성이 아닌 남성이 무리 내에서의 주도권을 상실하지 않았던 이유도 이러한 조건 때문이었다. 농업이 여성이 종사하던 단순 채집활동을 능가하려면 땅을 개간하여야만 했으며 땅을 개간하려면 남성의 체력이 필요했던 것이다.

식량공급 활동에 있어 채집활동은 구석기시대와 마찬가지로 여성들이 주로 담당하였는데, 정착생활에서 반복적으로 일정 지역 내의 같은 식물을 접하게 된 여성들은 그 발아와 번식 주기에 차츰 주목하게 되었고 특히 수분함량이 적어 장기보존이 용이한 곡물에 관심을 갖게 되며 "농경"이라는 새로운 기술을 주도하

548

였다.[292]

여성의 식물의 성장 규율에 대한 주목과 관심이 농업기술을 발명하고 그 발명의 독점으로 농업 주도권을 장악했다는 이와 같은 주장은 소설의 한 장면이라면 몰라도 실제적으로는 전혀 불가능한 변화라고 할 수밖에 없다. 농업이 시작되려면 단지 곡물에 대한 주목과 관심만으로는 아직 현실이 아닌 꿈에 불과하다. 농업이 시작되려면 도끼나 낫을 사용하여 숲과 나무를 벌채하고 뿌리를 뽑아내고 바윗돌을 굴려낸 후 농경지를 개간해야 한다. 이 작업이 시작될 때에만 농업은 비로소 확실하게 현실에로 한 걸음 다가설 것이며 그 작업을 견인한 주체는 농업 작업을 주도하게 될 것이기 때문이다. 진정한 농업은 행동에서 시작되는 것이지 주목과 관심에서 시작되는 것이 아니다. 전자의 주체는 남성이고 후자는 여성이다.

여기서 서양의 신석기시대 여성이 농업의 시작에 기대어 사회상의 지위와 역할을 확대하고 주도권을 장악하게 된 경위를 돌이켜보는 것도 의미가 있을 것이다. 서양 여성이 신석기시대에 강력하고 확고부동한 여권사회를 창출할 수 있었던 토대에는 단지 농업 하나뿐만은 아니었다. 그보다도 더 강력한 영향력을 미친 결정적인 토대는 남녀 성비의 돌연적인 변화였다. 다시 말해 대충돌로 인한 남성 인구의 대량 사망과 그 결과물인 여성의 다수화가 결정적인 변화의 요소를 제공했기

---

292   최일성·김현정 공저, 『한국 여성사[개장판]』, 백산자료원, 2006년 8월 25일, p.17.

때문이었다. 여성이 다수가 되지 못하고 남녀 성비가 균등했더라면 중국의 경우처럼 농업이 시작되었다 하더라도 남성은 농업을 농업이 되게끔 해준 그 농경지 개척 작업에서 여전히 중심적인 역할을 수행할 수 있기 때문에 여성은 농업에 기대어 권력을 탈환할 수는 없었을 것이 틀림없다.

막연하나마 감히 추단한다면 여성들도 파종·수확·가공 등 농업노동에는 일정하게 동참했을 것이다. 봄 파종에서 남성이 파놓은 땅속에 씨앗을 뿌리거나 발로 흙을 밟아 묻는 일은 여성도 할 수 있다. 곡식의 성장기에 진행되는 밭의 풀을 뽑는 김매기 작업도 가능하다. 뿐만 아니라 가을걷이와 곡물가공작업도 여성이 담당했을 것으로 추정된다. 원래 수확과 곡물가공은 여성이 구석기시대에 맡아온 채집활동의 주요한 내용이었던 만큼 별로 새로울 것도 없다. 가을철 노동부터는 굳이 농업이 아니고 채집활동이라 하더라도 여성들이 수행했던 작업들이다.

신석기시대 전기의 조선 옛 유형 사람들은 다 익은 곡초를 세워 둔 채 낟알만 털어오거나 또는 곡초를 뿌리 채 뽑아 들인 것으로 추측된다. 이 경우에도 낟알을 털기 위한 마당질을 따로 하였을 것인데 그 때에는 나무막대기 같은 것으로 쳐서 턴다든가 또는 바위돌이나 그 밖의 것에 내리쳐서 터는 방법을 썼을 것이라고 인정된다. 그리고 이와 같이 걷어 들인 낟알은 갈돌로 껍질을 벗

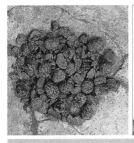

| 사진 85 | 암사동·비봉리유적 탄화 도토리와 가래. 도토리묵을 만들기까지의 가공 과정

많은 유적들에서 도토리나 가래(호두) 등 식물성 식료들이 대량으로 출토된다는 사실은 여성들의 채집활동이 농경생산보다 왕성했음을 말해준다. 채집식료의 가공 노동 역시 여성이 담당했던 것으로 추정된다.

| 01 도토리 줍기 | 02 씻기 | 03 말리기 | 04 껍질까기 | 05 알맹이 갈기 | 06 물에 불리기 (여러 차례 반복) |
| 07 떫은기 빼기 | 08 전분 가라앉히기 | 09 다시 말리기 | 10 도토리 가루 | 11 끓이기 | 12 도토리묵 완성 |

기거나 가루를 내어 먹을 수 있게 만들었을 것이다.[293]

그런데 여성이 담당하는 농업노동의 범위는 비단 채집활동을 제외하면 파종 작업에만 국한되어 있을 뿐 아니라 그러한 작업 역시도 당시로서는 잠복기 농업의 특징으로 인해 지극히 제한적이고 산발적이며 위축된 나머지 전반 생산 활동에서 차지하는 비중이 보잘 것 없어 여성의 참여노동시간도 그만큼 짧았음을 알아야 한다. 결국 여성이 참여하는 노동 중 가장 비중 높은 생산 활동은 여전히 야생성 식량의 채집과

293　서국태 지음. 『조선의 신석기 시대』. 사회과학출판사·백산출판사. 1997년 5월 30일. p.84.

가공이었다.

신석기시대에 도토리를 비롯한 견과류가 집중적으로 이용되고
있다. 우리나라도 양양 오산리, 서울 암사동, 하남 미사리, 합천
봉계리, 평양 남경 등의 신석기유적에서 도토리가 출토되어 도
토리가 신석기인들의 중요한 식량이었음을 보여준다.

도토리 외의 나무열매로는 봉계리유적에서 호두(가래나무과 왕가
래나무), 살구(또는 매실)와 보리수과 열매가 검출되었으며, 신석
기시대 후기와 초기 철기시대에 형성된 한강 하류 일산 지역의
토탄층에서도 졸참나무와 함께 가래·감·개살구·사과속 등의 식
용나무가 발견되었다. 이 밖에 토란·마·칡 등의 야생 근경류根莖
類의 역할도 과소평가되어서는 안 된다.

서식지별로 보면 246종이 산과 들에서 채취된 것이다. 채소용으
로 이용된 각종 나물류의 줄기나 잎·뿌리를 먹는 것이 260종으
로 가장 많고, 산딸기·개살구·다래 등 과육을 먹는 것이 40종, 도
토리·밤 등 종실種實이 16종이며, 기타 꽃과 꽃가루·나무껍질 등
도 이용되었다. 이들 구황식물의 대부분은 고고학적 증거가 발
견되기 어려운 줄기나 잎·뿌리이지만 신석기시대 식료로도 이용
되었을 가능성이 높다.[294]

294 국사편찬위원회. 『한국사 2』. 탐구당문화사. 1997년 12월 30일. pp. 501~502.

신석기시대
세계 여성사

위의 인용문을 통해 우리는 신석기시대에 여성들에 의해 식물성 식량 채집활동이 광범위하게 진행되었음을 알 수 있다. 그런데 이러한 채집노동은 식량 확보로 간단하게 끝나는 작업이 아니다. 껍질이나 독성을 제거하는 데치기, 껍데기와 불순물을 제거하는 다듬기, 부식을 방지하는 말리기⋯⋯ 등의 후속 조치들이 있다. 도토리 하나만 예를 들어도 나무에서 채집한 후에도 많은 가공작업들이 뒤따른다. 도토리는 "칼로리와 영양가가 곡류 못지않게 높으나 대부분은 타닌에서 나오는 떫은맛"이 남으로 제거하는 작업이 필요하다. 도토리의 떫은맛을 제거하려면 채집한 후 "가열처리나 물에 우려야"[295]만 한다. "물우리기법은 열매나 가루를 그대로 또는 마대 속에 넣어 물에 며칠 이상 담가 놓으며, 가열처리법은 불에 장시간 가열하여 익히는 법"[296]으로 품과 손이 많이 가는 잡역이라 할 수 있다. 떫은맛뿐 아니라 독성이 있는 식물은 또 물에 데쳐내는 작업을 거쳐야 식용 가능하다. 도토리를 가루 내어 먹으려면 또 연석에 가는 작업이 전제된다. 가공하지 않고 그대로 식용하는 경우에도 불에 굽거나 물에 삶는 요리작업이 수반되어야 가능하다. 채집은 물론 식용에 필요한 부대작업들을 거의 여성들이 담당했을 가능성이 크다. 그것은 원래 이런 작업들은 구석기시대부터 여성들의 몫이었으며 그들의 체력으로도 거뜬히 수행할 수 있는 경노동이기 때문이다. 다만 여기서 야외노동에 속하는 작업은 채집활동뿐이며 가공을 비

---

295 국사편찬위원회. 『한국사 2』. 탐구당문화사. 1997년 12월 30일. p. 501.
296 국사편찬위원회. 『한국사 2』. 탐구당문화사. 1997년 12월 30일. p. 501.

롯한 기타 부대노동은 가내노동의 범주에 속한다고 할 수 있다.

한편 신석기시대 한반도 여성의 노동은 조개 따기와 고기잡이에
까지 확장되었다. "신석기인들이 채집하여 먹은 뒤 버린 조가비가 쌓
여 형성된 이른바 당시의 쓰레기장이었던 조개더미貝塚유적이 한반도
전 지역에 걸쳐 분포"[297]되었다는 사실은 당시 여성들에 의해 조개잡이
가 광범위하게 성행하였음을 말해준다. 그들이 채집한 어류는 도미·삼
치·상어·성게·대구·민어 등 다양했지만 수많은 조개더미에 굴껍질이 대
부분을 차지하고 있는 것으로 보아 "당시 사람들의 주식으로 굴이 많이
채취되었음을 짐작"하게 하며 "조개더미에서 출토되는 긁개·찍개 등은
이러한 굴이나 조개류를 까먹는 데에 이용되었던 도구"였다면 "긁개와
돌도끼는 조개를 캐거나 짐승을 내려쳐서 잡는데 이용"[298]되었을 것으
로 추정된다. 물론 우리가 앞에서 검토한 바 있는 뒤지개도 조개 캐는
도구로 사용되었을 것은 두말할 것조차 없다.

유적에서 출토된 조개는 간조 때 노출되는 조간대에 서식하는 굴·
가무락조개·백합·바지락·우렁이·갯고둥·눈알고둥·꼬막·소라 등 종류와
조간대나 외해의 비교적 깊은 곳에 서식하고 있는 홍합·전복·피뿔고둥
이·키조개·투박조개 등 종류로 분류된다. 전자의 경우에는 대개 여성
들이 동원되어 작업을 했으며 주로 굴을 땄을 것으로 추정된다. "패총
을 구성하는 조개류에서 굴 류가 차지하는 비중이 압도적으로 크기" 때

---

297 국사편찬위원회. 『한국사 2』. 탐구당문화사. 1997년 12월 30일. p. 526.
298 국사편찬위원회. 『한국사 2』. 탐구당문화사. 1997년 12월 30일. pp. 525~526.

문이다. 하지만 후자의 경우는 "잠수에 의해서만 채취가 가능"한 작업이어서 남성도 참여했던 것으로 나타나고 있다. "욕지도돌무지무덤 2호에 묻힌 장년기의 남성과 연대도집단무덤에 묻힌 성년 여성의 두개골에서 관측되는 외이도골종外耳道骨腫이 잠수작업과 연관된 것"[299]으로 확실시되기 때문이다.

그런데 반드시 짚고 넘어가야 할 것은 패총 구성의 대부분이 조개와 굴이라고 하지만 그만큼 조개와 굴은 폐기율도 높다는 사실이다. 껍질을 까고 나면 식용 가능한 육질 부분은 얼마 되지 않는다.

> 조개와 굴은 무게에 비해 속살이 적어 폐기율이 높으며 칼로리도 다른 어류나 견과류에 비해 낮기 때문에 대규모의 조개무지가 주는 인상과는 달리 실제로 전체 생계에서 차지하는 비중은 그리 높지 않았을 것이다.[300]

여성이 어로작업에서 담당하는 노동이 주로 조개나 굴을 따는 작업이라 할 때, 그 결과물이 식량에서 차지하는 비중이 남성이 획득한 식량보다 낮다면 여성이 생산에서 차지하는 역할이나 지위도 덩달아 하락할 것이라는 것은 자명한 사실이다. 공동체 내에서의 권위는 생산노동에서 차지하는 역할과 그에 따른 식량 소득의 양에 의해 결정되는 것

---

299 국사편찬위원회. 『한국사 2』. 탐구당문화사. 1997년 12월 30일. p. 498.
300 국사편찬위원회. 『한국사 2』. 탐구당문화사. 1997년 12월 30일. p. 500.

이라 할 때 더구나 그렇다. 여성들은 야외노동을 통해 부지런히 조개를 캤지만 양적인 측면에서 가족의 생계를 이어가는 데서는 남성에 비해 기여도가 적기 때문에 주도권을 장악하기 어려웠던 것은 당연한 결과라고 해야 할 것이다.

여성들이 남성들과 어깨 나란히 참여한 야외노동은 비단 조개 캐기에 그치는 것은 아니었다. 여성은 민물고기잡이에도 참여했지만 그 소득 역시 형편없는 것에 불과했다.

> 이 밖에도 신석기시대인들은 얕은 개울가의 양쪽을 둑으로 막아 그 안의 고기를 잡거나 독이 있는 식물의 즙을 개울에 풀어 고기를 잡았을 것이다. 그리고 2인용 그물을 이용해서 소규모의 고기잡이도 하였을 것이다. 낚시와 그물추를 사용하는 고기잡이가 남성 성인에 의해 이루어졌다면 개울가의 소규모 어업은 어린아이와 부녀자들이 담당했을 것이다.[301]

이와 같은 주장은 민물고기의 뼈가 발견되지 않으면서 고고학적으로 입증되지 못한 채 그냥 추측으로만 남아 있는 실정이다. 설령 여성들과 어린아이들에 의해 개울가에서의 고기잡이가 진행되었다고 하더라도 그와 같은 노동은 소규모의 작업으로 획득하는 먹잇감도 얼마 되지 않았을 것이 틀림없다. 식물채집이나 조개잡이 그리고 물고기잡

---

301 『한국사 1』 한길사. 1994년 1월 5일. p. 212.

신석기시대
세계 여성사

이까지 합쳐도 여성들이 수행한 생산노동의 결과물은 결코 남성이 수행한 생산노동의 결실에 미치지 못했음을 인정할 수밖에 없다. 남성은 농업생산은 물론 수렵과 대규모의 어로작업을 통해 대량의 식량을 획득했기 때문이다.

　　당시 사람들이 짐승사냥을 널리 진행하였다는 것은 유적들에서 발견된 여러 가지 사냥도구들과 짐승뼈들에 의해 증명된다. 사실상 신석기시대유적에서 발견되는 뼈의 89% 이상이 뭍 짐승의 뼈라는 한 가지 자료만으로도 짐승사냥은 당시 사람들의 생활과 떼어놓을 수 없는 생산 활동 분야라는 것을 알 수 있다.[302]

　　이들 뭍짐승 가운데 각종 사슴과동물과 멧돼지가 차지하는 비중이 압도적이며 거의 모든 유적에서 고루 출토되고 있는 반면, 나머지 동물들은 전체 동물 수에서 차지하는 비중이 1%도 되지 않은 경우가 많아 식량감으로는 별 관심을 끌지 못한 것으로 보인다.[303]

　뿐만 아니라 신석기시대유적들에서는 바다표범·물개·바다사자·돌고래·고래 등의 기각류와 고래목의 바다짐승뼈가 상당량 검출되는

302　서국태 지음.『조선의 신석기시대』. 사회과학출판사·백산출판사. 1997년 5월 30일. p.105.

303　국사편찬위원회.『한국사 2』. 탐구당문화사. 1997년 12월 30일. p.493.

동시에 꿩이나 오리와 같은 날짐승의 뼈도 많이 발굴된다. 이러한 상황은 당시 뭍이나 바다, 하늘을 막론하고 동물수렵활동이 활발하게 전개되었음을 암시해준다. 식용했을 것으로 추정되는 동물의 뼈는 곡식 유물보다도 훨씬 방대한 숫자라는 점에서도 알 수 있다. 물론 굴껍질이나 조개더미의 수량도 방대하지만 식량으로 사용할 내용물은 얼마 되지 않는다는 점을 감안할 때 동물자원이 식량에서 차지하는 비중은 가히 짐작할 만하다.

그런데 이렇듯 중요한 식량자원을 조달하는 수렵활동은 그 작업특성상 남성들만이 소화해낼 수 있는 노동이라는 사실을 강조할 필요가 있다. 이동이 빠른 사슴과동물을 사냥하는 활이나 멧돼지와 같은 사나운 짐승을 잡는 창이나 몸집이 큰 바다짐승을 포획하는 대형 작살이거나를 막론하고 죄다 일정한 기술과 체력뿐만 아니라 위험까지 감수해야 할 필요성이 있기 때문에 남성만이 감당할 수 있는 노동이라고 할 수 있다. 활을 사용한 대대적인 수렵활동이 널리 사용되었음은 "지금까지 발견된 모든 유적들에서 활촉이 빠짐없이 드러난다"[304]는 사실에서도 입증이 가능하다. 뼈나 돌로 만든 활촉을 사용하는 활은 무거웠으며 그렇게 무거운 활을 받쳐 들고 사냥감을 향해 똑바로 조준하고 성공적으로 발사하는 수렵 동작은 여성들의 섬약한 체력으로는 감당하기가 어렵다.

---

304 서국태 지음. 『조선의 신석기 시대』. 사회과학출판사·백산출판사. 1997년 5월 30일. p. 106.

신석기시대
세계 여성사

| **사진 86** | 신석기시대 사냥도구 활

활은 처음부터 생명을 살해하는 공격용 무기
였다. 실제로 청동기시대에는 활이 전쟁터에
서 적군을 죽이는 무기로 사용되었다. 따라
서 활은 항상 남자와 연관되어 있다. 여성에
게는 전혀 어울리지 않는 도구이다.

활을 최대한 당겨야 화살의 필요한 속도와 사거리를 확보함으로
써 사냥감에 대한 살상력을 높일 수 있다는 것은 상식이다. 그러려면
팔뚝 근육이 발달하고 안정된 자세를 지탱해주는 허벅지 근육이 탄탄
해야만 한다. 울창한 원시림을 헤치고 험준한 비탈길을 오르내리며 사
냥감을 끝까지 추적하여 포획하려면 튼튼하게 단련된 다리 근육이 필
요하다. 그런데 여성들에게는 이러한 신체적 조건이 천성적으로 결여
되어 있다. 게다가 신석기시대의 여성들은 피임방법이 없어 성관계만
가지면 수태가 가능하여 가임기 여성들은 해마다 임신했으며 몇 년간
은 등에 아기를 업고 다니지 않으면 안 되었다. 부른 배를 안고 또는 아
기를 등에 업고 수렵활동에 참여할 수는 없었다. 설령 일부 젊은 여성

들이 참여했다고 하더라도 그들의 사지 근육은 남성들처럼 발달하지 못했기 때문에 정상적인 포획작업이 어려웠다.

뿐만 아니라 수렵활동은 수렵물에 대한 해박한 지식과 경험이 필요하다. 특정 짐승의 특정 서식 장소, 이동 경로, 생활 습관 등에 대한 사전지식이 없으면 사냥에서 흔히 피동에 빠져 실패할 확률이 높기 때문이다. 그런데 남성들은 벌써 오래전인 구석기시대부터 사냥을 지속해 동물에 대한 지식이 채집을 했던 여성에 비해 훨씬 해박했다. 이렇듯 해박한 지식은 남성에게 수렵에 종사할 수 있는 유리한 조건을 제공해주었다. 반면 동물에 대한 지식이 결여된 여성은 수렵에 쉽게 적응할 수 없었으며 설령 일부 여성들이 수렵활동에 동참한다고 하더라도 결국 경험자인 남성들의 지휘에 복종하는 수밖에 없었다.

이 밖에도 올가미·덫·그물·함정 등의 사냥수단이 있지만 그 어느 것도 전문적인 기술과 숙달된 요령 또는 위험이 동반되지 않는 포획방법은 한 가지도 없다. 결국 수렵이라는 이 중요한 생산 활동에서 여성은 배제될 수밖에 없게 되고 그 결과 공동체에서의 여성의 역할도 축소될 수밖에 없다.

남성이 생산의 주체가 되는 이러한 상황은 주요 식량 내원의 하나인 어로작업에서도 별반 다르지 않다. 조개잡이나 개울 막기, 민물고기잡이 따위의 비효율적인 생산 활동을 제외한 나머지 효율적인 어로작업에서 여성이 낄 자리는 전혀 없기 때문이다. 작살질·낚시질·그물질과 같은 어로작업 중에서 여성의 체질에 적합한 노동은 거의 없다.

신석기시대의 어로기술을 출토유물로 고찰하면 작살이나 창·찔 개살 같은 刺突具로 찔러서 잡는 자돌어법, 화살로 쏘아 잡는 弓矢어법, 낚시를 이용한 釣어법, 그물로 포획하는 網어법 등이 있다.[305]

혹시 "단독 또는 집단적 공동 작업으로 이용되고 대량의 어획을 가능하게 하는 획기적인 어로기술"인 그물로 하는 공동어로작업에 여성이 동참했을 가능성은 있을지도 모른다. 하지만 그 경우에도 작업의 지휘권은 남성에게 있었다.

기타 민속지적 자료를 감안하면 물길을 막거나 웅덩이를 파놓고 잡는 법, 나무울타리를 세워 만든 어살, 대나무나 싸리나무를 엮어 만든 통발, 간단한 망태기나 사내끼 등도 이용하였을 가능성이 높지만 확실한 증거는 없다.[306]

웅덩이를 파고 나무울타리를 세우고 통발을 만드는 등의 작업은 모두 체력이 필요한 중노동으로 남성들에게만 적합한 작업이다. 결국 여성은 야외노동에서 농경·채집이나 민물고기잡이, 조개잡이 등과 같은 획득량이 상대적으로 적은 부업에 종사함으로써 그보다 효율적인

305　국사편찬위원회. 『한국사 2』. 탐구당문화사. 1997년 12월 30일. p. 496.
306　국사편찬위원회. 『한국사 2』. 탐구당문화사. 1997년 12월 30일. p. 497.

노동에 종사하는 남성에 비해 역할이 뒤질 수밖에 없었다. 생산노동에서 주동적인 위치를 장악하지 못하면 사회적인 지위에서도 권력을 유실하게 된다. 야외생산노동에서의 피동적인 위치는 한반도 신석기시대 여성이 사회적 주도권을 장악하지 못했던 이유 중의 하나가 되기에 충분했다.

2) 가내활동과 여성의 노동

여성이 가내노동을 전담하게 된 이유는 그들의 천부적인 체력적인 한계 때문이라고 할 수 있다. 앞에서도 언급했지만 신석기시대 여성은 피임방법을 몰랐기에 가임기가 되면 모든 여성이 임신·출산·육아 모드에 돌입하게 되기 때문이다. 회임한 임산부나 아기엄마는 홑몸이 아니기에 야외에서 진행되는 체력소모가 방대한 중노동을 할 수 없다. 그들은 운신이 어렵기 때문에 대체로 집에 머물며 가내나 집 주변에서 가벼운 노동을 소화할 수밖에 없었다. 그런데 이런 노동은 야외노동 못지않게 시간과 품이 들면서도 식량생산과는 연관성이 없어 사회적 지위의 향상을 도모하는 추동력으로 작용하지는 못했다는 것이 여성의 입장에서는 좀 아쉬울 수밖에 없다.

여성이 불편한 몸을 이끌고 재가 또는 집 근처에서 담당했던 노동에는 토기 제작, 편직 또는 식물성 저장용기 엮기, 음식물 가공, 조리 등이다. 물론 토기 제작에 사용되는 태토나 삿자리, 바구니 등을 엮는데 사용되는 풀대 등은 남자들이 공급해주었을 것이지만 앉아서 하는 빛

기나 엮기 작업은 여성의 몫이었다. 우리는 토기 제작부터 차례로 여성의 가내노동에 대해 점검할 것이다.

> 북한학계는 민속의 사례 그리고 질그릇을 빚을 때 남은 손끝무늬(지문)와 손톱자리가 여성의 것이며, 바퀴모양의 무늬넣개는 가락바퀴를 이용한 것이고 그 가락바퀴로 실낳이를 한 것이 여성이기 때문에, 질그릇을 만든 이는 여성이라고 주장하여 왔다. 또한 남경유적의 질그릇 크기가 14cm 단위로 비례하며 이 크기는 여성들의 한 뼘 크기라는 점에서 여성이 분명하다고 보고 있다.[307]

질그릇 제작자가 여성이라는 점에 대해 이의를 제기하는 사람은 아마 없을 것이다. 하지만 이 노동에 모든 여성이 참가한 것은 아니다. 수공인 것만큼 전문기술이 요구되기 때문에 기술을 장악한 소수의 숙련공만이 제작이 가능하기 때문이다. 그런데 전문기술을 장악한 숙련공이라 할 때 그 전문가가 반드시 여성이라는 확실한 증거도 없다. 숙련공이 남자일 가능성도 배제할 수 없는 것이다. 그것은 토지제작 작업이 "힘에 부치는 일이어서 여성이면 누구나 할 수 있다고 보기도 어렵기" 때문이다. 토기 제작이 힘들었다는 것은 파손된 토기를 재활용하거나 수리해서 사용하는 데서도 확인 가능하다.

---

307 국사편찬위원회. 『한국사 2』. 탐구당문화사. 1997년 12월 30일. pp. 472~473.

앞에서 보았듯이 한 해에 필요한 질그릇제작에 드는 품이 최소 30일 정도이고 재료의 양은 적어도 520kg이나 되는 점에 비춰보면 늙은이나 어린이는 힘이 부칠 터이며 또 여성이면 누구나 할 수 있다고 보기도 어렵다. 마을 사람 누구나 질그릇을 만들 수 있었다면 깨진 그릇의 바닥 부분을 조리용으로 이용하고 또 수리, 구멍까지 내어 사용할 이유가 없었을 것이다. 암사동이나 오산리·동삼동유적에서 나온 질그릇들이 몇 가지 그릇꼴로 한정되어 있음은 질그릇 만들기가 마을의 몇몇 숙련가를 중심으로 이뤄졌음을 반영하는 자료로 여겨진다.[308]

게다가 토기 한 점을 제작하는 과정에서 "원료를 장만하는 일부터 질그릇을 굽기 위한 연료를 마련하는 일까지의 모든 일을"[309] 작업자 여성 혼자서 다 해결할 수도 없었다. 이 모든 작업 중에는 여성의 힘으로 해결하기 힘든 공정이 적지 않기 때문이다. 바탕흙 장만, 반죽, 땔감 준비, 가마 설치, 토기 굽기, 불 관리 등은 여성이 감당하기에는 버거운 작업들이다. 흙을 파서 운반하고 물로 반죽하고 돌과 흙을 쌓아 가마를 축조하고 불을 지피는 일들은 모두 중노동으로 남성들만이 감당할 수 있는 작업이다.

308 국사편찬위원회. 『한국사 2』. 탐구당문화사. 1997년 12월 30일. p. 473.
309 국사편찬위원회. 『한국사 2』. 탐구당문화사. 1997년 12월 30일. p. 472.

신석기시대
세계 여성사

바탕흙·땔감·가마축조용 돌 등을 마련하고 나르는 일은 마을 사람들이 도왔을 것으로 생각한다. [310]

여기서 마을 사람들은 구체적으로는 남성을 가리킬 것이다. 신석기시대에 출토된 질그릇에 사용된 태토를 보면 "가까운 곳에서 구할 수 있는 것도 있지만 먼 곳에 가서 파와야 할 것"도 있다. "지탑리유적 신석기시대 집자리에서 나온 돌솜(석면) 또는 곱돌가루는 그 유적지로부터 10km이상 떨어진 곳에서 볼 수 있는 것으로 그러므로 그곳까지 가서 석면을 파와야"[311]만 했다. 석면이 아니고 진흙일 경우에도 돌삽 같은 것으로 흙을 파야 하는 상황에서 남자들이 작업을 도왔을 가능성이 크다. 그리고 서포항유적의 토기가 "소성 온도가 1200도이고 내화도는 1400도 정도"로써 노천에서 800도 정도밖에 안 되는 장작불에 넣어 구워낸 것이 아니라 일정하게 굽는 시설이 갖추어진 가마에서 구워낸 것이라는 시험분석 결과를 수용할 때 토기가마축조 작업이 전제될 수밖에 없을 것이다.

민속학적 실례에 의하면 질그릇을 굽는데 주로 쓰인 가마시설은 등요인데 그것은 자연의 바람을 이용하여 불길이 잘 오르도

---

310 국사편찬위원회. 『한국사 2』. 탐구당문화사. 1997년 12월 30일. p.474.

311 서국태 지음. 『조선의 신석기 시대』. 사회과학출판사·백산출판사. 1997년 5월 30일. p.116.

록 하려고 특별히 언덕바지에 설치한다. 송풍장치도 되어 있지 않는 비교적 단순한 가마시설이지만 밀폐된 가마인 것으로 하여 보다 높은 열을 낼 수 있는 것이다. 따라서 신석기시대 후기에는 이와 비슷한 간단한 가마시설에서 질그릇을 구워내는 일도 있었다고 보게 된다.[312]

등요登窯(굴가마)는 대부분 진흙으로 축조되지만 돌도 일부 사용되었을 것이다. 이런 토역을 수행하려면 일이 힘들어 남자들이 동원될 수밖에 없다. 지표면에 빚은 질그릇을 놓고 그 위에 연료를 태우는 노천요나 우묵하게 파낸 지표면 안에 질그릇을 넣고 연료를 덮어 소성하는 수혈요 경우에도 땔감을 장만하고 구덩이를 파내고 질그릇 위에 연료를 덮어 소성하는 작업은 거의 남성들이 맡았을 것으로 추정된다. 석기로 땅을 파고 나무를 자르는 작업도, 높은 온도에서 오랫동안 불을 지피는 일도, 구워지는 질그릇을 세심히 관찰하는 기술노동도 죄다 여성에게는 적합하지 않기 때문이다. 이렇듯 질그릇 제작은 "흙을 파온다든가 질그릇을 굽기 위한 나무를 장만하는 등의 일에 남자들도 적지 않게 참가"하였음을 알 수 있다. 물론 "질그릇을 만드는 중요한 공정들에서 주도적이며 기본적인 역할은 여성들이 하였다고 인정"[313]된다. 다만 확실

---

312 서국태 지음. 『조선의 신석기 시대』. 사회과학출판사·백산판사. 1997년 5월 30일. p. 120.
313 서국태 지음. 『조선의 신석기 시대』. 사회과학출판사·백산판사. 1997년 5월 30일. p. 121.

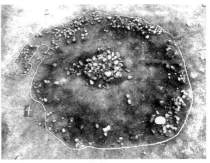

| 사진 87 | 신석기시대 토기 제작 과정과 송죽리유적 노천 토기가마

취토와 운반, 반죽하기 그리고 노천요일 경우에도 땔감 장만하기, 불관리 등 작업은 남자들이 했을 것으로 간주된다. 후기의 토기가마 축조작업은 더 말할 것도 없다.

한 것은 이 노동이 여성들만 담당한 전문노동이 아니며 참가자들도 여성 전부가 아니라 일부 숙련공들이었다는 사실이다. 남녀가 공동으로 수행한 노동이고 여성의 소수만 참가한 노동이라는 점에서 질그릇 제작은 여성의 위상을 격상시키는 역할까지 감당하지는 못했음을 알 수 있다. 더구나 이 노동은 당시로서는 가장 중요한 식량생산과도 무관하다는 차등성까지 있었다.

여성들이 수행한 가내노동에서 편직이 포함되었을 것이라는 추정은 신석기시대 사람들이 옷을 지어 입었다는 고고학적 자료로부터 도출된 판단이다. 옷을 짓는 도구인 바늘은 6000년 전 유적인 서포항유적 2기층에서 처음으로 출토되고 가락바퀴는 같은 시기의 궁산문화 2기층에서 처음으로 나타났으며 그보다 조금 늦은 시기의 서포항 중기층에서도 발견되고 있다. 2기층에서 발견된 "바느질바늘 가운데는 후세의 쇠바늘과 같은 생김새로 정교하게 만든 것"도 있으며 가락바퀴는

"깨어진 질그릇 조각을 둥실하게 갈아 만든 것"[314]들이 있다. 그 이후로 신석기시대 전반에 걸쳐 바늘과 가락바퀴가 보편적으로 출토된다. 가락바퀴가 천을 짤 실을 뽑는 도구라면 바늘은 그 천으로 옷을 짓는 도구이다.

그런데 일본의 신석기시대 유적에서는 "토우土偶와 직물 흔적이 바닥에 찍혀 있는 토기"가 발견되고 "인물 토우에는 속옷 하의와 도롱이를 걸친 무늬, 상의와 하의를 구분해서 입었던 무늬가 들어 있을" 뿐만 아니라 "토기를 빚어 말릴 때 바닥에 펴놓았던 직물이 찍힌 채로 구워진 것이 출토되어 이 시기 사람들이 베틀을 이용해 짠 직포織布도 생산하였음"[315]을 알 수 있다. 그러나 "우리나라의 신석기시대유적인 서포항·농포·동삼동·신암리유적에서도 인물토우가 출토되었으나 의복을 상징하는 것은 보이지 않는다."[316]

이러한 외국의 예와 우리나라에서 출토된 관련유물로 볼 때 우리나라의 신석기시대인들도 식물섬유나 동물섬유를 짜서 만든 편포編布와 가락바퀴나 베틀을 이용해 만든 직포를 옷감으로 해서 간단한 형태의 옷을 만들어 입었을 것으로 추정된다. 그러나 직물보다는 구하기 쉬운 나무껍질 또는 동물이나 바닷고기의 가

314 서국태 지음. 『조선의 신석기 시대』. 사회과학출판사·백산출판사. 1997년 5월 30일. pp. 28~38.
315 『한국사 1』. 한길사. 1994년 1월 5일. pp. 216~217.
316 『한국사 1』. 한길사. 1994년 1월 5일. p. 216.

신석기시대
세계 여성사

죽 등을 사용해서 옷 모양으로 재단한 다음 실로 꿰매 만든 의복이 보다 보편적이었으리라 생각되며 동물가죽인 경우 탄닌산이 많은 떡갈나무나 버드나무의 껍질을 우려낸 물에 담가 보드랍게 만들어 사용하는 생활의 지혜도 터득했던 것으로 보인다.[317]

신석기시대의 유적에서 재봉용으로 생각되는 뼈바늘骨針과 방직용 가락바퀴紡錘車가 출토되고 있는 것으로 보아, 나뭇잎이나 동물가죽으로 몸의 일부만 가리던 구석기인들과는 달리 신석기인들은 방직기술을 개발하여 직물로 옷을 만들어 입었음을 알 수 있다. 궁산·서포항유적에서 출토된 뼈바늘 중에는 삼베실麻絲이 꿰인 채로 발견되었으므로 처음에는 종래와 같이 사슴·멧돼지 등의 짐승가죽에서 돌칼로 살을 갉아낸 다음 뼈바늘로 꿰매어 만든 가죽옷을 입었던 것으로 생각되며 서포항유적의 신석기 후기층에서는 뼈로 만든 바늘을 보관하는 바늘통까지 출토되었다고 한다. 또한 많은 유적에서 출토되는 각종의 가락바퀴는 방직법의 존재를 말해주는 것으로서 주로 가락바퀴를 이용하여 짐승의 털이나 삼베麻와 같은 재료로 옷감을 만들어 입었던 것으로 짐작된다.[318]

---

317 『한국사 1』 한길사. 1994년 1월 5일. p. 217.
318 국사편찬위원회. 『한국사 2』 탐구당문화사. 1997년 12월 30일. pp. 520~521.

한반도 신석기시대의 옷이 나무껍질로 만든 것이든 동물가죽으로 만든 것이든 옷을 짓는 사람의 입장에서는 똑같은 수공작업이다. 물론 편직작업에서도 나무껍질을 벗기거나 가죽을 다듬는 일은 야외노동 또는 기술노동이라는 특성상 남성들의 손을 거쳤을 가능성을 배제할 수 없다. 하지만 실낳이와 바느질 같은 작업은 여성이 담당했을 것으로 추정된다. 작업이 힘들지도 않고 활동량도 적으며 체력을 소모하는 일도 없기 때문이다. 실낳이와 바느질은 임산부나 아기엄마도 작업이 가능하다. 하지만 가죽을 그대로 몸에 두르고 끈으로 동여도 충분히 옷 구실을 하던 당시로서는 편직노동도 수렵이나 고기잡이와 같은 식량생산노동에 비해 중요성이 떨어질 수밖에 없었다. 그 노동이 설령 여성이 독점했다 치더라도 여성의 지위를 조금도 향상시킬 수 없었던 원인이기도 하다.

신석기시대 유적들에서 흔히 발견되는 그물추라든가 뼈로 만든 '삿바늘' 등은 당시 사람들이 여러 가지 그물을 떠서 썼다는 것을 말하여준다. 서포항유적이나 궁산유적을 비롯한 여러 유적들에서는 짐승뼈로 만든 '삿바늘'이 흔히 발견된다. 생김새가 삿바늘과 비슷하여 '삿바늘'이라고 불리우고 있으나 실제의 용도는 그물 뜨는 일과 관련된 것이라고 인정된다. 경기도 광주군 미사리 유적에서는 그물을 뜨는데 쓴 도구로서 모정바위(분암)로 만든 뜨개바늘이 나왔다. 길이 7.6cm, 너비 2.6cm인 것으로서 머리 쪽에 구멍이 뚫리고 좌우 양쪽에는 실이 흘러내려가지 않도록

하기 위한 홈이 있는 것이라고 한다.[319]

샷바늘 또는 뜨개바늘은 한반도 신석기시대유적에서 자주 발견되는 편직도구이다. 여성들은 집에서 이 바늘을 이용하여 생활용품들을 제작했다. 그걸로 그물도 떴을 뿐만 아니라 "짐승가죽이나 풀, 나무껍질 등을 가공하여 바구니와 방석을 비롯한 여러 가지 생활용품을 만드는 수공업생산을 더욱 확대발전"[320]시켜나갔다. 삿자리 같은 것을 엮는데도 사용했을 것이다. 역시 움직임이 적은, 가만히 앉아서도 할 수 있는 경노동이라는 점에서 여성에게 적합한 작업이다. 하지만 이러한 자질구레한 노동 역시 여성의 시간만 낭비할 뿐 그들의 사회적 지위를 높여주지는 못했다. 한마디로 그와 같은 작업은 식량생산이 아니라는 것 때문에 노동의 중요성을 확보할 수 없었던 것이다.

이러한 노동은 토기 제작과 편직작업 뿐만은 아니었다. 곡물가공 또는 해산물 가공작업이나 조리작업 역시 식량생산에 기여도가 없기는 마찬가지였다. 곡물 껍질을 벗기고 가루를 내는 가공작업과 물고기나 조개를 따고 말리는 작업 등은 끊임없이 여성에게 시간과 노동을 강요했지만 생산성의 결여로 잡역으로 치부되었다. 한반도의 신석기시대 유적들에서는 솥이 전혀 발견되지 않는다. 그리하여 조리는 대체로 화

---

319 서국태 지음. 『조선의 신석기 시대』. 사회과학출판사·백산출판사. 1997년 5월 30일.
      pp. 115~116.
320 서국태 지음. 『조선의 신석기 시대』. 사회과학출판사·백산출판사. 1997년 5월 30일.
      p. 114.

| 사진 88 | 서포항유적 샷바늘·가락 바퀴·바늘통 그리고 궁정리유적 야외노지

여성은 바늘과 실로 옷을 짓고 샷바늘로 그물 등 생활용품을 제작했다.

덕에서 구워먹는 식으로 해결했을 것으로 추정된다. 집터마다 화덕만 있고 조리작업에 필요한 부엌이 없다는 건 당시 사람들이 찌거나 삶는 조리과정이 필요한 식물성 음식물보다 간단하게 구워서 먹을 수 있는 동물성 음식물 취사가 위주였음을 의미한다. 조명과 방한을 위해 설치된 화독이 식물성 음식을 위한 조리공간을 제공하지 못하면서 여성의 식사 분배권마저도 박탈당할 수밖에 없게 된다. 뜨거운 불 앞에서 고기를 굽는 작업은 화상의 위험이 수반되기 때문에 남성들이 주로 담당했을 것으로 추정되기 때문이다. 여성은 혼자 몸만 화상에 대비하는 것이 아니라 아이도 보호해야 한다는 특수성이 존재한다.

결국 여성이 이렇듯 많은 시간과 품을 들여 가내의 다양한 노동에 종사했음에도 지위가 반등하지 못한 원인은 그 노동들이 식량생산에 대한 기여도가 미미했기 때문이다. 당시 먹는 것은 가장 중요한 문제였다. 누가 또는 어느 부류의 구성원들이 식량을 확보하는 가에 따라 무리에서 지정되는 서열도 그만큼 중요해졌다. 그것이 동물의 육류이든, 조개이든, 곡물이든 식량의 종류와는 상관없이 누가 더 많은 양을 확보하는지가 관건이었다. 이 경쟁에서 중국의 여성은 물론 한반도의 여성도 남성에게 패배했던 것이다. 그들은 여전히 수렵과 어로에서 핵심적인 활약을 소화했을 뿐만 아니라 금방 두각을 드러낸 원시농업에서도 여성보다 진일보 약진하며 자신들의 지위를 확고하게 수호할 수 있었다. 이와 같은 엄연한 현실 앞에서 여성은 문자 그대로 속수무책이었던 것으로 추정된다. 남성의 지배 아래에 또는 대등한 지위에 만족할 수밖에 다른 방도는 없었다.

5장

:

장신구·음악과 여성

1) 장신구와 여성

장신구가 여성과 연관된 이유는 이동을 대비한 구석기시대의 귀
중품 신변 휴대로부터 시작된 것이다. 신석기시대에 진입하며 지금과
같이 여성의 미모와 연관된 용도로 진화되었는지에 대해서는 아직까지
는 확실한 증거가 부족하다. 하지만 여전히 장신구의 용도를 미모와 연
관시키는 주장들이 일부 존재하는 것도 사실이다. 예컨대 서포항유적
에서 출토된 돌고리나 귀걸이 같은 것들은 "달아매서 몸을 장식하는데
쓴 치레거리이다."[321]

신석기인들이 자신의 몸치장에 있어 적지 않게 관심을 가지고

---

321 서국태 지음. 『조선의 신석기 시대』. 사회과학출판사·백산출판사. 1997년 5월 30일.
     p. 141.

있었음을 알 수 있다. [322]

신석기시대의 조선 옛 유형 사람들은 몸단장도 어느 정도 하고
생활하였다고 인정된다.…… 물론 이러한 치레거리들은 화려한
것이라고 말하기에는 너무나 서투른 점이 많다. 그러나 그것을
통하여 신석기시대의 조선 옛 유형 사람들이 미를 돋우기 위한
몸치장에 적지 않은 관심을 돌렸으며 여러 가지 물건들로「화려」
한 몸단장을 하는 것이 하나의 생활 관습으로 되었던 사실을 알
수 있다. [323]

몸단장에는 얼굴 미용과 신체 장식이 포함된다. 귀걸이, 고리 같
은 것들은 용모를 단장해주고 팔찌, 목걸이 같은 것들은 몸을 단장해준
다. 이러한 꾸미개들은 서포항·농포동·궁산리·금탄리·청등말래·세죽
리·당산·동삼동·암남동·금곡동율리·교동·연대도 등 유적들에서 죄다 출
토되고 있다. 얼굴은 남녀가 연정을 통할 때 가장 먼저 대면하는 신체
부위로서 이성의 마음을 유혹하기 위한 강력한 자본이라고 할 수 있다.
몸매도 남성의 시선을 끄는 매력 포인트이다. 아름다운 얼굴과 보기 좋
은 몸매를 가진 여성은 남성의 마음을 흔들어 자신의 연인으로 만들 수
있는 유용한 자원을 확보한 것이나 다름없다. 여기에 화려하고 귀중한

---

322 국사편찬위원회.『한국사 2』. 탐구당문화사. 1997년 12월 30일. p.522.
323 서국태 지음.『조선의 신석기 시대』. 사회과학출판사·백산출판사. 1997년 5월 30일.
      p.141.

장신구까지 착용한다면 마음에 드는 남성을 자신의 앞에 무릎 꿇게 하는 마력을 나타낼 것이다. 하지만 이런 주장은 어디까지나 상상과 억측의 산물에 불과할 따름이다. 신석기시대 여성들이 장신구를 이용하여 남성을 유혹하는 구애도구로 사용했다는 그 어떠한 고고학적 자료도 없다. 이 장신구가 남성들은 제외한 여성들만의 소유물인지에 대한 확실한 자료도 없다. 여성들이 장신구를 이용하여 미모를 강화하는 목적이 남성을 유혹하여 자신의 연인으로 확보하는 것이라고 할 때 당시 남녀의 사회적 지위는 적어도 대등했다는 사실을 감안하면 굳이 그럴 필요까지는 없었을 것으로 간주된다. 여성이 주도권을 장악하지 못했다고 하더라도 구애를 통해서만 남성과 성적교제를 할 정도는 아니었을 것이기 때문이다. 여성들은 출산과 채집·어로·가내노동 등을 통해 나름 사회적으로 일정하게는 자신들의 입지를 확보한 상태였다. 미모를 자본으로 남자들에게 구애하는 상황은 전쟁이 시작된 청동기시대나 고대에 와서야 나타난 새로운 사회현상이었다. 따라서 만일 장신구의 용도가 여성의 몸단장이 아니라고 할 때에는 그 결론은 전혀 다를 수밖에 없다. 실제로 일부 학자들은 신석기시대 장신구의 용도를 몸단장 외에 주술적인 것으로 추정하기도 한다.

이 수하식은 단순히 장신구로서의 기능을 갖는 것도 있지만 동물머리나 사람의 형태는 장식적인 효과 외에도 주술적이고도 신

양적인 의미를 갖는 것으로 해석되고 있다. [324]

짐승뼈나 이빨로 만든 치레걸이 가운데 양면이 오목하게 보조개
(圜點文)가 새겨져 있는 것이 있는데, 사슴·소·말 등의 뿔·어깨뼈·
팔뼈 등에 어떠한 자국을 낸 후 불에 구워 길흉을 점치는 풍속이
시베리아를 비롯한 북방아시아의 여러 민족 사이에서 널리 행해
졌던 것을 미루어 이 유물도 점치는 뼈(卜骨)로 추정하고 있다.
이러한 보조개가 새겨진 것 또한 주술적 의미가 있었을 것으로
생각하면서 보조개가 새겨져 있는 치레걸이는 액을 쫓고 복을
부르는 주력이 있다고 믿고 호신부로 해석하고 있다. [325]

시베리아와 북방아시아의 길흉을 점치는 풍속에 근거하여 보조
개가 새겨진 치레거리가 복골卜骨이라고 단정하는 주장을 과연 믿어야
할까. 유적의 어디에서도 이 치레거리가 점을 치는데 사용되었다는 유
사 증거가 하나도 없는데도 말이다. "액을 쫓고 복을 부르는 주력"은 어
떤 고고학적 자료에 의해 얻어진 판단인가. 이런 주장은 당시의 현실
자료에 근거한 판단이 아니라 주변 지역의 유사 상황이나 후세의 추가
자료에 근거해 내려진 억측일 따름이다.

---

324 『한국사 1』. 한길사. 1994년 1월 5일. p.217.
325 국사편찬위원회. 『한국사 2』. 탐구당문화사. 1997년 12월 30일. p.515.

인간도 영혼을 가지고 있으며 비록 육체는 죽더라도 영혼은 멸하지 않고 살아 있다고 믿었으므로…… 살았을 때 즐겨 사용하거나 아끼던 물건을 함께 묻어 주었다고 생각된다.[326]

이렇듯 자신만만한 주장을 뒷받침해준 증거는 겨우 연대도 2호분에서 출토된 무덤 피장자의 팔목뼈에 끼워진 조가비를 갈아 만든 팔찌 3점과 발목 부근에서 발견된 조가비팔찌뿐이다. 영혼불멸을 믿고 묻어준 부장품이라면 당연히 이 한 건의 무덤에서만 껴묻거리가 발견되지 말았어야 한다. "육체는 죽더라도 영혼은 멸하지 않고 살아 있다고 믿었다면" 당연히 중국의 경우처럼 유적들마다에 무덤을 만들고 이른바 그들이 생전에 자주 애용했거나 애지중지했던 물건을 함께 묻어 주었어야만 이 억견에 설득력이 첨부될 것이다. 어쩌면 이런 얼토당토않은 미신 따위는 아예 믿지 않았기 때문에 무덤도 축조하지 않았고 부장품도 묻지 않았을지도 모른다. 무덤도 부장품도 없는데 해석만 거창하다. 그렇다면, 미모를 위한 것도 아니고 영혼을 위한 것도 아니고 호신부도 아니라면 장식품은 왜 만들었으며 게다가 모든 유적들에서 골고루 출토되었을까.

사실 우리는 이미 중국의 장식품 관련 담론에서 이 문제에 대해 검토를 진행하고 결론을 내린 적이 있다. 이즈음에서 한번 돌이켜보는 것도 나름 의미가 있을 것이다. 우리는 중국의 경우 남성 무덤의 부

326 국사편찬위원회. 『한국사 2』. 탐구당문화사. 1997년 12월 30일. p.512.

장품에도 장식품이 출토된다는 사실에 주목했다. 남성의 장식품 착용은 그 목적이 미모가 아니라는 결론을 도출해냈다. 남성의 무덤에서 발견된 장식품은 여성에 비해 옥제품이 많다는 사실에서 그 제작자가 남성일 것이며 장식품의 소유자도 대개는 제작자였을 거라는 추정에 도달했다. 결국 장식품의 착용 또는 소유는 제조과정의 난도와 그 재료의 귀중함으로부터 파생되는 소장자의 신분상에서의 부富와 귀貴를 상징한다는 최종 판단에 이르게 된 것이다.

> 결국 신석기시대 중국 여성은 장식품을 즐겨 패용했지만 결코 미모를 보완하기 위한 목적은 없었다고 할 수 있다. 아직은 물질적 삶에서 개인의 재산의 축적이 그렇게 눈에 띄게 차이를 드러내지 않았던 상황에서 타인과 구별 가능한 자신만의 신분을 제고할 수 있는 유일한 재산항목으로서 그 상징을 가지고 있던 것이 다름 아닌 장식품이었다. 자신이 직접 공을 들이거나 타인과의 인맥을 통해 획득할 수 있었던 사치품이었다. 그렇다면 이 시기의 여성은 아직 미모 관리에는 그다지 관심이 없었음도 미루어 짐작할 수 있다.[327]

한국의 경우에도 신석기시대 경제 환경이나 지리적 조건에서 별반 다르지 않기 때문에 장신구 문제에서도 중국의 상황과 유사할 것으

---

327 장혜영 지음. 『신석기시대 세계 여성사』. 어문학사. 2020. 2. 14. pp. 454~455.

로 짐작된다.

2) 음악·무용과 여성

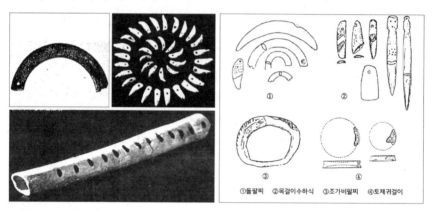

| 사진 89 | 서포항유적 팔찌(상좌)·피리, 연대도유적 발찌(상중) 신석기시대 치레거리

①돌팔찌 ②목걸이수하식 ③조가비팔찌 ④토제귀걸이

한반도의 장신구는 여성의 미모와 연관성이 없어 보인다. 그렇다고 액을 쫓고 복을 부르는 주술이나 신앙과도 인연이 없는 듯싶다. 남녀 공동 패용 상황도 알 수 없다. 서포항에서 발견된 새뼈 피리는 아쉽게도 청동기시대의 것으로 신석기시대는 악기 한 건 발견되지 않는다.

그런데 음악과 예술에 대한 담론은 관련자료 부족으로 전개할 수 없게 되었음을 고백할 수밖에 없다. 따로 장절을 만들어 진행할 만큼의 자료도 결여되어 있기 때문이다. 음악과 춤이 일상생활이나 제의행사 때에 행해졌을 거라는 막연한 추측 외에는 아무 것도 없다.

음악이나 춤 등도 그들의 일상생활이나 제의행사 때에 행하였을 것으로 추측할 수 있으며, 이러한 원시예술은 예술 자체로서 뿐

신석기시대
세계 여성사

만 아니라 신석기인들의 의식이나 신앙에 결부되어 많이 나타나
고 있다.[328]

　지금까지 발굴된 유적들에는 무덤도 없고 제단도 없는데 제의행
사는 어디서 갑자기 나타난 것이며 일상생활에서는 어떤 음악과 춤이
행하여졌는가? 그와 관련된 그림 한 폭이라도 있는지. 제의행사는 반드
시 신전이나 제단이 전제될 때에만 진행이 가능함은 상식이다. 그러나
중국과는 달리 한반도에서는 그 어느 유적에서도 신전이나 제단 같은
건 흔적조차도 발견되지 않고 있다. 그나마 우리가 "신석기시대 조선
옛 유형 사람들의 생활에서 조형예술뿐 아니라 음악과 무용 등의 예술
도 중요한 자리를 차지하였던 것으로 인정된다."고 감히 단언할 수 있
게 해주는 발견은 서포항유적에서 출토된 새뼈로 만든 피리이다.

　서포항유적 청동기시대의 이른 시기 층에서는 새뼈로 만든 피리
가 드러났는데 거기에는 여러 개의 구멍이 뚫려 있어 높고 낮은
음을 조화롭게 낼 수 있게 되어 있다. 이처럼 훌륭한 피리를 벌
써 이 시기에 만들어 쓴 사실은 이미 신석기시대의 사람들의 생
활 속에 음악과 무용 활동이 활발히 진행되었던 것을 실증하여
준다. …… 신석기시대 조선 옛 유형 사람들의 음악과 무용은 대
부분 농업과 물고기잡이, 짐승사냥을 비롯한 생산 활동의 성과

---

328 국사편찬위원회. 『한국사 2』. 탐구당문화사. 1997년 12월 30일. p. 520.

를 빌거나 달성한 성과를 축하하는 미신적인 의식행위와 밀접히 결부되어 일정한 정도로 높은 수준에서 널리 진행되었다고 보게 된다. [329]

이처럼 화려한 찬사에도 불구하고 우리의 담론은 다시 한번 나락으로 추락해야만 하는 좌절을 겪을 수밖에 없다. 이 새뼈로 만든 피리는 신석기시대의 유물이 아니라 청동기시대의 것이라는 사실 때문이다. "이처럼 훌륭한 피리가 벌써" 신석기시대부터 만들어져 "생활 속에 음악과 무용 활동이 활발하게 진행"되었다면 얼마나 우리의 담론도 유창하고 당당하며 자신만만해졌을까. 너무 아쉽다. 음악과 무용의 활발한 진행은 어쩔 수 없이 청동기시대까지 기다려야만 할 것 같다. 그리고 신석기시대의 음악과 무용 그리고 여성이 수행한 역할에 대한 논의는 여기서 줄여야만 할 것 같다.

한마디로 한반도의 신석기시대에는 아직 진정한 의미에서의 음악과 무용이 탄생하지 않았다고 단언할 수 있을 것이다. 원래 음악과 무용예술은 아무 때나 나타나는 현상은 아니다. 그것의 탄생은 농업이라는 이 특수한 경제 형태의 대두와 긴밀하게 연관되어 있다. 어떤 의미에서는 음악과 무용은 농업에 뿌리박고 살아가는 기생물이라고 할 수도 있을 정도로 상호 의존성이 강하다. 농업의 작황은 하늘에 의존하

---

329 서국태 지음. 『조선의 신석기 시대』. 사회과학출판사·백산출판사. 1997년 5월 30일. pp. 144~145.

신석기시대
세계 여성사

며 하늘은 또 예술을 전제로 한 제의에 의해 움직인다고 생각되었기 때문이다. 하지만 한반도의 신석기시대 농업은 아직 음악과 무용을 불러내어 하늘에 제의를 행할 만큼 성숙되어 있지 않았다. 그리하여 음악과 무용은 농업이 더 보편화되고 발달한 청동기시대를 기다릴 수밖에 없었을 것이다.

三.
기타 아시아 국가의 여성

우리는 지금까지의 담론을 통해 신석기시대 여성의 지위와 역할은 농업과 연관되며 또 농업은 홀로세의 기후변화의 결과물임을 알게 되었다. 뿐만 아니라 농업을 배태시킨 홀로세의 기온상승은 메소포타미아와 이집트는 물론 중국과 한국의 경우에도 동일한 환경조건을 제공했다는 사실도 동시에 확인할 수 있었다. 그럼에도 메소포타미아와 이집트를 포함한 서양과 중국 그리고 한국과의 사이에는 신석기시대 여성의 지위와 역할에서 현저한 차이가 존재한다. 그 원인은 당시의 기후변화를 급격하게 전환시켰던 대충돌 사건과 그로 인해 발생한 남여성비의 비정상적인 변화이다. 대충돌에 의한 자연환경의 돌연변화는 구석기시대 사람들로 하여금 수렵·채집의 기존 생존공간을 포기하도록 강요했을 뿐만 아니라 새로운 농업 생존공간에서 수적인 우위를 점한 여성이 생산의 주체가 될 수 있는 성비 변화를 마련해 주었기 때문이다.

하지만 대충돌과 같은 자연의 파괴라는 환경의 돌연변화가 전제되지 않았던 중국이나 한국의 경우 기존의 생존환경을 단시일 내에 일제히 포기하고 위험이 동반한 생소한 생존공간으로 이동할 아무런 이유도 없었던 것이다. 그곳에는 생존을 위한 그 어떤 것도 약속된 것은 없었기 때문이다. 곡물재배를 위주로 하는 농업을 통해 근심걱정 없이 편안하게 먹고 살 수 있다는 아무런 담보도 없었다. 게다가 지금까지 살아온 수렵과 채집의 경제방식으로도 여전히 먹고 살 수 있어 식료 획득 방법을 교체해야 할 급박한 상황도 아니었다. 수렵·채집·어로라는 기존의 경제패턴을 그대로 유지하면서 조금씩 실험적으로 조심스럽게 농업으로 전환하더라도 전혀 문제될 것은 없었다. 중국과 한국에서 농업의 발전이 부진하고 완만했던 이유가 바로 여기에 있다.

다른 한편 농업의 부진과 완만함은 여성의 사회적 지위와 역할의 약진에 제동을 거는 불리한 인소로 작용했다. 여성은 구석기시대부터 농업의 전신이라고도 할 수 있는 채집활동의 주체였던 만큼 신석기시대에 이르러 농업이 경제활동의 주요 내용이 되었다면 당연히 그 견인력이 되어야만 한다. 하지만 여성은 서양의 경우와 달리 성비에서 남성보다 수적인 열세에 처해 생산에서 차지하는 역할에 제한이 있을 수밖에 없었다. 메소포타미아에서의 농업이 평야의 사토沙土를 개간하여 곡물을 재배하기에 여성의 체력이 감당할 만했다면 숲의 나무를 베어내고 니토泥土를 개간하여 농사를 지어야만 했던 중국과 한국의 경우에는 여성의 체력으로 감당하기에는 힘겨운 중노동이 아닐 수 없었을 것이다. 이러한 이유 때문에 결국 중국이나 한국의 신석기시대 여성은 농업 생산에서도 중요한 역할을 담당할 수 없었던 것이다.

그런데 이러한 상황은 일본이나 신석기시대 유적이 나타나는 기

| 사진 90 | 일본 산나이마루야마三內丸山유적, 인도파키스탄문명 분포, 이란의 파디스
테페Tep.Pardis유적 토기가마

일본에는 조몬문화라 불리는 신석기시대가 있고 인도·파키스탄과 이란 그리고 중앙아시아와 인도네시
아를 비롯한 동남아시아에도 신석기시대가 존재한다. 하지만 그 위치와 자연지리적인 여건의 부동함에
따라 농업의 시작 연대와 여성의 사회적 지위와 역할에서도 커다란 차이를 보인다.

타 아시아 국가들의 경우에도 예외는 아니라는 점을 우리는 아래에 이어지는 담론에서 곧 확인하게 될 것이다. 우리의 담론은 우선 일본과 기타 아시아 나라들의 신석기시대에 농업의 존재 유무에 관해 검토할 것이다. 물론 이 검토는 농업 존재의 증거인 토기와 농업생산도구 및 농업의 상징물인 여신상 분석을 통해 결론을 도출해 낼 것이다. 다만 앞에서도 언급했듯이 토기의 존재는 반드시 농업과 연관된 것이 아니라는 점에서 검토에서 제외되었다. 만일 일본의 신석기시대에 농업이 존재하지 않았다는 일부 학자들의 주장이 사실이라면 그렇게 많은 토기들은 농업에 대해 아무것도 설명하지 못할 것이다. 아래의 담론에서 만나겠지만 필자도 일본의 신석기시대에 진정한 의미에서 농업은 존재하지 않았다고 생각하지만 토기의 존재는 부정할 수 없다. 우리는 단지 이미 출토된 농업생산도구의 종류와 토우의 용도에 대한 분석만으로도 비교적 설득력이 있는 결론을 얻어낼 수 있을 것이라고 믿는다. 농업이 시작되지 않았고 제의와 이른바 여신숭배가 나타나지 않았다면 신석기시대 일본 여성의 사회적 지위와 역할도 중국이나 한국에 비해 우월하지는 않았을 것이라는 추정에 이르게 될 것이다.

한편 인도와 기타 아시아 국가의 경우 같은 아시아권 나라이지만 중국이나 한국, 일본과는 전혀 다른 양상을 표출한다. 우선 인도의 경우에는 담론의 범위가 인접 국가들인 파키스탄, 아프가니스탄은 물론 이란과 투르크메니스탄 등 중앙아시아 국가들까지 포함됨을 짚고 넘어가야 하겠다. 그것은 이들 국가의 신석기시대 발전상에서 많은 유사성이 발견되기 때문이다. 양자의 가장 큰 차이점은 농업의 존재 여부에서의 부동함이다. 중국·한국·일본의 경우에는 농업이 시작되었지만 보편화되기까지 몇 천 년이라는 오랜 시기가 필요했으며 그동안 수렵과 채집은 여전히 경제활동에서 차지하는 비중이 높아 여성의 사회적 지위의 향상에 걸림돌이 되었다면 인도와 주변 아시아 국가의 경우에는 신석기시대 초반부터 농업이 시작되었을 뿐만 아니라 경제에서 차지하는 비중도 상대적으로 높아 여성의 지위에도 긍정적인 영향을 미쳤다는 사실에 주목할 필요가 있다. 비단 농업의 발단과 화장의 진척이 빨랐을 뿐만 아니라 청동기시대의 이른 시작으로 도시문명의 탄생도 중국이나 한국, 일본에 비해 훨씬 빨랐다. 농업의 존재와 도시문명의 이른 발달에는 반드시 그에 상응하는 원인이 제공되었을 것이다. 우리는 아래의 서술에서 그 원인에 대해 하나하나 검토할 것이며 그 결과에 따라 부수되는 여성의 사회적 지위와 역할에 대해서도 분명하게 규명해낼 것이다. 예고하지만 인도—파키스탄 및 중앙아시아에서의 농업의 존재가 사실이라면 여성의 사회적 지위와 역할이 서아시아의 경우와 별반 다르지 않았을 것이다.

동남아 국가들과 인도네시아의 경우 농업은 중국·한국·일본보다도 더 늦게 시작된 것으로 나타난다. 그 상한선이 기원전 3000년을 넘지 못해 당시 여성의 사회적 지위와 역할이 같은 동양국가들보다 훨씬 위축되었을 것으로 추정된다. 하지만 필자가 접할 수 있는 자료의 제한으로 신석기시대 여성의 이미지를 노동·장례·일상생활과 결부시켜 검토할 수 있는 기회를 가질 수 없었다는 아쉬움을 미리 고지하는 바이다. 이 분야에 대해서는 나중에 기회가 생기면 보완하도록 할 것이다.

신석기시대
세계 여성사

1장.

⋮

일본 신석기시대 여성

1) 농경 존재 여부와 여성의 지위

　　일본의 신석기시대에 관한 담론에서 최대 쟁점은 농업의 존재 여부 문제이다. 여기에 정체불명의 수많은 구덩이들의 무덤 여부, 토우·석봉의 제의 용구 여부 문제까지 추가하면 일본의 신석기시대 전반을 포함했다고 말해도 과언은 아닐 것이다. 더구나 이 세 가지 문제는 단순히 고고학연구 범위에 그치지 않고 본서의 취지인 여성의 지위와 역할에 대한 주제와도 긴밀하게 연관되어 있다. 농업의 존재 여부, 무덤의 존재 여부, 토우의 제의도구 사용 여부에 따라 여성의 지위와 역할이 결정되기 때문이다. 예를 들어 농업의 존재가 전제된다면 장기간의 채집활동을 통해 식물의 특성과 성장에 대한 이해와 경험이 풍부한 여성들이 자연스럽게 역할 범위가 넓어질 것이며 그 반대의 경우에는 역할이 위축될 것이다. 묘지의 존재를 인정할 때에도 이동보다 장기간의 정착이 가능해질 것이고 그로 인해 원시농업의 대두도 배제할 수 없지만 반대의 경우에는 농업의 존재는 불확실해질 수밖에 없다. 토우와 석봉이 제의활동에 사용되었다면 그것은 어떤 의미에서도 농업을 전제로 할 수밖에 없으며 여성을 상징하는 토우의 존재는 제의와 더불어 그들의 지위와 역할도 덩달아 상향 조절될 수밖에 없다.

그럼 지금부터 우리는 일본 역사학계에서 대치상태를 이루고 있는 농업긍정론과 부정론에 대해 잠시 시선을 돌려보도록 할 것이다.

> 농업은 여성의 발명이었다. 본래 식물성 식량을 주워 모으는 것을 일삼던 여성은 몇 만 년을 통한 체험들을 어머니로부터 딸들에게로 전하면서 그 동안에 먹을 수 있는 것과 먹을 수 없는 것으로 구별 짓게 되었으며 식물의 종류와 그 성장조건도 조금씩 알 수 있었다. 드디어 원시여성들은 양지바른 토지를 일구고 거기에 씨를 뿌리고 물주는 것을 배웠다. 정주성定住性이 늘면 늘수록 농업도 진전되어 그것이 또 정주성을 높여갔다.…… 마침내 여성은 수렵을 버리고 농업에 종사하게 되었다. 그에 따라 농업은 급속히 발전하였다.[330]

이른바 타이틀이 "여성사"이지만 그 논증에는 설득력이 결여되어 있다. 도대체 이러한 단정은 그에 상응하는 어떠한 고고학적 자료

---

330 이노우에키요시 지음. 성해준·김영희 옮김. 『일본 여성사』 어문학사. 2004년 11월 22일. pp. 29~30.

신석기시대
세계 여성사

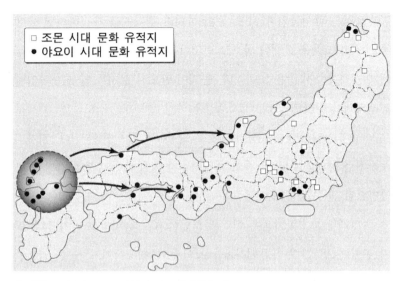

| 사진 91 | 일본 조몬시대와 야요이시대 유적

일본에서 발견되는 신석기시대 유적에서는 농업이 시작되었다고 주장하는 학자들도
있지만 들깨·조롱박류만 발견되고 조·피·보리 등 곡물탄화물은 발견되지 않고 있다.

에 근거하여 도출해낸 것인가. 농업이 신석기시대의 어느 때부터 시작
되었는지에 대한 시기 분류도 불확실하다. 그리고 "양지바른 토지를 일
구"는 작업은 몇 개의 문자 조합으로 실현되는 것이 아니다. 수목이 적
고 모래땅이 많은 메소포타미아와는 다른 일본 열도에서 그 과정은 구
체적으로 나무를 잘라내고 뿌리를 뽑아내며 바윗돌을 들어내는 어려운
체력노동의 소비가 전제되어야만 함을 의미한다. 게다가 제한된 타제
돌도끼 하나만으로 그 모든 작업을 완수해야 한다. 과연 이 작업을 체
력 면에서 연약한 여성이 감당해낼 수 있을는지부터 의문이 개입될 수
밖에 없다. 철제 도끼와 톱, 심지어 엔진톱까지 도구가 완벽한 지금도

벌채작업은 남성들의 몫이다. 뿐만 아니라 경작지를 개간하려면 숲에 불을 지르고 밭을 갈거나 삽으로 번져야 하는데 이 역시 토역이라 여성에게는 적합하지 않은 노동이다. 농업이 반드시 토지를 일구는 작업이 전제되어야 한다면 그리고 그 토양은 사질토가 아닌 점토라면 그 시작은 남성에 의해서만 가능하다는 것을 인정하지 않으면 안 된다. 저자의 주장처럼 농업의 시작이 결코 채집경험과 곡물성장 과정의 간단한 파악만으로 될 수는 없기 때문이다.

그래도 고고학자들은 이런 무책임한 태도를 버리고 학자답게 "명치19년(1886년) 간다 다카히라神田孝平의 『일본태고석기고日本太古石器考』 논문 이래의 백여 편의 논문, 고고학보고서 및 개론적인 저술들"만 집필한 것이 아니라 "적극적으로 현장발굴을 진행함으로써 농경의 직접적인 증거 즉 농작물을 찾았다."[331] 직접적인 증거를 찾지 못한 상황에서도 막연한 추측은 될 수 있는 한 우회하여 간접증거라도 찾으려고 골몰했다. 그 대표적인 고고학자가 후지모리 에이이치藤森榮一이다. 그는 조몬 중기 농업의 가능성을 농업생산도구의 발견과 유적의 규모 그리고 제의와 같은 간접적인 증거들에서 입증하려고 시도했던 학자다운 학자이다.

조몬 식물재배가설에 있어서 후지모리는 주부와 간토 지역의 중기 조몬 유적에서 발견된 많은 수의 타제석부들은 식물재배에

---

331 『农业考古』. 1991年 01期. 「绳文农耕论」. 能登健著. 赵辉译. p. 90.

괭이로 사용되었다고 주장하였다. 그의 논문이 출판될 당시 조몬 유적에서 재배되었던 식물 유체는 발견되지 않았기 때문에 후지모리는 그의 주장을 뒷받침하기 위하여 석기 조합의 변화, 유적 크기, 유적 위치 그리고 제의와 같은 여러 가지 간접적인 상황 증거를 이용하였다.[332]

후지모리는 도카리이시尖石유적 언덕에서 비교적 짧은 시기 안에 처음부터 마지막까지 약 500기의 같은 시기의 가옥이 있다는 사실에서 이렇게 큰 유적에서 수렵생활의 상징으로서의 돌화살촉의 출토가 아주 적기 때문에 당연히 수렵이외의 생업을 생각하게 한다고 지적한다. 그는 막자乳棒 모양의 마제 돌도끼와 타제 돌도끼가 급속하게 증가하고 있음을 예로 들었다. 그는 아울러 막자 모양 마제 돌도끼에 땅을 파는 방망이 앞부분과 타제 돌도끼의 손잡이 부근에 직각의 자루를 안장하여 복원했다.……
정형화된 중기 돌그릇과 돌확의 용도는 가루를 내고 곡물을 가는 것이고 석봉石棒과 토우土偶는 대지 어머니 신 신앙에 사용하는 제기이며 요석凹石은 나무를 마찰하여 불씨를 얻을 때 위에 덮는 돌이다. 이런 유물들이 대량으로 출토되는 것은 광범한 범위 내에서 동시에 불을 질러 화전 경작지를 개척했음을 암시한

332 하부 준코 지음. 강봉원 옮김. 『일본 조몬고고학』. 사회평론아카데미. 2016년 11월 11
     일. p.83.

다.[333]

물론 "타제석부에 대한 이러한 견해는 간다 다카히라神田孝平 그리고 오오야마 카시와大山柏 등의 땅을 파는 도구 즉 농업도구의 관점을 계승한 것"[334]이었다. 하지만 비록 타제 돌도끼와 취락의 규모, 토우가 사용된 제의 등은 곡물 유물에 비해 간접적인 자료이긴 하지만 농업의 존재 여부에 대한 연구에서 중요한 역할을 담당하는 고고학적 자료들이다. 우리는 이미 농업생산도구의 출토 규모와 종류에 대한 분석을 통해 중국 신석기시대 농업 상황에 대해 논의를 전개한 바 있다. 중국 신석기시대에는 탄화곡물이 출토되었음에도 이들 자료는 연구를 진행하는데 중요한 일익을 담당했음을 우리는 기억하고 있다. 일본의 신석기시대 농업 관련 담론에서도 석기와 취락 그리고 토우는 판단의 한 조건이 될 것이다.

하지만 일진의 학자들은 조몬시대 농업 부정론의 주장을 들고 나왔다. 그들의 주장은 "아직 당시 농경의 직접적인 증거—경작지와 농작물이 발견되지 않았다"[335]는 조건 위에 구축되어 있었다. 그러나 후지모리 중기 농경론 이후 연이어 발견된 식물 탄화 씨앗 발견은 그들의 반론을 위기의 수렁에 빠뜨려 넣는 듯싶었다. 소화40년 나가노현 코우진

---

333 桐原健著. 蔡凤书译. 「八岳山麓遗址群和绳文农耕论」 『农业考古』 1999年 01期. p.99.

334 『农业考古』 1991年 01期. 「绳文农耕论」 能登健著. 赵辉译. p.93.

335 『农业考古』 1991年 01期. 「绳文农耕论」 能登健著. 赵辉译. p.90.

신석기시대
세계 여성사

야마의 오오이시大石おおいし 등 유적에서 탄화물이 발견되었으며 후쿠이현 토리하마패총에서 조롱박 종자가 발견되었다. 하지만 오오이시유적의 탄화물은 들깨이고 오네尾根와 소리會利유적에서 발견된 탄화물도 모두 조·피 등 재배식물이 아니라 들깨였다. 조몬 중기의 것으로 추정되는 곡물 탄화물은 홋가이도현 하마나스노ハマナス野의 메밀, 사이타마현 우에노上野와 기후현 쓰루네의 보리大麥 등 극히 제한적이다. "아오모리현 가메가오카의 쌀, 홋가이도 마마치ママチ, 아오모리현 이시가메石龜의 메밀 등은 이미 만기 중엽 이후의 것"[336]이다. 농경긍정론 학자들이 고대하는 곡물 탄화물은 발견되지 않고 들깨·조롱박 종류만 발견되자 조·피·보리 등과 같은 주식 곡물의 재배론에 위기가 봉착한 긍정론자들의 머릿속에는 기발한 묘책이 떠올랐는데 그게 바로 저 말도 안되는 유명한 "반재배론"이다.

후지모리는 1970년에 쓴 『조몬농경』의 맨 마지막 장 「조몬중기 식물재배의 기원」에서 식물식료채집민족의 세계에서 들불로 인해 삼림이 파괴된 후 2차 숲에서 새로운 생명의 탄생을 볼 수 있을 뿐만 아니라 반재배와 최초의 식물재배가 산생한다고 강조했다. 1966년 나카오사스케는 『재배식물과 농경의 기원』이라는 글에서 제1단계는 근재根栽식물재배 단계라고 간주했다. 나카오사

---

336 하야시 켄사쿠 지음. 천선행 옮김. 『일본 신석기시대 생업과 주거』. 사회평론아카데미. 2015년 7월 30일. p.173.

스케는 야생채집단계와 근재식물재배단계 중간에 농경시대보다 더 긴 하나의 "반재배단계"를 설정해야 한다고 간주했다.……이른바 '반재배'는 식물의 보호를 위해 취락으로 운반해온 종자가 저절로 발아하거나 취락에 버려진 토란의 조각이 재생할 수는 있지만 그러나 아직은 종자를 땅에 파종하여 경작하는 단계에는 이르지 못한 것을 말한다.[337]

한마디로 그처럼 현란한 표현—학술적인 고상한 전문용어의 외피를 쓴 이른바 "반재배"란 식용 후 배설물이나 폐기물에서 씨앗이 재생하는 과정을 의미한다. 하지만 그 내막을 자세히 관찰해 보면 순식간에 당위성이 증발됨을 알게 된다. 씨앗의 운반이 반재배라면 바람에 날려온 종자나 새 또는 동물이 식용 후 다른 장소에 운반·배설하여 재생된 모든 과정이 반재배가 될 것이기 때문이다. 씨앗의 장소 이동 그것은 원래부터 스스로의 의지가 아닌 외부의 에너지를 빌려 행해지는 식물의 번식과정이다. 엄밀한 의미에서 재배란 씨앗의 식용과 무의식적인 운반이 아니라 경작지의 개척과 의도적인 파종에서부터 시작되는 것이다. 이런 의미에서 반재배론은 근거 없는 궤변에 불과하다.

그리고 후지모리가 중기 조몬 농경의 존재를 입증하기 위해 동원한 이른바 간접 증거 중에는 대규모 취락도 포함된다. 취락의 대소 규

---

337 桐原健著. 蔡凤书译.「八岳山麓遺址群和绳文农耕论」『农业考古』. 1999年 01期. pp. 102~103.

| 사진 92 | 농경론자 후지모리와 산나이마루야마·시타노야下野谷道유적 대규모 취락

탄화곡물이 거의 발견되지 않자 후지모리는 일본 조몬시대 농업의 존재를 증명할 근거로 신석기시대 대규모취락을 제시한다. 농업이 아니고는 몇 백 명이나 되는 인구의 식량을 해결할 수 없다는 게 그가 내세운 명분이다.

모는 정착의 시간과 직결될 가능성이 있기 때문에 농업의 유무와 긴밀한 연관성이 있다. 대형취락은 장기간의 정착 가능성을 전제함으로 농업의 대두와 무관하지 않다. 후지모리가 유적의 규모를 농업 기원의 한 조건으로 삼은 것도 이러한 이유에서였다. 이른바 "대형취락 존재론" 역시 후지모리의 가설에서 파생한 이론이다. 후지모리는 젠스尖石유적을 "수혈 500기 주거지 중 동시에 공존한 것은 약 3분의 1이며 매 가옥에 5명이 산다고 계산할 때…… 500명"의 인구를 가진 대형취락으로 추정한 기반 위에서 "불안정한 수렵생업수단으로는 일상생활을 유지하기 어렵기"[338] 때문에 농업이 시작되었다는 결론을 도출해내고 있다. 산나이마루야마 유적도 무려 700개나 되는 수혈주거지를 가진 대형취락이

---

338 桐原健著. 蔡凤书译.「八岳山麓遗址群和绳文农耕论」『农业考古』1999年 01期. p.99.

며 동시에 점유되었던 수혈주거지도 40에서 50동 사이로(오카다岡田康博 1995)큰 취락의 인구는 500명 이상으로 알려져 있다. 그러나 이런 취락들 대부분이 여러 시기가 중복된 것들로 각기 해체하면 규모가 훨씬 축소되어 결국 소형취락에 불과하다. 젠스유적의 경우만 예를 들어도 이러한 상황을 쉽게 파악할 수 있다.

　　문제는 같은 시간 내의 가옥 숫자이다. 최근의 검토에 의하면 중기 초반에 속하는 2기 이외의 나머지는 중기 후반의 것이다. 소리曾利Ⅱ형식 시기의 것이 6기, Ⅲ형식 시기의 것이 7기, Ⅳ형식 시기의 것이 13기, Ⅴ형식 시기의 것이 1기, 시대를 알 수 없는 것이 4기이다. 여기서 노연석爐緣石이 있는 것, 수혈이 중복된 것을 감안하면 각 시기는 응당 더 감소된다. 도카리이시언덕 북쪽과 오네尾根 언덕은 1952년에 이미 발굴이 완료되었다. 띠 모양으로 나란히 배열된 28기의 집터가 드러났다. 현재는 집터를 복원했는데 조몬취락의 표본이라고 할 만하다. 그중에 중기 초반에 속하는 것은 겨우 1기뿐이며 소리曾利Ⅱ형식 시기의 것이 11기, Ⅲ형식 시기의 것이 8기, Ⅳ형식 시기의 것이 2기, 시대를 알 수 없는 것이 6기로 죄다 중기 후반의 것이다.[339]

339　桐原健著. 蔡凤书译.「八岳山麓遗址群和绳文农耕论」『农业考古』 1999年 01期. p.100.

미즈노는 "설사 20기, 30기의 주거지가 발견되어도 그것은 결국 약간의 거주의 흐름에 지나지 않는다."며 "대형취락론"에 맞서 "소형취락론"을 제시했다. 구로오 카즈히사도 자신의 '소규모 취락론'에서 "'대규모 취락'도 한 시점에서의 취락경관은 '소규모 취락'과 대차 없다"고 주장하면서 조몬시대의 거주 실태는 중기뿐만 아니라 조기후엽·전기전엽·전기중~후엽에도 "소집단이 서서히 이합집산을 반복한 결과 형성된 시간 누적의 결과"[340]라고 판단했다. 그러면서 구로오는 본격적인 정주 취락의 성립은 후기가 되어서야 가능해진다고 지적하고 있다. 500명의 인구를 가진 대형취락은 기존의 생업수단인 수렵·채집으로는 식료를 조달할 수 없음은 자명한 일이다. 재배를 통한 생산이 아닌 일방적인 동식물 수집은 아주 짧은 시기 내에 식량자원이 고갈될 수밖에 없기 때문이다. 그것은 식료자원 획득범위가 취락에서 왕복 이동이 가능한 거리 안에 한정되기 때문이며 또 한 번 채취하면 야생동식물이 스스로를 복구하는데 시간이 걸리기 때문이다. 결국 대규모 취락의 인정은 어쩔 수 없이 인공재배를 통한 1년 주기의 식량 재생산 활동이 전제가 될 수밖에 없으며 역으로는 그것의 전제가 없는 대규모 취락은 존재할 토대가 없다.

양자 중 하나를 택해야만 하는 우리는 후자에 무게를 두는 편이다. 일단 탄화식물 종자가 발견된 유적인 오오이시와 이자와오네居澤

---

340 하야시 켄사쿠 지음. 천선행 옮김. 『일본 신석기시대 생업과 주거』. 사회평론아카데미. 2015년 7월 30일. p.313.

尾根유적의 조사에서 "들깨가 발견된 8기의 집터 중의 석기를 볼 때 타제의 돌도끼가 특별히 많다. 그 다음은 요석, 가로날 모양의 석기, 돌화살촉, 유봉乳棒모양의 마제 돌도끼와 석명石皿"으로 집계되었는데 그중 "타제 돌도끼는 50%를 점하고 요석은 25%를 차지"하는 것으로 나타난다. 그리고 오오이시유적의 탄화종자가 출토된 집터에서는 각각 51건, 25건, 20건으로 평균 매 가옥에서 4건으로 그리 많은 것은 아닌"[341] 것으로 나타난다. 무엇보다 중요한 것은 이들 돌도끼는 출토 석기 중에서 비록 50% 전후를 차지하지만 전체적으로 발굴 숫자가 많지 않을 뿐만 아니라 그 제작기술이 구석기시대에나 유행되었던 구식의 타제도구라는 사실이다. 이런 도구를 땅을 파는 괭이로 사용하려면 마제 돌도끼에 비해 노동효율성이 떨어질 것은 지적할 필요도 없다. 후지모리의 조몬 중기농경론의 다른 하나의 증거로 제시된 땅을 파는 도구라는 대형 석시石匙 역시 "거칠게 제작된"[342] 도구로 농업생산에서 효율적인 역할을 수행하기에는 역부족이긴 마찬가지이다. 그리하여 많은 고고학자들은 타제 돌도끼 등 이른바 농업생산도구들을 도리어 채집도구로 추정하는 근거로 삼고 있다.

와미스리戸澤充則는 1989년 『나가노현사長野縣史』의 「시나노사의

341 桐原健著. 蔡凤书译. 「八岳山麓遗址群和绳文农耕论」 『农业考古』 1999年 01期. pp. 105~106.
342 『农业考古』 1991年 01期. 「绳文农耕论」 能登健著. 赵辉译. p. 93.

신석기시대
세계 여성사

여명信濃史的黎明」절에서 야쓰가타케[343] 조몬 중기의 사람들은 식물성 식료를 획득하는 방식을 주요한 생업으로 삼았다고 간주했다. 그들의 많은 석기들은 죄다 식물식료를 채집하고 다듬고 가공하는 데 사용되는 도구들이다.[344]

간다 다카히로神田孝平가 타제 돌도끼를 농업생산도구라고 주장한 이후로 증가 추세로 전환한 농업긍정론은 이러한 증거 불충분으로 인해 처음부터 "토기 편년연구를 핵심으로 한 연대학 및 이 기초 상에서 조몬문화의 종합적 분석을 시도한 야마우치山內의 부정론"에 격파될 숙명적인 운명을 지니고 있었다고 봐야 한다. 본서가 일본 신석기시대에 농업이 존재하지 않았다고 강조하는 데에는 지금까지 당시의 유적들에서 출토된 농업생산도구 중에 당연히 있어야 할 삽이나 낫과 같은 주요 농구들이 거의 보이지 않는다는 사실도 결정적인 영향을 미쳤다고 할 수 있다. 우리는 이미 중국의 신석기시대 관련 담론에서 자루 달린 삽과 같은 생산도구가 농업 존재 여부에 결정적인 인소라는 것을 소상하게 검토한 바 있다.

여성의 지위와 역할에 대한 논의에서 신화가 배제될 수는 없다. 일본의 신화에서도 여성이 곡물신으로 등장하기 때문이기도 하다. 『일

---

343 桐原健著. 蔡凤书译. 「八岳山麓遺址群和绳文农耕论」. 『农业考古』. 1999年 01期. p.107.

344 桐原健著. 蔡凤书译. 「八岳山麓遺址群和绳文农耕论」. 『农业考古』. 1999年 01期. p.107.

본서기』에 의하면 이자나미의 자식인 우케모치노카미는 곡식의 신으로 전해진다. 물론 우케모치노카미는 태양의 여신 아마테라스오미카미의 남동생 스사노오노미코토의 폭행에 의해 죽임을 당하지만 그 죽은 시신에서 곡식들이 탄생하면서 곡식의 신으로서의 역할을 완벽하게 수행한다.

保食神實已死矣. 唯有其神之頂, 化爲牛馬. 顱上生粟. 眉上生蠶. 眼中生稗. 腹中生稻. 陰生麥及大小豆.[345]

그런데 조粟·피稗·벼·보리·콩·팥은 신석기시대 유적에서 출토되지 않을 뿐만 아니라 벼재배는 야요이시대에 와서야 시작된 것으로 나타남으로 이 사건은 신석기시대와는 연관성이 적은 것으로 판정된다. 게다가 신화의 형성시기도 신석기시대보다 훨씬 뒤인 것으로 인지되고 있다. 한국의 일부 학자들은(예컨대 반재원) "일본의 모든 신들이 이서국왕에게서 탄생한다고 보며 일본의 최고신인 '아마데라스'가 이서국왕의 딸이었을 것"[346]이라고 추정한다. 이런 추측의 학술적인 신빙성은 둘째치고 실제로 『일본서기』에는 신라라는 실명이 등장한다. 그리고 이서국 伊西國은 『삼국사기三國史記』와 『삼국유사三國遺事』의 역사기록에도 전해

---

345 『日本書紀』卷第一. 神代 上. 五段. "이미 보식신은 죽어 있었다. 다만 그 신의 머리에서 소와 말이 생겨났고 이마 위에서는 조粟가 생겨났다. 그리고 눈썹 위에서는 누에가 생겨났고 눈 속에서는 피稗가 생겨났다. 뱃속에서는 벼가, 음부에서는 보리와 콩과 팥이 생겨났다."
346 노중평 지음. 『반도의 그림자』. 휴먼컬처아리랑. 2013년 11월 12일. p.62.

지는 기원 1~3세기경에 영남 지역에 존재했던 국가로 알려지고 있다. 이 이서국의 사람들이 신라에 망해 일본으로 건너가 신화를 만들었다는 주장도 허다하다. 단지 우리는 일본신화가 기원 1~3세기 이후라는 연대에만 초점을 맞추려고 한다. 연대 수치가 신석기시대와 너무나 거리가 멀다는 사실을 인정하지 않을 수 없다.

이 모든 상황들을 종합해 볼 때 우리는 일본 신석기시대에는 농업이 존재하지 않았다는 결론에 도달할 수밖에 없게 되었다. 설령 제한적으로 농업이 존재했다고 하더라도 "취락 근처에 형성된 작은 밭과 텃밭에서 아주 소규모(사사키 코메이)"로 이루어졌기에 "식물재배가 '채집·수렵·어로활동의 극히 일부를 보완하는 정도'의 역할밖에 하지 못하는 '성숙한 채집사회'"[347]에 머물러 있었음을 알 수 있다. 농업이 본격적으로 시작되지도, 보편화되지도 않은 사회에서 여성의 사회적 지위와 역할은 혜택을 향유하지 못했을 거라는 판단이 설득력을 가진다. 이러한 경제방식에서 여성이 활약할 수 있는 생활 반경은 여전히 채집이라는 제한된 공간에 묶여 있을 수밖에 없었을 것이 틀림없다. 이즈음에서 우리의 담론도 자연스럽게 채집과 여성의 관계로 과도할 것이다.

---

347 하야시 켄사쿠 지음. 천선행 옮김. 『일본 신석기시대 생업과 주거』 사회평론아카데미. 2015년 7월 30일. p.73.

2) 채집중심경제와 야외·가사노동 그리고 여성

석기시대의 여성이 채집활동과 자연스럽게 연관되는 것은 아마도 그들의 신체적인 조건 때문일 것이다. 주로 임신·출산·육아와 가내노동을 담당할 뿐만 아니라 남성에 비해 상대적으로 체력적 한계까지 수반하는 여성은 채집과 같이 그들이 감당할 만한 경노동에 종사할 수밖에 없다. 이러한 상황은 중국과 한국의 경우에도 마찬가지였다. 그러나 중국과 한국의 경우 수렵과 어로가 생업활동에서 차지하는 비중이 채집활동에 비해 훨씬 크다면 반대로 일본의 경우에는 채집이 수렵과 어로에 비해 식량자원에서 차지하는 비중이 상대적으로 크다는 차이가 존재한다. 이러한 현상은 시기별 노동도구 구성의 변화에서도 분명하게 나타난다. 중국과 한국에서는 수렵·어로도구가 위주라면 일본에서는 화살촉과 같은 수렵도구는 조·전기에만 주로 나타나고 중·후기부터는 채집도구가 증가하고 있다는 점에서 알 수 있다.

> 후지모리 에이이치(1950)도 주부 산악지역에 화살촉과 같은 사냥도구가 조몬 중기에 극히 드물다고 지적하였다.[348]
> 사사키 코메이는 조몬인의 수렵이라고 해도 "겨울의 수렵기를 중심으로 중간 크기의 멧돼지와 사슴을 연간 한 가족 당 겨우 6~7마리 정도 포획하였다고 보는 것이 타당하다고 생각된다"고

---

348 하부 준코 지음. 강봉원 옮김. 『일본 조몬고고학』. 사회평론아카데미. 2016년 11월 11일. p.277.

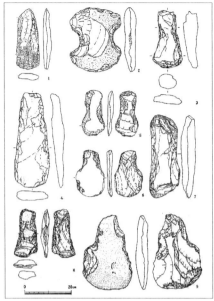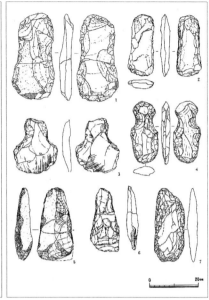

1. 가나가와(조몬·중기) 2. 도쿄(조몬·후기) 3. 나가노(조몬·말기)
4. 미샤구지 5~6. 군마(야요이전·중기) 7. 나가노(야요이·후기)
8. (야요이·후기) 9. 사키타마(야요이·중기) 12. 감숙예현서산

1. 후쿠오카(조몬·만기) 2. 후쿠오카(조몬·만기·야요이·조기) 3. 가고시마(야요이·조기) 4. 가고시마 상중층(야요이·조기) 5. 야마구치(야요이·전기) 6. 오카야마(야요이·전기) 7. 오이타(야요이·중기)

| **사진 93** | 동·서 일본의 조몬·야요이시대 타제석부

타제석부는 조몬시대 중·전엽을 경계로 증가한다. 타제석부는 농업생산에 사용된 도구가 아니라 뿌리 열매나 껍질 등을 채취하는 채집도구로 여겨진다. 타제석부의 증가는 여성의 채집활동이 경제활동의 중심으로 부상했음을 암시한다.

하였다.

데시기와라는 아큐(전기)·오오이시(大石, 중기 전엽)·이자와오네 (居澤尾根, 중기 후엽)의 석기조성을 조사하여 중·전엽을 경계로 타제 석부가 증가한다고 지적하였다. 나아가서 다카후로高風呂 유적에서는 전기 말엽 2에 타제 석부, 중기 전엽에 요석凹石·마

석이 많아지고 석촉은 매우 적어진다고 한다. "식물채취 및 가
공구의 발달(타제 석부·마석·요석의 증가 - 필자)과 더불어 식용식물
을 고도로 이용하는 생업형태"가 유적의 폭발적인 증가 원인이
다.[349]

수렵도구와 수렵물의 감소 현상으로 볼 때 적어도 중기부터는 채
집이 경제활동의 중심으로 부상했던 것으로 예상된다. 식료자원 획득
에서의 수렵활동의 위축은 단순히 생업방식의 전변이라는 의미를 초월
하여 남녀 노동 분업의 재편을 초래할 뿐만 아니라 그로 인한 남녀의 사
회적 지위, 역할의 범위와 수위에도 대폭 수정을 강요한다. 따라서 채
집경제의 비중이 승격할수록 당연히 그 수행주체의 역할과 경제생활에
서 차지하는 지위도 향상될 수밖에 없다. 환언하면 채집경제 위주는 여
성의 이미지와 권위에도 일정하게 영향을 미치게 된다.

조몬인의 먹을거리가 동물성 식료와 식물성 식료 어느 쪽에 비
중을 두었는지도 전혀 예견하기 어려운 상태였다. 그러나 1970
년대 말에 스즈키 키미오는 "식물성 식료의 유효성"을 지적하였
다. 스즈키의 지적이 널리 받아들여져 최근에는 조몬인이라고
하면 수렵민 또는 어민이라기보다 식물채집민이라는 이미지가

---

349 하야시 켄사쿠 지음. 천선행 옮김. 『일본 신석기시대 생업과 주거』 사회평론아카데미.
    2015년 7월 30일. p.161.

강해지게 되었다. 예를 들면 사하라는 "조몬인이 식물성 식료에 가장 의존하였다는 해석은 조몬시대 식료를 연구하는 모든 연구자들의 공통된 생각이다"라고 하였다.[350]

그런데 수렵의 비중에 편중했던 조몬시대 조기의 이동형 수렵·채집민이든 채집의 비중에 기울었던 중기 이후의 정주형 채집·수렵민이든 채집노동에서만큼은 여성이 제한적이나마 선도적 권리를 행사했을 것이 틀림없다. 채집물을 가공하는 야외노동 또는 "협업"에서 작업의 진행과정은 여성의 지휘에 따를 수밖에 없으며 그 지휘는 당연히 판단권과 결정권을 전제로 할 때에만 유효하게 작동할 것이다. 실제로 우리는 채집과 관련된 야외노동 또는 일본학자들이 즐겨 사용하는 "협업"에서 여성이 핵심적인 위치를 견인해 나간다는 인상을 받기도 하는 것이 사실이다.

칠엽수열매를 처리하는 것은 여성의 일일 것이다. 그러나 두께 40cm, 길이 3m를 넘는 통나무를 자르고 가공하며 두께 20~30cm의 말뚝을 박는 작업은 남성이 분담하였을 것이다. 여성의 작업장은 남성이 건설하는 것이다. 이 작업장은 생리적인 협업의 산물이고 남성의 노동을 전제로 하여 여성의 노동이 성립된

---

350 하야시 켄사쿠 지음. 천선행 옮김. 『일본 신석기시대 생업과 주거』. 사회평론아카데미. 2015년 7월 30일. p.161. p.233.

다.…… 아카야마 취락의 여성 전원이 칠엽수열매를 채집·처리하고 선별한 후 남은 것을 버리던 광경을 상상할 수 있다. 몇 세대의 여성이 공동으로 칠엽수열매를 처리하였으므로 세대 간의 협업도 이루어졌다. [351]

칠엽수열매는 탄닌이 포함되어 독성을 제거하는 작업을 거쳐야만 식용가능하다. 물에 담그거나 갈아서 물에 우려내는 방법으로 독성을 제거한다. 이러한 작업들은 채집을 통해 식물에 대한 경험을 쌓은 여성들이 남성들보다 더 실수 없이 수행할 수 있다. 설령 남성들이 작업장 설치에 동참하는 경우라도 전반 작업 진행과정은 관련 기술을 장악한 여성의 지휘에 따라야만 했을 것이 분명하다. 칠엽수열매나 물참나무열매 등 견과류는 탄닌 제거 작업이 복잡해서 처리하는 전문적인 시설이 필요하다. 칠엽수열매를 처리한 시설로 추정되는 유구는 길이 4.5m 전후, 두께 45cm를 넘는 통나무를 2~2.4m 간격으로 10m 규모로 배치하고 그 사이를 두께 30~450cm의 통나무로 구획하고 통나무를 지탱하는 말뚝은 2m 정도의 깊이로 박은 것으로 그 작업 강도가 남성들만이 감당할 수 있는 중노동이다. 하지만 남성은 체력적인 에너지만 투자하고 기술적인 측면에서는 처리 전문가인 여성들의 경험이 개입했을 것으로 추정할 수 있다.

351 하야시 켄사쿠 지음. 천선행 옮김. 『일본 신석기시대 생업과 주거』. 사회평론아카데미. 2015년 7월 30일. p.168. p.170.

여성의 야외노동은 채집에만 그치는 것은 아니었다. 집 근처에서 진행되는 기타 식료 채집에도 참여했던 것으로 간주된다. 즉 여성들도 채집이 손쉬운 조개잡이와 민물고기잡이 같은 야외노동에 종사했다. 한국 신석기시대 여성들의 경우에도 민물고기나 조개잡이 같은 힘들지 않은 작업에 참여했음을 우리는 알고 있다. 펄조개와 우렁이는 가을~겨울의 갈수기에 잡기 쉬워져 여성들도 포획작업이 가능해지며 붕어와 미꾸라지도 산란기나 갈수기에 무리를 이루기에 대량 어획이 가능해 여성들도 동참했을 것으로 짐작된다.

붕어와 미꾸라지는 갈수기가 되면 물가 습지로 모여 진흙 속에서 월동한다. 붕어가 모여 있는 장소에서는 바구니 하나로 50마리 정도 잡을 수 있다. 미꾸라지가 월동하는 장소에는 작은 공기구멍이 있어 바로 알 수 있다. 도쿄에서는 이 구멍을 표지로 하여 진흙을 파서 미꾸라지를 잡는데 이를 '메호리目堀り'라고 부른다. 막대 끝에 목면을 둘둘 말면 메호리의 도구가 된다. 골침(骨針, 실제로는 角針이 많다) 가운데 짧고 가는 것은 메호리의 막대로 사용할 수 있다.[352]

갈수기에 진흙 속에 모여 월동하면서 움직임이 둔화된 붕어와 미

352 하야시 켄사쿠 지음. 천선행 옮김. 『일본 신석기시대 생업과 주거』. 사회평론아카데미. 2015년 7월 30일. p.152.

꾸라지를 채취하는 작업은 어로도구조차도 불필요하다. 물고기를 담을 바구니 하나와 막대 하나면 대량 어획도 가능하다. 여성들은 물론 어린 아이들도 채취할 수 있을 정도로 손쉬운 작업이 아닐 수 없다. 이렇게 힘들지도 어렵지도 않을 뿐만 아니라 기술도, 도구도, 특별한 준비도 필요 없는 물고기잡이에는 여성들도 아이들과 함께 또는 아기를 등에 업은 채로 적극적으로 참가했다. 신석기시대에는 식료 획득노동에 가능한 한 남녀노소가 제한 없이 모두 동원되었다. 식료 획득(채집·가공·저장·조리·식용)은 어쩌면 신석기시대인들의 삶의 전부 내용이라고 해도 과언은 아닐 것이다. 여기에 성생활과 출산·육아를 더하면 그 이상의 또 다른 삶은 없다고 할 수 있다. 후술하겠지만 중국의 경우와는 달리 일본의 경우 신앙생활은 신석기시대에는 아직 형성되지 않았을 것으로 간주된다.

　　결국 채집 위주 경제패턴을 영위했던 야외노동에서 채집활동은 물론 물고기잡이나 조개잡이에까지 노동영역을 확대했던 일본의 신석기시대의 여성은 같은 시기의 중국이나 한국의 여성에 비해 사회적 지위와 역할 면에서 어느 정도는 우월했을 것으로 예단할 수 있다. 거주 장소를 옮기는 이동의 목적이 채집일 경우 이전 장소에 대한 결정과 이동과정의 인솔권도 여성이 장악했을 것이기 때문이다. 정주 목적이 남성의 관장하에 수행되는 수렵이 아니라 채집일 경우에도 여성이 공동체에서 차지하는 지위는 훨씬 강화될 것이 틀림없다. 다만 여성의 그러한 사회적 지위와 역할은 두 말할 것도 없이 농업이 주류인 경제체제에서 배당되는 혜택에는 비견할 수도 없다. 왜냐하면 전방위적인 농업이 아닌 채집사회는 반드시 수렵과 어로가 병행될 뿐만 아니라 때로는 그 비중이 채집을 초월할 가능성도 배제할 수 없기 때문이다.

조몬시대 일본 여성의 노동은 중국이나 한국의 신석기시대 여성과 다를 바 없이 야외에서보다 실내 또는 집주변에서 더 활발하고 다양하게 진행되었다.

> 오카모토(1975)는 조몬시대 동안 성에 의한 노동 분화의 가능성을 논의하였다. 조몬 여성들이 식량채집과 가사·허드렛일을 포함한 "가벼운 일"을 하는 반면 남성들은 사냥과 어로 등과 같은 "힘든 일"에 주로 종사하였다는 관행적인 추정을 시작으로 그는 성에 따른 "자연적" 노동 분화의 실재를 추정하였다.…… 뼈 골절(주로 오른쪽 尺骨)이 조몬 여성보다 남성이 다섯 배나 더 많다는 기요노 켄지淸野謙次의 형질인류학적 연구를 인용하여 오카모토는 뼈 골절을 야기할 수 있는 힘든 일은 남성에 의해 수행되었다는 견해를 제시하였다.[353]

오카모토의 주장처럼 여성이 가벼운 일을 담당했다 하더라도 실제로는 채집한 식물성 식료의 가공과 저장작업은 물론이고 옷을 짓고 풀대를 겯어 바구니를 엮거나 또는 진흙을 빚어 구워낸 토기그릇을 만

---

353 하부 준코 지음. 강봉원 옮김. 『일본 조몬고고학』. 사회평론아카데미. 2016년 11월 11일. pp.165~166.

들고 식자재를 다듬고 조리해야만 했을 뿐만 아니라 임신·출산·육아의 부담까지 가냘픈 두 어깨에 짊어져야만 했다. 그 외에도 석기·목기 제작은 물론 장식품이나 조각품을 제작하는 일에도 참여했다. 우선 집에서 진행되는 식량저장작업은 많은 품이 들고 시간이 소모되는 번거로운 노동이다. 게다가 식료는 채집시기도 제한되었을 뿐만 아니라 저장도 계절에 맞춰 제때에 처리해야만 한다.

> 견과류 유체와 동반된 흔한 저장혈(貯藏穴. 저장구덩이)의 실체 때문에 많은 연구자들은 견과류 저장이 조몬 생계전략에 중요한 역할을 하였다고 믿고 있다.…… 조몬 전기와 그 이후시기로 편년되는 저장혈 의견은 아주 흔하다.…… 네 가지 다른 종류의 견과류—칠엽수 열매, 호두, 낙엽수 도토리 그리고 조엽수 도토리—가 한 층의 낙엽으로 덮인 구덩이 하나에서 수습되었다. 구마모토현 소바타 조몬 전기 유적에서 발견된 저장혈에는 조엽수 도토리를 저장하기 위하여 바구니와 돗자리들이 사용되었다. 견과류의 저장은 가을에 많은 양의 견과류를 채집하여 겨울부터 이른 봄까지 사용하기 위한 것을 의미한다.[354]

---

354 하부 준코 지음. 강봉원 옮김. 『일본 조몬고고학』. 사회평론아카데미. 2016년 11월 11일. pp. 87~88. p. 92.

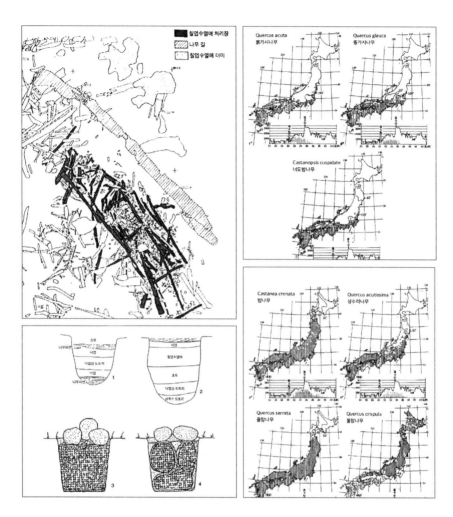

| **사진 94** | 사이카마 아카야마유적 칠엽수열매차리장(상좌) 조엽照葉견과류(상우) 활엽견과류(하우)분포. 저장혈 단면도(하좌. 1. 시가현 사카노시타 유적, 2. 시가현 아노유적, 3-4. 구마 모토현 소비타曽畑유적 저장혈의 단면도식)

채집경제에서 여성은 채집부터 가공·저장에 이르기까지 작업의 주체였다.

식료를 저장하려면 여러 가지 식자재의 각이한 특성에 맞는 다양한 방법을 활용해야만 한다. 이런 구체적이고도 기술적인 과정은 오로지 여성들만이 소상하게 알고 있었다. 그들은 장기간의 채집활동을 통해 각종 식료의 특징을 장악했고 그것을 기반으로 하여 다양하고도 적절한 저장방법을 개발해 냈다. 하야시 켄사쿠는 『일본 신석기시대 생업과 주거』라는 자신의 저술에서 그 저장방법을 ① 저온 저장, ② 상온 건조, ③ 가열, ④ 담그기液浸, ⑤ 염장, ⑥ 발효, ⑦ 밀폐 등 일곱 가지로 귀납하고 있다. 그중 식물성 식료에 대한 저장방법만 소개하면 아래와 같다.

상온 건조 저장: 말리는 방법인데 그 대상은 과실·엽경·근경·해초 등으로 매우 넓다.

가열 건조 저장: 끓이는 방법인데 그 대상은 육류와 식물인데 주로 상온 건조 및 훈증의 전 처리로 실시한다.

담그기 저장: 1) 물에 담그기의 대상은 주로 식물을 대상으로 한다. 2) 기름에 담그기는 주로 과실·어류를 대상으로 한다.

발효 저장: 식물을 대상으로 한다.

밀폐 저장: 담그기 또는 발효와 함께 이용하는 경우가 많다.[355]

---

355   하야시 켄사쿠 지음. 천선행 옮김. 『일본 신석기시대 생업과 주거』. 사회평론아카데미. 2015년 7월 30일. p.481.

신석기시대
세계 여성사

뿐만 아니라 식료품을 저장하려면 토기 그릇이나 바구니와 같은 저장용기가 준비되어야 하며 식료처리 시설물도 마련되어야 한다. 식료처리 시설물 같은 토목공사는 남성들이 도와준다 치더라도 바구니나 돗자리, 토기 같은 저장용기는 여자들이 스스로 빚거나 결어서 만들어야만 했다. 바구니를 엮고 토기를 빚는 작업 역시 손이 많이 갈 뿐만 아니라 시간도 많이 소비되는 노동이다. 저장작업에 필요한 이 모든 준비작업들은 여성들의 손에서 이루어졌다. 이 작업에 남성들이 개입한다면 체력이 필요한 힘든 노동에 국한될 뿐이고 나머지는 죄다 여성의 손에서 완성된다고 봐야 한다.

여성의 가내노동은 여기서 끝나지 않는다. 출산·육아 그리고 토기제작을 제외하더라도 아직 또 편직노동과 조리작업이 남아 있다. 1960년대까지도 신석기시대의 조몬인들은 짐승 가죽과 같은 동물성 원료를 사용한 옷을 지어 입은 것으로 알려졌으나 그 이후 일부 직물 조각과 직물 자국이 있는 토기 파편들이 출토되면서 식물성 원료를 사용한 옷을 지어 입었을 것이라는 추측이 대두되기 시작했다. 실제 직물 잔해는 주로 조몬 후·만기에 나타나지만 도리하마유적처럼 조몬전기에도 드물게 나타난다.

오제키(尾関清子, 1996)는 조몬 유적지에서 발견되는 직물조각의 원료는 난티나무Ulmus laciniata뿐만 아니라 두 종의 모시풀(Boebmeria, 그리고 B. tricuspis)을 포함하고 있다고 보고한다. 꼬아 뒤틀어서 만든 직물에 대하여 오제키는 조몬 유적지로부터 네 가지 예의 평직과 그 변형들을 보고한다. 도리하마(조몬 전기), 에히매현 헤이조平城(조몬 후기) 그리고 아오모리현 이시고石郷(조몬 만기)의 것이다.

…… 아오모리현 산나이마루야마 유적의 발굴은 부패성 유물의 생산에 대한 풍부한 정보를 획득할 수 있는 또 다른 예이다. …… 위에서 설명한 바와 같이 이 유적에서 평직물 한 조각이 오제키 (1996)에 의해서 보고되었다. [356]

오제키의 조사와 발굴은 드문 경우이지만 조몬 전기부터 일본 여성들이 모피만이 아닌 식물성 원료를 이용하여 직물을 생산했음을 말해준다. 오제키는 자신의 실험적 연구를 통해 당시 사람들이 "고드래돌을 단 직기"를 사용하여 천을 짰음을 입증해냈다고 한다. 게다가 "최근의 발견물들은 조몬 칠기 기술이 직물에도 적용"되었다는 것을 보여준다. "니가타현 다이부大武 조몬 전기 유적에서 식물을 가지고 꼰 실이 두 층의 옻으로 입혀져 있었다"[357]고 전해진다. 일본 여성들은 조몬시대부터 집에서 원시적인 직기를 사용하여 천을 짜고 옷을 짓는 가내노동에 종사했음을 알 수 있다.

결과적으로 야외 채집활동에서 주체였던 여성은 주변국 여성들

---

356 하부 준코 지음. 강봉원 옮김. 『일본 조몬고고학』. 사회평론아카데미. 2016년 11월 11일. pp. 241~242.

357 하부 준코 지음. 강봉원 옮김. 『일본 조몬고고학』. 사회평론아카데미. 2016년 11월 11일. p. 243.

신석기시대
세계 여성사

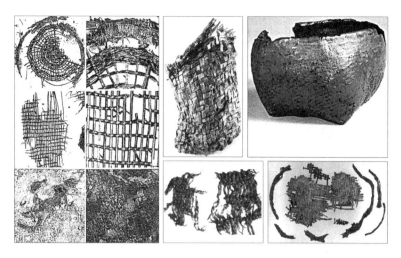

| **사진 95** | 사쿠라정 유적 바구니(좌) 조몬 중기 바구니(상중) 고레카와 나카이是川中居유적 바구니(상우) 도리하마패총鳥浜貝塚·산나이마루야마三內丸山 유적 편직물

바구니와 편직물이 출토됨에 따라 신석기시대 일본 여성들은 조몬시대 초기부터 바구니 편직물을 짜서 용기로도 사용하고 옷을 지어 입기도 했던 것 같다.

에 비해 상대적인 지위와 역할이 돋보였으나 번거롭고 자질구레한 가내노동에 절반의 몸이 결박되며 주도권을 확보하는 경계까지는 소급하지 못했던 것으로 간주된다. 남성은 여성의 왕성한 채집활동으로 세가 줄어들긴 했으나 아직도 유용한 수렵과 어로노동을 통해 자신들의 지위와 역할을 충분히 할 수 있었다. 물론 남성들도 채집위주의 경제패턴에서 추방된 스스로의 처지를 여성들이 감당하지 못하는 가공업에 "협업"형식으로 개입하고 또 여성이 자질구레한 가내노동에 발목이 잡혀 있는 동안을 역용하여 자신들의 사회적 존재를 구축하는 공간으로 삼았다. 게다가 여성은 임신·출산·육아 때문에도 집이라는 제한된 공간에 갇혀 있을 수밖에 없었고 수적으로도 남성 인구를 압도하지 못했다. 소녀기 난산, 여야살해 등의 원인으로 수명도 남성보다 짧았기 때문에 채집중심이라는 경제제도에서도 주도권을 장악하는 데 실패했다.

3) 취락·구덩이·무덤과 여성

우리는 중국과 한국의 주거담론에서 가옥과 건축의 형식을 반지혈식과 지면식으로 분류하여 전자의 경우에는 수렵·채집경제와, 후자의 경우에는 농업과 연결시켜 고찰했다. 실제로 중국에서는 반지혈식 가옥이 주를 이루던 시기에는 수렵·채집 또는 어로를 생업의 주요수단으로 삼았으며 지면식 가옥이 등장하는 비슷한 시기에 수렵·채집·어로 경제방식에서 농업경제방식으로 전환되었다. 한국에서는 신석기시대에 지면 가옥이 나타나지 않으면서 농업도 똑같이 보편화되지 못하였다. 중국에서 반지혈식 가옥은 농업의 시작을 상징하는 양사오문화를 분기점으로 지면식 가옥으로 이월되었다. 지하에서 지상으로의 가옥의 공간부상은 구조 재편을 초월하는 의미가 담겨있다. 인류가 땅을 파고 굴속에서 사는 동물 계열의 일원이기를 포기하고 지면 위에서 생존하는 식물의 계열에 자신을 포함시키는 역사적인 사건이었다. 중국에서의 가옥 구조의 이러한 공간 변이 또는 형식 변동은 틀림없이 인류가 수렵 또는 수렵과 농업이 혼합된 경제활동에서 농업이 중추가 되는 경제활동으로 보편적으로 치환되었음을 뜻한다. 일본의 경우에도 중국·한국과 마찬가지임은 두말할 것도 없다. 우리의 담론은 일본에도 똑같은 원칙을 적용함으로서 주거와 생업의 긴밀한 인과관계를 풀어나갈 것이다.

말할 필요도 없지만 우바야마패총의 수혈주거는 전혀 새로운 발견이 아니다. 그 이전에도 수혈주거가 발굴되었고 일본열도를 포함하여 세계 각지에서 수혈주거를 이용하는 사람들이 있다는 지식도 널리 퍼져 있었다.

1889년 하시바 유스케羽柴雄輔는 "이러한 형태의 수혈이 모가미가와最上川강 및 그 밖의 연안에서 발견"된다고 보고하였다. 직경 1.8~3.6m, 깊이 30cm 정도로 지면을 파고 나뭇가지를 엮어 골격을 만들고 새와 억새를 덮어 지붕을 만든다. 지붕 처마에는 30~60cm 정도의 높이로 토사를 쌓아 빗물이 들어오지 못하게 한다.…… 이러한 시설은 "태고의 수혈주민이 남긴 것임을 의심할 여지가 없다"고 판단된다.

지금 우리에게 허락된 데이터 대부분이 반지하식 주거라는 사실을 출발점으로 하여 설명하고자 한다.

북일본에서는 조기 중엽이 수혈주거—그리고 정주취락이 보급되는 획기가 된다. 이 경향은 북일본만이 아니라 남큐슈南九州를 제외한 일본열도 주요 지역에서 공통된다.

우리는 조몬시대 주거라고 하면 수혈식(반지하식) 주거를 바로 떠올린다. (세키노 마사루關野 克)[358]

---

358 하야시 켄사쿠 지음. 천선행 옮김. 『일본 신석기시대 생업과 주거』. 사회평론아카데미. 2015년 7월 30일. p.286. p.290. p.377. p.467.

반지하식 또는 수혈주거는 반지혈식 가옥을 말한다. 땅을 파고 그 지혈 위에 처마가 땅에 닿도록 지붕을 설치하는 움집이다. 사람들의 실내 생활공간이 지표면이 아니라 지혈 그러니까 흙을 파낸 구덩이 안이 된다는 공통점에서 일본의 조몬시대 가옥은 중국이나 한국과 다를 바 없다고 해야 할 것이다. 이런 반지혈식 가옥들은 조몬시대 조기부터 만기까지 남규슈를 제외한 일본열도 전역에 걸쳐 골고루 분포하는 가옥형태라고 할 수 있다. 이러한 가옥구조는 조몬시대 일본 역시 대부분의 생업수단이 수렵·어로활동이었음을 입증해준다. 동물과 같은 방식의 생활을 하며 동물을 포획하여 먹고 살았던 것이다. 인류자체가 동물의 일부이며 생존 역시 동물과 분리할 수 없음을 깨달았을 때 사람들은 땅을 파거나 굴을 파고 사는 동물의 주거방식을 그대로 모방했던 것이 다름 아닌 지혈주거였다.

하지만 앞에서도 언급했듯이 일본의 조몬시대 생업은 중기부터 수렵·채집·어로 수단에서 채집 위주의 경제로 이전하기 시작했다. 식료자원에 대한 관심이 동물보다 식물 쪽으로 더 치우쳤다고 해석할 수 있는 시기이다. 이것이 역사적인 사실이라면 당연히 가옥의 형태에서도 같은 시기를 분기점으로 수혈주거의 변화가 이루어졌을 것이 틀림없다. 왜냐하면 중국의 경우에도 농업이 개척된 양사오문화시기에 이르러 반지혈식 가옥이 지면 가옥으로 변환했기 때문이다. 한국의 경우에는 신석기시대 안에 끝내 농업이 발전하지 못했기 때문에 지면 가옥도 나타나지 않았다. 그러나 채집경제는 농업은 아니어도 식료자원이 식물인 것만큼 지면 가옥이 어떤 형태, 어떤 규모 또는 제한된 지역에서든 나타나야만 우리의 주장에 명분이 배당될 것이다.

> 세키노는 원시·고대의 주거를 구조상 수혈·평지·고상의 3종류로
> 나누고 출입구 외에 뚫린 곳이 없는 수혈은 '방한적 북방계', 개
> 방적인 고상은 '피서적 남방계'주거, 평지주거는 '중간적 온대계'
> 요소라고 하였다.…… 조몬 전기·중기에는 북방계 수혈주거가
> 주류를 이루지만 중기부터 평지주거가 나타나고 후기가 되면 평
> 지주거 또는 평지식 부석주거가 주류를 이룬다. 그리고 야요이
> 시대 말에는 고상식 가옥이 알려졌다.
> 세키노 마사루關野 克는 수혈·평지·고상의 3종류 주거 가운데 조
> 몬시대에는 수혈·평지의 2종류가 있다고 보았는데 그 후 이 견해
> 는 정설로 자리 잡고 있다.[359]

여기서 야요이시대 말엽에 나타난 새로운 형식의 고상식 주거를
제외하면 조몬시대의 주거형식은 수혈·평지식 두 가지 뿐이며 후자는
중기부터 새롭게 나타난 주거 형태임을 알 수 있다. 이 중기는 다름 아
닌 "조몬농경론"과 "반재배론" 및 채집 위주 경제의 이론적 가설들이 학
계에 대두하던 시기이기도 하다. 농업 또는 식물재배론을 부정한다 하
더라도 이 시기는 채집 위주 경제가 생업수단으로 채택된 시기로서 우

---

359 하야시 켄사쿠 지음. 천선행 옮김. 『일본 신석기시대 생업과 주거』. 사회평론아카데미.
     2015년 7월 30일. p.294. p.377.

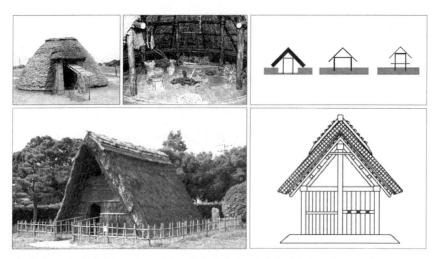

| **사진 96** | 산나이마루야마 수혈주거의 밖과 안, 반지혈·평지식·고상가옥. 시즈오카靜岡
현 시지미즈카패총 평지식가옥(하좌)

평지주거 취락은 홋가이도와 서일본처럼 일본열도에서 농업이 비교적 빨리 시작된 지역에 많다. 그러
나 그 수가 적고 제한적이어서 다른 경제활동도 행해졌음을 말해준다.

리의 논리대로라면 평지식주거의 출현은 너무나 당연한 결과라고 할
수 있을 것이다. 그리고 아무리 채집 위주 생업방식 시대라고 할지라도
수렵과 어로 역시 중요한 생업수단이었고 특히 겨울철 같이 채집이 불
가능하거나 식료자원이 위축된 계절에 따라서는 수렵과 어로의 경제방
식이 위주가 될 수도 있었기 때문에 평지식 주거 역시 이를 반영하여 지
극히 지역적이고 제한적이라는 사실마저도 설득력을 부여하고 있다.

　　고토 슈이치後藤守—가 평지식 주거지라고 한 예 중에서 바닥면
이 확실하게 지표에 있었다고 단언할 수 있는 예는 극히 적다.

신석기시대
세계 여성사

오늘날에도 평지식 주거가 주류를 이루는 취락은 시즈오카靜
岡현 시지미즈카蜆塚, 야마가타山形현 온다시押出 외에 거의 없
다.[360]

　평지주거 취락은 분포 범위와 규모가 작을 뿐만 아니라 지역적
으로도 제한되어 있다. 미야모토 나가지로宮本長二郎의 견해에 따르면
"홋가이도北海道와 서일본에서는 평지식 주거가 높은 비율을 점하였을
것"[361]으로 추정된다. 그런데 이 서일본은 일본열도에서 농업이 비교적
빨리 시작된 지역이기도 하다. 대륙이나 한반도를 통해 일본으로 건너
간 이주민들이 먼저 발붙인 곳이 서일본이며 그곳에서 이주민들은 자
신들이 가지고 간 농업문화를 실천으로 옮겼을 것이기 때문이다.

　평지식 주거가 존재하지만 그 수가 적고 제한적이라는 사실은 결
국 농업이 아닌 채집사회의 식물성 식료에 대한 의존성의 불확실함을
반영한 것이라 할 수 있을 것이다. 그것은 그대로 채집 중심경제 사회
이면서도 야생식물자원에 의존해야만 하는 불안정성에서 파생되어 감
소될 수밖에 없는 비중 때문에 여성이 운영권을 장악하지 못했던 상황
을 반증하는 현상이라고도 할 수 있을 것이다.

　주거담론에서 또 하나의 쟁점은 공동묘지의 존재 여부이다. 이 문

360　하야시 켄사쿠 지음. 천선행 옮김. 『일본 신석기시대 생업과 주거』. 사회평론아카데미.
　　2015년 7월 30일. p.377.
361　하야시 켄사쿠 지음. 천선행 옮김. 『일본 신석기시대 생업과 주거』. 사회평론아카데미.
　　2015년 7월 30일. p.377.

제가 부각되는 이유는 공동묘지의 존재가 많은 경우 직간접적으로 제의와 신앙과 연관되기 때문이다. 그리고 제의와 신앙은 또 일반적으로 농경사회와 긴밀히 밀착되어 있다. 물론 이러한 결과는 여성의 사회적 지위와 역할의 수위에 일정한 영향을 미칠 것은 두말할 필요도 없다. 그간 조몬시대 유적에서 조사·발견된 대형 공동묘지(혹은 저장구덩이 혹은 주거시설의 일부)의 존재 여부에 대한 검토는 설령 중복이 될지라도 상술한 견지에서 유종의 의미를 가진다고 할 수 있다.

일단 이런 묘지는 일본 고고학계에서조차 무덤인가 다른 시설인가라는 문제를 놓고 이견이 분분하다. 물론 무덤·묘지라는 견해가 다수이지만 이 밖에도 토광묘는 "가능성이 있는" 불확실한 시설(가가와현 난보리 조몬 전기 유적)이며 축조할 때의 원래 기능은 "저장구덩이"(아오모리현 후루야시키古屋敷 유적)로서 "유해의 부재와 공반된 유물이 불충분하여 이들 유구를 정확하게 편년하는 것조차 어려운(산나이마루야마유적)"[362], 기능과 용도에서 정체불명의 시설물들이다. 심지어 사이타마埼玉현 요시미吉見를 비롯해 몇 개 소의 횡혈분묘는 "본래는 주거"였으며 기도사키유적 묘갱의 "가장자리의 장경 30cm 전후의 소형 수혈은 재장묘가 아니고 주혈 또는 말뚝 흔적"[363]일거라는 추측까지 난무하는 실정이다.

---

362 하부 준코 지음. 강봉원 옮김. 『일본 조몬고고학』. 사회평론아카데미. 2016년 11월 11
    일. p.189. p.186. p.190.
363 하야시 켄사쿠 지음. 천선행 옮김. 『일본 신석기시대 생업과 주거』. 사회평론아카데미.
    2015년 7월 30일. p.289. p.493. p.496.

신석기시대
세계 여성사

취락의 중심 역할을 하는 말발굽 형 광장 형태의 이른바 "공동묘지"는 조몬 조기 유적인 가나가와현 난보리南堀패총에서부터 기타가와北川패총, 니시노타니西ノ谷패총, 기도사키의 취락, 사기노모리의 취락, 우바야마姥山패총 등 유적들에서 발견된다. 그런데 이런 묘지들은 무덤이 구비해야 할 몇 가지 조건들이 충분하지 않아 저장구덩이 또는 주거시설 등 색다른 주장들도 등장한다. 그 몇 가지 조건들은 다섯 가지로 귀납할 수 있다.

ㄱ. 인골이 없다.

무덤이라면 당연히 있어야 할 유구가 인골이다. 물론 인골이 발굴되는 무덤도 존재한다. 그러나 대부분의 무덤들에서는 인골이 출토되지 않는다. 하부 준코는 그의 저서 『일본 조몬고고학』에서 이와 관련해 "유해가 있는 토광묘가 많은 정보의 자원이기는 하지만 고고학자들이 언제나 토광묘에서 실제 사람의 유해를 발견할 수 있을 만큼 운이 좋은 것이 아니라"[364]고 문제의 심각성을 실토하고 있다. 그런데 "수십 년 동안 일본 고고학자들이 정황적 증거에 입각하여 많은 수의…… 토광을 조몬의 무덤으로 확인"[365]하고 더 나아가 묘지존재론의 치명적인 결함을 기발하게도 토양의 산성에 그 책임을 전가시킴으로써 아주 간단하

---

364 하부 준코 지음. 강봉원 옮김. 『일본 조몬고고학』. 사회평론아카데미. 2016년 11월 11일. p.187.
365 하부 준코 지음. 강봉원 옮김. 『일본 조몬고고학』. 사회평론아카데미. 2016년 11월 11일. p.187.

게 그러나 아주 궁색하게 정체 모를 구덩이들을 무덤으로 둔갑시키는
데 성공한다.

> 왜냐하면 일본 열도의 토양이 상당히 산성이어서 유해의 상태가
> 일반적으로 좋지 않기 때문이다. 조개로부터 칼슘이 나와 뼈 보
> 존에 유익한 패총과 동반되어 있는 토광묘를 제외하면 유해의
> 발견은 흔치 않다. 그리하여 수십 년 동안 일본 고고학자들이 정
> 황적 증거에 입각하여 많은 수의 원형, 타원형 그리고 장방형의
> 토광을 조몬의 무덤으로 확인해 오고 있다.[366]

ㄴ. 구덩이가 너무 작고 가옥 수보다 무덤 수가 더 많다.

하지만 이 하나의 문제를 해결함으로써 구덩이가 순식간에 무덤
의 영광을 획득하게 되는 것은 아니다. 일단 대량으로 발굴되는 이 구
덩이들이 죽은 시신을 안치하기에는 그 지혈 공간이 너무 협소하다는
문제에 봉착하게 된다. 숫자가 방대한 "토광土壙"의 크기는 기도사키의
경우를 예를 들면 "장경과 단경 모두 60cm, 깊이 45cm를 넘는 것과 그
이하인 것"으로서 "그 규모는 영아 또는 소아는 그렇다 치고 성인유체
를 매장하기에 너무 작은데" 그 숫자는 "전기 유구 중에서는 가장 수량

---

366 하부 준코 지음. 강봉원 옮김. 『일본 조몬고고학』. 사회평론아카데미. 2016년 11월 11
    일. p.187.

이 많아 570기에 이른다."[367] 길이 2.5~1.7m, 폭 1.6~1.1m로 시신을 안장할 수 있을 만큼의 크기를 가진 토광土坑은 매우 적어 겨우 11기에 불과하다.

사기노모리의 취락의 경우에도 "대다수의 묘광은 기도사키와 마찬가지로 지름 40~60cm 정도의 원형을 이룬다."[368] 이는 주혈 가옥 내부의 주혈 크기와 비슷하다. 우바야마姥山패총 제1호 주거지의 주혈의 크기는 직경 40~60cm로 양자의 규모가 완전히 동일하다는 사실에 주목할 필요가 있다. 뿐만 아니라 무덤의 모양도 일정하지 않고 원형·타원형·장방형·미각장방형·오각형 등 불균형하여 각양각색이다. 게다가 묘지의 무덤 수는 취락의 가옥 수보다 훨씬 더 많다. 기도사키 기도(쿠로카바~모로이)의 주거가 모두 8동 확인되었지만 토광의 숫자는 무려 570기나 된다. 도치기현 네코야다이에서는 일반적인 수혈주거 27동 외에 반지하식 대형건물 15동, 평지식 또는 바닥을 깐 굴립주건물 27동이 확인되었는데 묘역에서 확인된 묘갱 수는 320기에 달한다. 주민의 잦은 전출과 전입으로 인해 가옥 수는 적고 무덤만 늘어난 것이라고 이해할 가능성도 없지 않다. 하지만 전출 주민과 전입 주민들이 이동이 잦았다면 취락에서의 체류 기간이 짧음으로 인해 관리가 불가능한 무덤을 형성하지는 않았을 것이다.

---

367 하야시 켄사쿠 지음. 천선행 옮김. 『일본 신석기시대 생업과 주거』. 사회평론아카데미. 2015년 7월 30일. p.493.

368 하야시 켄사쿠 지음. 천선행 옮김. 『일본 신석기시대 생업과 주거』. 사회평론아카데미. 2015년 7월 30일. p.509.

문제는 주거 또는 가옥이 단기간에 폐기되는 경우가 많고 주거로 흔적이 남아 있지 않는 시설이 존재한다는 사실이다.

> 단기간에 폐지되는 거주구와 매장구도 있고 수적으로는 후자가 전자를 상회한다. 취락 주민 중에는 성립과 더불어 정착하여 계속 거주하는 사람들이 있는 반면 단기간에 전입과 전출을 반복하는 사람도 있었다고 추정된다.……

> 매장구의 수가 거주구 수를 상회하는 것도 취락 주민 중에는 보통의 수혈주거가 아니라 주거로 흔적이 남아 있지 않는 시설에 살던 사람들도 있었고 그들이야말로 노예였다고 할 수 있을 지도 모른다.[369]

이 묘지의 구덩이 시설물은 주거로 흔적이 남아 있지 않는 시설이었을 것이며 그곳에 주거하는 시간도 짧아 단기간에 폐지되었던 주거시설이었을 가능성이 제기되는 지점이다. 묘지가 마을 주민들의 활동에 불리함에도 중국의 경우처럼 취락의 외곽이 아닌 중앙에 위치한 점도 이 시설이 무덤이 아니라 주거시설의 일부였음을 암시해준다. 몇 개의 작은 주혈(구덩이)이 위에 임시로 풀막을 치고 여름철에 살다가 계절이 바뀌면 식료 자원을 따라 다른 곳으로 천이했을지도 모른다. 버려진

---

369 하야시 켄사쿠 지음. 천선행 옮김. 『일본 신석기시대 생업과 주거』. 사회평론아카데미. 2015년 7월 30일. pp. 512~513.

이 야외 간이 주거시설은 다른 곳에서 이동해온 사람들이 임시 거처로
도 사용했을 것이다. 그 작은 구덩이에서 몸을 웅크린 채 임시 잠도 자
고 저장도 하고 사람이 죽으면 안장도 하면서 말이다. 확실한 것은 절
대로 공동묘지는 아니라는 것이다.

ㄷ. 부장품이 없거나 적다.

무덤이라면 당연히 물건이 부장되었을 것이다. 그러나 대형 묘
지의 무덤들에 부장품이 묻힌 경우는 극히 드물다. "전체적인 경향으
로 보면 장신구가 거의 출토되지 않는다고 할 수 있다"[370] 나카무라 오
키(2000년)가 373개 유적의 조몬 무덤에서 수습된 부장품의 종류와 수
를 조사한 데이터에 따르면 조몬 초창기에서 조기까지는 "대략 20에서
30%의 무덤이 한 개 혹은 그 이상의 부장품과 동반되어 있었고" 조몬
전기에서 중기까지는 "정교한 부장품을 가진 무덤의 상대빈도수가 1에
서 10%에 이르지만 대부분 유적의 무덤이 10% 미만"으로 집계된다. 조
몬 후기에서 만기에조차 "부장품을 가진 무덤의 빈도수가 10에서 30%
사이이고 정교한 부장품을 가진 무덤의 빈도수는 대략 10%"[371]에 불과
한 것으로 나타난다. 결상이식玦狀耳飾, 관옥, 조개팔찌, 대형 옥, 사슴
뿔 '요식'(아마 남성의 칼 손잡이), 토제 귀걸이, 곰 이빨 드리개와 팔찌 그리

---

370 하야시 켄사쿠 지음. 천선행 옮김. 『일본 신석기시대 생업과 주거』. 사회평론아카데미.
    2015년 7월 30일. p.499.
371 하부 준코 지음. 강봉원 옮김. 『일본 조몬고고학』. 사회평론아카데미. 2016년 11월 11
    일. pp.200~201.

고 호박 장신구를 포함한 장식품은 조기에서 중기에 나타나며 석봉, 석검, 토우 그리고 석제 및 토판과 같은 제의 유물은 후·만기에 들어와서야 뒤늦게 나타난다.

여기서 반드시 짚고 넘어가야 할 것은 "부장품의 구성과 수량에도 '신분' 및 랭크의 고저를 나타내는 격차는 보이지 않으며 무엇보다도 모든 무덤이 같은 구조—땅을 판 토갱묘—인 점은 묘역에 묻혀 있는 사람들이 본질적으로는 평등한 입장"[372]이라는 사실이다. "결상이식과 토제 귀걸이는 오직 여성 유해와 함께 보고되는 반면 '허리드리개'는 오직 남성 유해와 함께 발견"되는 것처럼 "성별에 따른 부장품의 차이도 관찰"[373]되지만 "남녀의 어떠한 차별도 없었다."[374] "부장품 유무와 조합의 차이도 취락과 촌락을 횡단하는 계층과 같은 성격의 것이 아니라 세대 안의 입장—세대주와 주부 등—을 나타낸다고 봐야 한다."[375] 조몬시대는 "매장 풍습과 주거 풍습을 연관해 생각해 보면 빈부 격차가 없었고 신분 구별도 없었음을 알 수 있다."[376]

결과적으로 아직 농업사회가 형성되지 않은 조건에서 공동묘지

---

372 하야시 켄사쿠 지음. 천선행 옮김. 『일본 신석기시대 생업과 주거』. 사회평론아카데미. 2015년 7월 30일. p.514.

373 하부 준코 지음. 강봉원 옮김. 『일본 조몬고고학』. 사회평론아카데미. 2016년 11월 11일. p.201.

374 이노우에키요시(井上清) 지음. 성해준·감영희 옮김. 『일본여성사』. 어문학사. 2004년 11월 22일. p.48.

375 하야시 켄사쿠 지음. 천선행 옮김. 『일본 신석기시대 생업과 주거』. 사회평론아카데미. 2015년 7월 30일. p.502.

376 구태훈 지음. 『일본문화사』. 재팬리서치21. 2001년 3월 4일. p.25.

신석기시대
세계 여성사

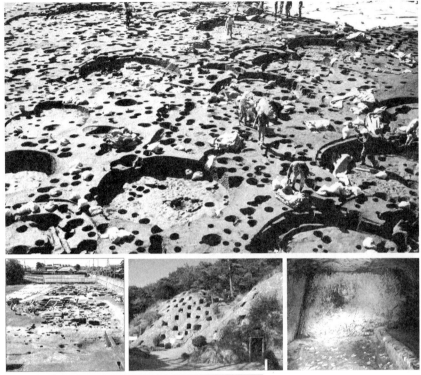

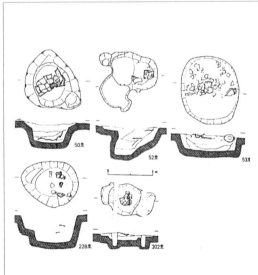

| **사진 97** | 오카다岡田(상)·나카즈가와中津川(중좌)·사이타마현 요시미埼玉県吉見(중중. 중우 내부)·사이타마현 사기노모리 유적의 흙구덩이(토갱 또는 묘갱)

오카다유적 그림 해설에 따르면 작은 구멍은 기둥구멍이나 저장 구멍 또는 묘갱이고 큰 구멍은 주거지라고 되어 있다. 그런데 이렇듯 수많은 흙구덩이들이 기둥구멍이거나 저장구덩이 또는 주거시설일 수는 있어도 공동묘지일 가능성은 거의 없는 것으로 추정된다.

의 존재는 불가능했을 것으로 추정될 수밖에 없다. 어쩌면 가옥들이 광장을 에워싸고 말편자 모양으로 배열된 묘지(광장)는 "그날의 노동과 노동과실의 분배 및 회의를 열고 제사를 지내는 장소"[377]라는 주장이 더 합리적일지도 모른다. 그 많은 구덩이들은 분배받은 식량을 임시 보관하는 곳일 수도 있다. 물론 제의 장소라는 주장은 아직 더 검토해봐야 할 일이다.

비록 조몬 중기부터 여성의 주도적인 채집·경제방식이 부상했지만 잦은 이동과 취락 건설 등으로 인해 남성은 여전히 무리를 견인할 기회가 많아졌을 것이고 여성은 피동적인 지위에 처할 수밖에 없었을 것이다. 특히 새로운 곳에 도착하면 주거공간부터 마련해야 하는데 이런 일은 남성의 타고난 천직이었다. 땅을 파고 나무를 자르고 흙을 쌓는 토역은 오직 남성만이 소화할 수 있는 체력작업이다. 일본 학계의 주장처럼 만일 공동묘지의 존재가 전제되었다면 장기거주 가능성이 높아졌을 것이며 이동과 취락 건설이 생략된 공간에서 여성의 지위도 향상되었을 것이지만 실제는 그 반대 상황이었던 것으로 추정된다.

4) 토우·석봉·장식품과 환상열석·환상토리 그리고 여성

우리는 이미 선행 담론에서 공동묘지의 존재는 많은 경우 제의와 신앙과 연관성이 있다고 지적한 바 있다. 그런데 마치 이러한 인과관

---

377 吳廷璆主編.『日本史』. 南開大学出版社. 1994. 12. p. 11.

계를 입증이라도 하려는 듯 일본의 조몬시대 여러 유적들에서는 제의 또는 신앙과 연관성이 있어 보이는 토우·석봉 그리고 환성열석·환상토리 같은 유구들이 다수 발견된다. 만일 이런 유구들이 정말 제의·신앙과 연관성이 있다면 무관할 경우와는 전혀 다른 결과가 초래될 것임은 말할 필요도 없을 것이다. 공동묘지 존재 가능성은 물론 농업시작 가능성도 급상승할 것이기 때문이다. 뿐만 아니라 그것을 배경으로 하여 여성의 사회적 지위의 수위와 역할 범위도 확대될 것임은 분명하다. 바로 이런 이유 때문에 후지모리도 토우·석봉과 제의·신앙의 연관성을 조몬 중기 농업 개척의 한 조건으로 삼았을 것이다. 아무튼 토우·석봉과 환상열석·환상토리 등 이른바 제의 관련 유구들에 대한 검토는 본 담론이 비켜갈 수 없는 중요한 주제임을 알 수 있다.

> 조몬 유적에서 나온 소위 제의 유물의 형식은 다양하다. 그것들은 토우土偶 및 암우岩偶, 석봉과 "석검", 토제 가면土面 그리고 다른 물건들을 포함하고 있다. 더하여 고고학자들은 종종 토제 및 석제 귀걸이와 옥과 같은 여러 가지 종류들의 장신구를 조몬 제의 관습의 맥락에서 분석한다.[378]

---

378 하부 준코 지음. 강봉원 옮김. 『일본 조몬고고학』 사회평론아카데미. 2016년 11월 11일. p.168.

지역	조기	전기	중기	후기	만기	모름	합계
홋가이도	0(0.0)	2(0.7)	39(13.7)	48(16.8)	193(67.7)	11	285
도후쿠	1(0.0)	97(2.5)	533(13.8)	1388(35.9)	1934(50.0)	46	3865
간토	37(1.5)	13(0.5)	348(13.7)	1407(55.2)	791(31.1)	48	2547
주부	1(0.0)	13(0.5)	2190(79.9)	354(12.9)	153(5.6)	44	2741
호쿠리쿠	4(0.7)	6(1.1)	274(51.0)	224(41.7)	154(28.7)	4	537
도카이	4(1.5)	3(1.1)	20(7.4)	79(29.2)	157(57.9)	11	271
긴키	3(1.2)	1(0.4)	1(0.4)	19(7.3)	247(95.4)	1	259
주고쿠	0(0.0)	0(0.0)	0(0.0)	12(100.0)	5(41.7)	0	12
시코쿠	0(0.0)	0(0.0)	0(0.0)	2(18.2)	3(27.3)	6	11
규슈	0(0.0)	0(0.0)	0(0.0)	142(91.6)	137(88.4)	7	155
합계	50(0.5)	135(1.3)	3405(31.7)	3675(34.4)	3774(35.3)	178	10683

출처: 『일본 조몬고고학』 [표 5·2]

흥미로운 것은 제의 유물에 장신구까지 포함시키려는 저자의 시도이지만 우리는 먼저 토우와 석봉에 대해서만 논하려고 한다. 토우의 경우 출토 숫자를 보면 조몬 조기와 전기에는 각각 50건 135건으로 중기 이후에 비해 수량이 매우 적다. 두 시기의 출토 숫자를 합쳐도 1.8%에 불과하다. 이와 같은 현상은 아마도 토기 제작기술이 중기부터 획기적으로 발전함으로써 제작 속도가 빨라져 대량 생산에 긍정적인 영향을 미친 결과가 아닌가 생각된다. 결코 숫자상의 증가가 신앙이나 제의의 확대를 의미하는 것은 아니다. 왜냐하면 제의 유구의 숫자가 제의 범위와 거행 주기와 정비례할 수는 없기 때문이다. 중기부터 만기 사이에는 토우 생산이 답보 상태에 처한 것을 볼 수 있는데 이는 다른 한편으로 토기 제작기술의 지속성을 암시하는 것이기도 할 것이다.

우리가 토우에 대해 논의하는 것은 그것이 제의와 신앙과 연관되었기 때문이기도 하지만 그보다도 더 중요한 것은 여성과 연관되기 때문이다. "토우는 이른 시기부터 여성을 상징하기 위해 존재"[379]함으로 이른바 "땅의 여신" 즉 여신숭배를 암시한다는 게 여신 주창론자들의 논리이다. "대부분의 일본 학자들은 조몬 토우의 대부분이 여성, 특히 임신한 여성을 묘사한다"[380]고 보고 있기 때문이다. 여성에 대한 숭배는 또 농업사회와 직결된다고 할 때 토우의 여성 상징 여부는 여성의 지위와 역할 연구에서 아주 중요한 분야라고 할 수 있을 것이다.

> 후지모리(藤森栄一, 1963)와 같은 학자들은 이들 조몬 중기 토우가 땅의 여신의 표현이라고 믿고 있다. 후지모리의 견해는 땅의 여신숭배는 농경사회와 종종 관련되어 있으므로 조몬 중기 토우의 흔한 존재는 초기 식물재배의 실재를 시사한다는 것이다. 다른 학자들은 이들 토우가 일반적으로 풍요의 상징이라고 믿고 있다.[381]

농업사회의 상징이든 풍요의 상징이든 여부를 떠나 일단 토우가 과연 여성을 표현한 것인지에 대한 해명이 전제되어야 할 것이다. 수많은 일본 학자들이 조몬 토우의 대부분이 여성, 특히 임신한 여성을 묘사

---

379 桐原健著. 蔡凤书译. 『八岳山麓遺址群和绳文农耕论』. 「农业考古」. 1999年 01期. p.103.
380 하부 준코 지음. 강봉원 옮김. 『일본 조몬고고학』. 사회평론아카데미. 2016년 11월 11일. p.168.
381 하부 준코 지음. 강봉원 옮김. 『일본 조몬고고학』. 사회평론아카데미. 2016년 11월 11일. p.170.

한다고 믿지만 모든 토우가 여성을 표현한다는 것에 대해 회의적인 학자들도 있다.

　　현재까지 가장 오래된 조몬 토우는 초창기에 미에현 가유미 이
　　지리粥見井尻유적에서 출토된 것이다. 풍만한 가슴은 이 토우가
　　여성을 묘사한 것을 가리키는 것으로 보인다.…… 이들 토우 중
　　에서 인체의 표현은 보통 아주 추상적이다.[382]

　　나가미네(Nagamine 1986: 255)에 의하면 "많은 토우들의 형식학적
변화는 부성無性의 인간 형태로 표현"된다고 했고 우에키植木弘와 다른
사람들은 수염과 같은 선들 혹은 절개切開를 가진 것 같은 토우의 일부
는 남자를 나타낸다는 견해를 제시한다. "원시인들은 이런 토우, 토기
가면을 제작할 때 인체가 가지고 있는 유기적인 생명감을 철저히 배척"
하여 "의도적으로 인간의 몸을 추상화"했다. 우리는 그림에서도 조기와
전기의 토우 형태는 그나마 유방과 유사한 가슴을 통해 여성일 가능성
을 보아낼 수 있지만 중기부터 이후의 토우들은 이른바 무성無性의 형
태를 확인할 수 있다. 그리고 조기·전기에 발견되는 토우는 전체 수에
비해 너무 적다.
　　토우의 성별 확인이 불확실한 가운데 중기(대형)·후기·만기(소형)

382　하부 준코 지음. 강봉원 옮김. 『일본 조몬고고학』. 사회평론아카데미. 2016년 11월 11
　　일. p.170.

신석기시대
세계 여성사

에 나타나는 석봉石棒은 마치 여신숭배를 비웃기라도 하듯이 남성을 표현했을 뿐만 아니라 "그 모양이 남성의 생식기를 연상"[383]시키며 생식기 숭배를 암시하는 듯하다. 학자들은 석봉을 토우와 다를 바 없는 풍요의 상징으로 여기는가 하면 사냥제의에 사용되었다고 주장하기도 하면서 어떠한 형식으로라도 제의와 연관시키려고 애쓰고 있다. 더 나아가 토면土面도 제의를 시작할 때 사용되었던 제의유물로 단정하는 것이 오늘날 고고학계의 추세이다. 그러나 이나노 유스케(稻野裕介, 1983)는 토우와 암우의 특징과 차이에 대한 분석과 연구를 통해 "토우와 암우를 제의 유물과 같은 범주 안에 묶는 것은 그들의 상징적 의미의 차이를 모호하게 한다고 주장"[384]한다.

우리는 토우와 석봉 등 이른바 "제의 유물"이 "전염병과 다른 재앙을 피하기 위한" 제의 과정에 사용된 후 파괴 또는 폐기된 "허수아비" 즉 제물이라는 일부 학자들의 주장에도 선뜻 동의할 수만은 없다. "많은 일본 고고학자들은 조몬 토우들이 제의 행위 과정에서 의도적으로 파괴되었을 것이라고 한다. 그러나 후지누마(藤沼邦彦, 1997), 가네코 아키히코(金子昭彦, 1999)와 오노(小野美代子, 1999)는 외견상 높은 파괴 비율이 토우가 의도적으로 파괴되었다는 것을 의미하지는 않는다고 주장"[385]한다.

---

383 하부 준코 지음. 강봉원 옮김. 『일본 조몬고고학』. 사회평론아카데미. 2016년 11월 11일. p. 176.

384 하부 준코 지음. 강봉원 옮김. 『일본 조몬고고학』. 사회평론아카데미. 2016년 11월 11일. p. 176.

385 하부 준코 지음. 강봉원 옮김. 『일본 조몬고고학』 사회평론아카데미. 2016년 11월 11일. p. 170.

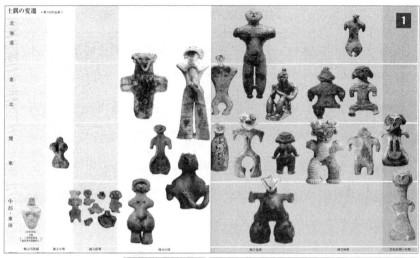

| 사진 98 |

토우출토 연대(1) 粥見
井尻유적의 가장 이른
토우(2) 구마모토현 다
라기정熊本縣多良木町
암우岩偶(3) 조몬 중기
토기가면(4) 나가노현
소리유적 대형석봉 남
근(5) 야마가타현 후나
가타정山形縣舟形町유
적 "조몬여신"(6) 중기
"조몬여신"

토우가 여신숭배와 연관
된다지만 농업 또는 그것
의 반영인 제의와 아무런
연관도 없다는 사실에서
사치품이나 관상용 장식
품이었음을 알 수 있다.

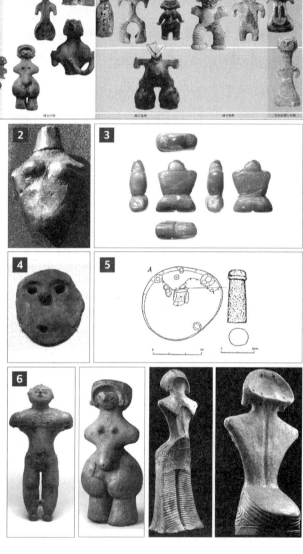

신석기시대
세계 여성사

사실 중국의 경우 이른바 여신상은 제의 행위과정에서 폐기된 제물이었음을 이미 확인했다. 중국 신석기시대의 토기 여성상은 인류의 숭배대상이 아니라 남성이 제사 의례에 사용하던 제물로서 사용 후 토기 동물상과 함께 폐기된 것임이 확인되었다. 중국의 토기 여성상이 제물이 될 수 있었던 것은 그것이 제단에서 출토되었으며 동물상과 함께 파괴되었기 때문이다. 그리고 농업생산도구의 출토와 더불어 원시적인 농경도 이미 시작되어 있는 상태였다. 반면 일본의 경우 토우의 "의도적인 파괴" 행위는 제단과도 관련이 없으며 동물상과 함께 파괴되지도 않는다. 의외로 우리는 이렇게 의도적인 행위에 의해 파괴된 유물이 "제의 유물"이 아닌 토기에서도 동일하게 나타난다는 점에 유의할 필요가 있다.

고바야시 타츠오는 토기의 '폐기패턴'을 실마리로 하나의 견해를 제시하였다. 고바야시는 우선 토기 폐기를 "조몬인의 의지에 따른 행동의 하나이다"라고 하였다.…… 정제우점형의 폐기단위가 비일상적인 활동에서 생겨난 것이라면 제의에 사용된 토기처리가 일괄폐기의 한 원인임에 틀림없다.…… 고바야시는 "토기 제작과 폐기 등이 매년 이루어졌는지 어떤지 아직 알 수 없지만" 폐기와 생산계절은 "초봄까지"라고 추정하였다.…… 오카무라는 이를 "조몬인의 봄맞이 대청소"라고 하였다. 이를 기회로 하여 신구 토기를 교환하였다고 추정할 수 있다.
고바야시는 "조몬토기가 현기증이 날 정도로 형식변화를 하는 것은 (중략) 오래된 토기를 전세하지 않고 일괄로 폐기하여 새롭게 제작된 토기로 대신하였기 때문"이라고 추측하였다. 조몬토기가 다양하게 변화하는 원인은 고바야시의 것처럼 조몬인에게 오래된 토기 처분과 새로운 토기 도입이 늘 결부되어 있기 때문일 것이다.[386]

고바야시는 토기의 폐기 목적을 오래된 것과 새로운 것의 교체라고 주장하면서도 다른 한편으로는 또 "제의에 사용된 토기처리가 일괄 폐기의 한 원인"이라고 모순된 견해를 피력하고 있다. 토기의 폐기 시간은 제의 시간에 의해 결정되는 것이 아니라 계절(초봄)에 의해 선택된 것이다. 토기에 물방울이 서리는 겨울철, 장마철을 피하기 위해 선택된 시간이지 제의가 행해지는 시간에 맞춰 선택된 것은 아니다. 토기를 폐기하는 목적 역시 낡은 것을 버리고 새로운 토기를 생산하기 위함이었지 제물로 삼아 폐기한 것은 아니라는 말이다. 처분과 생산이라는 순환의 한 지점에서 폐기의 행위가 진행될 뿐 제의의 한 지점에서 폐기의 행위가 진행되는 것은 아니다. 폐기 장소도 중국의 경우처럼 특정된 제단이 아니라 "주거지 구덩이와 다른 특정 장소에 집중되어 출토"된다. 어쩌면 토기생산 작업장이 동시에 폐기장소일 가능성도 배제할 수 없다.

토우·석봉이 제물 또는 제례 유구가 되려면 반드시 제의 장소가

---

386 하부 준코 지음. 강봉원 옮김. 『일본 조몬고고학』. 사회평론아카데미. 2016년 11월 11일. pp.110~111.

신석기시대
세계 여성사

전제되어야 한다. 아마도 이러한 공식에 맞춰 나타난 것이 이른바 제의 장소라고 추정되는 "환상열석"·"환상토리"·"토루"일지도 모른다. "조몬 유적의 일부는 제의 유구와 동반되어 있다. 조몬시대의 이른바 제의 유구 형식은 상당히 다양하다. 그들 대부분이 석조물 혹은 토루로 이루어져 있고 상당히 크다."[387] 그런데 대부분의 학자들은 이곳이 "사냥제의가 행해지고" "제의행위를 위한 장소" "제사 드리는 곳 또는 묘지"라고 인정한다.

　　그러나 시기별로 볼 때 조몬 초창기·전기에 존재한 "제의 유구"는 환상열석環狀列石 뿐인데 발견된 숫자도 적다. 환상토리는 조몬 후기 또는 후기 말엽에 발견된다. 이 두 가지 유구의 경우 모두 무덤과는 일정한 연관성을 가지고 있다. 환상토리의 경우에는 "석봉이 상당히 흔하게 부장되어 있기 때문에 노타니는 이들 무덤에 묻힌 사람들은 제의 행위를 담당하였던 무당"[388]이라고 추정한다. 물론 석봉은 여성이 아니라 남성을 상징하는 유물이다. 한편 제의 장소로 추정되는 토리 역시 조몬 후기와 후기 중엽에 형성된 시설물이다. 세 가지 유구의 경우 학자들에 의해 죄다 제의 장소로 추정되지만 다른 견해를 주장하는 학자들도 존재한다. 환상열석의 경우에는 부장품인 "귀걸이의 대부분이 미완성이기 때문에 학자들은 이들 귀걸이의 생산이 이 유적에서 이루어졌다"[389]

387　하부 준코 지음. 강봉원 옮김. 『일본 조몬고고학』. 사회평론아카데미. 2016년 11월 11일. p.205.

388　하부 준코 지음. 강봉원 옮김. 『일본 조몬고고학』. 사회평론아카데미. 2016년 11월 11일. p.212.

389　하부 준코 지음. 강봉원 옮김. 『일본 조몬고고학』. 사회평론아카데미. 2016년 11월 11

고 간주하는가 하면 환상토리의 경우에는 "사람들이 따뜻한 시기에 공동수렵과 어로행위, 혼인협상 그리고 다른 제의행위들을 위해서 함께 오는 장소에 해당"[390]할 것이라는 견해도 존재한다. 토루 경우 역시 제의 장소라기보다는 "장기간의 쓰레기가 축적되어 이 토루가 형성되었다고 믿는"[391] 학자들이 있다.

> 어떤 경우라도 토우, 석봉과 "석검", 토제 이식耳飾, 석제구슬과 같은 많은 수의 제의 유물들이 토루와 "광장" 구역에서 공히 발견된 것은 이 토루의 형성의 의례 행위와 관련되어 있다는 것을 시사한다.[392]

남성을 상징하는 석봉을 제외하고 여성을 상징하는 토우와 연결되는 "제의 장소"는 토루 하나뿐이다. 그런데 토루에서는 토우뿐만 아니라 남성을 상징하는 석봉·석검은 물론 제의와 연관이 없는 귀걸이와 구슬 같은 장식품도 함께 발견되어 이목을 끈다. 이러한 사실은 이곳이 의례행위와 관련되어 있음을 암시한다기보다는 물건을 폐기하는 "쓰레

일. p.206.
390 하부 준코 지음. 강봉원 옮김. 『일본 조몬고고학』 사회평론아카데미. 2016년 11월 11일. pp.213~214.
391 하부 준코 지음. 강봉원 옮김. 『일본 조몬고고학』 사회평론아카데미. 2016년 11월 11일. p.215.
392 하부 준코 지음. 강봉원 옮김. 『일본 조몬고고학』 사회평론아카데미. 2016년 11월 11일. p.215.

기장"임을 말해준다는 추측이 더 설득력을 가질 것이다. 제의 장소라면 제의와 관련된 유물들만 폐기 처분되었을 것이지만 쓰레기장이기 때문에 의식과 연관이 없는 여러 가지 유물들이 함께 버려졌다고 할 수 있다.

여성숭배를 의미하는 토우와 상술한 시설물들이 연관성이 없다는 사실은 이곳이 제의를 행하는, 더구나 여신숭배의 의례를 행하는 신앙의 장소가 아니라는 것을 의미한다. 이곳은 도구를 제작하는 작업장이거나 공동체와 관련된 문제를 협의하는, 단순히 생업을 위한 비종교적인 의사議事진행 공간이었을 것으로 추정된다. 굳이 밝히자면 환상열석은 작업장이거나 건조장 또는 식료 분배장이었을 가능성이 많다. 그렇다면 토우는 제물이 아니라 사치품이거나 관상용으로 제작된 장식품의 일종이었을 것이 틀림없다.

원래 유물의 연구는 유형학類型学 연구를 기초로 해야 한다. 그러나 조몬 농업론 중 농경사회를 증명하는 토우, 석봉 등 유물은 사람들의 관심을 끌면서도 이러한 고고학적 연구과정이 없이 직접적으로 그것들을 민속학적으로 해석을 진행하고 있다. 이 유물들이 만일 대지 어머니 신 신앙의 농경사회의 산물을 상징한다면 그것들은 당연히 야요이시대와 연결延続되어야 할 것이다. 그런데 야요이시대에 토우는 도리어 사라진다. 석봉은 원래의 형태에서 돌칼, 돌검石剣으로 변형되다가 그 후에 역시 사라졌다. 총적으로 말해 석봉, 토우를 대표로 하는 조몬시대 주술성

유물이 반영하는 정신문화는 야요이시대와는 전혀 다른 풍격이다.[393]

토우가 주술성을 내포한 "지모신의 상징"이라면 어떤 형태로든 농업과 연결되어야 한다. 그런데 우리가 검토한 결과에 의하면 일본의 조몬시대에는 농업이 존재하지 않았다. 당연히 지모신의 존재도 등장할 수 없었을 것이다. 뿐만 아니라 당연히 지모신 신앙이 존재해야 할 야요이시대에는 도리어 토우는 사라진다. 이와 같은 사정은 토우가 적어도 농업 또는 그것의 반영인 제의와 아무런 관련성이 없었음을 말해준다.

결과적으로 토우가 여성숭배를 상징하는 제의 유구로서의 역할이 배당되지 않았다면 여성의 사회적 지위와 역할의 수위도 동반 하락할 수밖에 없다. 여성은 채집경제에 의해 차례진 제한된 주도권에 만족하며 남성과 동등한 지위를 지속해야만 했을 것이다. 당시의 남녀 관계에 대해 의미 있는 문장 한 단락을 인용하는 것으로 대신하려고 한다.

부자와 가난한 자, 착취하는 자와 당하는 자, 지배자와 피지배자라는 계급적 차별이 있을 여지란 없었다. 또 씨족은 모계였지만 그것이 여자가 특히 남자보다 권력이 있었다는 것을 의미하는 것은 아니며, 남녀에 대한 어떠한 사회상의 차별도 없었다. 씨

---

393 《农业考古》. 1991年 01期. 「绳文农耕论」 能登健著. 赵辉译. p.97.

족의 중요한 사항은 남녀 모두의 성년 즉 씨족원이 평등한 권리 아래 회의로 의사를 결정하여 집행하였다. 공공의 일을 하기 위한 임원은 남녀전원이 참가하여 민주적 선거에 의하여 선출되었다.[394]

만일 일본 조몬시대의 여성이 중국 또는 한국의 신석기시대 여성에 비해 사회적 지위와 역할 면에서 차이가 존재한다면 그것은 아마도 채집위주 생업수단에서 배당된 일정한 혜택의 차이일 것이다. 그러나 그 비중은 생업과 연관된 공동체의 중요한 의사결정에서 경험자로서의 여성의 주장이 어느 정도 작용했을 것이라는 선상에서 나타나는 미세한 차이에 불과하다. 하지만 우리는 그러한 상황을 추측만 할 뿐이다. 왜냐하면 무덤에서 나타나는 남녀 부장품의 차이를 확인할 수 없기 때문이다. 필자는 차마 장식품이 발견되는 무덤은 여성의 것이라는 일본 학계의 비논리적 가설에 맹종하여 섣불리 판단할 수는 없었다. 차라리 일본 신석기시대 여성의 장식품과 화장 및 예술에 대한 담론을 이후의 새로운 고고학발굴과 후학들의 연구 과제로 남겨 두는 편이 현명한 결정이라고 생각하면서 이만 줄인다.

---

394 이노우에키요시(井上淸) 지음. 성해준·감영회 옮김. 『일본여성사』. 어문학사. 2004년 11월 22일. p.27.

2장

인도 및 기타 아시아 지역 여성

1) 인도—파키스탄 및 중앙아시아 신석기시대 여성

지금부터 우리의 담론은 같은 동양권에 속하지만 중국·한국·일본과는 전혀 다른 이색적인 문화와 접하게 될 것이다. 인도문명이라는 이문화는 우리를 신석기시대 초반부터 성숙된 농경문화의 세계에로 초대할 것이기 때문이다. 이른바 인더스문명은 인도 한 나라에 국한되지 않고 인접국가와 중앙아시아를 아우르는 범 대륙적인 문화이다. 이 속에는 파키스탄·이란·아프가니스탄·투르크메니스탄 등 나라들이 포함된다. 그런데 이런 나라들과 지역들의 신석기시대 문화가 이색적이라 함은 중국이나 한국, 일본과 달리 상호 비슷한 시기에 모두 농업이 시작되었다는 사실이다. 물론 거기에는 반드시 그럴만한 이유가 전제될 것이다.

인도 서북부와 데칸고원에서 발견된 정교하게 타마된 석기를 근거로 인도에서의 농업의 발단 시기를 12000년~8000년으로 잡는 견해

646

신석기시대
세계 여성사

도 존재하지만 그보다는 더 확실한 메르가르 문명Mehrgarh Civilization을 증거로 인도—파키스탄 농업의 출현 연대를 10000년~9000년 전까지 거슬러 올라가는 주장도 있다. 또한 돌맷돌과 식량은 저장용기로 추정되는 토기항아리, 타제 돌호미, 돌쟁기와 돌낫을 증거로 낄리 굴 무하마드 유적Kili Ghul Mohammad Site의 농업 출발 시기를 8000년으로 잡기도 한다. 이란 동북부에서의 농업의 발원은 8000년 전이며 중앙아시아 서남쪽, 남투르크메니스탄의 농업 개막 연대도 동일한 시기이다. 갠지스강 유역 "빈디아산Vindhya Range신석기시대유적"의 농업 기원 시점도 유적에서 발견된 소규모의 소우리와 벼껍질에 의해 9000년 전으로 소급한다. 물론 식용한 벼가 야생인지 재배벼인지는 아직은 판단할 수 없다.

> 대략 12000~8000년 시기에 인도 선사인들은 곡물을 재배하고 가축을 사육하고 토기를 제작하기 시작했으며 동시에 옷을 지어 입는 방법을 배웠다.
> 기원전 6000년~기원전 2400년의 낄리 굴 무하마드유적의 주민들은 이미 타제 돌호미, 돌쟁기와 돌낫을 만들어 농경에 사용했다.
>
> 메르가르유적 제1기의 전 단계는 기원전 8000년기에서 기원전 7000년기로서…… 바로 이 시기에 당지인들은 보리와 밀을 재배하고 면양과 산양을 사육하는 것을 알았다.…… 제1기 후 단계는 기원전 7000년에서 기원전 6000년기이다. 이 시기 안에 토기

가 발견된다. 농경은 진일보로 발전했다.[395]

가능하게 9000년 이전의 신석기시대에 원시적 "농민"들은 이미 아프가니스탄의 북부 토지에서 농사를 지었다.[396]

빅토르 우랄스키N. I. Viktor Uralsky는 구소련 중앙아시아, 아프가니스탄, 이란, 파키스탄 내지 인도와 서남아시아는 함께 식물재배 농업의 발원지의 하나로 보고 있다.

이란 동북부에서 징발성 경제의 생산성 경제로의 전환단계는 그 연대를 매우 명확하게 단정할 수 있다. 설령 기원전 7000년은 아니더라도 기원전 6000년은 될 것이다.

중앙아시아라는 이 지역이 생산성 경제로의 과도가 적어도 기원전 6000년 전기에 이미 완성되었지만 그 발단은 심지어 거의 기원전 7000년에 시작되었을 수 있다고 추측할 수 있다.

기원전 5000년과 4000년 남투르크메니스탄에서는 농업과 목축 경제의 마지막 단계를 경과했으며 동시에 상응한 문화유형이 산생했다.[397]

395 刘建等著.『印度文明』. 中国社会科学出版社. 2004. 2. p.9. p.41. p.43.

396 瓦哈卜·杨格曼著. 杨军·马旭俊译.『阿富汗史』. 中国大百科全书出版社. 2009. 9. p.34.

397 A.H丹尼. V.M马松主编. 芮传明译.『中亚文明史第一卷』. 中国对外翻译出版公司. 2002. 1. p.17. p.75. p.80. p.160.

|사진 99 | 인도 선사시대 유적 분포(좌)와 파키스탄 주요 선사유적

인더스강 유역 신석기문화는 인도 북서부와 파키스탄 지역을 중심으로 발달했다. 파키스탄 메르가르 mehrgarh유적에서는 9000년 전부터 이미 농경이 시작된 것으로 나타난다. 신석기 이른 시기에 농업문명이 시작된 메소포타미아의 영향이 컸을 것으로 짐작된다.

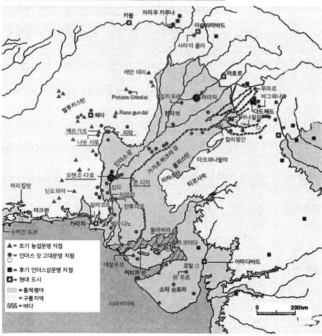

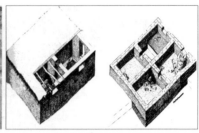

| **사진 100** | 8000년 전 인더스문명 파키스탄 메르가르Mehrgarh 유적의 가옥

신석기시대 초기에 메르가르유적의 사람들은 지하 구덩이 안에서 나와 지면 위에 가옥을 짓고 살면서 농업에 종사했다. 메소포타미아인들과 거의 같은 시기이다.

　　귀납하면 인도차대륙과 중앙아시아에서 농업이 개시된 연대는 10000년 전에서 7000년 전임을 알 수 있다. 하지만 우리는 이러한 연구 결과를 수동적으로 접수하지는 않을 것이다. 연대가 신석기 초반으로 상승할수록 농업의 존재를 뒷받침할 확실한 증거가 희박해지기 때문이다. 그 반대의 증거도 만만치 않아 더욱 의혹을 불러일으킨다. 예컨대 메르가르유적의 제1기의 전 단계는 기원전 8000년에서 기원전 7000년 사이로, 보리와 밀을 재배하고 면양과 산양을 사육했다지만 "동물 유해 중에 대량의 가젤뼈가 존재하는 것으로 보아 당시 사람들의 생활은 여전히 주로 수렵에 의존했음"[398]을 반영한다. 반증 사례는 야생동물 유해의 대량 발굴뿐만이 아니다. 가옥 형식의 분화에서도 우리는 그러한 반증 사례를 들 수 있다. 신석기시대 1기 갑甲·을乙단계까지도 "사람들이 의존한 생업은 아마 전업화한 식물채집과 곡물재배와 가축사육이 포함

398　劉建等著. 『印度文明』. 中国社会科学出版社. 2004. 2. p.43.

되었을 뿐만 아니라 '1기乙단계'에도 사람들은 여전히 지하의 구덩이 안에서 살았다"[399] "1기병丙단계"에 이르러서야 갱혈에서 나와 지면 위에 가옥을 지었다.

> 1기丙단계와 전 두 단계 사이에는 뚜렷한 구별이 존재한다. 이전의 지하 흙구덩이는 다시는 사용되지 않았다. 대부분 이미 평평하게 메워지고 위에는 진흙 반죽을 펴서 지면을 만들었다. 바닥 표면에는 한 층의 얇은 황토가 있다. 건물도 지금처럼 이미 지면 위에 짓거나 또는 진흙 또는 흙벽돌로 사용했다.[400]

설령 신석기시대 이른 시기에는 아직 제대로 된 농업이 탄생하지 않았다 하더라도 그 발생 연대는 무려 7000년 전으로 소급하며 중국이나 한국 또는 일본의 농업 시작 연대를 훨씬 상회하고 있다. 더구나 인도—파키스탄에서 이 시기는 다른 곳보다 이르게 찾아온 동석병용시대와 맞먹는다. 아마도 중국이나 한국 또는 일본에서처럼 수렵·채집과 병행하여 소규모 혹은 소극적인 형태로 존재했던 원시농업의 탄생은 그훨씬 이전부터 존재했을 것으로 추정된다. 다만 농업의 첫 출발이 성황을 이루지 못했던 원인 중에는 이 농업을 견인한 세력이 초기 형성 단계

---

399 A.H丹尼. V.M马松主编. 芮传明译. 『中亚文明史第一卷』. 中国对外翻译出版公司. 2002. 1. p.95. p.97.

400 A.H丹尼. V.M马松主编. 芮传明译. 『中亚文明史第一卷』. 中国对外翻译出版公司. 2002. 1. p.99.

였던 것으로 짐작할 수 있다. 농업에 종사한 집단이 아직은 그 인원수에서 성장하지 못했거나 초기 집결 단계였을 가능성도 배제할 수 없다.

그런데 이즈음에서 우리는 새롭게 던져진 어려운 화제와 조우할 수밖에 없게 된다. 어떤 원인으로 인도—파키스탄 또는 중앙아시아에서 농업이 중국·한국·일본의 신석기시대 농업을 훨씬 능가하는 압도적인 수준으로 격상될 수 있었는가 하는 문제이다. 이곳에서의 신석기시대 농업문명의 선진화는 그에 매치되는 원인이 반드시 있을 것이다. 그들 역시 구석기시대까지는 중국이나 한국 일본과 다를 바 없이 수렵과 채집에 의존하여 생계를 유지했으며 대충돌 같은 자연환경의 돌발적인 변화도 없었는데 말이다. 그 비밀은 단도직입적으로 말해 대충돌로 산에서 내려와 농사를 짓기 시작한 서아시아 인(주로 여성들)들의 동쪽으로의 이민과 그들이 가지고 온 농업문명의 영향이었다.

오늘날 하나의 더욱 가능성이 있는 이론은 카스피해지역의 구석기시대 말기의 토착민 수렵자와 채집자들은 바야흐로 생산형 경제에로 발전하고 있었지만 그러나 이 과정의 완성은 일부 새 취락의 도래로 인한 것이며 그들은 이전의 고향에서 이미 이러한 종류의 새로운 생활방식을 채용했었다는 주장이다. 오랜 시간에 걸쳐 이미 확인된 저턴문화Dzheytun Culture(중앙아시아 신석기시대 조기문화—필자)와 서아시아 조기 농업유적 간의 유사성 외에 오늘날 새롭게 발굴된 일부 북이란유적에서도 아주 명확하게 더 선진적인 경제방식의 전파노선을 나타내고 있다. 그중의 하나의

신석기시대
세계 여성사

유적은 바로 카스피해 남쪽의 자거Zagheh취락이다.…… 따라서 동북 이란과 남투르크메니스탄 그리고 약간의 선진적인 서아시아 중심과 함께 생산성 경제는 이미 소수의 몇 개 지역에서 확립된 것 중의 하나이다.

이란, 아프가니스탄 및 소련 중앙아시아 신석기시대 농업, 목축업 문화는 경제형식의 일종의 전환을 나타내는데 통상 "신석기시대혁명"이라고 부른다. 이곳과 서아시아는 거의 동시에 유사한 발전이 나타난다.

메르가르의 주요 신석기유적의 제1기는 무토기 취락의 최초 단계로 동식물 순화와 재배, 수공업활동 및 장례활동이 분명하게 나타나고 있다. 그 특징은 서아시아에서 보이는 것과 상호 일치한다.

이런 주거지 소재 지역들은 건조한 사막기후와 소량의 강우가 주요한 특색이다. 중요한 것은 절대 대부분의 주거지가 죄다 비록 작지만 그러나 매년 홍수가 지는 강줄기를 따라 건립되었다는 것이다. 이 수자원은 주로 계곡물이며 정착한 농업 취락들은 오로지 그것에 의존하여도 살아갈 수 있었다.[401]

위의 인용문을 통해 우리는 인도—파키스탄 신석기시대 농업문

---

401 A.H丹尼. V.M马松主编. 芮传明译. 『中亚文明史第一卷』. 中国对外翻译出版公司. 2002. 1. p.80. p.85. p.87. p.77.

명이 서아시아를 출발점으로 하여 이란을 통해 전파되었음을 알 수 있다. 심지어 농경환경마저도 메소포타미아 지역과 거의 동일하다. 이러한 전파는 북쪽의 투르크메니스탄 남부와 아프가니스탄으로도 확대되었다. 문제는 이러한 농업문명을 가지고 인도—파키스탄 지역과 중앙아시아 지역으로 이동해온 집단의 정체성이다. 필자는 그 천이집단은 다름 아닌 대충돌로 인해 구석기시대 수렵생존공간이던 산을 버리고 짧은 기간의 고원지대에서의 과도기를 거친 후 하천과 평야가 있는 곳으로 내려와 농업생산 경제를 개척했던 여성 주도의 농경민이라고 추정한다. 대충돌 사건에서 산지대에 대한 공포감을 느낀 이 집단은 산불 위험이 없는 하천유역의 평야를 생존공산으로 선택했던 것이다. 그런데 그곳에서 할 수 있는 일은 오로지 하나 농업생산뿐이었다. 하지만 순식간에 많은 사람들이 하곡지대로 몰려들며 이들을 죄다 용납할 만한 경작지가 한계에 부딪칠 수밖에 없었다. 게다가 잦은 홍수 또는 건조기후로 인한 가뭄 때문에 일 년 농사를 망친 집단도 적지 않았을 것이다. 이들은 다른 농경 공간을 찾아 이란을 지나 동남쪽의 아프가니스탄, 파키스탄, 인도로, 또 북쪽의 투르크메니스탄 방향으로 흩어졌다. 그들은 농사를 지을 수 있는 조건이 충족된 곳이라면 어디서든 마을을 이루고 농경에 종사했다. 그들이 이곳에 가지고 온 유일한 문명은 농업이었다. 이들이 도래하기 전 구석기시대에는 수렵과 채집이 경제활동의 중심이었지만 이들의 도래와 함께 갑자기 농업생산이 중심이 되었던 것이다. 물론 서아시아로부터 이곳에 선착한 농경민의 숫자는 처음에는 소수였을 것이고 그래서 초기 농업은 지역적인 한계를 지닐 수밖

654

신석기시대
세계 여성사

에 없었다. 그러나 이민 숫자가 점차 늘어남과 동시에 농업의 발전도 가속화되었을 것이 틀림없다.

특히 파키스탄과 인도 지역으로 옮겨온 이방인들은 인종적인 측면에서도 다양하고 시기적인 측면에서도 개방적이다. 흑인, 호주인, 몽골인을 포함하여 지중해인, 알프스阿尔卑斯纳拉인 그리고 후기의 아리안인들도 있다. 지중해인은 또 하나의 종족이 아니라 세 개의 유형으로 분류된다. "피부가 엷게 검은 고대 지중해인, 피부색갈이 황갈색인 이른바 정통 지중해인 및 동지중해인 또는 셈족지중해인"이다. 유럽의 알프스인들을 포함하는 중동 지역의 사람들이 언제 이란을 지나 파키스탄과 인도로 이동했는지에 대해서는 확실한 증거가 없다. 다만 "대략 10000년 전 인더스강 평야의 서쪽변두리에는 이미 인도 최초의 취락이 나타났으며 그와 동시에 외래 이민들이 끊임없이 이곳으로 모여들었다"[402]는 추정만이 이 두 지역의 신석기시대 농업 특징의 일치성에 의해 가능할 따름이다.

> 흑인들은 가장 먼저 인도로 온 뚜렷한 특징을 가진 종족의 실체이다.…… 원래 아프리카 남사하라 지역에 살았다. 아프리카의 콩고인종과 카포Capoid local race인은 바로 전형적인 니그로(흑인)인이다.[403]

---

402 刘建等著. 『印度文明』. 中国社会科学出版社. 2004. 2. p.12. p.23.
403 刘建等著. 『印度文明』. 中国社会科学出版社. 2004. 2. p.10.

콩고와 카포인들의 고향인 아프리카남부에서 출발하여 인도까지 이동하자면 신석기시대 농업이 가장 먼저 시작된 메소포타미아 지역은 물론 반드시 이란, 파키스탄을 경과해야만 한다. 다시 말해 가장 먼저 인도로 이주해온 아프리카인들이 통과했던 통로가 이미 존재했다는 것을 의미한다. 실제로 학자들도 이 몇 곳을 이어주는 고대 교통에 대해 연구를 진행한 사례도 있다. 이란과 파키스탄을 이어주는 해안선과 몇 개의 산맥들을 횡단하는 상단商團의 상업통로가 바로 그것이다.

농업시기 초기부터 상단商队의 오솔길은 이란고원 변두리의 산줄기 언선에 분포되었다. 비교적 넘기 어려운 것은 바로 파로파미수스 산맥과 힌두쿠스 산맥이 형성한 장애이다. 해발이 비교적 높은 이 산맥들은 소련 중앙아시아에서 파키스탄과 인도로 통하는 도중에 위치한다. 그러나 이 산맥들 역시 남부 해안 노선들과 마찬가지로 할라파문명보다 늦지 않은 시기에 사람들에 의하여 정복되었다.[404]

사실 신석기시대 사람들의 이동노선은 그 무슨 현재 의미에서의 "길"이 아니라 보행 가능한 지면만 제공되면 그것으로 족했을 것이다. 숲 속일 수도 있고 바위산일 수도 있지만 통과할 수만 있으면 통로의 기

404　A.H丹尼. V.M马松主编. 芮传明译. 『中亚文明史第一卷』. 中国对外翻译出版公司. 2002. 1. p.17.

능을 수행했을 것이 분명하다. 더구나 얼마 전까지도 인류는 길 따위를 따라 이동하던 족속이 아니라 짐승들이 다니는 험준한 산줄기를 넘나들던 구석기인들이었다. 그들은 식물을 재배하여 식량을 획득하기 위해서는 농경에 알맞은 경작지를 찾아내야 했기에 이미 만들어진 길로만 다닐 수는 없었다. 산을 넘고 사막을 횡단해서라도 비옥한 농경지를 찾아내기만 하면 생존은 그것으로 보장되었기 때문이다. 결국 농업의 발전 또는 보편화 속도는 남성 인구의 감소에 의한 수렵활동의 위축과 여성 인구의 상대적 증가로 인한 적극적 채집 즉 농업활동의 확장에 의해서만 가능하다는 본서의 취지가 다시 한번 입증되는 순간이라 하지 않을 수 없다.

인도—파키스탄 더 나아가 중앙아시아 신석기시대 농업문명의 찬란한 발전은 이렇듯 메소포타미아에 정착한 여성 주도의 집단의 이동으로 인해 가능했던 한 차례의 획기적인 경제혁명이었다. 여성들이 이곳으로 가지고 온 문명은 농업이었으며 그들의 농업문명은 그리 오랜 시간이 걸리지 않아 토착민들의 수렵·채집의 전통경제방식마저 바꾸어 놓는데 성공했다. 그리하여 짧은 시간 안에 보편화된 농경사회에서 이 새로운 경제활동의 중심축이었던 여성의 지위와 역할도 서아시아 여성에 비해 결코 뒤지지 않을 만큼 상승하였을 것이라는 추측에 힘이 실릴 수밖에 없게 된다. 발달한 농업경제는 지지부진한 농업의 침체로 인해 끝끝내 여신숭배를 탄생시키지 못했던 중국·한국·일본의 경우와는 정반대로 자연스럽게 여신에 대한 숭배로 이어졌다. 그러한 증거들은 당시의 유적들에서 발견되는 여성조각상들을 통해 설득력을 얻는다. 이제 우리는 인도—파키스탄 및 중앙아시아 신석기시대 농업사회에서의 여신숭배에 대한 담론에 초점을 맞출 것이다.

2) 인도·파키스탄·중앙아시아 신석기시대 여신숭배와 여성의 몰락

인도—파키스탄 및 중앙아시아 신석기시대 농업은 서아시아로부터 온 여성 주도의 이주민들에 의해 시작된 것임을 우리는 앞의 담론에서 확인한 바 있다. 그럼에도 불구하고 한 가지 이상한 것은 신석기시대 초반부터 나타난 서아시아의 여신상(예컨내 차탈휘위크의 여신상)이 이곳에서는 그보다 시기가 훨씬 지나서야 나타난다는 사실이다. 가장 빠른 여성조각상도 메르가르유적의 경우 제1기가 끝날 무렵 즉 기원전 6000년 전이다. 여신상으로 사용되었을 조건이 구비된 여성상이 출토된 연대는 기원전 4000년 무렵 남 투르크메니스탄 얄란가쉬—데페 Yalangach—Depe유적에서 발견된 여성상이다.

조기 여성상 부재의 원인을 우리는 이 지역에서의 토기생산 연대와 연관시켜 검토할 수 있다. 메르가르유적의 경우 제1기 즉 기원전 8000년에서 전 7000년 사이는 이른바 무토기 시기로 불린다. 토기 여성상뿐만 아니라 토기제품 자체가 생산되지 않은 것으로 되어 있다. 제1기 말에 발견된 여성 토우도 토기로 제작한 것이긴 하지만 소성하지 않은 것으로 보아 당시까지도 토기생산이 본격화되지 않았던 것으로 짐작된다. 초기 단계에서 이곳으로 이주해온 서아시아 인들이 왜 토기생

| **사진 101** |

메르가르유적과 태피 사라 브 케르만샤 카 유적 얄란 가쉬—데페 유적의 여신상

파키스탄 발루치스탄의 메르 가르Mehrgarh유적(상)과 이 란의 태피 사라브 케르만샤 카 Tappeh Sarab Kermanshah ca 유적(기원전 7000-기원전 6100년, 하좌) 투르크메니스탄 의 얄란가쉬-테페유적(기원전 4000년, 하우)에서 출토된 풍 만한 여성상들은 농업이 부진 했던 중국·한국·일본과는 달리 이곳의 여성들은 발전된 농업 을 배경으로 생육과 출산의 신 으로 숭배되었음을 말해준다.

산에 적극적이지 않았는지에 대해서는 아무런 증거도 없다. 다만 그들 은 토기는 생산하지 않았지만 "보리와 밀을 재배하고 면양과 산양을 사 육"했던 것으로 알려진다. 하지만 "동물 유해 중에 대량의 가젤뼈가 존 재하는 것으로 보아 당시 사람들의 생활은 여전히 주로 수렵에 의존"[405] 했음도 알 수 있다.

다시 말해 서아시아 이방인들은 새로운 환경에 적응하기 위해 일

---

405 刘建等著.『印度文明』. 中国社会科学出版社. 2004. 2. p.43.

정한 조율기간이 필요했음을 의미한다. 그리고 처음 이곳으로 발을 들여놓은 이방인들은 그 숫자도 매우 제한적이었을 것이다. 일단 수렵과 채집을 겸한 농경을 병행하면서 새로운 환경에 적응해 나가지 않으면 안 되었다. 새로운 곳에서 식량 확보는 무엇보다 중요한 문제였기 때문이다. 저장용기는 그 다음이다. 우선 먹을 것을 마련하여 살아남아야만 했을 것이다.

> 약 기원전 5000년부터 시작하여 오늘날의 파키스탄과 이란 변경에는 갈수록 많은 정주지들이 건립되었다. 당지 사람들은 농업에 의존하여 생활했다. 주로 밀, 보리와 기타 작물을 재배했고 아울러 가축도 사육했다. 예컨대 소, 산양, 면양 등이다. 각 정착지들의 생산기술은 수준이 대체로 비슷했다. 사용한 도구와 그릇들은 돌로 제작된 것도 있고 구리와 청동으로 만든 것도 있다.…… 기원전 4000년기 중엽에 이르러 이러한 농업 정주지들은 이미 인더스 강 유역에 광범하게 분포되기 시작했다.[406]

결국 이란과 파키스탄 지역에 취락들이 본격적으로 건립되기 시작한 것은 기원전 5000년이며 인더스 강 유역은 그보다도 1000년이나 늦은 기원전 4000년이었다. 이러한 사실은 역으로 이 시기가 되어서야 서아시아 이민이 대량으로 옮겨왔음을 말해준다. 토기의 대량 생산과

---

406 刘建等著. 『印度文明』. 中国社会科学出版社. 2004. 2. p.45.

신석기시대
세계 여성사

우리가 말하려는 여성상도 그 모습을 감추고 있다가 이 시기가 도래해서야 정체를 노출할 수 있었던 이유이기도 하다. 물론 이 뒤늦은 등장은 도시문명과 함께 서아시아를 닮은 여성숭배의 찬란한 영광에 단명이라는 비운을 던져준 부정적인 원인이 되기도 하지만 그것은 별개의 문제이다.

이 지역에서 숭배물로서의 조건을 갖춘 여성조각상이 출토된 시기도 바로 이 때였다. 그 대표적인 유물이 기원전 4000년 무렵 남 투르크메니스탄 얄란가쉬—데페유적에서 발견된 여성상이다.

> 벌거벗은 채 앉아있는 조각이다. 몸통은 뒤로 젖혀 있고 다리는 무릎부터 나뉘어져 있다. 머리는 매우 형식화되어서 목과 구별이 되지 않는다. 눈은 잔 모양이며 코는 집어서 만들었고, 어깨는 잘 표현되었다. 팔은 없고 가슴이 크다. 눈썹과 음부의 삼각형은 붉은 색으로 칠했고 가슴의 끝부분은 검은색으로 칠했다. 목과 가슴에는 진주와 가는 끈으로 된 치레걸이가 표현되어 있으며 엉덩이와 허벅지에는 검은색 동심원이 그려져 있다.[407]

숭배대상으로서의 조각상은 흔히 좌식을 취한다. 숭배자들의 공경의 대상으로 존엄하게 모셔진 모습이기 때문이다. 생육과 연관되는

---

407 『석장리 특별계획전「그녀, 인류를 꿈꾸다」』. 석장리박물관. 2011년 3월1일~7월 8일. p.65.

가슴·엉덩이·음부·허벅지와 같은 부위들은 모두 필요 이상으로 과장됨으로써 숭배의 대상이 무엇인지에 대해 확실하게 전달해준다. 대충돌로 남성이 대량 상실된 당시 또다시 부각된 여성의 출산능력은 숭배의 대상이 되기에 너무나 충분했다. 그들은 여성들끼리 뭉쳐 자식들을 이끌고 타향으로 옮겨와 땅을 일구고 농사를 지었을 뿐만 아니라 열심히 생육하여 부족한 남성 인구를 불리는데 기여했다. 그들은 항상 모든 생산성활동의 중심에 서 있었으며 공동체를 견인했다. 그들은 어머니여신일 뿐만 아니라 식량자원을 조달하는 노동생산의 여신이기도 했다.

그밖에 가장 눈에 띄는 특징은 면부와 팔의 생략 또는 융합 기법이다. 일단 팔은 생육뿐만 아니라 농업노동에서도 가장 중요한 신체 부위로서 생략이 불가능함에도 의도적으로 축소된 것처럼 보인다. 그러나 팔은 부조작업에서 배제된 것이 아니라 가장 중요한 생육 부위인 유방과 함께 합쳐져 있다. 팔의 활동적인 모습은 흔히 쳐들린 자세이지만 외부 충돌로 쉽게 탈락할 우려 때문에 이런 보호기법을 사용한 것으로 추측된다. 여성의 가슴이 아이의 생명을 지속시키는 신비로운 장소라면 팔은 아이를 안아 기르고 돌볼 뿐만 아니라 농사를 지어 식량을 확보하는 살아 움직이는 노동도구이기도 하기에 조각에서조차 배제될 수 없는 신체 부위이다.

그런데 얼굴의 생략 기법 또는 의도적인 배제는 우리들에게 하나의 중요한 사실을 암시해주고 있다. 당시 사람들 특히 남성들에게 여성의 신체에서 얼굴은 관심의 대상에서 제외되었음을 의미한다. 적어도 청동기 이후의 사회에서 얼굴에 대한 관심은 곧 미모에 대한 중시이며

신석기시대
세계 여성사

미모는 또한 여성이 남성을 상대로 자신의 이미지의 가치를 격상시킬 수 있는 강력한 자본이 되기 때문이다. 하지만 얼굴이 대강 처리되었다 함은 아직 여성은 미모를 동원하여 남성을 유혹할 만한 사회적 계기가 마련되지 않았음을 말해주기도 한다. 다시 말해 여성은 미모가 아니더라도 남성과 우월한 또는 동등한 사회적 지위를 가지고 있었다는 하나의 증거가 되는 것이다.

하지만 시간이 흘러 청동기시대에 이르면 유방·음부·엉덩이 등 비대하고 풍만한 몸집을 가진 여신의 모습은 "더 날씬하면서도 밋밋하고 섬약한 선으로 묘사된 형상으로 대체"[408]되었으며 가려 있던 얼굴은 서서히 모습을 드러내기 시작한다. 출산을 상징하는 어머니여신은 성을 상징하는 보통의 여자로 그 상징성이 교체되는 과정으로 이해하면 될 것이다. 기원전 2800년~2600년에 들어와서는 여성인형은 "남성인형과 함께 대량으로 생산"[409]될 뿐만 아니라 여신의 상징적인 일치성이 붕괴되고 각양각색의 이미지들이 나타나면서 동물상과 함께 점차 제물의 모습으로 타락하고 있음을 볼 수 있다.

동東알틴 테페Altyn depe에는 일부 종교건축 관련 유물이 있는데 약 2m 두께의 단단한 벽돌 담장을 외부경계로 삼았다. 가까운

---

408 A.H丹尼. V.M马松主编. 芮传明译. 『中亚文明史第一卷』. 中国对外翻译出版公司. 2002. 1. p.164.

409 A.H丹尼. V.M马松主编. 芮传明译. 『中亚文明史第一卷』. 中国对外翻译出版公司. 2002. 1. p.184.

담장 밖은 일부 신전 및 가능하게 제사장 가족의 저택으로 제공된 가옥이다. 최초에 신전은 커다란 울타리로 출입구 하나도 없었다. 주실 중앙에는 톱날형 부뚜막석좌石座 하나와 벽 위에는 작은 금자탑 모양의 닫집이 있다. 동일하게 종교의례와 관련된 정방형의 붉은 토기 향로도 있다. 그 사면에는 사다리 모양의 십자형과 작은 금자탑의 화려한 조각 도안이 장식되어 있다.

발달한 청동기시대 한 여신은 여전히 광범한 숭배를 받았다. 매 하나의 방 및 집체무덤에는 죄다 붉은 토기 여성인형이 있는데 그녀들의 허벅지와 어깨에는 상징적인 부호가 그려져 있다. 각 토기인형의 헤어스타일, 머리 장식품과 장식도안의 세부는 서로 다르다. 이전에는 일치했던 여신상이 지금은 차이가 발생했을 가능성이 매우 많다.[410]

　그것은 단순한 차이의 발생이 아니라 신전 또는 제단의 생성과 함께 표면화된 여성상의 용도 변화의 발생이었을 것이다. 여성상은 더 이상 숭배대상으로서의 여신이 아닌 중국의 경우처럼 "대량으로 존재하는 소형 여성상"[411]의 형태로 제례의식에서 일회적으로 사용된 후 폐기되는 제물로 전락한 것이다. 다만 중국의 경우에는 농업의 침체로 여성상이 여신상으로 승화되지 못했다면 인도의 경우에는 농업이 발전했

410　A.H丹尼. V.M马松主编. 芮传明译. 『中亚文明史第一卷』. 中国对外翻译出版公司. 2002. 1. p.166. p.172.

411　刘建等著. 『印度文明』. 中国社会科学出版社. 2004. 2. p.48.

음에도 청동기의 **빠른** 도래로 형성된 도시화의 진척으로 조기에 끝나 버린 점이 다르다. 이 지역에서의 여신의 신성함의 타락은 결코 여기서 멈추지 않고 깊은 수렁으로까지 곤두박질친다. 여성의 이미지는 이제 제물이기를 거부하고 남성의 쾌락을 위한 오락도구로까지 전락하며 어깨에서 스스로 권위를 내려놓기에 이른다.

> 모헨조다로에서 사람들의 눈길을 끄는 인물상 한 점은 바로 청동 무녀상이다. 역동감이 있어 보인다. 비록 두 다리는 청동이지만 그러나 여전히 굽혀져 있으며 마치 무녀가 춤추는 대로 자유롭게 움직이는 듯하다. 그녀의 왼팔에는 수많은 팔찌를 찬 것 같고 마치 손으로 허벅지를 치면 금방이라도 패옥이 음악소리를 낼 것만 같다. 그녀의 아주 두툼한 입술은 앞으로 나와 있으며 입을 벌리고 마치 바야흐로 간드러진 노래 한곡을 부르는 것 같다. 그녀는 완전히 나체이며 풍격화風格化된 머리카락은 한쪽 옆으로 드리워져 있다.[412]
> 여성들은 립스틱과 기타 화장품을 사용했다. 그들에게는 타원형의 구리거울과 상아빗이 있었으며 심지어 소형의 화장대도 있었다.[413]

---

412 A.H丹尼. V.M马松主编. 芮传明译. 『中亚文明史第一卷』. 中国对外翻译出版公司. 2002. 1. p.218.
413 刘建等著. 『印度文明』. 中国社会科学出版社. 2004. 2. p.48.

날씬한 몸매에 분명한 이목구비를 갖추고 머리를 묶은 무녀舞女
는 이미 과거 남성들의 숭배대상이던 상징적인 신체 부위들 예컨대 유
방·음부·엉덩이 등이 배제되어 나타난다. 그녀는 거울과 상아빗을 이용
해 머리를 단장하고 화장대에서 립스틱을 바르며 얼굴을 다듬었을 것
이다. 무녀는 누구를 위해 화장하고 춤을 추고 노래를 불렀을까. 두말
할 것도 없이 춤추는 무녀의 앞에는 도시의 막강한 권위를 장악한 남성
들이 앉아 있었을 것이다. 그녀는 남자들의 환심을 사고 그들을 유혹하
기 위해 화장하고 나와 춤추고 노래를 불렀다. 무녀로 타락한 여성에게
는 더 이상 도시에서 향유할 만한 사회적 지위는 박탈당했음을 알 수 있
는 대목이다. 미모와 화장은 여성이 자신의 권위를 상실한 그 지점에서
권위자를 달래기 위해 궁여지책으로 꺼내든 마지막 생존 카드이기 때
문이다.

그렇다면 왜 숭배대상이던 여신이 느닷없이 제물이라는 소비품
으로 전락했을까. 그리고 신성한 숭배대상으로부터 평범한 제물, 또는
남성쾌락의 소비품으로의 전락 과정이 불과 1000~2000여 년이라는 짧
은 시간에 이루어졌을까. 이러한 의문이 뒤따르는 것은 당연한 결과이
다. 단도직입적으로 말하면 그 원인은 두 가지로 귀납할 수 있다. 하나
는 도시화의 조기 등장이며 다른 하나는 청동기시대의 급속한 도래다.
그런데 청동기시대의 급속한 도래는 또 이 지역에 광범하게 분포된 구
리 매장량 때문이기도 하다.

동광과 철광 매장량이 매우 많다. 동광은 주로 라자스탄과 비하

| **사진 102** | 모헨조다로 유적의 청동 무녀상

청동기시대의 여성상은 남성들의 숭배대상이던 상징적인
신체 부위들 예컨대 유방·음부·엉덩이 등이 배제되고 대신
날씬한 몸매에 분명한 이목구비를 갖추고 있다. 무녀가 된
여성은 남자들의 환심을 사고 유혹하기 위해 화장하고 나와
춤을 추면서 남성 쾌락의 소비품으로 전락한 것이다.

르Bihar남부에 있다. 일찍이 기원전 2000년에 이곳의 동광은 이
미 채굴되었다.[414]

아프가니스탄 내의 풍부한 동광산은 야금업의 발전에 아주 유리
했다. 사람들이 야금기술을 장악한 시간은 기원전 3000년보다
늦지 않다.
이란 중부와 동남부의 광범한 지역에서는 동광을 채굴했다.[415]

동광은 비단 라자스탄 즉 인도 북서부 파키스탄 접경지대에만 많
은 것이 아니라 중앙아시아 국가인 아프가니스탄에도 대량으로 매장되
어 있다. 지금도 1970년대에 발견된 아프가니스탄 메스 아이낙Mes Aynak

---

414 『世界文明之旅:古印度文明读本』. 中国档案出版社. 2005. 3. p.2.
415 A.H丹尼. V.M马松主编. 芮传明译. 『中亚文明史第一卷』. 中国对外翻译出版公
    司. 2002. 1. p.136. p.138.

지역에는 세계 최대 구리광산으로 13000만 톤의 매장량을 자랑하고 있다. 따라서 이 지역에 살았던 신석기시대인들은 구리 제련 기술도 다른 곳에 비해 좀 더 일찍이 장악했을 것으로 추정된다. 두말할 것도 없이 청동기시대로의 진입도 한 걸음 빨랐을 것이다. 청동기의 제작은 농업의 발전뿐만 아니라 도시의 근간이 되는 건축토목업의 발전에도 촉진 작용을 했을 것이 틀림없다. 도시화는 다른 한편으로 건축·토목업 등은 물론 군대조직[416]과 신앙조직에 대한 통일적 관리를 위한 강력한 권력을 파생시킬 수밖에 없는 제도이다. 이러한 제도는 농업의 범위를 훨씬 상회하는 권위로써 그 특성상 남성만이 장악하고 수행할 수 있었다. 상업·수공업·유통·보안 등을 포함하는 도시라는 거대한 존재는 여성의 존재를 농업이라는 협소한 테두리 안에 유폐시키고 말았던 것이다.

3) 동남아·인도네시아의 신석기시대 여성

동남아 신석기시대 문화에서 이른바 곡물재배와 연관된 유적의 시기가 가장 오래된 연대는 9000년 전이다. 수치로만 볼 때 이 시점은 서아시아의 농업 탄생 시기와 별반 뒤지지 않는다. 다만 밀이나 보리처럼 열매를 수확하는 곡물이 아니라 뿌리 또는 줄기를 식용하는 채집 작물이라는 점에서 차이가 난다. 토란 재배는 인도네시아의 수마트라섬

---

416 A.H丹尼. V.M马松主编. 芮传明译. 『中亚文明史第一卷』. 中国对外翻译出版公司. 2002. 1. p.165. "무사武士 모양을 한 붉은 토기 인형은 당시 군사수령을 나타낸다."

의 중석기시대에도 나타난다. 하지만 설령 토란 또는 사탕수수 재배가 농업이라 할지라도 그것은 여전히 경제활동 중심인 수렵과 채집을 보충하는 부수적인 범위 안에 속했다.

가장 이른 시기의 농업 실천은 대략 9000년 전 뉴기니섬New Guinea의 고원지역에서 발생했다. 멜라네시아인들이 이곳에서 토란芋頭(일종의 뿌리작물)과 사탕수수의 재배로 수렵과 채집생활을 보충했다. 이러한 농업의 발전은 여전히 지역적이었다.[417]

그러나 이른바 이러한 "농업실천"이 진정한 의미에서의 재배인지에 대해서는 확실한 증거가 없다. 그것을 재배와 농업이라고 추정할 수 있는 증거는 단 한 가지 민속학적 주장뿐이다. 수마트라섬 서쪽 해안 앞바다 멘타와이 제도Mentawai Islands의 원시부족들이 "우전芋田을 가지고 있을 뿐 아니라 그들은 토란 종자를 수전水田에 심은 후 시기가 되면 배를 타고 들어가 채집"[418]한다는 민속학적 조사 자료가 그것을 입증할 수 있는 증거의 전부이다. 그리고 수마트라섬 유적에서 가장 많이 출토되는 괄삭기刮削器가 조개류와 사냥물을 획득하는 데 사용된 도구인 동시에 "수우水芋와 야생토란野芋의 채집과도 연관이 있다."[419]는 주장 역

---

417 德拉克雷著. 郭子林译. 『世界历史文库:印度尼西亚史』. 商务印书馆. 2009. 12. p.5.

418 王任叔著. 『印度尼西亚古代史(上)』. 中国社会科学出版社. 1987. 12. p.119.

419 王任叔著. 『印度尼西亚古代史(上)』. 中国社会科学出版社. 1987. 12. p.119.

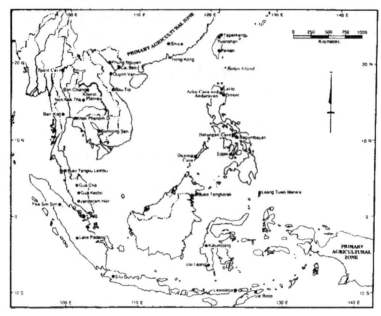

아쿠동굴과 안다라얀 (필리핀 북부)	라이크 파당(인도네시아 수마트라섬 남서부)
바간바얀(필리핀 중동부)	라벨(필리핀 루손도 북동부)
반 치양(타이 중동부)	랑 투멘(필리핀 남부 섬)
반 까오(타이 중서부)	레월바(인도네시아 동부 자바섬 동쪽과 티모르섬 사이의 플로레스섬)
바탄섬(필리핀 최북단. 대만과 필리핀 사이의 섬)	논녹타(타이 중동부)
바툰간 동굴(필리핀 중부 섬)	피심심(인도네시아 수마트라도 북동부)
바우트루크(베트남 중동부)	배난(대만 남동부)
부킷 텡 코락(말레이시아 말레이반도 북동부)	
부킷 퉁크 렘브(말리이시아 말레이반도 북부)	푹 응유(베트남 북부)
까이 베(베트남 북동부)	원시농업구역(인도네시아 동부 뉴기니섬)
디몰리트(필리핀 북부)	쿠인 반(베트남 북부)
두용동굴(필리핀 중서부와 말레이시아 사이 섬)	석협(중국 광동성 홍콩 북부)
에젝(필리핀 남서부)	삼롱 센(캄보디아 남부)
콰차(말레이시아 말레이반도 중부)	시투 구눙(인도네시아 자바섬 서부)
콰케칠(말레이시아 말레이반도 중부)	스피릿 케이브(타이 중북부)
홍콩(홍콩)	대분갱(대만 북부)
옌더람 하일러(말레이시아 말레이반도 남부)	와이 보바(인도네시아 동부 티모르섬)
칼럼팡(인도네시아 동중부 플로레스섬 북부 술라웨시섬 중부)	울루 랑(인도네시아 동부 술라웨시섬)
콕 파놈 디(타이 남동부)	원산(대만 남부)
코랏 고원(타이 중동부)	

| **사진 103** | 동남아 신석기시대 조기 농업유적과 분포지역

신석기시대
세계 여성사

시 하나의 불확실한 추측에 불과하다. 토란 종자를 우전에 심었다는 주장도 당시의 유물이나 사람들이 아니라 현재 수마트라섬에 살고 있는 원시부족들의 생산 활동일 따름이다. 그러한 판단은 어디까지나 추정치에 불과한 것으로 확실하게 믿을 바가 못 된다. 아무튼 토란의 재배를 농업의 실천으로 인정하든 부정하든 이 노동은 채집과 연관됨으로 어쩔 수 없이 여성이 생산 전면에 등장할 수밖에 없다. 배를 저어 우전으로 들어가 토란을 채집하는 "이 일은 여성의 노동에 속하기"[420] 때문이다.

> 그들은 수우水芋를 재배했으며 이른바 우전芋田이 나타났다. 우
> 전의 작업은 대부분 여자들이 담당했다. 여성들은 우전이 성숙
> 될 때 매생이를 몰고 들어가 토란을 채집했다.[421]

그런데 야생토란과 수우는 흔히 소택 지대에 자연적으로 자라는 야생식물이다. 당시에는 인구가 많지 않아 자생하는 토란을 채집하는 것으로도 식량으로는 충분했을 것으로 짐작된다. 그것을 심어서 재배하든 야생 그대로를 채집하든 여성의 노동이기는 매한가지이다. 토란을 심는다는 것은 땅을 개간하고 종자를 파종하는 것과는 달리 그냥 배를 타고 소택의 물 안에 종자를 던져 넣으면 되는, 매우 간단한 작업에

---

420 王任叔著. 『印度尼西亚古代史(上)』. 中国社会科学出版社. 1987. 12. p. 119.
421 王任叔著. 『印度尼西亚古代史(上)』. 中国社会科学出版社. 1987. 12. p. 152.

| **사진 104** | 사고Sago야자나무와 채취 그리고 추출한 녹말

사고야자나무가 제공하는 풍부한 식량으로 인해 인도네시아열도의 신석기시대 농업의 발전은 지체될 수밖에 없었다. 게다가 원시부족의 경우를 볼 때 이 나무를 자르고 녹말을 채취하는 작업에는 남성들이 대거 동참했음을 알 수 있다. 물론 여성들도 재배나 떡을 만드는 등 조리작업에는 참여했을 것이다.

불과하다. 곡물재배처럼 풀을 뽑거나 가뭄 같은 것에 대비할 필요도 없다. 다만 어떤 경우이든 채집의 중요성은 여성의 지위와 역할에 어떤 형식으로든 긍정적인 영향을 미쳤을 것만은 틀림없다.

하지만 문제는 토란 재배라는 농업이 개발되었음에도 불구하고 신석기 조기는 당연하고 중반까지도 농업은 여전히 수렵과 채집은 물론 어로에도 밀리며 부수적인 작용밖에는 하지 못했다는 사실이 무엇보다 중요하다. 어쩌면 일부 학자들의 주장처럼 농업이 지체되고 부진

했던 것은 사고야자의 존재 때문인지도 모른다. 사고야자는 수림 속에서 자생하는 야자수의 일종인데 나무즙을 채취하여 말려서 가루내면 떡을 만들어 먹을 수 있는 식용 가능한 식물이다.

> 사고야자는 인도네시아인들은 사고Sago라고 부른다. 제도에 매우 보편적으로 생장하는 일종의 야생식물이다.…… 한 남자는 매끼 떡 두 개를 먹으면 배가 부르며 매일 떡 5개면 충족하다. 따라서 한 그루의 나무에서 1800개의 떡을 만들 수 있는 만큼 도합 600파운드로 계산하면 한 그루가 한 남자의 일 년 식량을 공급할 수 있다. 인도네시아인들에게 주어진 이러한 종류의 "양호한 자연조건"은 고대의 원시사회의 생산형태, 섬과 섬 사이의 분산과 격리의 고립 상태를 통해 인도네시아 제도의 일부 지역 사회 발전의 "장기적인 정체"의 원인 중의 하나로 볼 수도 있을 것이다.[422]

한마디로 열대 기후인 인도네시아의 경우 굳이 농업이 아니더라도 채집 가능 자원이 풍부하여 식료해결이 어렵지 않다는 말일 것이다. 그리고 이런 채집활동은 그 노동의 특성 상 여성들뿐만 아니라 남성들도 동참했을 것으로 추정된다. 더구나 나무에 구멍을 뚫고 나무를 몇 토막으로 자르고 줄기 속을 파내는 작업은 많은 체력이 소모됨으로 여

---

422 王任叔著. 『印度尼西亚古代史(上)』. 中国社会科学出版社. 1987. 12. p. 13.

성보다는 남성의 노동에 더 적합하다. 물론 물에 불리거나 가루를 내는 작업 같은 노동은 여성도 남성들과 함께 동참했다. 아직 농업이 시작되지 않은 상황에서 채집활동에서조차 여성이 차지하는 노동의 비중이 상대적으로 낮다는 사실은 그만큼 동남아의 신석기시대 여성의 사회적 지위와 역할이 인도—파키스탄 지역에 비해 위축될 수밖에 없음을 암시해준다.

인도네시아의 경우 농업이 탄생하기 전까지 경제문화는 세 가지가 병존하는데 그 근본은 비생산성 경제방식 즉 수렵·채집과 어로였다. 세 개의 가장 큰 지역인 수마트라·자바·술라웨시Sulawesi에서는 모두 생산성 경제가 아직 윤곽을 드러내지 못한 채로 신석기시대 중반까지 수렵·채집과 어로 경제 중심의 생활이 지속되고 있었다. 환언하면 여성이 그들의 장점인 농업을 견인하지 못함으로써 남성으로부터 권력을 이양받지 못했던 것이다. 학자들은 중석기시대 즉 "대략 10000년 전에 인도네시아 원시사회는 이미 모계씨족사회로 진입"했다고 단정하지만 여성은 그에 부합하는 권위를 장악할 만한 경제적 분야에서의 특출한 기여가 부족했기 때문이다. 설령 당시에 이미 모계씨족사회로 진입했다 하더라도 그것은 사회적 지위와 역할이 보장되지 않은 유명무실한 제도일 수밖에 없었다. 어쩌면 그것은 학자들이 당시의 고고학적 현실을 외면하고 유럽의 "모건이론"을 교조적으로 답습한 유치한 결과물일 가능성도 배제할 수 없다.

중석기시기 인도네시아군도에는…… 3가지 종류의 문화가 존재

674

한다. 그것은 수마트라의 조약돌문화, 자바의 골기문화와 서남
부 술라웨시Sulawesi의 토알라Toala석엽—석편문화이다.…… 고
대 수마트라 우타라Sumatra Utara인은 주로 수마트라 우타라주 북
해안 일대에 거주하며 어로와 수산물 채집을 위주로 하고 수렵
을 부업으로 하면서 조약돌문화가 나타났다.…… 고대 동자바인
의 골기문화는 수렵생산을 위주로 하고 채집 혹은 어로를 보조
한 것이 틀림없다.…… 서남부의 술라웨시 토알라인의 석엽—석
편문화는 어로와 수렵을 동시에 중시했던 것으로 보인다.[423]

　　자바 지역에서만 채집이 보조경제수단으로 지적되고 있을 뿐 수
마트라와 토알라에서는 아예 채집이 경제활동의 보조수단으로도 열거
되지 않고 있다. 유적에서 출토된 석기도구의 용도에 의해 경제활동에
서 채집이 배제 또는 위축된 이러한 상황에서 여성에게 할당된 사회적
입지가 어떠하였으리라는 것은 굳이 설명하지 않아도 명백한 윤곽이
드러날 수밖에 없다. 토알라인들이 주로 포획하는 들소, 야생물소, 사
슴, 돈록豚鹿, 호저豪猪, 수달, 코끼리, 서우, 각종 야생 고양이와 여러 가
지 종류의 쥐들은 여성이 사냥하기에는 힘에 겨울 수밖에 없다. 결국
에는 남성이 노동의 주체가 되었을 것이고 여성은 중요한 위치에서 밀
려나야만 했다. 물론 여성이 주축이 된 노동활동이 전혀 없었다는 말은
결코 아니다. 이러한 경제방식에서도 여성이 담당한 노동은 확실히 존

423　王任叔著.『印度尼西亚古代史(上)』. 中国社会科学出版社. 1987. 12. p.113.

재했던 것 같다.

이러한 어로작업은 반드시 죄다 남자들의 노동만은 아니었다. 특히 조개 캐기 따위는 대부분 여전히 여성들의 노동이었다. 그러나 큰 바다거북이나 또는 고기작살을 사용하는 등은 남자들의 노동일 가능성이 많다. 여성의 주요한 작업은 각종 식물뿌리와 줄기 채집, 나무껍질 벗기기, 물건을 담는 그릇을 엮기였다. 이외에 아마도 진주조개珠母, 조개껍데기 등에 구멍을 뚫어 여러 가지 장식품을 제작하는 노동이 또 있었을 것이다. 여성은 농업 생산의 창시자이다. 때문에 그들은 채집을 담당하며 경험을 쌓았다. 어떤 식물은 과실을, 어떤 식물은 뿌리와 줄기를 먹을 수 있는지 알았다. 또한 그 식물들의 생장과 성숙의 계절에 대해서도 알았다. [424]

여성의 노동은 조개잡이를 제외하면 대부분 채집 작업에 국한됨을 알 수 있다. 그런데 식료 획득에서 채집이 차지하는 비중은 보잘 것 없다. 그리고 장신구 제작이나 용기 제작은 비생산성 노동으로서 항상 생산성 노동의 하위개념으로만 인식된다. 한마디로 이것만 가지고는 여성이 사회적 지위와 역할을 충분하게 누리기에는 부족하다. 신석기시대에 여성이 그들의 장점을 최대한도로 발휘할 수 있는 유일한 기회

424 王任叔著. 『印度尼西亚古代史(上)』. 中国社会科学出版社. 1987. 12. p.122.

신석기시대
세계 여성사

는 농업의 창출이다. 오직 농업의 보편화를 통해서만 여성은 사회를 향해 자신의 존재가치를 빛낼 수 있기 때문이다. 하지만 안타깝게도 인도네시아에서는 물론 동남아 전반 지역에서 농업은 신석기시대 말기 지어는 청동기시대에 이르러서야 모습을 드러내기 시작하면서 여성의 존재를 기나긴 세월 속에 깊숙이 묻어버리고 말았다.

영역이 끊임없이 축소되지만 그러나 여전히 수렵과 채집에 의존하여 오래도록 살아가던 사람들을 제외하면 신석기시대 유형의 기술을 가진 사회는 약 기원전 4000년에서 기원전 1000년 사이에 존재했으며 이미 동남아, 거의 전부의 연해지역에서 나타났다. 베트남 북부 연해 지역의 신석기시대의 물질문명은 기원전 5000년 이후로 거슬러 올라갈 것으로 나타난다.…… 유적에서는 사슴, 소, 돼지와 개의 유해가 출토되었다. 그러나 아직 이런 동물들이 이미 순화된 것인지 확실하지 않다. 비록 하노이 북쪽 홍하紅河중류 계곡의 풍원문화馮原文化의 자료를 조금 더 이용할 수 있지만 그러나 기원전 3000년 말 또는 기원전 2000년 조기에 사용가능한 생활 자료는 매우 적다.……

대략 기원전 3000년에 농업사회는 이미 이곳(태국)에서 견고하게 수립되었다. 만일 근래의 고고학연구를 믿을 수 있다면 증거들은 이 지역에서 총적으로 이 이전의 농업인의 흔적이 거의 없음을 나타낸다.…… 반청班清유적의 하층은 적어도 약 기원전

3000년 이전으로 단정된다.

조기 대분갱大坌坑문화에는 아직 식물 유물의 보도가 없다. 그러
나 적어도 기타 두 곳의 유명한 대만유적(가능하게 기원전 2000년
보다 이른)에서는 이미 벼껍데기 유물이 발견되었다.[425]

동남아의 모든 국가들에서 농업이 시작된 연대는 그 상한선이 기
원전 3000년이라는 사실을 알 수 있다. 태국 서북부 신령동神灵洞에서
일지감치 기원전 7000년의 화평문화和平文化지층에서 식물 유물을 찾아
냈다는 주장도 제기되었지만 그러나 부근의 반양班扬 골짜기 동굴과 벼
껍데기 유물과 함께 출토된 유사한 인공제품의 연대는 겨우 약 기원전
3500년 이후로 단정되면서 "전체적인 이해상의 혼란만 조성"[426]했을 따
름이다. 그런데 이 시기 역시 농업이 확실하게 창출되고 보편화되고 발
전되었다는 구체적인 증거는 미약하다. 왜냐하면 약 기원전 3500년 이
후로 추정되는 대만의 반양Ban Yan 골짜기 유적의 벼껍데기 유물도 재배
벼가 아니라 "확실한 야생벼"[427]이기 때문이다.

인도네시아의 경우도 다르지 않다. 일부 학자들의 견해에 따르면
인도네시아의 신석기시대 석기는 원시 말레이시아인이 인도네시아로
가지고 들어 온 것으로 그 시간은 기원전 3000년 즉 5000년 전이라고

---

425 尼古拉斯·塔林著. 『劍桥东南亚史 1』. 云南人民出版社. 2003. 1. 1. p.76. p.78.
     p.83.
426 尼古拉斯·塔林著. 『劍桥东南亚史 1』. 云南人民出版社. 2003. 1. 1. p.77.
427 尼古拉斯·塔林著. 『劍桥东南亚史 1』. 云南人民出版社. 2003. 1. 1. p.78.

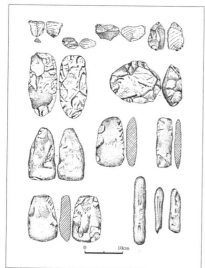

| 사진 105 |

박손문화·바우트로 문화의 유물, 말레이시아 선사시대 석기 태국 반치앙유적 토기와 유골

베트남의 신석기시대 전·후기 박손 Bac Son 문화와 바우트로Bau Tro문화의 석기와 골기.

말레이시아 신석기시대 석기(왼쪽 구석기 손도끼, 오른쪽 신석기 도구) 태국 반치앙Thail and Ban Chiang유적의 토기와 유골이다. 하지만 인도네시아를 비롯한 동남아 각국에서 농업이 확실하게 시작된 연대는 기원전 3000년이 상한선이다. 신석기시대 여성의 지위와 역할에 부정적인 역향을 끼친 것으로 간주된다.

제기한다.

　　괭이농업은 일부 섬에서는 어쩌면 이미 관개농업으로 발전했는
지도 모른다. 그러나 일부 섬들에서는 야생으로 무성하게 자라
는 사고야자를 식량으로 식용 가능하거나 아니면 해안·소택 부
근 지대가 괭이농업에 불리하거나 혹은 사고야자의 채벌로 더욱
쉽게 식량을 확보할 수 있기 때문에 괭이농업을 포기했을 가능
성도 없지 않다. 이외에도 연해·소택 지대는 곡식 작물을 재배하
기에 그렇게 유리하지 않다. 그들은 수우水芋를 재배했으며 이른
바 우전芋田이 나타났다.[428]

　　농업에 불리한 환경이든 또는 원만한 식료확보로 인한 농업의 지
체이든 여부를 떠나 이 새로운 농업기술이 말레이시아인들이 가지고
들어온 것이라는 가설을 수용할 때 그 상한 연대는 명백해진다. 왜냐하
면 신석기시대 또는 청동기·철기시대 말레이시아의 인도네시아 천이
연대가 확실하기 때문이다.

　　어떤 이는 제1차 천이遷移물결은 기원전 3천 년 전후에 발생했
는데 그것은 원시 말레이시아인들로서 그들이 신석기문화를 가
지고 왔다고 간주한다. 제2차 천이물결은 기원전 2300년 사이로

428　王任叔著. 『印度尼西亚古代史(上)』. 中国社会科学出版社. 1987. 12. p.152.

신석기시대
세계 여성사

그때는 후세 말레이시아인들로서 그들이 청동기·철기도구와 무기를 가지고 왔다. 제1차 이동시 제도의 원주민은 유달維達종족으로 추정되었다. 그들은 삼림 속으로 쫓겨 가 점차 소멸되었으며 다만 매우 적은 지역에서만 수마트라의 쿠부족Kubu, 루부족Lubu과 마마사족mamasa, 술라웨시의 토알라Toala족처럼 간신히 살아남았다. 그런데 제2차 이동도 원시 말레이시아인들이 내륙으로 들어왔지만 동일한 종족이었기 때문에 그들 사이에는 상호 통혼하여 혼혈아를 이루었다. [429]

인도네시아에서 농업이 확실하게 시작된 연대가 기원전 3000년 상한선을 넘을 수 없는 이유이기도 할 것이다. 아마도 명실상부한 농업의 존재는 청동기시대에 들어와서야 가능했을 것으로 추정된다. 물론 우리가 여기서 말하려고 하는 것은 농업 존재 그 자체에 관한 취지가 아니다. 우리는 농업의 존재 여부를 통해 신석기시대 동남아 여성의 사회적 지위와 역할의 수위를 단정 지으려고 한다. 설령 기원전 3000년 이전에 동남아에서 농업이 존재했다 하더라도 그곳의 여성들은 서아시아나 인도—파키스탄 여성들과 비견할 만한 사회적 지위와 역할을 향유 또는 수행하지는 못했을 것이라고 감히 단정한다. 그것은 이곳 역시 중국이나 한국, 일본과 마찬가지로 대충돌 사건의 영향을 받지 않은 지역이며 그리하여 남성 인구가 급속도로 줄어들고 여성 인구가 상대적으

429 王任叔著.『印度尼西亚古代史(上)』. 中国社会科学出版社. 1987. 12. pp.146~147.

로 많은 불균형한 성비관계가 나타나지 않았기 때문이다. 서아시아와 인도—파키스탄 지역에서 여성이 비교적 우월한 사회적 지위와 역할을 배당받을 수 있었던 원인 중에는 농업의 보편화뿐만 아니라 성비 변화가 전제되었기 때문에 가능할 수 있었다. 그러한 전제하에서 여성은 생산의 주체인 동시에 생육의 신비로운 존재가 될 수 있기 때문이다.

나가는 말

우리는 지금까지 신석기시대 여성의 발자취를 낱낱이 추적하여 기나긴 여정을 숨 가쁘게 달려왔다. 시간적으로는 10000년 전부터 4000년 전에 이르기까지 무려 6000년의 과정을 횡단하였으며 공간적으로는 농업의 발상지인 양강유역의 서아시아에서부터 유럽, 중국·한국·일본을 비롯한 동북아와 인도 차대륙 그리고 중앙아시아를 포괄하는 동남아시아에 이르기까지 광대한 지역을 빠짐없이 샅샅이 누볐다. 이 담론에서 배제된 기타 지역과 나라들은 대체로 신석기시대 유적이 발견되지 않는 곳들인데 이를테면 북미와 남미 같은 대륙들이다. 이런 지역들에서는 청동기시대가 되어서야 선사 유적들이 발견되기 때문이다.

본서는 신석기시대 여성사를 농업과 긴밀하게 연결하여 담론을 전개했다. 이 과정에서 필자는 농업 기원의 원인을 단순한 기후변화에서 찾는 기존의 신석기시대 농업 관련 주장들과 여성 관련 연구결과들을 맹목적으로 추종하기를 거부하고 새로운 판단 기준을 설정하여 논리를 개척해나갔다. 이른바 그 판단 기준은 두 가지로 분류할 수 있는데 하나는 고고학계에 새롭게 대두된 가설이고 다른 하나는 필자가 나름대로 수립한 새로운 기준이다. 고고학계를 강타한 새로운 이론은 다름 아닌 혜성 대충돌이론이다. 본서는 이 가설을 받아들임으로써 농업 존재 여부와 발전 여부를 타진하는 시금석으로 삼았다. 그 결과 대충돌 사건과 연관된 서아시아와 인도─파키스탄 및 중앙아시아 일부 지역들에서는 농업이 가장 먼저 탄생했을 뿐만 아니라 보편화 과정도 짧은 시간 안에 완성된 반면 아무 연관이 없는 중국·한국·일본 및 동남아 여러 지역들에서는 농업의 발생이 완만할 뿐만 아니라 그 진화 과정도 오랜 시간이 걸렸다는 사실이 증명되었다. 한편 본서가 독자적으로 수립한 기준은 농업생산도구 전제론과 가옥 형태변화가 농업의 탄생에 미치는 영향이다. 이 기준에 의해 서아시아에서는 농업이 일찍 나타났음이 입증되었고 중국과 한국을 비롯한 기타 지역에서는 늦게 등장해 장구한 기간을 경과해서야 보편화되었음이 확인되었다.

결과적으로 여성의 사회적 지위와 역할은 농업의 발전과 직결되는데 농업의 발전은 또 대충돌 사건과 연관되면서 파생된 생존공간의 이동과 경제운영방식의 전이 그리고 인구에서의 성비 불균형을 토대로 향상된다는 논리가 본서의 핵심 서사전략이라 할 수 있다. 이 전제가 누락된 상황에서는 어떤 경우를 막론하고 여성의 사회적 지위와 역할은 퇴락할 수밖에 없다. 중국과 한국, 일본의 신석기시대 여성의 경우가 그것을 잘 말해준다. 어떤 의미에서 이른바 "신석기시대 혁명"은 단순히 기후변화 또는 기온상승의 결과물을 초월하는 대충돌 사건의 결과물일 가능성이 훨씬 크다는 결론이 더욱 설득력을 지닌다고 할 것이다. 혁명이란 반드시 짧은 시간 내에 그 결과가 이루어져야 한다고 할 때 더욱 그렇다. 대충돌 사건이 전제되지 않은 농업은 중국이나 한국의 경우처럼 시작도 완만하고 수렵·채집·어로경제로부터 분리하는 과도기도 길고 진화 속도도 느리기 때문이다.

신석기시대 여성은 신神인 동시에 남성과 평등한 지위에 있는 평범한 구성원이기도 했다. 동일한 시기 각이한 지역에서 여성이 서로 상반된 두 가지 이미지로 중첩된 이유는 농업의 존재와 발전상의 차이 때문이다. 농업이 주도적인 경제생산방식이 되고 그 경제의 중견이 여자이며 무리 내에서 여자가 다수가 되려면 기온상승이라는 기후변화 하나에만 의지해서는 절대로 불가능하다. 그것은 무려 백만 년도 넘게 인류를 먹여 살린 수렵·채집·어로라는 식량 내원을 모두 포기해야 하는 거대한 모험을 감수해야만 하기 때문이다. 중국과 한국의 경우를 보아도 단순히 기후변화·기온상승만 가지고 그 모든 식료자원을 어느 날 갑자기 죄다 포기할 수는 없다. 하지만 대충돌이라는 대재난은 인류를 그 모든 것을 일시에 포기하고 단기간 내에 새로운 생산방식과 식량자원을 선택할 수 있도록 할 만한 충격력이 충분하다.

환언하면 신석기시대 서양 여성을 위대한 신神으로 등극시킨 장본인은 대충돌 사건이며 남자와 동등하고 평범한 구성원으로 만든 장본인은 기후변화였다고 할 수 있다. 기온상승이 농업생산을 가능하게 했던 것만은 확실하기 때문이다. 비록 원시적이고 제한적이며 지지부진한 농업생산 활동이라 할지라도 그것을 배경으로 여성의 사회적 지위와 활약이 일정하게나마 향상되었으며 그 결과 남성과 평등한 지위를 누릴 수 있었던 것만은 사실이다. 우리의 담론이 지금까지 고고학계를 군림하던, 극심하게 과장 또는 왜곡되었거나 아니면 서양 즉 중동 여성에 대한 연구 결과를 맹목적으로 모든 지역에 적용했던 이론적 오류에서 벗어나는 유익한 계기가 될 수 있다면 그것으로 필자는 만족할 것이다. 신석기시대 여성에게 부당하게 짊어지웠던 그 모든 가짜 영광과 거품을 걷어내고 그들을 무거운 탈 진실의 광기와 억압에서 해방시키는 결과로 이어졌으면 하는 바람일 따름이다.

저자 장혜영

　1955년 중국 밀산시 출생으로 중등학교 국어교사, 흑룡강 조선민족출판사 편집을 역임했다. 단편소설 「하이네와 앵앵」으로 중국 문단에 데뷔하였다. 단편소설 「화엄사의 종소리」외 70여 편, 중편소설 「그림자들의 전쟁」외 10여 편, 장편소설 『붉은 아침』(전 2권) 외 7부를 출간하였으며, 학술 저서로는 『한국의 고대사를 해부한다』, 『한국 전통문화의 허울을 벗기다』, 『구석기시대 세계 여성사』등이 있다.

신석기시대 세계 여성사

초판 1쇄 발행일 2020년 02월 14일

지은이 장혜영
펴낸이 박영희
편집 박은지
디자인 최민형·최소영
마케팅 김유미
인쇄·제본 제삼인쇄
펴낸곳 도서출판 어문학사
　　　서울특별시 도봉구 해등로 357 나너울 카운티 1층
　　　대표전화: 02-998-0094/편집부1: 02-998-2267, 편집부2: 02-998-2269
　　　홈페이지: www.amhbook.com
　　　트위터: @with_amhbook
　　　블로그: 네이버 http://blog.naver.com/amhbook
　　　　　　다음 http://blog.daum.net/amhbook
　　　e-mail: am@amhbook.com
　　　등록: 2004년 7월 26일 제2009-2호

ISBN 978-89-6184-944-9 93900

정가 26,000원

이 도서의 국립중앙도서관 출판시도서목록(CIP)은 e-CIP홈페이지(http://www.nl.go.kr/ecip)와
국가자료공동목록시스템(http://www.nl.go.kr/kolisnet)에서 이용하실 수 있습니다.
(CIP제어번호: CIP2020001673)

※잘못 만들어진 책은 교환해 드립니다.

현실가치 세계 어상사

상혜의 지능

이음사

WOMEN
FROM THE
NEOLITHIC AGE

/ 강희영 옮김 /

신석기 여성 세계사

집필의 수요 때문에 어쩔 수 없이 현실과 유리된 채 아득한 석기시대로의 시간여행을 하면서 문자 그대로 심신이 지치고 피폐해졌다. 타이틀이 여성사임에도 시대적 국한성에 포로가 된 필자는 본의 아니게 "고고학자"가 될 것을 강요당했으나 소설가에게 그 직분은 말처럼 쉬운 것만은 아니었다. 게다가 건강마저 덩달아 제동이 걸리며 『구석기시대 세계 여성사』가 2015년에 출판된 지 4년여 세월이 지나서야 이 책이 비로소 햇빛을 보게 되었다.

또 하나의 고충은 신석기시대 여성의 지위와 역할에 결정적인 영향을 미치는 이른바 「신석기시대 농업혁명」에 대한 담론에서 기존의 고고학·인류학계의 연구 결과에 맹종하지 않고 필자의 독자적인 주장을 펼치면서 겪었던 논리적인 치열함이었다. 물론 그러한 서사적인 애로는 본서의 논리적 초석이 된 학계의 새로운 연구 성과의 미비성과 함께 필자의 관련 지식에 관한 결여 때문에 조성된 것이라 할 수 있다. 하지만 집필이 강요한 이러한 고통과 난관을 통과의례로 삼아 본서는 여성사라는 협소한 영역에만 만족하지 않고 농업의 기원을 비롯한 신석기

시대 문화 전반을 담론 주제에 수용함으로써 연구의 지평을 넓히는 의외의 열매도 거둘 수 있게 되었다.

인류 역사가 몇몇 권위적인 고고학자, 인류학자, 역사학자들의 편견에 오염되어 진실과는 동떨어지게 왜곡되고 변형된 것은 아닌가 의구심이 든 지가 벌써 오래 되었다. 마침내 이 두 책의 집필을 통해 해묵은 의구심의 판도라상자를 열 수 있게 된 것을 다행스럽게 생각한다. 아무튼 이 책이 이제는 역사를 보는 시선을 바꿀 필요가 있다는 공감대만 형성하더라도 반은 성공되었다고 말할 수 있을 것이다.

언제나 그렇듯 새로운 책이 간행될 때마다 어문학사 윤석전 사장님에 대한 고마움을 되새기곤 한다. 갈수록 심각해지는 출판계의 어려운 상황에서도 흔쾌히 출판을 허락해주신 사장님의 용단에 다시 한 번 감사할 따름이다. 졸저를 정성껏 편집하여 고품질의 예쁜 책을 만드느라 따뜻한 심혈을 기울여준 담당 편집부에도 사의를 표한다. 이 책을 펼치는 모든 독자들에게 고개 숙여 감사의 인사를 드린다.

2020년 1월 15일
서울에서

구석기시대에 남녀 관계의 핵심은 성관계였다. 신석기시대에 들어와서도 성관계는 여전히 남녀 관계를 규정하는 조건 중의 하나였다. 그러나 구석기시대의 남녀 성관계가 성이 목적이고 출산이 결과물이었다면 신석기시대에 와서는 정반대로 출산이 목적이고 성은 출산을 위한 과정으로 하위개념이 된다. 게다가 순위가 뒤바뀐 성관계에 남녀 관계의 서열을 좌우하는 또 하나의 지표가 첨부되면서 구석기시대 여성과 다른 신석기시대 여성을 탄생시키는데 그것은 다름 아닌 생산성 경제이다. 채집이라는 자연 취득경제에서 경작을 통한 인공 생산 활동이 부여되면서 여성의 역할은 위축된 수렵자 남성의 취득경제를 능가하며 위계를 격상시켰다.

물론 이러한 상황은 시공간의 측면에서 세계 모든 지역에 천편일률적으로 배당된 신석기시대의 공통된 양식은 아니다. 지역에 따라 분명한 차이가 드러나는 동시에 대륙을 초월하면서까지 공통점이 존재하기도 한다. 같은 아시아에서도 확연하게 다른 경제양식이 공존하는 지역이 병립하고 구별이 어려울 만큼 유사한 경제양식이 병렬되기도 한

다. 농업문명의 시작과 발전 및 보편화는 지역적 특성에 따라 변별적이기도 하고 같은 기후 조건임에도 상호 다른 양상을 보이기도 한다. 예컨대 중국·한국·일본의 경우에는 기후 조건이 농업에 유리함에도 불구하고 그 시작과 발전이 정체 또는 지체로 두절되어 오랜 시일이 걸리면서 완전히 확립되기 위해 무려 신석기시대 후반까지 시간을 소모하지 않으면 안되었다. 그러나 인도—파키스탄 및 중앙아시아 지역의 경우에는 농업의 발원지인 서아시아와 거의 같은 시기에 농경문화가 개시되었을 뿐만 아니라 그에 부가된 선진적인 문명이 일찌감치 정착했다.

이렇듯 반드시 자연기후변화와도, 지리적 공통성과도 연관성이 없는 신석기시대의 생산성 경제의 유무의 신비스러움은 한마디로 영거드라이어스기의 대충돌 사건과 연관된다고 본서는 단정한다. 유럽을 중심 무대로 한 구석기시대 비생산성 취득경제를 곡물재배를 중심으로 한 농업이라는 생산성 경제에로 전환하도록 인류를 내몬 사건은 마지막 빙하기 말 홀로세 이후 온난화라는 기후변화의 영향도 무시할 수 없겠지만 그 결정적인 추동력은 대충돌 사건이었다. 대충돌 사건이 없었다면 농업이 그토록 짧은 시간 내에 비교적 넓은 지역에서 동시에 시작되고 보편화될 수 없기 때문이다. 다시 말해 구석기시대 말 또는 신석기시대 초의 인류가 어떤 원인에 의해 수렵이 가능한 산악지대를 포기하지 않는 한 농업은 그렇게 단 한 번의 시도로 핵심적인 경제방식으로 정착될 수는 없었다. 이러한 추정은 중국·한국·일본 등 지역의 농업이 오랫동안 수렵·어로의 공존으로 인해 발전이 느려진 경우에서도 알 수 있다.

인 수렵과 어로를 배경으로 농업의 병행에도 불구하고 여성과 동일한 사회적 지위와 역할을 수행하면서 신석기시대 말까지 주도권을 향유할 수 있었다.

서문

신석기시대 세계 여성사는 여성이 담론의 주제임에도 불구하고 수렵문화의 농경문화에로의 전이, 모계사회의 부계사회에로의 전환 등과 같은 기원 문제에서부터 접근할 수밖에 없게 되었음을 먼저 밝혀야겠다. 얼핏 보기에 기원 담론은 여성사와는 무관한 것 같지만 농업이라는 특수한 신석기 환경 속에서의 여성의 사회적 지위와 역할을 규명하는데 반드시 필요한 전제 조건이라는 것을 인정할 때 우회할 수 없는 필수 코스라고 할 수 있을 것이다.

그런데 신석기시대의 생존 방식의 변화가 궁극적으로 기후변화를 전제로 하고 있음을 인정할 때 담론의 성격도 자연스럽게 선사 기후 환경에 대한 관심에서부터 출발할 수밖에 없게 된다. 신석기혁명을 유발한 이 기후변화는 혼자서 인간을 창조한 구석기시대 여성의 그 신비한 신娠성의 이미지를 눈 깜짝할 사이에 신神의 이미지로 탈바꿈시키는 위력을 과시했다. 생식 혹은 번식을 전제로 한 구석기시대 여성의 신娠성은 출산의 신비로 인해 획득된 권력이었다. 하지만 그러한 지배권은 정액 역할 인지認知 사건에 의해 구석기시대 말기에 이미 해제되었음을

우리는 필자의 졸저『구석기시대 세계 여성사』에서 진지한 검토를 통해 공감대를 형성했다. 그럼에도 그 권력 공백기를 뛰어넘으면서까지 신석기시대에 또다시 부여된 여성의 신神성은 다름 아닌 기후변화에서 그 이유를 찾을 수밖에 없을 것 같다. 기후의 돌연변화는 인류 남성의 숫자를 대폭 하강시킴으로써 여성의 출산 기능이 재차 초미의 관심사로 부각되었기 때문이다.

우리는『구석기시대 세계 여성사』를 통해 여성의 지위에 영향을 미친 것이 구체적으로 직립보행·출산신비·동굴생활이었다는 이해에 도달할 수 있었다. 그러나 본서에서는 신석기시대 여성의 지위를 결정한 것은 이와는 달리 기후변화라는 필자의 견해를 주장하게 될 것이다. 물론 구석기시대에도 기후환경이 여성의 지위에 영향을 미친 것은 사실이다. 이를테면 직립보행과 동굴생활이다. 자연기후변화에 의한 직립보행은 남성에게는 시야 확보와 쾌속 이동을 가능하게 하면서 수렵의 시대를 열 수 있도록 해주었다. 여성도 손이 이동기능에서 해방되면서 채집·육아·요리·길쌈·미술 등 새로운 문화생활의 경지를 넓힐 수 있게 해주었다. 하지만 출산신비는 물론이고 직립보행과 동굴생활 역시 여성에게는 신체변화에 국한 짓는 생리적인 특징을 보인 것이 사실이다. 직립보행에 의한 발정기 소실과 정면섹스처럼 여성의 지위는 신체적인 변화에 의해 좌우되는 측면이 강했다. 빙하기라는 특정한 기후에 의한 동굴생활도 활동 영역이 제한된 공간에 위축되면서 미술·석기 등을 제외하면 생산성에서도 덩달아 범위가 위축될 수밖에 없다는 한계를 지니고 있었다. 이를테면 인류문화의 상징인 건축업·농업·목축업·수공업·

야금업 등이 억제상태에 처할 수밖에 없었다.

그러나 신석기시대의 기후변화는 인류는 물론 특히 여성의 지위를 신체적인 제한된 공간에서 사회·문화영역으로 끌어내어 획기적인 변화를 가져오도록 하였다. 기후변화는 정면섹스와 정액인지로 인해 실추되었던 여성의 권위를 복구해주었을 뿐만 아니라 인류역사상 가장 휘황찬란한 경지에로 올려 세우기까지 했다. 기후변화는 여성의 장점인 채집과 농업을 인류 생존 방식의 주류산업으로 정착시킨 동시에 자신의 출산 기능을 통해 위기에 처한 남성 인구의 감소를 빠른 시일 안에 회복시키는 적극적인 역할을 수행할 수 있도록 해준 것이다. 이렇듯 "환경변화 특히 환경의 돌변은 인류에 대한 영향이 가장 심각하다. 환경의 변화는 인류의 생존환경을 개변시키며 인류를 기타 생물과 같이 발생하는 변이, 이동 혹은 사망 이외에 또 자신의 생산방식과 생활방식을 개변할 수 있도록 핍박한다."[*]

기후변화는 점진형과 돌변형으로 분류된다. 긴 시간 동안 완만한 변화에 보조를 맞춰 인류가 조정을 통해 자신의 신체기능과 생활습성을 점차 새로운 기후환경에 적응하는 전자에 비해 후자의 경우에는 그 변화가 순식간이어서 적응하기가 어려워져 그것에 대한 극복은 재난이 따르게 된다.

---

[*] 夏正楷著, 『环境考古学 : 理论与实践』北京大学出版社. 2012. 9. p.19.

기후 돌변에 직면하여 인류는 충분한 정신적 준비나 시간이 결핍한 상태에서 급변하는 기후변화 내지 기후변화에 의해 나타나는 생존환경의 돌연변화에 적응해야만 한다. 인류는 돌연 악화되는 기후환경에서 원래의 장소에서 계속 생존해 나가기가 매우 어려워진다. 더욱이 짧은 기간 내에 연이어 발생하는 기후 돌변 사건은 인류에게는 훨씬 재난이다. 인류는 기후의 급변에 적응하지 못해 죽거나 혹은 핍박에 의해 자신들의 생활에 유익한 곳으로 이동할 수 있다.…… 기후 돌변은 인류의 정상적인 생활을 파괴함으로써 인류에게 엄중한 재난을 가져다주며 인류 발전의 침체와 사회·경제·문화의 퇴보를 조성한다.[*]

우리는 여기서 기후 돌변의 결과물이 재난이라는 사실과 그 재난에 대한 극복 방법이 "이동"이라는 논리를 기억해 둘 필요가 있다. 기후 돌변과 재난 그리고 이동은 앞으로 전개될 우리의 담론에서 아주 중요한 의미를 가지기 때문이다. 이 코스가 장착된 지역의 문화와 배제 또는 무시된 지역의 문화에는 엄청난 차이가 존재하기 때문이다. 게다가 농업의 유무와도 직접적인 연관이 있다. 비록 기후 돌변이 인류에게 재난을 주는 것은 사실이지만 그렇다고 하여 인류 발전에 부정적 영향만 미치는 것은 아니다.

---

[*] 夏正楷著. 『环境考古学 : 理论与实践』北京大学出版社. 2012. 9. p.87.

다른 한 면으로 기후 돌변은 일정한 조건에서 또한 인류의 진보를 추동 촉진하는 작용을 할 수도 있다. 열악한 기후환경은 인류의 주관능동성을 자극함으로써 불리한 환경과의 투쟁을 통해 인류의 체질, 지능과 능력상에서 모두 전면적으로 제고할 수 있다. 이것은 그들로 하여금 힘을 가지고 종국적으로는 재난을 극복함으로써 사회경제가 지속적으로 앞으로 발전하도록 한다.[*]

우리는 지금부터 기후변화에 초점을 맞추고 담론을 전개해 나감으로써 기후변화가 어떻게 인류의 생존 방식에 영향을 미쳤으며 더욱이 여성의 공동체 내지 사회 속에서의 지위를 변경시켰는지에 대해 심도 있는 분석을 행하려고 한다. 기후변화에 의해 강요당한 농업과 성비의 불균형 내지는 가옥의 등장이 여성의 활동공간과 사회적 역할을 어떤 범위에서, 어떤 형식으로 규명하는지에 대해 검토할 뿐만 아니라 여성의 성생활과 화장, 가사노동 등에 대한 영향도 빠짐없이 점검할 것이다. 물론 이와 같은 연구는 서술의 편리를 위해 서양 여성사와 동양 여성사로 분류하여 담론을 전개해 나갈 것이다.

---

[*] 夏正楷著. 『环境考古学：理论与实践』北京大学出版社. 2012. 9. p.87.

차례

二. 취락·가옥문화와 여성 ― 143

세계 주요 문명 발원지와 농경 및 목축의 기원

주께기 여성사업에도 농경 노동을 전제로 하는 이유는 신석기시대와 여성의 삶을 농업과 분리하여 담론을 진행할 수 없기 때문이다. 농업의 존재 여부와 보편화 정도는 신석기 여성의 사회적 지위와 역할에 대한 판단의 분수령이다. 다만 남북미의 경우는 신석기 말기에 속하므로 분서의 담론 범위에서 제외되었다.